D1881821

प्रसाद के सम्पूर्ण उपन्यास

प्रसाद के सम्पूर्ण उपन्यास

जयशंकर प्रसाद
का
सम्पूर्ण उपन्यास साहित्य

सम्पादन एवं भूमिका
डॉ. सत्यप्रकाश मिश्र
भूतपूर्व अध्यक्ष, हिन्दी विभाग
इलाहाबाद, विश्वविद्यालय, इलाहाबाद

लोकभारती प्रकाशन

लोकभारती प्रकाशन
पहली मंजिल, दरबारी बिल्डिंग, महात्मा गांधी मार्ग
प्रयागराज-211 001

वेबसाइट : www.lokbhartiprakashan.com
ईमेल : info@lokbhartiprakashan.com

शाखाएँ : 1-बी, नेताजी सुभाष मार्ग, दरियागंज
नई दिल्ली-110 002
अशोक राजपथ, साइंस कॉलेज के सामने
पटना-800 006
1, अनमोल सोराबजी संतुक लेन, धोबी तलाव,
मरीन लाइंस, मुम्बई-400 002

© लोकभारती प्रकाशन

पाँचवाँ संस्करण : 2015
पहली आवृत्ति : 2024

मूल्य : ₹ 1295

बी.के. ऑफसेट
नवीन शाहदरा, दिल्ली-1100 032
द्वारा मुद्रित

PRASAD KE SAMPOORNA UPANYAS
Edited by Satya Prakash Mishra

ISBN : 978-81-8031-984-6

॥ श्री ॥

यस्यालोकपदेऽशेषमेयान्मानाञ्च शान्तायते
माता सा जयते प्रमातृ जननी वैश्वी च विश्वोत्तरा
शान्तात्कान्तमुदीयमान लहरी निर्व्याजलीलावती
शृङ्गारोज्ज्वलचन्द्रकान्तवपुषी त्रैलोक्यदीपङ्करी
पश्यन्तीमरुणत्परापरजगत्सादाख्यभुक्ता च भू
ज्ञानाभिन्न कलाकलङ्करहिता सा एव हित्योमयः
सम्पृक्तं क्षपितान्तरावसुमती पीयूषपर्जन्यतः
कल्याणी करुणामयी प्रबोधनकरीमाम्नातमार्षोवचः
विच्छित्तिं विहरन्ति मर्मपटले उत्क्रान्तभावेक्षिणी
ऋक्थीभूत प्रसादवाङ्मयनिधिं संरक्ष्यमाणः सदा

यद्विरजपदाब्जामृतरसाराधितोऽहम्,
तद्भवति ! कृपामूर्त्तेर्ग्रन्थमुत्सङ्गितोऽयम्

विनयावतेन सम्पादकेन

अनुक्रम

प्राक्कथन : ९—३०

कंकाल : १—२१६

तितली : २१७—४३५

इरावती : ४३७—५२०

प्राक्कथन

जयशंकर प्रसाद अपने समय के प्रयोगधर्मी रचनाकार थे। भारतेन्दु युगीन खुमारी से मुक्त होकर उन्होंने नाटक और कविता के क्षेत्र में ही नहीं कथा साहित्य के क्षेत्र में भी प्रयोग किया। १६२६ से १६२६ ई० के बीच प्रसाद के दृष्टिकोण में यथार्थ के प्रति परिवर्तन दिखाई पड़ता है, जिसका प्रमाण 'प्रति-ध्वनि', 'स्कंदगुप्त' और 'चन्द्रगुप्त' में भी मिलता है। यह परिवर्तन उनकी मूल स्थापनाओं में कम संसार की पहचान के स्तर पर ही अधिक हुआ है। साहित्य, समाज और मानव संस्कृति आदि उनके लिए अलग-अलग प्रत्यय नहीं बल्कि प्रत्यय शृंखलाएँ हैं। उनकी प्रमुख समस्या है कि मनुष्य बिना किसी विकृति और अवरोध के कैसे पूर्णता प्राप्त कर सकता है। कैसे वह अपनी मुक्ति के साथ-साथ दूसरों को मुक्त रख सकता है। वे प्रारम्भ से ही आनन्द को एक मूल्य मानकर चलते हैं और बुद्धि या विवेक को अपूर्णता का कारण मानते हैं। अपूर्णता का बोध ही प्रगति का लक्षण है और प्रसाद जी की प्रगति की अवधारणा देहात्मवादियों, वैज्ञानिक भौतिकवादियों और साम्यवादियों से नितान्त भिन्न हैं। इसलिए प्रसाद जी सांस्कृतिक प्रगतिशीलता शब्द का व्यवहार करते हैं। जगत और जीव के प्रति उनका दृष्टिकोण अपने समकालीनों से नितान्त भिन्न है और इसलिए मनुष्य के सारे कृतित्व या हर प्रकार की अभिव्यक्ति की परिभाषा भी भिन्न है। प्रसाद जी के लिए साहित्य ही नहीं संसार का समग्र चिंतन दो स्पष्ट वर्गों में विभक्त है, जिसकी पुरातात्विक मीमांसा वरुण और इन्द्र के मूल संघर्षों में है। वे इन्द्र को आनन्द साहित्य, संगीत और नृत्य आदि से सम्बद्ध ललित कलाओं के प्रतीक के रूप में देखते हैं और इस तर्क से सारे ऐन्द्रिक बोध और संवेदनाएँ भी इन्द्र से जुड़ जाती हैं। वरुण को उन्होंने विवेक और बुद्धि की परम्परा से जोड़ा है क्योंकि वह वैज्ञानिकता का प्रतीक है। प्रसाद जी के इस विवेचन के मूल में 'सुखद:खात्मको' भाव: को भी देखा जा सकता है और आत्मवशता और परवशता की परिभाषा भी खोजी जा सकती है। वस्तुत: प्रसाद जी साहित्य को सांस्कृतिक प्रक्रिया का एक अंग मानते हैं। संस्कृति बोध

उनकी दृष्टि से साहित्य बोध से अलग नहीं है। विवेकवाद की यह धारा दुःख और दुःख से मुक्ति के उपायों को केन्द्र में मानने के कारण वाजपेयी जी के अनुसार साहित्य में आदर्शवादी विवेकवाद और यथार्थवादी विवेकवाद की प्रतिष्ठा करती है।

रामायण के आदर्शात्मक विवेकवाद और महाभारत के यथार्थवादी विवेकवाद के परिणाम प्रसाद जी के अनुसार लौकिक संस्कृत के क्लासिक और रोमांटिक धाराओं में तथा रासो, आल्हा एवं भक्तिकाल की विभिन्न रचनाओं में परिणत हुए परंतु "विवेकवादी काव्यधारा मानव में राम हैं—या लोकातीत परम शक्ति इसी के विवेचन में लगी रही। मानव ईश्वर से भिन्न नहीं है, यह बोध, यह रसानुभूति विवृत्त नहीं हो सकी।" कंकाल, तितली और इरावती में विवेकवादी धारा के परिणाम यथार्थवादी रूप में वर्णित, कथित और दर्शित किये गये हैं। और अंततः मानव ईश्वर से भिन्न नहीं है, इसकी प्रतिष्ठा करने की कोशिश भी की गई है। लेकिन उपन्यास में इस कोशिश के बावजूद कई प्रश्न और प्रश्नों के उत्तर प्रसाद से पहले के सामाजिक स्थिति और उसके अभिव्यक्ति विधानों में पूछे गए प्रश्नों के उत्तरों से भिन्न हैं और यही भिन्नता प्रसाद के कंकाल और तितली को महत्त्वपूर्ण उपन्यास बनाती है। मेरी राय में इस दृष्टि से कंकाल अधिक महत्त्वपूर्ण और युगान्तरकारी है अपेक्षाकृत तितली के। परंतु इस प्रकार के प्रश्नोत्तरों को समझने के पूर्व प्रसाद के आदर्श और यथार्थ सम्बन्धी दृष्टिकोण को समझना आवश्यक है क्योंकि प्रसाद जी इस सम्बन्ध में स्वयं भी वरुण और इन्द्र की कई परिणतियों को एक तर्कक्रम में रखकर देखना चाहते हैं। कृति, विकृति और संस्कृति के तर्क से दो प्रतिगामी धाराओं के मिलने से उत्पन्न नयी धारा यथार्थ और जीवन्त होती है क्योंकि वह किसी दबाव का नहीं प्रक्रिया का परिणाम होती है। "भौगोलिक परिस्थितियाँ और काल की दीर्घता तथा उसके द्वारा होने वाले सौन्दर्य सम्बन्धी विचारों का सतत अभ्यास एक विशेष ढंग की रुचि उत्पन्न करता है, और वही रुचि सौन्दर्य अनुभूति की तुला बन जाती है, इसी से हमारे सजातीय विचार बनते हैं और उनमें स्निग्धता मिलती है। इसी के द्वारा हम अपने रहन-सहन, अपनी अभिव्यक्ति का सामूहिक रूप से संस्कृत रूप में प्रदर्शन कर सकते हैं। यह संस्कृति विश्ववाद की विरोधिनी नहीं; क्योंकि इसका उपयोग तो मानव समाज में आरंभिक प्राणित्व-धर्म में सीमित मनोभावों को सदा प्रशस्त और विकासोन्मुख बनने के लिए होता है। संस्कृति मन्दिर, गिरजा और मस्जिद विहीन प्रान्तों में अतः प्रतिष्ठित होकर सौन्दर्य बोध की वाह्य सत्ताओं का सृजन करती है। संस्कृति का सामूहिक

चेतनता से, मानसिक शील और शिष्टाचारों से मनोभावों से मौलिक सम्बन्ध है।...संस्कृति सौन्दर्य बोध के विकसित होने की मौलिक चेष्टा है। इसलिए साहित्य के विवेचन में भारतीय संस्कृति और तदनुकूल सौंदर्यानुभूति की खोज अप्रासंगिक नहीं, किन्तु आवश्यक है।'' सौंदर्य बोध के इसी मूल्यांकन क्रम में प्रसाद जी पाश्चात्य और भारतीय सौंदर्य दृष्टि का मूल्याङ्कन करते हुए हेगेल के आधार पर बने मूर्तता और अमूर्तता के सिद्धांत को नकारते हुए यह स्थापना करते हैं कि ''भारतीय विचारधारा ज्ञानात्मक होने के कारण मूर्त और अमूर्त का भेद हटाते हुए बाह्य और आभ्यंतर का एकीकरण करने का प्रयत्न करती है।'' १६२५ के बाद जयशंकर प्रसाद के साहित्य में यह संस्कृति बोध अत्यन्त प्रबलता से पाया जाता है। कामायनी, कंकाल और इरावती में वाह्य और आभ्यंतर के एकता की यहां समस्या है। वे इस संदर्भ में अद्वयता के सिद्धांत का प्रतिपादन करते हैं और यह अद्वयता एक प्रकार की घुलनशीलता है जो बुद्धि को अनुभूति में घुलाने से ही आ सकती है। अपना कंचुक या आवरण छोड़कर एक दूसरे में लय होने का सिद्धांत कामायनी में हो नहीं अजातशत्रु, स्कंदगुप्त, चन्द्रगुप्त, एक घूंट और ध्रुवस्वामिनी में पाया जाता है। यह संतुलन व्यष्टि और समष्टि के घुलाने या समझौता कराने का समीकरण भी है।

ईश्वर के प्रति निष्काम भावना और विश्वास प्रसाद में अंतिम समय तक बना रहा। आनन्द और नियतिवादिता का यह घना रिश्ता ईश्वर के माध्यम से ही बनता है। शैवमतावलम्बी जयशंकर प्रसाद की सभी कृतियों में प्रायः एक 'अदृश्य शक्ति के संचालनत्त्व' का तर्क दिखाई पड़ता है, जो घोर से घोर नास्तिक को अंततः आस्तिक बना देता है। कंकाल का विजय इसका प्रमुख उदाहरण है। यह एक विचित्र अन्तर्विरोध है जो उनकी कृतियों में पाया जाता है। कंकाल, तितली और इरावती नियतिवादी उपन्यास हैं। शैला का यह कथन है कि ''नियति दुस्तर समुद्र पार कराती है, चिरकाल के अतीत को वर्तमान से क्षण भर में जोड़ देती है और अपरिचित मानवता सिंधु में से उसी एक से परिचय करा देती है। जिससे जीवन की अग्रगामिनी धारा अपना पथ निर्दिष्ट करती है'' (तितली, पृ० ५४) नियतिवादी तर्क है। यह तर्क उपन्यास में कहीं भी अकर्मण्यता का भाव नहीं पैदा करता है बल्कि मानवता के कल्याण के लिए निरंतर सेवा और त्याग को एक मूल्य मानकर स्थापित करता है। प्रसाद की प्रमुख चिंता 'दिव्य आर्य संस्कृति की स्थापना है' यह संस्कृति व्यक्तित्व के स्वतन्त्र विकास को मान कर चलती है और 'विधि निषेध' के बंधनों से मुक्त रहती है। आर्य समाज से प्रभावित होते हुए भी प्रसाद का यह दृष्टिकोण आर्य समाज की शुष्कता से रहित है

क्योंकि इसमें प्रेम, प्रमोद और आनन्द को प्राप्य माना गया है। 'इरावती' में आनन्दवाद का 'एक घूंट' नाटक की भाँति प्रचार ही पाया जाता है। भारत की निर्वीयता और आलस्य का कारण विवेकवाद और बुद्धिवाद को मानते हुए आनन्द की ही दुन्दुभी बजाए जाने का इसमें संकल्प है, क्योंकि आनन्द एक ऐसा मूल्य है, जो मानव-जीवन में 'रागतत्त्व' पैदा करता है और यही रागतत्त्व संगीत, नृत्य आदि विविध कलाओं के रूप में अवतरित होकर जीवन्त समाज की सृष्टि करता है। 'इरावती' में इसीलिए बौद्ध धर्म की निवृत्तिमूलकता और निषेधात्मकता से विद्रोह का भाव पाया जाता है, जो भारतीय समाज की निवृत्तिमूलक निषेधात्मक प्रवृत्तियों को निरर्थक मानकर आत्मवादी साधना को प्रमुखता देता है। आनन्दवाद व्यक्ति की मनोवृत्तियों की संतुष्टि को केन्द्र में रखकर 'व्यक्ति' को प्रमुख इकाई मानता है और समष्टि को गौण। 'असतो मा सद्गमय, तमसो मा ज्योतिर्गमय और मृत्योर्मामृतंगमय' यद्यपि आर्यसमाज का प्रमुख नारा है और बनजरिया के बाबा रामनाथ महर्षि दयानंद से प्रभावित भी हैं परन्तु बाबा रामनाथ या कंकाल के स्वामी कृष्णशरण जी आर्य समाजी नहीं हैं बल्कि मैथिलीशरण गुप्त के 'भारत भारती' के उद्बोधनों के समान सोते हुए भारतीय जनता को जगाने का कार्य करने वाले ऐसे संस्कृति पुरुष हैं, जिसके माध्यम से प्रसाद जी केवल भारतीय जाति का ही नहीं बल्कि मानवता के कल्याण की सांस्कृतिक उद्घोषणा करते हैं। प्रसाद प्रेमचन्द की तरह उपन्यास में इनकी स्थापना के लिए कहीं स्वतः नहीं उपस्थित होते हैं बल्कि दूर खड़े होकर दृश्य का प्रस्तुतीकरण देखते हैं।

प्रसाद जी की समस्या है कि रूढ़ियों और अंधविश्वासों से जर्जरित भारतीय समाज का विकल्प क्या है ? यह वेदना ही संकल्पात्मक रूप धारण करके १९२६ के बाद से उनके हर कृतित्व का विषय बनती रही है। दुःख और दुःख के विभिन्न कारणों के प्रसादीय निष्कर्ष 'स्कंदगुप्त', 'चन्द्रगुप्त', 'एक घूंट', 'ध्रुवस्वामिनी', 'प्रतिध्वनि', 'आँधी', 'इन्द्रजाल', 'कंकाल', और 'तितली', की कृतियों के रूप में सृजित हुए हैं। और इन उपन्यासों में प्रवाहित जीवन दृष्टि ही बाद में उनके निबंधों का विषय बनी। ये कृतियाँ बदलते हुए समाज और उसके नये बनते हुए मानव सम्बन्धों को ही नहीं बल्कि ढहते, सड़ते, और डूबते हुए उन संस्थानों को भी उद्घाटित करती हैं, जो बीसवीं शताब्दी में अपना अर्थ खो चुके हैं। छायावादी प्रवृत्ति के सामाजिक आधार को चित्रित करने या दिखाने के साथ-साथ जयशंकर प्रसाद के दिमाग में अपने समकालीन रचनाकारों से कहीं अधिक बढ़कर 'विश्व मानवता' की चिन्ता थी। मुझे तो यह भी लगता है कि संसार में उठते हुए नये सामाजिक प्रश्नों के फ्रायड, मार्क्स, डार्विन और न्यूटन आदि के द्वारा दिये गये

उत्तरों से वे सन्तुष्ट नहीं थे। इन मनीषियों की वाणियाँ कंकाल और तितली में सुनाई पड़ती हैं। कुछ उत्तर तो वे महात्मा गाँधी की तरह भी देना चाहते हैं परंतु कुछ उनसे भिन्न हैं। इरावती महात्मा गाँधी के द्वारा दिये गये अहिंसा के उत्तर के प्रतिकूल है। प्रसाद की यह चिन्तनशीलता प्रेमचन्द के बाद उपन्यासों का विषय क्यों बनी या हिन्दी उपन्यास प्रसाद के रास्ते क्यों चला प्रेमचन्द के रास्ते क्यों नहीं ? इस प्रकार का प्रश्न हो सकता है परंतु यहाँ उसका औचित्य नहीं है। वस्तुतः सामाजिक स्थिति की यह पहचान प्रसाद को एक प्रकार के संकल्पात्मकता की तरफ ले जाती है और वह संकल्प उनकी काव्यात्मक प्रवृत्ति के कारण संकोच के साथ उपन्यासों में भी दिखाई पड़ता है। 'वेदना' की इस विवृत्ति का कारण क्या है ? और साहित्य का समाज बीज क्या है ? इसके लिए निम्न उद्धरण महत्त्वपूर्ण है।

"हमारी धार्मिक भावनाएँ बँटी हुई हैं, सामाजिक जीवन दम्भ से और राजनीतिक क्षेत्र कलह और स्वार्थ से जकड़ा हुआ है। शक्तियाँ हैं पर उनका कोई केन्द्र नहीं किस पर अभिमान हो किसके लिए प्राण दूँ।"

(दासी—आँधी, पृ० ५८)।

"क्यों, क्या हिन्दू होना परम सौभाग्य की बात है। जब उस समाज का अधिकांश पददलित और दुर्दशाग्रस्त है, जब उसके अभिमान और गौरव की वस्तु धरापृष्ठ पर नहीं बची—उसकी संस्कृति विडंबना, उसकी संस्था सारहीन, और राष्ट्र बौद्धों के शून्य के सदृश बन गया है; जब संसार की अन्य जातियाँ सार्वजनिक भ्रातृभाव और साम्यवाद को लेकर खड़ी हैं तब आपके इन खिलौनों (मूर्तियों) से भला उनकी संतुष्टि होगी ?"

(कंकाल, पृ० ५६)।

"भारतवर्ष आज वर्णों और जातियों के बंधन में जकड़ कर कष्ट पा रहा है और दूसरों को कष्ट दे रहा है। यद्यपि अन्य देशों में भी इस प्रकार के समूह बन गये हैं; परन्तु यहाँ इसका भीषण रूप है। यह महत्त्व का संस्कार अधिक दिनों तक प्रभुत्त्व भोग कर खोखला हो गया है। दूसरों की उन्नति से उसे डाह होने लगा है। समाज अपना महत्त्व धारण करने की क्षमता खो चुका है परंतु व्यक्तियों की उन्नति का दल बनाकर सामूहिक रूप से विरोध करने लगा है प्रत्येक व्यक्ति अपनी झूठी महत्ता पर इतराता हुआ दूसरे को नीचा—अपने से छोटा समझता है जिससे सामाजिक विषमता का विषमय प्रभाव फैल रहा है।"

(कंकाल, पृ० २०२)।

भगवान की भूमि भारत में स्त्रियों पर तथा मनुष्यों को पतित बनाकर बड़ा अन्याय हो रहा है। करोड़ों मनुष्य जंगलों में अभी पशु जीवन बिता रहे हैं। स्त्रियाँ विपथ पर जाने के लिए बाध्य की जाती हैं, तुमको उनका पक्ष लेना पड़ेगा। उठो!

(कंकाल, पृ० १११)।

"हिन्दुओं में पारस्परिक तनिक भी सहानुभूति नहीं। मैं जल उठा। मनुष्य, मनुष्य के दु:ख-सुख से सौदा करने लगता है और उसका मापदण्ड बन जाता है रुपया। आप देखते नहीं कि हिन्दू की छोटी-सी गृहस्थी में कूड़ा-करकट तक जुटा रखने की चाल है, और उन पर प्राण से बढ़ कर मोह। दस-पांच गहने, दो-चार बर्तन, उनको बीसों बार बन्धक करना और घर में कलह करना, यही हिन्दू घरों में आये दिन के दृश्य हैं। जीवन का जैसे कोई लक्ष्य नहीं! पद दलित रहते-रहते उनकी सामूहिक चेतना जैसे नष्ट हो गयी है।"

(तितली, पृ० ४७)।

मुझे धीरे-धीरे विश्वास हो चला है कि भारतीय सम्मिलित कुटुम्ब की योजना की कड़ियाँ चूर-चूर हो रही हैं। वह आर्थिक संगठन अब नहीं रहा, जिसमें कुल का एक प्रमुख सबके मस्तिष्क का संचालन करता हुआ रुचि की समता का भार ठीक रखता था। मैने जो अध्ययन किया है, उसके बल पर इतना तो कहा जा सकता है कि हिन्दू समाज की बहुत-सी दुर्बलताएँ इस खिचरी कानून के कारण हैं। क्या इनका पुर्ननिर्माण नहीं हो सकता। प्रत्येक प्राणी, अपनी व्यक्तिगत चेतना का उदय होने पर, एक कुटुम्ब में रहने के कारण अपने को प्रतिकूल परिस्थिति में देखता है। इसलिए सम्मिलित कुटुम्ब का जीवन दु:खदायी हो रहा है। (तितली, ८७)।

सर्व साधारण आर्यों में अहिंसा, अनात्म और अनित्यता के नाम पर जो कायरता, विश्वास का अभाव और निराशा का प्रचार हो रहा है उसके स्थान पर उत्साह, साहस और आत्मविश्वास की प्रतिष्ठा करनी होगी।

"हम सच ही निर्वीय हो रहे हैं।"

हाँ! मैं इसलिए प्रयत्न करूँगा कि इनकी वाणी शुद्ध, आत्मा निर्मल और शरीर स्वस्थ हो। (इरावती, पृ० ३१)।

इन उद्धरणों का चयन इस इस उद्देश्य से भी किया गया है कि हमें उस मूल उत्प्रेरक का भी ज्ञान हो सके या उस ज्ञानात्मक संवेदना तक हम पहुँच सके हैं, जो प्रसाद के उपन्यासों का विषय रही है। यही मूल वेदना है जिसे प्रसाद जी 'यथार्थवाद का मूल भाव' समझते हैं।

उपन्यास का जो यथार्थवादी रूप भारतेन्दु युग के अंतिम समय में विकसित हो चुका था उस पर उस युग की, यथार्थवादी रंगमंचीय परम्परा, निबन्धों का दबाव कम नहीं था। प्रसाद जी भारतेन्दु युग के इस प्रचार माध्यम वाली चेतना से न केवल परिचित थे वल्कि प्रचार और कला माध्यमों को मिलाकर—चन्द्रावली और प्रेमजोगिनी को साथ रखकर—नाटक और कथा साहित्य के क्षेत्र में एक विशेष प्रकार प्रयोग कर रहे थे। यथार्थ के प्रति प्रसाद का दृष्टिकोण यथा तथ्यवादी नहीं बल्कि अनुभूति केन्द्रित था। क्योंकि प्रसाद जी मानसिक बनावट को यथार्थ का हिस्सा मानते थे। वे अतिवादी आग्रहों के रचनाकार नहीं थे। प्रचार और कला दोनों की अद्वयता के आधार पर विकसित इस दृष्टि के कारण वे विषय और विषयी दोनों को महत्त्व देते हैं। और यह दृष्टि उनके लेखन में क्रमशः कला से प्रचार माध्यम या सोद्देश्यता की ओर उन्मुख रही है। एक 'दिव्य आर्य संस्कृति' की स्थापना का द्विवेदी युगीन आदर्श प्रेमचन्द और जय शंकर प्रसाद दोनों में हैं परन्तु 'गोदान' तथा 'कंकाल' में ये आदर्श चरमराते हैं। कंकाल में चरमरा कर रह जाते हैं और गोदान में टूट जाते हैं। यह आर्य संस्कृति मैथिली शरण गुप्त में भी है परंतु वहाँ वह अंग्रेजों के विकल्प के रूप में प्रस्तुत है। जयशंकर प्रसाद की इस कल्पना में परम्परा की जीवन्तता और विश्वास है, जब कि अन्य छायावादियों में अतीत स्मृति भी नहीं है। इस आर्य संस्कृति के मूल में 'आर्य भाषा और आर्य जाति' का सांत्वना परक पश्चिमी सिद्धान्त भी है और उस सिद्धान्त की भारतीय व्याख्या भी। प्रसाद की हर कृति में स्मृति की पावन धारा का अभिषेक अवश्य है। उनके उपन्यासों में यह कार्य एक प्रकार की 'उपन्यास रूढ़ि' के माध्यम से किया गया है, जिसे कोई कथा-समय भी कह सकता है। उनके प्रत्येक उपन्यास में एक निष्काम वैरागी होता है, जो सेवा, मानव कल्याण आनन्द, स्वास्थ्य, निर्भयता, त्याग आदि की न केवल शिक्षा देता है बल्कि उपन्यास के वस्तु संगठन कर्म प्रवाह—से वही भरत वाक्य की तरह निकलता है। 'कंकाल' के स्वामी कृष्ण शरण की टेकरी 'तितली' के बनजरिया के बाबा रामनाथ और 'इरावती' के विश्वनाथ मन्दिर के पुजारी ब्रह्मचारी संरचनात्मक इकाई के रूप में ही व्यवहृत है। वैसे तो प्रसाद के नाटकों में भी इस प्रकार के मूल्य संस्थापक साधु पुरुष आते हैं। प्रौढ़ नाटककार के अनुभव और दक्षता ने उनके उपन्यासों को कथन और वर्णन की प्राथमिक स्थितियों से मुक्त रखा है। उपन्यास की सैद्धान्तिक स्थापनाएं और लेखकीय दृष्टिकोण एक नाट्य विधान के संवादात्मक अंश है जो वर्तमान सामाजिक जर्जरता पर टिप्पणी के रूप में प्रयुक्त किये हुये लगते हैं। यह पद्धति शैली की

दृष्टि से रामचन्द्र शुक्ल की निबन्ध शैली का आभ्यंतरी कृत रूप है। पद्धति मूलक विश्लेषण की दृष्टि से इसे 'उदाहरण और निष्कर्ष' कहा जा सकता है।

'पत्थर की पुकार' में 'अतीत' और 'करुणा' को साहित्य का चित्ताकर्षक तत्त्व माना गया है। यह दो तत्त्व प्रसाद के साहित्य में अंत तक बने रहे हैं। उपन्यासों में जब भी अवसर मिला है उन्होंने धार्मिक शवता और सामाजिक अपंगता को ऐतिहासिकता से जोड़कर सांस्कृतिक प्रगतिशीलता का एक नया अर्थ भी देने का प्रयास किया है। वर्तमान जिस रूप में भयावह और निन्दनीय है उसके कारण और विकल्प की चेतना प्रसाद के उपन्यासों के काल का आयाम फैला देती है। प्रसाद जो कुछ जैसा है उसके साथ-साथ कैसा होना चाहिए की दृष्टि भी रखते हैं और यह दृष्टि व्यापक परिवर्तन की माँग से जुड़ती है परन्तु प्रेमचंद की भाँति वे 'वर्तमान' को ही प्रमुख नहीं मानते बल्कि भविष्य को भी ध्यान में रखते हैं, जो उनके 'अतीत और करुणा' के सिद्धांत से मेल खाता है। यह आश्चर्य है कि अज्ञेय और मुक्तिबोध दोनों ही करुणा को सृजनात्मक शक्ति मानते हैं और दोनों में ऐतिहासिक चेतना भावात्मक और अभावात्मक रूपों में मौजूद है। मेरा तात्पर्य उस दिशा की ओर संकेत करना है जिसकी ओर प्रसाद संकेत करते हैं। 'प्रगतिशील विश्व' को स्वीकार करते हुए भी प्रसाद 'छलांग' के सिद्धांत में विश्वास नहीं करते हैं। उनके अनुसार "जब हम समझ लेते हैं कि कला को प्रगतिशील बनाए रखने के लिए हमको वर्तमान सभ्यता का—जो सर्वोत्तम है—अनुसरण करना चाहिए तो हमारा दृष्टिकोण भ्रमपूर्ण हो जाता है; अतीत और वर्तमान को देखकर भविष्य का निर्माण होता है; इसलिए हमको साहित्य में एकांगी लक्ष्य नहीं रखना चाहिए" (काव्य कला तथा अन्य निबंध, पृ० ११२) यह दृष्टिकोण प्रसाद के उपन्यासों में पहले से है। उपन्यासों की संरचना में जयशंकर प्रसाद इसका इस्तेमाल नहीं करते हैं बल्कि उपन्यास उनकी विश्व दृष्टि—आर्य दृष्टि-के परिणाम ही होते हैं, जिसमें 'इतिहास' के रूप में अतीत हमारे जातीय स्मृति का न केवल अंग बनकर आता है बल्कि संकल्पात्मक अनु-अनुभूति या 'वेदना' के प्रत्यय में ही वह निहित है। क्योंकि प्रसाद जी युंग की भाँति 'सामूहिक अचेतन' को स्वीकार करते हैं जो एक प्रकार से उनके विश्वात्मा के सिद्धान्तों का प्रतिरूप ही है। परंतु यह ऐतिहासिकता कथा के रूप में लगभग 'पद्मावत' की भाँति जुड़ती है और वेदना को व्यापक और गम्भीर दोनों बना देती है। कंकाल में प्रसाद 'पद्मावत' को मानव जीवन की समस्याओं के सांत्वनापरक हल का आधार मानते हैं। वेदना की विवृत्ति का—स्वप्न और

आकांक्षा का, आदर्श और यथार्थ की जो द्विभाजिकता पद्मावत में है वही प्रसाद के उपन्यासों में है।

प्रसाद जी यह मानते हैं कि "यथार्थवाद क्षुद्रों का ही नहीं अपितु महानों का भी है। वस्तुतः यथार्थवाद का मूल भाव है वेदना। जब सामूहिक चेतना छिन्न-भिन्न होकर पीड़ित होने लगती है, तब वेदना की विवृत्ति आवश्यक हो जाती है। कुछ लोग कहते हैं—साहित्यकार को आदर्शवादी होना ही चाहिए और सिद्धान्त से ही आदर्शवादी धार्मिक प्रवचन कर्त्ता बन जाता है। वह समाज को कैसा होना चाहिए, यही आदेश करता है। और यथार्थवादो सिद्धांत से ही इतिहासकार से अधिक कुछ नहीं ठहरता, क्योंकि यथार्थवाद इतिहास की सम्पत्ति है। वह चित्रित करता है कि समाज कैसा है या था, किन्तु साहित्यकार न तो इतिहास कर्त्ता है और न धर्मशास्त्र प्रणेता। इन दोनों के कर्त्तव्य स्वतंत्र हैं। साहित्य इन दोनों की कमी पूरा करने का काम करता है। साहित्य समय की वास्तविक स्थिति क्या है, इसका दिखाते हुए भी उसमें आदर्शवाद का सामंजस्य स्थिर करता है। दुःख दग्ध जगत और आनन्द पूर्ण स्वर्ग का एकीकरण साहित्य है। इसीलिए असत्य अघटित घटना पर कल्पना की वाणी महत्त्वपूर्ण स्थान देती है, जो निजी सौन्दर्य के कारण सत्य पद पर प्रतिष्ठित होतो है। उसमें विश्व मंगल की भावना ओत-प्रोत रहती है।" (काव्यकला तथा अन्य निबंध, पृ० १२४) कंकाल, तितली और इरावती में 'दुःख दग्ध' जगत और आनन्दपूर्ण स्वर्ग' के इसी एकीकरण का प्रयास है। और इसोलिए कई कमियों के बावजूद कंकाल कथा साहित्य की परिधि पर होता हुआ भी केन्द्र को प्रभावित करने वाला सबसे प्रमुख उपन्यास है। किशोरी, तारा, घंटी, लतिका, सरला, रामो, गाला, विजय आदि की 'दुःख दग्ध' दुनिया का, कृष्णशरण की दुनिया-आनन्दपूर्ण स्वर्ग— से एकीकरण, कंकाल की वस्तु है। ये दोनों दुनियाएँ कंकाल में मिलते मिलते रह जाती हैं। देव निरंजन, तारा यानी यमुना और विजय का कंकाल 'पद्मावत' की धूल की तरह हकीकत को अधिक गहरा और विषाद पूर्ण बना देता है। विजय देवनारायण साहो ने पद्मावत में जायसी की जिस विषाद दृष्टि का उल्लेख किया है वही अंततः 'कंकाल' में भी उत्पन्न होती है और 'कंकाल' की 'गाला' या 'तितली' की तितली की कथा उस करुणा को अधिक गहराती ही है। 'कंकाल' में विजय का कंकाल एक प्रश्न चिह्न है। विजय को उपन्यास में देवता, विद्रोही और मंगलदेव द्वारा अंत में सही भी कहा गया है और वही सत्य एक प्रकार से सामूहिक सत्य के प्रतीक के रूप में अनदेखा और अनपहचाना मर जाता है। शबनम की कथा में प्रसाद जी द्वारा पद्मावत का वह दोहा यदि

कंकाल के अंत में जोड़ दिया जाय तो वह कंकाल के अलम में संस्थित ही नहीं हो जायगा बल्कि मौज़ू भी होगा—जमुना के प्रसंग में 'नये' की यह स्थिति और स्वयंसेवकों द्वारा उसका संस्कार गाला द्वारा अन्य प्रसंग में की गई इस टिप्पणी को महत्वपूर्ण और सार्थक भी बना देता है कि "पदमिनी के समान जल मरना स्त्रियाँ ही जानती हैं, और पुरुष केवल उसी जली हुई राख को उठा कर अला-उद्दीन के सदृश बिखेर देना ही तो जानते हैं ?" (कंकाल, पृ० १७६) मेरा उद्देश्य पद्मावत और कंकाल की तुलना करना नहीं है बल्कि यह दिखाना है कि जयशंकर प्रसाद 'कला माध्यम' को कितना महत्त्व देते हैं और विषाद की जो हल्की छाया सभी उपन्यासों में पड़ती है उसका कहीं न कहीं कोई कारण भी है। यह विषाद 'आंधी' की कहानियों में बहुत अधिक है, जो एक प्रकार के वैराग्य को उत्पन्न करता है और मेरी राय में यही 'वैराग्य' प्रसाद का अभिप्रेत है। 'तितली' में विषाद की जो छाया है वह नियतिवाद को प्रतिष्ठित करती है। दोनों उपन्यासों में एक साम्य यह भी है कि दोनों ही ईश्वर में विश्वास को प्रतिष्ठित करते हैं—'नीरा' कहानी में नीरा की तरह। यह प्रतिष्ठा विषाद की गहराई को कम नहीं करती है। कंकाल और तितली की दुनिया काफी भिन्न है कथा समय अवश्य एक है। परंतु दृष्टि में उत्पन्न संशय और यथार्थता तितली में एक प्रकार का गांधीवादी हल प्रस्तुत करती हैं। यह गांधीवादी हल इरावती में नहीं है। 'इरावती' में इतिहास आदर्श के रूप में नहीं है बल्कि वर्तमान के लिए स्पष्टतः माध्यम है। इसमें प्रसाद की दार्शनिकता और चिन्तनशीलता 'वर्तमान' को अहिंसा और हिंसा, कायरता और निर्भयता, दुःख और आनन्द, हृदयहीनता और हार्दिकता के स्तरों के रूप में प्रस्तुत करती है। स्पष्टतः प्रसाद जी इसमें गांधी जी के सिद्धांतों से भिन्न सिद्धांत प्रस्तुत करते हैं और देश में होने वाले हिंसात्मक आन्दोलनों को नैतिक और सैद्धांतिक समर्थन देते हैं, जब कि 'तितली' में लगभग सभी पात्र हृदय परिवर्तन के दौर से गुजरते हैं। तितली शैला को 'प्रसन्नता से सब कुछ ग्रहण करने के अभ्यास को' बापू का उपदेश बताकर समझाती है। बापू का उल्लेख जयशंकर प्रसाद के पूरे साहित्य में केवल एक बार तितली में ही पाया जाता है। और यह पाया जाना इस अर्थ में सार्थक भी है कि इसमें ग्राम सुधार, त्याग, सेवा, शिक्षा और मानव कल्याण एक आदर्श के रूप में किये गए हैं। बैंक, अस्पताल, चकबन्दी आदि आधुनिक सुधार समतावाद और स्वतन्त्रता के बीच के गांधीवादी रास्ते ही हैं। जिस आदर्शवाद को प्रसाद जी दुःखवाद का परिणाम मानते हैं वही तितली में वाटसन और रामनाथ नन्द-रानी जैसे मानव चरित्रों में अभिव्यक्त होता है। तितली का परिणाम कंकाल

के ठीक वि:रीत है। इसमें सभी दुष्ट चरित्र तहसीलदार, चौबेजी, वेश्या मैना और महंथ जी एक साथ मारे जाते हैं। पुजारी मरते तो नहीं परन्तु मृततुल्य अवश्य हो जाते हैं। तितली में सत्य की अन्ततः विजय होती है और कंकाल में सत्य की पराजय। १६२६ और १६३४ ई० का यह परिवर्तन राष्ट्रीय स्वतंत्रता संघर्ष के आन्दोलन के निराशा और आशा से व्याख्यायित किया जा सकता है। यद्यपि सेवा और मानवता का कल्याण, 'राम, कृष्ण' और महात्मा बुद्ध की आर्य संस्कृति—प्रसाद ने ईसा मसीह को भी आर्य संस्कृति से ही सम्बद्ध माना है—का प्रचार एक प्रकार से कंकाल का प्रमुख उपदेश और विकल्प है। परन्तु तितली में आर्य संस्कृति का यह विकल्प एक प्रकार के सामाजीकरण का परिणाम है। कंकाल में भारत संघ की स्थापना का आश्रमवादी दृष्टिकोण है परंतु इस दृष्टिकोण से प्रसाद संतुष्ट नहीं लगते। उन्हें यह हल या उत्तर सही नहीं लगता है क्योंकि निरंजनदेव, जमुना और विजय का कंकाल इस पर अंतिम टिप्पणी करते हैं। यह टिप्पणी 'व्यक्तिगत पवित्रता' को अधिक महत्त्व देती है। मठीकरण और संस्थानीकरण के विरुद्ध विजय के तर्क और यमुना, गाला, लतिका और घंटी का पुरुष सत्तात्मक व्यवस्था के प्रति अविश्वास, उपन्यास में कई प्रकार के प्रश्न और जिज्ञासायें अनुत्तरित छोड़ जाता है, जो उपन्यास को प्रसाद की समय की सीमा के बावजूद अपने समय का मेरी राय में अधिक महत्त्वपूर्ण उपन्यास बना देता है। हो सकता है विजय का कंकाल 'गोदान' की रचना के मूल में रहा हो। सबसे महत्त्वपूर्ण बात है कि सारे संस्थानों अन्ध-विश्वासों, कपटाचरण और भेदभाव के प्रति प्रश्नचिह्न लगाने वाला विजय केवल नाराज नवयुवक नहीं है उसे प्रसाद ने प्रायः 'नये' से सम्बोधित किया है और यह सम्बोधन संवेदना के उस स्वरूप को व्यक्त करता है जो बाद में हिन्दी के उपन्यासों में व्यक्त हुआ।

चित्रलेखा (१६३४) त्यागपत्र और शेखर : एक जीवनी (१६४२) की प्रमुख समस्याएँ कंकाल में विद्यमान हैं। कंकाल एक प्रकार से पाप और पुण्य की समस्या का उपन्यास है और चित्रलेखा भी। आचार्य शुक्ल ने अपने इतिहास में जीवन के मूलभूत प्रश्नों के रूप में उपन्यास के अन्तर्गत पाप और पुण्य की समस्या को प्रमुख माना है। परन्तु उदाहरण उन्होंने चित्रलेखा का दिया है। कंकाल का निष्कर्ष ही चित्रलेखा का भी निष्कर्ष है। कंकाल कुछ कर्मों को पाप और कुछ कर्मों को पुण्य कहने की धार्मिक रूढ़ि और ढोंग का ही निरन्तर विरोधी है। वह स्वतंत्र वैयक्तिक विकास और समता दोनों को मूल्य मानता है। विजय, यमुना, लतिका, घंटी, निरंजनदेव और कृष्णशरण 'पापबोध' की इस चेतना

से भारतीय समाज को मुक्त करना चाहते हैं। जैसे "छोटे-छोटे ब्रह्मचारी दण्ड, कमण्डल ओर पीत वसन धारण किये समस्वर से गाते जा रहे थे—

कस्यचित्किमपिनोहरणीयं मर्म्मवाक्यमऽपिनोच्चरणीयं
श्रीपतेः पदयुगस्मरणीयं लीलया भवजल तरणीयं

उन सबों के आगे दाढ़ी और घने बालों एक युवक चद्दर धोती पहने जा रहा था। गृहस्थ लोग उन ब्रह्मचारियों की झोली में कुछ डाल देते थे। विजय ने एक दृष्टि से देखकर मुँह फिराकर यमुना से कहा—देखो यह बीसवीं शताब्दी में तीन हजार बी० सी० का अभिनय! समग्र संसार अपनी स्थिति रखने के लिए चंचल है, रोटी का प्रश्न सबके सामने है, फिर भी मूर्ख हिन्दू अपनी पुरानी असभ्यताओं का प्रदर्शन कराकर पुण्य-संचय किया चाहते हैं! आप तो पाप-पुण्य कुछ मानते ही नहीं विजय बाबू! पाप और कुछ नहीं है यमुना जिन्हें हम छिपाकर किया चाहते हैं, उन्हीं कर्मों को पाप कह सकते हैं परन्तु समाज का एक बड़ा भाग उसे यदि व्यवहार्य बना दे, तो वही कर्म हो जाता है, धर्म हो जाता है। देखती नहीं हो, इतने विरुद्ध मत रखने वाले संसार के मनुष्य अपने-अपने विचारों में धार्मिक बने हैं। जो एक के यहाँ पाप है वही तो दूसरों के यहाँ पुण्य है।" (कंकाल, पृ० ७२)।

पाप और पुण्य का यह विश्लेषण मूल सामन्ती धारणा पर ही आघात है। विजय और निरंजनदेव का विकसित रूप ही क्या बीजगुप्त और कुमार गिरि नहीं है? विद्रोही विजय और यमुना में शेखर और शशि की छबियाँ हैं। विजय का यमुना के प्रति प्रेम और विवाह का प्रस्ताव तथा यमुना का पुरुष प्रधान समाज मात्र से विरक्ति के होते हुए भी विजय के प्रति अव्यक्त स्नेह जो बाद में भाई बहन, के सही रिश्ते में बदल कर नियतिवादी हो जाता है शेखर और शशि में दूसरे रूप में मिलता है। इसे नये सम्बन्धों की शुरुआत की पहचान मानने से भी कंकाल का यह 'नये' महत्त्वपूर्ण हो उठता है। मृणाल में कही घण्टी तो नहीं है? हिन्दी के तीनों प्रतिष्ठित और निश्चय ही कई दृष्टियों से महत्त्वपूर्ण इन उपन्यासों का सम्बन्ध 'कंकाल' से मैं जानबूझ कर नहीं जोड़ना चाहता और न मैं कंकाल को इनसे श्रेष्ठ सिद्ध करना चाहता हूँ। मेरा कुल उद्देश्य इतना ही है कि प्रेमचन्द के प्रचार और प्रतिष्ठा के दबाव मे कंकाल मे अंकुरित संवेदना के उस स्वरूप को हमें नहीं भूलना चाहिए जो परवर्ती हिन्दी उपन्यासों में विकसित हुयी है। कंकाल भारतीय समाज की सड़ांध और बदबू पर पड़ी हुई राख को खुरच देता है। लेकिन उपन्यास का यह उद्‌घाटन बन्दर वृत्ति वाला उद्‌घाटन नहीं है कि इसे अति यथार्थवादी कह दिया जाय। यह उद्‌घाटन

लोकमंगल की भावना से युक्त है – इसलिए कि वह फोड़े को खुरचकर उसमें मलहम पट्टी करना चाहता है। उपन्यास का उद्देश्य वेश्या जीवन और रखैलों का वर्णन करना नहीं है बल्कि धर्म के नाम पर होने वाले शोषण और स्त्रियों के प्रति अमानवीय व्यवहार को उद्घाटित करना और ऐसी आध्यात्मिकता का प्रचार करना है जिससे किसी प्रकार की रूढ़ि और साम्प्रदायिकता न पनप सके।

कथावस्तु के स्वरूप और 'लक्ष्य' के आधार पर हिन्दी के उपन्यासों का वर्गीकरण करते हुए रामचन्द्र शुक्ल 'कंकाल' और 'तितली' को 'समाज के भिन्न-भिन्न वर्गों की परस्पर स्थिति और उनके संस्कार चित्रित करने वाले' वर्ग में रखा है। शुक्ल जी का यह विभाजन गलत नहीं है परन्तु अपूर्ण अवश्य है। कंकाल वर्गों के हिसाब से स्थितियों का चित्रण नहीं करता है कि क्योंकि वर्गीय मनोवृत्ति के स्वरूप प्रेमचन्द और प्रसाद में भिन्न है। तितली में वर्गीय चरित्रों का चित्रण है परंतु कंकाल में तो मूल समस्या ही दूसरी है। कंकाल उस युग का एकमात्र ऐसा वोल्ड उपन्यास है जो धार्मिक आडम्बर का न केवल पर्दाफाश करता है बल्कि उसे सामाजिक सड़न का प्रमुख कारण मानता है। शुक्ल जी में पाश्चात्य संस्कृति और समाज के प्रति पाये जाने वाला चौकन्नेपन का भाव जयशंकर प्रसाद और प्रेमचन्द दोनों में पाया जाता है, जो प्रकारान्तर से उभरते हुए वर्ग की ओर संकेत ही नहीं करता है बल्कि आने वाले भविष्य का संकेतक भी है। शुकल जी भी प्रसाद जी की भाँति उपन्यास को एक प्रकार से सामाजिक बुराइयों को रोकने वाला और संशोधन करने वाला मानते है। वस्तुतः प्रसाद जी कंकाल में समस्यामूलक और प्रश्न-चिन्हात्मक मुद्रा अपनाते हैं और तितली में सुधारात्मक और सांत्वनावादी। सुधार और सांत्वना के ही तर्क से उनके उपन्यासों में प्राचीन उपन्यासों की उपदेशात्मक भी मिलती है। यद्यपि यह उपदेशात्मकता कलात्मक संयोजन से उपन्यास की समग्रता का हिस्सा लगती है अलग से लगाई गई कलम नहीं। कारण यह है कि प्रसाद का जीवन और जगत के बारे में एक दृष्टिकोण था और उसको वे परवर्ती काल में रचनाओं में एक जीवन दर्शन के रूप में अभिव्यक्त भी करते हैं कंकाल, तितली, कामायनी और इरावती इस आनन्दवादी जीवन दर्शन की क्रमशः प्रौढ़ से प्रौढ़तर होती हुयी कृतियाँ है। भौतिक जड़ता और धार्मिक या मठी निरंकुशता से मुक्ति उनकी रचनाओं का विषय है। यथार्थ और यूटोपिया को एक साथ रचनाओं प्रस्तुत करना और दोनों के प्रति शंका भी प्रसाद में मिलती है। कंकाल में जो आन्तरिक और वाह्य विसंगति बोध है वह आगामी उपन्यासों का ही

बीज है। समाजवाद और प्रजातंत्र दोनों से भिन्न एक मार्ग की खोज लगभग सर्वोदय के स्तर की प्रसाद में पायी जाती है। मेरी राय में तो वे पहले सर्वोदयी हैं। कंकाल, तितली और कामायनी में एक प्रकार का सर्वोदयत्व पाया जाता है जो भौतिकता और आध्यात्मिकता की मिलावट का परिणाम है। निम्न-लिखित उद्धरणों से यदि कामायनी के इड़ा, संघर्ष और आनन्द आदि सर्गों की तुलना जाय तो मेरी धारणा स्पष्ट हो जायगी। इन उद्धरणों को प्रसाद के उपन्यासों के रचना विधान की दृष्टि से ही नहीं बल्कि १९२५ के बाद की उनकी अधिकांश रचनाओं की दृष्टि से महत्त्वपूर्ण माना जा सकता है। सांसारिक वास्तविकता का उदाहरण मैं पहले भी कई दे चुका हूँ। कुछ उद्धरण बिस्तार से देकर अपनी बात प्रसाद के संदर्भ में ही नहीं बल्कि छायावादी दौर के सभी रचनाकारों—रामचन्द्र शुक्ल, प्रेमचन्द, जैनेन्द्र और अज्ञेय आदि तर्कशः इसी दौर के लगते हैं—की सृजनशील रूढ़ियों और जीवन-जगत के प्रति एक संभव हल का संकेत भी करना चाहता हूँ। प्रसाद के माध्यम से यह इसलिए व्यक्त किया जा सकता है कि प्रसाद अपने समय के एकमात्र रचनाकार है जो संभावना के छोर पर पहुँच कर मानव भविष्य की चिंता करते हैं और एक निष्कर्ष प्रस्तुत करते हैं।

"मैं, सोचता हूँ कि मेरा सामाजिक बन्धन इतना विशृंखल है कि उसमें मनुष्य केवल ढोंगी बन सकता है। दरिद्र किसानों से अधिक से अधिक रस चूसकर एक धनी थोड़ा-सा दान कहीं-कहीं दया और कभी-कभी छोटा-मोटा उपकार—करके, सहज में ही आप जैसे निरीह लोगों का विश्वास-पात्र बन सकता है। सुना है कि आप धर्म में प्राणिमात्र की समता देखते हैं, किन्तु वास्तव में कितनी विषमता है। सब लोग जीवन में अभाव-ही-अभाव देख पाते। प्रेम का अभाव, स्नेह का अभाव धन का अभाव, शरीर-रक्षा की साधारण आवश्यकताओं का अभाव, दुःख और पीड़ा यही तो चारों ओर दिखायी पड़ता है। जिसको हम धर्म या सदाचार कहते हैं वह भी शान्ति नहीं देता। सबमें बनावट सबमें छल प्रपंच! मैं कहता हूँ कि आप लोग इतने दुःखी हैं कि थोड़ी-सी सहानुभूति मिलते ही कृतज्ञता नाम की दासता करने लग जाते हैं। इससे तो अच्छी है पश्चिम की आर्थिक या भौतिक समता, जिसमें ईश्वर के न रहने पर भी मनुष्य की सब तरह की सुविधाओं की योजना है।" (तितली, पृ० १०३)।

"मैं समझ रहा हूँ कि आप व्यावहारिक समता खोजते हैं; किंतु उसकी आधार शिला तो जनता की सुख समृद्धि ही है न। जनता को अर्थ प्रेम की शिक्षा देकर उसे पशु बनाने की चेष्टा अर्थ करेगी। उसमें ईश्वर भाव का आत्मा का निवास

न होगा तो सब लोग उस दया सहानुभूति और प्रेम के उदगम से अपरिचित हो जायँगे जिससे आपका व्यवहार टिकाऊ होगा। प्रकृति में विषमता तो स्पष्ट है। नियंत्रण के द्वारा उसमें व्यावहारिक समता का विकास न होगा। भारतीय आत्मवाद की मानसिक समता ही उसे स्थायी बना सकेगी। यान्त्रिक सभ्यता पुरानी होते ही ढीली होकर बेकार हो जायगी। उसमें प्राण बनाये रखने के लिए व्यावहारिक समता के ढाँचे या शरीर में, भारतीय आत्मिक साम्य की आवश्यकता कब मानव समाज समझ लेगा, यही विचारने की बात है। मैं मानता हूँ कि पश्चिम एक शरीर तैयार कर रहा है किन्तु उसमें प्राण देना पूर्व के अध्यात्मवादियों का काम है। यही पूर्व और पश्चिम का वास्तविक संगम होगा, जिससे मानवता का स्रोत प्रसन्नधार में बहा करेगा।''

उस दिन की आशा में हम लोग निश्चेष्ट बैठे रहे।

नहीं मानवता की कल्याण कामना में लगना चाहिए।

(तितली, पृ० १०४)।

''सच्चा वेदान्त व्यावहारिक है। वह जीवन-समुद्र आत्मा को उसकी सम्पूर्ण विभूतियों के साथ समझता है। भारतीय आत्मवाद के मूल में व्यक्तिवाद है; किन्तु उसका रहस्य है समाजवाद की रूढ़ियों से व्यक्ति की स्वतन्त्र की रक्षा करना और व्यक्ति की स्वतंत्रता का अर्थ है व्यक्ति समता की प्रतिष्ठा, जिसमें समझौता अनिवार्य है।'' (तितली, पृ० ७४)।

''पिछले दिनों में मैंने पुरुषोत्तम की प्रारम्भिक जीवनी सुनाई थी, आज सुनाऊँगा उनका संदेश। उनका संदेश था—आत्मा की स्वतंत्रता का, साम्य का, कर्मयोग का, और बुद्धिवाद का। आज हम धर्म के जिस ढाँचे को शव को घेरकर रो रहे हैं, वह उनका धर्म नहीं था। धर्म को वे बड़ी दूर की पवित्र या डरने की वस्तु नहीं बतलाते थे। उन्होंने स्वर्ग का लालच छोड़कर रुढ़ियों के धर्न को पाप कहकर घोषणा की। उन्होंने जीवन्मुक्ति होने का प्रचार किया।··· सबकी आत्मा स्वतंत्र हो, इसलिए समाज की व्यावहारिक बातों को वे शरीर कर्म कहकर व्याख्या करते थे—क्या यह पथ सरल नहीं, क्या हमारे वर्तमान दुःखों में वह अवलम्बन न होगा ? सब प्राणियों से निर्वैर रखनेवाला शांति पूर्ण शक्ति संवलित मानवता का ऋजु पथ, क्या हम लोगों के चलने योग्य नहीं है ? समवेत जनमण्डली ने कहा—है, अवश्य है।

हाँ, और उसमें कोई आडम्बर नहीं। उपासना के लिए एकान्त निश्चित अवस्था, और स्वाध्याय के लिए चुने हुए श्रुतियों के सारभाग का संग्रह, गुण कर्मों से विशेषता और पूर्ण आत्मनिष्ठा, सबकी साधारण समता इतनी ही तो

चाहिए। कार्यालय मत बनाइये, मित्रों के सदृश एक दूसरों को समझाइए, किसी गुरुडम की आवश्यकता नहीं। आर्य संस्कृति अपना तामस त्याग झूठा विराग छोड़कर जागेगी भू-पृष्ठ के भौतिक देहात्मवादी चौंक उठेंगे। यान्त्रिक सभ्यता के पतन काल में ही वही मानव जाति का अवलम्बन होगी।''

(कंकाल, ११४)।

'कंकाल' और 'तितली' का यह स्वरूप इरावती में बदला हुआ दिखाई पड़ता है। वस्तुतः 'इरावती' 'कामायनी' के बाद की कृति है। पुष्यमित्र शुंग के काल की कथा वस्तु को आधार बनाकर प्रसाद जी ने इस उपन्यास में पाप-पुण्य के बजाय अच्छे और बुरे का विचार करते हुए 'कंकाल' की ही तरह से इसमें भी प्रयोग करने वाले व्यक्ति की दृष्टि को निर्णायक माना गया है। इस उपन्यास में प्रसाद के नाटकों की तरह से अतीत से वर्तमान की ओर प्रक्षेपण नहीं है बल्कि इसमें वर्तमान मनुष्य की दशा के आधार पर अतीत को उदाहरण या आदर्श के रूप में प्रस्तुत किया गया। प्रसाद के नाटकों और उपन्यासों की संरचना में वैसे भी आदर्श और यथार्थ एक दूसरे के सामने रखे हुए शोशे की भाँति प्रतीत होते हैं। नाटकों में शीशा आदर्श और अतीत का है प्रतिबिम्ब यथार्थ का है। उपन्यासों में शीशा यथार्थ का है प्रतिबिम्ब आदर्श का है। और यह प्रतिबिम्ब समय की दृष्टि से पूर्वार्ध और परार्ध के क्रम से लघु और वृद्धिमान होता रहता है। इरावती उपन्यास अधूरा है कोई निष्कर्ष निकालना उचित नहीं है परन्तु जितना लिखा गया है उसके चक्रानुक्रम का एक नियम अवश्य बना है। उपन्यास की यही विशेषता है कि वह वर्तमान की तरह से भविष्य को निर्मित करता चलता है। इरावती का अन्त निश्चित है क्योंकि उसका सिद्धांत निश्चित है। प्रारम्भ से सुनायी पड़ने वाली आनन्द के उद्घोष की वाणी अंत तक विद्यमान है। सांसारिकता ओर आध्यात्मिकता के समन्वय की नहीं बल्कि 'सहजता' की चिन्ता ही इरावती का विषय है। कामायनी में बुद्धिवाद का प्रलयंकर स्वरूप है और इच्छा क्रिया और ज्ञान की 'लयता' का उद्घोष उसका एक विकल्प है जो कामायनी की भूमिका के अनुसार लेखक को मानवता के इतिहास के प्रतीक रूपक के रूप में यह स्वीकृत है। 'इरावती' में विवेकवाद को क्षुद्र और संकुचित दृष्टि का कारण माना गया है। संसार से विच्छिन्न करने वाले विराग और दर्शन की निंदा इस उपन्यास में एक प्रकार से संघर्ष और युद्ध के उद्घोष के रूप में प्रयुक्त हुई है। इसलिए इरावती यदि पूरी हो गई होती तो गद्यात्मक कामायनी होती। यह दृष्टि उस द्विवेदी युगीन चेतना से भिन्न है जिसमें बुद्धिपक्ष को हृदयपक्ष की तुलना में प्रधान माना गया है। रामचन्द्र शुक्ल और जयशंकर प्रसाद में यही अन्तर है कि

शुक्ल जी में इड़ा श्रद्धा को लिवा जाती है और कामायनी में इड़ा और मनु दोनों श्रद्धा को खोजते हैं। इरावती के इस उद्धरण से प्रसाद के 'रहस्यवाद' निबन्ध के सिद्धान्त निरूपण का तात्पर्य न केवल स्पष्ट हो जायगा बल्कि पृथ्वी या संसार के प्रति उनके यथार्थवादी आग्रह का भी संकेत मिल जायगा—

"अतिक्रमण करके आपका विवेक संसार से आपको अलग अपनी और संकुचित भूमिका में खड़ा कर देगा। जहाँ केवल विराग ही नहीं, अपितु आसपास के फैले हुए संसार से घृणा भी नाक सिकोड़ने लगेगी। उस विवेक को भी हम क्या कहें, जो हमको संसार से विच्छिन्न करके, वैराग्य और अपनी पवित्रता के अभिमान में, हमें अद्भुत परिस्थिति में डाल दे। हमारा विश्व से सामंजस्य होना असम्भव कर दे। शंकाओं से, निषेधों से हमें जकड़कर काल्पनिक उच्च आदर्शों के लिए वामन की तरह उचकते रहने की हास्य जनक स्थिति में सदैव डाल रक्खे।"
(इरावती, पृ० ८८)।

प्रसाद जी के इस उपन्यास का लक्ष्यीभूत पाठक मध्यवर्ग ही है। बल्कि यह भी कहा जा सकता है कि मध्यवर्ग के लिए ही पूरा छायावाद का साहित्य मध्य वर्ग द्वारा ही लिखा गया। फलतः उभरते हुए मध्यवर्ग की आशा आकांक्षा, प्रतिध्वनि, मनोव्यथा, पिंजरबद्धता और नवीनता, अनुकरण तथा मुक्ति की आकांक्षा पायी जाती है। परन्तु इरावती के पहले के उपन्यासों में विशेषकर कंकाल के पात्र भी 'कंकाल' यानी सर्वहारा है। सर्वहारा का यह अर्थ भारत की तत्कालीन सामाजिक व्यवस्था में एक विशेष प्रकार का अर्थ रखता है जो सर्वहारा के श्रम प्रक्रिया के अर्थ से भिन्न है परन्तु महत्त्वपूर्ण अवश्य है। तितली का समाज भिन्न समाज है वह भारतीय समाज के उच्च और मध्यवर्ग का ही समाज नहीं है बल्कि आर्थिक दृष्टि से विपन्न परन्तु वर्ण संस्कारों से युक्त लोगों का समाज है। प्रायः सभी पात्र शिक्षित और सामाजिक दृष्टि से सजग पात्र है। निम्नवर्ग के पात्रों का जो प्रयोग है भी वह पात्र के रूप में नहीं बल्कि प्रसगात है। 'प्रतिध्वनि' और आंधी में निम्न पात्र भी मिलते हैं। परन्तु इतना निश्चित है कि इन कहानियों के अधिकांश पात्र विवश, विपन्न, आश्रित परन्तु तेजस्वी और स्वाभिमानी हैं। और यह जिस प्रकार के सम्बन्धों के द्वारा जगत को उद्घाटित करते हैं वह उपन्यास का स्थायी तत्त्व बनता है। वस्तुतः उपन्यास के रचना विधान की दृष्टि से इन तीनों उपन्यासों में कोई विशेष अन्तर नहीं है।

प्रसाद जी का संरचनात्मक आधार सादृश्य और वैपरीत्य है। नाटकों और उपन्यासों में इसी मूल आधार पर शुभ और अशुभ की आदर्शवादी धारणा का प्रयोग करते हुए वस्तु संगठन किया गया है। इस तर्क से कंकाल थोड़ा भिन्न है।

उसके संगठन में शील वैचित्र्य का प्रयोग होते हुए भी निश्चित आदर्शों की ही स्थापना की गई है। कथा के भीतर कथा का प्रयोग कंकाल और तितली में समान्तरित है। देवनन्दन और शबनम की कथाएँ विषाद ग्रस्त हैं। इन दोनों ही कथाओं का प्रयोग भारतीय साहित्य की परम्परा का उपन्यास के पश्चिमी रचना विधान में एक प्रयोग कहा जा सकता है और निश्चय ही यह प्रयोग मूल कथा की वेदना को अधिक गहराता ही है। अन्तर्वैयक्तिक वेदनाओं के एकत्र संघटन से ही इन उपन्यासों का सृजन हुआ है। काल वैचित्र्य और व्यक्ति वैचित्र्य की दृष्टि से कंकाल बेहतर है जब कि तितली का कथानक चन्द्रगुप्त की तरह से निश्चयात्मक है। उपन्यास का जीवन अभिनेताओं के कारण है। उपन्यास में पात्रात्मकता कथा वैचित्र्य और शिल्प की दृष्टि से ठीक होती है परन्तु एक प्रकार की निर्जीवता भी उत्पन्न करती है। नाटकीयता के प्रयोग का एक लाभ अवश्य है कि उपन्यासों में अन्तर्व्यथा भी सांकेतिक हो सकी है। उपन्यास मैथिलीशरण के महाकाव्यों की तरह केवल घटनाओं के प्रवाह नहीं लगते हैं, बल्कि उनमें व्यक्तियों की पीड़ा और मनोव्यथा का भी असर है। यह मनोव्यथा वर्णन से नहीं बल्कि उपन्यास की बनावट का अंग बनकर आती है, कथ्य के भीतर निबद्धमान संकेतों और सूचनाओं से प्रतीत होती है। यह प्रतीति प्रसाद के उपन्यासों की वह विशेषता है जो जैनेन्द्र और अज्ञेय में पायी जाती है। अन्तर केवल इतना है कि प्रसाद में बाहरी यथार्थ की फांक से वह छाया—वेदना-झलकती है जब कि जैनेन्द्र और अज्ञेय में भीतरी दुनिया की फांक से बाहरी दुनिया झलकती है। 'हम हैं इसलिए दुनिया है' का मुहावरा प्रसाद के बाद का है यद्यपि मुझे वह प्रसाद का ही प्रसार लगता है। प्रसाद का आधार है कि मैं और जगत दोनों ही स्वतन्त्र सत्ताएँ हैं परन्तु दोनों से परे भी एक सत्ता है जिसके कारण ही ये सत्ताएँ हैं। यानी जो कुछ भी व्यक्त है वह अव्यक्त के कारण। और यही कारण है कि आस्तिकता और नियतिवादिता उनकी सभी कृतियों में प्रतिफलनात्मक तत्त्व के रूप में पाये जाते हैं।

विषमता प्रसाद जी के लिए वास्तविकता है कामायनी में ही नहीं उपन्यासों में भी और समता एक मूल्य है। परन्तु इस 'समता' की उनकी व्याख्या शील को एक गुण और वैयक्तिकता को आदर्श का प्रमुख आधार मानकर चलती है। इसलिए प्रसाद की समाज की परिभाषा अन्तर्वैयक्तिकता को आधार मानती है। आत्मशुद्धि और आत्मनिरीक्षण के अतिरिक्त वे स्वतन्त्रता को इसी अर्थ में एक मूल्य मानते हैं। प्रजातांत्रिक प्रणाली का कोई सीधा उल्लेख प्रसाद ने कहीं नहीं किया है। जिस प्रकार की ग्राम स्वराज्य की वे कल्पना करते हैं वह तितली का

ग्राम स्वराज्य है जो वाटसन, शैला, इन्द्रदेव, तितली आदि के प्रयत्न से धामपुर में शुरू और सफल होता है। परन्तु प्रसाद जी प्रमुख प्रजातांत्रिक मूल्यों 'समता' 'विश्वबन्धुत्व' और 'स्वतन्त्रता' को कहकर नहीं बल्कि बाह्य जगत में व्यक्तियों के व्यवहार से प्रकट और स्थापित करते है। आचरण और वाणी से इन मूल्यों की स्थापना व्यक्तियों के संघर्ष में ही नहीं, बल्कि रामनाथ, कृष्णशरण और ब्रह्मचारी की स्थापनाओं से भी प्रमाणित और सम्पुष्ट होती है। यह दृष्टि प्रसाद को प्रेमचन्द से अलग अवश्य करती है। इस आधार पर विवेचन से गोदान के प्रेमचन्द वाममार्गी और तितली के प्रसाद दक्षिणमार्गी लगते हैं। हिन्दी उपन्यास के आगामी विकास को इस संदर्भ में भी विवेचित किया जा सकता है।

भारतीय समाज में स्त्रियों की दशा भारतेन्दु की तरह प्रसाद का प्रमुख विषय रही है। सामाजिक चेतना के बदलाव और सामाजिक जीवन के विविध क्षेत्रों की हिस्सेदारी ने स्त्रियों को भी अपने अधिकारों के प्रति जागृत किया। यद्यपि यह सारी अधिकार चेतना एक विशेष प्रकार के वर्ग और समाज में ही थी। प्रसाद के नाटकों, कहानियों और उपन्यासों में इस स्त्री चेतना के विविध रूप मिलते हैं। वस्तुतः १९२२ के आस-पास जैसा की प्रेमचंद ने लिखा है पूरा गगन सुधार-सुधार के नारे से निनादित हो रहा था। सुधार की यह आवाज प्रेमचंद और प्रसाद दोनों में है। और दोनों में धनियाँ तथा 'यमुना' पुरुषों की पराजय और टूट के बाद अपने यथार्थ स्वरूप में खड़ी रहती है। प्रसाद ने प्रारंभ में स्त्रियों का प्रयोग आदर्शीकृत रूप में किया है। 'जनमेजय के नागयज्ञ' से लेकर चन्द्रगुप्त तक स्त्रियों का एक आदर्शी कृत स्वरूप मिलता है जिसमें स्थिर चरित्रों का प्रयोग किया गया है। परन्तु ध्रुवस्वामिनी' में यह समस्या भिन्न रूप में आती है। वस्तुतः 'प्रतिध्वनि', से स्त्रियों के प्रति प्रसाद का आदर्शीकृत स्वरूप बदला है। और यह बदलाव नेतृत्त्व के स्तर पर भी है। 'ध्रुवस्वामिनी', 'तितली' और 'कामायनी' में स्त्रियाँ ही प्रतिनिधित्त्व करती हैं। कंकाल भी वस्ततः यमुना की कथा है। क्योंकि कंकाल की मूल कथा प्रारंभ से अंत तक यमुना और विजय पर केन्द्रित है शेष धाराएँ मिलती है और साथ-साथ चलती हैं। ठीक वैसे ही जैसे की तितली प्रारंभ से अंत तक विद्यमान है और उपन्यास के अंत में वह शैला से अधिक महत्त्वपूर्ण ही नहीं किसी पुरुष पात्र से भी अधिक साहसी, संघर्षरत, सहनशील और अंततः सफल है। यद्यपि तितली पुरुषसत्तात्मक व्यवस्था के प्रति समर्थन का उपन्यास है जबकि कंकाल पुरुषसत्तात्मक व्यवस्था के प्रति पूर्णतः असंतोष और विद्रोह की रचना है। स्त्री और शक्ति के प्रति प्रसाद का मत जीवन दृष्टि, शैव दर्शन और गंभीर चिंतन का परिणाम है।

कंकाल में सभी स्त्रियाँ पुरुष की सत्तात्मकता पर आघात करती हैं वैसे ही जैसे की ध्रुवस्वामिनी। वस्तुतः ध्रुवस्वामिनी और कंकाल में एक प्रकार का साम्य है। धर्म और राज्य, समाज और पुरुष सत्तात्मकता पर लगाये गये प्रश्न चिह्न दोनों में समान है। यमुना और घंटी का यह कथन ध्रुवस्वामिनी के कथन से मिलता है अंतर केवल इतना है कि ध्रुवस्वामिनी और तितली इस समाज से संघर्ष करके अपने प्राप्य प्राप्त कर लेती हैं और अंततः विद्रोह को नहीं संतुलन को बनाये रखती हैं।

"यमुना ने कहा—कोई समाज और धर्म स्त्रियों का नहीं बहन! सब पुरुषों के हैं। सब हृदय को कुचलने वाले क्रूर हैं। फिर भी मैं समझती हूँ कि स्त्रियों का एक धर्म है वह है आघात सहने की क्षमता।" (कंकाल, २९९)।

घण्टी ने कहा—मैं भी! बहनें स्त्रियों को स्वयं घर पर जाकर अपनी दुखिया बहनों की सेवा करनी चाहिए। पुरुष उन्हें उतनी ही शिक्षा और ज्ञान देना चाहते हैं, जितना उनके स्वार्थ में बाधक नहीं। घरों के भीतर अंधकार है, धर्म के नाम पर ढोंग की पूजा है और शील तथा आचार के नाम पर रूढ़ियों की। बहनें अत्याचार के परदे में छिपाई गई हैं।" (कंकाल, पृ० २०१)।

स्त्रियों को उनकी आर्थिक पराधीनता के कारण जब हम स्नेह करने के लिए बाध्य करते, तब उनके मन में विद्रोह की सृष्टि भी स्वाभाविक है आज प्रत्येक कुटुम्ब उनके इस स्नेह और विद्रोह के द्वन्द्व से जर्जर है और असंगठित है। हमारा सम्मिलित कुटुम्ब उनकी इस आर्थिक पराधीनता की अनिवार्य असफलता है। उन्हें चिरकाल से वंचित एक कुटुम्ब के आर्थिक संगठन को ध्वस्त करने के लिए दिन-रात चुनौती मिलती रहती है। जिस कुल से वे आती हैं उस पर से ममता हटती नहीं, यहाँ भी अधिकार की कोई संभावना न देखकर, वे सदा घूमने वाली अपराधी जाति की तरह प्रत्येक कौटुम्बिक शासन को अव्यवस्थित करने में लग जाती हैं। यह किसका अपराध है? प्राचीन-काल में स्त्री धन की कल्पना हुई थी। किन्तु आज उसकी जैसी दुर्दशा है, जितने कांड उसके लिए खड़े होते हैं, वे किसी से छिपे नहीं।" (तितली, पृ० ११९)।

"ध्रुवस्वामिनी—कुछ नहीं, मैं केवल यह कहना चाहती हूँ कि पुरुषों ने स्त्रियों को अपनी पशु सम्पत्ति समझकर उन पर अत्याचार करने का अभ्यास बना लिया है, वह मेरे साथ नहीं चल सकता। यदि तुम मेरी रक्षा नहीं कर सकते, अपने कुल की मर्यादा, नारी का गौरव, नहीं बचा सकते, तो मुझे बेच भी नहीं सकते। हाँ तुम लोगों को आपत्ति से बचाने के लिए मैं स्वयं यहाँ से चली जाऊँगी।" (ध्रुवस्वामिनी—प्रसाद वाङ्मय पृ० ७५६)।

इन उपन्यासों की एक विशेषता की ओर संकेत करना और आवश्यक है और वह है भाषा के प्रयोग के प्रति दृष्टि का। जयशंकर प्रसाद पात्रों के वर्ग और यथार्थ के तर्क से प्रयुक्त की जाने वाली भाषा से परिचित थे कालिदास और भारतेन्दु इसके प्रयोक्ता और प्रमाण थे। उपन्यास में वे बोलियों के प्रयोग करने के पक्ष में नहीं थे बल्कि भाषा में ही कलात्मक कौशल से विभिन्न संवेदनाओं, स्थितियों और मनोवृत्तियों की आम व्यंजनात्मक क्षमता के पक्ष में थे। महत्त्वपूर्ण बात यह है कि स्वतंत्रता संघर्ष के दौरान लिखे गये महत्त्वपूर्ण रचनाओं में आंचलिकता का यह औपनिवेशिक दृष्टिकोण नहीं मिलता है, जो यथार्थ के नाम पर भाषिक सृजनशीलता से पलायन का दरवाजा खोलता है। भाषा की यह 'छविमयता' प्रसाद में है। विशेषकर कंकाल में। प्रकृति चित्रण और वातावरण तथा स्थिति के बोध में प्रसाद निश्चय ही अपने समकालीनों से अधिक दक्ष हैं। 'कंकाल' और 'तितली' दोनों का प्रारंभ इस प्रकार की अरेस्टिंग क्षमता से युक्त है। प्रसाद की यह विशेषता सारे उपन्यासों में है। प्रेमचंद में इस क्षमता का अभाव है। जबकि कथात्मक तत्त्वों का प्रयोग उन्होंने भी किया है। अन्तर केवल श्रव्य और दृश्य विधान का है। प्रेमचंद पाठ्यगुण और श्रव्य विधान का प्रयोग अधिक करते हैं। दृश्य नियोजन में वह सटीकता नहीं है, जो प्रसाद में है। और यह क्षमता उस बौद्धिक क्षमता की अन्तर्सुप्त स्थिति के कारण है, जो उपन्यास में निर्मित ही नहीं है बल्कि उसकी कल्पना का अंग है। यही क्षमता है जो प्रसाद को तितली के माध्यम से उस क्षणवादी विचार विन्दु तक ले जाती है जो 'शेखर : एक जीवनी' और 'नदी के द्वीप' का प्रमुख विषय है। इन्द्रदेव का यह कथन कि "जितने समय तक वह ऐसी दृढ़ता दिखा सके, अपने अस्तित्व का प्रदर्शन कर सके, उतने क्षण तक क्या जिया नहीं" आधुनिक दृष्टि से बहुत महत्त्वपूर्ण है। ऐसा निष्कर्ष केवल तितली का ही नहीं बल्कि कंकाल में जमुना का भी है। प्रसाद जी वस्तुतः गाँव और शहर को इकाई मानकर नहीं बल्कि होनेवाले परिवर्तनों के आधार पर आदर्श गाँव और शहर को चरित्र विकसित करते हैं। 'तितली का गाँब' टूटते हुए जमींदारों, बेदखल होते किसानों, गाँव से शहर भागते ग्रामीणों और नष्टप्राय ग्रामीण पारिवारिकताओं, कारिन्दों और पिट्ठुओं से सताये जाते हुए निरपराध किसानों, ऐयाशी करते हुए सामन्तों तथा इन सबसे लड़ते हुए मधुवन, तितली, रामजस और रामदीन का गाँव है।

प्रसाद जी ब्योरेवार वर्णन के बजाय लाक्षणिक और संकेतात्मक वर्णन करते हैं। गाँव की प्रवृत्ति और उसका समाज प्रसाद के लिए एक इकाई है और इस इकाई

का सुधार प्रसाद का लक्ष्य है। महात्मा गाँधी की आवाज इस इकाई में सुनायी पड़ती है। त्याग, तपस्या, संयम और साधना की प्रतिष्ठा उपन्यास में पूर्णतः आदर्शवादी स्तर पर है। 'तितली' में शैला और तितली अपने-अपने ढंग से इसे करते भी हैं। इन्द्रदेव इस सुधार के लिए लगभग गाँधी जी की आवाज में ही बोलते हैं कि "मैं तो समझता हूँ कि गाँवों का सुधार होना चाहिए। कुछ पढ़े-लिखे संपन्न और स्वस्थ लोगों की नागरिकता के प्रलोभनों को छोड़कर, देश के गाँवों में बिखर जाना चाहिए। उनके सरल जीवन में—जो नागरिकों के संसर्ग से विषाक्त हो रहा है।—विश्वास, प्रकाश और आनन्द का प्रचार करना चाहिए। उनके छोटे-छोटे उत्सवों में वास्तविकता, उनकी खेती में सम्पन्नता और चरित्र में सुरुचि उत्पन्न करके उनके दारिद्रय और अभाव को दूर करने की चेष्टा होनी चाहिए। इसके लिए सम्पत्तिशालियों को स्वार्थ त्याग करना अत्यन्त आवश्यक है।" (तितली, पृ० १६३)।

सत्याग्रह युग का स्वप्न तितली में संघर्ष और विरोध के स्तर पर भी है और संगठन के स्तर पर भी है। प्रसाद का यह चित्रण महत्त्वपूर्ण और सांकेतिक है तथा 'कंकाल' की समस्याओं को समेटे हुए भी है। परन्तु प्रसाद की विशेषता ग्रामीण यथार्थ के केवल समस्यात्मक पहलू—गलाजत और टूटन-को व्यक्त करने में ही नहीं जीवन्त और मूल्यवान पहलू का संकेत करने में भी है। गाँव का सिवान, हरियाली और खेती बारी के साथ जिससे प्रसाद जी ग्रामीण गंध विकसित करने में सफल हुए है, लोकगीतों और हंसी ठिठोली से एक भिन्न स्वरूप का भी चित्रण करते हैं। सम्बंधों की पवित्रता, जैविक वासना, सहज आकर्षण, ऐय्याशी, स्वालम्बन, मानवीयता, लाठी-डंडा और भाई-चारा के साथ-साथ 'तितली' का गाँव अपनी समग्रता से जीवित है। वस्तुतः प्रसाद की संरचना एक रेखीय नहीं है बल्कि चक्रीय है। तितली में भी वही चक्रीयता है, जो नियतिवादी भी है और भारतीय भी है। प्रसाद जी के उपन्यासों का महत्व अपने वर्तमान के संदर्भ में तो है ही उससे अधिक है उपन्यास को प्रचार और कलामाध्यमों से भिन्न एक स्वतंत्र विधा के रूप में विकसित करने में—प्रयोग में। महत्त्व और लघुत्त्व के सीमांत का बोध रचना को चैलेंज प्रदान करता है और प्रसाद ने इस चैलेंज को स्वीकार किया है।

हिन्दी-विभाग
इलाहाबाद विश्वविद्यालय —सत्यप्रकाश मिश्र
इलाहाबाद

प्रसाद के सम्पूर्ण उपन्यास

कंकाल

प्रथम खण्ड

१

प्रतिष्ठान के खंडहर में और गंगा-तट की सिकता-भूमि में अनेक शिविर और फूस के झोंपड़े खड़े हैं। माघ की अमावस्या की गोधूली में प्रयाग के बाँध पर प्रभात का-सा जनरव और कोलाहल तथा धर्म लूटने की धूम कम हो गई है; परन्तु बहुत-से घायल और कुचले हुए अर्धमृतकों की आर्त्त ध्वनि उस पावन प्रदेश को आशीर्वाद दे रही है। स्वयं-सेवक उन्हें सहायता पहुँचाने में व्यस्त हैं। यों तो प्रतिवर्ष यहाँ पर जन-समूह एकत्र होता है, पर अबकी बार कुछ विशेष पर्व की घोषणा की गई थी इसीलिए भीड़ अधिकता से हुई।

कितनों के हाथ टूटे, कितनों का सिर फूटा और कितने ही पसलियों की हड्डियाँ गँवाकर, अधोमुख होकर त्रिवेणी को प्रणाम करने लगे। एक नीरव अव-साद, संध्या में गंगा के दोनों तट पर खड़े झोंपड़ों पर अपनी कालिमा बिखेर रहा था। नंगी पीठ घोड़ों पर नंगे साधुओं के चढ़ने का जो उत्साह था, जो तलवार की फिकैती दिखलाने की स्पर्धा थी, दर्शक-जनता पर बालू की वर्षा करने का जो उन्माद था, बड़े-बड़े कारचोबी झंडों को आगे से चलने का जो आतंक था, वह सब अब फीका हो चला था।

एक छायादार डोंगी, जमुना के प्रशान्त वक्ष को आकुलित करती हुई गंगा की प्रखर धारा को काटने लगी—उस पर चढ़ने लगी। माझियों ने कसकर डाँड़े लगाये। नाव झूँसी के तट पर जा लगी। एक सम्भ्रान्त सज्जन और युवती, साथ में एक नौकर, उस पर से उतरे। पुरुष यौवन में होने पर भी कुछ खिन्न-सा था, युवती हँसमुख थी; परन्तु नौकर बड़ा ही गंभीर बना था। यह सम्भवतः उस पुरुष की प्रभावशालिनी शिष्टता की शिक्षा थी। उसके हाथ में एक बाँस की डोलची थी, जिसमें कुछ फल और मिठाइयाँ थीं। साधुओं के शिविरों की पंक्ति सामने थी, वे लोग उसी ओर चले।

सामने से दो मनुष्य बातें करते आ रहे थे—

ऐसी भव्य मूर्ति इस मेले भर में दूसरी नहीं है।

जैसे साक्षात् भगवान् का अंश हो।

अजी ब्रह्मचर्य का तेज है।

अवश्य महात्मा हैं।

वे दोनों चले गये।

यह दल भी उसी शिविर की ओर चल पड़ा, जिधर से दोनों बातें करते आ रहे थे। पट-मण्डप के समीप पहुँचने पर देखा, बहुत-से दर्शक खड़े हैं। एक विशिष्ट आसन पर एक बीस वर्ष का युवक हलके रंग का काषाय वस्त्र अंग पर डाले बैठा है। जटा-जूट नहीं था, कंधे तक बाल बिखरे थे। आँखें संयम के मद से भरी थीं। पुष्ट भुजाएँ, और तेजोमय मुख-मण्डल से आकृति बड़ी प्रभावशालिनी थी। सचमुच वह युवक तपस्वी भक्ति करने योग्य था। आगन्तुक और उसकी युवती स्त्री ने विनम्र होकर नमस्कार किया और नौकर के हाथ से लेकर उपहार सामने रक्खा। महात्मा ने सस्नेह मुस्करा दिया। वे सामने बैठे हुए भक्त लोग कथा कहनेवाले एक साधु की बातें सुन रहे थे। वह एक पद की व्याख्या कर रहा था—'तासों चुप ह्वै रहिये' गूँगा गुड़ का स्वाद कैसे बतावेगा; नमक की पुतली जब लवण-सिन्धु में गिर गई, फिर वह अलग होकर क्या अपनी सत्ता बतावेगी! ब्रह्म के लिए भी वैसे ही 'इदमित्थं' कहना असम्भव है, इसीलिए महात्मा ने कहा है—'तासों चुप ह्वै रहिये'।

उपस्थित साधु और भक्तों ने एक-दूसरे का मुँह देखते हुए प्रसन्नता प्रकट की। सहसा महात्मा ने कहा—ऐसा ही उपनिषदों में भी कहा है—'अवचनेन प्रोवाच!' भक्त-मण्डली ने इस विद्वत्ता पर आश्चर्य प्रकट किया और 'धन्य-धन्य' के शब्द से पट-मण्डप गूँज उठा।

सम्भ्रान्त पुरुष सुशिक्षित था। उसके हृदय में यह बात समा गई कि महात्मा वास्तविक ज्ञान-सम्पन्न महापुरुष हैं। उसने अपने साधु-दर्शन की इच्छा की सराहना की और भक्तिपूर्वक बैठकर 'सत्संग' सुनने लगा।

रात हो गई; जगह-जगह पर अलाव धधक रहे थे। शीत की प्रबलता थी। फिर भी धर्म-संग्राम के सेनापति लोग शिविरों में डटे रहे। कुछ ठहरकर आगन्तुक ने जाने की आज्ञा चाही। महात्मा ने पूछा—आप लोगों का शुभ नाम और परिचय क्या है?

हम लोग अमृतसर के रहने वाले हैं, मेरा नाम श्रीचन्द्र है और यह मेरी धर्मपत्नी हैं।—कह कर श्रीचन्द्र ने युवती की ओर संकेत किया। महात्मा ने भी उसकी ओर देखा। युवती ने उस दृष्टि से यह अर्थ निकाला कि महात्माजी मेरा

भी नाम पूछ रहे हैं। वह जैसे किसी पुरस्कार पाने की प्रत्याशा और लालच से प्रेरित होकर बोल उठी—दासी का नाम किशोरी है।

महात्मा की दृष्टि में जैसे एक आलोक घूम गया। उसने सिर नीचा कर लिया, और बोला—अच्छा विलम्ब होगा, जाइए। भगवान् का स्मरण रखिए।

श्रीचन्द्र किशोरी के साथ उठे। प्रणाम किया और चले।

साधुओं का भजन-कोलाहल शान्त हो गया था। निस्तब्धता रजनी के मधुर क्रोड़ में जाग रही थी। निशीथ के नक्षत्र, गंगा के मुकुर में अपना प्रतिबिम्ब देख रहे थे। शीत पवन का झोंका सबको आलिंगन करता हुआ विरक्त के समान भाग रहा था। महात्मा के हृदय में हलचल थी। वह निष्पाप हृदय ब्रह्मचारी दुश्चिन्ता से मलिन, शिविर छोड़कर कम्बल डाले, बहुत दूर गंगा की जलधारा के समीप खड़ा होकर अपने चिरसञ्चित पुण्यों को पुकारने लगा।

वह अपने विराग को उत्तेजित करता; परन्तु मन की दुर्बलता प्रलोभन बनकर विराग की प्रतिद्वन्द्विता करने लगती और इसमें उसके अतीत की स्मृति भी उसे धोखा दे रही थी। जिन-जिन सुखों को वह त्यागने के लिए चिन्ता करता, वे ही उसे धक्का देने का उद्योग करते। दूर, सामने दीखने वाली कलिन्दजा की गति का अनुकरण करने के लिए वह मन को उत्साह दिलाता; परन्तु गम्भीर अर्द्ध निशीथ के पूर्ण उज्ज्वल नक्षत्र बालकाल की स्मृति के सदृश मानस-पटल पर चमक उठते थे। अनन्त आकाश में जैसे अतीत की घटनाएँ रजताक्षरों से लिखी हुई उसे दिखाई पड़ने लगीं—

झेलम के किनारे एक बालिका और एक बालक अपने प्रणय के पौधे को अनेक क्रीड़ा-कुतूहलों के जल से सींच रहे हैं। बालिका के हृदय में असीम अभिलाषा और बालक के हृदय में अदम्य उत्साह। बालक रंजन आठ वर्ष का हो गया और किशोरी सात की। एक दिन अकस्मात् रंजन को लेकर उसके माता-पिता हरद्वार चल पड़े। उस समय किशोरी ने उससे पूछा—रंजन, कब आओगे?

उसने कहा—बहुत ही जल्द। तुम्हारे लिए अच्छी-अच्छी गुड़ियाँ ले आऊँगा।

रंजन चला गया। जिस महात्मा की कृपा और आशीर्वाद से उसने जन्म लिया था, उसी के चरणों में चढ़ा दिया गया। क्योंकि उसकी माता ने सन्तान होने के लिए ऐसी ही मनौती की थी।

निष्ठुर माता-पिता ने अन्य सन्तानों के जीवित रहने की आशा से अपने ज्येष्ठ पुत्र को महात्मा का शिष्य बना दिया। बिना उसकी इच्छा के वह संसार से—जिसे उसने अभी देखा भी नहीं था—अलग कर दिया गया। उसका गुरुद्वारे

का नाम देवनिरंजन हुआ। वह सचमुच आदर्श ब्रह्मचारी बना। वृद्ध गुरुदेव ने उसकी योग्यता देखकर उसे उन्नीस वर्ष की ही अवस्था में गद्दी का अधिकारी बनाया। वह अपने संघ का संचालन अच्छे ढंग से करने लगा।

हरद्वार में उस नवीन तपस्वी की सुख्याति पर बूढ़े-बूढ़े बाबा लोग ईर्षा करने लगे। और इधर निरंजन के मठ की भेंट-पूजा बढ़ गई; परन्तु निरंजन सब चढ़े हुए धन का सदुपयोग करता था। उसके सदनुष्ठान का गौरव-चित्र आज उसकी आँखों के सामने खिंच गया और वह प्रशंसा और सुख्याति के लोभ दिखाकर मन को इन नई कल्पनाओं से हटाने लगा; परन्तु किशोरी के नाम ने उसे बारह वर्ष की प्रतिमा का स्मरण दिला दिया। उसने हरद्वार आते हुए कहा था—किशोरी, तेरे लिए गुड़ियाँ ले आऊँगा। क्या यह वही किशोरी है? अच्छा यदि है, तो इसे संसार में खेलने के लिए गुड़िया मिल गई। उसका पति है, वह उसे बहलायेगा। मुझ तपस्वी को इससे क्या! जीवन का बुल्ला विलीन हो जायगा। ऐसी कितनी ही किशोरियाँ अनन्त समुद्र में तिरोहित हो जायँगी। मैं क्यों चिन्ता करूँ?

परन्तु प्रतिज्ञा! ओह वह स्वप्न था, खिलवाड़ था। मैं कौन हूँ किसी को देनेवाला, वही अन्तर्यामी सबको देता है। मूर्ख निरंजन! सम्हल!! कहाँ मोह के थपेड़े में झूमना चाहता है? परन्तु यदि वह कल फिर आई तो?—भागना होगा। भाग निरंजन, इस माया से हारने के पहले युद्ध होने का अवसर ही मत दे।

निरंजन धीरे-धीरे अपने शिविर को बहुत दूर छोड़ता हुआ, स्टेशन की ओर विचरता हुआ चल पड़ा। भीड़ के कारण बहुत-सी गाड़ियाँ बिना समय भी आ-जा रही थीं। निरंजन ने एक कुली से पूछा—यह गाड़ी कहाँ जायगी?

सहारनपुर—उसने कहा।

देवनिरंजन गाड़ी में चुपचाप बैठ गया।

दूसरे दिन जब श्रीचन्द्र और किशोरी साधु-दर्शन के लिए फिर उसी स्थान पर पहुँचे, तब वहाँ अखाड़े के साधुओं को बड़ा व्यग्र पाया। पता लगाने पर मालूम हुआ कि महात्माजी समाधि के लिए हरद्वार चले गये। यहाँ उनकी उपासना में कुछ विघ्न होता था। वे बड़े त्यागी हैं। उन्हें गृहस्थों की बहुत झंझट पसन्द नहीं। यहाँ धन और पुत्र माँगनेवालों तथा कष्ट से छुटकारा पानेवालों की प्रार्थना से वे ऊब गये थे।

किशोरी ने कुछ तीखे स्वर से अपने पति से कहा—मैं पहले ही कहती थी कि तुम कुछ न कर सकोगे। न तो स्वयं कहा और न मुझे प्रार्थना करने दी।

विरक्त होकर श्रीचन्द्र ने कहा—तो तुमको किसने रोका था। तुम्हीं ने क्यों न सन्तान के लिए प्रार्थना की! कुछ मैंने बाधा तो दी न थी।

उत्तेजित किशोरी ने कहा—अच्छा तो हरद्वार चलना होगा।

चलो, मैं तुम्हें वहाँ पहुँचा दूंगा। और, अमृतसर आज तार दे दूंगा कि मैं हरद्वार होता हुआ आता हूँ; क्योंकि मैं व्यवसाय इतने दिनों तक यों ही नहीं छोड़ सकता।

अच्छी बात है; परन्तु मैं हरद्वार अवश्य जाऊँगी।

सो तो मैं जानता हूँ—कहकर श्रीचन्द्र ने मुँह भारी कर लिया; परन्तु किशोरी को अपनी टेक रखनी थी। उसे पूर्ण विश्वास हो गया था कि उन महात्मा से मुझे अवश्य सन्तान मिलेगी।

उसी दिन श्रीचन्द्र ने हरद्वार के लिए प्रस्थान किया। और अखाड़े के भण्डारी ने भी जमात लेकर हरद्वार जाने का प्रबन्ध किया।

हरद्वार के समीप ही जाह्नवी के तट पर तपोवन का स्मरणीय दृश्य है। छोटे-छोटे कुटीरों की श्रेणी बहुत दूर तक चली गई है। खरस्रोता जाह्नवी की शीतल धारा उस पावन प्रदेश को अपने कल-नाद से गुंजरित करती है। तपस्वी अपनी योग-चर्या-साधन के लिए उन छोटे-छोटे कुटीरों में रहते हैं। बड़े-बड़े मठों से अन्नसत्र का प्रबन्ध है। वे अपनी भिक्षा ले आते हैं और इसी निभृत स्थान में बैठकर अपने पाप का प्रक्षालन करते हुए ब्रह्मानन्द का सुख भोगते हैं। सुन्दर शिला-खण्ड, रमणीय लता-वितान, विशाल वृक्षों की मधुर छाया, अनेक प्रकार के पक्षियों का कोमल कलरव वहाँ एक अद्‌भुत शान्ति का सृजन करता है। आरण्यक-पाठ के उपयुक्त स्थान है।

गंगा की धारा जहाँ घूम गई है वह छोटा-सा कोना अपने सब साथियों को छोड़कर आगे निकल गया है। वहाँ एक सुन्दर कुटी है, जो नीची पहाड़ी की पीठ पर जैसे आसन जमाये बैठी है। उसी की दालान में निरंजन गंगा की धारा की ओर मुँह किये ध्यान में निमग्न है। यहाँ रहते हुए कई दिन बीत गये। आसन और दृढ़ धारणा से अपने मन को संयम में ले आने का प्रयत्न लगातार करते हुए भी शान्ति नहीं लौटी। विक्षेप बराबर होता था। जब ध्यान करने का समय होता, एक बालिका की मूर्ति सामने आ खड़ी होती। वह उसे माया-आवरण कहकर तिरस्कार करता; परन्तु वह छाया जैसे ठोस हो जाती। अरुणोदय की रक्त किरणें आँखों में घुसने लगती थीं। घबराकर तपस्वी ने ध्यान छोड़ दिया। देखा कि पगडण्डी से एक रमणी उस कुटीर के पास आ रही है। तपस्वी को क्रोध आया। उसने समझा कि देवताओं को तप में प्रत्यूह डालने का क्यों

अभ्यास होता है ? क्या वे मनुष्यों के समान ही द्वेष आदि दुर्बलताओं से पीड़ित हैं ?

रमणी चुपचाप समीप चली आई। साष्टांग प्रणाम किया। तपस्वी चुप था, वह क्रोध से भरा था; परन्तु न जाने क्यों उसे तिरस्कार करने का साहस न हुआ। उसने कहा—उठो, तुम यहाँ क्यों आई ?

किशोरी ने कहा—महाराज, अपना स्वार्थ ले आया—मैंने आज तक संतान का मुँह नहीं देखा।

निरंजन ने गम्भीर स्वर में पूछा—अभी तो तुम्हारी अवस्था अठारह-उन्नीस से अधिक नहीं, फिर इतनी दुश्चिन्ता क्यों ?

किशोरी के मुख पर लज्जा की लाली थी; वह अपनी वयस की ताप-तोल से संकुचित हो रही थी। परन्तु तपस्वी का विचलित हृदय इसे व्रीड़ा समझने लगा। वह जैसे लड़खड़ाने लगा। सहसा सम्हल कर बोला—अच्छा। तुमने यहाँ आकर ठीक नहीं किया। जाओ मेरे मठ में आना—अभी दो दिन ठहरकर। यह एकान्त योगियों की स्थली है, यहाँ से चली जाओ।—तपस्वी अपने भीतर किसी से लड़ रहा था।

किशोरी ने अपनी स्वाभाविक तृष्णा भरी आँखों से एक बार उस सूखे यौवन का तीव्र आलोक देखा; वह बराबर देख न सकी, छलछलाई आँखें नीची हो गईं। उन्मत्त के समान निरंजन ने कहा—बस जाओ !

किशोरी लौटी और अपने नौकर के साथ, जो थोड़ी ही दूर पर खड़ा था, 'हर की पैड़ी' की ओर चल पड़ी। चिन्ता और अभिलाषा से उसका हृदय नीचे-ऊपर हो रहा था।

रात एक पहर गई होगी, 'हर की पैड़ी' के पास ही एक घर की खुली खिड़की के पास किशोरी बैठी थी। श्रीचन्द्र को यहाँ आते ही तार मिला कि तुम तुरन्त चले आओ। व्यवसाय-वाणिज्य के काम अटपट होते हैं; वह चला गया। किशोरी नौकर के साथ रह गई। नौकर विश्वासी और पुराना था। श्रीचन्द्र की लाडली स्त्री किशोरी मनस्विनी थी ही।

ठंड का झोंका खिड़की से आ रहा था; परन्तु अब किशोरी के मन में बड़ी उलझन थी—कभी वह सोचती, मैं क्यों यहाँ रह गई, क्यों न उन्हीं के संग चली गई। फिर मन में आता, रुपये-पैसे तो बहुत हैं, जब उन्हें भोगनेवाला ही कोई नहीं, फिर उसके लिए उद्योग न करना भी मूर्खता है। ज्योतिषी ने भी कह दिया है, संतान बड़े उद्योग से होगी। फिर मैंने क्या बुरा किया ?

अब शीत की प्रबलता हो चली थी। उसने चाहा, खिड़की का पल्ला बन्द कर ले। सहसा किसी के रोने की ध्वनि सुनाई दी। किशोरी को उत्कंठा हुई, परन्तु क्या करे, 'बलदाऊ' बाजार गया था। चुप रही। थोड़े ही समय में बलदाऊ आता दिखाई पड़ा।

आते ही उसने कहा—बहूरानी, कोई गरीब स्त्री रो रही है। यहीं नीचे पड़ी है।

किशोरी भी दुःखी थी। संवेदना से प्रेरित होकर उसने कहा—उसे लिवाते क्यों नहीं आये, कुछ उसे दे दिया जाता।

बलदाऊ सुनते ही फिर नीचे उतर गया। उसे बुला लाया। वह एक युवती विधवा थी। बिलख-बिलखकर रो रही थी। उसके मलिन वसन का अंचल तर हो गया था। किशोरी के आश्वासन देने पर वह सम्हली और बहुत पूछने पर उसने अपनी कथा सुना दी—विधवा का नाम रामा है, बरेली की एक ब्राह्मण-वधू है। दुराचार का लांछन लगाकर उसके देवर ने उसे यहाँ लाकर छोड़ दिया। उसके पति के नाम की कुछ भूमि थी, उस पर अधिकार जमाने के लिए उसने यह कुचक्र रचा है।

शिशोरी ने उसके एक-एक अक्षर पर विश्वास किया; क्योंकि वह देखती है कि परदेश में उसके पति ने ही उसे छोड़ दिया और स्वयं चला गया। उसने कहा—तुम घबराओ मत, मैं यहाँ अभी कुछ दिन रहूँगी। मुझे एक ब्राह्मणी चाहिए ही, तुम मेरे पास रहो। मैं तुम्हें बहन के समान रक्खूंगी।

रामा कुछ प्रसन्न हुई। उसे आश्रय मिल गया। किशोरी शैया पर लेटे-लेटे सोचने लगी—पुरुष बड़े निर्मोही होते हैं, देखो वाणिज्य-व्यवसाय का इतना लोभ कि मुझे छोड़कर चले गये। अच्छा, जब तक वे स्वयं नहीं आवेंगे, मैं भी नहीं जाऊँगी। मेरा भी नाम 'किशोरी' है!—यही चिन्ता करते-करते किशोरी सो गई।

दो दिन तक तपस्वी ने मन पर अधिकार जमाने की चेष्टा की; परन्तु वह असफल रहा। विद्वत्ता के जितने तर्क जगत को मिथ्या प्रमाणित करने के लिए थे, उन्होंने उग्र रूप धारण किया। वे अब समझाते थे—जगत् तो मिथ्या है ही, इसके जितने कर्म हैं, वे भी माया हैं। प्रमाता जीव भी प्रकृति है, क्योंकि वह भी अपरा प्रकृति है। जब विश्व मात्र प्राकृत है, तब इसमें अलौकिक अध्यात्म कहाँ। यही खेल यदि जगत् बनानेवाले का है, तो वह मुझे खेलना ही चाहिए। वास्तव में गृहस्थ न होकर भी मैं वही सब तो करता हूँ जो एक संसारी करता है—वही

आय-व्यय का निरीक्षण और उसका उपयुक्त व्यवहार; फिर यह सहज उपलब्ध सुख क्यों छोड़ दिया जाय ?

त्यागपूर्ण थोथी दार्शनिकता जब किसी ज्ञानाभास को स्वीकार कर लेती है, तब उसका धक्का सम्हालना मनुष्य का काम नहीं।

उसने फिर सोचा—मठधारियों, साधुओं के लिए वे सब पथ खुले होते हैं। यद्यपि प्राचीन आर्यों को धर्मनीति में इसीलिए कुटीचर और एकान्तवासियों का ही अनुमोदन किया है; परन्तु संघबद्ध होकर बौद्धधर्म ने जो यह अपना कूड़ा छोड़ दिया है, उसे भारत के धार्मिक सम्प्रदाय अभी भी फेंक नहीं सकते। तो फिर चले संसार अपनी गति से।

देवनिरंजन अपने विशाल मठ में लौट आया। और महन्ती नये ढंग से देखी जाने लगी। भक्तों की पूजा और चढ़ाव का प्रबन्ध होने लगा। गद्दी और तकिये की देख-भाल चली। दो ही दिन में मठ का रूप बदल गया।

एक चाँदनी रात थी। गंगा के तट पर अखाड़े से मिला हुआ उपवन था। विशाल वृक्ष की विरल छाया में चाँदनी उपवन की भूमि पर अनेक चित्र बना रही थी। वसंत-समीर ने कुछ रंग बदला था। निरंजन मन के उद्वेग से वहीं टहल रहा था। किशोरी आई। निरंजन चौंक उठा। हृदय में रक्त दौड़ने लगा।

किशोरी ने हाथ जोड़कर कहा—महाराज, मेरे ऊपर दया न होगी ?

निरंजन ने कहा—किशोरी, तुम मुझको पहचानती हो ?

किशोरी ने उस धुँधले प्रकाश में पहचानने की चेष्टा की; परन्तु वह अस-फल होकर चुप रही।

निरंजन ने फिर कहना प्रारम्भ किया—झेलम के तट पर रंजन और किशोरी नाम के दो बालक और बालिका खेलते थे। उनमें बड़ा स्नेह था। रंजन जब अपने पिता के साथ हरद्वार जाने लगा, तब उसने कहा था कि—किशोरी, तेरे लिए मैं गुड़िया ले आऊँगा; परन्तु वह झूठा बालक अपनी बाल-संगिनी के पास फिर न लौटा। क्या तुम वही किशोरी हो ?

उसका बाल-सहचर इतना बड़ा महात्मा !—किशोरी की समस्त धमनियों में हलचल मच गयी। वह प्रसन्नता से बोल उठी—"और क्या तुम वही रंजन हो ?"

लड़खड़ाते हुए निरंजन ने उसका हाथ पकड़ कर कहा—"हाँ किशोरी, मैं वही रंजन हूँ। तुमको पाने के लिए ही जैसे आज तक तपस्या करता रहा, यह संचित तप तुम्हारे चरणों में निछावर है। संतान, ऐश्वर्य और उन्नति देने की मुझमें जो कुछ शक्ति है, वह सब तुम्हारी है।"

अतीत की स्मृति, वर्तमान की कामनाएँ, किशोरी को भुलावा देने लगीं। माथे से पसीना बहने लगा। दुर्बल हृदया किशोरी को चक्कर आने लगा। उसने ब्रह्मचारी के चौड़े वक्ष पर अपना सिर टेक दिया।

कई महीने बीत गये। बलदाऊ ने स्वामी को पत्र लिखा कि—आप आइए, बिना आपके आये बहूरानी नहीं जाती और मैं अब यहाँ एक घड़ी भी रहना अच्छा नहीं समझता।

श्रीचन्द्र आये। हठीली किशोरी ने बड़ा रूप दिखलाया। फिर मान-मनाव हुआ। देवनिरंजन को समझा-बुझा कर किशोरी फिर आने की प्रतिज्ञा करके पति के साथ चली गयी। किशोरी का मनोरथ पूर्ण हुआ।

रामा वहाँ रह गयी। हरद्वार जैसे पुण्यतीर्थ में क्या विधवा को स्थान और आश्रय की कमी थी!

पन्द्रह बरस बाद—

काशी में ग्रहण था। रात में घाटों पर नहाने का बड़ा सुन्दर प्रबन्ध था। चन्द्र-ग्रहण हो गया। घाट पर बड़ी भीड़ थी। आकाश में एक गहरी नीलिमा फैली। नक्षत्रों में चौगुनी चमक थी; परन्तु खगोल में कुछ प्रसन्नता न थी। देखते-देखते एक अच्छे चित्र के समान पूर्णमासी का चन्द्रमा आकाश-पट पर से धो दिया गया। धार्मिक जनता में कोलाहल मच गया। लोग नहाने, गिरने तथा भूलने भी लगे। कितनों का साथ छूट गया।

विधवा रामा अब सधवा होकर अपनी कन्या तारा के साथ भण्डारीजी के साथ आई थी। भीड़ के एक ही धक्के में तारा अपनी माता तथा साथियों से अलग हो गई। यूथ से बिछड़ी हुई हरिनी के समान बड़ी-बड़ी आँखों से वह इधर-उधर देख रही थी। कलेजा धक-धक करता था, आँखें छलछला रही थीं, और उसकी पुकार उस महा कोलाहल में विलीन हुई जाती थी। तारा अधीर हो गई, अब फूट-फूट कर रोने लगी। एक अधेड़ स्त्री पास में खड़ी हुई तारा को ध्यान से देख रही थी। उसने पास आकर पूछा—बेटी, तुम किसको खोज रही हो?

तारा का गला रुँध गया, वह उत्तर न दे सकी।

तारा सुन्दरी थी। होनहार सौन्दर्य उसके प्रत्येक अंग में छिपा था। वह युवती हो चली थी; परन्तु अनाघ्रात कुसुम के रूप की पंखुरियाँ विकसी न थीं। अधेड़ स्त्री ने स्नेह से उसे छाती से लगा लिया, और कहा—मैं अभी तेरी माँ के

पास पहुँचा देती हूँ, वह तो मेरी बहन है, मैं तुझे भलीभाँति जानती हूँ। तू घबड़ा मत।

हिन्दू स्कूल का एक स्वयं-सेवक पास आ गया। उसने पूछा—क्या तुम भूल गई हो ?

तारा रो रही थी। अधेड़ स्त्री ने कहा—मैं जानती हूँ, यहीं इसकी माँ है, वह भी खोजती थी। मैं लिवा जाती हूँ।

स्वयं-सेवक मंगलदेव चुप रहा। युवक छात्र एक युवती बालिका के लिए हठ न कर सका। वह दूसरी ओर चला गया, और तारा उसी स्त्री के साथ चली।

२

लखनऊ, संयुक्तप्रान्त में एक निराला नगर है। बिजली की प्रभा से आलोकित सन्ध्या 'शाम-अवध' की सम्पूर्ण प्रतिमा है। पण्य में क्रय-विक्रय चल रहा है; नीचे और ऊपर से सुन्दरियों का कटाक्ष। चमकीली वस्तुओं का झलमला, फूलों के हार का सौरभ और रसिकों के वसन में लगे हुए गन्ध से खेलता हुआ मुक्त पवन,—यह सब मिलकर एक उत्तेजित करने वाला मादक वायुमण्डल बन रहा है।

मंगलदेव अपने साथी खिलाड़ियों के साथ मैच खेलने लखनऊ आया था। उसका स्कूल आज विजयी हुआ है। कल वे लोग बनारस लौटेंगे। आज सब चौक में अपना विजयोल्लास प्रकट करने के लिए और उपयोगी वस्तु क्रय करने के लिए एकत्र हुए हैं।

छात्र सभी तरह के होते हैं। उनके विनोद भी अपने-अपने ढंग के; परन्तु मंगल इनमें निराला था। उसका सहज सुन्दर अंग ब्रह्मचर्य और यौवन से प्रफुल्ल था। निर्मल मन का आलोक उसके मुख-मण्डल पर तेज बना रहा था। वह अपने एक साथी को ढूंढ़ने के लिए चला था; परन्तु वीरेन्द्र ने उसे पीछे से पुकारा। वह लौट पड़ा।

वीरेन्द्र—मंगल, आज तुमको मेरी एक बात माननी होगी!

मंगल—क्या बात है, पहले सुनूं भी।

वीरेन्द्र—नहीं, पहले तुम स्वीकार करो।

मंगल—यह नहीं हो सकता; क्योंकि फिर उसे न करने से मुझे कष्ट होगा।

वीरेन्द्र—बहुत बुरी बात है; परन्तु मेरी मित्रता के नाते तुम्हें करना ही होगा।

मंगल—यही तो ठीक नहीं।

वीरेन्द्र—अवश्य ठीक नहीं, तो भी तुम्हें मानना होगा।

मंगल—वीरेन्द्र, ऐसा अनुरोध न करो।

वीरेन्द्र—यह मेरा हठ है। और तुम जानते हो कि मेरा कोई भी विनोद तुम्हारे बिना असम्भव है, निस्सार है। देखो, तुमसे स्पष्ट कहता हूँ। उधर देखो—वह एक बाल वेश्या है, मैं उसके पास जाकर एक बार केवल नयनाभिराम रूप देखना चाहता हूँ। इससे विशेष कुछ नहीं।

मंगल—यह कैसा कुतूहल!—छिः!

वीरेन्द्र—तुम्हें मेरी सौगंध; पाँच मिनट से अधिक नहीं लगेगा, हम लौट आवेंगे। चलो, तुम्हें अवश्य चलना होगा। मंगल, क्या तुम जानते हो, मैं तुम्हें क्यों ले चल रहा हूँ?

मंगल—क्यों?

वीरेन्द्र—जिसमें तुम्हारे भय से मैं विचलित न हो सकूँ! मैं उसे देखूंगा अवश्य; परन्तु आगे के डर से बचाने वाला साथ रहना चाहिए। मित्र, तुमको मेरी रक्षा के लिए साथ चलना ही चाहिए।

मगल ने कुछ सोचकर कहा—चलो। परन्तु, क्रोध से उसकी आँखें लाल हो गई थीं।

वह वीरेन्द्र के साथ चल पड़ा। सीढ़ियों से ऊपर कमरे में दोनों जा पहुँचे। एक षोड़शी युवती सजे हुए कमरे में बैठी थी। पहाड़ी रूखा सौंदर्य उसके गेहुएँ रंग में ओत-प्रोत है। सब भरे हुए अंगों में रक्त का बेगवान संचार कहता है कि इसका तारुण्य इससे कभी न छूटेगा। बीच से मिली हुई घनी भौहों के नीचे न जाने कितना अन्धकार खेल रहा था! सहज नुकीली नाक उसकी आकृति की स्वतन्त्र सत्ता बनाये थी। नीचे सिर किये हुए उसने जब इन लोगों को देखा, तब उस समय उसकी बड़ी-बड़ी आँखों के कोन और भी खिंचे हुए जान पड़े। घने काले बालों के गुच्छे दोनों कानों के पास के कन्धों पर लटक रहे थे। बायें कपोल पर एक तिल उसके सरल सौन्दर्य को बाँका बनाने के लिए पर्याप्त था। शिक्षा के अनुसार उसने सलाम किया; परन्तु यह खुल गया कि अन्यमनस्क रहना उसकी स्वाभाविकता थी।

मंगलदेव ने देखा कि यह तो वेश्या का-सा रूप नहीं है।

वीरेन्द्र ने पूछा—आपका नाम?

उसके 'गुलेनार' कहने में कोई बनावट न थी।

सहसा मंगल चौंक उठा, उसने पूछा—क्या हमने तुमको कहीं और भी देखा है?

यह अनहोनी बात नहीं है।

कई महीने हुए, काशी में ग्रहण की रात को जब मैं स्वयं-सेवक का काम कर रहा था, मुझे स्मरण होता है, जैसे तुम्हें देखा हो; परन्तु तुम तो मुसलमानी हो।

हो सकता है कि आपने मुझे देखा हो; परन्तु उस बात को जाने दीजिए, अभी अम्मा आ रही हैं।

मंगलदेव कुछ कहना ही चाहता था कि 'अम्मा' आ गई। वह विलासजीर्ण दुष्ट मुखाकृति देखते ही घृणा होती थी।

अम्मा ने कहा—आइये बाबू साहब, कहिये क्या हुक्म है ?

कुछ नहीं, गुलेनार को देखने के लिए चला आया था—कहकर वीरेन्द्र मुस्करा दिया।

आपकी लौंडी है, अभी तो तालीम भी अच्छी तरह नहीं लेती, क्या कहूँ बाबू साहब, बड़ी बोदी है। इसकी किसी बात पर ध्यान न दीजिएगा।—अम्मा ने कहा।

नहीं-नहीं, इसकी चिन्ता न कीजिए। हम लोग तो परदेशी हैं। यहाँ घूम रहे थे, तब तक इनकी मनमोहिनी छवि दिखाई पड़ी; चले आये।—वीरेन्द्र ने कहा।

अम्मा ने भीतर की ओर देखकर पुकारते हुए कहा—अरे इलायची ले आ, क्या कर रहा है ?

अभी आया। कहता हुआ एक मुसलमान युवक चाँदी की थाली में पान-इलायची ले आया। वीरेन्द्र ने इलायची ले ली और उसमें दो रुपये रख दिये। फिर मंगलदेव की ओर देखकर कहा—चलो भाई, गाड़ी का भी समय देखना होगा, फिर कभी आया जायगा। प्रतिज्ञा भी पाँच मिनट की है।

अभी बैठिए भी, क्या आये और क्या चले—फिर सक्रोध गुलेनार को देखती हुई अम्मा कहने लगी—क्या कोई बैठे और क्यों आये ! तुम्हें तो कुछ बोलना ही नहीं है और न कुछ हँसी-खुशी की बातें हो करनी हैं, कोई क्यों ठहरे ?—अम्मा की त्यौरियाँ बहुत ही चढ़ गई थीं। गुलेनार सिर झुकाये चुप थी।

मंगलदेव जो अब तक चुप था, बोला—मालूम होता है, आप दोनों में बनती बहुत कम है; इसका क्या कारण है ?

गुलेनार कुछ बोला ही चाहती थी कि अम्मा बीच ही में बोल उठी—अपने-अपने भाग्य होते हैं बाबू साहब, एक ही बेटी, इतने दुलार से पाला-पोसा, फिर भी न जाने क्यों रूठी ही रहती है—कहती हुई बुड्ढी के दो बूंद आँसू भी निकल पड़े। गुलेनार की वाक्-शक्ति जैसे बन्दी होकर तड़फड़ा रही थी। मंगलदेव ने

कुछ-कुछ समझा। कुछ उसे सन्देह हुआ। परन्तु वह सम्भलकर बोला—सब आप ही ठीक हो जायगा, अभी अल्हड़पन है। अच्छा फिर आऊँगा।

वीरेन्द्र और मंगलदेव उठे, सीढ़ी की ओर चले। गुलेनार ने झुककर सलाम किया; परन्तु उसकी आँखें पलकों का पल्ला पसारकर करुणा की भीख माँग रही थीं। मंगलदेव ने—चरित्रवान मंगलदेव ने—जाने क्यों एक रहस्यपूर्ण संकेत किया। गुलेनार हँस पड़ी, दोनों नीचे उतर गये।

मंगल ! तुमने तो बड़े लम्बे हाथ पैर निकाले—कहाँ तो आते ही न थे, कहाँ ये हरकतें ! —वीरेन्द्र ने कहा।

वीरेन्द्र ! तुम मुझे जानते हो; परन्तु मैं सचमुच यहाँ आकर फँस गया। यही तो आश्चर्य की बात है।

आश्चर्य काहे का, यही तो काजल की कोठरी है।

हुआ करे, चलो ब्यालू करके सो रहें। सवेरे की ट्रेन पकड़नी होगी।

नहीं वीरेन्द्र, मैंने तो कैनिंग कालेज में नाम लिखा लेने का निश्चय-सा कर लिया है, कल मैं नहीं चल सकता।—मंगल ने गंभीरता से कहा।

वीरेन्द्र जैसे आश्चर्य-चकित हो गया। उसने कहा—मंगल, तुम्हारा इसमें कोई गूढ़ उद्देश्य होगा। मुझे तुम्हारे ऊपर इतना विश्वास है कि मैं कभी स्वप्न में भी नहीं सोच सकता कि तुम्हारा पद-स्खलन होगा; परन्तु फिर भी मैं कम्पित हो रहा हूँ।

सिर नीचा किये मंगल ने कहा—और मैं तुम्हारे विश्वास की परीक्षा करूँगा। तुम तो बचकर निकल आये; परन्तु गुलेनार को बचाना होगा। वीरेन्द्र मैं निश्चय-पूर्वक कहता हूँ कि यह वही बालिका है, जिसके सम्बन्ध में मैं ग्रहण के दिनों में तुमसे कहता था कि मेरे देखते ही एक बालिका कुटनी के चंगुल में फँस गई और मैं कुछ न कर सका।

ऐसी बहुत-सी अभागिनी इस देश में हैं। फिर कहाँ-कहाँ तुम देखोगे ?

जहाँ-जहाँ देख सकूँगा।

सावधान !

मंगल चुप रहा।

वीरेन्द्र जानता था कि मंगल बड़ा हठी है, यदि इस समय मैं इस घटना को बहुत प्रधानता न दूँ, तो सम्भव है कि वह इस कार्य से विरक्त हो जाय, अन्यथा मंगल अवश्य वही करेगा, जिससे वह रोका जाय; अतएव वह भी चुप रहा। सामने ताँगा दिखाई दिया। उस पर दोनों बैठ गये।

दूसरे दिन सब को गाड़ी पर बैठाकर अपने एक आवश्यक कार्य का बहाना

कर मंगल स्वयं लखनऊ रह गया। कैनिंग कालेज के छात्रों को यह जानकर बड़ी प्रसन्नता हुई कि मंगल वहीं पढ़ेगा। उसके लिए स्थान का भी प्रबन्ध हो गया। मंगल वहीं रहने लगा।

दो दिन बाद मंगल अमीनाबाद की ओर गया। वह पार्क की हरियाली में घूम रहा था कि उसे अम्मा दिखलाई पड़ी और वही पहले बोली—बाबू साहब, आप तो फिर नहीं आये।

मंगल दुविधा में पड़ गया। उसकी इच्छा हुई कि कुछ उत्तर न दे। फिर सोचा—अरे मंगल, तू तो इसीलिए यहाँ रह गया है! उसने कहा—हाँ-हाँ, कुछ काम में फँस गया था। आज मैं अवश्य आता; पर क्या करूँ, मेरे एक मित्र साथ में हैं। वह मेरा आना-जाना नहीं जानते। यदि वे चले गये, तो आज ही आऊँगा, नहीं तो फिर किसी दिन।

नहीं नहीं, आपको गुलेनार की कसम, चलिए वह तो उसी दिन से बड़ी उदास रहती है।

अच्छा देखो, वे चले जायें तो आता हूँ।

आप मेरे साथ चलिए, फिर जब आइएगा, तो उनसे कह दीजिएगा—मैं तो तुम्हीं को ढूँढ़ता रहा, इसीलिए इतनी देर हुई, और तब तक तो दो बातें करके चले आयेंगे।

कर्त्तव्यनिष्ठ मंगल ने विचार किया—ठीक तो है। उसने कहा—अच्छी बात है।

मंगल गुलेनार की अम्मा के पीछे-पीछे चला।

गुलेनार बैठी हुई पान लगा रही थी। मंगलदेव को देखते ही मुस्कराई; पर जब उसके पीछे अम्मा की मूर्ति दिखलाई पड़ी, वह जैसे भयभीत हो गई। अम्मा ने कहा—बाबू साहब बहुत कहने-सुनने से आये हैं, इनसे बातें करो। मैं अभी मीर साहब से मिलकर आती हूँ, देखूं क्यों बुलाया है।

गुलेनार ने कहा—कब तक आओगी?

आध घण्टे में—कहती हुई अम्मा सीढ़ियाँ उतरने लगी।

गुलेनार ने सिर नीचे किये हुए पूछा—आपके लिए तो पान बाजार से मँगवाना होगा न?

मंगल ने कहा—उसकी आवश्यकता नहीं, मैं तो केवल अपना कुतूहल मिटाने आया हूँ—क्या सचमुच तुम वही हो, जिसे मैंने ग्रहण की रात काशी में देखा था?

जब आपको केवल पूछना ही है तो मैं क्यों बताऊँ ? जब आप जान जायेंगे कि वही हूँ, तो फिर आपको आने की कोई आवश्यकता ही न रह जायेगी।

मंगल ने सोचा, संसार कितनी शीघ्रता से मनुष्य को चतुर बना देता है। —अब तो पूछने का काम भी नहीं है।

क्यों ?

आवश्यकता ने सब परदा खोल दिया, तुम मुसलमानी कदापि नहीं हो।

परन्तु अब मैं मुसलमानी हूँ।

हाँ, यही तो एक भयानक बात है !

और यदि मैं न होऊँ ?

तब की तो बात ही दूसरी है।

अच्छी तो मैं वही हूँ, जिसका आपको भ्रम है।

तुम किस प्रकार यहाँ आ गई हो ।

वह बड़ी कथा है। यह कह गुलेनार ने लम्बी साँस ली, उसकी आँखें आँसू से भर गईं।

क्या मैं सुन सकता हूँ ?

क्यों नहीं, पर सुनकर क्या कीजिएगा। अब इतना ही समझ लीजिए कि मैं एक मुसलमानी वेश्या हूँ।

नहीं गुलेनार, तुम्हारा नाम क्या है, सच-सच बताओ।

मेरा नाम तारा है। मैं हरद्वार की रहने वाली हूँ। अपने पिता के साथ काशी में ग्रहण नहाने गई थी। बड़ी कठिनता से मेरा विवाह ठीक हो गया था। काशी से लौटते ही मैं एक कुल की स्वामिनी बनती; परन्तु दुर्भाग्य...!—उसकी भरी आँखों से आँसू गिरने लगे।

धीरज धरो तारा ! अच्छा यह तो बताओ, यहाँ कैसी कटती है ?

मेरा भगवान् जानता है कि कैसी कटती है ! दुष्टों के चंगुल में पड़कर मेरा आहार-व्यवहार तो नष्ट हो चुका, केवल सर्वनाश होना बाकी है। उसमें कारण है अम्मा का लोभ। और मेरा कुछ आनेवालों से ऐसा व्यवहार भी होता है कि अभी वह जितना रुपया चाहती है, नहीं मिलता। बस इसी प्रकार बची जा रही हूँ; परन्तु कितने दिन ! —गुलेनार सिसकने लगी।

मंगलदेव ने कहा—तारा, तुम यहाँ से क्यों नहीं निकल भागतीं ?

निकलकर कहाँ जाऊँ ?

मंगलदेव चुप रह गया। वह सोचने लगा—मूढ़ समाज इसे शरण देगा ?

गुलेनार ने पूछा—चुप क्यों हो गये, आप ही बताइए, निकलकर कहाँ जाऊँ और क्या करूँ?

अपने माता-पिता के पास। मैं पहुँचा दूंगा, इतना मेरा काम है।

बड़ी भोली दृष्टि से देखते हुए गुलेनार ने कहा—आप जहाँ कहें मैं चल सकती हूँ।

अच्छा पहले यह तो बताओ कि कैसे तुम काशी से यहाँ पहुँच गई हो?

किसी दूसरे दिन सुनाऊँगी, अम्मा आती होंगी।

अच्छा, तो आज मैं जाता हूँ।

जाइए; पर इस दुखिया का ध्यान रखिए। हाँ, अपना पता तो बताइए, मुझे कोई अवसर निकलने का मिला, तो मैं कैसे सूचित करूँगी?

मंगल ने एक चिट पर पता लिखकर दे दिया, और कहा—मैं भी प्रबन्ध करता रहूँगा। जब अवसर मिले, लिखना; पर एक दिन पहले।

अम्मा के पैरों का शब्द सीढ़ियों पर सुनाई पड़ा और मंगल उठ खड़ा हुआ। उसके आते ही उसने पाँच रुपये हाथ पर धर दिये।

अम्मा ने कहा—बाबू साहब, चले कहाँ! बैठिए भी।

नहीं, फिर किसी दिन आऊँगा, तुम्हारी बेगम साहबा तो कुछ बोलती ही नहीं, इनके पास बैठकर क्या करूँगा!

मंगल चला गया। अम्मा क्रोध से दाँत पीसती हुई गुलेनार को घूरने लगी।

दूसरे-तीसरे मंगल गुलेनार के यहाँ जाने लगा; परन्तु वह बहुत सावधान रहता। एक दुश्चरित युवक इन्हीं दिनों गुलेनार के यहाँ आता। कभी-कभी मंगल से उससे मुठभेड़ हो जाती; परन्तु मंगल ऐसे कैंड़े से बात करता कि वह मान गया। अम्मा ने अपने स्वार्थ-साधन के लिए इन दोनों में प्रतिद्वन्द्विता चला दी। युवक शरीर से हृष्ट-पुष्ट कसरती था। उसके ऊपर के होंठ मसूड़ों के ऊपर ही रह गये थे। दाँतों की श्रेणी सदैव खुली रहती, उसकी लम्बी नाक और लाल आँखें बड़ी डरावनी और रोबीली थीं; परन्तु मंगल की मुस्कराहट पर वह भौंचक-सा रह जाता और अपने व्यवहार से मंगल को मित्र बनाये रखने की चेष्टा किया करता। गुलेनार अम्मा को यह दिखलाती कि वह मंगल से बहुत बोलना नहीं चाहती।

एक दिन दोनों गुलेनार के पास बैठे थे। युवक ने, जो अभी अपने एक मित्र के साथ दूसरी वेश्या के यहाँ से आया था—अपना डींग हाँकते हुए मित्र के लिए कुछ अपशब्द कहे, फिर उसने मंगल से कहा—वह न जाने क्यों उस चुड़ैल के

यहाँ जाता है। और क्यों कुरूप स्त्रियाँ वेश्या बनती हैं, जब उन्हें मालूम है कि उन्हें तो रूप के बाजार में बैठना है।—फिर अपनी रसिकता दिखाते हुए हँसने लगा।

परन्तु मैं तो आज तक यही नहीं समझता कि सुन्दरी स्त्रियाँ क्यों वेश्या बनें! संसार का सबसे सुन्दर जीव क्यों सबसे बुरा काम करे?—कहकर मंगल ने सोचा कि यह स्कूल की विवाद-सभा नहीं है। वह अपनी मूर्खता पर चुप हो गया। युवक हँस पड़ा। अम्मा अपनी जीविका को बहुत बुरा सुनकर तन गई। गुलेनार सिर नीचा किये हँस रही थी। अम्मा ने कहा—फिर ऐसी जगह बाबू साहब आते ही क्यों हैं?

मंगल ने उत्तेजित होकर कहा—ठीक है, यह मेरी मूर्खता है?

युवक अम्मा को लेकर बातें करने लगा, वह प्रसन्न हुआ कि प्रतिद्वन्द्वी अपनी ही ठोकर से गिरा, धक्का देने की आवश्यकता ही न पड़ी। मंगल की ओर देखकर धीरे से गुलेनार ने कहा—अच्छा हुआ; पर जल्द—!

मंगल उठा और सीढ़ियाँ उतर आया।

शाह मीना की समाधि पर गायकों की भीड़ है। सावन की हरियाली क्षेत्र पर और नील मेघमाला आकाश के अंचल में फैल रही है। पवन के आन्दोलन से बिजली के आलोक में बादलों का हटना-बढ़ना गगन-समुद्र में तरंगों का सृजन कर रहा है। कभी फूही पड़ जाती है, समीर का झोंका गायकों को उन्मत्त बना देता है। उनकी इकहरी तानें तिहरी हो जाती हैं। सुनने वाले झूमने लगते हैं। वेश्याओं का दर्शकों के लिए आकर्षक समारोह है। एक घण्टे रात बीत गई है।

अब रसिकों के समाज में हलचल मची, बूँदें लगातार पड़ने लगीं। लोग तितर-बितर होने लगे। गुलेनार, युवक और अम्मा के साथ आई थी। वह युवक से बातें करने लगी। अम्मा भीड़ में अलग हो गई, दोनों और आगे बढ़ गये। सहसा गुलेनार ने कहा—आह! मेरे पाँव में चटक हो गई, अब मैं एक पग चल नहीं सकती, डोली ले आओ, वह बैठ गई। युवक डोली लेने चला।

गुलेनार ने इधर-उधर देखा, तीन तालियाँ बजीं। मंगल आ गया, उसने कहा—ताँगा ठीक है।

गुलेनार ने कहा—किधर? चलो!—दोनों हाथ पकड़कर बढ़े। चक्कर देकर दोनों बाहर आ गये, ताँगे पर बैठे और वह ताँगे वाला कौवालों की तान—'जिस जिस को दिया चाहें' को दुहराता हुआ चाबुक लगाता घोड़े को उड़ा

ले चला। चारबाग स्टेशन पर देहरादून जाने वाली गाड़ी खड़ी थी। ताँगे वाले को पुरस्कार देकर मंगल सीधे गाड़ी में जाकर बैठ गया। सीटी बजी, सिगनल हुआ, गाड़ी खुल गई।

तारा, थोड़ा भी विलम्ब से गाड़ी न मिलती।

ठीक समय से पानी आ गया। हाँ, यह तो कहो, मेरा पत्र कब मिला ?

आज नौ बजे। मैं सामान ठीक करके संध्या की बाट देख रहा था। टिकट ले लिये थे और ठीक समय पर तुमसे भेंट हुई।

कोई पूछे तो क्या कहा जायगा ?

अपने वेश्यापन के दो-तीन आभूषण उतार दो, और किसी के पूछने पर कहना —अपने पिता के पास जा रही हूँ, ठीक पता बताना।

तारा ने फुरती से वैसा ही किया। वह एक साधारण गृहस्थ बालिका बन गई।

वहाँ पूरा एकान्त था, दूसरे यात्री न थे। देहरा-एक्सप्रेस वेग से जा रही थी।

मंगल ने कहा— तुम्हें सूझी अच्छी। उस तुम्हारी दुष्टा अम्मा को यही विश्वास होगा कि कोई दूसरा ही ले गया। हमारे पास तक तो उसका संदेह भी न पहुँचेगा।

भगवान् की दया से नरक से छुटकारा मिला। आह कैसी नीच कल्पनाओं से हृदय भरा जाता था—सन्ध्या में बैठकर मनुष्य-समाज की अशुभ कामना करना, उसे नरक के पथ की ओर चलने का संकेत बताना, फिर उसी से अपनी जीविका !

तारा, फिर भी तुमने अपने धर्म की रक्षा की। आश्चर्य !

यही कभी-कभी मैं भी विचारती हूँ कि संसार दूर से, नगर, जनपद सौध-श्रेणी, राजमार्ग और अट्टालिकाओं से जितना शोभन दिखाई पड़ता है, वैसा ही सरल और सुन्दर भीतर नहीं है। जिस दिन मैं अपने पिता से अलग हुई, ऐसे-ऐसे निर्लज्ज और नीच मनोवृत्तियों के मनुष्यों से सामना हुआ, जिन्हें पशु भी कहना उन्हें महिमान्वित करना है !

हाँ, हाँ, यह तो कहो, तुम काशी से लखनऊ कैसे आ गई ?

तुम्हारे सामने जिस दुष्टा ने मुझे फँसाया, वह स्त्रियों का व्यापार करने वाली एक संस्था की कुटनी थी। मुझे ले जाकर उन सबों ने एक घर में रक्खा, जिसमें मेरी ही जैसी कई अभागिनें थीं; परन्तु उनमें सब मेरी जैसी रोने वाली न थीं। बहुत-सी स्वेच्छा से आई थीं और कितनी ही कलंक लगने पर अपने घर

वालों से ही मेले में छोड़ दी गई थीं ! मैं अलग बैठी रोती थी । उन्हीं में से कई मुझे हँसाने का उद्योग करतीं, कोई समझाती, कोई झिड़कियाँ सुनाती और कोई मेरी मनोवृत्ति के कारण मुझे बनाती ! मैं चुप होकर सुना करती; परन्तु कोई पथ निकलने का न था । सब प्रबन्ध ठीक हो गया था, हम लोग पंजाब भेजी जाने वाली थीं । रेल पर बैठने का समय हुआ, मैं सिसक रही थी । स्टेशन के विश्राम-गृह में एक भीड़-सी लग रही थी; परन्तु मुझे कोई न पूछता था । यही दुष्टा अम्मा वहाँ आई और बड़े दुलार से बोली—चल बेटी, मैं तुझे तेरी माँ के पास पहुँचा दूँगी । मैंने उन सबों को ठीक कर लिया है---मैं प्रसन्न हो गई । मैं क्या जानती थी कि मैं चूल्हे से निकलकर भाड़ में जाऊँगी । बात भी कुछ ऐसी थी । मुझे उपद्रव मचाते देखकर उन लोगों ने अम्मा से कुछ रुपया लेकर मुझे उसके साथ कर दिया, मैं लखनऊ पहुँची ।

हाँ, हाँ, ठीक है; मैंने भी सुना है कि पंजाब में स्त्रियों की कमी है; इसी-लिए और प्रान्तों से स्त्रियाँ वहाँ भेजी जाती हैं, जो अच्छे दामों पर बिकती हैं । क्या तुम भी उन्हीं के चंगुल में. . . ?

हाँ, दुर्भाग्य से !

स्टेशन पर गाड़ी रुक गई । रजनी की गहरी नीलिमा में नभ के तारे चमक रहे थे । तारा उन्हें खिड़की से देखने लगी । इतने में उस गाड़ी में एक पुरुष यात्री ने प्रवेश किया । तारा घूँघट निकालकर बैठ गई । और वह पुरुष अपना गट्ठर रखकर सोने का प्रबन्ध करने लगा । दो-चार क्षण में गाड़ी चली । तारा ने घूमकर देखा कि वह पुरुष मुँह फेर कर सो गया है; परन्तु अभी जगे रहने की संभावना थी । बातें आरम्भ न हुईं । कुछ देर तक दोनों चुपचाप थे । फिर झपकी आने लगी । तारा ऊँघने लगी । मंगल भी झपकी लेने लगा । गंभीर रजनी के अंचल से उस चलती हुई गाड़ी पर पंखा चल रहा था । आमने-सामने बैठे हुए मंगल और तारा निद्रावश होकर झूम रहे थे । मंगल का सिर टकराया । उसकी आँखें खुलीं । तारा का घूंघट उलट गया था । देखा, तो गले का कुछ अंश, कपोल, पाली और निद्रानिमीलित पद्मपलाशलोचन, जिस पर भौंहों की काली सेना का पहरा था ! वह न जाने क्यों उसे देखने लगा । सहसा गाड़ी रुकी और धक्का लगा । तारा मंगलदेव के अंक में आ गई । मंगल ने उसे सम्हाल लिया । वह आँखें खोलती हुई मुस्कुराई और फिर सहारे से टिककर सोने लगी । यात्री, जो अभी दूसरे स्टेशन पर चढ़ा था, सोते-सोते वेग से उठ पड़ा और सिर खिड़की से बाहर निकालकर वमन करने लगा । मंगल स्वयंसेवक था । उसने जाकर उसे पकड़ा और तारा से कहा—"लोटे में पानी होगा, दो मुझे !"

तारा ने जल दिया, मंगल ने यात्री का मुँह धुलाया। वह आँखों को जल से ठंढक पहुँचाते हुए मंगल के प्रति कृतज्ञता प्रकट करना ही चाहता था कि तारा और उसकी आँखें मिल गईं। तारा पैर पकड़कर रोने लगी। यात्री ने निर्दयता से झटकार दिया। मंगल अवाक् था।

बाबूजी, मेरा क्या अपराध ? मैं तो आप ही लोगों को खोज रही थी।

अभागिनी ! खोज रही थी मुझे या किसी और को---

किसको बाबूजी ? बिलखते हुए तारा ने कहा।

जो पास बैठा है। क्या मुझे खोजना चाहती, तो एक पोस्टकार्ड न डाल देती ? कलंकिनी ! दुष्टा ! मुझे जल पिला दिया, प्रायश्चित्त करना पड़ेगा !

अब मंगल की समझ में आया कि वह यात्री तारा का पिता है; परन्तु उसे विश्वास न हुआ कि यही तारा का पिता है। क्या पिता भी इतना निर्दय हो सकता है ? उसे अपने ऊपर किये गये व्यंग का भी बड़ा दुःख हुआ, परन्तु क्या करे, इस कठोर अपमान को तारा का भविष्य सोचकर वह पी गया। उसने धीरे-से सिसकती हुई तारा से पूछा—क्या यही तुम्हारे पिता हैं ?

हाँ, परन्तु मैं अब क्या करूँ। बाबूजी, मेरी माँ होती, तो इतनी कठोरता न करती। मैं उन्हीं की गोद में जाऊँगी।—तारा फूट-फूट कर रो रही थी।

तेरी नीचता से दुखी होकर महीनों हुआ, वह मर गई, तू न मरी---कालिख पोतने के लिए जीती रही ? —यात्री ने कहा।

मंगल से न रहा गया, उसने कहा—महाशय, आपका क्रोध व्यर्थ है। यह स्त्री कुचक्रियों के फेर में पड़ गई थी; परन्तु इसकी पवित्रता में कोई अन्तर नहीं पड़ा, बड़ी कठिनता से इसका उद्धार करके मैं इसे आप ही के पास पहुँचाने के लिए जाता था। भाग्य से आप यहीं मिल गये।

भाग्य नहीं, दुर्भाग्य से !—घृणा और क्रोध से यात्री के मुँह का रंग बदल रहा था।

तब यह किसकी शरण में जायगी ? अभागिनी की कौन रक्षा करेगा ? मैं आपको प्रमाण दूंगा कि तारा निरपराधिनी है। आप इसे—बीच ही में यात्री ने रोककर कहा—मूर्ख युवक ! ऐसी स्वैरिणी को कौन गृहस्थ अपनी कन्या कहकर सिर नीचा करेगा। तुम्हारे-जैसे इसके बहुत-से संरक्षक मिलेंगे। बस अब मुझे से कुछ न कहो—यात्री का दम्भ उसके अधरों में स्फुरित हो रहा था। तारा अधीर होकर रो रही थी और युवक इस कठोर उत्तर को अपने मन में तोल रहा था।

गाड़ी बीच के छोटे स्टेशन पर नहीं रुकी। स्टेशन की लालटेनें जल रही थीं। तारा ने देखा, एक सजा-सजाया घर भागकर छिप गया। तीनों चुप रहे।

तारा क्रोध और ग्लानि से फूल रही थी। निराशा और अन्धकार में विलीन हो रही थी। गाड़ी दूसरे स्टेशन पर रुकी। सहसा यात्री उतर गया।

मंगलदेव कर्त्तव्य-चिन्ता में व्यस्त था। तारा भविष्य की कल्पना कर रही थी। गाड़ी अपनी धुन में गम्भीर तम का भेदन करती हुई चलने लगी।

३

हरद्वार की बस्ती से अलग गंगा के तट पर एक छोटा-सा उपवन है। दो-तीन कमरे और दालानों का उसी से लगा हुआ छोटा-सा घर है। दालान में बैठी हुई तारा माँग सवार रही है। अपनी दुबली-पतली लम्बी काया की छाया प्रभात के कोमल आतप में डालती हुई तारा एक कुलवधू के समान दिखाई पड़ती है। बालों से लपेटकर बँधा हुआ जूड़ा, छलछलाई आँखें, नमित और ढीली अंग-लता, पतली-पतली लम्बी उँगलियाँ, जैसे चित्र सजीव होकर काम कर रहा है। पखवारों में ही तारा के कपोलों के ऊपर और भवों के नीचे श्याम-मण्डल पड़ गया है। वह काम करते हुए भी, जैसे अन्यमनस्क-सी है। अन्यमनस्क रहना ही उसकी स्वाभाविकता है। आज-कल उसको झुकी हुई पलकें काली पुतलियों को छिपाये रखती हैं। आँखें संकेत से कहती हैं कि हमें कुछ न कहो, नहीं बरसने लगेंगी।

पास ही तून की छाया में पत्थर पर बैठा हुआ मंगल एक पत्र लिख रहा है। पत्र समाप्त करके उसने तारा की ओर देखा और पूछा—मैं पत्र छोड़ने जा रहा हूँ, कोई काम बाजार का हो, तो करता आऊँ।

तारा ने पूर्ण गृहिणी-भाव से कहा—थोड़ा कड़वा तेल चाहिए, और सब वस्तुएँ हैं। मंगलदेव जाने के लिए उठ खड़ा हुआ। तारा ने फिर पूछा—और नौकरी का क्या हुआ ?

नौकरी मिल गई है। उसी की स्वीकृति-सूचना लिखकर पाठशाला के अधिकारी के पास भेज रहा हूँ। आर्य-समाज की पाठशाला में व्यायाम-शिक्षक का काम करूँगा।

वेतन तो थोड़ा ही मिलेगा। यदि मुझे भी कोई काम मिल जाय, तो देखना, मैं तुम्हारा हाथ बँटा लूंगी।

मंगलदेव ने हँस दिया और कहा—स्त्रियाँ बहुत शीघ्र उत्साहित हो जाती

हैं और उतने ही अधिक परिमाण में निराशावादिनी भी होती हैं। भला मैं तो पहले टिक जाऊँ! फिर तुम्हारी देखी जायगी।—मंगलदेव चला गया। तारा ने उस एकान्त उपवन की ओर देखा—शरद का निरभ्र आकाश छोटे-से उपवन पर अपने उज्ज्वल आतप के मिस हँस रहा था। तारा सोचने लगी—

यहाँ से थोड़ी दूर पर मेरा पितृ-गृह है; पर मैं वहाँ नहीं जा सकती। पिता समाज और धर्म के भय से त्रस्त हैं। ओह, निष्ठुर पिता! अब उनकी भी पहली-सी आय नहीं, महन्तजी प्रायः बाहर, विशेषकर काशी रहा करते हैं। मठ की अवस्था बिगड़ गई है। मंगलदेव—एक अपरिचित युवक—केवल सत्साहस के बल पर मेरा पालन कर रहा है। इस दासवृत्ति से जीवन बिताने से क्या वह बुरा था, जिसे मैं छोड़ कर आई। किस आकर्षण ने यह उत्साह दिलाया और अब वह क्या हुआ, जो मेरा मन ग्लानि का अनुभव करता है, परतन्त्रता से। नहीं, मैं भी स्वावलम्बिनी बनूँगी; परन्तु मंगल! वह निरीह निष्पाप हृदय!

तारा और मंगल—दोनों में मन के संकल्प-विकल्प चल रहे थे। समय अपने मार्ग चल रहा था। दिन पीछे छूटते जाते थे। मंगल की नौकरी लग गई। तारा गृहस्थी जमाने लगी।

धीरे-धीरे मंगल के बहुत से आर्य मित्र बन गये। और कभी-कभी देवियाँ भी तारा से मिलने लगीं। आवश्यकता से विवश होकर मंगल और तारा ने आर्य-समाज का साथ दिया था। मंगल स्वतंत्र विचार का युवक था। उसके धर्म-संबंधी विचार निराले थे; परन्तु बाहर से वह पूर्ण आर्य-समाजी था। तारा की सामाजिकता बनाने के लिए उसे दूसरा मार्ग न था।

एक दिन कई मित्रों के अनुरोध से उसने अपने यहाँ प्रीतिभोज दिया। श्रीमती प्रकाशदेवी, सुभद्रा, अम्बालिका, पीलोमी आदि नामांकित कई देवियाँ, अभिमन्यु, वेदस्वरूप, ज्ञानदत्त और वरुणप्रिय, भीष्मव्रत आदि कई आर्यसभ्य एकत्रित हुए।

वृक्ष के नीचे कुर्सियाँ पड़ी थीं। सब बैठे थे। बातचीत हो रही थी। तारा अतिथियों के स्वागत में लगी थी। भोजन बनकर प्रस्तुत था। ज्ञानदत्त ने कहा—अभी ब्रह्मचारीजी नहीं आये!

अरुण—आते ही होंगे।

वेद—तब तक हम लोग संध्या कर लें।

इन्द्र—यह प्रस्ताव ठीक है; परन्तु लीजिए वह ब्रह्मचारीजी आ रहे हैं।

एक घुटनों से नीचा लंबा कुरता डाले, लम्बे बाल और छोटी दाढ़ी वाले गौरवर्ण युवक को देखते ही नमस्ते की धूम मच गई। ब्रह्मचारीजी बैठे। मंगल-

देव का परिचय देते हुए वेदस्वरूप ने कहा—आपका ही शुभ नाम मंगलदेव है ! इन्होंने ही इन देवी का यवनों के चंगुल से उद्धार किया है।—तारा ने नमस्ते किया, ब्रह्मचारी ने पहले हँसकर कहा—सो तो होना चाहिए, ऐसे ही नवयुवकों से भारतवर्ष को आशा है । इस सत्साहस के लिए मैं धन्यवाद देता हूँ । आप समाज में कब से प्रविष्ट हुए हैं ?

अभी तो मैं सभ्यों में नहीं हूँ—मंगल ने कहा ।

बहुत शीघ्र हो जाइए, बिना भित्ति के कोई घर नहीं टिकता और बिना नींव की कोई भित्ति नहीं । उसी प्रकार सद्विचार के बिना मनुष्य की स्थिति नहीं और धर्म-संस्कारों के बिना सद्विचार टिकाऊ नहीं होते । इसके सम्बन्ध में मैं विशेष रूप से फिर कहूँगा । आइए हम लोग सन्ध्या-वन्दन कर लें ।

सन्ध्या और प्रार्थना के समय मंगलदेव केवल चुपचाप बैठा रहा ।

थालियाँ परसी गईं । भोजन करने के लिए लोग आसन पर बैठे । वेद-स्वरूप ने कहना आरम्भ किया—हमारी जाति में धर्म के प्रति इतनी उदासीनता का कारण है एक कल्पित ज्ञान, जो इस देश के प्रत्येक प्राणी के लिए सुलभ हो गया है । वस्तुतः उन्हें ज्ञानाभाव होता है और वे अपने साधारण नित्यकर्म से वंचित होकर अपनी आध्यात्मिक उन्नति करने में भी असमर्थ होते हैं ।

ज्ञानदत्त—इसीलिए आर्यों का कर्मवाद संसार के लिए विलक्षण कल्याण-दायक है । ईश्वर के प्रति विश्वास करते हुए भी उसे स्वावलम्बन का पाठ पढ़ाता है । यह ऋषियों का दिव्य अनुसंधान है ।

ब्रह्मचारी ने कहा—तो अब क्या विलम्ब है, बातें भी चला करेंगी ।

मंगलदेव ने कहा—हाँ, हाँ, आरम्भ कीजिए ।

ब्रह्मचारी ने गंभीर स्वर से प्रणवाद किया और दन्त-अन्न का युद्ध प्रारम्भ हुआ ।

मंगलदेव ने कहा—परन्तु संसार की अभाव-आवश्यकताओं को देखकर यह कहना पड़ता है कि कर्मवाद का सृजन करके हिन्दू-जाति ने अपने लिए असन्तोष और दौड़-धूप, आशा और संकल्प का फन्दा बना लिया है ।

कदापि नहीं, ऐसा समझना भ्रम है महाशयजी ! मनुष्यों को पाप-पुण्य की सीमा में रखने के लिए इससे बढ़कर कोई उपाय जगत् को नहीं मिला ।—सुभद्रा ने कहा ।

श्रीमती ! मैं पाप-पुण्य की परिभाषा नहीं समझता; परन्तु यह कहूंगा कि मुसलमान-धर्म इस ओर बड़ा दृढ़ है । वह सम्पूर्ण निराशावादी होते हुए, भौतिक कुल शक्तियों पर अविश्वास करते हुए, केवल ईश्वर की अनुकम्पा पर अपने को

निर्भर करता है। इसीलिए उनमें इतनी दृढ़ता होती है। उन्हें विश्वास होता है कि मनुष्य कुछ नहीं कर सकता—बिना परमात्मा की आज्ञा के। और केवल इसी एक विश्वास के कारण वे संसार में संतुष्ट हैं।

परसनेवाले ने कहा—मूँग का हलवा ले आऊँ। खीर में तो अभी कुछ विलम्ब है।

ब्रह्मचारी ने कहा—भाई, हम जीवन को सुख के अच्छे उपकरण ढूँढ़ने में नही बिताना चाहते। जो कुछ प्राप्त है, उसी में जीवन सुखी होकर बीते, इसी की चेष्टा करते हैं। इसीलिए जो प्रस्तुत हो, ले आओ।

सब लोग हँस पड़े।

फिर ब्रह्मचारी ने कहा—महाशयजी, आपने एक बड़े धर्म की बात कही है। मैं उसका कुछ निराकरण कर देना चाहता हूँ। मुसलमान-धर्म निराशावादी होते हुए भी क्यों इतना उन्नतिशील है, इसका कारण तो आपने स्वयं कहा है कि 'ईश्वर में विश्वास' परन्तु इसके साथ उनकी सफलता का एक और भी रहस्य है। वह है उनकी नित्य-क्रिया की नियम-बद्धता; क्योंकि नियमित रूप से परमात्मा की कृपा का लाभ उठाने के लिए प्रार्थना करनी आवश्यक है। मानव-स्वभाव दुर्बलताओं का संकलन है, सत्कर्म विशेष होने पाते नहीं, क्योंकि नित्य-क्रियाओं द्वारा उनका अभ्यास नहीं। दूसरी ओर ज्ञान की कमी से ईश्वर-निष्ठा भी नहीं। इसी अवस्था को देखते हुए ऋषि ने यह सुगम आर्य-पथ बनाया है। प्रार्थना नियमित रूप से करना, ईश्वर में विश्वास करना, यही तो आर्य-समाज का संदेश है। यह स्वावलम्बपूर्ण है; यह दृढ़ विश्वास दिलाता है कि हम सत्कर्म करेंगे, तो परमात्मा की कृपा अवश्य होगी।

सब लोगों ने उन्हें धन्यवाद दिया। ब्रह्मचारी ने हँसकर सबका स्वागत किया। अब एक क्षणभर के लिए विवाद स्थगित हो गया और भोजन में सब लोग दत्तचित्त हुए। कुछ भी परसने के लिए जब पूछा जाता तो वे 'हूँ' कहते। कभी-कभी न लेने के लिए भी उसी का प्रयोग होता। परसनेवाला घबरा जाता और भ्रम से उनकी थाली में कुछ-का-कुछ डाल देता; परन्तु वह सब यथास्थान पहुँच जाता। भोजन समाप्त करके सब लोग यथास्थान बैठे। तारा भी देवियों के साथ हिल-मिल गई।

चाँदनी निकल आई थी। समय सुन्दर था। ब्रह्मचारी ने प्रसंग छेड़ते हुए कहा—मंगलदेवजी! आपने एक आर्य-बालिका का यवनों से उद्धार करके बड़ा पुण्यकर्म किया है। इसके लिए आपको हम सब लोग बधाई देते हैं।

वेदस्वरूप—और इस उत्तम प्रीतिभोज के लिए धन्यवाद।

विदुषी सुभद्रा ने कहा—परमात्मा की कृपा से तारादेवी के शुभ पाणि-ग्रहण के अवसर पर हम लोग फिर इसी प्रकार सम्मिलित हों।

मंगलदेव ने, जो अभी तक अपनी प्रशंसा का बोझ सिर नीचे किये उठा रहा था, कहा—जिस दिन इतना हो जाय, उसी दिन मैं अपने कर्त्तव्य को पूरा कर सकूँगा।

तारा सिर झुकाये रही। उसके मन में इन सामाजिकों की सहानुभूति ने एक नई कल्पना उत्पन्न कर दी। वह एक क्षण भर के लिए अपने भविष्य से निश्चिन्त-सी हो गई।

उपवन के बाहर तक तारा और मंगलदेव ने अतिथियों को पहुँचाया। ये लोग बिदा हो गये। मंगलदेव अपनी कोठरी में चला गया और तारा अपने कमरे में जाकर पलंग पर लेट गई। उसने एक बार आकाश के सुकुमार शिशु को देखा। छोटे-से चन्द्र की हलकी चाँदनी में वृक्षों की परछाईं उसकी कल्पनाओं को रंजित करने लगी। वह अपने उपवन का मूक दृश्य खुली आँखों से देखने लगी। पलकों में नींद न थी, मन में चैन न था, न जाने क्यों उसके हृदय में धड़कन बढ़ रही थी। रजनी के नीरव संसार में वह उसे साफ सुन रही थी। जगते-जगते रात दो पहर से अधिक चली गई। चन्द्रिका के अस्त हो जाने से उपवन में अँधेरा फैल गया। तारा उसी में आँख गड़ाकर न जाने क्या देखा चाहती थी। उसका भूत, वर्तमान और भविष्य—तीनों अन्धकार में कभी छिपते और कभी ताराओं के रूप में चमक उठते। वह एक बार अपनी उस वृत्ति को आवाहन करने की चेष्टा करने लगी, जिसकी शिक्षा उसे वेश्यालय से मिली थी। उसने मंगल को तब नहीं; परन्तु अब खींचना चाहा। रसीली कल्पनाओं से हृदय भर गया। रात बीत चली। उषा का आलोक प्राची में फैल रहा था। उसने खिड़की से झाँककर देखा, तो उपवन में चहल-पहल थी। जूही की प्यालियों में मकरन्द-मदिरा पीकर मधुपों की टोलियाँ लड़खडा रही थीं, और दक्षिणपवन मौलसिरी के फूलों की कौड़ियाँ फेंक रहा था। कमर से झुकी हुई अलबेली बेलियाँ नाच रही थीं। मन की हार-जीत हो रही थी।

मंगलदेव ने पुकारा—नमस्कार।

तारा ने मुस्कराते हुए पलंग पर बैठकर दोनों हाथ सिर से लगाते हुए कहा—नमस्कार!

मंगल ने देखा—कविता में वर्णित नायिका जैसे प्रभात की शैया पर बैठी है।

समय के साथ-साथ तारा अधिकाधिक गृहस्थी में चतुर और मंगल परिश्रमी होता जाता था। सवेरे जलपान बनाकर तारा मंगल को देती, समय पर भोजन और ब्यालू। मंगल के वेतन में सब प्रबन्ध हो जाता, कुछ बचता न था। दोनों को बचाने की चिन्ता भी न थी; परन्तु इन दिनों एक बात नई हो चली। तारा मंगल के अध्ययन में बाधा डालने लगी। वह प्रातः उसके पास ही बैठ जाती। उसकी पुस्तकों को उलटती, यह प्रकट हो जाता कि तारा मंगल से अधिक बात-चीत करना चाहती है और मंगल कभी-कभी इससे घबरा उठता।

वसन्त का प्रारम्भ था, पत्ते देखते-ही-देखते एंठते जाते थे और पतझड़ के बीहड़ समीर से वे झड़कर गिरते थे। दोपहर था। कभी-कभी बीच में कोई पक्षी वृक्षों की शाखों में छिपा हुआ बोल उठता। फिर निस्तब्धता छा जाती। दिवस विरस हो चले थे। अँगड़ाई लेकर तारा ने वृक्ष के नीचे बैठे हुए मंगल से कहा—आज मन नहीं लगता है।

मेरा भी मन उचाट हो रहा है। इच्छा होती है कहीं घूम आऊँ; परन्तु तुम्हारा ब्याह हुए बिना मैं कहीं जा नहीं सकता।

मैं तो ब्याह न करूँगी।

क्यों ?

दिन तो बिताना ही है, कहीं नौकरी कर लूंगी। ब्याह करने की क्या आवश्यकता है ?

नहीं तारा, यह नहीं हो सकता। तुम्हारा निश्चित लक्ष्य बनाये बिना कर्त्तव्य मुझे धिक्कार देगा।

मेरा लक्ष्य क्या है, अभी मैं स्वयं स्थिर नहीं कर सकी।

मैं स्थिर करूँगा।

क्यों यह भार अपने ऊपर लेते हो ? मुझे अपनी धारा में बहने दो।

सो नहीं हो सकेगा।

मैं कभी-कभी विचारती हूँ कि छायाचित्र-सदृश जनस्रोत में नियति के पवन की थपेडें लग रही हैं, वह तरंग-संकुल होकर झूम रहा है। और मैं, एक तिनके के सदृश उसी में इधर-उधर बह रही हूँ। कभी भँवरों में चक्कर खाती हूँ, कभी लहरों में नीचे-ऊपर होती हूँ। कहीं कूल-किनारा नहीं!—कहते-कहते तारा की आँखें छलछला उठीं।

न घबड़ाओ तारा, भगवान् सब के सहायक हैं—मंगल ने कहा। और जी बहलाने के लिए कहीं घूमने का प्रस्ताव किया।

दोनों उतरकर गंगा के समीप के शिला-खण्डों से लगकर बैठ गये। जाह्नवी के स्पर्श से पवन अत्यन्त शीतल होकर शरीर में लगता है। यहाँ धूप कुछ भली लगती थी। दोनों विलम्ब तक बैठ चुपचाप निसर्ग सुन्दर दृश्य देखते थे। संध्या हो चली। मंगल ने कहा—तारा चलो, घर चलें। तारा चुपचाप उठी। मंगल ने देखा, उसकी आँखें लाल हैं। मंगल ने पूछा—क्या सिर में दर्द है।

नहीं तो।

दोनों घर पहुँचे। मंगल ने कहा—आज ब्यालू बनाने की आवश्यकता नहीं, जो कहो बाजार से लेता आऊँ।

इस तरह कैसे चलेगा। मुझे हुआ क्या है, थोड़ा दूध ले आओ, तो खीर बना दूं। कुछ पूरिया बची हैं।

मंगलदेव दूध लेने चला गया।

तारा सोचने लगी—मंगल मेरा कौन है, जो मैं इतनी आज्ञा देती हूँ। क्या वह मेरा कोई है।—मन में सहसा बड़ी-बड़ी अभिलाषाएँ उदित हुईं और गंभीर आकाश के शून्य में ताराओं के समान डूब गईं। वह चुप बैठी रही।

मंगल दूध लेकर आया। दीपक जला। भोजन बना। मंगल ने कहा—तारा, आज तुम मेरे ही साथ बैठकर भोजन करो।

तारा को कुछ आश्चर्य न हुआ, यद्यपि मंगल ने कभी ऐसा प्रस्ताव न किया था; परन्तु वह उत्साह के साथ सम्मिलित हुई।

दोनों भोजन करके अपने-अपने पलंग पर चले गये। तारा की आँखों में नींद न थी। उसे कुछ शब्द सुनाई पड़ा। पहले तो उसे भय लगा, फिर साहस करके उठी। आहट लगा कि मंगल का-सा शब्द है। वह उसके कमरे में जाकर खड़ी हो गई। मंगल सपना देख रहा था, बर्राता था—कौन कहता है कि तारा मेरी नहीं है? मैं भी उसी का हूँ। तुम्यारे हत्यारे समाज की मैं चिन्ता नहीं करता... वह देवी है। मैं उसकी सेवा करूँगा...नहीं-नहीं, उसे मुझसे न छीनो।

तारा पलंग पर झुक गई थी। वसन्त की लहरीली समीर उसे पीठ से ढकेल रही थी। रोमांच हो रहा था, जैसे कामना-तरंगिनी में छोटी-छोटी लहरियाँ उठ रही थीं। कभी वक्षस्थल में कभी कपोलों पर स्वेद हो जाते थे। प्रकृति प्रलोभन से सजी थी। विश्व एक भ्रम बनकर तारा के यौवन की उमंग में डूबना चाहता था।

सहसा मंगल ने उसी प्रकार सपने में बर्राते हुए कहा—मेरी तारा, प्यारी तारा आओ!—उसके दोनों हाथ उठ रहे थे कि आँख बन्द कर तारा ने अपने को मंगल के अंक में डाल दिया।

प्रभात हुआ, वृक्षों के अंक में पक्षियों का कलरव होने लगा। मंगल की आँखें खुलीं, जैसे उसने रातभर एक मनोहर सपना देखा हो। वह तारा को सोई छोड़कर बाहर निकल आया, टहलने लगा। उत्साह से उसके चरण नृत्य कर रहे थे। बड़ी उत्तेजित अवस्था में टहल रहा था। टहलते-टहलते एक बार अपनी कोठरी में गया। जँगले से पहली लाल किरणें तारा के कपोल पर पड़ रही थीं। मंगल ने उसे चूम लिया। तारा जग पड़ी। वह लजाती हुई मुस्कुराने लगी। दोनों का मन हलका था।

उत्साह में दिन बीतने लगे। दोनों के व्यक्तित्व में परिवर्तन हो चला। अब तारा का वह निःसंकोच भाव न रहा। पति-पत्नी का-सा व्यवहार होने लगा। मंगल बड़े स्नेह से पूछता, वह सहज संकोच से उत्तर देती। मंगल मन-ही-मन प्रसन्न होता। उसके लिए संसार पूर्ण हो गया था—कहीं रिक्तता नहीं, कहीं अभाव नहीं।

तारा एक दिन बैठी कसीदा काढ़ रही थी। धम-धम का शब्द हुआ। दोपहर था। आँख उठाकर देखा—एक बालक दौड़ा हुआ आकर दालान में छिप गया। उपवन के किवाड़ तो खुले ही थे, और भी दो लड़के पीछे-पीछे आये। पहला बालक सिमटकर सबकी आँखों की ओट हो जाना चाहता था। तारा कुतूहल से देखने लगी। उसने संकेत से मना किया कि बतावे न। तारा हँसने लगी। दोनों खोजनेवाले लड़के ताड़ गये। एक ने पूछा—सच बताना, रामू यहाँ आया है ? पड़ोस के लड़के थे, तारा ने हँस दिया, रामू पकड़ गया। तारा ने तीनों को एक-एक मिठाइयाँ दीं। खूब हँसी होती रही।

कभी-कभी कुल्लू की माँ आ जाती। वह कसीदा सीखती। कभी बल्लो अपनी किताब लेकर आती, तारा उसे कुछ बताती। विदुषी सुभद्रा भी प्रायः आया करती। एक दिन सुभद्रा बैठी थी, तारा ने कुछ उससे जलपान करने का अनुरोध किया। सुभद्रा ने कहा—तुम्हारा ब्याह जिस दिन होगा, उसी दिन जलपान करूँगी।

और जब तक न होगा, तुम मेरे यहाँ जल न पीओगी ?

'जब तक' क्यों ? तुम क्यों विलम्ब करती हो ?

मैं ब्याह करने की आवश्यकता यदि न समझूँ तो ?

यह तो असम्भव है। बहन, आवश्यकता होती ही है।

सुभद्रा रुक गई। तारा के कपोल लाल हो गये। उसकी ओर कनखियों से देख रही थी। वह बोली—क्या मंगलदेव ब्याह करने पर प्रस्तुत नहीं होते।

मैंने कभी प्रस्ताव तो किया नहीं।

मैं करूँगी बहन ! संसार बड़ा खराब है। तुम्हारा उद्धार इसलिए नहीं हुआ है कि तुम यों ही पड़ी रहो। मंगल में यदि साहस नहीं है, तो दूसरा पात्र ढूँढ़ा जायगा; परन्तु सावधान ! तुम दोनों का इस तरह रहना कोई भी समाज हो, अच्छी आँखों से नहीं देखेगा। चाहे तुम दोनों कितने ही पवित्र हो !

तारा को जैसे किसी ने चुटकी काट ली। उसने कहा—न देखे समाज, भले ही, मैं किसी से कुछ चाहती तो नहीं; पर मैं अपने से ब्याह का प्रस्ताव किसी से नहीं कर सकती।

भूल है प्यारी बहन ! हमारी स्त्रियों की जाति इसी में मारी जाती है। वे मुँह खोलकर सीधा-सादा प्रस्ताव नहीं कर सकतीं; परन्तु संकेतों से, अपनी कुटिल अंग-भंगियों के द्वारा प्रस्ताव से अधिक करके पुरुषों को उत्साहित किया करती हैं। और बुरा न मानना, तब वे अपना सर्वस्व अनायास ही नष्ट कर देती हैं। ऐसी कितनी ही घटनाएँ जानी गई हैं।

तारा जैसे घबरा उठी। वह कुछ भारी मुँह किये बैठी रही। सुभद्रा भी कुछ समय बीतने पर चली गई।

मंगलदेव पाठशाला से लौटा। आज उसके हाथ में एक भारी गठरी थी। तारा उठ खड़ी हुई। पूछा—आज यह क्या लाये ?

हँसते हुए मंगल ने कहा—देख लो।

गठरी खुली—साबुन, रूमाल, काँच की चूड़ियाँ, अतर और भी कुछ प्रसाधन के उपयोगी पदार्थ थे। तारा ने हँसते हुए उन्हें अपनाया।

मंगल ने कहा—आज समाज में चलो, उत्सव है। कपड़े बदल लो।

तारा ने स्वीकार-सूचक सिर हिला दिया। कपड़े का चुनाव होने लगा। साबुन लगा, कंघी फेरी गई। मंगल ने तारा की सहायता की, तारा ने मंगल की। दोनों नई स्फूर्ति से प्रेरित होकर समाज-भवन की ओर चले।

इतने दिनों बाद तारा आज ही हरद्वार के पथ पर बाहर निकल कर चली। उसे गलियों का, घाटों का, बाल्यकाल का दृश्य स्मरण हो रहा था—यहाँ वह खेलने आती, वहाँ दर्शन करती, वहाँ पर पिता के साथ घूमने आती। राह चलते-चलते उसे स्मृतियों ने अभिभूत कर लिया। अकस्मात् एक प्रौढ़ा स्त्री उसे देखकर रुकी और साभिप्राय देखने लगी। वह पास चली आई। उसने फिर आँखें गड़ाकर देखा—तारा तो नहीं।

हाँ, चाची !

अरी तू कहाँ ?

भाग्य !

क्या तेरे बाबूजी नहीं जानते !

जानते हैं चाची, पर मैं क्या करूँ ?

अच्छा तू कहाँ है ?—मैं आऊँगी।

लालाराम की बगीची में।

चाची चली गई। ये लोग समाज-भवन की ओर चले।

कपड़े सूख चुके थे। तारा उन्हें इकट्ठा कर रही थी। मगल बैठा हुआ उनकी तह लगा रहा था। बदली थी। मंगल ने कहा—आज खूब जल बरसेगा।

क्यों ?

बादल भींग रहे हैं, पवन रुका है। प्रेम का भी पूर्व रूप ऐसा ही होता है। तारा ! मैं नहीं जानता था कि प्रेम-कादम्बिनी हमारे हृदयाकाश में कबसे अड़ी थी और तुम्हारे सौन्दर्य का पवन उस पर घेरा डाले हुए था।

मैं जानती थी। जिस दिन परिचय की पुनरावृत्ति हुई, मेरे खारे आँसुओं के प्रेम-घन बन चुके थे। मन मतवाला हो गया था; परन्तु तुम्हारी सौम्यसंयत चेष्टा ने रोक रखा था। मैं मन-ही-मन मसूसकर रह जाती। और इसीलिये मैंने तुम्हारी इच्छा पर अपने को चलने के लिए बाध्य किया। मैं तुम्हारी आज्ञा मान-कर तुम्हें अपने जीवन के साथ उलझाने लगी थी।

मैं नहीं जानता था, तुम इतनी चतुर हो। अजगर के श्वास में खिंचे हुए मृग के समान मैं तुम्हारी इच्छा के भीतर निगल लिया गया।

क्या तुम्हें इसका खेद है ?

तनिक भी नहीं प्यारी तारा, हम दोनों इसीलिए उत्पन्न हुए थे। अब मैं उचित समझता हूँ कि हम लोग समाज के प्रचलित नियमों में आबद्ध हो जायँ, यद्यपि मेरी दृष्टि में सत्य प्रेम के सामने उसका कुछ मूल्य नहीं।

जैसी तुम्हारी इच्छा।

अभी ये लोग बातें कर रहे थे कि उस दिन की चाची दिखलाई पड़ी। तारा ने प्रसन्नता से उसका स्वागत किया। उसकी चादर उतारकर उसे बैठाया। मंगलदेव बाहर चला गया।

तारा, तुमने यहाँ आकर अच्छा नहीं किया—चाची ने कहा।

क्यों चाची ! जहाँ अपने परिचित होते हैं, वहीं तो लोग जाते हैं।

परन्तु दुर्नाम की अवस्था में उस जगह से अलग रहना चाहिए।

तो क्या तुम लोग चाहती हो कि मैं यहाँ न रहूँ ?

नहीं-नहीं, भला ऐसा भी कोई कहेगा।—जीभ दबाते हुए चाची ने कहा।

पिताजी ने मेरा तिरस्कार किया, मैं क्या करती चाची।—तारा रोने लगी।

चाची ने सान्त्वना देते हुए कहा—न रो तारा!

समझाने के बाद फिर तारा चुप हुई; परन्तु वह फूल रही थी। फिर मंगल के प्रति संकेत करते हुए चाची ने पूछा—क्या यह प्रेम ठहरेगा? तारा, मैं इसीलिए चिन्तित हो रही हूँ। ऐसे बहुत-से प्रेमी संसार में मिलते हैं; पर निबाहने वाले कम होते हैं। मैंने तेरी माँ को ही देखा है।—चाची की आँखों में आँसू भर आये; पर तारा को अपनी माता का इस तरह का स्मरण किया जाना बहुत बुरा लगा। वह कुछ न बोली। चाची को जलपान कराना चाहा; पर वह जाने के लिए हठ करने लगी। तारा समझ गई और बोली—अच्छा चाची। मेरे ब्याह में तो आना। भला और कोई नहीं, तो तुम तो इस अकेली अभागिनी पर दया करना।

चाची को जैसे ठोकर-सी लग गई। वह सिर उठाकर कहने लगी—कब है? अच्छा-अच्छा आऊँगी।—फिर इधर-उधर की बातें करके वह चली गई।

तारा ने संशक होकर एक बार उस विलक्षण चाची को देखा, जिसे पीछे से देखकर कोई नहीं कह सकता था कि चालीस बरस की स्त्री है। वह अपनी इठलाती चाल से चली जा रही थी। तारा ने मन में सोचा—ब्याह की बात करके मैंने अच्छा नहीं किया; परन्तु करती क्या, अपनी स्थिति साफ करने के लिए दूसरा उपाय ही न था।

मंगल जब तक लौट न आया, वह चिन्तित बैठी रही।

चाची अब प्रायः नित्य आती। तारा के विवाहोत्सव-संबंध की वस्तुओं की सूची बनाती। तारा उत्साह से भर गई थी। मंगलदेव से जो कहा जाता, वही ले आता। बहुत शीघ्रता से काम का प्रारंभ हुआ। चाची को अपना सहायक पाकर तारा और मंगल दोनों प्रसन्न थे। एक दिन तारा गंगा-स्नान करने गई थी। मंगल चाची के कहने पर आवश्यक वस्तुओं की तालिका लिख रहा था। वह सिर नीचा किये हुए लेखनी चलाता था और आगे बढ़ने के लिए 'हूँ' कहता जाता था। सहसा चाची ने कहा—परन्तु यह ब्याह होगा किस रीति से? मैं जो लिखा रही हूँ, वह तो पुरानी चाल के ब्याह के लिए है।

क्या ब्याह भी कई चाल के होते हैं?—मंगल ने कहा।

क्यों नहीं—गम्भीरता से चाची बोली।

मैं क्या जानूँ, आर्य-समाज के कुछ लोग उस दिन निमंत्रित होंगे और वही

लोग उसे करावेंगे । हाँ, उसमें पूजा का टंट-घंट वैसा न होगा, और सब तो वैसा ही होगा ।

ठीक है—मुस्कुराती हुई चाची ने कहा—ऐसे वर-वधू का ब्याह और किस रीति से होगा ?

क्यों ! आश्चर्य से मंगल उसका मुँह देखने लगा । चाची के मुँह पर उस समय बड़ा विचित्र भाव था । विलास-भरी आँखें, मचलती हुई हँसी देखकर स्वयं मंगल को संकोच होने लगा । कुत्सित स्त्रियों के समान वह दिल्लगी के स्वर में बोली—मंगल, बड़ा अच्छा है, ब्याह जल्द कर लो, नहीं तो बाप बन जाने के पीछे ब्याह करना ठीक नहीं होगा ।

मंगल को क्रोध और लज्जा के साथ घृणा भी हुई । चाची ने अपना अंचल सम्भालते हुए तीखे कटाक्षों से मंगल की ओर देखा । मंगल मर्माहत होकर रह गया । वह बोला—चाची !

और भी हँसती हुई चाची ने कहा—सच कहती हूँ, दो महीने से अधिक नहीं टले हैं ।

मंगल सिर झुकाकर सोचने के बाद बोला—चाची, हम लोगों का सब रहस्य तुम जानती हो तो तुमसे बढ़कर हम लोगों का शुभ-चिन्तक और मित्र कौन हो सकता है, अब जैसा तुम कहो वैसा करें ।

चाची अपनी विजय पर प्रसन्न होकर बोली—ऐसा प्रायः होता है । तारा की माँ ही कौन कहीं की भण्डारीजी की ब्याही धर्मपत्नी थी ! मंगल ! तुम इसकी चिन्ता न करो, ब्याह शीघ्र कर लो, फिर कोई न बोलेगा । खोजने में ऐसों की संख्या भी संसार में कम न होगी ।

चाची अपनी वक्तृता झाड़ रही थी । उधर मंगल तारा की उत्पत्ति के संबंध में विचारने लगा । अभी-अभी उस दुष्टा चाची ने एक मार्मिक चोट उसे पहुँचाई । अपनी भूल और अपने अपराध मंगल को नहीं दिखाई पड़े; परन्तु तारा की माता भी दुराचारिणी !—यह बात उसे खटकने लगी । वह उठकर उपवन की ओर चला गया । चाची ने बहुत चाहा कि उसे फिर अपनी बातों में लगा ले; पर वह दुखी हो गया था । इतने में तारा लौट आई । बड़ा आग्रह दिखाते हुए चाची ने कहा—तारा, ब्याह के लिए परसों का दिन अच्छा है । और देखो, तुम नहीं जानती हो कि तुमने अपने पेट में एक जीव और बुला लिया है; इसलिए ब्याह का हो जाना अत्यन्त आवश्यक है ।

तारा चाची की गम्भीर मूर्ति देखकर डर गई । वह अपने मन में सोचने लगी—जैसा चाची कहती है वही ठीक है । तारा सशंक हो चली ।

चाची के जाने पर मंगल लौट आया। तारा और मंगल दोनों का हृदय उछल रहा था। साहस कर के तारा ने पूछा—कौन दिन ठीक हुआ ?

सिर झुकाते हुए मंगल ने कहा—परसों।—फिर अपना कोट पहनते हुए वह उपवन के बाहर हो गया।

तारा सोचने लगी—क्या सचमुच मैं एक बच्चे की माँ हो चली हूँ। यदि ऐसा हुआ, तो क्या होगा। मंगल का प्रेम ऐसा ही रहेगा—वह सोचते-सोचते लेट गई। सामान बिखरे रहे।

परसों के आते विलम्ब न हुआ।

घर में ब्याह का समारोह था। सुभद्रा और चाची काम में लगी हुई थीं। होम के लिए वेदी बन चुकी थी। तारा का प्रसाधन हो रहा था; परन्तु मंगलदेव स्नान करने हर की पैड़ी गया था। वह स्नान करके घाट पर आकर बैठ गया। घर लौटने की इच्छा नहीं हुई। वह सोचने लगा—तारा दुराचारिणी की संतान है, वह वेश्या के यहाँ रही, फिर मेरे साथ भाग आई, मुझसे अनुचित संबध हुआ और अब वह गर्भवती है। मैं आज ब्याह करके कई कुकर्मों के कलुषित संतान का पिता कहलाऊँगा ! मैं क्या करने जा रहा हूँ !—घड़ी भर वह इसी चिन्ता में निमग्न था। अन्त में इसी समय उसके ध्यान मे एक ऐसी बात आ गई कि उसके सत्साहस ने उसका साथ छोड़ दिया। वह स्वयं समाज की लाञ्छना सह सकता था; परन्तु भावी संतान के प्रति समाज की कल्पित लाञ्छना और अत्याचार ने उसे विचलित किया। वह जैसे एक भावी विप्लव के भय से त्रस्त हो गया। भगोड़ के समान वह बड़े स्टेशन की ओर अग्रसर हुआ। उसने देखा, गाड़ी आया ही चाहती है। उसके कोट की जेब में कुछ रुपये थे। पूछा—इस गाड़ी से बनारस पहुँच सकता हूँ ?

उत्तर मिला—हाँ, लकसर में बदलकर, वहाँ दूसरी ट्रेन तैयार मिलेगी।

टिकट लेकर वह दूर से हरियाली में निकलते हुए धुएँ को चुपचाप देख रहा था, जो उड़नेवाले अजगर के समान आकाश पर चढ़ रहा था। उसके मस्तक में कोई बात जमती न थी। वह अपराधी के समान हरद्वार से भाग जाना चाहता था। गाड़ी आते ही उस पर चढ़ गया। गाड़ी छूट गई।

इधर उपवन में मंगलदेव के आने की प्रतीक्षा हो रही थी। ब्रह्मचारीजी और वेदस्वरूप तथा और दो सज्जन आये। कोई पूछता था—मंगलदेव जी कहाँ हैं ? कोई कहता—समय हो गया ! कोई कहता—विलम्ब हो रहा है। परन्तु मंगलदेव कहाँ ?

तारा का कलेजा धक-धक करने लगा। वह न जाने किस अनागत भय से

डरने लगी। रोने-रोने हो रही थी। परन्तु मंगल में रोना न चाहिए—वह खुलकर न रो सकती थी।

जो बुलाने गया, वही लौट आया। खोज हुई, पता न चला। सन्ध्या हो आई; पर मंगल न लौटा। तारा अधीर होकर रोने लगी। ब्रह्मचारीजी मंगल को भला-बुरा कहने लगे। अन्त में उन्होंने यहाँ तक कह डाला कि यदि मुझे यह विदित होता कि मंगल इतना भीरु है, तो मैं किसी दूसरे से यह सम्बन्ध करने का उद्योग करता। सुभद्रा तारा को एक ओर ले जाकर सान्त्वना दे रही थी। अवसर पाकर चाची ने धीरे से कहा—वह भाग न जाता तो क्या करता, तीन महीने का गर्भ वह अपने सिर पर ओढ़कर व्याह करता ?

ऐं ? परमात्मन्, यह भी है ! —कहते हुए ब्रह्मचारीजी लम्बी डग बढ़ाते उपवन के बाहर चले गये। धीरे-धीरे सब चले गये। चाची ने यथापरवश होकर सामान बटोरना आरम्भ किया और उससे छुट्टी पाकर तारा के पास जाकर बैठ गई।

तारा सपना देख रही थी—झूले के पुल पर वह चल रही है। भीषण पर्वत-श्रेणी ! ऊपर और नीचे भयानक खड्ड ! वह पैर सम्हाल कर चल रही है। मंगलदेव पुल के उस पार खड़ा बुला रहा है। नीचे वेग से नदी बह रही है। बरफ के बादल घिर रहे हैं। अचानक बिजली कड़की, पुल टूटा, तारा भयानक वेग से नीचे गिर पड़ी। वह चिल्ला कर जग गई। देखा, तो चाची उसका सिर सहला रही है। वह चाची की गोद में सिर रखकर सिसकने लगी।

४

पहाड़ जैसे दिन बीतते ही न थे। दुःख की सब रातें जाड़े की रात से भी लम्बी बन जाती हैं। दुखिया तारा की अवस्था शोचनीय थी। मानसिक और आर्थिक चिन्ताओं से वह जर्जर हो गई। गर्भ के बढ़ने से शरीर से भी कृश हो गई। मुख पीला हो चला। अब उसने उपवन में रहना छोड़ दिया। चाची के घर में जाकर रहने लगी। वहीं सहारा मिला। खर्च न चल सकने के कारण वह दो-चार दिन के बाद एक वस्तु बेचती। फिर रोकर दिन काटती। चाची ने भी उसे अपने ढंग पर छोड़ दिया। वहीं तारा टूटी चारपाई पर पड़ी कराहा करती।

अँधेरा हो चला था। चाची अभी-अभी घूमकर बाहर से आयी थी। तारा के पास आकर बैठ गई। पूछा—तारा कैसी हो?

क्या बताऊँ चाची, कैसी हूँ!—भगवान जानते हैं, कैसी बीत रही है!

यह सब तुम्हारी चाल से हुआ।

सो तो ठीक कह रही हो।

नहीं, बुरा न मानना। देखो यदि मुझे पहली ही तुम अपना हाल कह देतीं, तो मैं ऐसा उपाय कर देती कि यह सब विपत्ति ही न आने पाती।

कौन उपाय चाची?

वही जब दो महीने का था, उसका प्रबन्ध हो जाता। किसी को कानो-कान खबर भी न होती। फिर तुम और मंगल एक बने रहते।

पर क्या इसी के लिए मंगल भाग गया? कदापि नहीं, उसके मन से मेरा प्रेम ही चला गया। चाची, जो बिना किसी लोभ के मेरी इतनी सहायता करता था, वह मुझे इस निस्सहाय अवस्था में इसलिए छोड़कर कभी नहीं जाता। इसमें कोई दूसरा ही कारण है।

होगा; पर तुम्हें यह दुःख देखना न पड़ता और उसके चले जाने पर भी एक बार मैंने तुमसे संकेत किया; पर तुम्हारी इच्छा न देखकर मैं कुछ न बोली।

नहीं तो अब तक मोहनदास तुम्हारे पैरों पर नाक रगड़ता। वह कई बार मुझसे कह भी चुका है।

बस करो चाची, मुझसे ऐसी बातें न करो। यदि ऐसा ही करना होगा, तो मैं किसी कोठे पर जा बैठूंगी; पर यह टट्टी की ओट में शिकार करना मैं नहीं जानती। —तारा ने ये बातें कुछ क्रोध से कहीं। चाची का पारा चढ़ गया। उसने बिगड़ कर कहा—देखो निगोड़ी मुझी को बातें सुनाती है! करम आप करे और आँखें दिखावे दूसरे को!

तारा रोने लगी। वह उस खुर्राट चाची से लड़ना न चाहती थी; परन्तु अभिप्राय न सधने पर चाची स्वयं लड़ गई। वह सोचती थी कि अब इसका सामान धीरे-धीरे ले ही लिया, दाल-रोटी दिन में एक बार खिला दिया करती थी। जब इसके पास कुछ बचा ही नहीं और आगे को कोई आशा भी न रही, तब इसका झंझट क्यों अपने सिर रक्खूँ। वह क्रोध से बोली—रो मत राँड कहीं की। जा हट, अपना दूसरा उपाय देख। मैं सहायता भी करूँ और बातें भी सुनूँ, यह नहीं हो सकता। कल मेरी कोठरी खाली कर देना, नहीं तो झाड़ू मारकर निकाल दूँगी।

तारा चुपचाप रो रही थी, वह कुछ न बोली। रात हो चली। लोग अपने-अपने घरों में दिन भर के परिश्रम का आस्वाद लेने के लिए किवाड़े बन्द करने लगे; पर तारा की आँखें खुली थीं। उनमें अब आँसू भी न थे। उसकी छाती में मधु-विहीन मधुचक्र-सा एक नीरस कलेजा था, जिसमें वेदना की ममाछियों की भन्नाहट थी। संसार उसकी आँखों में घूम जाता था, वह देखते हुए भी कुछ न देखती थी।

चाची अपनी कोठरी में जाकर खा-पी कर सो रही। बाहर कुत्ते भूँक रहे थे। रात आधी बीत रही थी। रह-रहकर निस्तब्धता का झोंका आ जाता था। सहसा तारा उठ खड़ी हुई। उन्मादिनी के समान वह चल पड़ी। फटी धोती उसके अंग पर लटक रही थी। लाल बिखरे थे। वदन विकृत। भय का नाम नहीं। जैसे कोई यंत्रचालित शव चल रहा है। वह सीधे जाह्नवी के तट पर पहुँची। ताराओं की परछाइँ गंगा के वक्ष में खुल रही थी। स्रोत में हर-हर की ध्वनि हो रही थी। तारा एक शिलाखण्ड पर बैठ गई। वह कहने लगी—मेरा अब कौन रहा, जिसके लिए मैं जीवित रहूँ। मंगल ने मुझे निरपराध ही छोड़ दिया, पास में पाई नहीं, लाञ्छनापूर्ण जीवन, कहीं धंधा करके पेट पालने लायक भी न रही। फिर, इस जीवन को रखकर क्या करूँ! हाँ, गर्भ में कुछ है, वह

क्या है कौन जाने ! यदि आज न सही, तो भी एक दिन अनाहार से प्राण छटपटाकर जायगा ही—तब विलम्ब क्यों ?

मंगल ! भगवान् जानते होंगे कि तुम्हारी शय्या पवित्र है। कभी मैंने स्वप्न में भी तुम्हें छोड़कर इस जीवन में किसी से प्रेम नहीं किया, और न तो मैं कलुषित हुई। यह तुम्हारी प्रेम-भिखारिनी पैसे की भीख नहीं माँग सकती और न पैसे के लिए अपनी पवित्रता बेच सकती है। तब दूसरा उपाय ही क्या ? मरण को छोड़ कर दूसरा कौन शरण देगा ? भगवान्। तुम यदि कहीं हो, तो मेरे साक्षी रहना !

वह गंगा में जा ही चुकी थी कि सहसा एक बलिष्ठ हाथ ने उसे पकड़कर रोक लिया। उसने छटपटाकर पूछा—तुम कौन हो, जो मेरे मरने का भी सुख छीनना चाहते हो ?

अधर्म होगा, आत्महत्या पाप है ! —एक लम्बा संन्यासी कह रहा था।

पाप कहाँ ! पुण्य किसका नाम ? मैं नहीं जानती। सुख खोजती रही, दुख मिला; दुख ही यदि पाप है, तो मैं उससे छूटकर सुख की मौत मर रही हूँ—पुण्य कर रही हूँ, करने दो !

तुमको अकेले मरने का अधिकार चाहे हो भी; पर एक जीव-हत्या तुम और करने जा रही हो, वह नहीं होगा। चलो तुम अभी, यहीं पर्णशाला है, उसमें रात भर विश्राम करो। प्रातःकाल मेरा शिष्य आवेगा और तुम्हें अस्पताल ले जायगा। वहाँ तुम अन्न-चिन्ता से भी निश्चिन्त रहोगी। बालक उत्पन्न होने पर तुम स्वतंत्र हो, जहाँ चाहो चली जाना—संन्यासी जैसे आत्मानुभूति से दृढ़ आज्ञा भरे शब्दों में कह रहा था। तारा को बात दुहराने का साहस न हुआ। उसके मन में बालक का मुख देखने की अभिलाषा जग गई। उसने भी संकल्प कर लिया कि बालक का अस्पताल में पालन हो जायगा; फिर मैं चली जाऊँगी।

वह संन्यासी के संकेत किये हुए कुटीर की ओर चली।

अस्पताल की चारपाई पर पड़ी हुई तारा अपनी दशा पर विचार कर रही थी। उसका पीला मुख, धँसी हुई आँखें, करुणा की चित्रपटी बन रही थीं। मंगल का इस प्रकार छोड़कर चले जाना, सब कष्टों से अधिक कसकता था। दाई जब साबूदाना लेकर उसके पास आती, तब वह बड़े कष्ट से उठकर थोड़ा-सा पी लेती। दूध कभी-कभी मिलता था, क्योंकि अस्पताल जिन दीनों के लिए बनते हैं, वहाँ उनकी पूछ नहीं। उसका लाभ भी सम्पन्न ही उठाते हैं। जिस रोगी के अभिभावकों से कुछ मिलता, उसी की सेवा अच्छी तरह होती, दूसरे

के कष्टों की गिनती नहीं। दाई दाल का पानी और हल्की रोटी लेकर आई। तारा का मुँह खिड़की की ओर था।

दाई ने कहा—लो, कुछ खा लो।

अभी मेरी इच्छा नहीं—मुँह फेरे ही तारा ने कहा।

तो क्या कोई तुम्हारी लौंडी लगी है, जो ठहरकर ले आवेगी। लेना हो, तो अभी ले लो।

मुझे भूख नहीं दाई!—तारा ने करुण स्वर से कहा।

क्यों, आज क्या है?

पेट में बड़ा दर्द हो रहा है—कहते-कहते तारा कराहने लगी। उसकी आँखों से आँसू बहने लगे। दाई ने पास आकर देखा, फिर चली गई। थोड़ी देर में डाक्टर के साथ दाई फिर आई। डाक्टर ने परीक्षा की। फिर दाई से कुछ संकेत किया। डाक्टर चला गया। दाई ने कुछ सामान लाकर वहाँ रखा, और भी एक दूसरी दाई आ गई। तारा की व्यथा बढ़ने लगी—वही कष्ट जिसे स्त्रियाँ ही झेल सकती हैं, तारा के लिए असह्य हो उठा, वह प्रसव-पीड़ा से मूर्छित हो गई। कुछ क्षणों में चेतना हुई, फिर पीड़ा होने लगी। दाई ने अवस्था भयानक होने की सूचना डाक्टर को दी। वह प्रसव कराने के लिए प्रस्तुत होकर आया। सहसा बड़े कष्ट से तारा ने पुत्र-प्रसव किया। डाक्टर ने भीतर आने की आवश्यकता न समझी, वह लौट गया। सूतिका-कर्म में शिक्षित दाइयों ने शिशु को सँभाला।

तारा जब सचेत हुई, नवजात शिशु को देखकर एक बार उसके मुख पर मुस्कराहट आ गई।

तारा रुग्ण थी, उसका दूध नहीं पिलाया जाता। वह दिन में दो बार बच्चे को गोद में ले पाती; पर गोद में लेते ही उसे जैसे शिशु से घृणा हो जाती। मातृस्नेह उमड़ता; परन्तु उसके कारण तारा की जो दुर्दशा हुई थी, वह सामने आकर खड़ी हो जाती। तारा काँप उठती। महीनों बीत गये। तारा कुछ चलने-फिरने योग्य हुई। उसने सोचा—महात्मा ने कहा था कि बालक उत्पन्न होने पर तुम स्वतन्त्र हो, जो चाहे कर सकती हो। अब मैं अपना जीवन क्यों रखूँ, अब गंगा माई की गोद में चलूँ। इस दुःखमय जीवन से छुटकारा पाने का दूसरा उपाय नहीं।

तीन पहर रात बीत चुकी थी। शिशु सो रहा था, तारा जाग रही थी। उसने एक बार उसके मुख का चुम्बन किया, वह चौंक उठा, जैसे हँस रहा हो।

फिर उसे थपकियाँ देने लगी। शिशु निधड़क सो गया। तारा उठी, अस्पताल से बाहर चली आई, पगली की तरह गंगा की ओर चली। निस्तब्ध रजनी थी। पवन शांत था। गंगा जैसे सो रही थी। तारा ने उसके अंक में गिरकर उसे चौंका दिया। स्नेहमयी जननी के समान गंगा ने तारा को अपने वक्ष में ले लिया।

हरद्वार की बस्ती से कई कोस दूर गंगा-तट पर बैठे हुए एक महात्मा अरुण को अर्घ दे रहे थे। सामने तारा का शरीर दिखलाई पड़ा, अंजलि देकर तुरन्त महात्मा ने जल में उतरकर उसे पकड़ा। तारा जीवित थी। कुछ परिश्रम के बाद जल पेट से निकला। धीरे-धीरे उसे चेतना हुई। उसने आँख खोलकर देखा कि एक झोंपड़ी में पड़ी है। तारा की आँखों से भी पानी निकलने लगा—वह मरने जाकर भी न मर सकी। मनुष्य की कठोर करुणा को उसने धिक्कार दिया।

परन्तु महात्मा की शुश्रूषा से वह कुछ ही दिनों में स्वस्थ हो गई। अभागिनी ने निश्चय किया कि गंगा का किनारा न छोड़ूँगी—जहाँ यह भी जाकर विलीन हो जाती है, उस समुद्र में जिसका कूल-किनारा नहीं, वहाँ चलकर डूबूंगी, देखूं कौन बचाता है। वह गंगा के किनारे-किनारे चली। जंगली फल, गाँवों की भिक्षा, नदी का जल और कन्दराएँ उसकी यात्रा में सहायक थे। वह दिन-दिन आगे बढ़ती जाती थी।

५

जब हरद्वार से श्रीचन्द्र किशोरी को लिवा ले गये और छः महीने बाद एक पुत्र उत्पन्न हुआ, तभी से किशोरी के प्रति उनकी घृणा बढ़ गई। वे अपने भाव, समाज में तो प्रकट नहीं कर सके, पर मन में एक दरार पड़ गई। बहुत सोचने पर श्रीचन्द्र ने यही स्थिर किया कि किशोरी काशी जाकर अपनी जारज-संतान के साथ रहे और उसके खर्च के लिए वह कुछ भेजा करें।

पुत्र पाकर किशोरी पति से वंचित हुई, और वह काशी के एक सुविस्तृत गृह में रहने लगी। अमृतसर में यह प्रसिद्ध किया गया कि यहाँ माँ-बेटों का स्वास्थ्य ठीक नहीं रहता।

श्रीचन्द्र अपने कार-बार में लग गये—वैभव का परदा बहुत मोटा होता है।

किशोरी के भी दिन अच्छी तरह बीतने लगे। देवनिरंजन भी कभी-कभी काशी आ जाते। और उन दिनों किशोरी की नई सहेलियाँ भी इकट्ठी हो जातीं।

बाबाजी की काशी में बड़ी धूम थी। प्रायः किशोरी के ही घर पर भण्डारा होता। बड़ी सुख्याति फैल चली। किशोरी की प्रतिष्ठा बढ़ी। वह काशी की एक भद्र महिला गिनी जाने लगी। ठाकुरजी की सेवा बड़े ठाट से होती—धन की कमी न थी, निरंजन और श्रीचन्द्र दोनों ही रुपये भेजते रहते।

किशोरी के ठाकुरजी जिस कमरे में रहते थे, उसके आगे दालान था संगमर्मर की चौकी पर स्वामी देवनिरंजन बैठते। चिकें लगा दी जातीं। भक्त महिलाओं का भी समारोह होता। कीर्तन, उपासना और गीत की धूम मच जाती। उस समय निरंजन सचमुच भक्त बन जाता। उसका अद्वैत ज्ञान उसे निस्सार प्रतीत होता, क्योंकि भक्ति में भगवान् का अवलम्बन रहता है। सांसारिक सब आपदा-विपदाओं के लिए कच्चे ज्ञानी को अपने ही ऊपर निर्भर करने में बड़ा कष्ट होता है। इसलिए गृहस्थों के सुख में फँसे हुए निरंजन को बाध्य होकर भक्त बनना पड़ा। आभूषणों से लगी हुई वैभव-मूर्ति के सामने उसका कामना-

पूर्ण हृदय झुक जाता। उसकी अपराध से लदी हुई आत्मा अपनी मुक्ति के लिए दूसरा उपाय न देखती। बड़े गर्व से निरंजन लोगों को गृहस्थ बने रहने का उपदेश देता। उसकी वाणी और भी प्रखर होने जाती। जब वह गार्हस्थ्य जीवन का समर्थन करने लगता, वह कहता कि 'भगवान् सर्वभूत हिते रत' हैं, संसार-यात्रा—गार्हस्थ्य जीवन में ही भगवान् की सर्वभूतहित कामना के अनुसार हो सकती है। दुखियों की सहायता करना, सुखी लोगों को देखकर प्रसन्न होना, सबकी मंगल-कामना करना, यह साकार उपासना के प्रवृत्ति-मार्ग के ही साध्य हैं। —इन काल्पनिक दार्शनिकताओं से उसे अपने लिए बड़ी आशा थी। वह धीरे-धीरे हृदय से विश्वास करने लगा कि साधु-जीवन असंगत है, ढोंग है। गृहस्थ होकर लोगों का अभाव-मोचन करना ही भगवान् की कृपा के लिए यथेष्ट है। प्रकट में तो नहीं, पर विजयचन्द्र पर पुत्र का-सा, किशोरी पर स्त्री का-सा विचार रखने का उसे अभ्यास हो चला।

किशोरी अपने पति को भूल-सी गई। जब रुपयों का बीमा आता, तब ऐसा भासता, मानो उसका कोई मुनीम अमृतसर का कार-बार देखता हो और उसे कोठी से लाभ का अंश भेजा करता हो। घर के काम-काज में वह बड़ी चतुर थी। अमृतसर के आये हुए सब रुपये उसके बचते थे। उससे बराबर स्थावर सम्पत्ति खरीदी जाने लगी। किशोरी को किसी बात की कमी न रह गई।

विजयचन्द्र स्कूल में बड़े ठाट से पढ़ने जाता था। स्कूल के मित्रों की कमी न थी। वह आये दिन अपने मित्रों को निमंत्रण देकर बुलाता था। स्कूल में उसकी बड़ी धाक थी।

विद्यालय के सामने शस्य-स्यामल समतल भूमि पर छात्रों का झुण्ड इधर-उधर घूम रहा था। दस बजने में कुछ विलम्ब था। शीतकाल की धूप छोड़कर क्लास के कमरों में घुसने के लिए अभी विद्यार्थी प्रस्तुत न थे।

विजय ही तो है—एक ने कहा।

घोड़ा उसके वश में नहीं है, अब गिरा ही चाहता है। —दूसरे ने कहा।

पवन से विजय के बाल बिखर रहे थे, उसका मुख भय से विवर्ण था। उसे अपने गिर जाने की निश्चित आशंका थी। सहसा एक युवक दौड़ता हुआ आगे बढ़ा—बड़ी तत्परता से घोड़े की लगाम पकड़ कर उसके नथुने पर उसने सबल घूंसा मारा और दूसरे क्षण वह उच्छृङ्खल अश्व सीधा होकर खड़ा हो गया। विजय का हाथ पकड़कर उसने धीरे से उतार लिया। अब तो और भी कई लड़के एकत्र हो गये। युवक का हाथ पकड़े हुए विजय उसके होस्टल की ओर चला। यह एक सिनेमा का-सा दृश्य था। युवक की प्रशंसा में तालियाँ बजने लगीं।

विजय उस युवक के कमरे में बैठा हुआ बिखरे हुए सामानों को देख रहा था। सहसा उसने पूछा—आप यहाँ कितने दिनों से हैं ?

थोड़े ही दिन हुए हैं ?

यह किस लिपि का लेख है ?

मैंने पाली का अध्ययन किया है।

इतने में नौकर ने चाय की प्याली सामने रख दी। इस क्षणिक घटना ने दोनों को विद्यालय की मित्रता के पार्श्व में बाँध दिया; परन्तु विजय बड़ी उत्सुकता से युवक के मुख की ओर देख रहा था, उसकी रहस्यपूर्ण उदासीन मुख-कान्ति विजय के अध्ययन की वस्तु बन रही थी।

चोट तो नहीं लगी ? —अब जाकर युवक ने पूछा।

कृतज्ञ होते हुए विजय ने कहा—आपने ठीक समय पर सहायता की, नहीं तो आज अंग-भंग होना निश्चित था।

वाह, इस साधारण आतंक में ही तुम अपने को नहीं सम्हाल सकते थे, अच्छे सवार हो !—युवक हंसने लगा।

किस शुभनाम से आपका स्मरण करूँगा ?

तुम भी विचित्र जीव हो, स्मरण करने की आवश्यकता क्या, मैं तो प्रतिदिन तुमसे मिल सकता हूँ—कहकर युवक जोर से हँसने लगा।

विजय उसके स्वच्छन्द व्यवहार और स्वतन्त्र आचरण को चकित होकर देख रहा था। उसके मन में इस युवक के प्रति अकारण श्रद्धा उत्पन्न हुई। उसकी मित्रता के लिए वह चंचल हो उठा। उसने पूछा—आपके यहाँ आने में कोई बाधा तो नहीं ?

युवक ने कहा—मंगलदेव की कोठरी में आने के लिए किसी को भी रोक-टोक नहीं, फिर तुम तो आज से मेरे अभिन्न हो गये हो !

समय हो गया था। होस्टल से निकलकर दोनों विद्यालय की ओर चले। भिन्न-भिन्न कक्षाओं में पढ़ते हुए भी दोनों का एक बार मिल जाना अनिवार्य होता। विद्यालय के मैदान में हरी-हरी दूब पर आमने-सामने लेटे हुए दोनों बड़ी देर तक प्रायः बातें किया करते। मंगलदेव कुछ कहता था और विजय बड़ी उत्सुकता से सुनते हुए अपना आदर्श संकलन करता।

कभी-कभी होस्टल से मंगलदेव विजय के घर पर जाता, वहाँ उसे घर का-सा सुख मिलता। स्नेह—सरल स्नेह ने उन दोनों के जीवन में गाँठ दे दी।

किशोरी के यहाँ शरदपूर्णिमा का श्रृंगार था। ठाकुरजी चन्द्रिका में रत्न-आभूषणों से सुशोभित होकर श्रृंगार-विग्रह बने थे। चमेली के फूलों की बहार

थी। चाँदनी में चमेली का सौरभ मिल रहा था। निरंजन रास की राका-रजनी का विवरण सुना रहा था। गोपियों ने किस तरह उमंग में उन्मत्त होकर, कालिन्दी-कूल में कृष्णचन्द्र के साथ रास-क्रीड़ा में आनन्द-विह्वल होकर शुल्क-दासियों के समान आत्मसमर्पण किया था, उसका मादक विवरण स्त्रियों के मन को बेसुध बना रहा था। मंगल-गान होने लगा। निरंजन रमणियों के कोकिल-कण्ठ में अभिभूत होकर तकिये के सहारे टिक गया। रात-भर गीत-वाद्य का समारोह चला।

विजय ने एक बार आकर देखा, दर्शन किया, प्रसाद लेकर जाना चाहता था कि सामने बैठी हुई सुन्दरियों के झुण्ड पर सहसा दृष्टि पड़ गई। वह रुक गया। उसकी इच्छा हुई कि बैठ जाय; परन्तु माता के सामने बैठने का साहस न हुआ। जाकर अपने कमरे में लेट रहा। अकस्मात् उसके मन में मंगलदेव का स्मरण हो गया। उस रहस्यपूर्ण युवक के चारों ओर उसके विचार लिपट गये; परन्तु वह मंगल के सम्बन्ध में कुछ निश्चित नहीं कर सका। केवल एक बात उसके मन में जग रही थी—मंगल की मित्रता उसे वांछित है। वह सो गया। स्कूल में पढ़नेवाला विजय इस अपने उत्सवों की प्रामाणिकता की जाँच स्वप्न में करने लगा। मंगल से इसके सम्बन्ध में विवाद चलता रहा। वह कहता कि—मन को एकाग्र करने के लिए हिन्दुओं के यहाँ यह एक अच्छी चाल है। विजय तीव्र विरोध करता हुआ कह उठा—इसमें अनेक दोष हैं, केवल एक अच्छे फल के लिए बहुत-से दोष करते रहना अन्याय है। मंगल ने कहा—अच्छा फिर किसी दिन समझाऊँगा।

विजय की आँख खुली, सबेरा हो गया था। उसके घर में हलचल मची हुई थी। उसने दासी से पूछा—क्या बात है?

दासी ने कहा—आज भण्डारा है।

विजय विरक्त होकर अपनी नित्यक्रिया में लगा। साबुन पर क्रोध निकालने लगा, तौलिये की दुर्दशा हो गई। कल का पानी बेकार गिर रहा था; परन्तु वह आज नहाने की कोठरी से बाहर निकलना ही नहीं चाहता। तो भी समय पर वह स्कूल चला गया। किशोरी ने कहा भी—आज न जा, साधुओं का भोजन है, उनकी सेवा—

बीच ही में बात काटकर विजय ने कहा—आज फुटबाल है, मुझे शीघ्र जाना है।

विजय बड़ी उत्तेजित अवस्था में स्कूल चला गया।

मंगल के कमरे का जँगला खुला था। चमकीली धूप उसमें प्रकाश फैलाये थी। वह अभी तक चद्दर लपेट पड़ा था। नौकर ने कहा—बाबूजी, आज भी कुछ भोजन न कीजिएगा?

बिना मुँह खोले मंगल ने कहा—नहीं।

भीतर प्रवेश करते हुए विजय ने पूछा—क्यों? क्या आज भी नहीं?—आज तीसरा दिन है!

नौकर ने कहा—देखिये बाबूजी, तीन दिन हो गये—कोई दवा भी नहीं करते, न कुछ खाते ही हैं।

विजय ने चद्दर के भीतर हाथ डालकर बदन टटोलते हुए कहा—ज्वर तो नहीं है।

नौकर चला गया। मंगल ने मुँह खोला, उसका विवर्ण मुख अभाव और दुर्बलता का क्रीड़ा-स्थल बना था। विजय उसे देखकर स्तब्ध रह गया। सहसा उसने मंगल का हाथ पकड़कर घबराते हुए स्वर में पूछा—क्या सचमुच कोई बीमारी है?

मंगलदेव ने बड़े कष्ट से आँखों में आँसू रोककर कहा—बिना बीमारी के भी कोई यों ही पड़ा रहता है?

विजय को विश्वास न हुआ। उसने कहा—मेरे सिर की सौगन्द, कोई बीमारी नहीं है। तुम उठो, आज मैं तुम्हें निमंत्रण देने आया हूँ, मेरे यहाँ चलना होगा।

मंगल ने उसके गाल पर एक चपत लगाते हुए कहा—आज तो मैं तुम्हारे यहाँ ही पथ्य लेने वाला था। यहाँ के लोग पथ्य बनाना नहीं जानते। तीन दिन के बाद इनके हाथ का भोजन—बिल्कुल असंगत है।

मंगल उठ बैठा। विजय ने नौकर को पुकारा और कहा—बाबू के लिए जल्दी चाय ले आओ।—नौकर चाय लेने गया।

विजय ने जल लाकर मुँह धुलाया। चाय पीकर, मंगल चारपाई छोड़कर खड़ा हो गया। तीन दिन के उपवास के बाद उसे चक्कर आ गया और वह बैठ गया। विजय उसका बिस्तर लपेटने लगा। मंगल ने कहा—क्या करते हो!—विजय ने बिस्तर बाँधते हुए कहा—अभी कई दिन तुम्हें लौटना न होगा; इसलिए सामान बाँध कर ठिकाने से रख दूँ।

मंगल चुप बैठा रहा। विजय ने एक कुचला हुआ सोने का टुकड़ा उठा लिया और उसे मंगलदेव को दिखाकर कहा—यह क्या!—फिर साथ ही लिपटा हुआ एक भोजपत्र भी उसके हाथ लगा। दोनों को देखकर मंगल ने कहा—यह

मेरा रक्षाकवच है, बाल्यकाल से उसे मैं पहनता था। आज इसे तोड़ देने की इच्छा हुई।

विजय ने उसे जेब में रखते हुए कहा—अच्छा, मैं ताँगा ले आने जाता हूँ।

थोड़ी ही देर में ताँगा लेकर विजय आ गया। मंगल उसके साथ ताँगे पर जा बैठा। दोनों मित्र हँसना चाहते थे; पर हँसने में उन्हें दुःख होता था।

विजय अपने बाहरी कमरे में मंगलदेव को बिठाकर घर में गया। सब लोग व्यस्त थे। दो बज रहे थे। साधु-ब्राह्मण खा-पीकर चले गये थे। विजय अपने हाथ से भोजन का सामान ले आया। दोनों मित्र बैठकर खाने-पीने लगे।

दासियाँ जूठी पत्तल बाहर फेंक रही थीं। ऊपर की छत से पूरी और मिठाइयों के टुकड़ों से लदी हुई पत्तलें उछाल दी जाती थीं। नीचे कुछ अछूत डोम और डोमिनियाँ खड़ी थीं, जिनके सिर पर टोकरियाँ थीं, हाथ में डंडे थे—जिनसे वे कुत्तों को हटाते थे और आपस में मार-पीट, गाली-गलौज करते हुए उस उच्छिष्ट की लूट मचा रहे थे—वे पुश्त-दर-पुश्त के भूखे!

मालकिन झरोखे से अपने पुण्य का यह उत्सव देख रही थीं। और देख रही थी—एक राह की थकी हुई भूखी दुर्बल युवती भी। उसी भूख की, जिससे वह स्वयं अशक्त हो रही थी, यह बीभत्स लीला थी! वह सोच रही थी—क्या संसार भर में पेट की ज्वाला, मनुष्य और पशुओं को एक ही समान सताती है? ये भी मनुष्य हैं और इसी धार्मिक भारत के मनुष्य—जो कुत्तों के मुँह के टुकड़े भी छीन कर खाना चाहते हैं। भीतर जो पुण्य के नाम पर—धर्म के नाम पर,—गुलछर्रे उड़ रहे हैं, उसमें वास्तविक भूखों का कितना भाग है, यह पत्तलों के लूटने का दृश्य बतला रहा है। भगवान्! तुम अन्तर्यामी हो।

युवती निर्बलता से चल न सकती थी। वह साहस करके उन पत्तल लूटने वालों के बीच में से निकल जाना चाहती थी। वह दृश्य असह्य था; परन्तु एक डोमिन ने समझा कि यह उसी का भाग छीनने आई है। उसने गन्दी गालियाँ देते हुए उस पर आक्रमण करना चाहा, युवती पीछे हटी; परन्तु ठोकर लगते ही गिर पड़ी।

उधर विजय और मंगल में बातें हो रही थीं। विजय ने मंगल से कहा—यही तो इस पुण्य धर्म का दृश्य है! क्यों मंगल! क्या और भी किसी देश में इसी प्रकार का धर्म-संचय होता है? जिन्हें आवश्यकता नहीं, उनको बिठाकर आदर से भोजन कराया जाय, केवल इस आशा से कि परलोक में वे पुण्य-संचय का प्रमाण-पत्र देंगे, साक्षी देंगे, और इन्हें, जिन्हें पेट ने सता रक्खा है, जिनको भूख ने अधमरा बना दिया है, जिनकी आवश्यकता नंगी होकर बीभत्स नृत्य

कर रही है, —वे मनुष्य, कुत्तों के साथ जूठी पत्तलों के लिए लड़ें, यही तो तुम्हारे धर्म का उदाहरण है !

मंगल भीतर जाकर बिछावन पर पड़ रहा। उसे कुछ सरदी मालूम होने लगी। वह चद्दर ओढ़कर एकान्त का अनुभव करने लगा; परन्तु विजय वहीं खड़ा रहा। उसने सहसा देखा—एक युवती गिर पड़ी। नौकरों को ललकारा—उसे उठाने के लिए। किशोरी को भी उस स्त्री पर दया आई ! वह भूख और चोट से बेहोश भीतर उठा लाई गई। जल के छींटे दिये गये। संज्ञा लौट आई। उसने आँखें खोल दीं।

किशोरी को उस पर ध्यान देते देखकर विजय अपने कमरे में चला गया। किशोरी ने पूछा—कुछ खाओगी।

युवती ने कहा—हाँ, मैं भूखी अनाथ हूँ।

किशोरी को उसकी छलछलाई आँखें देखकर दया आ गई। कहा—दुखी न हो, तुम यहीं रहा करो।

फिर मुँह छिपाकर पड़े ! उठो, मैं अपने बनाये हुए कुछ चित्र दिखाऊँ।

बोलो मत विजय ! कई दिन के बाद भोजन करने पर आलस्य मालूम हो रहा है।

पड़े रहने से तो और भी सुस्ती बढ़ेगी।

मैं कुछ घंटों तक सो लेना चाहता हूँ।

विजय चुप हो गया। मंगलदेव के व्यवहार पर उसे कुतूहल हो रहा था। वह चाहता था कि बातों ही में उसके मन की अवस्था जान ले; परन्तु उसे अवसर न मिला। वह भी चुपचाप सो रहा।

नींद खुली, तब लम्प जला दिये गये थे। दूज का चन्द्रमा पीला होकर अभी निस्तेज था, हल्की चाँदनी धीरे-धीरे फैलने लगी। पवन में कुछ शीतलता थी। विजय ने आँखें खोलकर देखा, मंगल अभी पड़ा था। उसने जगाया और हाथ-मुँह धोने के लिए कहा।

दोनों मित्र आकर पाईं-बाग में पारिजात के नीचे पत्थर पर बैठ गये। विजय ने कहा—एक प्रश्न है।

मंगल ने कहा—प्रत्येक प्रश्नों के उत्तर भी हैं, कहो भी।

क्यों तुमने रक्षा-कवच तोड़ डाला ? क्या उस पर से विश्वास उठ गया ?

नहीं विजय, मुझे उस सोने की आवश्यकता थी।—मंगल ने बड़ी गम्भीरता से कहा।

क्यों ?

इसके लिए घण्टों का समय चाहिए, तब तुम समझ सकोगे। अपनी वह रामकहानी पीछे सुनाऊँगा, इस समय केवल इतना ही कहे देता हूँ कि मेरे पास एक भी पैसा न था, और तीन दिन इसलिए मैंने भोजन भी नहीं किया। तुमसे यह कहने में मुझे लज्जा नहीं।

यह तो बड़े आश्चर्य की बात है !

आश्चर्य इसमें कौन-सा ?—अभी तुमने देखा है कि इस देश की दरिद्रता कैसी विकट है—कैसी नृशंस है ! कितने ही अनाहार से मरते हैं ! फिर मेरे लिए आश्चर्य क्यों ? इसीलिए कि मैं तुम्हारा मित्र हूँ ?

मंगलदेव ! दुहाई है, घण्टों नहीं मैं रात भर सुनूँगा। तुम अपना रहस्यपूर्ण वृत्तांत सुनाओ। चलो कमरे में चलें। यहाँ ठंढ लग रही है।

भीतर तो बैठे ही थे, फिर यहाँ आने की क्या आवश्यकता थी ? अच्छा चलो; परन्तु एक प्रतिज्ञा करनी होगी।

वह क्या ?

मेरा सोना बेचकर कुछ दिनों के लिए मुझे निश्चिन्त बना दो।

अच्छा भीतर तो चलो।

कमरे में पहुँचकर दोनों मित्र बैठे ही थे कि दरवाजे के पास से किसी ने पूछा—विजय, एक दुखिया स्त्री आई है, मुझे आवश्यकता भी है, तू कहे तो उसे रख लूं।

अच्छी बात है माँ ! वही न जो बेहोश हो गई थी !

हाँ वही, बिलकुल अनाथ है।

उसे अवश्य रख लो।—एक शब्द हुआ, मालूम हुआ कि पूछने वाली चली गई थी। तब विजय ने मंगलदेव से कहा—अब कहो।

मंगलदेव ने कहना प्रारम्भ किया—मुझे एक अनाथालय से सहायता मिलती थी, और मैं पढ़ता था। मेरे घर कोई है कि नहीं, यह भी मुझे नहीं मालूम; पर जब मैं सेवा-समिति के काम से पढ़ाई छोड़कर हरद्वार चला गया, तब मेरी वृत्ति बन्द हो गई। मैं लौट आया। आर्यसमाज से भी मेरा कुछ सम्पर्क था; परन्तु मैंने देखा कि वह खंडनात्मक है; समाज में केवल इसी से काम नहीं चलता। मैंने भारतीय समाज का ऐतिहासिक अध्ययन करना चाहा और इसीलिए पाली, प्राकृत का पाठ्यक्रम स्थिर किया। भारतीय धर्म और समाज का इतिहास तब तक अधूरा रहेगा, जब तक पाली और प्राकृत का उससे सम्बन्ध न हो; परन्तु मैं बहुत

चेष्टा करके भी सहायता प्राप्त न कर सका, क्योंकि सुनता हूँ कि वह अनाथालय भी टूट गया।

विजय—तुमने रहस्य की बात तो कही ही नहीं।

मंगल—विजय ! रहस्य यही कि मैं निर्धन हूँ, मैं अपनी सहायता नहीं कर सकता ? मैं विश्वविद्यालय की डिग्री के लिए नहीं पढ़ रहा हूँ। केवल कुछ महीनों की आवश्यकता है कि मैं अपनी पाली की पढ़ाई प्रोफेसर देव से पूरी कर लूं। इसीलिए मैं यह सोना बेचना चाहता हूँ।

विजय ने उस यंत्र को देखा, सोना तो उसने एक ओर रख दिया; परन्तु भूर्जपत्र के छोटे-से—बंडल को—जो उसके भीतर था—विजय ने मंगल का मुँह देखते-देखते कुतूहल से खोलना आरम्भ किया। उसका कुछ अंश खुलने पर दिखाई दिया कि उसमें लाल रंग के अष्टगंध से कुछ स्पष्ट प्राचीन लिपि है। विजय ने उसे खोलकर फेंकते हुए कहा—लो यह किसी देवी-देवता का पूरा स्तोत्र भरा पड़ा है।

मंगल ने उसे आश्चर्य से उठा लिया। वह लिपि को पढ़ने की चेष्टा करने लगा। कुछ अक्षरों को वह पढ़ भी सका; परन्तु वह प्राकृत न थी, संस्कृत थी। मगल ने उसे समेटकर जेब में रख लिया। विजय ने पूछा—क्या है ? कुछ पढ़ सके ?

कल इसे प्रोफेमर देव से पढ़ाऊँगा। यह तो कोई शासन-पत्र मालूम पड़ता है।

तो क्या इसे तुम नहीं पढ़ सकते ?

मैंने तो अभी प्रारम्भ किया है, यह अध्ययन मेरा गौण है, प्रोफेसर को जब छुट्टी रहती है, कुछ पढ़ा देते हैं।

अच्छा मंगल ! एक बात कहूँ, तुम मानोगे ? मेरी भी पढ़ाई सुधर जायगी।

क्या ?

तुम मेरे ही साथ रहा करो, अपना चित्रों का रोग मैं छुड़ाना चाहता हूँ।

तुम स्वतत्र नहीं हो विजय ! क्षणिक उमंग में आकर हमें वह काम नहीं करना चाहिए, जिससे जीवन के कुछ ही लगातार दिनों के पिरोये जाने की संभावना हो, क्योंकि उमंग की उठान नीचे आया करती है।

नहीं मंगल ! मैं माँ से पूछ लेता हूँ—कहकर विजय तेजी से चला गया। मंगल हाँ-हाँ—कहता ही रह गया। थोड़ी देर में ही हँसता हुआ लौट आया और बोला—माँ तो कहती हैं कि उसे यहाँ से मैं न जाने दूंगी।

वह चुपचाप, विजय के बनाये कलापूर्ण चित्रों को, जो उस कमरे में लगे थे, देखने लगा। इसमें विजय की प्राथमिक कृतियाँ थीं—अपूर्ण मुखाकृति, रंगों के छींटे से भरे हुए कागज तक चौखटों में लगे थे।

आज से किशोरी की गृहस्थी में दो व्यक्ति और बढ़े।

६

आज बड़ा समारोह है। निरंजन चाँदी के पात्र निकालकर दे रहा है—आरती, फूल, चंगेर, धूपदान, नैवेद्यपात्र और पंचपात्र इत्यादि माँज-धोकर साफ किये जा रहे हैं। किशोरी मेवा, फल, धूप, बत्ती और फूलों की राशि एकत्र किये उसमें सजा रही है। घर की सब दास-दासियाँ व्यस्त हैं। नवागत युवती घूँघट निकाले एक ओर खड़ी है।

निरंजन ने किशोरी से कहा—सिंहासन के नीचे अभी धुला नहीं है, किसी से कह दो कि उसे स्वच्छ कर दे।

किशोरी ने युवती की ओर देखकर कहा—जा तो उसे धो डाल !

युवती भीतर पहुँच गई। निरंजन ने उसे देखा और किशोरी से पूछा—यह कौन है ?

किशोरी ने कहा—वही जो उस दिन रखी गई है।

निरंजन ने झिड़ककर कहा—ठहर जा, बाहर चल।—फिर कुछ क्रोध से किशोरी की ओर देखकर कहा—यह कौन है, कैसी है, देवगृह में जाने योग्य है कि नहीं, समझ लिया है या यों ही जिसको हुआ कह दिया।

क्यों, मैं उसे तो नहीं जानती।

यदि अछूत हो, अन्त्यज हो, अपवित्र हो ?

तो क्या भगवान् उसे पवित्र नहीं कर देंगे ? आप तो कहते हैं कि भगवान् पतित-पावन हैं, फिर बड़े-बड़े पापियों को जब उद्धार की आशा है, तब इसको क्यों वंचित किया जाय ? कहते-कहते किशोरी ने रहस्यभरी मुसकान चलाई।

निरंजन क्षुब्ध हो गया; परन्तु उसने कहा—अच्छा शास्त्रार्थ रहने दो। इसे कहो कि बाहर चली जाय।—निरंजन की धर्म-हठ उत्तेजित हो उठी थी।

किशोरी ने कुछ कहा नहीं; पर युवती देवगृह के बाहर चली गई, और वह एक कोने में बैठकर सिसकने लगी। सब अपने कार्य में व्यस्त थे। दुखिया के रोने

की किसे चिन्ता थी ! वह भी जी हलका करने के लिए खुलकर रोने लगी। उसे जैसे ठेस लगी थी। उसका घूँघट हट गया था। आँखों से आँसू की धारा बह रही थी। विजय, जो दूर से यह घटना देख रहा था, इस युवती के पीछे-पीछे चला आया था—कुतूहल से इस धर्म के क्रूर दम्भ को एक बार खुलकर देखने और तीखे तिरस्कार से अपने हृदय को भर लेने के लिए; परन्तु देखा तो वह दृश्य, जो उसके जीवन में नवीन था—एक कष्ट से सताई हुई सुन्दरी का रुदन !

विजय के वे दिन थे, जिसे लोग जीवन का वसंत कहते हैं। जब अधूरी और अशुद्ध पत्रिकाओं के टूटे-फूटे शब्दों के लिए हृदय में शब्दकोश प्रस्तुत रहता है। जो अपने साथ बाढ़ में बहुत-सी अच्छी वस्तु ले आता है और जो संसार को प्यारा देखने का चश्मा लगा देता है। शैशव से अभ्यस्त सौन्दर्य को खिलौना समझ कर तोड़ना ही नहीं, वरंच उसमें हृदय देखने की चाट उत्पन्न करता है। जिसे यौवन कहते हैं—शीतकाल के छोटे दिनों में घनी अमराई पर बिछलती हुई हरियाली से तर धूप के समान स्निग्ध यौवन।

इसी समय मानव-जीवन में जिज्ञासा जगती है। स्नेह, संवेदना, सहानुभूति का ज्वार आता है। विजय का विप्लवी हृदय चंचल हो गया। उसने जाकर पूछा—यमुना, तुम्हें किसी ने कुछ कहा है ?

यमुना निःसंकोच भाव से बोली—मेरा अपराध था।

क्या अपराध था यमुना ?

मैं देव-मन्दिर में चली गई थी।

तब क्या हुआ ?

बाबाजी बिगड़ गये।

रो मत, मैं उनसे पूछूंगा।

मैं उनके बिगड़ने पर नहीं रोती हूँ, रोती हूँ अपने भाग्य पर और हिन्दू-समाज की अकारण निष्ठुरता पर—जो भौतिक वस्तुओं में तो बंटा लगा ही चुका है, भगवान् पर भी स्वतंत्र भाग का साहस रखता है !

क्षणभर के लिए विजय विस्मय-विमुग्ध रहा—यह दासी—दीन दुखिया—इसके हृदय में इतने भाव ? उसकी सहानुभूति उच्छृंखल हो उठी, क्योंकि यह बात उसके मन की थी। विजय ने कहा—न रो यमुना ! जिसके भगवान् सोने-चाँदी से घिरे रहते हैं—उनको रखवाली की आवश्यकता होती है।

यमुना की रोती हुई आँखें हँस पड़ीं—उसने कृतज्ञता की दृष्टि से विजय को देखा। विजय भूलभुलैया में पड़ गया। उसने स्त्री की—एक युवती स्त्री की—सरल

सहानुभूति कभी पाई न थी। उसे भ्रम हो गया, जैसे बिजली कौंध गई हो। वह निरंजन की ओर चला, क्योंकि उसकी सब गर्मी निकालने का यही अवसर था।

निरंजन अन्नकूट के सम्भार में लगा था। प्रधान याजक बनकर उत्सव का संचालन कर रहा था। विजय ने आते ही आक्रमण आरम्भ कर दिया—बाबाजी, आज क्या है ?

निरंजन उत्तेजित तो था ही, उसने कहा—तुम हिन्दू हो कि मुसलमान ? नहीं जानते, आज अन्नकूट है।

क्यों, क्या हिन्दू होना परम सौभाग्य की बात है ? जब उस समाज का अधिकांश पददलित और दुर्दशाग्रस्त है, जब उसके अभिमान और गौरव की वस्तु धरापृष्ठ पर नहीं बची—उसकी संस्कृति विडम्बना, उसकी संस्था सारहीन, और राष्ट्र—बौद्धों के शून्य के सदृश बन गया है; जब संसार की अन्य जातियाँ सार्वजनिक भ्रातृभाव और साम्यवाद को लेकर खड़ी हैं, तब आपके इन खिलौनों से भला उसकी सन्तुष्टि होगी ?

इन खिलौनों—कहते-कहते उसका हाथ देवविग्रह की ओर उठ गया था। उसके आक्षेपों का जो उत्तर निरंजन देना चाहता था, वह क्रोध के वेग में भूल गया और सहसा उसने कह दिया—नास्तिक ! हट जा !

विजय की कनपटी लाल हो गई, बरौनियाँ तन गईं। वह कुछ बोला ही चाहता था कि मंगल ने सहसा आकर हाथ पकड़ लिया, और कहा, विजय !

विद्रोही विजय वहाँ से हटते-हटते भी मंगल से यह कहे बिना नहीं रहा—धर्म के सेनापति विभीषिका उत्पन्न करके साधारण जनता से अपनी वृत्ति कमाते हैं और उन्हीं को गालियाँ भी सुनाते हैं गुरुडम कितने दिनों तक चलेगा, मंगल ?

मंगल विवाद को बचाने के लिये उसे घसीटता ले चला और कहने लगा—चलो, हम तुम्हारा शास्त्रार्थ-निमंत्रण स्वीकार करते हैं। —दोनों अपने कमरे की ओर चले गये।

निरंजन पल भर में आकाश से पृथ्वी पर आ गया। वास्तविक वातावरण में क्षोभ और क्रोध, लज्जा और मानसिक दुर्बलता ने उसे चैतन्य कर दिया। निरंजन को उद्विग्न होकर उठते देख, किशोरी—जो अब तक स्तब्ध हो रही थी—बोल उठी —लड़का है !

निरंजन ने वहाँ से जाते-जाते कहा—लड़का है तो तुम्हारा है, साधुओं को इसकी चिन्ता क्या ? उसे अब भी अपने त्याग पर विश्वास था।

किशोरी निरंजन को जानती थी, उसने उन्हें रोकने का प्रयत्न नहीं किया। वह रोने लगी।

मंगल ने विजय से कहा—तुमको गुरुजनों का अपमान नहीं करना चाहिए। मैंने बहुत स्वाधीन विचारों को काम में ले आने की चेष्टा की है, उदार समाजों में घूमा-फिरा हूँ; पर समाज के शासन-प्रश्न पर और असुविधाओं में सब एक ही-से दीख पड़े। मैं समाज में बहुत दिनों तक रहा, उससे स्वतंत्र होकर भी रहा; पर सभी जगह संकीर्णता है, शासन के लिए; क्योंकि काम चलाना पड़ता है न! समाज में एक-से उन्नत और एक-सी मनोवृत्ति वाले मनुष्य नहीं, सबको संतुष्ट और धर्मशील बनाने के लिए धार्मिक संस्थाएँ कुछ-न-कुछ उपाय निकाला करती हैं।

पर हिन्दुओं के पास निषेध के अतिरिक्त और भी कुछ है?—यह मत करो, वह मत करो, पाप है। जिसका फल यह हुआ है कि हिन्दुओं को, पाप को छोड़कर पुण्य कहीं दिखलाई ही नहीं पड़ता।—विजय ने कहा।

विजय! प्रत्येक संस्थाओं का कुछ उद्देश्य है और उसे सफल करने के लिए कुछ नियम बनाये जाते हैं। नियम प्रायः निषेधात्मक होते हैं, क्योंकि मानव अपने को सब कुछ करने का अधिकारी समझता है। कुल थोड़े-से सुकर्म हैं और पाप अधिक हैं; जो निषेध के बिना नहीं रुक सकते। देखो, हम किसी भी धार्मिक संस्था से अपना सम्बन्ध जोड़ लें, तो हमें उसकी कुछ परम्पराओं का अनुकरण करना ही पड़ेगा। मूर्ति-पूजा के विरोधियों ने भी अपने-अपने अहिन्दू सम्प्रदायों में धर्म-भावना के केन्द्र-स्वरूप कोई-न-कोई धर्म-चिह्न रख छोड़ा है। जिन्हें वे चूमते हैं, सम्मान करते हैं, और जिनके सामने सिर झुकाते हैं। हिन्दुओं ने भी अपनी भावना के अनुसार जन-साधारण के हृदय में देवभाव भरने का मार्ग चलाया है। उन्होंने मानव-जीवन में क्रम-विकास का अध्ययन किया है। वे यह नहीं मानते कि हाथ-पैर, मुँह-आँख और कान समान होने से हृदय भी एक-सा होगा। और विजय! धर्म तो हृदय से आचरित होता है न, इसीलिए अधिकार भेद है।

तो फिर उसमें उच्च विचारवाले लोगों को स्थान नहीं, क्योंकि समता और विषमता का द्वन्द्व उसके मूल में वर्तमान है।

उनसे तो अच्छा है, जो बाहर से साम्य की घोषणा करके भी भीतर से घोर विभिन्न मत के हैं और वह भी स्वार्थ के कारण! हिन्दू समाज तुमको मूर्ति-पूजा करने के लिए बाध्य नहीं करता, फिर तुमको व्यंग करने का कोई अधिकार नहीं। तुम अपने को उपयुक्त समझते हो, तो उससे उन्चतर उपासना-प्रणाली में सम्मिलित हो जाओ। देखो, आज तुमने घर में अपने इस काण्ड के द्वारा भयानक हलचल मचा दी है। सारा उत्सव बिगड़ गया है।

अब किशोरी भीतर चली गई, जो बाहर खड़ी हुई दोनों की बातें सुन रही थी। वह बोली—मंगल ने ठीक कहा। विजय, तुमने अच्छा काम नहीं किया। सब लोगों का उत्साह ठण्ढा पड़ गया। पूजा का आयोजन अस्त-व्यस्त हो गया। किशोरी की आँखें भर आई थीं। उसे बड़ा क्षोभ था; पर दुलार के कारण विजय को वह कुछ कहना नहीं चाहती थी।

मंगल ने कहा—माँ! विजय को साथ लेकर हम इस उत्सव को सफल बनाने का प्रयत्न करेंगे, आप दुःख न कीजिए।

किशोरी प्रसन्न हो गई। उसने कहा—तुम तो अच्छे लड़के हो। देख तो विजय! मंगल की-सी सुबुद्धि सीख!

विजय हँस पड़ा। दोनों देव-मन्दिर की ओर चले।

नीचे गाड़ी की हरहराहट हुई, मालूम हुआ—निरंजन स्टेशन चला गया।

उत्सव में विजय ने बड़े उत्साह से भाग लिया; पर यमुना सामने न आई, तो विजय के सम्पूर्ण उत्साह के भीतर यह गर्व हँस रहा था कि मैंने यमुना का अच्छा बदला निरंजन से लिया।

किशोरी की गृहस्थी नये उत्साह से चलने लगी। यमुना के बिना वह पल भर भी नहीं रह सकती। जिसको जो कुछ माँगना होता, यमुना से कहता। घर का सब प्रबन्ध यमुना के हाथ में था। यमुना प्रबन्धकारिणी और आत्मीय दासी भी थी।

विजयचन्द्र के कमरे का झाड़-पोंछ और रखना-उठाना सब यमुना स्वयं करती थी। कोई दिन ऐसा न बीतता कि विजय को उसकी नई सुरुचि का परिचय अपने कमरे में न मिलता। विजय के पान खाने का व्यसन बढ़ चला था। उसका कारण था यमुना के लगाये स्वादिष्ट पान। वह उपवन से चुनकर फूलों की माला बना लेती। गुच्छे सजाकर फूलदान में लगा देती। विजय की आँखों में उसका छोटे-से-छोटा काम भी कुतूहल-मिश्रित प्रसन्नता उत्पन्न करता; पर वह एक बात से अपने को सदैव बचाती रही—उसने अपना सामना मंगल से न होने दिया। जब कभी परसना होता—किशोरी अपने सामने विजय और मंगल दोनों को खिलाने लगती। यमुना अपना बदन समेटकर और लम्बा घूँघट काढ़े हुए परस जाती। मंगल ने कभी उधर देखने की चेष्टा भी न की, क्योंकि वह भद्र कुटुम्ब के नियमों को भली-भाँति जानता था। इसके विरुद्ध विजयचन्द्र ऊपर से न कहकर, सदैव चाहता कि यमुना से मंगल परिचित हो जाय, और उसको यमुना की प्रतिदिन की कुशलता की प्रकट प्रशंसा करने का अवसर मिले।

विजय को इन दोनों रहस्यपूर्ण व्यक्तियों के अध्ययन का बड़ा कुतूहल होता। एक ओर सरल, प्रसन्न, अपनी अवस्था से सन्तुष्ट मंगल, दूसरी ओर सबको प्रसन्न करने की चेष्टा करने वाली यमुना की रहस्यपूर्ण हँसी। विजय विस्मित था। उसके युवक-हृदय को दो साथी मिले थे—एक घर के भीतर, दूसरा बाहर। दोनों ही संयत भाव के और फूँक-फूँककर पैर रखने वाले। वह इन दोनों से मिल जाने की चेष्टा करता।

एक दिन मंगल और विजय बैठे हुए भारतीय इतिहास का अध्ययन कर रहे थे। कोर्स तैयार करना था। विजय ने कहा—भाई मंगल ! भारत के इतिहास में यह गुप्त-वंश भी बड़ा प्रभावशाली था; पर इसके मूल पुरुष का पता नहीं चलता।

गुप्त-वंश भारत के हिन्दू इतिहास का एक उज्ज्वल पृष्ठ है। सचमुच इसके साथ बड़ी-बड़ी गौरव-गाथाओं का सम्बन्ध है। —बड़ी गम्भीरता से मंगल ने कहा।

परन्तु इसके अभ्युदय में लिच्छिवियों के नाश का बहुत कुछ अंश है। क्या लिच्छिवियों के साथ इन लोगों ने विश्वासघात तो नहीं किया ? —विजय ने पूछा।

हाँ, वैसा ही उनका अन्त भी तो हुआ। देखो, थानेसर के एक कोने से एक साधारण सामन्त-वंश गुप्त सम्राटों से सम्बन्ध जोड़ लेने में कैसा सफल हुआ। और, क्या इतिहास इसका साक्षी नहीं है कि मगध के गुप्त सम्राटों को बड़ी सरलता से उनके मानवीय पद से हटाकर ही हर्षवर्धन उत्तरापथेश्वर बन गया था। यह तो ऐसे ही चला करता है। —मंगल ने कहा।

तो ये उनसे बढ़कर प्रतारक थे; यह वर्धन-वंश भी—विजय कुछ और कहा ही चाहता था कि मंगल ने रोककर कहा—ठहरो विजय ! वर्धनों के प्रति ऐसे शब्द कहना कहाँ तक संगत है ? तुमको मालूम है कि ये अपना पाप भी छिपाना नहीं चाहते। देखो, यह वही यंत्र है, जिसे तुमने फेंक दिया था। जो कुछ इसका अर्थ प्रोफेसर देव ने किया है, उसे देखो तो—कहते-कहते मंगल ने जेब से निकालकर अपना यंत्र और उसके साथ एक कागज फेंक दिया। विजय ने यंत्र तो न उठाया, कागज उठाकर पढ़ने लगा—

शकमण्डलेश्वर महाराजपुत्र राज्यवर्धन इस लेख के द्वारा यह स्वीकार करते हैं कि चन्द्रलेखा का हमारा विवाह-सम्बन्ध न होते हुए भी यह परिणीता वधू के समान पवित्र और हमारे स्नेह की सुन्दर कहानी है। इसलिए इसके वंशधर

साम्राज्य में वही सम्मान पावेंगे, जो मेरे वंशधरों को साधारणतः मिलता है।

विजय के हाथ से वह पत्र गिर पड़ा। विस्मय से उसकी आँखें बड़ी हो गईं। वह मंगल की ओर एकटक निहारने लगा। मंगल ने कहा—क्या है विजय ?

पूछते हो क्या है ! आज एक बड़ा भारी आविष्कार हुआ है, तुम अभी तक नहीं समझ सके ! आश्चर्य है। क्या इससे यह निष्कर्ष नहीं निकल सकता कि तुम्हारी नसों में वही रक्त है, जो हर्षवर्धन की धमनियों में प्रवाहित था ?

यह अच्छी दूर की सूझी ! कहीं मेरे पूर्व-पुरुषों को यह मंगल-सूचक यंत्र समझकर बिना जाने-समझे तो नहीं दे दिया गया था ? इसमें. . .

ठहरो, इसको यदि मैं इस प्रकार समझूँ, तो क्या बुरा कि यह चन्द्रलेखा के वंशधरों के पास वंशानुक्रम से चला आया हो। साम्राज्य के अच्छे दिनों में इसकी आवश्यकता रही हो और पीछे यह शुभ समझकर उस कुल के सब बच्चों को ब्याह होने तक पहनाया जाता रहा हो। तुम्हारे यहाँ इसका व्यवहार भी तो इसी प्रकार रहा है।

मंगल के सिर में विलक्षण भावनाओं की गर्मी से पसीना चमकने लगा। फिर उसने हँसकर कहा—वाह विजय ! तुम भी बड़े भारी परिहास-रसिक हो ! क्षण भर में सारी गम्भीरता चली गई, दोनों हँसने लगे।

७

रजनी के बालों से बिखरे हुए मोती बटोरने के लिए प्राची के प्रांगण में उषा आई और इधर यमुना उपवन में फूल चुनने के लिए पहुँची। प्रभात की फीकी चाँदनी में बचे हुए एक-दो नक्षत्र अपने को दक्षिण-पवन के झोंकों में विलीन कर देना चाहते हैं। कुन्द के फूल, थाले के श्यामल अंचल पर कसीदा बनाने लगे थे। गंगा के मुक्त वक्षस्थल पर से धूमती हुई, मन्दिरों के खुलने की, घण्टों की प्रतिध्वनि, प्रभात की शान्त निस्तब्धता में एक संगीत की झनकार उत्पन्न कर रही थी। अन्धकार और आलोक की सीमा बनी हुई युवती के रूप को अस्त होनेवाला पीला चन्द्रमा और लाली फेंकनेवाली उषा, अभी स्पष्ट न दिखला सकी थी कि वह अपनी डाली, फूलों से भर चुकी और उस कड़ी सरदी में भी यमुना मालती-कुंज की पत्थर की चौकी पर बैठी हुई, दूर से आते हुए शहनाई के मधुर स्वर में अपनी हृदयतंत्री मिला रही थी।

संसार एक अँगड़ाई लेकर आँख खोल रहा था। उसके जागरण में मुसकान थी। नीड में से निकलते हुए पक्षियों के कलरव को वह आश्चर्य से सुन रही थी। वह समझ न सकती थी कि उन्हें क्यों उल्लास है! संसार में प्रवृत्त होने की इतनी प्रसन्नता क्यों? दो-दो दाने बीन कर ले आने और जीवन को लम्बा करने के लिए इतनी उत्कंठा! इतना उत्साह! जीवन इतने सुख की वस्तु है?

टप...टप...टप...टप!—यमुना चकित होकर खड़ी हो गई। खिलखिलाकर हँसने का शब्द हुआ। यमुना ने देखा—विजय खड़ा है! उसने कहा—यमुना, तुमने तो समझा होगा कि यह बिना बादलों की बरसात कैसी?

आप ही थे—मालती-लता से ओस की बूंदें गिराकर बरसात का अभिनय करने वाले! यह न जानकर मैं तो चौंक उठी थी।

हाँ यमुना! आज तो हम लोगों का रामनगर चलने का निश्चय है। तुमने सामान तो सब बांध लिये होंगे—चलोगी न?

बहूजी की जैसी आज्ञा होगी।

इस बेबसी के उत्तर पर विजय के मन में बड़ी सहानुभूति उत्पन्न हुई। उसने कहा—नहीं यमुना, तुम्हारे बिना तो मेरा....—कहते-कहते फिर रुककर कहा—प्रबन्ध ही न हो सकेगा—जलपान, पान, स्नान, सब अपूर्ण रहेगा।

तो, मैं चलूंगी—कहकर यमुना कुंज से बाहर निकल आई। वह भीतर जाने लगी। विजय ने कहा—बजरा कबका ही घाट पर आ गया होगा, हम लोग चलते हैं। माँ को लिवाकर तुरन्त आओ।

भागीरथी के निर्मल जल पर प्रभात का शीतल पवन बालकों के समान खेल रहा था—छोटी-छोटी लहरियों के घरौंदे बनते-बिगड़ते थे। उस पार के वृक्षों की श्रेणी के ऊपर एक भारी चमकीला और पीला बिम्ब था। रेत में उसकी पीली छाया और जल में सुनहला रंग, उड़ते हुए पक्षियों के झुण्ड से आक्रान्त हो जाता था। यमुना बजरे की खिड़की में से एकटक इस दृश्य को देख रही थी और छत पर से मंगलदेव उसकी लम्बी उँगलियों से धारा का कटना देख रहा था। डाँडों का छप-छप शब्द बजरे की गति में ताल दे रहा था। थोड़ी दी देर में विजय माझी को हटाकर पतवार थामकर जा बैठा। यमुना सामने बैठी हुई डाली में फूल सँवारने लगी, विजय औरों की आँख बचाकर उसे देख लिया करता।

बजरा धारा पर बह रहा था। प्रकृति-चितेरी संसार का नया चिह्न बनाने के लिए गंगा के ईषत् नील जल में सफेदा मिला रही थी। धूप कड़ी हो चली थी। मंगल ने कहा—भाई विजय! इस नाव की सैर से तो अच्छा होगा कि मुझे उस पार की रेत में उतार दो। वहाँ जो दो-चार वृक्ष दिखाई दे रहे हैं, उन्हीं की छाया में सिर ठंडा कर लूंगा।

हम लोगों को भी तो अभी स्नान करना है, चलो वहीं नाव लगाकर हम लोग भी निबट लें।

माझियों ने उधर की ओर नाव खेना आरम्भ किया। नाव रेत से टिक गई। बरसात उतरने पर यह द्वीप बन गया था। अच्छा एकान्त था। जल भी वहाँ स्वच्छ था। किशोरी ने कहा—यमुना, चलो हम लोग भी नहा लें।

आप लोग आ जायँ, तब मैं जाऊँगी—यमुना ने कहा! किशोरी उसकी सचेष्टता पर प्रसन्न हो गई। वह अपनी दो सहेलियों के साथ बजरे से उतर गई।

मंगलदेव पहले ही कूद पड़ा था। विजय भी कुछ इधर-उधर करके उतरा। द्वीप के विस्तृत किनारों पर वे लोग फैल गये। किशोरी और उसकी सहेलियाँ,

स्नान करके लौट आईं, अब यमुना अपनी धोती लेकर बजरे से उतरी और बालू की एक ऊँची टेकरी के कोने में चली गई। यह कोना एकान्त था। यमुना गंगा के जल में पैर डालकर कुछ देर तक चुपचाप बैठी हुई विस्तृत जल-धारा के ऊपर सूर्य की उज्ज्वल किरणों का प्रतिबिम्ब देखने लगी। जैसे रात के तारों की फूल-अंजली जाह्नवी के शीतल वृक्ष पर किसी ने बिखेर दी हो।

पीछे निर्जन बालू का द्वीप और सामने दूर पर नगर की सौध-श्रेणी, यमुना की आँखों में निश्चेष्ट कुतूहल का कारण बन गई। कुछ देर में यमुना ने स्नान किया। ज्यों ही वह सूखी धोती पहनकर गीले बालों को समेट रही थी, मंगलदेव सामने आकर खड़ा हो गया। समान भाव से दोनों पर आकस्मिक आने वाली विपद को देखकर दो परस्पर शत्रुओं के समान मंगलदेव और यमुना एक क्षण के लिए स्तब्ध थे।

तारा! तुम्हीं हो!!—बड़े साहस से मंगल ने कहा।

युवती की आँखों में बिजली दौड़ गई। वह तीखी दृष्टि से मंगलदेव को देखती हुई बोली—क्या मुझे अपनी विपत्ति के दिन भी किसी तरह न काटने दोगे। तारा मर गई, मैं उसकी प्रेतात्मा यमुना हूँ।

मंगलदेव ने आँखें नीची कर लीं। यमुना अपनी गीली धोती लेकर चलने को उद्यत हुई। मंगल ने हाथ जोड़कर कहा—तारा, मुझे क्षमा करो।

उसने दृढ़ स्वर में कहा—हम दोनों का इसी में कल्याण है कि एक-दूसरे को न पहचानें और न एक-दूसरे की राह में अड़ें। तुम विद्यालय के छात्र हो और मैं दासी यमुना—दोनों को किसी दूसरे का अवलम्ब है। पापी प्राण की रक्षा के लिए मैं प्रार्थना करती हूँ, क्योंकि इसे देकर मैं न दे सकी।

तुम्हारी यही इच्छा है तो यही सही—कहकर ज्यों ही मंगलदेव ने मुँह फिराया, विजय ने टेकरी की आड़ से निकलकर पुकारा—मंगल! क्या अभी जलपान न करोगे?

यमुना और मंगल ने देखा कि विजय की आँखें क्षण-भर में लाल हो गईं; परन्तु तीनों चुपचाप बजरे की ओर लौटे। किशोरी ने खिड़की से झाँककर कहा—आओ जलपान कर लो, बड़ा विलम्ब हुआ।

विजय कुछ न बोला, जाकर चुपचाप बैठ गया। यमुना ने जलपान लाकर दोनों को दिया। मंगल और विजय लड़कों के समान चुपचाप मन लगाकर खाने लगे। आज यमुना का घूँघट कम था। किशोरी ने देखा, कुछ बेढब बात है। उसने कहा—आज न चलकर किसी दूसरे दिन रामनगर चला जाय, तो क्या

हानि है ? दिन बहुत बीत चुका, चलते-चलते संध्या हो जायगी। विजय, कहो तो घर ही लौट चला जाय ?

विजय ने सिर हिलाकर अपनी स्वीकृति दी।

माझियों ने उसी ओर खेना आरम्भ कर दिया।

दो दिन तक मंगलदेव से और विजयचन्द्र से भेंट ही न हुई। मंगल चुपचाप अपनी किताबों में लगा रहता, और समय पर स्कूल चला जाता। तीसरे दिन अकस्मात् यमुना पहले-पहल मंगल के कमरे में आई। मंगल सिर झुकाकर पढ़ रहा था, उसने देखा नहीं। यमुना ने कहा—आज तीसरा दिन है, विजय बाबू ने तकिये से सिर नहीं उठाया, ज्वर बड़ा भयानक होता जा रहा है। किसी अच्छे डाक्टर को क्यों नहीं लिवा लाते।

मंगल ने आश्चर्य से सिर उठाकर फिर देखा—यमुना ! वह चुप रह गया। फिर सहसा अपना कोट लेते हुए उसने कहा—मैं डाक्टर दीनानाथ के यहाँ जाता हूँ—और वह कोठरी से बाहर निकल गया।

विजयचन्द्र पलँग पर पड़ा करवट बदल रहा था। बड़ी बेचैनी थी। किशोरी पास ही बैठी थी। यमुना सिर सहला रही थी। विजय कभी-कभी उसका हाथ पकड़कर माथे से चिपटा लेता था।

मंगल डाक्टर को लिये हुए भीतर चला आया। डाक्टर ने देर तक रोगी की परीक्षा की। फिर सिर उठाकर एक बार मंगल की ओर देखा और पूछा—रोगी को किसी आकस्मिक घटना से दुःख तो नहीं हुआ है ?

मंगल ने कहा—ऐसा तो कोई कारण नहीं है। हाँ, इसके दो दिन पहले हम लोगों ने गंगा में पहरों स्नान किया और तैरे थे।

डाक्टर ने कहा—कुछ चिन्ता नहीं। थोड़ा यूडीक्लोन सिर पर रखना चाहिए, बेचैनी हट जायगी। और दवा लिखे देता हूँ। चार-पाँच दिन में ज्वर उतरेगा। मुझे टेम्परेचर का समाचार दोनों समय मिलना चाहिए।

किशोरी ने कहा—आप स्वयं दो बार दिन में देख लिया कीजिए तो अच्छा हो।

डाक्टर बहुत ही स्पष्टवादी और चिड़चिड़े स्वभाव का था, और नगर में अपने काम में एक ही था। उसने कहा—मुझे दोनों समय देखने का अवकाश नहीं, और आवश्यकता भी नहीं है। यदि आप लोगों से स्वयं इतना भी नहीं हो सकता, तो डाक्टर की दवा करानी व्यर्थ है।

जैसा आप कहेंगे वैसा ही होगा। आपको समय पर ठीक समाचार मिलेगा। डाक्टर साहब दया कीजिये।—यमुना ने कहा।

डाक्टर ने रूमाल निकालकर सिर पोंछा और मंगल के दिए हुए कागज पर औषधि लिखी। मंगल ने किशोरी से रुपया लिया और डाक्टर के साथ ही वह औषधि लेने चला गया।

मंगल और यमुना की अविराम सेवा से आठवें दिन विजय उठ बैठा। किशोरी बहुत प्रसन्न हुई। निरंजन भी तार द्वारा समाचार पाकर चले आये थे। ठाकुरजी की सेवा-पूजा की धूम एक बार फिर मच गई।

विजय अभी दुर्बल था। पन्द्रह दिनों में ही वह छः महीने का रोगी जान पड़ता था। यमुना आज-कल दिन-रात अपने अन्नदाता विजय के स्वास्थ्य की रखवाली करती थी, और अब निरंजन के ठाकुरजी की ओर जाने का उसे अवसर ही न मिलता था।

जिस दिन विजय बाहर आया, वह सीधे मंगल के कमरे में गया। उसके मुख पर संकोच, और आँखों में क्षमा थी। विजय के कुछ कहने के पहले ही मंगल ने उखड़े हुए शब्दों में कहा—विजय! मेरी परीक्षा भी समाप्त हो गई और नौकरी का प्रबन्ध भी हो गया। मैं तुम्हारा कृतज्ञ हूँ। आज ही जाऊँगा, आज्ञा दो।

नहीं मंगल! यह तो नहीं हो सकता—कहते-कहते विजय की आँखें भर आईं।

विजय! जब मैं पेट की ज्वाला से दग्ध हो रहा था, जब एक दाने का कहीं ठिकाना नहीं था, उस समय मुझे तुमने अवलम्ब दिया; परन्तु मैं उस योग्य न था। मैं तुम्हारा विश्वास-पात्र न रह सका, इसलिए मुझे छुट्टी दो।

अच्छी बात है; तुम पराधीन नहीं हो। पर माँ ने देवी के दर्शन की मनौती की है, इसलिए हम लोग वहाँ तक तो साथ ही चलें। फिर जैसी तुम्हारी इच्छा।

मंगल चुप रहा।

किशोरी ने मनौती की सामग्री जुटानी आरम्भ की। शिशिर बीत रहा था। यह निश्चय हुआ कि नवरात्र में चला जाय। मंगल को तब तक चुपचाप ठहरना दुःसह हो उठा। उसके शान्त मन में बार-बार यमुना की सेवा और विजय की बीमारी—ये दोनों बातें लड़कर हलचल मचा देती थीं। वह न-जाने कैसी कल्पना से उन्मत्त हो उठता। हिंसक मनोवृत्ति जाग जाती। उसे दमन करने में वह असमर्थ था। दूसरे ही दिन बिना किसी से कहे-सुने मंगल चला गया।

विजय को खेद हुआ; पर दुःख नहीं। वह बड़ी द्विविधा में पड़ा था। मंगल जैसे उसकी प्रगति में बाधा स्वरूप हो गया था। स्कूल के लड़कों को जैसी लम्बी छुट्टी की प्रसन्नता मिलती है, ठीक उसी तरह विजय के हृदय में प्रफुल्लता भरने लगी। बड़े उत्साह से वह भी अपनी तैयारी में लगा। फेसक्रीम, पोमेड, टूथ पाउडर, ब्रश आकर उसके बेग में जुटने लगे। तौलियों और सुगन्धों की भरमार से बेग ठसाठस भर गया।

किशोरी भी अपने सामान में लगी थी। यमुना कभी उसके और कभी विजय के साधनों में सहायता करती। वह घुटनों के बल बैठकर विजय की सामग्री बड़े मनोयोग से हैंडबेग में सजा रही थी। विजय कहता—नहीं यमुना! तौलिया तो इस बेग में अवश्य रहनी चाहिए—यमुना कहती—इतनी सामग्री इस छोटे पात्र में समा नहीं सकती। वह ट्रंक में रख दी जायगी।

विजय ने कहा—मैं अपने अत्यन्त आवश्यक पदार्थ अपने समीप रखना चाहता हूँ।

आप अपनी आवश्यकताओं का ठीक अनुमान नहीं कर सकते। संभवतः आपका चिट्ठा बढ़ा हुआ रहता है।

नहीं यमुना। वह मेरी नितान्त आवश्यकता है।

अच्छा तो सब वस्तु आप मुझसे माँग लीजिएगा, देखिए जब कुछ भी घटे।

विजय ने विचार कर देखा कि यमुना भी तो मेरी सबसे बढ़कर आवश्यकता की वस्तु है। वह हताश होकर सामान से हट गया। यमुना और किशोरी ने ही मिलकर सब सामान ठीक कर लिये।

निश्चित दिन आ गया। रेल का प्रबन्ध पहले ही ठीक कर लिया गया था। किशोरी की कुछ सहेलियाँ भी जुट गई थीं। निरंजन थे प्रधान सेनापति। वह छोटी-सी सेना पहाड़ी पर चढ़ाई करने चली।

चैत का एक सुन्दर प्रभात था। दिन आलम से भरा, अवसाद से पूर्ण फिर भी मनोरंजकता थी, प्रवृत्ति थी। पलास के वृक्ष लाल हो रहे थे। नई-नई पत्तियों के आने पर भी जंगली वृक्षों में घनापन न था। बौखलाया हुआ सब से धक्कम-धुक्की कर रहा था। पहाड़ी के नीचे एक झील-सी थी, जो बरसात में भर जाती है। आज-कल खेती हो रही थी। पत्थरों के ढोकों से उनकी सीमा बनी हुई थी, वहीं एक नाले का भी अन्त होता था। यमुना एक ढोके पर बैठ गई। पास ही हैंडबेग धरा था। वह पिछड़ी हुई औरतों के आने की बाट जोह रही थी और विजय शैलपथ से ऊपर सबके आगे चढ़ रहा था।

किशोरी और उसकी सहेलियाँ भी आ गईं। एक सुन्दर झुरमुट था, जिसमें सौंदर्य और सुरुचि का समन्वय था। शहनाई के बिना किशोरी का कोई उत्साह पूरा न होता था, बाजे-गाजे से पूजा करने की मनौती थी। वे बाजे वाले भी ऊपर पहुँच चुके थे। अब प्रधान आक्रमणकारियों का दल पहाड़ी पर चढ़ने लगा। थोड़ी ही देर में पहाड़ी पर संध्या के रंग-बिरंगे बादलों का दृश्य दिखाई देने लगा। देवी का छोटा-सा मन्दिर है, वहीं सब एकत्र हुए। कपूरी, बादामी, फीरोजी, धानी, गुलेनार रंग के घूंघट उलट दिये गये। यहाँ परदे की आवश्यकता न थी। भैरवी के स्वर, मुक्त होकर पहाड़ी से झरनों की तरह निकल रहे थे। सचमुच वसन्त खिल पड़ा। पूजा के साथ ही, स्वतंत्र रूप से ये सुन्दरियाँ भी गाने लगीं। यमुना चुपचाप कुरैये की डाली के नीचे बैठी थी। बेग का सहारा लिये वह धूप से अपना मुख बचाये थी। किशोरी ने उसे हठ करके गुलेनार चादर ओढ़ा दी। पसीने से लगकर उस रंग ने यमुना के मुख पर अपने चिह्न बना दिये थे। वह बड़ी सुन्दर रंगसाजी थी। यद्यपि उसके भाव आँखों के नीचे की कालिमा में करुण रंग में छिप रहे थे; परन्तु इस समय विलक्षण आकर्षण उसके मुख पर था। सुन्दरता की होड़ लग जाने पर मानसिक गति दबाई न जा सकती थी। विजय जब सौंदर्य से अपने को अलग न रख सका, वह पूजा छोड़कर उसी के समीप एक विशालखण्ड पर जा बैठा। यमुना भी सम्भलकर बैठ गई थी।

क्यों यमुना ! तुमको गाना नहीं आता? —बात-चीत आरम्भ करने के ढंग से विजय ने कहा।

आता क्यों नहीं; पर गाना नहीं चाहती हूँ।

क्यों ?

यों ही। कुछ करने का मन नहीं करता।

कुछ भी ?

कुछ नहीं, संसार कुछ करने के योग्य नहीं।

फिर क्या ? —

इसमें यदि दर्शक बनकर जी सके, तो मनुष्य के बड़े सौभाग्य की बात है।

परन्तु मैं केवल इसे दूर से नहीं देखना चाहता।

अपनी-अपनी इच्छा। आप अभिनय करना चाहते हैं, तो कीजिए; पर यह स्मरण रखिए कि सब अभिनय सबके मनोनुकूल नहीं होते।

यमुना, आज तो तुमने रंगीन साड़ी पहनी है—बड़ी सुन्दर लगती है !

क्या करूँ विजय बाबू ! जो मिलेगा वही न पहनूंगी। —विरक्त होकर यमुना ने कहा।

विजय को रुखाई जान पड़ी, उसने भी बात बदल दी। कहा—तुमने तो कहा था कि तुमको जिस वस्तु की आवश्यकता होगी, मैं दूंगी, यहाँ मुझे कुछ आवश्यकता है।

यमुना भयभीत होकर विजय के आतुर मुख का अध्ययन करने लगी। कुछ न बोली। विजय ने सहम कर कहा—मुझे प्यास लगी है।

यमुना ने बैग में से एक छोटी-सी चाँदी की लुटिया निकाली, जिसके साथ पतली रंगीन डोरी लगी थी। यह कुरैया की झुरमुट की दूसरी ओर चली गई। विजय चुपचाप सोचने लगा; और कुछ नहीं, केवल यमुना के स्वच्छ कपोलों पर गुलेनार रंग की छाप। उन्मत्त हृदय—किशोर हृदय, स्वप्न देखने लगा—ताम्बूल राग-रञ्जित, चुम्बन-अंकित कपोलों का! वह पागल हो उठा।

यमुना पानी लेकर आई, बेग से मिठाई निकालकर विजय के सामने रख दी। सीधे लड़के की तरह विजय ने जलपान किया, तब पूछा—पहाड़ी के ऊपर ही तुम्हें जल कहाँ मिला यमुना?

यहीं तो, पास ही एक कुण्ड है।

चलो मुझे दिखला दो।

दोनों कुरैये के झुरमुट की ओट में चले। वहाँ सचमुच एक चौकोर पत्थर का कुण्ड था, उसमें जल लबालब भरा था। यमुना ने कहा—मुझसे यहीं एक टंडे ने कहा है कि यह कुण्ड जाड़ा, गरमी, बरसात, सब दिनों में बराबर भरा रहता है; जितने आदमी चाहें इसमें जल पियें, खाली नहीं होता। यह देवी का चमत्कार है। इसी से विन्ध्यवासिनी देवी से कम इस पहाड़ी झीलों की देवी का मान नहीं है। बहुत दूर से लोग यहाँ आते हैं।

यमुना, है बड़े आश्चर्य की बात। पहाड़ी के इतने ऊपर भी यह जलकुण्ड सचमुच अद्भुत है; परन्तु मैंने और भी ऐसा कुण्ड देखा है—जिसमें कितने ही जल पिएँ, वह भरा ही रहता है!

सचमुच! कहाँ पर विजय बाबू?

सुन्दरी में रूप का कूप—कहकर विजय यमुना के मुख को उसी भाँति देखने लगा, जैसे अनजान में ढेला फेंककर बालक चोट लगनेवाले को देखता है।

वाह विजय बाबू! आज-कल साहित्य का ज्ञान बढ़ा हुआ देखती हूँ—!! कहते हुए यमुना ने विजय को ओर देखा—जैसे कोई बड़ी-बूढ़ी, नटखट लड़के को संकेत से झिड़कती हो।

विजय लज्जित हो उठा। इतने में 'विजय बाबू' की पुकार हुई—किशोरी बुला रही थी। वे दोनों देवी के सामने पहुँचे। किशोरी मन-ही-मन मुस्कराई।

पूजा समाप्त हो चुकी थी। सबको चलने के लिए कहा गया। यमुना ने बेग उठाया। सब उतरने लगे। धूप कड़ी हो गई थी, विजय ने अपना छाता खोल लिया। उसकी बार-बार इच्छा होती कि वह यमुना से इसी की छाया में चलने के लिए कहे; पर साहस न होता। यमुना की दो-एक लटें पसीने से उसके सुन्दर भाल पर चिपक गई थीं। विजय उसी विचित्र लिपि को पढ़ते-पढ़ते पहाड़ी से नीचे उतरा।

सब लोग काशी लौट आये।

द्वितीय खण्ड

१

एक ओर तो जल बरस रहा था, पुरवाई से बूंदें तिरछी होकर गिर रही थीं; उधर पश्चिम से चौथे पहर की पीली धूप उनमें केसर घोल रही थी। मथुरा से वृन्दावन आनेवाली सड़क पर एक घर की छत पर यमुना चादर तान रही थी। दालान में बैठा हुआ विजय एक उपन्यास पढ़ रहा था। निरंजन सेवा-कुंज में दर्शन करने गया था। किशोरी बैठी हुई पान लगा रही थी। तीर्थ-यात्रा के लिए श्रावण से ही लोग टिके थे। झूले की बहार थी; घटाओं का जमघट।

उपन्यास पूरा करते हुए विश्राम की साँस लेकर विजय ने पूछा—पानी और धूप से बचने के लिए वह पतली चादर क्या काम देगी यमुना?

बाबाजी के लिए मघा का जल संचय करना है। वे कहते हैं कि इस जल से अनेक रोग नष्ट होते हैं।

रोग नष्ट चाहे न हों; पर वृन्दावन के खारे कूप-जल से तो यह अच्छा ही होगा। अच्छा एक ग्लास मुझे भी दो।

विजय बाबू, काम वही करना, पर उसकी कड़ी समालोचना के बाद, यह तो आपका स्वभाव हो गया है। लीजिए जल—कहकर यमुना ने पीने के लिए जल दिया।

उसे पीकर विजय ने कहा—यमुना, तुम जानती हो कि मैंने कालेज में एक संशोधन समाज स्थापित किया है। उसका उद्देश्य है—जिन बातों में बुद्धिवाद का उपयोग न हो सके, उसका खण्डन करना और तदनुकूल आचरण करना। देख रही हो कि मैं छूत-छात का कुछ विचार नहीं करता, प्रकट रूप से होटलों तक में खाता भी हूँ। इसी प्रकार इन प्राचीन कुसंस्कारों का नाश करना मैं अपना कर्त्तव्य समझता हूँ, क्योंकि ये ही रूढ़ियाँ आगे चलकर धर्म का रूप धारण कर लेती हैं। जो बातें कभी देश, काल, पात्रानुसार प्रचलित हो गई थीं, वे सब

माननीय नहीं, हिन्दू-समाज के पैरों में ये बेड़ियाँ हैं। —इतने में बाहर सड़क पर कुछ बालकों के मधुर स्वर सुनाई पड़े, विजय उधर चौंककर देखने लगा—

छोटे-छोटे ब्रह्मचारी दण्ड, कमण्डल और पीत वसन धारण किये, समस्वर में गाते जा रहे थे—

कस्यचितिकमपिनोहरणीयं मर्म्मवाक्यमपिनोच्चरणीयं
श्रीपतेःपदयुगस्मरणीयं लीलयाभवजलतरणीयं

उन सबों के आगे छोटी दाढ़ी और घने बालों वाला एक युवक सफेद चद्दर, धोती पहने, जा रहा था। गृहस्थ लोग उन ब्रह्मचारियों की झोली में कुछ डाल देते थे। विजय ने एक दृष्टि से देखकर, मुँह फिरा कर यमुना से कहा—देखो यह बीसवीं शताब्दी में तीन हजार बी० सी० का अभिनय! समग्र संसार अपनी स्थिति रखने के लिए चंचल है, रोटी का प्रश्न सबके सामने है, फिर भी मूर्ख हिन्दू अपनी पुरानी असभ्यताओं का प्रदर्शन कराकर पुण्य-संचय किया चाहते हैं!

आप तो पाप-पुण्य कुछ मानते ही नहीं विजय बाबू!

पाप और कुछ नहीं है यमुना, जिन्हें हम छिपाकर किया चाहते हैं, उन्हीं कर्मों को पाप कह सकते हैं; परन्तु समाज का एक बड़ा भाग उसे यदि व्यवहार्य बना दे, तो वही कर्म हो जाता है, धर्म हो जाता है। देखती नहीं हो, इतने विरुद्ध मत रखनेवाले संसार के मनुष्य अपने-अपने विचारों में धार्मिक बने हैं। जो एक के यहाँ पाप है, वही तो दूसरे के लिए पुण्य है।

किशोरी चुपचाप इन लोगों की बात सुन रही थी। वह एक स्वार्थ से भरी चतुर स्त्री थी। स्वतन्त्रता से रहा चाहती थी, इसलिए लड़के को भी स्वतन्त्र होने में सहायता देती थी। कभी-कभी यमुना की धार्मिकता उसे असह्य हो जाती है; परन्तु अपना गौरव बनाये रखने के लिए वह उसका खण्डन न करती, क्योंकि बाह्य धर्माचरण दिखलाना ही उसके दुर्बल चरित्र का आवरण था। वह बराबर चाहती थी कि यमुना और विजय में गाढ़ा परिचय बढ़े, और इसके लिए वह अवसर भी देती। उसने कहा—विजय इसी से तो तुम्हारे हाथ का भी खाने लगा है, यमुना?

यह कोई अच्छी बात तो नहीं है बहूजी।

क्या करूँ यमुना, विजय अभी लड़का है, मानता नहीं। धीरे-धीरे समझ जायगा—अप्रतिभ होकर किशोरी ने कहा।

इतने में एक सुन्दर तरुण बालिका अपना हँसता हुआ मुख लिये भीतर आते ही बोली—किशोरी बहू, शाहजी के मन्दिर में आरती देखने चलोगी न?

तू आ गई घण्टी! मैं तेरी प्रतीक्षा में ही थी।

तो फिर विलम्ब क्यों ? —कहते हुए घण्टी ने अल्हड़पन से विजय को ओर देखा।

किशोरी ने कहा—विजय, तू भी चलेगा न ?

यमुना और विजय को यहीं झाँकी मिलती है, क्यों विजय बाबू ? —बात काटते हुए घण्टी ने कहा।

मैं तो जाऊँगा नहीं, क्योंकि छः बजे मुझे एक मित्र से मिलने जाना है; परन्तु घण्टी, तुम तो हो बड़ी नटखट ! —विजय ने कहा।

यह ब्रज है बाबूजी ! यहाँ के पत्ते-पत्ते में प्रेम भरा है। बंसीवाले की बंसी अब भी सेवा-कुंज में आधी रात को बजती है। चिन्ता किस बात की ?—विजय के पास सरककर धीरे से हँसते हुए उस चंचल छोकरी ने कहा। घण्टी के कपोलों में हँसते समय गढ़े पड़ जाते थे। भोली मतवाली आँखें गोपियों के छायाचित्र उतारतीं, और उभरती हुई वयस-संधि से उसकी चंचलता सदेव छेड़-छाड़ करती रहती। वह एक क्षण के लिये भी स्थिर न रहती—कभी अँगड़ाई लेती, तो कभी अपनी उँगलियाँ चटकाती। आँखें लज्जा का अभिनय करके जब पलकों की आड़ छिप जातीं, तब भी भौंहे चला करतीं। तिस पर भी घण्टी एक बाल-विधवा है। विजय उसके सामने अप्रतिभ हो जाता, क्योंकि वह कभी-कभी स्वाभाविक निःसंकोच परिहास कर दिया करती। यमुना को उसका व्यंग असह्य हो उठता; पर किशोरी को वह छेड़-छाड़ अच्छी लगती—बड़ी हँसमुख लड़की है ! —यह कहकर बात उड़ा दिया करती।

किशोरी ने अपनी चादर ले ली थी। चलने को प्रस्तुत थी। घण्टी ने उठते-उठते कहा—अच्छा तो आज ललिता की ही विजय है, राधा लौटी जाती है ! —हँसते-हँसते वह किशोरी के साथ घर से बाहर निकल गई।

वर्षा बंद हो गई थी; पर बादल घिरे थे। सहसा विजय उठा और वह भी नौकर को सावधान रहने के लिए कहकर चला गया।

यमुना के हृदय में भी निरुद्दिष्ट पथवाले चिन्ता के बादल मँडरा रहे थे। वह अपनी अतीत-चिन्ता में निमग्न हो गई। बीत जाने पर दुखदायी घटना भी सुन्दर और मूल्यवान हो जाती है। वह एक बार तारा बनकर मन-ही-मन अतीत का हिसाब लगाने लगो, स्मृतियाँ लाभ बन गईं। जल वेग से बरसने लगा। परन्तु यमुना के मानस में एक शिशु-सरोज लहराने लगा। वह रो उठी।

कई महीने बीत गये—

किशोरी, निरंजन और विजय बैठे हुए कुछ बातें कर रहे थे। निरंजनदास

का मत था कि कुछ दिन गोकुल में चलकर रहा जाय—कृष्णचंद्र की बाललीला से अलंकृत भूमि में रहकर हृदय आनन्दपूर्ण बनाया जाय। किशोरी भी सहमत थी; किन्तु विजय की इसमें कुछ आपत्ति थी।

इसी समय एक ब्रह्मचारी ने भीतर आकर सबको प्रणाम किया। विजय चकित हो गया, और निरंजन प्रसन्न।

क्या उन ब्रह्मचारियों के साथ तुम्हीं घूमते हो मंगल।—विजय ने आश्चर्य भरी प्रसन्नता से पूछा।

हाँ विजय बाबू! मैंने यहाँ पर एक ऋषिकुल खोल रक्खा है। यह सुनकर कि आप लोग यहाँ आये हैं, मैं कुछ भिक्षा लेने आया हूँ।

मंगल! मैंने तो समझा था कि तुमने कहीं अध्यापन का काम आरंभ किया होगा; पर तुमने तो यह अच्छा ढोंग निकाला।

वही तो करता हूँ विजय बाबू! पढ़ाता ही तो हूँ। कुछ करने की प्रवृत्ति तो थी ही—वह भी समाज-सेवा और सुधार; परन्तु उन्हें क्रियात्मक रूप देने के लिए मेरे पास और कौन साधन था?

ऐसे काम तो आर्यसमाज करता ही था, फिर उसके जोड़ में अभिनय करने की क्या आवश्यकता थी। उसी में सम्मिलित हो जाते।

आर्यसमाज कुछ खण्डनात्मक है, और मैं प्राचीन धर्म की सीमा के भीतर ही सुधार का पक्षपाती हूँ।

यह क्यों नहीं कहते कि तुम समाज के स्पष्ट आदर्श का अनुकरण करने में असमर्थ थे, परीक्षा में ठहर न सके थे। उस विधि-मूलक व्यावहारिक धर्म को तुम्हारे समझ-बूझकर चलने वाले सर्वतोभद्र हृदय ने स्वीकार न किया, और तुम स्वयं प्राचीन निषेधात्मक धर्म से प्रचारक बन गये। कुछ बातों के न करने से ही यह प्राचीन धर्म सम्पादित हो जाता है—छुओ मत, खाओ मत, ब्याहो मत, इत्यादि-इत्यादि। कुछ भी दायित्व लेना नहीं चाहते, और बात-बात में शास्त्र तुम्हारे प्रमाण-स्वरूप हैं। बुद्धिवाद का कोई उपाय नहीं।—कहते-कहते विजय हँस पड़ा।

मंगल की सौम्य आकृति तन गई। वह संयत और मधुर भाषा में कहने लगा—विजय बाबू, यह और कुछ नहीं केवल उच्छृंखलता है। आत्मशासन का अभाव—चरित्र की दुर्बलता, विद्रोह कराती है। धर्म मानवीय स्वभाव पर शासन करता है, न कर सके तो मनुष्य और पशु में भेद क्या रह जाय? आपका मत यह है कि समाज की आवश्यकता देखकर धर्म की व्यवस्था बनाई जाय, नहीं तो हम उसे न मानेंगे। पर समाज तो प्रवृत्तिमूलक है। वह अधिक-से-अधिक आध्यात्मिक बनाकर, तप और त्याग के द्वारा शुद्ध करके उच्च आदर्श

तक पहुँचाया जा सकता है। इन्द्रियपरायण पशु के दृष्टिकोण से मनुष्य की सब सुविधाओं के विचार नहीं किये जा सकते, क्योंकि फिर तो पशु और मनुष्य में साधन-भेद रह जाता है। बातें वे ही हैं। मनुष्य की असुविधाओं का, अनन्त साधनों के रहते, अन्त नहीं, वह उच्छृंखल होना ही चाहता है।

निरंजन को उसकी युक्तियाँ परिमार्जित और भाषा प्राञ्जल देखकर बड़ी प्रसन्नता हुई, उसका पक्ष लेते हुए उसने कहा—ठीक कहते हो मंगलदेव !

विजय और भी गरम होकर आक्रमण करते हुए बोला—और उन ढकोसलों में क्या तथ्य है ? —उसका संकेत मंदिर के शिखरों की ओर था।

हमारे धर्म मुख्यतः एकेश्वरवादी हैं विजय बाबू ! वह ज्ञान-प्रधान है; परन्तु अद्वैतवाद की दार्शनिक युक्तियों को स्वीकार करते हुए कोई भी वर्णमाला का विरोधी बन जाय, ऐसा तो कारण नहीं दीख पड़ता। मूर्तिपूजा इत्यादि उसी रूप में है। पाठशाला में सब के लिए एक कक्षा नहीं होती, इसलिए अधिकारी-भेद है। हम लोग सर्वव्यापी भगवान् की सत्ता को नदियों के जल में, वृक्षों में, पत्थरों में, सर्वत्र स्वीकार करने की परीक्षा देते हैं।

परन्तु हृदय में नहीं मानते, चाहे अन्यत्र सब जगह मान लें।—तर्क न करके विजय ने व्यंग किया। मंगल ने हताश होकर किशोरी की ओर देखा।

तुम्हारा ऋषिकुल कैसा चल रहा है मंगल ? —किशोरी ने पूछा।

दरिद्र हिन्दुओं के ही लड़के मुझे मिलते हैं। मैं उनके साथ नित्य भीख माँगता हूँ। जो अन्न-वस्त्र मिलता है, उसी में सबका निर्वाह होता है। मैं स्वयं उन्हें संस्कृत और प्राकृत पढ़ाता हूँ। एक गृहस्थ ने अपना उजड़ा हुआ उपवन दे दिया है। उसमें एक ओर लम्बी-सी दालान है और पाँच-सात वृक्ष हैं; उतने में सब काम चल जाता है। शीत और वर्षा में कुछ कष्ट होता है, क्योंकि दरिद्र हैं तो क्या, हैं तो लड़के ही न !

कितने लड़के हैं मंगल ? —निरंजन ने पूछा।

आठ लड़के हैं, आठ बरस से लेकर सोलह बरस तक के।

मंगल ! और चाहे जो हो, तुम्हारे इस परिश्रम और कष्ट की सत्य-निष्ठा पर कोई अविश्वास नहीं कर सकता। मैं भी नहीं।—विजय ने कहा।

मंगल मित्र के मुख से यह बात सुनकर प्रसन्न हो उठा। वह कहने लगा—देखिए विजय बाबू ! मेरे पास एक यही धोती और अँगोछा है। एक चादर भी है। मेरा सब काम इतने से चल जाता है। कोई असुविधा नहीं होती। एक लम्बा-सा टाट है। उसी पर सब सो रहते हैं। दो-तीन बरतन हैं। और पाठ्य-पुस्तकों

की एक-एक प्रतियाँ ! इतनी ही तो मेरे ऋषिकुल की सम्पत्ति है। —कहते-कहते वह हँस पड़ा।

यमुना भीतर पीलीभीत के चावल बीन रही थी—खीर बनाने के लिए। उसके रोएँ खड़े हो गये। मंगल क्या है ? —देवता है ! उसी समय उसे अपने तिरस्कृत हृदय-पिण्ड का ध्यान आ गया। उसने मन में सोचा—पुरुष को उसकी क्या चिन्ता हो सकती है, वह तो अपना सुख विर्सजित कर देता है; जिसे अपने रक्त से उस सुख को सींचना पड़ता है, वही तो उसकी व्यथा जानेगा ! —उसने कहा—मंगल ही नहीं, सब पुरुष राक्षस हैं; देवता कदापि नहीं हो सकते।—वह दूसरी ओर उठकर चली गई।

कुछ समय चुप रहने के बाद विजय ने कहा—जो हमारे दान के अधिकारी हैं, धर्म के ठेकेदार हैं, उन्हें इसीलिए तो समाज देता है कि वे उसका सदुपयोग करें; परन्तु वे मन्दिरों में, मठों में बैठे मौज उड़ाते हैं—उन्हें क्या चिन्ता कि समाज के कितने बच्चे भूखे, नंगे और अशिक्षित हैं। मंगलदेव ! चाहे मेरा मत तुमसे न मिलता हो, परन्तु तुम्हारा उद्देश्य सुन्दर है।

निरंजन जैसे सचेत हो गया। एक बार उसने विजय की ओर देखा; पर बोला नहीं। किशोरी ने कहा—मंगलदेव ! मैं परदेश में हूँ, इसलिए विशेष सहायता नहीं कर सकती; हाँ तुम लोगों के लिए वस्त्र और पाठ्य-पुस्तकों की जितनी अत्यन्त आवश्यकता हो, मैं दूँगी।

और, शीत, वर्षा-निवारण के योग्य साधारण गृह बनवा देने का भार मैं लेता हूँ मंगल ! —निरंजन ने कहा।

मंगल ! मैं तुम्हारी इस सफलता पर बधाई देता हूँ। —हँसते हुए विजय ने कहा—कल मैं तुम्हारे ऋषिकुल में आऊँगा।

निरंजन और किशोरी ने कहा—हम लोग भी।

मंगल कृतज्ञता से लद गया। प्रणाम करके चला गया।

सब का मन इस घटना से हल्का था; पर यमुना अपने भारी हृदय से बार-बार यही पूछती थी—इन लोगों ने मंगल को जलपान करने तक के लिए न पूछा, इसका कारण क्या उसका प्रार्थी होकर आना है ?

यमुना कुछ अनमनी रहने लगी। किशोरी से यह बात छिपी न रही। घण्टी प्रायः इन्हीं लोगों के पास रहती। एक दिन किशोरी ने कहा—विजय, हम लोगों को ब्रज आये बहुत दिन हो गये, अब घर भी चलना चाहिए। हो सके तो ब्रज की परिक्रमा भी कर लें।

विजय ने कहा—मैं तो नहीं जाऊँगा।

तू सब बातों में अड़ जाता है ।

यह कोई आवश्यक बात नहीं कि मैं भी पुण्य-संचय करूँ । —विरक्त हो कर विजय ने कहा—यदि इच्छा हो तो आप चली जा सकती हैं, मैं तब तक यहीं बैठा रहूँगा ।

तो क्या तू यहाँ अकेला रहेगा ?

नहीं, मंगल के आश्रम में जा रहूँगा । वहाँ मकान बन रहा है, उसे भी देखूंगा, कुछ सहायता भी करूँगा और मन भी बहलेगा ।

वह आप ही दरिद्र है, तू उसके यहाँ जाकर उसे और भी दुख देगा ।

तो मैं क्या उसके सिर पर रहूँगा ।

यमुना ! तू चलेगी ?

फिर विजय बाबू को खिलावेगा कौन ? बहूजी, मैं तो चलने के लिए प्रस्तुत हूँ ।

किशोरी मन-ही-मन हँसी भी, प्रसन्न भी हुई । और बोली—अच्छी बात है, तो मैं परिक्रमा कर आऊँ क्योंकि होली देखकर अवश्य घर लौट चलना है ।

निरंजन और किशोरी परिक्रमा करने चले । एक दासी और जमादार साथ गया ।

वृन्दावन में यमुना और विजय अकेले रहे । केवल घण्टी कभी-कभी आकर हँसी की हलचल मचा देती । विजय कभी-कभी दूर यमुना के किनारे चला जाता और दिन-दिन भर पर लौटता । अकेली यमुना उस हँसोड़ के व्यंग से जर्जरित हो जाती । घण्टी परिहास करने में बड़ी निर्दय थी ।

एक दिन दोपहर की कड़ी धूप थी । सेठजी के मन्दिर में कोई झाँकी थी । घंटी आई और यमुना को दर्शन के लिए पकड़ ले गई । दर्शन से लौटते हुए यमुना ने देखा, एक पाँच-सात वृक्षों का झुरमुट और घनी छाया । उसने समझा, कोई देवालय है । वह छाया के लालच से टूटी हुई दीवार लाँघकर भीतर चली गई । देखा तो अवाक् रह गई—मंगल कच्ची मिट्टी का गारा बना रहा है, लड़के ईंटें ढो रहे हैं, दो राज उस मकान की जोड़ाई कर रहे हैं । परिश्रम से मुंह लाल था । पसीना बह रहा था । मंगल की सुकुमार देह विवश थी । वह ठिठक कर खड़ी हो गई । घण्टी ने उसे धक्का देते हुए कहा—चल यमुना, यह तो ब्रह्मचारी है, डर काहे का ! —फिर ठठाकर हँस पड़ी ।

यमुना ने एक बार उसकी ओर क्रोध से देखा । यह चुप भी न हो सकी थी कि फरसा रखकर सिर से पसीना पोंछते हुए मंगल ने घूमकर देखा—यमुना !

ढीठ घण्टी से अब कैसे रहा जाय, वह झटककर बोली—ग्वालिनी ! तुम्हें

कान्ह बुलावे री ! —यमुना गड़ गई, मंगल ने क्या समझा होगा ? वह घण्टी को घसीटती हुई बाहर निकल आई। यमुना हाँफ रही थी। पसीने-पसीने हो गई थी। अभी वे दोनों सड़क पर पहुँची भी न थीं कि दूर से किसी ने पुकारा—यमुना।

यमुना मन में संकल्प-विकल्प कर रही थी कि—मंगल पवित्रता और आलोक से घिरा हुआ पाप है कि दुर्बलताओं में लिपटा हुआ एक दृढ़ सत्य ? उसने समझा कि मंगल पुकार रहा है, वह और लम्बे डग बढ़ाने लगी। सहसा घण्टी ने कहा—अरी यमुना ! वह तो विजय बाबू हैं, पीछे-ही-पीछे आ रहे हैं।

यमुना एक बार काँप उठी—न जाने क्यों; पर खड़ी हो गई। विजय घूमकर लौटा आ रहा था। पास आ जाने पर विजय ने एक बार यमुना को नीचे से ऊपर तक देखा।

कोई कुछ बोला नहीं, तीनों घर लौट आये।

बसंत की संध्या सोने की धूल उड़ा रही थी। वृक्षों के अन्तराल से आती हुई सूर्यप्रभा उड़ती हुई गर्द को भी रँग देती थी। एक अवसाद विजय के चारों ओर फैल रहा था, वह निर्विकार दृष्टि से बहुत-सी बातें सोचते हुए भी किसी पर मन स्थिर नहीं कर सकता। घण्टी और मंगल के परदे में यमुना अधिक स्पष्ट हो उठी थी। उसका आकर्षण अजगर की साँस के समान उसे खींच रहा था। विजय का हृदय प्रतिहिंसा और कुतूहल से भर गया था। उसने खिड़की से झाँककर देखा, घण्टी आ रही है। वह घर से बाहर ही उससे जा मिला।

कहाँ विजय बाबू ? —घण्टी ने पूछा।

मंगलदेव के आश्रम तक; चलोगी ?

चलिए।

दोनों उसी पथ पर बढ़े। अँधेरा हो चला था। मंगल अपने आश्रम में बैठा हुआ संध्योपासन कर रहा था। पीपल के वृक्ष के नीचे शिला पर पद्मासन लगाये वह बोधिसत्त्व की प्रतिमूर्ति-सा दीखता था। विजय क्षण-भर तक देखता रहा, फिर मन-ही-मन कह उठा—पाखण्ड ? —आँख खोलते हुए सहसा आचमन लेकर मंगल ने धुंधले प्रकाश में देखा—विजय और दूर कौन है, एक स्त्री ? यमुना तो नहीं है। वह पलभर के लिए अस्त-व्यस्त हो उठा। उसने पुकारा—विजय बाबू !

विजय ने कहा—दूर से घूमकर आ रहा हूँ, फिर आऊँगा।

विजय और घण्टी वहीं से लौट पड़े; परन्तु उस दिन मंगल के पुरुषसूक्त का

पाठ न हो सका। दीपक जल जाने पर जब वह पाठशाला में बैठा, तब प्राकृत-प्रकाश के सूत्र उसे बीहड़ लगे। व्याख्या अस्पष्ट हो गई। ब्रह्मचारियों ने देखा—गुरुजी को आज क्या हो गया है!

विजय घर लौट आया। यमुना रसोई बनाकर बैठी थी। हँसती हुई घण्टी को भी उसने साथ ही आते देखा। वह डरी। और न जाने क्यों उसने पूछा—विजय बाबू, विदेश में एक विधवा तरुणी को लिये इस तरह घूमना क्या ठीक है?

यह बात आज क्यों पूछती हो यमुना? घण्टी! इसमें तुम्हारी क्या सम्मति है?—शान्त भाव से विजय ने कहा।

इसका विचार तो यमुना को स्वयं करना चाहिए। मैं तो ब्रजवासिनी हूँ, हृदय की बंसी को सुनने से कभी रोका नहीं जा सकता।

यमुना व्यंग से मर्माहत होकर बोली—अच्छा भोजन कर लीजिए।

विजय भोजन करने बैठा; पर अरुचि थी। शीघ्र उठ गया। वह लम्प के सामने जा बैठा। सामने ही दरी के कोने पर बैठी यमुना पान लगाने लगी। पान विजय के सामने रखकर चली गई, किन्तु विजय ने उसे छुआ भी नहीं, यह यमुना ने लौट आने पर देखा। उसने दृढ़ स्वर में पूछा—विजय बाबू, पान क्यों नहीं खाया आपने?

अब पान न खाऊँगा, आज से छोड़ दिया।

पान छोड़ने में क्या सुविधा है?

मैं बहुत जल्द ईसाई होने वाला हूँ, उस समाज में इसका व्यवहार नहीं। मुझे यह दम्भपूर्ण धर्म बोझ के समान दबाये है, अपनी आत्मा के विरुद्ध रहने के लिए मैं बाध्य किया जा रहा हूँ।

आपके लिए तो कोई रोक-टोक नहीं, फिर भी...

यह मैं जानता हूँ कि कोई रोक-टोक नहीं; पर मैं यह भी अनुभव करता हूँ कि मैं कुछ विरुद्ध आचरण कर रहा हूँ। इस विरुद्धता का खटका लगा रहता है। मन उत्साहपूर्ण होकर कर्त्तव्य नहीं करता। यह सब मेरे हिन्दू रहने के कारण है। स्वतन्त्रता और हिन्दू धर्म—दोनों विरुद्धवाची शब्द हैं।

पर ऐसी बातें तो अन्य धर्मानुयायी मनुष्यों के जीवन में भी आ सकती हैं। सब का काम सब मनुष्य नहीं कर सकते।

तो भी बहुत-सी बातें ऐसी हैं, जो हिन्दू-धर्म में रहकर नहीं की जा सकतीं, किन्तु मेरे लिए नितान्त आवश्यक हैं।

जैसे?

तुमसे ब्याह कर लेना!

यमुना ने ठोकर लगने की दशा में पड़कर पूछा—क्यों विजय बाबू ! क्या दासी होकर रहना किसी भी भद्र महिला के लिए अपमान का पर्याप्त कारण हो जाता है ?

यमुना ! तुम दासी हो ? कोई मेरा हृदय खोलकर पूछ देखे, तुम मेरी आराध्य देवी हो—सर्वस्व हो ! —विजय उत्तेजित था ।

मैं आराध्य देवता बना चुकी हूँ—मैं पतित हो चुकी हूँ; मुझे...

यह मैंने अनुमान कर लिया था; परन्तु इन अपवित्रताओं में भी मैं तुम्हें पवित्र, उज्ज्वल और ऊर्जस्वित पाता हूँ—जैसे मलिन वसन में हृदयहारी सौंदर्य ।

किसी के हृदय की शीतलता और किसी के यौवन की उष्णता—मैं सब झेल चुकी हूँ ! उसमें सफल नहीं हुई, उसकी साध भी नहीं रही । विजय बाबू ! मैं दया की पात्री एक बहन होना चाहती हूँ—है किसी के पास इतनी निःस्वार्थ स्नेह-सम्पत्ति जो मुझे दे सके ? —कहते-कहते यमुना की आँखों से आँसू टपक पड़े ।

विजय थप्पड़ खाये हुए लड़के के समान घूम पड़ा—मैं अभी आता हूँ—कहता हुआ वह घर के बाहर निकल गया ।

२

कई दिन हो गये, विजय किसी से कुछ बोलता नहीं। समय पर भोजन कर लेता और सो रहता है। अधिक समय उसका, मकान के पास ही करील की झाड़ियों की टट्टी के भीतर लगे हुए कदम्ब के नीचे बीतता है। वहाँ बैठकर वह कभी उपन्यास पढ़ता और कभी हारमोनियम बजाता है।

अँधेरा हो गया था, वह कदम्ब के नीचे बैठा हारमोनियम बजा रहा था। चंचल घण्टी चली आई। उसने कहा—बाबूजी, आप तो बड़ा अच्छा हारमोनियम बजाते हैं।—वह पास ही बैठ गई।

तुम कुछ गाना जानती हो?

ब्रजवासिनी और कुछ चाहे न जाने, किन्तु फाग गाना तो उसी के हिस्से का है।

अच्छा तो कुछ गाओ, देखूं मैं बजा सकता हूँ!

बजबाला घण्टी एक गीत गाने लगी—

'पिया के हिया में परी है गाँठ
मैं कौन जतन से खोलूं?
सब सखियाँ मिलि फाग मनावत
मैं बावरी-सी डोलूं!
अब की फागुन पिया भये निरमोहिया
मैं बैठी विष घोलूं!
पिया के—'

दिल खोलकर उसने गाया। मादकता थी उसके लहरीले कण्ठ-स्वर में, और व्याकुलता थी विजय की परदों पर दौड़ने वाली उँगलियों में! वे दोनों तन्मय थे। उसी राह से जाता हुआ मंगल—धार्मिक मंगल—भी, उस हृदय-द्रावक संगीत से विमुग्ध होकर खड़ा हो गया। एक बार उसे भ्रम हुआ, यमुना तो नहीं है! वह भीतर चला गया। देखते ही चंचल घण्टी हँस पड़ी! बोली—आइए ब्रह्मचारीजी!

विजय ने कहा—बैठोगे या घर के भीतर चलूँ।

नहीं विजय! मैं तुमसे कुछ पूछना चाहता हूँ। घण्टी! तुम घर जा रही हो न!

भयभीत घण्टी उठकर धीरे से चली गई।

विजय ने सहमते हुए पूछा—क्या कहना चाहते हो!

तुम इस लड़की को साथ लेकर इस स्वतन्त्रता से क्यों बदनाम हुआ चाहते हो।

यद्यपि मैं इसका उत्तर देने को बाध्य नहीं मंगल, एक बात मैं भी तुमसे पूछना चाहता हूँ—बताओ तो, मैं यमुना के साथ भी एकान्त में रहता हूँ, तब तुमको संदेह क्यों नहीं होता!

मुझे उसके चरित्र पर विश्वास है।

इसीलिए कि तुम भीतर से उसे प्रेम करते हो! अच्छा, यदि मैं घण्टी से ब्याह करना चाहूँ, तो तुम पुरोहित बनोगे!

विजय, तुम अतिवादी हो, उद्धत हो!

अच्छा हुआ कि मैं वैसा संयतभाषी कपटाचारी नहीं हूँ, जो अपने चरित्र की दुर्बलता के कारण मित्र से भी मिलने में संकोच करता है। मेरे यहाँ प्रायः तुम्हारे न आने का यही तो कारण है कि तुम यमुना की...

चुप रहो विजय! उच्छृङ्खलता की भी एक सीमा होती है।

अच्छा जाने दो। घंटी के चरित्र पर विश्वास नहीं, तो क्या समाज और धर्म का यह कर्त्तव्य नहीं कि उसे किसी प्रकार अवलम्ब दिया जाय, उसका पथ सरल कर दिया जाय? यदि मैं घंटी से ब्याह करूँ, तो तुम पुरोहित बनोगे? बोलो, मैं इसे करके पाप करूँगा या पुण्य?

यह पाप हो या पुण्य, तुम्हारे लिए हानिकर होगा।

मैं हानि उठाकर भी समाज के एक व्यक्ति का कल्याण कर सकूँ तो क्या पाप करूँगा? उत्तर दो, देखें तुम्हारा धर्म क्या व्यवस्था देता है!—विजय अपनी निश्चित विजय से फूल रहा था।

वह वृन्दावन की एक कुख्यात बाल-विधवा है विजय!

सहज में पच जाने वाला और धीरे से गले से उतर जाने वाला स्निग्ध पदार्थ सभी आत्मसात् कर लेते हैं, किन्तु कुछ त्याग—सो भी अपनी महत्ता का त्याग—जब धर्म के आदर्श में नहीं है, तब तुम्हारे धर्म को मैं क्या कहूँ मंगल!

विजय! मैं तुम्हारा इतना अनिष्ट नहीं देख सकता। इसे त्याग तुम भले ही समझ लो; पर इसमें क्या तुम्हारी दुर्बलता का स्वार्थपूर्ण अंश नहीं है? मैं

यह मान भी लूं कि विधवा से ब्याह करके तुम एक धर्म सम्पादित करते हो, तब भी घंटी जैसी लड़की से तुमको जीवन भर के लिए परिणय-सूत्र में बाँधने के लिए मैं एक मित्र के नाते प्रस्तुत नहीं।

अच्छा मंगल। तुम मेरे शुभचिन्तक हो; यदि मैं यमुना से ब्याह करूँ? वह तो...

तुम पिशाच हो! —कहते हुए मंगल उठकर चला गया।

विजय ने क्रूर हँसी-हँसकर अपने-आप कहा—पकड़े गये। ठिकाने पर! वह भीतर चला गया।

दिन बीत रहे थे। होली पास आती जाती थी। विजय का यौवन उच्छृङ्खल भाव से बढ़ रहा था। उसे ब्रज की रहस्यमयी भूमि का वातावरण और भी जटिल बना रहा था। यमुना उससे डरने लगी। वह कभी-कभी मदिरा पीकर एक बार ही चुप हो जाता। गम्भीर होकर दिन-का-दिन बिता दिया करता। घंटी आकर उसमें सजीवता ले आने का प्रयत्न करती; परन्तु वैसे ही; जैसे एक खँडहर की किसी भग्न प्राचीर पर बैठा हुआ पपीहा कभी बोल दे!

फाल्गुन के शुक्लपक्ष की एकादशी थी। घर के पासवाले कदम्ब के नीचे विजय बैठा था। चाँदनी खिल रही थी। हारमोनियम, बोतल और ग्लास पास ही थे। विजय कभी-कभी एक-दो घूंट पी लेता और कभी हारमोनियम में एक तान निकाल लेता। बहुत विलम्ब हो गया था। खिड़की में से यमुना चुपचाप यह दृश्य देख रही थी। उसे अपने हरद्वार के दिन स्मरण हो आये। निरभ्र गगन में चलती हुई चाँदनी—गंगा के वक्ष पर लोटती हुई चाँदनी—कानन की हरियाली में हरी-भरी चाँदनी! और स्मरण हो रही थी मंगल के प्रणय की पीयूष-वर्षिणी चन्द्रिका! एक ऐसी ही चाँदनी रात थी। जंगल से उस छोटी कोठरी में धवल मधुर आलोक फैल रहा था। तारा लेटी थी, उसकी लटें तकिये पर बिखर गई थीं, मंगल उस कुन्तल-स्तवक को मुट्ठी में लेकर सूंघ रहा था। तृप्ति थी किन्तु उस तृप्ति को स्थिर रखने के लिए लालच का अन्त न था। चाँदनी खिसकती जाती थी। चन्द्रमा उस शीतल आलिंगन को देखकर लज्जित होकर भाग रहा था। मकरन्द से लदा हुआ मारुत चन्द्रिका-चूर्ण के साथ सौरभ-राशि बिखेर देता था।

यमुना पागल हो उठी। उसने देखा—सामने विजय बैठा हुआ अभी पी रहा है। रात पहर-भर जा चुकी है। वृन्दावन में दूर से फगुहारों की डफ की गम्भीर ध्वनि और उन्मत्त कण्ठ से रसीले फागों की तुमुल तानें उस चाँदनी में, उस पवन में मिली थीं। एक स्त्री आई, करील की झाड़ियों से निकलकर विजय

के पीछे खड़ी हो गई। यमुना एक बार सहम उठी। फिर उसने देखा—उस स्त्री ने हाथ का लोटा उठाया और उसका तरल पदार्थ विजय के सिर पर उँड़ेल दिया।

विजय के उष्ण मस्तक को कुछ शीतलता भली लगी। घूमकर देखा; तो घंटी खिलखिलाकर हँस रही थी। वह आज इन्द्रिय-जगत् के वैद्युत् प्रवाह में चक्कर खाने लगा। चारों ओर विद्युत्-कण चकमते, दौड़ते थे। युवक विजय अपने में न रह सका, उसने घंटी का हाथ पकड़कर पूछा—ब्रजबाले, तुम रंग उँड़ेलकर उसकी शीतलता दे सकती हो कि उस रंग की-सी ज्वाला—लाल ज्वाला ! ओह, जलन हो रही है घंटी ! आत्म-संयम भ्रम है। बोलो—

मैं, मेरे पास दाम न था—रंग फीका होगा विजय बाबू !

हाड़-मांस के वास्तविक जीवन का सत्य, यौवन, आने पर उसका आना न जानकर बुलाने की धुन रहती है। जो चले जाने पर अनुभूत होता है—वह यौवन, धीवर के लहरीले जाल में फँसे हुए स्निग्ध मत्स्य-सा तड़फड़ाने वाला यौवन, आसन से दबा हुआ पंचवर्षीय चपल तुरंग के समान पृथ्वी को कुरेदने-वाला त्वरापूर्ण यौवन, अधिक न सम्हल सका, विजय ने घंटी को अपनी मांसल भुजाओं में लपेट लिया और एक दृढ़ तथा दीर्घ चुम्बन से रंग का प्रतिवाद किया।

यह सजीव और उष्ण आलिंगन, विजय के युवाजीवन का प्रथम उपहार था—चरम लाभ था। कंगाल को जैसे निधि मिली हो ! यमुना और न देख सकी, उसने खिड़की बन्द कर दी। उस शब्द ने दोनों को अलग कर दिया। उसी समय इक्कों के रुकने का शब्द बाहर हुआ। यमुना नीचे उतर आई, किवाड़ खोलने। किशोरी भीतर आई।

अब घंटी और विजय पास-पास बैठ गये थे। किशोरी ने पूछा—विजय कहाँ है ? यमुना कुछ न बोली। डाँटकर किशोरी ने कहा—बोलती क्यों नहीं यमुना ?

यमुना ने कुछ न कहकर खिड़की खोल दी। किशोरी ने देखा—निखरी चाँदनी में एक स्त्री और पुरुष कदम्ब के नीचे बैठे हैं। वह गरम हो उठी। उसने वहीं से पुकारा—घंटी !

घंटी भीतर आई। विजय का साहस न हुआ, वह वहीं बैठा रहा। किशोरी ने पूछा—घंटी, क्या तुम इतनी निर्लज्ज हो।

मैं क्या जानूँ कि लज्जा किसे कहते हैं। ब्रज में तो सभी होली में रंग डालती हैं, मैं भी रंग डालने आई। विजय बाबू को रंग से चोट तो न लगी होगी किशोरी

बहू ! —फिर हँसने के ढंग से कहा—नहीं, पाप हुआ हो तो इन्हें भी ब्रज-परिक्रमा करने के लिए भेज दीजिए !

किशोरी को यह बात तीर-सी लगी। उसने झिड़कते हुए कहा—चली जाओ, आज से मेरे घर कभी न आना !

घण्टी सिर नीचा किये चली गई।

किशोरी ने फिर पुकारा—विजय !

विजय लड़खड़ाता हुआ भीतर आया और विवश बैठ गया। किशोरी से मदिरा की गन्ध छिप न सकी। उसने सिर पकड़ लिया। यमुना ने विजय को धीरे से लिटा दिया। वह सो गया।

विजय ने अपने सम्बन्ध की किम्वदन्तियों को और भी जटिल बना दिया, वह उन्हें सुलझाने की चेष्टा भी न करता था। किशोरी ने बोलना छोड़ दिया था। किशोरी कभी-कभी सोचती—यदि श्रीचन्द्र इस समय आकर लड़के को सम्हाल लेते ! परन्तु वह बड़ी दूर की बात थी।

एक दिन विजय और किशोरी की मुठभेड़ हो गई। बात यह थी कि निरंजन ने इतना ही कहा कि मद्यपों के संसर्ग में रहना, हमारे लिए असम्भव है ! विजय ने हँसकर कहा—अच्छी बात है, दूसरा स्थान खोज लीजिए। ढोंग से दूर रहना मुझे भी रुचिकर है। किशोरी आ गई। उसने कहा—विजय, तुम इतने निर्लज्ज हो ! अपने अपराधों को समझकर लज्जित क्यों नहीं होते ? नशे की खुमारी से भरी आँखों को उठाकर विजय ने किशोरी की ओर देखा और कहा—मैं अपने कर्मों पर हँसता हूँ, लज्जित नहीं होता। जिन्हें लज्जा बड़ी प्रिय हो, वे उसे अपने कामों में खोजें।

किशोरी मर्माहत होकर उठ गई, और अपना सामान बँधवाने लगी। उसी दिन काशी लौट जाने का उसका दृढ़ निश्चय हो गया। यमुना चुपचाप बैठी थी। उससे किशोरी ने पूछा—यमुना, क्या तुम न चलोगी ?

बहूजी, मैं अब कहीं नहीं जाना चाहती; यहीं वृन्दावन में भीख माँगकर जीवन बिता लूँगी !

यमुना, खूब समझ लो !

मैंने कुछ रुपये इकट्ठे कर लिये हैं, उन्हें किसी मन्दिर में चढ़ा दूँगी और दो मुट्ठी भात खाकर निर्वाह कर लूँगी।

अच्छी बात है ! किशोरी रूठकर उठी।

यमुना की आँखों से आँसू बह चले। वह भी अपनी गठरी लेकर किशोरी के जाने के पहले ही उस घर से निकलने के लिए प्रस्तुत थी।

सामान इक्कों पर धरा जाने लगा। किशोरी और निरंजन ताँगे पर जा बैठे। विजय चुपचाप बैठा रहा, उठा नहीं। जब यमुना भी बाहर निकलने लगी, तब उससे न रहा गया; विजय ने पूछा—यमुना। तुम भी मुझे छोड़ कर चली जाती हो! पर यमुना कुछ न बोली। वह दूसरी ओर चली; ताँगे और इक्के स्टेशन की ओर। विजय चुपचाप बैठा रहा। उसने देखा कि वह स्वयं निर्वासित है। किशोरी का स्मरण करके एक बार उसका हृदय मातृस्नेह से उमड़ आया, उसकी इच्छा हुई कि वह भी स्टेशन की राह पकड़े; पर आत्माभिमान ने रोक दिया। उसके सामने किशोरी की मातृमूर्ति विकृत हो उठी। वह सोचने लगा—माँ मुझे पुत्र के नाते कुछ भी नहीं समझतीं, मुझे भी अपने स्वार्थ, गौरव और अधिकार-दम्भ के भीतर ही देखना चाहती हैं। संतान-स्नेह होता, तो यों ही मुझे छोड़कर चली जातीं! वह स्तब्ध बैठा रहा। फिर कुछ विचार कर अपना भी सामान बाँधने लगा। दो-तीन बैग और बण्डल हुए। उसने एक ताँगेवाले को रोककर उस पर अपना सामान रख दिया, स्वयं भी चढ़ गया और उसे मथुरा की ओर चलने के लिए कह दिया। विजय का सिर सन-सन कर रहा था। ताँगा अपनी राह पर चल रहा था; पर विजय को मालूम होता था कि हम बैठे हैं और पटरी पर के घर और वृक्ष सब हमसे घृणा करते हुए पीछे भाग रहे हैं। अकस्मात् उसके कान में एक गीत का अंश सुनाई पड़ा—

"मैं कौन जतन से खोलूँ!"

उसने ताँगेवाले को रुकने के लिए कहा। घण्टी गाती जा रही थी। अँधेरा हो चला था। विजय ने पुकारा—घण्टी!

घण्टी ताँगे के पास चली आई। उसने पूछा—कहाँ विजय बाबू?

सब लोग बनारस लौट गये। मैं अकेला मथुरा जा रहा हूँ। अच्छा हुआ, तुमसे भेंट हो गई!

अहा विजय बाबू! मथुरा तो मैं भी चलने को थी; पर कल आऊँगी।

तो आज ही क्यों नहीं चलती? बैठ जाओ, ताँगे पर जगह तो है :—इतना कहते हुए विजय ने बैग ताँगेवाले के बगल में रख दिया, घण्टी पास जाकर बैठ गई।

३

मथुरा में चर्च के पास ही एक छोटा-सा, परन्तु साफ-सुथरा बँगला है। उसके चारों ओर तारों से घिरी हुई ऊँची, जुरांटी की बड़ी घनी टट्टी है। भीतर कुछ फलों के वृक्ष हैं। हरियाली अपनी घनी छाया में उस बँगले को शीतल करती है। पास ही पीपल का एक बड़ा-सा वृक्ष है। उसके नीचे बेत की कुर्सी पर बैठे हुए मिस्टर बाथम के सामने, एक टेबुल पर कुछ कागज बिखरे हैं। वह अपनी धुन में, काम में व्यस्त है।

बाथम ने एक भारतीय रमणी से अपना ब्याह कर लिया है। वह इतना अल्पभाषी और गम्भीर है कि पड़ोस के लोग बाथम को साधु साहब कहते हैं, उससे आज तक किसी से झगड़ा नहीं हुआ, और न उसे किसी ने क्रोध करते देखा। बाहर तो अवश्य योरोपीय ढंग से रहता है, सो भी केवल वस्त्र और व्यवहार के सम्बन्ध में; परन्तु उसके घर के भीतर पूर्ण हिन्दू-आचार है। उसकी स्त्री मारगरेट लतिका ईसाई होते हुए भी भारतीय ढंग से रहती है। बाथम उससे प्रसन्न है; वह कहता है कि गृहिणीत्व की जैसी सुन्दर योजना भारतीय स्त्रियों को आती है, वह अन्यत्र दुर्लभ है। इतना आकर्षक, इतना मायाममतापूर्ण स्त्री-हृदय-सुलभ गार्हस्थ्य-जीवन और किसी समाज में नहीं। कभी-कभी अपने इन विचारों के कारण उसे अपने योरोपीय मित्रों के सामने बहुत लज्जित होना पड़ता है; परन्तु उसके ये दृढ़ विश्वास हैं। उसका चर्च के पादरी पर भी अनन्य प्रभाव है। पादरी जॉन उसके धर्म-विश्वास का अन्यतम समर्थक है। लतिका को वह बूढ़ा पादरी अपनी लड़की के समान प्यार करता है। बाथम चालीस और लतिका तीस की होगी। सत्तर बरस का बूढ़ा पादरी इन दोनों को देखकर अत्यन्त प्रसन्न होता है।

अभी दीपक नहीं जलाये गये थे। कुबड़ी टेकता हुआ बूढ़ा जॉन आ पहुँचा। बाथम उठ खड़ा हुआ, हाथ मिलाकर बैठते हुए जॉन ने पूछा—मारगटेन कहाँ है? तुम लोगो के साथ ही प्रार्थना करने की आज बड़ी इच्छा है।

हाँ पिता, हम लोग भी साथ ही चलेंगे—कहते हुए बाथम भीतर गया और

कुछ मिनटों में लतिका एक सफेद रेशमी धोती पहने बाथम के साथ बाहर आ गई। बूढ़े पादरी ने लतिका के सिर पर हाथ फेरते हुए कहा—चलती हो मारगरेट ?

बाथम और जॉन भी लतिका को प्रसन्न रखने के लिए भारतीय संस्कृति से अपनी पूर्ण सहानुभूति दिखाते। वे आपस में बात करने के लिए प्रायः हिन्दी में ही बोलते।

हाँ पिता ! मुझे आज विलम्ब हुआ, अन्यथा मैं ही इनसे चलने के लिए पहले अनुरोध करती। मेरी रसोईदारिन आज कुछ बीमार है, मैं उसकी सहायता कर रही थी, इसी से आपको कष्ट करना पड़ा।

ओहो ! उस दुखिया सरला को कहती हो। लतिका ! इसके बपतिस्मा न लेने पर भी मैं उस पर बड़ी श्रद्धा करता हूँ। वह एक जीती-जागती करुणा है। उसके मुख पर मसीह की जननी के अंचल की छाया है। उसे क्या हुआ है बेटी ?

नमस्कार पिता ! मुझे तो कुछ नहीं हुआ है। लतिका रानी के दुलार का रोग कभी-कभी मुझे बहुत सताता है।—कहती हुई एक पचास बरस की प्रौढ़ा स्त्री ने बूढ़े पादरी के सामने आकर सिर झुका दिया।

ओहो, मेरी सरला ! तुम अच्छी हो, यह जानकर मैं बहुत सुखी हुआ। कहो तुम प्रार्थना तो करती हो न ? पवित्र आत्मा तुम्हारा कल्याण करे। लतिका के हृदय में यीशु की प्यारी करुणा है, सरला ! वह तुम्हें बहुत प्यार करती है।—पादरी ने कहा।

मुझ दुखिया पर दया करके इन लोगों ने मेरा बड़ा उपकार किया है साहब ! भगवान् इन लोगों का मंगल करे। —प्रौढ़ा ने कहा।

तुम बपतिस्मा क्यों नहीं लेती हो सरला ! इस असहाय लोक में तुम्हारे अपराधों को कौन ऊपर लेगा ? तुम्हारा कौन उद्धार करेगा ? —पादरी ने कहा।

आप लोगों से सुनकर मुझे यह विश्वास हो गया है कि मसीह एक दयालु महात्मा थे। मैं उनमें श्रद्धा करती हूँ। मुझे उनकी बात सुनकर ठीक भागवत के उस भक्त का स्मरण हो आता है जिसने भगवान् का वरदान पाने का संसार-भर के दुःखों को अपने लिये माँगा था—अहा ! वैसा ही हृदय महात्मा ईसा का भी था; परन्तु पिता ! इसके लिए धर्म-परिवर्तन करना तो दुर्बलता है। हम हिन्दुओं का कर्मवाद में विश्वास है। अपने-अपने कर्मफल तो भोगने ही पड़ेंगे।

पादरी चौंक उठा। उसने कहा—तुमने ठीक नहीं समझा। पापों का पश्चा-

त्ताप द्वारा प्रायश्चित्त होने पर शीघ्र ही उन कर्मों को यीशु क्षमा कराता है, और इसके लिए उसने अपना अग्रिम रक्त जमा कर दिया है।

पिता! मैं तो समझती हूँ कि यदि यह सत्य हो, तो भी इसका प्रचार न होना चाहिए; क्योंकि मनुष्य को पाप करने का आश्रय मिलेगा। वह अपने उत्तर-दायित्व से छुट्टी पा जायगा—सरला ने दृढ़ स्वर में कहा।

एक क्षण के लिए पादरी चुप रहा। उसका मुँह तमतमा उठा। उसने कहा—अभी नहीं सरला! कभी तुम इस सत्य को समझोगी। तुम मनुष्य के पश्चात्तापपूर्ण एक दीर्घ निश्वास का मूल्य नहीं जानती हो—प्रार्थना में झुकी हुई आँखों के आँसू की एक बूंद का रहस्य तुम नहीं समझती!

मैं संसार की सताई हूँ, ठोकर खाकर मारी-मारी फिरती हूँ। पिता! भगवान् के क्रोध को, उनके न्याय को, मैं आँचल पसार कर लेती हूँ। मुझे इसमें कायरता नहीं सताती। मैं अपने कर्मफल को सहन करने के लिए वज्र के समान सबल, कठोर हूँ। अपनी दुर्बलता के लिए कृतज्ञता का बोझ लेना मेरी नियति ने मुझे नहीं सिखाया। मैं भगवान् से यही प्रार्थना करती हूँ कि, यदि तेरी इच्छा पूर्ण हो गई, इस हाड़-मांस में इस चेतना को रखने के दण्ड की अवधि पूरी हो गई, तो एक बार हँस दे कि मैंने तुझे उत्पन्न करके भर पाया।—कहते-कहते सरला के मुख पर एक अलौकिक आत्म-विश्वास, एक सतेज दीप्ति नाच उठी। उसे देखकर पादरी भी चुप हो गया। लतिका और बाथम भी स्तब्ध रहे।

सरला के मुख पर थोड़े ही समय में पूर्व भाव लौट आया। उसने प्रकृतिस्थ होते हुए विनीत भाव से पूछा—पिता! एक प्याली चाय ले आऊँ!

बाथम ने भी बात बदलने के लिए सहसा कहा—पिता! जब तक आप चाय पियें, तब तक पवित्र कुमारी का एक सुन्दर चित्र—जो संभवतः किसी पुर्तगाली चित्र की—किसी हिन्दुस्तानी मुसव्वर की बनाई प्रतिकृति है,—लाकर दिखलाऊँ; सैकड़ों बरस से कम का न होगा।

हाँ, यह तो मैं जानता हूँ कि तुम प्राचीन कला-सम्बन्धी भारतीय वस्तुओं का व्यवसाय करते हो। और, अमरीका तथा जर्मनी में तुमने इस व्यवसाय में बड़ी सुख्याति पाई है; परन्तु आश्चर्य है कि ऐसे चित्र भी तुमको मिल जाते हैं। मैं अवश्य देखूंगा।—कहकर पादरी कुरसी से टिक गया।

सरला चाय लाने गई और बाथम चित्र। लतिका ने जैसे स्वप्न देखकर आँख खोली। सामने पादरी को देखकर वह एक बार फिर आपे में आई। बाथम ने चित्र लतिका के हाथ में देकर कहा—मैं लम्प लेता आऊँ!

बूढ़े पादरी ने उत्सुकता दिखलाते हुए संध्या के मलिन आलोक में ही उस

चित्र को लतिका के हाथ से लेकर देखना आरम्भ किया था कि बाथम ने एक लम्प लाकर टेबुल पर रख दिया। वह ईसा की जननी मरियम का एक सुन्दर चित्र था। उसे देखते ही जॉन की आँखें भक्ति से पूर्ण हो गईं। वह बड़ी प्रसन्नता से बोला—बाथम! तुम बड़े भाग्यवान् हो, इस चित्र को बेचना मत!

सरला ने चाय लाकर टेबल पर रक्खी, और बाथम कुछ बोलना ही चाहता था कि रमणी की कातर ध्वनि उन लोगों को सुनाई पड़ी—'बचाओ! बचाओ!'

बाथम ने देखा—एक स्त्री दौड़ती-हाँफती हुई चली आ रही है, उसके पीछे दो मनुष्य भी। बाथम ने उस स्त्री को दौड़कर अपने पीछे कर लिया और घूँसा तानते हुए कड़ककर कहा—आगे बढ़े, तो जान ले लूँगा। पीछा करने वालों ने देखा, एक गोरा मुँह! वे उल्टे पैर लौटकर भागे। सरला ने तब तक उस भयभीत युवती को अपनी गोद में ले लिया था। युवती रो रही थी। सरला ने पूछा—क्या हुआ है! घबराओ मत, अब तुम्हारा कोई कुछ न कर सकेगा।

युवती ने कहा—विजय बाबू को इन सबों ने मारकर गिरा दिया है।—वह फिर रोने लगी।

अबकी लतिका ने बाथम की ओर देखकर कहा—रामदास को बुलाओ, लालटेन लेकर देखे कि बात क्या है!

बाथम ने पुकारा—रामदास!

वह भी इधर ही दौड़ा हुआ आ रहा था। लालटेन उसके हाथ में थी। बाथम उसके साथ चला। बँगले से निकलते ही बायीं ओर एक मोड़ पड़ता था। वहाँ सड़क की नाली तीन फुट गहरी है, उसी में एक युवक गिरा हुआ दिखाई पड़ा। बाथम ने उतरकर देखा कि युवक आँखें खोल रहा है। सिर में चोट आने से वह क्षण-भर के लिए मूर्च्छित हो गया था। विजय पूर्ण स्वस्थ युवक था। पीछे की आकस्मिक चोट ने उसे विवश कर दिया, अन्यथा वह दो के लिए कम न था। बाथम के सहारे वह उठकर खड़ा हुआ। अभी उसे चक्कर आ रहा था, फिर भी उसने पूछा—घण्टी कहाँ है! —बाथम ने कहा—मेरे बँगले में है, घबराने की आवश्यकता नहीं। चलो!

विजय धीरे-धीरे बँगले में आया और एक आरामकुर्सी पर बैठ गया। इतने में चर्च का घण्टा बजा। पादरी ने चलने की उत्सुकता प्रकट की। लतिका ने कहा—पिता! बाथम प्रार्थना करने जायँगे, मुझे आज्ञा हो, तो इन विपन्न मनुष्यों की सहायता करूँ, यह भी तो प्रार्थना से कम नहीं है।

जॉन ने कुछ न कहकर कुबड़ी उठाई, बाथम उसके साथ-साथ चला। अब,

लतिका और सरला, विजय और घण्टी की सेवा में लगीं। सरला ने कहा—चाय ले आऊँ, उसे पीने से स्फूर्ति आ जायगी।

विजय ने कहा—नहीं। धन्यवाद। अब हम लोग चले जा सकते हैं।

मेरी सम्मति है कि आज की रात आप लोग इसी बँगले पर वितावें, संभव है कि वे दुष्ट फिर कहीं घात में लगे हों। लतिका ने कहा।

सरला, लतिका के इस प्रस्ताव से प्रसन्न होकर घण्टी से बोली—क्यों बेटी! तुम्हारी क्या सम्मति है! तुम लोगों का घर यहाँ से कितनी दूर है! —कहकर रामदास को कुछ संकेत किया।

विजय ने कहा—हम लोग परदेशी हैं, यहाँ घर नहीं। अभी यहाँ आये एक सप्ताह से अधिक नहीं हुआ। आज मैं इनके साथ एक ताँगे पर घूमने निकला। दो-तीन दिन से दो-एक मुसलमान गुण्डे हम लोगों को प्रायः घूम-फिरकर देखते थे। मैंने उस पर कुछ ध्यान नहीं दिया था। आज एक ताँगेवाला मेरे कमरे के पास ताँगा रोककर बड़ी देर तक किसी से बातें करता रहा। मैंने देखा, ताँगा अच्छा है। पूछा—किराये पर चलोगे! उसने प्रसन्नता से स्वीकार कर लिया। संध्या हो चली थी। हम लोगों ने घूमने के विचार से चलना निश्चित किया और उस पर जा बैठे।

इतने में रामदास चाय का सामान लेकर आया। विजय ने पीकर कृतज्ञता प्रकट करते हुए फिर कहना आरम्भ किया—हम लोग बहुत दूर-दूर घूमकर इस चर्च के पास पहुँचे। इच्छा हुई कि घर लौट चलें; पर उस ताँगेवाला ने कहा—बाबू साहब, यह चर्च अपने ढंग का एक ही है, इसे देख तो लीजिए। हम लोग कुतूहल से प्रेरित होकर इसे देखने के लिए चले। सहसा अँधेरी झाड़ी में से वे ही दोनों गुण्डे निकल आये और एक ने पीछे से मेरे सिर पर डण्डा मारा। मैं आकस्मिक चोट से गिर पड़ा। इसके बाद मैं नहीं जानता कि क्या हुआ। फिर, जैसा यहाँ पहुँचा, वह सब तो आप लोग जानती हैं।

घण्टी ने कहा—मैं यह देखते ही भागी। —मुझसे जैसे किसी ने कहा कि, ये सब मुझे ताँगे पर बिठाकर ले भागेंगे। आप लोगों की कृपा से हम लोगों की रक्षा हो गई।

सरला, घण्टी का हाथ पकड़कर भीतर ले गई। उसे कपड़ा बदलने को दिया। दूसरी धोती पहनकर जब वह बाहर आई, तब सरला ने पूछा—घण्टी! ये तुम्हारे पति हैं? कितने दिन बीते ब्याह हुए?

घण्टी ने सिर नीचा कर लिया। सरला के मुँह का भाव क्षण-भर में परिवर्तित हो गया; पर वह आज के अतिथियों की अभ्यर्थना में कोई अन्तर नहीं पड़ने

देना चाहती थी। वह अपनी कोठरी, जो बँगले से हटकर उसी बाग में थोड़ी दूर पर थी, साफ करने लगी। घण्टी दालान में बैठी हुई थी। सरला ने आकर विजय से पूछा—भोजन तो करियेगा, मैं बनाऊँ ?

विजय ने कहा—आपकी बड़ी कृपा है। मुझे कोई संकोच नहीं। आपका स्नेह छोड़कर जाने का साहस मुझमें नहीं।

इधर सरला को बहुत दिनों पर दो अतिथि मिले।

दूसरे दिन प्रभात की किरणों ने जब विजय की कोठरी में प्रवेश किया, तब सरला भी विजय को देख रही थी। वह सोच रही थी—यह भी किसी माँ का पुत्र है—अहा ! कैसे स्नेह की सम्मत्ति है ! दुलार से यह डाँटा नहीं गया, अब अपने मन का हो गया !

विजय की आँख खुली। अभी सिर में पीड़ा थी। उसने तकिये से सिर उठाकर देखा—सरला का वात्सल्यपूर्ण मुख। उसने नमस्कार किया। बाथम वायु-सेवन कर लौटा आ रहा था। उसने भी पूछा—विजय बाबू, अब पीड़ा तो नहीं है ?

अब वैसी तो नहीं है; इस कृपा के लिए धन्यवाद।

धन्यवाद की आवश्यकता नहीं। हाथ-मुँह धोकर आइए, तो कुछ दिखाऊँगा। आपकी आकृति से प्रकट है कि हृदय में कला-सम्बन्धी सुरुचि है ! —बाथम ने कहा।

मैं अभी आता हूँ—कहता हुआ विजय कोठरी के बाहर चला आया। सरला ने कहा—देखो, इसी कोठरी के दूसरे भाग में सब सामान मिलेगा। झटपट चाय के समय से आ जाओ। —विजय उधर गया।

पीपल के वृक्ष के नीचे मेज पर एक फूलदान रखा है। उसमें आठ-दस गुलाब के फूल लगे हैं। बाथम, लतिका, घण्टी और विजय बैठे हैं। रामदास चाय ले आया। सब लोगों ने चाय पीकर बातें आरम्भ कीं। विजय और घण्टी के संबंध में प्रश्न हुए, और उनका चलता हुआ उत्तर मिला—विजय काशी का एक धनी युवक है और घण्टी उसकी मित्र है। यहाँ दोनों घूमने-फिरने आये हैं।

बाथम एक पक्का दुकानदार था। उसने मन में विचारा कि, मुझे इससे क्या सम्भव है कि ये कुछ चित्र खरीद लें; परन्तु लतिका को घण्टी की ओर देखकर आश्चर्य हुआ, उसने पूछा—क्या आप लोग हिन्दू हैं ?

विजय ने कहा—इसमें भी कोई संदेह है ?

सरला दूर खड़ी इन लोगों की बातें सुन रही थी। उसको एक प्रकार की

प्रसन्नता हुई। बाथम के कमरे में विक्रय के चित्र और कलापूर्ण सामान सजाये हुए थे। वह कमरा एक छोटी-सी प्रदर्शनी थी। दो-चार चित्रों पर विजय ने अपनी सम्मति प्रकट की, जिसे सुनकर बाथम बहुत ही प्रसन्न हुआ। उसने विजय से कहा—आप तो सचमुच इस कला के मर्मज्ञ हैं; मेरा अनुमान ठीक ही था।

विजय ने हँसते हुए कहा—मैं चित्रकला से बड़ा प्रेम रखता हूँ, मैंने बहुत-से चित्र बनाये भी हैं। और महाशय, यदि आप क्षमा करें, तो मैं यहाँ तक कह सकता हूँ कि इनमें से कितने सुन्दर चित्र—जिन्हें आप प्राचीन और बहुमूल्य कहते हैं—वे असली नहीं हैं।

बाथम को कुछ क्रोध और आश्चर्य हुआ। पूछा—आप इसका प्रमाण दे सकते हैं?

प्रमाण ही नहीं, मैं एक चित्र की प्रतिलिपि कर दूंगा। आप देखते नहीं, इन चित्रों के रंग ही कह रहे हैं कि वे आज-कल के हैं—प्राचीन समय में वे बनते ही कहाँ थे, और सोने की नवीनता कैसी बोल रही है। देखिये न!—इतना कहकर विजय ने एक चित्र बाथम के हाथ में उठाकर दिया। बाथम ने उसे ध्यान से देखकर धीरे-धीरे टेबुल पर रख दिया और फिर हँसते हुए विजय के दोनों हाथ पकड़कर बेग से हिला दिया और कहा—आप सच कहते हैं। इस प्रकार से मैं स्वयं ठगा गया और दूसरों को भी ठगता हूँ। क्या कृपा करके आप कुछ दिन और मेरे अतिथि होंगे? आप जितने दिन मथुरा में रहें, मेरे ही यहाँ रहें—यह मेरी हार्दिक प्रार्थना है। आपके मित्र को कोई भी असुविधा न होगी। सरला हिन्दुस्तानी रीति से आपके लिए सब प्रबन्ध करेगी।

लतिका आश्चर्य में थी और घण्टी प्रसन्न हो रही थी। उसने संकेत किया। विजय मन में विचारने लगा—क्या उत्तर दूं, फिर सहसा उसे स्मरण हुआ कि वह मथुरा में एक निस्सहाय और कंगाल मनुष्य है; जब माता ने छोड़ दिया है, तब उसे कुछ करके ही जीवन बिताना होगा। यदि यह काम कर सका, तो. . . वह झटपट बोल उठा—आप जैसे सज्जन के साथ रहने में मुझे बड़ी प्रसन्नता होगी; परन्तु मेरा थोड़ा-सा सामान है, उसे ले आना होगा।

धन्यवाद। आपके लिए तो मेरा यही छोटा-सा कमरा आफिस का होगा और आपकी मित्र मेरी स्त्री के साथ रहेगी।

बीच ही में सरला ने कहा—यदि मेरी कोठरी में कष्ट न हो, तो वहीं रह लेंगी।

घण्टी मुस्कराई। विजय ने कहा।—हाँ, ठीक तो होगा।

सहसा इस आश्रय के मिल जाने से उन दोनों को विचार करने का अवसर नहीं मिला।

बाथम ने कहा—नहीं, नहीं, इसमें मैं अपना अपमान समझूँगा। घण्टी हँसने लगी। बाथम लज्जित हो गया; परन्तु लतिका ने धीरे से बाथम को समझा दिया कि घण्टी को सरला के साथ रहने में विशेष सुविधा होगी।

विजय और घण्टी का अब वहीं रहना निश्चित हो गया।

बाथम के यहाँ रहते विजय को महीनों बीत गये। उसमें काम करने की स्फूर्ति और परिश्रम की उत्कण्ठा बढ़ गई है। चित्र लिये वह दिन भर तूलिका चलाया करता है। घंटों बीतने पर वह एक बार सिर उठा कर खिड़की से मौलसिरी के वृक्ष की हरियाली देख लेता है। वह नादिरशाह का एक चित्र अंकित कर रहा था, जिसमें नादिरशाह हाथी पर बैठकर उसकी लगाम माँग रहा है। मुगल दरबार के चापलूस चित्रकार ने यद्यपि उसे मूर्ख बनाने के लिए ही यह चित्र बनाया था; परन्तु इस साहसी आक्रमणकारी के मुख से भय नहीं, प्रत्युत पराधीन सवारी पर चढ़ने की एक शंका ही प्रकट हो रही है। चित्रकार को उसे भयभीत चित्रित करने का साहस नहीं हुआ। सम्भवतः उस आँधी के चले जाने के बाद मुहम्मदशाह उस चित्र को देखकर बहुत प्रसन्न हुआ होगा। प्रतिलिपि ठीक-ठीक हो रही थी। बाथम उस चित्र को देखकर बहुत प्रसन्न हो रहा था। विजय की कला-कुशलता में उसका पूरा विश्वास हो चला था—वैसे ही पुराने रंग-मसाले, वैसी ही अंकन-शैली थी।

कोई भी उसे देखकर यह नहीं कह सकता कि यह प्राचीन दिल्ली-कलम का चित्र नहीं है।

आज चित्र पूरा हुआ है। अभी वह तूलिका हाथ से रख ही रहा था कि दूर पर घण्टी दिखाई दी। उसे जैसे उत्तेजना की एक घूंट मिली, थकावट मिट गई। उसने तर आँखों से घण्टी का अल्हड़ यौवन देखा। वह इतना अपने काम में लवलीन था कि उसे घण्टी का परिचय इन दिनों बहुत साधारण हो गया था। आज उसकी दृष्टि में नवीनता थी। उसने उल्लास से पुकारा—घण्टी!

घंटी की उदासी पल भर में चली गई। वह एक गुलाब का फूल तोड़ती हुई उस खिड़की के पास आ पहुँची। विजय ने कहा—मेरा चित्र पूरा हो गया।

ओह! मैं तो घबरा गई थी कि चित्र कब तक बनेगा! ऐसा भी कोई काम करता है! न न न। विजय बाबू, अब आप दूसरा चित्र न बनाना—मुझे यहाँ लाकर अच्छे बन्दीगृह में रख दिया! कभी खोज तो लेते, एक-दो बात भी तो

पूछ लेते ! —घण्टी ने उलाहनों की झड़ी लगा दी। विजय ने अपनी भूल का अनुभव किया। यह निश्चित नहीं है कि सौन्दर्य हमें सब समय आकृष्ट कर ले। आज विजय ने एक क्षण के लिए आँखें खोलकर घण्टी को देखा—उस बालिका में कुतूहल छलक रहा है ! सौन्दर्य का उन्माद है ! आकर्षण है !

विजय ने कहा—तुम्हें बड़ा कष्ट हुआ घण्टी !

घण्टी ने कहा—आशा है, अब कष्ट न दोगे !

पीछे से बाथम ने प्रवेश करते हुए कहा—विजय बाबू, बहुत सुन्दर 'माडल' है, देखिए यदि आप नादिरशाह का चित्र पूरा कर चुके हों, तो एक मौलिक चित्र बनाइए !

विजय ने देखा, यह सत्य है। एक कुशल शिल्पी की बनाई हुई प्रतिमा—घण्टी—खड़ी रही। बाथम चित्र देखने लगा। फिर दोनों चित्रों को मिलाकर देखा। उसने सहसा कहा—आश्चर्य। इस सफलता के लिए बधाई !

विजय प्रसन्न हो रहा था। उसी समय बाथम ने फिर कहा—विजय बाबू मैं घोषणा करता हूँ कि आप भारत के एक प्रमुख चित्रकार होंगे ! क्या आप मुझे आज्ञा देंगे कि मैं इस अवसर पर आपके मित्र को कुछ उपहार दूँ ?

विजय हँसने लगा। बाथम ने अपनी उँगली से हीरे की अँगूठी निकाली और घण्टी की ओर बढ़ाना चाहा। वह हिचक रहा था। घण्टी हँस रही थी। विजय ने देखा, चंचल घण्टी की आँखों में हीरे का पानी चमकने लगा था। उसने समझा, यह बालिका प्रसन्न होगी। सचमुच दोनों हाथों में सोने की एक-एक पतली चूड़ियों के अतिरिक्त और कोई आभूषण घण्टी के पास न था। विजय ने कहा—तुम्हारी इच्छा हो, तो पहन सकती हो—घण्टी ने हाथ फैलाकर ले लिया।

व्यापारी बाथम ने फिर गला साफ करते हुए कहा—विजय बाबू, स्वतन्त्र व्यवसाय और स्वावलम्बन का महत्त्व आप लोग कम समझते हैं, यही कारण है कि भारतीयों के उत्तम-से-उत्तम गुण दबे रह जाते हैं। मैं आज आपसे यह अनुरोध करता हूँ कि आपके माता-पिता चाहे जितने धनवान हों, परन्तु आप इस कला को व्यवसाय की दृष्टि से कीजिए। आप सफल होंगे, मैं इसमें आपका सहायक हूँ ! क्या आप इस नये माडल पर एक मौलिक चित्र बनावेंगे ?

विजय ने कहा—आज विश्राम करूँगा, कल आपसे कहूँगा।

४

आज कितने दिनों पर विजय सरला की कोठरी में बैठा है। घण्टी लतिका के साथ बातें करने के लिए चली गई थी। विजय को सरला ने अकेले पाकर कहा—बेटा ! तुम्हारी भी माँ होगी, उसको तुम एकबारगी भूलकर इस छोकड़ी को लिए इधर-उधर मारे-मारे क्यों फिर रहे हो ? आह, वह कितनी दुखी होगी !

विजय सिर नीचा किये चुप रहा—सरला फिर कहने लगी–विजय ! कलेजा रोने लगता है, हृदय कचोटने लगता है, आँखें छटपटाकर उसे देखने के लिए बाहर निकलने लगती हैं, उत्कण्ठा साँस बनकर दौड़ने लगती है। पुत्र का स्नेह, बड़ा पागल स्नेह है, विजय ! स्त्रियाँ ही स्नेह की विचारक हैं। पति के प्रेम और पुत्र के स्नेह में क्या अन्तर है, यह उनको ही विदित है। अहा, तुम निष्ठुर लड़के क्या जानोगे ! लौट जाओ मेरे बच्चे ! अपनी माँ की सूनी गोद में लौट जाओ। —सरला का गम्भीर मुख किसी व्याकुल आकांक्षा से इस समय विकृत हो रहा था।

विजय को आश्चर्य हुआ। उसने कहा—क्या आप के भी कोई पुत्र था ?

था विजय, बहुत सुन्दर था ! परमात्मा के वरदान के समान शीतल, शान्तिपूर्ण था। हृदय की आकांक्षा के सदृश गर्म। मलय-पवन के समान कोमल सुखद स्पर्श। वह मेरी निधि, मेरा सर्वस्व था ! था नहीं, मैं कहती हूँ कि है, कहीं है ! वह अमर है, वह सुन्दर है, वही मेरा सत्य है। आह विजय ! पचीस बरस हो गये—उसे देखे हुए पचीस बरस ! —दो युग से कुछ ऊपर ! पर मैं उसे देखकर मरूँगी। —कहते-कहते सरला की आँखों से आँसू गिरने लगे।

इतने में एक अन्धा लाठी टेकते हुए सरला के द्वार पर आया। उसे देखते ही सरला गरज उठी—आ गया ! विजय, यही है उसे ले भागने वाला ! पूछो, इसी से पूछो !

उस अन्धे ने लकड़ी रखकर अपना मस्तक पृथ्वी पर टेक दिया, फिर सिर ऊँचाकर बोला—माता ! भीख दो ! तुम से भीख लेकर जो मैं पेट भरता हूँ, वही तो मेरा प्रायश्चित्त है। मैं अपने कर्म का फल भोगने के लिए भगवान् की

आज्ञा से तुम्हारी ठोकर खाता हूँ। क्या मुझे और कहीं भीख नहीं मिलती? नहीं, यही मेरा प्रायश्चित्त है। माता, अब क्षमा की भीख दो। देखती नहीं हो, नियति ने इस अन्धे को तुम्हारे पास तक पहुँचा दिया! क्या वही तुमको—आँखोंवाली को—तुम्हारे पुत्र तक न पहुँचा देगा?

विजय विस्मय से देख रहा था कि अन्धे की फूटी आँखों से आँसू बह रहे हैं। उसने कहा—भाई, मुझे अपनी राम-कहानी तो सुनाओ।

घण्टी भी वहीं आ गई थी। अब अन्धा सावधान होकर बैठ गया। उसने कहना आरम्भ किया—

हमारा घराना एक प्रतिष्ठित धर्मगुरुओं का था। बीसों गाँव के लोग हमारे चेले थे। हमारे पूर्वजों की तपस्या और त्याग से, यह मर्यादा मुझे उत्तराधिकार में मिली थी। वंशानुक्रम से हम लोग मन्त्रोपदेष्टा होते आये थे। हमारे शिष्य-सम्प्रदाय में यह विश्वास था कि सांसारिक आपदाएँ निवारण करने की हम लोगों में बहुत बड़ी रहस्यपूर्ण शक्ति है। रही होगी मेरे पूर्वजों में; परन्तु मैं उन सब गुणों से रहित था। मैं पल्ले सिरे का धूर्त्त था। मुझको मन्त्रों पर उतना विश्वास न था, जितना अपने चुटकुलों पर। मैं चालाकी से भूत उतार देता, रोग अच्छे कर देता, बन्ध्या को सन्तान देता, ग्रहों की आकाश-गति में परिवर्तन कर देता, व्यवसाय में लक्ष्मी की वर्षा कर देता। चाहे सफलता दो-एक को ही मिलती रही हो, परन्तु धाक में कमी न थी। मैं कैसे क्या-क्या करता, उन सब घृणित बातों को न कहकर, केवल सरला के पुत्र की बात सुनाता हूँ।

पाली गाँव में मेरा एक शिष्य था। उसने एक महीने की एक लड़की और अपनी युवती विधवा छोड़कर अकाल में ही स्वर्ग-यात्रा की। वह विधवा धनी थी। उसको पुत्र की बड़ी लालसा थी; परन्तु पति थे नहीं, पुर्नविवाह असम्भव था। उसके मन में किसी तरह यह बात बैठ गई कि बाबाजी यदि चाहेंगे तो यही पुत्री, पुत्र बन जायगी। अपने इस प्रस्ताव को लेकर बड़े प्रलोभन के साथ वह मेरे पास आई। मैंने देखा सुयोग है। उससे कहा—तुम किसी से कहना मत, एक महीने बाद गंगासागर मकर-संक्रान्ति के योग में यह किया जा सकता है। वहीं पर गंगा-समुद्र हो जाती है, फिर लड़की से लड़का, क्यों नहीं होगा! उसके मन में यह बात बैठ गई! हम लोग ठीक समय पर गंगासागर पहुँचे! मैंने अपना लक्ष्य ढूंढ़ना आरम्भ किया। उसे मन-ही-मन ठीक भी कर लिया। उस विधवा से लड़की लेकर मैं सिद्धि के लिए एकान्त में गया—वन में किनारे पर मैं पहुँच गया। पुलिस उधर लोगों को जाने नहीं देती। उसकी आँखों से बचकर मैं जंगल की हरियाली में चला गया। थोड़ी देर में दौड़ता हुआ मेले की ओर

आया। और उस समय मैं बराबर चिल्ला रहा था—'बाघ ! बाघ !' लोग भयभीत होकर भागने लगे। मैंने देखा कि मेरा निश्चित बालक वहीं पड़ा है। उसकी माँ अपने साथियों को उसे दिखाकर किसी आवश्यक काम से दो-चार मिनट के लिये हट गई थी। उसी समय भगदड़ का प्रारम्भ हुआ था। मैंने झट उस लड़की को वहीं रखकर लड़के को उठा लिया और फिर कहने लगा—देखो यह किसकी लड़की है ! पर उस भीड़ में कौन किसकी सुनता था। मैं एक साँस में अपनी झोंपड़ी की ओर आया—और हँसते-हँसते विधवा की गोद में लड़की के बदले लड़का देकर अपने को सिद्ध प्रमाणित कर सका। यहाँ पर यह कहने की आवश्यकता नहीं कि वह स्त्री किस प्रकार उस लड़के को ले आई। बच्चा भी छोटा था, ढँककर किसी प्रकार हम लोग निर्विघ्न लौट आये। विधवा को मैंने समझा दिया था कि तीन दिन तक कोई इसका मुँह न देख सके, नहीं तो फिर लड़की बन जाने की संभावना है। मैं बराबर उस मेले में घूमता रहा और अब उस लड़की की खोज में लगा। पुलिस ने भी खोज की; पर उसका कोई लेनेवाला न मिला। मैंने देखा कि एक निस्सन्तान चौबे की विधवा ने उस लड़की को पुलिस वालों से पालने के लिए माँग लिया। और मैं अब उसके साथ चला। उसे दूसरे स्टीमर पर बैठा कर ही मैंने साँस ली। सन्तान-प्राप्ति में मैं उसका भी सहायक था। मैंने देखा कि यही सरला, जो आज मुझे भिक्षा दे रही है, लड़के के लिए बराबर रोती रही; पर मेरा हृदय पत्थर था, न पिघला। लोगों ने बहुत कहा कि तू इस लड़की को ही लेकर पाल-पोस, पर उसे तो गोविन्दी चौबाइन की गोद में रहना था।

घंटी अकस्मात् चौंक उठी—क्या कहा ! गोविन्दी चौबाइन ? हाँ गोविन्दी, उस चौबाइन का नाम गोविन्दी था ? —जिसने उस लड़की को अपनी गोद में लिया—अंधे ने कहा।

घण्टी चुप हो गई। विजय ने पूछा—क्या है घण्टी ?

घण्टी ने कहा—गोविन्दी तो मेरी माता का नाम था। और वह यह कहा करती तुझे मैंने अपनी ही लड़की-सा पाला है !

सरला ने पूछा—क्या तुमको गोविन्दी ने कहीं से पाकर ही पाल-पोस कर बड़ा किया, वह तुम्हारी माँ नहीं थी ?

घण्टी—नहीं। वह आप भी यजमानों की भीख पर जीवन व्यतीत करती रही और मुझे भी दरिद्र छोड़ गई।

विजय ने कौतुक से कहा—तब तो घण्टी, तुम्हारी माता का पता लग सकता है ? क्यों जी बुड्ढे ! तुम यदि इनको वही लड़की समझो, जिसका तुमने बदला

किया था, तो क्या इसकी माँ का पता बता सकते हो ?

ओह ! मैं उसे भलीभाँति जानता हूँ; पर अब वह कहाँ है, नहीं कह सकता। क्योंकि, उस लड़के को पाकर भी वह सुखी न रह सकी। उसे राह में ही सन्देह हो गया कि यह मेरी लड़की से लड़का नहीं बना, वस्तुतः कोई दूसरा लड़का है; पर मैंने उसे डाँटकर समझा दिया कि अब अगर तू किसी से कहेगी, तो लड़का चुराने के अभियोग में सजा पावेगी। वह लड़का भी रोते ही दिन बिताता। कुछ दिन बाद हरद्वार का एक पंडा गाँव में आया। वह उसी विधवा के घर में ठहरा। उन दोनों में गुप्त प्रेम हो गया। अकस्मात् वह एक दिन लड़के को लिये मेरे पास आई और बोली— इसे नगर के किसी अनाथालय में रख दो, मैं अब हरद्वार जाती हूँ। मैंने कुछ प्रतिवाद न किया, क्योंकि उसका अपने गाँव के पास से टल जाना ही अच्छा समझता था। मैं सहमत हुआ। और, वह विधवा उसी पंडे के साथ हरद्वार चली गई। उसका नाम था नन्दा।

अंधा इतना कहकर चुप हुआ।

विजय ने कहा—बुड्ढे ! तुम्हारी यह दशा कैसे हुई ?

वह सुनकर क्या करोगे। अपनी करनी का फल भोग रहा हूँ इसीलिए मैं अपनी पाप-कथा सबसे कहता फिरता हूँ, तभी तो इनसे भेंट हुई ! भीख दो माता, अब हम जायँ—अन्धे ने कहा।

सरला ने कहा—अच्छा, एक बात बताओगे ?

क्या ?

उस बालक के गले में एक सोने का बड़ा-सा यंत्र था, उसे भी तुमने उतार लिया होगा ? —सरला ने उत्कण्ठा से पूछा।

न, न, न। वह बालक तो उसे बहुत दिनों तक पहने था, और मुझे स्मरण है, वह तब तक था, जब मैंने उसे अनाथालय में सौंपा था। ठीक स्मरण है, वहाँ के अधिकारी से मैंने कहा था—इसे सुरक्षित रखिए, सम्भव है कि इसकी यही पहिचान हो, क्योंकि उस बालक पर मुझे दया आई; परन्तु वह दया पिशाच की दया थी।

सहसा विजय ने पूछा—क्या आप बता सकती हैं—वह कैसा यंत्र था ?

वह यंत्र हम लोगों के वंश का प्राचीन रक्षा-कवच था, न जाने कब से मेरे कुल के सब लड़कों को वह एक बरस की अवस्था तक पहनाया जाता था। वह एक त्रिकोण स्वर्ण-यंत्र था। —कहते-कहते सरला के आँसू बहने लगे।

अन्धे को भीख मिली। वह चला गया। सरला उठकर एकान्त में चली गई। घण्टी कुछ काल तक विजय को अपनी ओर आकर्षित करने के चुटकुले छोड़ती रही; परन्तु विजय एकान्त-चिन्ता-निमग्न बना रहा।

५

विचार-सागर में डूबती-उतराती हुई, घण्टी आज मौलसिरी के नीचे एक शिला-खण्ड पर बैठी है। वह अपने मन से पूछती थी—विजय कौन है, जो मैं उसे रसालवृक्ष समझकर लता के समान लिपटी हूँ! फिर उसे आप-ही-आप उत्तर मिलता—तो और दूसरा कौन है मेरा? लता का तो यही धर्म है कि जो समीप अवलम्बन मिले, उसे पकड़ ले और इस सृष्टि में सिर ऊँचा करके खड़ी हो जाय। अहा! क्या मेरी माँ जीवित है?

पर विजय तो चित्र बनाने में लगा है। वह मेरा ही तो चित्र बनाता है, तो भी मैं उसके लिए निर्जीव प्रतिमा हूँ। कभी-कभी वह सिर उठाकर मेरी भौंहों के झुकाव को, कपोलों के गहरे-रंग को, देख लेता है, और फिर तूलिका की मार्जनी से उसे हृदय के बाहर निकाल देता है! यह मेरी आराधना तो नहीं है!

सहसा उसके विचारों में बाधा पड़ी। बाथम ने आकर घण्टी से कहा—क्या मैं कुछ पूछ सकता हूँ?

कहिये—सिर का कपड़ा सम्हालते हुए घण्टी ने कहा।

विजय से आपकी कितने दिनों की जान-पहचान है?

बहुत थोड़े दिनों की—यहीं वृन्दावन से।

तभी वह कहता था—

कौन क्या कहता था—

दारोगा। यद्यपि उसका साहस नहीं था कि मुझसे कुछ अधिक कहे; पर उसका अनुमान है कि आपको विजय कहीं से भगा लाया है!

घण्टी किसी की कोई नहीं है; जो उसको इच्छा होगी वही करेगी। मैं आज ही विजय बाबू से कहूँगी कि वह मुझे लेकर किसी दूसरे घर में चलें। —बाथम ने देखा कि वह स्वतन्त्र युवती तनकर खड़ी हो गई। उसकी नसें फूल रही थीं। इसी समय लतिका ने वहाँ पहुँच कर एक काण्ड उपस्थित कर दिया। उसने बाथम की ओर तीक्ष्ण दृष्टि से देखते हुए पूछा—तुम्हारा क्या अभिप्राय था?

सहसा आक्रान्त होकर बाथम ने कहा—कुछ नहीं। मैं चाहता था कि यह ईसाई होकर अपनी रक्षा कर ले, क्योंकि इसके...

बात काटकर लतिका ने कहा—और यदि मैं हिन्दू हो जाऊँ ?

बाथम ने फँसे हुए गले से कहा—दोनों हो सकता है। पर, तुम मुझे क्षमा करोगी लतिका ?

बाथम के चले जाने पर लतिका ने देखा कि अकस्मात् अन्धड़ के समान यह बातों का झोंका आया और निकल गया।

घण्टी रो रही थी। लतिका उसके आँसू पोंछती थी। बाथम के हाथ की हीरे की अँगूठी सहसा घण्टी की उँगलियों में लतिका ने देखी और वह चौंक उठी। लतिका का कोमल हृदय, कठोर कल्पनाओं से भर गया। वह उसे छोड़ कर चली गई।

चाँदनी निकलने पर घण्टी आपे में आई। अब उसकी निस्सहाय अवस्था स्पष्ट हो गई। वृन्दावन की गलियों में यों ही फिरने वाली घण्टी, इन कई महीनों की निश्चिन्त जीवनचर्या से एक नागरिक महिला बन गई थी। उसके रहन-सहन बदल गये थे। हाँ, एक बात और उसके मन में खटकने लगी थी—वह अन्धे की कथा। क्या सचमुच उसकी माँ जीवित है ? उसका मुक्त हृदय, चिन्ताओं की उमसवाली संध्या में पवन के समान निरुद्ध हो उठा। वह निरीह बालिका के समान फूट-फूटकर रोने लगी।

सरला ने आकर उसे पुकारा—घण्टी, क्या यहीं बैठी रहोगी ?—उसने सिर नीचा किये हुए उत्तर दिया—अभी आती हूँ। सरला चली गई। कुछ काल तक वह बैठी रही, फिर उसी पत्थर पर अपने पैर समेटकर वह लेट गई। उसकी इच्छा हुई—आज ही यह घर छोड़ दे; पर वह वैसा न कर सकी। विजय को एक बार अपनी मनोव्यथा सुना देने की उसे बड़ी लालसा थी। वह चिन्ता करते-करते सो गई।

विजय अपने चित्रों को रखकर आज बहुत दिनों पर मदिरा का सेवन कर रहा था। शीशे के एक बड़े ग्लास में सोडा और बरफ़ से मिली हुई मदिरा सामने मेज से उठाकर वह कभी-कभी दो घूंट पी लेता है। धीरे-धीरे नशा गहरा हो चला, मुँह पर लाली दौड़ गई। वह अपनी सफलताओं से उत्तेजित था। अकस्मात् उठकर बँगले से बाहर आया; बगीचे में टहलने लगा। घूमता हुआ वह घण्टी के पास जा पहुँचा। अनाथा-सी घण्टी अपने दु:खों में लिपटी हुई दोनों हाथों से अपने घुटने लपेटे हुए पड़ी थी। वह दीनता की प्रतिमा थी। कला वाली आँखों ने चाँदनी रात में यह देखा। वह उसके ऊपर झुक गया, उसे प्यार कर

लेने की उसकी इच्छा हुई, किसी वासना से नहीं, वरन् एक सहृदयता से। वह धीरे-धीरे अपने होंठ उसके कपोल के पास तक ले गया। उसकी गरम साँसों की अनुभूति घण्टी को हुई। वह पलभर के लिए पुलकित हो गई पर आँखें बन्द किये रही। विजय ने प्रमोद से एक दिन उसके रंग डालने के अवसर पर उसका आलिंगन करके, घण्टी के हृदय में नवीन भावों की सृष्टि कर दी थी। वह उसी प्रमोद का, आँख बन्द करके आवाहन करने लगी; परन्तु नशे में चूर विजय न जाने क्यों जैसे सचेत हो गया। उसके मुँह से धीरे-से निकल पड़ा—यमुना!—और वह हटकर खड़ा हो गया।

विजय चिन्तित भाव से लौट पड़ा। वह घूमते-घूमते बँगले के बाहर निकल आया, और सड़क पर यों ही चलने लगा। आधे घण्टे तक वह चला गया फिर उसी सड़क से लौटने लगा। बड़े-बड़े वृक्षों की छाया ने सड़क पर पड़ती हुई चाँदनी को कहीं-कहीं छिपा लिया है। विजय उसी अन्धकार में से चलना चाहता है। यह चाँदनी से यमुना और अँधेरी से घण्टी की तुलना करता हुआ, अपने मन के विनोद का उपकरण जुटा रहा है। सहसा उसके कानों में कुछ परिचित स्वर सुनाई पड़े। उसे स्मरण हो आया—उसी इक्केवाले का शब्द। हाँ ठीक है, वही तो है। विजय ठिठककर खड़ा हो गया। साइकिल पकड़े एक सब-इंस्पेक्टर और साथ में वही ताँगेवाला, दोनों बातें करते हुए आ रहे हैं।

सब०—क्यों नवाब! आजकल कोई मामला नहीं देते हो?

ताँगे०—इतने मामले दिये, मेरी भी खबर आपने ली?

सब०—तो तुम रुपया ही चाहते हो न?

ताँगे०—पर यह इनाम रुपयों में न होगा!

सब०—फिर क्या?

ताँगे—रुपया आप लीजिए, मुझे तो वह बुत मिल जानी चाहिए। इतना ही करना होगा।

सब०—ओह! तुमने फिर वही बात छेड़ी। तुम नहीं जानते हो, यह बाथम एक अंग्रेज है, और उसकी उन लोगों पर मेहरबानी है। हाँ, इतना हो सकता है कि तुम उसको अपने हाथों में कर लो, फिर मैं तुमको फँसने न दूँगा।

ताँगे—यह तो जान-जोखम का सौदा है!

सब०—फिर मैं क्या करूँ? पीछे लगे रहो, कभी तो हाथ लग जायगी। मैं सम्हाल लूँगा। हाँ, यह तो बताओ, उस चौबाइन का क्या हुआ, जिसे तुम बिन्दराबन की बता रहे थे। मुझे नहीं दिखलाया, क्यों?

ताँगे०—वही तो वहाँ है ! यह परदेसी न जाने कहाँ से कूद पड़ा । नहीं तो अब तक—

दोनों बातें करते अब आगे बढ़ गये । विजय ने पीछा करके बातों को सुनना अनुचित समझा । वह बँगले की ओर शीघ्रता से चल पड़ा ।

कुरसी पर बैठे वह सोचने लगा—सचमुच घण्टी एक निस्सहाय युवती है, उसकी रक्षा करनी ही चाहिए । उसी दिन से विजय ने घण्टी से पूर्ववत् मित्रता का बर्ताव प्रारम्भ कर दिया—वही हँसना-बोलना, वही साथ-साथ घूमना-फिरना ।

विजय एक दिन हैण्डबेग की सफाई कर रहा था । अकस्मात् उसे मंगल का वह यन्त्र और सोना मिल गया । उसने एकान्त में बैठकर उसे फिर बनाने का प्रयत्न किया और वह कृतकार्य भी हुआ—सचमुच वह एक त्रिकोण स्वर्ण-यंत्र बन गया । विजय के मन में लड़ाई खड़ी हो गई उसने सोचा कि सरला से उसके पुत्र को मिला दूँ, फिर उसे शंका हुई, सम्भव है कि मंगल उसका पुत्र न हो ! उसने अनवधानता से उस प्रश्न को टाल दिया । नहीं कहा जा सकता कि इस विचार में मंगल के प्रति विद्वेष ने भी कुछ सहायता की थी या नहीं ।

बहुत दिनों की पड़ी हुई एक सुन्दर बाँसुरी भी उसके बेग में मिल गई । वह उसे लेकर बजाने लगा । विजय की दिनचर्या नियमित हो चली । चित्र बनाना, बंशी बजाना और कभी-कभी घण्टी के साथ बैठकर ताँगे पर घूमने चले जाना, इन्हीं कामों में उसका दिन सुख से बीतने लगा ।

६

वृन्दावन से दूर एक हरा-भरा टीला है, यमुना उसी से टकराकर बहती है। बड़े-बड़े वृक्षों की इतनी बहुतायत है कि वह टीला दूर से देखने पर एक बड़ा छायादार निकुंज मालूम पड़ता है। एक ओर पत्थर की सीढ़ियाँ हैं, जिनसे चढ़कर ऊपर जाने पर एक छोटा-सा श्रीकृष्ण का मन्दिर है। और उसके चारों ओर कोठरी और दालानें हैं।

गोस्वामी कृष्णशरण उस मन्दिर के अध्यक्ष, एक साठ-पैंसठ बरस के तपस्वी पुरुष हैं। उनका स्वच्छ वस्त्र, धवल केश, मुखमंडल की अरुणिमा और भक्ति से भरी आँखें, अलौकिक प्रभा का सृजन करती हैं। मूर्ति के सामने ही दालान में वे प्रातः बैठे रहते हैं। कोठरियों में कुछ वृद्ध साधु और वयस्का स्त्रियाँ रहती हैं। सब भगवान् का सात्विक प्रसाद पाकर सन्तुष्ट और प्रसन्न हैं। यमुना भी यहीं रहती है।

एक दिन कृष्णशरण बैठे हुए कुछ लिख रहे थे। उनके कुशासन पर लेखन-सामग्री पड़ी थी। एक साधु बैठा हुआ उन पत्रों को एकत्र कर रहा था। प्रभात अभी तरुण नहीं हुआ था, बसन्त का शीतल पवन कुछ वस्त्रों की आवश्यकता उत्पन्न कर रहा था। यमुना उस प्रांगण में झाड़ू दे रही थी। गोस्वामी ने लिखना बन्द करके साधु से कहा—इन्हें समेटकर रख दो। साधु ने लिपिपत्रों को बाँधते हुए पूछा—आज तो एकादशी है, भारत का पाठ न होगा?

नहीं।

साधु चला गया। यमुना अभी झाड़ू लगा रही थी। गोस्वामी ने सस्नेह पुकारा—यमुने!

यमुना झाड़ू रखकर, हाथ जोड़कर सामने आई। कृष्णशरण ने पूछा—बेटी! तुझे कोई कष्ट तो नहीं है?

नहीं महाराज!

यमुने! भगवान् दुखियों से अत्यन्त स्नेह करते हैं। दुःख भगवान् का सात्विक दान है—मंगलमय उपहार है। इसे पाकर एक बार अन्तःकरण के सच्चे स्वर से

पुकारने का, सुख अनुभव करने का अभ्यास करो। विश्राम का निश्वास, केवल भगवान् के नाम के साथ ही निकलता है बेटी !

यमुना गद्गद् हो रही थी। एक दिन भी ऐसा नहीं बीतता, जिस दिन गोस्वामी आश्रमवासियों को अपनी सान्त्वनामयी वाणी से सन्तुष्ट न करते। यमुना ने कहा—महाराज, और कोई सेवा हो, तो आज्ञा दीजिए।

मंगल इत्यादि ने मुझसे अनुरोध किया है कि मैं सर्वसाधारण के लाभ के लिए आश्रम में कई दिनों तक सार्वजनिक प्रवचन करूँ। यद्यपि मैं इसे अस्वीकार करता रहा, किन्तु बाध्य होकर मुझे करना ही पड़ेगा। यहाँ पूरी स्वच्छता रहनी चाहिए। कुछ बाहरी लोगों के आने की सम्भावना है।

यमुना नमस्कार करके चली गई।

कृष्णशरण चुपचाप बैठे रहे। वे एकटक कृष्णचन्द्र की मूर्ति की ओर देख रहे थे। यह मूर्ति वृन्दावन की और मूर्तियों से विलक्षण थी। एक श्याम, ऊर्जस्वित, वयस्क और प्रसन्न गम्भीर मूर्ति खड़ी थी। बायें हाथ से कटि से आबद्ध नन्दक खड्ग की मूठ पर बल दिये दाहिने हाथ की अभय मुद्रा से आश्वासन की घोषणा करते हुए कृष्णचन्द्र की यह मूर्ति, हृदय की हलचलों को शान्त कर देती थी। शिल्पी की कला सफल थी।

कृष्णशरण एकटक मूर्ति को देख रहे थे। गोस्वामी की आँखों से उस समय बिजली निकल रही थी, जो प्रतिमा को सजीव बना रही थी। कुछ देर के बाद उनकी आँखों से जलधारा बहने लगी। और वे आप-ही-आप कहने लगे—तुम्हीं ने प्रण किया था कि जब-जब धर्म की ग्लानि होगी, हम उसका उद्धार करने के लिए आवेंगे ! तो क्या अभी विलम्ब है ? तुम्हारे बाद एक शान्ति का दूत आया था, वह दुःख को अधिक स्पष्ट बनाकर चला गया। विरागी होकर रहने का उपदेश दे गया; परन्तु उस शक्ति को स्थिर रखने के लिए शक्ति कहाँ रही ? फिर से बर्बरता और हिंसा ताण्डव-नृत्य करने लगी है—क्या अब भी विलम्ब है ?

जैसे मूर्ति विचलित हो उठी।

एक ब्रह्मचारी ने आकर नमस्कार किया। वे भी आशीर्वाद देकर उसकी ओर घूम पड़े। पूछा—मंगलदेव ! —तुम्हारे ब्रह्मचारी कहाँ हैं ?

आ गये हैं गुरुदेव !

उन सबों को काम बाँट दो और कर्त्तव्य समझा दो। आज प्रायः बहुत-से लोग आवेंगे।

जैसी आज्ञा हो; परन्तु गुरुदेव ! मेरी एक शंका है।

मंगल, इस प्रवचन में अपनी अनुभूति सुनाऊँगा, घबराओ मत। तुम्हारी सब शंकाओं का उत्तर मिलेगा।

मंगलदेव ने सन्तोष से सिर झुका दिया। वह लौटकर अपने ब्रह्मचारियों के पास चला आया।

आश्रम में दो दिनों से कृष्ण-कथा हो रही थी। गोस्वामीजी बाल-चरित्र कहकर उसका उपसंहार करते हुए बोले—

धर्म और राजनीति से पीड़ित यादव-जनता का उद्धार करके भी श्रीकृष्ण ने देखा कि यादवों को ब्रज में शान्ति न मिलेगी।

प्राचीनतंत्र के पक्षपाती नृशंस राजन्य-वर्ग मन्वन्तर को मानने के लिए प्रस्तुत न थे। हाँ, वह मनन की विचार-धारा सामूहिक परिवर्तन करने वाली थी। क्रमागत रूढ़ियाँ और अधिकार उसके सामने काँप रहे थे। इन्द्र-पूजा बन्द हुई, धर्म का अपमान! राजा कंस मारा गया, राजनीतिक उलटफेर!! ब्रज पर प्रलय के बादल उमड़े। भूखे भेड़ियों के समान, प्राचीनता के समर्थक, यादवों पर टूट पड़े। बार-बार शत्रुओं को पराजित करके भी श्रीकृष्ण ने निश्चय किया कि ब्रज को छोड़ देना चाहिए।

वे यदुकुल को लेकर नवीन उपनिवेश की खोज में पश्चिम की ओर चल पड़े।

गोपाल ने ब्रज छोड़ दिया। यही ब्रज है। अत्याचारियों की नृशंसता से यदुकुल के अभिजात-वर्ग ने ब्रज को सूना कर दिया। पिछले दिनों में, ब्रज में बसी हुई पशुपालन करने वाली गोपियाँ—जिनके साथ गोपाल खेले थे, जिनके सुख को सुख और दुःख को दुःख समझा, जिनके साथ जिये, बड़े हुए, जिनके पशुओं के साथ वे कड़ी धूप में घनी अमराइयों में, करील के कुंजों में विश्राम करते थे—वे गोपियाँ, वे भोली-भाली सरल हृदय अकपट स्नेहवाली गोपियाँ, रक्त-मांस के हृदयवाली गोपियाँ—जिनके हृदय में दया थी, माया-ममता थी, आशा थी, विश्वास था, प्रेम का आदान-प्रदान था,—इसी यमुना के कछारों में वृक्षों के नीचे, वसन्त की चाँदनी में, जेठ की धूप में छाँह लेती हुई, गोरस बेंचकर लौटती हुई, गोपाल की कहानियाँ कहतीं। निर्वासित गोपाल की सहानुभूति से, उस क्रीड़ा के स्मरण से, उन प्रकाशपूर्ण आँखों की ज्योति से, गोपियों की स्मृति इन्द्र-धनुष-सी रँग जाती। वे कहानियाँ प्रेम से अतिरंजित थीं, स्नेह से परिप्लुत थीं, आदर से आर्द्र थीं, सबको मिलाकर उनमें एक आत्मीयता थी—हृदय की वेदना थी, आँखों का आँसू था! उन्हीं को सुनकर, इस छोड़े हुए ब्रज में उसी दुःख-

मुख की अतीत सहानुभूति से लिपटी हुई कहानियों को सुनकर आज भी हम-तुम आँसू बहा देते हैं ! क्यों ? वे प्रेम करके, प्रेम सिखलाकर, निर्मम स्वार्थ पर हृदयों में मानव-प्रेम को विकसित करके, ब्रज को छोड़कर चले गये—चिरकाल के लिए। बाल्यकाल की लीलाभूमि ब्रज का आज भी इसीलिए गौरव है। यह वही ब्रज है। वही यमुना का किनारा है !

कहते-कहते गोस्वामी की आँखों से अविरल अश्रुधारा बहने लगी। श्रोता भी रो रहे थे।

गोस्वामी चुप होकर बैठ गये। श्रोताओं ने इधर-उधर होना आरंभ किया। मंगलदेव आश्रम में ठहरे हुए लोगों के प्रबन्ध में लग गया; परन्तु यमुना ? —वह दूर एक मौलसिरी के वृक्ष के नीचे चुपचाप बैठी थी। वह सोचती थी—ऐसे भगवान् भी बाल्यकाल में अपनी माता से अलग कर दिये गये थे ! उसका हृदय व्याकुल हो उठा। वह विस्मृत हो गई कि उसे शान्ति की आवश्यकता है। डेढ़ सप्ताह के अपने हृदय के टुकड़े के लिए वह मचल उठी—वह अब कहाँ है ? क्या जीवित है ? उसका पालन कौन करता होगा ? वह जियेगा अवश्य, ऐसे बिना यत्न के बालक जीते हैं—इसका तो इतना बड़ा प्रमाण मिल गया है ! हाँ, और वह एक नर-रत्न होगा, महान् होगा ! —क्षण-भर में माता का हृदय मंगल-कामना से भर उठा। इस समय उसकी आँखों में आँसू न थे। वह शान्त बैठी थी। चाँदनी निखर रही थी ! मौलसिरी के पत्तों के अन्तराल से चन्द्रमा का आलोक उसके बदन पर पड़ रहा था ! स्निग्ध मातृ-भावना से उसका मन उल्लास से परिपूर्ण था। भगवान् की कथा के छल से गोस्वामी ने उसके मन के एक सन्देह, एक असन्तोष को शान्त कर दिया था।

मंगलदेव को आगन्तुकों के लिए किसी वस्तु की आवश्यकता थी। गोस्वामी-जी ने कहा—जाओ यमुना से कहो। —मंगल यमुना का नाम सुनते ही एक बार चौंक उठा। कुतूहल हुआ, फिर आवश्यकता से प्रेरित होकर किसी अज्ञात यमुना को खोजने के लिए आश्रम के विस्तृत प्रांगण में घूमने लगा।

मौलसिरी के वृक्ष के नीचे, यमुना निश्चल बैठी थी। मंगलदेव ने देखा एक स्त्री है, यही यमुना होगी। समीप पहुँचकर देखा, तो वही यमुना थी !

पवित्र देव-मन्दिर की दीपशिखा-सी वह ज्योतिर्मयी मूर्ति थी। मंगलदेव ने उसे पुकारा—यमुना !

वात्सल्य-विभूति के काल्पनिक आनन्द से पूर्व उसके हृदय में मंगल के शब्द ने तीव्र घृणा का संचार कर दिया। वह विरक्त होकर अपरिचित-सी बोल उठी—कौन है ?

गोस्वामी जी की आज्ञा है कि... —आगे कुछ कहने में मंगल असमर्थ हो गया, उसका गला भर्राने लगा।

जो वस्तु चाहिए, उसे भण्डारीजी से जाकर कहिए, मैं कुछ नहीं जानती। —यमुना अपने काल्पनिक सुख में भी बाधा होते देखकर अधीर हो उठी।

मंगल ने फिर संयत स्वर में कहा—तुम्हीं से कहने की आज्ञा हुई है।

अबकी यमुना ने स्वर पहचान और सिर उठाकर मंगल को देखा। दारुण पीड़ा से वह कलेजा थामकर बैठ गई। विद्युद्वेग से उसके मन में यह विचार नाच उठा कि मंगल के ही अत्याचार के कारण मैं वात्सल्य-सुख से वञ्चित हूँ। इधर मंगल ने समझा कि मुझे पहचानकर ही वह तिरस्कार कर रही है। आगे कुछ न कह वह लौट पड़ा।

गोस्वामीजी वहाँ पहुँचे तो देखते हैं—मंगल लौटा जा रहा है और यमुना बैठी रो रही है। उन्होंने पूछा—क्या है बेटी ?

यमुना हिचकियाँ लेकर रोने लगी। गोस्वामीजी बड़े सन्देह में पड़े। कुछ काल तक खड़े रहने पर वे इतना कहते हुए चले गये कि—चित्त सावधान करके मेरे पास आकर सब बात कह जाना !

यमुना गोस्वामीजी की संदिग्ध आज्ञा से मर्माहत हुई और अपने को सम्हालने का प्रयत्न करने लगी।

रात-भर उसे नींद न आई।

७

उत्सव का समारोह था। गोस्वामीजी व्यासपीठ पर बैठे थे! व्याख्यान प्रारम्भ होने ही वाला था; उसी समय साहबी ठाट से घण्टी को साथ लिए विजय सभा में आया। आज यमुना दुःखी होकर और मंगल ज्वर में, अपने-अपने कक्ष में पड़े थे। विजय सन्नद्ध था—गोस्वामीजी का विरोध करने की प्रतिज्ञा, अवहेलना और परिहास उसकी आकृति से प्रकट थे।

गोल्वामीजी सरल भाव से कहने लगे—

उस समय आर्यावर्त में एकतन्त्र शासन का प्रचण्ड ताण्डव चल रहा था। सुदूर सौराष्ट्र में श्रीकृष्ण के साथ यादव अपने लोकतन्त्र की रक्षा में लगे थे। यद्यपि सम्पन्न यादवों की विलासिता और षड्यन्त्रों से गोपाल को भी कठिनाइयाँ झेलनी पड़ीं, फिर भी उन्होंने सुधर्मा के सम्मान की रक्षा की। पाञ्चाल में कृष्णा का स्वयम्बर था। कृष्ण के बल पर पाण्डव उसमें अपना बल-विक्रम लेकर प्रकट हुए। पराभूत होकर कौरवों ने भी उन्हें इन्द्रप्रस्थ दिया। कृष्ण ने धर्म-राज्य-स्थापना का दृढ़-संकल्प किया था, अतः आततायियों के दमन की आवश्यकता थी। मागध जरासन्ध मारा गया। सम्पूर्ण भारत में पाण्डवों की, कृष्ण की संरक्षता में धाक जम गई। नृशंस यज्ञों की समाप्ति हुई। बन्दी राजवर्ग तथा बलिपशु मुक्त होते ही कृष्ण की शरण हुए। महान् हर्ष के साथ राजसूय हुआ। वह था राजसूय। राजे-महाराजे काँप उठे। अत्याचारी शासकों को शीतज्वर हुआ। सब उस धर्मराज की प्रतिष्ठा में साधारण कर्मकारों के समान नतमस्तक होकर काम करते रहे। और भी एक बात हुई—आर्यावर्त्त ने उसी निर्वासित गोपाल को आश्चर्य से देखा, समवेत महाजनों में अग्रपूजा और अर्घ्य का अधिकारी! इतना बड़ा परिवर्तन! सब दाँतों-तले उँगली दाबे हुए देखते रहे। उसी दिन भारत ने स्वीकार किया—गोपाल पुरुषोत्तम है। प्रसाद से युधिष्ठिर ने धर्मसाम्राज्य को अपनी व्यक्तिगत सम्पत्ति समझ ली, इसके कुचक्रियों का मनोरथ सफल हुआ—धर्मराज विश्रृङ्खल हुआ; परन्तु पुरुषोत्तम ने उसका जैसे उद्धार किया, वह तुम लोगों ने सुना होगा—महाभारत की युद्ध-

कथा से। भयानक जनक्षय करके भी सात्विक विचारों की रक्षा हुई। और भी सुदृढ़ महाभारत की स्थापना हुई, जिसमें नृशंस राजन्यवर्ग नष्ट किये गये। पुरुषोत्तम ने वेदों के अतिवाद और उनके नाम पर होने वाले अत्याचारों का उच्छेद किया। बुद्धिवाद का प्रचार हुआ। गीता द्वारा धर्म की, विश्वात्मा की, विराट् की, आत्मवाद की, विमल व्याख्या हुई। स्त्री, वैश्य, शूद्र और पापयोनि कहकर जो धर्माचरण के अनधिकारी समझे जाते थे—उन्हें धर्माचरण का अधिकार मिला। साम्य की महिमा उद्घोषित हुई। धर्म में, राजनीति में, समाज-नीति में, सर्वत्र विकास हुआ। वह मानवजाति के इतिहास में महापर्व था। पशु और मनुष्य के भी साम्य की घोषणा हुई। वह पूर्ण संस्कृति थी। उसके पहले भी वैसा नहीं हुआ और उसके बाद भी उतनी पूर्णता ग्रहण करने के लिए मानव शिक्षित न हो सके, क्योंकि सत्य को इतना समष्टि से ग्रहण करने के लिए कोई दूसरा पुरुषोत्तम नहीं हुआ। मानवता का सामञ्जस्य बने रहने की जो व्यवस्था उन्होंने की है, वह आगामी अनन्त दिवसों तक अक्षुण्ण रहेगी।

तस्मान्नोद्विजते लोको लोकान्नोद्विजते च यः

जो लोक से न घबराये और जिससे लोक न उद्विग्न हो, वही पुरुषोत्तम का प्रिय मानव है, जो सृष्टि को सफल बनाता है।

विजय ने प्रश्न करने की चेष्टा की; परन्तु उसका साहस नहीं हुआ।

गोस्वामी ने व्यासपीठ से हटते हुए चारों ओर दृष्टि घुमाई, यमुना और मंगल नहीं दिखाई पड़े। वे उन्हें खोजते हुए चल पड़े। श्रोतागण भी चले गये थे। कृष्णशरण ने यमुना को पुकारा। वह उठकर आई। उसकी आँखें अरुण, मुख विवर्ण, रसना अवाक् और हृदय धड़कनों से पूर्ण था। गोस्वामीजी ने उससे कुछ न पूछा। उसे साथ आने का संकेत करके वे मंगल की कोठरी की ओर बढ़े। मंगल अपने बिछावन पर पड़ा था। गोस्वामीजी को देखते ही उठ खड़ा हुआ। वह अभी भी ज्वर से आक्रान्त था। गोस्वामीजी ने पूछा—मंगल! तुमने इस अबला का अपमान किया था!

मंगल चुप रहा।

बोलो, क्या तुम्हारा हृदय पाप से भर गया था?

मंगल फिर भी चुप। अब गोस्वामीजी से न रहा गया।

तो तुम मौन रहकर अपना अपराध स्वीकार करते हो?

वह बोला नहीं।

तुम्हें चित्त-शुद्धि की आवश्यकता है। जाओ सेवा में लगो, समाज-सेवा करके अपना हृदय शुद्ध बनाओ। जहाँ स्त्रियाँ सताई जायँ, मनुष्य अपमानित हों, वहाँ

तुमको अपना दम्भ छोड़कर कर्त्तव्य करना होगा। इसे दण्ड न समझो, प्रायश्चित्त न समझो। यही तुम्हारा क्रियमाण कर्म है। जाओ। पुरुषोत्तम ने लोकसंग्रह किया था, वे मानवता के हित में लगे रहे, अन्याय और अत्याचार के विरुद्ध सदैव युद्ध करते रहे। अपने किये हुए अन्याय के विरुद्ध तुम्हें अपने से लड़ना होगा। उस असुर को परास्त करना होगा। गुरुकुल यहाँ भेज दो; तुम अबलाओं की सेवा में लगो। भगवान् की भूमि भारत में स्त्रियों पर तथा मनुष्यों को पतित बनाकर बड़ा अन्याय हो रहा है। करोड़ों मनुष्य जंगलों में अभी पशु-जीवन बिता रहे हैं। स्त्रियाँ विपथ पर जाने के लिए बाध्य की जाती हैं, तुमको उनका पक्ष लेना पड़ेगा। उठो!

मंगल ने गोस्वामीजी के चरण छुए। वह सिर झुकाये चला गया। गोस्वामी ने घूमकर यमुना की ओर देखा। वह सिर नीचा किये रो रही थी। उसके सिर पर हाथ फेरते हुए कृष्णशरण ने कहा—भूल जाओ यमुना, उसके अपराध को भूल जाओ।

परन्तु यमुना, मंगल को और उसके अपराध को कैसे भूल जाती?

८

घंटी और विजय, बाथम के बँगले पर लौटकर गोस्वामीजी के सम्बन्ध में बड़ी देर तक बातचीत करते रहे। विजय ने अन्त में कहा—मुझे तो गोस्वामी की बातें कुछ जँचती हैं। कल फिर चलूँगा। तुम्हारी क्या सम्मति है घण्टी?

मैं भी चलूँगी।

वे दोनों उठकर सरला की कोठरी की ओर चले गये। अब दोनों वहीं रहते हैं। लतिका ने कुछ दिनों से बाथम से बोलना छोड़ दिया है। बाथम भी पादरी के साथ ही दिन बिताता है। आज-कल उसकी धार्मिक भावना प्रबल हो गई है।

मूर्त्तिमती चिन्ता-सी लतिका यन्त्र-चालित पाद-विक्षेप करती हुई दालान में आकर बैठ गई। पलकों के परदे गिरे हैं। भावनाएँ अस्फुट होकर विलीन हो जाती हैं—

मैं हिन्दू थी...हाँ फिर...सहसा आर्थिक कारणों से पिता...माता...ईसाई... यमुना के पुल पर से रेलगाड़ी आती थी...झक झक झक...आलोक-माला का हार पहने सन्ध्या में...हाँ यमुना की आरती भी होती थी...अरे वे कछुए...मैं उन्हें चने खिलाती थी...पर मुझे रेलगाड़ी का संगीत उन घंटों से अच्छा लगता... फिर एक दिन हम लोग गिरजाघर में जा पहुँचे। इसके बाद...गिरजाघर का घंटा सुनने लगी...ओह मैं लता-सी बढ़ने लगी...बाथम एक सुन्दर हृदय की आकांक्षा-सा सुरुचिपूर्ण यौवन का उन्माद...प्रेरणा का पवन...मैं लिपट गई... क्रूर...निर्दय...मनुष्य के रूप में पिशाच...मेरे धन का पुजारी...व्यापारी... चापलूसी बेंचने वाला। और यह कौन ज्वाला घण्टी...बाथम असहनीय... ओह!

लतिका रोने लगी। रूमाल से उसने मुँह ढँक लिया। वह रोती रही। जब सरला ने आकर उसके सिर पर हाथ फेरा, तब वह चैतन्य हुई—सपने से चौंककर उठ बैठी। लैम्प का मन्द प्रकाश सामने था। उसने कहा—सरला, मैं दुःस्वप्न देख रही थी।

मेरी सम्मति है कि इन दोनों अतिथियों को बिदा कर दिया जाय। प्यारी मारगरेट, तुमको बड़ा दुःख है! —सरला ने कहा।

नहीं, नहीं, बाथम को दुःख होगा! —घबराकर लतिका ने कहा।

उसी समय बाथम ने आकर दोनों को चकित कर दिया। उसने कहा—लतिका! मुझे तुमसे कुछ पूछना है।

मैं कल सुनूंगी...फिर कभी...मेरा सिर दुख रहा है...बाथम चला गया। लतिका सोचने लगी—कैसी भयानक बात—उसी को स्वीकार करके क्षमा माँगना। बाथम! कितनी निर्लज्जता है। मैं फिर क्षमा क्यों न करूँगी। परन्तु कर नहीं सकती। आह, बिच्छू के डंक-सी वे बातें! वह विवाद! मैंने ऐसा नहीं किया, तुम्हारा भ्रम था, तुम भूलती हो,—यही न कहना है? कितनी झूठी बात! वह झूठ कहने में संकोच नहीं कर सकता—कितना पतित...

लतिका, चलो सो रहो। —सरला ने कहा।

लतिका ने आँख खोलकर देखा—अँधेरा चाँदनी को पिये जाता है! अस्त-व्यस्त नक्षत्र, शवरी रजनी की टूटी हुई काँचमाला के टुकड़े हैं, उनमें लतिका अपने हृदय का प्रतिबिम्ब देखने की चेष्टा करने लगी। सब नक्षत्रों में विकृत प्रतिबिम्ब! वह डर गई! काँपती हुई उसने सरला का हाथ पकड़ लिया।

सरला ने उसे धीरे-धीरे पलँग तक पहुँचाया। वह जाकर पड़ रही। आँखें बन्द किये थी, डर से खोलती न थी। उसने मेष-शावक और शिशु का ध्यान किया। शावक को गोद में लिये शिशु उसका प्यार कर रहा है; परन्तु यह क्या—यह क्या—वह त्रिशूल-सी कौन विभीषिका उसके पीछे खड़ी है! ओह, उसकी छाया मेष-शावक और शिशु दोनों पर पड़ रही है।

लतिका ने अपने पलकों पर बल दिया, उन्हें दबाया, वह सो जाने की चेष्टा करने लगी। पलकों पर अत्यन्त बल देने से मुँदी आँखों के सामने एक आलोक-चक्र घूमने लगा। आँखें फटने लगीं। ओह चक्र! क्रमशः यह प्रखर उज्ज्वल आलोक नील हो चला, मेघों के जल में वह शीतल नील हो चला, देखने योग्य—सुदर्शन आँखें ठंढी हुईं, नींद आ गई।

समारोह का तीसरा दिन था। आज गोस्वामीजी अधिक गम्भीर थे। आज श्रोता लोग भी अच्छी संख्या में उपस्थित थे। विजय भी घंटी के साथ ही आया था। हाँ, एक आश्चर्यजनक बात थी—उसके साथ आज सरला और लतिका भी थीं। बुड्ढा पादरी भी आया था।

गोस्वामीजी का व्याख्यान आरम्भ हुआ—

पिछले दिनों में मैंने पुरुषोत्तम की प्रारम्भिक जीवनी सुनाई थी, आज सुनाऊँगा उनका सन्देश। उनका सन्देश था—आत्मा की स्वतन्त्रता का, साम्य का, कर्मयोग का और बुद्धिवाद का। आज हम धर्म के जिस ढाँचे को—शव को—घेर कर रो रहे हैं, वह उनका धर्म नहीं था। धर्म को वे बड़ी दूर की पवित्र या डरने की वस्तु नहीं बतलाते थे। उन्होंने स्वर्ग का लालच छोड़कर रूढ़ियों के धर्म को पाप कहकर घोषणा की। उन्होंने जीवन्मुक्त होने का प्रचार किया। निःस्वार्थ भाव से कर्म की महत्ता बतायी और उदाहरणों से भी उसे सिद्ध किया। राजा नहीं थे; पर अनायास ही वे महाभारत के सम्राट् हो सकते थे, पर हुए नहीं। सौन्दर्य, बल, विद्या, वैभव, महत्ता, त्याग कोई भी ऐसे पदार्थ नहीं थे, जो उन्हें अप्राप्य रहे हों। वे पूर्णकाम होने पर भी समाज के एक तटस्थ उपकारी रहे। जंगल के कोने में बैठकर उन्होंने धर्म का उपदेश काषाय ओढ़कर नहीं दिया; वे जीवन-युद्ध के सारथी थे। उसकी उपासना-प्रणाली थी—किसी भी प्रकार चिन्ता का अभाव होकर अन्तःकरण का निर्मल हो जाना, विकल्प और संकल्प में शुद्ध-बुद्धि की शरण जानकर कर्त्तव्य निश्चय करना। कर्म-कुशलता उसका योग है। निष्काम कर्म करना शान्ति है। जीवन-मरण में निर्भय रहना, लोक-सेवा करते रहना, उनका सन्देश है। वे आर्य संस्कृति के शुद्ध भारतीय संस्करण हैं। गोपालों के संग वे पले, दीनता की गोद में दुलारे गये। अत्याचारी राजाओं के सिंहासन उलटे—करोड़ों बलोन्मत्त नृशंसों के मरण-यज्ञ में वे हँसने वाले अध्वर्यु थे। इस आर्यावर्त्त को महाभारत बनानेवाले थे—वे धर्मराज के संस्थापक थे। सबकी आत्मा स्वतंत्र हो, इसलिए, समाज की व्यावहारिक बातों को वे शरीर-कर्म कहकर व्याख्या करते थे—क्या यह पथ सरल नहीं, क्या हमारे वर्तमान दुःखों में वह अवलम्बन न होगा? सब प्राणियों से निर्वैर रखने वाला शान्तिपूर्ण शक्ति-संवलित मानवता का ऋजु पथ, क्या हम लोगों के चलने योग्य नहीं है?

समवेत जनमण्डली ने कहा—है, अवश्य है!

हाँ, और उसमें कोई आडम्बर नहीं। उपासना के लिए एकान्त निश्चिन्त अवस्था, और स्वाध्याय के लिए चुने हुए श्रुतियों के सार-भाग का संग्रह, गुण-कर्मों से विशेषता और पूर्ण आत्मनिष्ठा, सब की साधारण समता—इतनी ही तो चाहिए। कार्यालय मत बनाइए, मित्रों के सदृश एक-दूसरे को समझाइए, किसी गुरुडम की आवश्यकता नहीं। आर्य-संस्कृति अपना तामस त्याग, झूठा विराग छोड़कर जागेगी। भूपृष्ठ के भौतिक देहात्मवादी चौंक उठेंगे। यान्त्रिक सभ्यता के पतनकाल में वही मानव जाति का अवलम्बन होगी।

पुरुषोत्तम की जय ! —की ध्वनि से वह स्थान गूंज उठा। बहुत-से लोग चले गये।

विजय ने हाथ जोड़कर कहा—महाराज ! मैं कुछ पूछना चाहता हूँ। मैं इस समाज से उपेक्षिता—अज्ञातकुलशीला घण्टी से ब्याह करना चाहता हूँ, इसमें आपकी क्या अनुमति है ?

मेरा तो एक ही आदर्श है। तुम्हें जानना चाहिए कि परस्पर प्रेम का विश्वास कर लेने पर यादवों के विरुद्ध रहते भी सुभद्रा और अर्जुन के परिणय को पुरुषोत्तम ने सहायता दी। यदि तुम दोनों में परस्पर प्रेम है, तो भगवान् को साक्षी देकर तुम परिणय के पवित्र बन्धन में बँध सकते हो। —कृष्णशरण ने कहा।

विजय बड़े उत्साह से घण्टी का हाथ पकड़े देव-विग्रह के सामने आया, और वह कुछ बोलना ही चाहता था कि यमुना आकर खड़ी हो गई। वह कहने लगी—विजय बाबू, यह ब्याह आप केवल अहंकार से करने जा रहे हैं, आपका प्रेम घण्टी पर नहीं है।

बुड्ढा पादरी हँसने लगा। उसने कहा—लौट जाओ बेटी ! विजय, चलो सब लोग चलें।

विजय ने हतबुद्धि के समान एक बार यमुना को देखा। घण्टी गड़ी जा रही थी। विजय का गला पकड़कर जैसे किसी ने धक्का दिया। वह सरला के पास लौट आया। लतिका घबराकर सबसे पहिले ही चली। सब ताँगों पर आ बैठे। गोस्वामी के मुख पर स्मित-रेखा झलक उठी।

तृतीय खण्ड

१

श्रीचन्द्र का एक मात्र अन्तरंग सखा धन था, क्योंकि उसके कौटुम्बिक जीवन में कोई आनन्द नहीं रह गया था। वह अपने व्यवसाय को लेकर मस्त रहता। लाखों का हेर-फेर करने में उसे उतना ही सुख मिलता, जितना किसी विलासी को विलास में।

काम से छुट्टी पाने पर थकावट मिटाने के लिए बोतल प्याला और व्यक्ति-विशेष के साथ थोड़े समय तक आमोद-प्रमोद कर लेना ही उसके लिए पर्याप्त था। चन्दा नाम की एक धनवती रमणी कभी-कभी प्रायः उससे मिला करती; परन्तु यह नहीं कहा जा सकता कि श्रीचन्द्र पूर्ण रूप से उसकी ओर आकृष्ट था। यहाँ यह हुआ कि आमोद-प्रमोद की मात्रा बढ़ चली। कपास के काम में सहसा घाटे की सम्भावना हुई। श्रीचन्द्र किसी का आश्रय-अंक खोजने लगा। चन्दा पास ही थी। धन भी था, और बात यह थी कि चन्दा उसे मानती भी थी। उसे आशा भी थी कि पंजाब-विधवा-विवाह-सभा के नियमानुसार वह किसी दिन श्रीचन्द्र की गृहिणी हो जायेगी। चन्दा को अपनी बदनामी के कारण अपनी लड़की के लिए बड़ी चिन्ता थी। वह उसकी सामाजिकता बनाने के लिए भी प्रयत्नशील थी।

परिस्थिति ने दोनों लोहों के बीच चुम्बक का काम किया। श्रीचन्द्र और चन्दा में भेद तो पहले भी न था; पर अब सम्पत्ति पर भी दोनों का साधारण अधिकार हो चला। वह घाटे के धक्के को सम्मिलित धन से रोकने लगी। बाजार रुका, जैसे आँधी थम गई। तगादे-पुरजे की बाढ़ उतर गई।

पानी बरस गया था। धुले हुए अन्तरिक्ष से नक्षत्र अतीत-स्मृति के समान उज्ज्वल होकर चमक रहे थे। सुगन्धरा की मधुर गन्ध से मस्तक भरे रहने पर भी श्रीचन्द्र अपने बँगले के चौतरे पर से आकाश के तारों को बिन्दु मानकर उनसे काल्पनिक रेखाएँ खींच रहा था। रेखागणित के असंख्य काल्पनिक त्रिभुज

उसकी आँखों में बनते और बिगड़ते थे; पर वह आसन्न समस्या हल करने में असमर्थ था। धन:की कठोर आवश्यकता ऐसा वृत्त खींचती कि वह उसके बाहर जाने में असमर्थ था।

चन्दा थाली लिये आई। श्रीचन्द्र उसकी सौन्दर्य-छटा देखकर पलभर के लिए धन-चिन्ता-विस्मृत हो गया। हृदय एक बार नाच उठा। वह उठ बैठा। चन्दा ने सामने बैठकर उसकी भूख जगा दी। ब्यालू करते-करते श्रीचन्द्र ने कहा —चन्दा, तुम मेरे लिए इतना कष्ट करती हो!

चन्द्रा—और तुमको इस कष्ट में चिन्ता क्यों है?

श्रीचन्द्र—यही कि मैं इसका क्या प्रतिकार कर सकूँगा!

चन्दा—प्रतिकार मैं स्वयं कर लूँगी। हाँ, पहले यह तो बताओ—अब तुम्हारे ऊपर कितना ऋण है?

श्रीचन्द्र—अभी बहुत है।

चन्दा—क्या कहा! अभी बहुत है?

श्रीचन्द्र—हाँ, अमृतसर की सारी स्थावर सम्पत्ति अभी बन्धक है। एक लाख रुपया चाहिए।

एक दीर्घ नि:श्वास लेकर श्रीचन्द्र ने थाली टाल दी। हाथ-मुँह धोकर आरामकुर्सी पर जा लेटा। चन्दा पास ही कुर्सी खींचकर बैठ गई। अभी वह पैंतीस से ऊपर की नहीं है। यौवन है। जाने-जाने कर रहा है, पर उसके सुडौल अंग छोड़कर उससे जाते नहीं बनता। भरी-भरी गोरी बाँहें उसने गले में डालकर श्रीचन्द्र का एक चुम्बन लिया। श्रीचन्द्र को ऋण-चिन्ता फिर सताने लगी। चन्दा ने देखा, श्रीचन्द्र के प्रत्येक श्वास में 'रुपया रुपया!' का नाद हो रहा था। वह चौंक उठी। एक बार स्थिर दृष्टि से उसने श्रीचन्द्र के चिन्तित वदन की ओर देखा, और बोली —एक उपाय है, करोगे?

श्रीचन्द्र ने सीधे होकर बैठते हुए पूछा—वह क्या?

विधवा-विवाह-सभा में चलकर हम लोग...—कहते-कहते चन्दा रुक गई; क्योंकि, श्रीचन्द्र मुस्कराने लगा था। उसी हँसी में एक मार्मिक व्यंग्य था। चन्दा तिलमिला उठी। उसने कहा—तुम्हारा सब प्रेम झूठा था!

श्रीचन्द्र ने पूरे व्यवसायी के ढंग से कहा—बात क्या है, मैंने तो कुछ कहा भी नहीं और तुम लगीं बिगड़ने!

चन्दा—मैं तुम्हारी हंसी का अर्थ समझती हूँ!

श्रीचन्द्र—कदापि नहीं। स्त्रियाँ प्रायः तुनक जाने का कारण सब बातों में

निकाल लेती हैं। मैं तुम्हारे भोलेपन पर हँस रहा था। तुम जानती हो कि ब्याह के व्यवसाय में तो मैंने कभी का दिवाला निकाल दिया है, फिर भी वही प्रश्न।

चन्दा ने अपना भाव सँभालते हुए कहा—ये सब तुम्हारी बनावटी बातें हैं। मैं जानती हूँ कि तुम्हारी पहली स्त्री और संसार तुम्हारे लिए नहीं के बराबर है। उसके लिए कोई बाधा नहीं। हम-तुम जब एक हो जायँगे, तब सब सम्पत्ति तुम्हारी हो जायगी!

श्रीचन्द्र—यह तो यों भी हो सकता है; पर मेरी एक सम्मति है, उसे मानना-न-मानना तुम्हारे अधिकार में है। है बात बड़ी अच्छी।

चन्दा—वह क्या ?

श्रीचन्द्र ने एक क्षण में हिसाब बैठा लिया। उनके लिए रुपयों का नया-नया प्रबन्ध सोचना साधारण बात थी। उसने ठहरकर बड़ी गम्भीरता से कहा—लाली के लिए सम्बन्ध खोज लिया है; पर वह तुम्हारे प्रस्ताव के अनुसार चलने से न हो सकेगा।

चन्दा—क्यों ?

श्रीचन्द्र—तुम जानती हो कि विजय मेरे लड़के के नाम से प्रसिद्ध है और काशी में अमृतसर की गन्ध अभी नहीं पहुँची है। मैं यदि तुमसे विधवा-विवाह कर लेता हूँ, तो इस सम्बन्ध में अड़चन भी होगी, और बदनामी भी। क्या तुमको वह जामाता पसन्द नहीं!

चन्दा ने एक बार उल्लास से बड़ी-बड़ी आँखें खोलकर देखा और बोली—यह तो बड़ी अच्छी बात सोची!

श्रीचन्द्र ने कहा—तुमको यह जानकर और प्रसन्नता होगी कि मैंने जो कुछ रुपये किशोरी को भेजे हैं, उनसे उस चालाक स्त्री ने अच्छी जमींदारी बना ली है। और, काशी में अमृतसर वाली कोठी की बड़ी धाक है। वहीं चलकर लाली का ब्याह हो जाएगा। तब, हम लोग यहाँ की सम्पत्ति और व्यवसाय से आनन्द लेंगे। किशोरी धन, बेटा, बहू लेकर सन्तुष्ट हो जायगी! क्यों कैसी रही!

चन्दा ने मन में सोचा, इस प्रकार यह काम हो जाने पर, हर तरह की सुविधा रहेगी। समाज के हम लोग विद्रोही भी नहीं रहेंगे और काम भी बन जायगा। वह प्रसन्नतापूर्वक सहमत हुई।

दूसरे दिन के प्रभात में बड़ी स्फूर्ति थी! श्रीचन्द्र और चन्दा बहुत प्रसन्न हो उठे। बगीचे की हरियाली पर आँखें पड़ते ही मन हल्का हो गया।

चन्दा ने कहा—आज चाय पीकर ही जाऊँगी।

श्रीचन्द्र ने कहा—नहीं, तुम्हें अपने बँगले में उजेले से पहिले ही पहुँचना चाहिए। मैं तुम्हें बहुत सुरक्षित रखना चाहता हूँ।

चन्दा ने इठलाते हुए कहा—मुझे इस बँगले की बनावट बहुत सुन्दर लगती है, इसकी ऊँची कुरसी और चारों ओर खुला हुआ उपवन बहुत ही सुहावना है!

श्रीचन्द्र ने कहा—चन्दा, तुमको भूल न जाना चाहिए कि संसार में पाप से उतना डर नहीं, जितना जनरव से! इसलिए तुम चलो, मैं ही तुम्हारे बँगले पर आकर चाय पिऊँगा। अब इस बँगले से मुझे प्रेम नहीं रहा, क्योंकि इसका दूसरे के हाथ में जाना निश्चित है।

चन्दा एक बार घूमकर खड़ी हो गई। उसने कहा—ऐसा कदापि नहीं होगा। अभी मेरे पास एक लाख रुपया है। मैं कम सूद पर तुम्हारी सब संपत्ति अपने यहाँ रख लूंगी। बोलो, फिर तो तुमको किसी दूसरे की बात न सुननी होगी?

फिर हँसते हुए उसने कहा—और मेरा तगादा तो इस जन्म में छूटने का नहीं!

श्रीचन्द्र की धड़कन बढ़ गई। उसने बड़ी प्रसन्नता से चन्दा के कई चुम्बन लिये और कहा—मेरी सम्पत्ति ही नहीं, मुझे भी बन्धक रख लो प्यारी चन्दा! पर अपनी बदनामी बचाओ। लाली भी हम लोगों का रहस्य न जाने तो अच्छा, क्योंकि, हम लोग चाहे जैसे भी हों, पर सन्तानें तो हम लोगों की बुराइयाँ से अनभिज्ञ रहें। अन्यथा, उनके मन में बुराइयों के प्रति अवहेलना की धारणा बन जाती है। और वे उन अपराधों को फिर अपराध नहीं समझते—जिन्हें वे जानते हैं कि हमारे बड़े लोगों ने भी किया है।

लाली के जगने का तो अब समय हो रहा है। अच्छा, वहीं चाय पीजिएगा और सब प्रबन्ध भी आज ही ठीक हो जायगा।

गाड़ी प्रस्तुत थी, चन्दा जाकर बैठ गई। श्रीचन्द्र ने एक दीर्घ निःश्वास लेकर अपने हृदय को सब तरह के बोझों से हलका किया।

२

किशोरी और निरंजन काशी लौट आये; परन्तु उन दोनों के हृदय में शान्ति न थी। क्रोध से किशोर ने विजय का तिरस्कार किया, फिर भी सहज मातृ-स्नेह विद्रोह करने लगा। निरंजन से दिन में एकाध बार इस विषय को लेकर दो-दो चोंच हो जाना अनिवार्य हो गया। निरंजन ने एक दिन दृढ़ होकर इसका निपटारा कर लेने का विचार कर लिया; वह अपना सामान बँधवाने लगा। किशोरी ने यह ढंग देखा। वह जल-भुन गई। जिसके लिए उसने पुत्र को छोड़ दिया, वह भी आज जाने को प्रस्तुत है! उसने तीव्र स्वर में कहा—क्या अभी जाना चाहते हो?

हाँ, मैंने जब संसार छोड़ दिया है, तब किसी की बात क्यों सहूँ?

क्यों झूठ बोलते हो, तुमने कब कोई वस्तु छोड़ी थी। तुम्हारे त्याग से तो, भोले-भाले, माया में फँसे हुए गृहस्थ, कहीं ऊँचे हैं! अपनी ओर देखो, हृदय पर हाथ रखकर पूछो! निरंजन, मेरे सामने तुम यह कह सकते हो? संसार आज तुमको और मुझको क्या समझता है—कुछ इसका भी समाचार जानते हो?

जानता हूँ किशोरी! माया के साधारण झिटके में एक सच्चे साधु के फँस जाने, ठग जाने का यह लज्जित प्रसंग अब किसी से छिपा नहीं—इसीलिए मैं जाना चाहता हूँ।

तो रोकता कौन है, जाओ! परन्तु जिसके लिए मैंने सब कुछ खो दिया है, उसे तुम्हीं ने मुझसे छीन लिया—उसे देकर जाओ! जाओ तपस्या करो, तुम फिर महात्मा बन जाओगे! सुना है, पुरुषों के तप करने से घोर-से-घोर कुकर्मों को भी भगवान् क्षमा करके उन्हें दर्शन देते हैं; पर मैं हूँ स्त्री जाति! मेरा यह भाग्य नहीं, मैंने पाप करके जो पाप बटोरा है, उसे ही मेरी गोद में फेंकते जाओ!

किशोरी का दम घुटने लगा। वह अधीर होकर रोने लगी।

निरंजन ने आज अपना नग्न रूप देखा और वह इतना वीभत्स था कि उसने

अपने हाथों से आँखों को ढँक लिया। कुछ काल के बाद बोला—अच्छा, तो विजय को खोजने जाता हूँ!

गाड़ी पर निरंजन का सामान लद गया और बिना एक शब्द कहे वह स्टेशन चला गया। किशोरी अभिमान और क्रोध से भरी चुपचाप बैठी रही। आज वह अपनी ही दृष्टि में तुच्छ जँचने लगी। उसने बड़बड़ाते हुए कहा—स्त्री कुछ नहीं है, केवल पुरुषों की पूँछ है। विलक्षणता यही है कि यह पूँछ कभी-कभी अलग भी रख दी जा सकती है!

अभी उसे सोचने से अवकाश नहीं मिला था कि गाड़ियों के 'खड़बड़' शब्द, और बक्स-बंडलों के पटकने का धमाका नीचे हुआ। वह मन-ही-मन हँसी कि बाबाजी का हृदय इतना बलवान नहीं कि मुझे यों ही छोड़कर चले जायँ। इस समय स्त्रियों की विजय उसके सामने नाच उठी। वह फूल रही थी, उठी नहीं; परन्तु जब धनियाँ ने आकर कहा—बहूजी, पंजाब से कोई आये हैं, उनके साथ एक लड़की और उनकी स्त्री है—तब वह एक पल-भर के लिये सन्नाटे में आ गई। उसने नीचे झाँककर देखा, तो—श्रीचन्द्र! उसके साथ शलवार, कुरता ओढ़नी से सजी हुई एक रूपवती रमणी चौदह साल की सुन्दरी कन्या का हाथ पकड़े खड़ी थी। नौकर लोग सामान भीतर रख रहे थे। वह किंकर्त्तव्य-विमूढ़ होकर नीचे होकर उतर आई। न जाने कहाँ की लज्जा और द्विविधा उसके अंग को घेरकर हँस रही थी।

श्रीचन्द्र ने इस प्रसंग को अधिक बढ़ाने का अवसर न देकर कहा—यह मेरे पड़ोसी, अमृतसर के व्यापारी, लाला...की विधवा हैं; काशीयात्रा के लिए आई हैं।

ओहो मेरे भाग!—कहती हुई किशोरी उनका हाथ पकड़कर भीतर ले चली। श्रीचन्द्र एक बड़ी-सी घटना को यों ही सँवरते देखकर मन-ही-मन प्रसन्न हुए। गाड़ीवाले को भाड़ा देकर घर में आये। सब नौकरों में यह बात गुनगुना गई कि मालिक आ गये हैं।

अलग कोठरी में नवागत रमणी का सब प्रबन्ध ठीक किया गया। श्रीचन्द्र ने नीचे की बैठक में अपना आसन जमाया। नहाने-धोने, खाने-पीने और विश्राम में समस्त दिन बीत गया।

किशोरी ने अतिथि-सत्कार में पूरे मनोयोग से भाग लिया। कोई भी देखकर यह नहीं कह सकता था कि किशोरी और श्रीचन्द्र बहुत दिनों पर मिले हैं; परन्तु अब तक श्रीचन्द्र ने विजय को नहीं पूछा, उसका मन नहीं करता था, या साहस नहीं होता था।

थके यात्रियों ने निद्रा का अवलम्ब लिया।

प्रभात में जब श्रीचन्द्र की आँखें खुलीं, तब उसने देखा, प्रौढ़ा किशोरी के मुख पर पचीस बरस पहले का वही सलज्ज लावण्य अपराधी के सदृश छिपना चाहता है। अतीत की स्मृति ने श्रीचन्द्र के हृदय पर वृश्चिक-दंशन का काम किया। नींद न खुलने का बहाना करके उन्होंने एक वार फिर आँखें बन्द कर लीं। किशोरी मर्माहत हुई; पर आज नियति ने उसे सब ओर से निरवलम्ब करके श्रीचन्द्र के सामने झुकने के लिये बाध्य किया था। वह संकोच और मनोवेदना से गड़ी जा रही थी।

श्रीचन्द्र साहस संकलित करके उठ बैठा। डरते-डरते किशोरी ने उसके पैर पकड़ लिये। एकांत था। वह जी खोलकर रोई; पर श्रीचन्द्र को उस रोने से क्रोध ही हुआ, करुणा की झलक न आई। उसने कहा—किशोरी! रोने की तो कोई आवश्यकता नहीं।

रोई हुई लाल आँखों को श्रीचन्द्र के मुँह पर जमाते हुए किशोरी ने कहा—आवश्यकता तो नहीं; पर जानते हो स्त्रियाँ कितनी दुर्बल हैं—अबला हैं। नहीं तो मेरे ही जैसा अपराध करनेवाले पुरुष के पैरों पर पड़कर मुझे न रोना पड़ता!

वह अपराध यदि तुम्हीं से सीखा गया हो, तो मुझे उत्तर देने की व्यवस्था न खोजनी पड़ेगी।

तो हम लोग क्या इतनी दूर है कि मिलना असम्भव है?

असम्भव तो नहीं है, नहीं तो मैं आता कैसे?

अब स्त्री-सुलभ ईर्ष्या किशोरी के हृदय में जगी। उसने कहा—आये होंगे किसी को घुमाने-फिराने—सुख-बहार लेने!

किशोरी के इस कथन में व्यंग से अधिक उलाहना था। न जाने क्यों श्रीचन्द्र को इस व्यंग से सन्तोष हुआ, जैसे ईप्सित वस्तु मिल गई हो। वह हँसकर बोला—इतना तो तुम भी स्वीकार करोगी कि यह कोई अपराध नहीं है।

किशोरी ने देखा, समझौता हो सकता है, अधिक कहा-सुनी करके इसे गुरु-तर न बना देना चाहिए। उसने दीनता से कहा—तो अपराध क्षमा नहीं हो सकता?

श्रीचन्द्र ने कहा—किशोरी! अपराध कैसा? अपराध समझता, तो आज इस बात-चीत का अवसर ही नहीं आता। हम लोगों का पथ जब अलग-अलग निर्धारित हो चुका है, तब उसमें कोई बाधक न हो, यही नीति अच्छी रहेगी। यात्रा करने तो हम लोग आये ही हैं; पर एक काम भी है।

किशोरी सावधान होकर सुनने लगी। श्रीचन्द्र ने फिर कहना आरम्भ किया—

मेरा व्यवसाय नष्ट हो चुका है, अमृतसर की सब सम्पत्ति इसी स्त्री के यहाँ बन्धक है। उसके उद्धार का यही उपाय है कि इसकी सुन्दरी कन्या लाली से विजय का ब्याह करा दिया जाय।

किशोरी ने सगर्व एक बार श्रीचन्द्र की ओर देखा, फिर सहसा कातरभाव से बोली—विजय रूठकर मथुरा चला गया है!

श्रीचन्द्र ने पक्के व्यापारी के समान कहा—कोई चिन्ता नहीं, वह आ जायगा। तब तक हम लोग यहाँ रहें, तुम्हें कोई कष्ट तो न होगा?

अब अधिक चोट न पहुँचाओ। मैं अपराधिनी हूँ, मैं सन्तान के लिए अन्धी हो रही थी! क्या मैं क्षमा न की जाऊँगी? —किशोरी की आँखों से आँसू गिरने लगे।

अच्छा तो उसे बुलाने के लिए मुझे जाना होगा।

नहीं; उसे बुलाने के लिए आदमी गया है। चलो, हाथ-मुँह धोकर जलपान कर लो।

अपने ही घर में श्रीचन्द्र एक अतिथि की तरह आदर-सत्कार पाने लगा।

३

निरंजन वृन्दावन में विजय की खोज में घूमने लगा। तार देकर अपने हरिद्वार के भण्डारी को रुपये लेकर बुलाया और गली-गली खोज की धूम मच गई। मथुरा में द्वारिकाधीश के मन्दिर में कई दिन टोह लगाया। विश्रामघाट पर आरती देखते हुए कितनी संध्याएँ बिताईं, पर विजय का कुछ पता नहीं।

एक दिन वृन्दावन वाली सड़क पर वह भण्डारी के साथ टहल रहा था। अकस्मात् एक ताँगा तेजी से निकल गया। निरंजन को शंका हुई; पर वह जब तक देखे, तब तक तो ताँगा लोप हो गया। हाँ, गुलाबी साड़ी की झलक आँखों में छा गई।

दूसरे दिन वह नाव पर दुर्वासा के दर्शन को गया। वैशाख पूर्णिमा थी। यमुना से हटने का मन नहीं करता था। निरंजन ने नाव वाले से कहा—किसी अच्छी जगह ले चलो। मैं आज रात भर घूमना चाहता हूँ; तुमको भरपूर इनाम दूंगा, चिन्ता न करना, भला!

उन दिनों कृष्णशरण वाली टेकरी प्रसिद्धि प्राप्त कर चुकी थी। मनचले लोग बहुत उधर घूमने जाते थे। माँझी ने देखा कि अभी थोड़ी देर पहले ही एक नाव उधर जा चुकी थी, वह भी उधर खेने लगा। निरंजन को अपने ऊपर क्रोध हो रहा था, सोचने लगा—"आये थे हरिभजन को ओटन लगे कपास!"

पूर्णिमा की पिछली रात थी। रात-भर का जगा हुआ चन्द्रमा झीम रहा था। निरंजन की आँखें भी कम अलसाई थीं; परन्तु आज नींद उचट गई थी। सैकड़ों कविताओं में वर्णित यमुना का पुलिन, यौवन-काल की स्मृति जगा देने के लिए कम न था। किशोरी की प्रौढ़ प्रणय-लीला और अपनी साधु की स्थिति, निरंजन के सामने दो प्रतिद्वंद्वियों की भाँति लड़कर उसे अभिभूत बना रही थीं। माँझी भी ऊँघ रहा था। उसके डाँडे बहुत धीरे-धीरे पानी में गिर रहे थे। यमुना के जल में निस्तब्ध शान्ति थी। निरंजन एक स्वप्नलोक में विचर रहा था।

चाँदनी फीकी हो चली। अभी तक आगे जाने वाली नाव पर से मधुर

संगीत की स्वर-लहरी मादकता में कम्पित हो रही थी। निरंजन ने कहा—माँझी, उधर ही ले चलो। —नाव की गति तीव्र हुई। थोड़ी ही देर में आगे वाली नाव के पास ही से निरंजन की नाव बढ़ी। उसमें एक रात्रि-जागरण से क्लान्त युवती गा रही थी और बीच-बीच में पास ही बैठा हुआ युवक वंशी बजाकर साथ देता, तब वह जैसे ऊँघती हुई प्रकृति-जागरण के आनन्द से पुलकित हो जाती। सहसा संगीत की गति रुकी। युवक ने उच्छ्‌वास लेकर कहा—घण्टी! जो कहते हैं अविवाहित जीवन पाशव है, उच्छृङ्खल है, वे भ्रांत हैं। हृदय का सम्मिलन ही तो ब्याह है। मैं सर्वस्व तुम्हें अर्पण करता हूँ और तुम मुझे; इसमें किसी मध्यस्थ की आवश्यकता क्यों—मंत्रों का महत्त्व कितना! झगड़े की, विनिमय की, यदि संभावना रही तो समर्पण ही कैसा! मैं स्वतन्त्र प्रेम की सत्ता स्वीकार करता हूँ, समाज न करे तो क्या!

निरंजन ने धीरे से अपने माँझी से नाँव दूर ले चलने के लिये कहा। इतने में फिर युवक ने कहा—तुम भी इसे मानती होगी? जिसको सब कहते हुए छिपाते हैं, जिसे अपराध कहकर कान पकड़कर स्वीकार करते हैं, वही तो—जीवन का, यौवन-काल का ठोस सत्य है। सामाजिक बन्धनों से जकड़ी हुई आर्थिक कठिनाइयाँ, हम लोगों के भ्रम से धर्म का चेहरा लगाकर अपना भयानक रूप दिखाती हैं! क्यों, क्या तुम इसे नहीं मानतीं? मानती हो अवश्य, तुम्हारे व्यवहारों से यह बात स्पष्ट है। फिर भी संस्कार और रूढ़ि की राक्षसी प्रतिमा के सामने समाज क्यों अल्हड़ रक्तों की बलि चढ़ाया करता है!

घंटी चुप थी। वह नशे में झूम रही थी। जागरण का भी कम प्रभाव न था। युवक फिर कहने लगा—देखो, मैं समाज के शासन में आना चाहता था; परन्तु आह! मैं भूल करता हूँ।

तुम झूठ बोलते हो विजय! समाज तुमको आज्ञा दे चुका था; परन्तु तुमने उसकी आज्ञा ठुकराकर यमुना का शासनादेश स्वीकार किया। इसमें समाज का क्या दोष है। मैं उस दिन की घटना नहीं भूल सकती, वह तुम्हारा दोष है। तुम कहोगे कि फिर मैं जब जानकर भी तुम्हारे साथ क्यों घूमती हूँ; इसलिए कि मैं इसे कुछ महत्त्व नहीं देती। हिन्दू स्त्रियों का समाज ही कैसा है, उसमें कुछ अधिकार हो तब तो उसके लिये कुछ सोचना-विचारना चाहिए। और, जहाँ अन्ध-अनुसरण करने का आदेश है, वहाँ प्राकृतिक, स्त्री-जनोचित प्यार कर लेने का जो हमारा नैसर्गिक अधिकार है—जैसा कि घटनावश प्रायः स्त्रियाँ किया करती हैं—उसे क्यों छोड़ दूँ! यह कैसे हो, क्या हो, और क्यों हो—इसका विचार पुरुष करते हैं। वे करें, उन्हें विश्वास बनाना है, कौड़ी-पाई लेना रहता

है और स्त्रियों को भरना पड़ता है। तब, इधर-उधर देखने से क्या! 'भरना है'—यही सत्य है, उसे दिखावे के आदर से ब्याह करके भरा लो या व्यभिचार कहकर तिरस्कार से। अधमर्ण की सान्त्वना के लिए यह उत्तमर्ण का शाब्दिक, मौखिक प्रलोभन या तिरस्कार है। समझे? घंटी ने कहा।

विजय का नशा उखड़ गया। उसने समझा कि मैं मिथ्या ज्ञान को अभी तक समझता हुआ अपने मन को धोखा दे रहा हूँ। यह हँसमुख घण्टी संसार के सब प्रश्नों को सहन किये बैठी है। प्रश्नों को गम्भीरता से विचारने का मैं जितना ढोंग करता हूँ, उतना ही उपलब्ध सत्य से दूर होता जा रहा हूँ—वह चुपचाप सोचने लगा।

घण्टी फिर कहने लगी—समझे विजय! मैं तुम्हें प्यार करती हूँ। तुम ब्याह करके यदि उसका प्रतिदान किया चाहते हो, तो भी मुझे कोई चिन्ता नहीं। यह विचार तो मुझे कभी सताता ही नहीं। मुझे जो करना है, वही करती हूँ, करूँगी भी। घूमोगे घूमूँगी, पिलाओगे पीऊँगी, दुलार करोगे हँस लूंगी, ठुकराओगे रो दूंगी। स्त्री को इन सभी वस्तुओं की आवश्यकता है। मैं इन सबों को समभाव से ग्रहण करती हूँ और करूँगी।

विजय का सिर घूमने लगा। वह चाहता था कि घण्टी अपनी वक्तृता जहाँ तक सम्भव हो, शीघ्र बन्द कर दे। उसने कहा—अब तो प्रभात होने में विलंब नहीं; चलो कहीं किनारे उतरें और हाथ-मुँह धो लें।

घण्टी चुप रही। नाव तट की ओर चली। इसके पहले ही एक दूसरी नाव भी तीर पर लग चुकी थी; परन्तु वह निरंजन की थी। निरंजन दूर था, उसने देखा—विजय ही तो है! अच्छा दूर-दूर रहकर इसे देखना चाहिए, अभी शीघ्रता में काम बिगड़ जायगा।

विजय और घण्टी नाव से उतरे। प्रकाश हो चला था। रात की उदासी-भरी विदाई ओस के आँसू बहाने लगी। कृष्णशरण की टेकरी के पास ही वह उतारे का घाट था। वहाँ केवल एक स्त्री प्रातःस्नान के लिए अभी आई थी। घण्टी वृक्षों की झुरमुट में गई थी कि उसके चिल्लाने का शब्द सुन पड़ा। विजय उधर दौड़ा; परन्तु घण्टी भागती हुई उधर ही आती दिखाई पड़ी। अब उजेला हो चला था। विजय ने देखा कि वही ताँगे वाला नवाब उसे पकड़ना चाहता है। विजय ने डाँटकर कहा—खड़ा रह दुष्ट! नवाब अपने दूसरे साथी के भरोसे विजय पर टूट पड़ा। दोनों से गुत्थमगुत्था हो गया। विजय के दोनों पैर उठाकर वह पटकना चाहता था और विजय ने दाहिने बगल में उसका गला दबा लिया था, दोनों ओर से पूर्ण बल-प्रयोग हो रहा था कि विजय का पैर उठ जाय

कि विजय ने, नवाब के गला दबाने वाले दाहिने हाथ को अपने बाएँ हाथ से और भी दृढ़ता से खींचा। नवाब का दम घुट रहा था, फिर भी उसने जाँघ में काट खाया; परन्तु पूर्ण क्रोधावेश में विजय को उसकी वेदना न हुई, वह हाथ की परिधि को नवाब के कण्ठ के लिए यथासम्भव संकीर्ण कर रहा था। दूसरे ही क्षण में नवाब अचेत होकर गिर पड़ा। विजय अत्यन्त उत्तेजित था। सहसा किसी ने उसके कन्धे पर छुरी मारी; पर वह ओछी लगी। चोट खाकर विजय का मस्तक और भी भड़क उठा, उसने पास ही पड़ा हुआ पत्थर उठाकर नवाब का सिर कुचल दिया। इसकी घण्टी चिल्लाती हुई नाव पर भागना चाहती थी कि किसी ने उससे धीरे-से कहा—खून हो गया है, तुम यहाँ से हट चलो!

कहनेवाला बाथम था। उसके साथ भय-विह्वल घण्टी नाव पर चढ़ गई। डाँडे गिरा दिये गये।

इधर नवाब का सिर कुचलकर जब विजय ने देखा, तब वहाँ घंटी न थी, परन्तु एक दूसरी स्त्री खड़ी थी। उसने विजय का हाथ पकड़ कर कहा—ठहरो विजय बाबू! क्षण-भर में विजय का उन्माद ठंढा हो गया। वह एक बार सिर पकड़कर अपनी भयानक परिस्थिति से अवगत हो गया।

निरंजन दूर से यह कांड देख रहा था। अब अलग रहना उचित न समझ कर वह भी पास आ गया। उसने कहा—विजय, अब क्या होगा?

कुछ नहीं, फाँसी होगी और क्या! —निर्भीक भाव से विजय ने कहा।

आप इन्हें अपनी नाव दे दें और ये जहाँ तक जा सकें, निकल जायँ। इनका यहाँ ठहरना ठीक नहीं—स्त्री ने निरंजन से कहा।

नहीं यमुना! तुम अब इस जीवन को बचाने की चिन्ता न करो, मैं इतना कायर नहीं हूँ। —विजय ने कहा।

परन्तु तुम्हारी माता क्या कहेगी विजय! मेरी बात मानो, तुम इस समय तो हट ही जाओ, फिर देखा जायगा। मैं भी कह रहा हूँ, यमुना की भी यही सम्मति है। एक क्षण में मृत्यु की विभीषिका नाचने लगी! लड़कपन न करो, भागो। —निरंजन ने कहा।

विजय को सोचते-विचारते और विलम्ब करते देखकर यमुना ने बिगड़कर कहा—विजय बाबू! प्रत्येक अवसर पर लड़कपन अच्छा नहीं लगता। मैं कहती हूँ, आप अभी-अभी चले जायँ। आह! आप सुनते नहीं?

विजय ने सुना—'अच्छा नहीं लगता!' ऊँह, यह तो बुरी बात है। हाँ ठीक, तो देखा जायगा। जीवन सहज में दे देने की वस्तु नहीं। और तिस पर

भी यमुना कहती है—ठीक उसी तरह जैसे पहले दो खिल्ली पान और खा लेने के लिए, उसने कई बार डाँटने के स्वर में अनुरोध किया था ! तो फिर !...

विजय भयभीत हुआ । मृत्यु जब तक कल्पना की वस्तु रहती है, तब तक चाहे उसका जितना प्रत्याख्यान कर लिया जाय; परन्तु यदि वह सामने हो ?

विजय ने देखा, यमुना ही नहीं निरंजन भी है, क्या चिन्ता यदि मैं हट जाऊँ ! वह मान गया, निरंजन की नाव पर जा बैठा । निरंजन ने रुपयों की थैली नाववाले को दे दी । नाव तेजी से चल पड़ी ।

भण्डारी और निरंजन ने आपस में कुछ मंत्रणा की, और वे—खून हुआ है, अरे बाप रे !—कहते हुए एक ओर चल पड़े । स्नान करनेवालों का समय हो चला था । कुछ लोग आ भी चले थे । निरंजन और भण्डारी का पता नहीं । यमुना चुपचाप वहीं बैठी रही । वह अपने पिता भण्डारी जी की बात सोच रही थी । पिता कहकर पुकारने की उसकी इच्छा को किसी ने कुचल दिया । कुछ समय बीतने पर पुलिस ने आकर यमुना से पूछना आरम्भ किया—तुम्हारा नाम क्या है ?

यमुना ।

यह कैसे मरा ?

इसने एक स्त्री पर अत्याचार करना चाहा था ।

फिर ?

फिर यह मारा गया ।

किसने मारा ?

जिसका इसने अपराध किया ।

तो क्या वह स्त्री तुम्हीं तो नहीं हो ?

यमुना चुप रही ।

सब-इन्सपेक्टर ने कहा—यह स्वीकार करती है । इसे हिरासत में ले लो ।

यमुना कुछ न बोली । तमाशा देखने वालों का थोड़े समय के लिए मन-बहलाव हो गया ।

कृष्णशरण की टेकरी में हलचल थी । यमुना के सम्बन्ध में अनेक प्रकार की चर्चा हो रही थी । निरंजन और भण्डारी भी एक ओर मौलसिरी के नीचे चुपचाप बैठे थे । भण्डारी ने अधिक गंभीरता से कहा—

पर इस यमुना को मैं पहचान रहा हूँ !

क्या ?

नहीं-नहीं, यह ठीक है—तारा ही है ?

मैंने इसे कितनी बार काशी में किशोरी के यहाँ देखा है और मैं कह सकता हूँ कि यह उसकी दासी यमुना है; तुम्हारी तारा कदापि नहीं।

परन्तु आप उसको कैसे पहचानते ! तारा मेरे घर उत्पन्न हुई, पली और बढ़ी। कभी उसका और आपका सामना तो हुआ नहीं, आपकी आज्ञा भी ऐसी ही थी। ग्रहण में वह भूलकर लखनऊ गई। वहाँ का एक स्वयंसेवक उसे हरद्वार ले जा रहा था, मुझसे राह में भेंट हुई, मैं रेल से उतर पड़ा। मैं उसे न पहचानूंगा।

तो तुम्हारा कहना ठीक हो सकता है।—कहकर निरंजन ने सिर नीचा कर लिया।

मैंने इसका स्वर, मुख, अवयव पहचान लिया, यह रामा की कन्या है ! —भण्डारी ने भारी स्वर से कहा।

निरंजन चुप था। वह विचार में पड़ गया। थोड़ी देर में बड़बड़ाते हुए उसने सिर उठाया—दोनों को बचाना होगा, दोनों ही...हे भगवान् ?

इतने में गोस्वामी कृष्णशरण का शब्द उसे सुनाई पड़ा—आप लोग चाहे जो समझें; पर मैं इस पर विश्वास नहीं कर सकता कि यमुना हत्या कर सकती है ! वह संसार में सताई हुई एक पवित्र आत्मा है, वह निर्दोष है ! आप लोग देखेंगे कि उसे फाँसी न होगी।

आवेश से निरंजन उसके पास जाकर बोला—मैं उसकी पैरवी का सब व्यय दूंगा। यह लीजिए एक हजार के नोट हैं, घटने पर और भी दूंगा। अच्छे-अच्छे वकील कर लिये जायँ।

उपस्थित लोगों ने एक अपरिचित की इस उदारता पर धन्यवाद दिया। गोस्वामी कृष्णशरण हँस पड़े। उन्होंने कहा—मंगलदेव को बुलाना होगा, वही सब प्रबन्ध करेगा।

निरंजन उसी आश्रम का अतिथि हो गया और उसी जगह रहने लगा। गोस्वामी कृष्णशरण का उसके हृदय पर प्रभाव पड़ा। नित्य सत्संग होने लगा, प्रतिदिन एक-दूसरे के अधिकाधिक समीप होने लगे।

मौलसिरी के नीचे शिलाखण्ड पर गोस्वामी कृष्णशरण और देवनिरंजन बैठे हुए बातें कर रहे थे। निरंजन ने कहा—

महात्मन् ! आज मैं तृप्त हुआ, मेरी जिज्ञासा ने अपना अनन्य आश्रय खोज लिया। श्रीकृष्ण के इस कल्याण-मार्ग पर मेरा पूर्ण विश्वास हुआ।

आज तक जिस रूप में मैं उन्हें देखता था, वह एकांगी था; किन्तु इस प्रेम-पथ का सुधार करना चाहिए। इसके लिए प्रयत्न करने की आज्ञा दीजिए।

प्रयत्न ! निरंजन तुम भूल गये। भगवान् की महिमा स्वयं प्रचारित होगी। मैं तो, जो सुनना चाहता है उसे सुनाऊँगा। इससे अधिक कुछ करने का मेरा साहस नहीं।

किन्तु मेरी एक प्रार्थना है। संसार वधिर है, उसको चिल्लाकर सुनाना होगा; इसलिए भारतवर्ष में हुए उस प्राचीन महापर्व को लक्ष्य में रखकर भारत-संघ नाम से एक प्रचार-संस्था बना दी जाय !

संस्थाएँ विकृत हो जाती हैं। व्यक्तियों के स्वार्थ उसे कलुषित कर देते हैं, देवनिरंजन ! तुम नहीं देखते कि भारत-भर में साधु-संस्थाओं की क्या...

निरंजन ने क्षण-भर में अपनी जीवनी पढ़ने का उद्योग किया। फिर खीझकर उसने कहा—महात्मन् ! फिर आपने इतने अनाथ स्त्री, बालक और वृद्धों का परिवार क्यों बना लिया है ?

निरंजन की ओर देखते हुए क्षण-भर चुप रहकर गोस्वामी कृष्णशरण ने कहा—

अपनी असावधानी तो मैं इसे न कहूँगा निरंजन ! एक दिन मंगलदेव की प्रार्थना से अपने विचारों को उद्घोषित करने के लिए मैंने इस कल्याण की व्यवस्था की थी। उसी दिन से मेरी टेकरी में भीड़ होने लगी। जिन्हें आवश्यकता है, दुःख है, अभाव है, वे मेरे पास आने लगे। मैंने किसी को बुलाया नहीं। अब किसी को हटा भी नहीं सकता।

तब आप यह नहीं मानते कि संसार में मानसिक दुःख से पीड़ित प्राणियों को इस संदेश से परिचित करने की आवश्यकता है ?

है, किन्तु मैं आडम्बर नहीं चाहता। व्यक्तिगत श्रद्धा से जितना जो कर सके, उतना ही पर्याप्त है।

किन्तु अब यह एक परिवार बन गया है, इसकी कोई निश्चित व्यवस्था करनी ही होगी।

मैं इस झंझट से दूर रहना चाहता हूँ। मंगल को आने दो।

निरंजन ने यहाँ का सब समाचार लिखते हुए किशोरी को यह भी लिखा था—अपने और उसके पाप-चिह्न विजय का जीवन नहीं के बराबर है। हम दोनों को संतोष करना चाहिए और मेरी भी इच्छा है कि अब भगवद्भजन करूँ। मैं भारत-संघ के संघटन में लगा हूँ। विजय को खोजकर उसे और भी संकट में डालना होगा। तुम्हारे लिए भी संतोष को छोड़कर दूसरा कोई उपाय नहीं।

पत्र पाकर किशोरी खूब रोई।

श्रीचन्द्र अपनी सारी कल्पनाओं पर पानी फिरते देखकर किशोरी की ही चापलूसी करने लगा। उसकी वह पंजाबवाली चन्दा अपनी लड़की को लेकर चली गई, क्योंकि ब्याह होना असंभव था।

बीतने वाला दिन बातों को भुला देता है।

एक दिन किशोरी ने कहा—

जो कुछ है, हम लोगों के लिए बहुत अधिक है, हाय-हाय कर के क्या होगा। मैं भी अब व्यवसाय करने पंजाब न जाऊँगा। किशोरी! हम दोनों यदि सरलता से निभा सकें, तो भविष्य जीवन हम लोगों का सुखमय होगा, इसमें कोई संदेह नहीं।

किशोरी ने हँसकर सिर हिला दिया।

संसार अपने-अपने सुख की कल्पना पर खड़ा है—यह भीषण संसार अपनी स्वप्न की मधुरिमा से स्वर्ग है। आज किशोरी को विजय की अपेक्षा नहीं, निरंजन की भी नहीं। और, श्रीचन्द्र को रुपयों के व्यवसाय और चन्दा की नहीं। दोनों ने देखा, इन सबके बिना हमारा काम चल सकता है, सुख मिल सकता है। फिर झंझट करके क्या होगा। दोनों का पुनर्मिलन प्रौढ़ आशाओं से पूर्ण था। श्रीचन्द्र ने गृहस्थी सँभाली। सब प्रबन्ध ठीक करके दोनों विदेश घूमने के लिए निकल पड़े। ठाकुरजी की सेवा का भार एक मूर्ख के ऊपर था, जिसे केवल दो रुपये मिलते थे—वे भी महीने भर में। आहा! स्वार्थ कितना सुन्दर है!

४

तब आपने क्या निश्चय किया ? —सरला तीव्र स्वर से बोली।

घण्टी को उस हत्याकांड से बचा लेना भी अपराध है, ऐसा मैंने कभी सोचा भी नहीं। ––बाथम ने कहा––

बाथम ! तुम जितने भीतर से क्रूर और निष्ठुर हो, यदि ऊपर से भी वही व्यवहार रखते, तो तुम्हारी मनुष्यता का कल्याण होता ! तुम अपनी दुर्बलता को परोपकार के पर्दे में क्यों छिपाना चाहते हो ! नृशंस ! यदि मुझमें विश्वास की तनिक भी मात्रा न होती, तो मैं अधिक सुखी रहती—कहती हुई लतिका हाँफने लगी। सब चुप थे।

कुबड़ी खटखटाते हुए पादरी जॉन ने उस शांति को भंग किया और आते ही बोला—मैं समझ चुका हूँ, जब दोनों एक-दूसरे पर अविश्वास करते हों, तब उन्हें अलग हो जाना चाहिए। दबा हुआ विद्वेष छाती के भीतर सर्प के समान फुफकारा करता है; कब अपने ही को वह घायल करेगा, कोई नहीं कह सकता। मेरी बच्ची लतिका ! मारगरेट !

हाँ पिता ! आप ठीक कहते हैं और अब बाथम को भी इसे स्वीकार कर लेने में कोई विरोध न होना चाहिए। —मारगरेट ने कहा।

मुझे सब स्वीकार है। अब अधिक सफाई देना मैं अपमान समझता हूँ...। —बाथम ने रूखेपन से कहा।

ठीक है बाथम ! तुम्हें सफाई देने, अपने को निरपराध सिद्ध करने की क्या आवश्यकता है। पुरुष को, स्वतन्त्र पुरुष को, इन साधारण बातों से घबराने की सम्भावना नहीं, पाखण्ड ! —गरजती हुई सरला ने कहा। फिर लतिका से बोली—चलो बेटी ! पादरी सब कुछ कर लेगा, सम्बन्ध-विच्छेद और नया सम्बन्ध जोड़ने में वह पटु है।

लतिका और सरला उठकर चली गईं। घण्टी काठ की पुतली-सी बैठी चुपचाप वह अभिनय देख रही थी। पादरी ने उसके सिर पर दुलार से हाथ फेरते

हुए कहा---चलो बेटी ! मसीह-जननी की छाया में; तुमने समझ लिया होगा कि उसके बिना तुम्हें शान्ति न मिलेगी !

बिना एक शब्द कहे पादरी के साथ बाथम और घण्टी दोनों उठकर चले। जाते हुए बाथम ने एक बार उस बँगले को निराश दृष्टि से देखा। धीरे-धीरे तीनों चले गये।

आरामकुर्सी पर पड़ी हुई लतिका ने एक दिन जिज्ञासा-भरी दृष्टि से सरला की ओर देखा, तो वह निर्भीक रमणी अपनी दृढ़ता में महिमापूर्ण थी। लतिका का धैर्य लौट आया। उसने कहा--अब ?

कुछ चिन्ता नहीं बेटी, मैं हूँ ! सब वस्तु बेचकर बैंक में रुपये जमा कर दो, चुपचाप भगवान् के भरोसे रूखी-सूखी खाकर दिन बीत जायगा। --सरला ने कहा।

मैं एक बार उस वृन्दावन वाले गोस्वामी के पास चलना चाहती हूँ, तुम्हारी क्या सम्मति है ? —लतिका ने पूछा।

पहले यह प्रबन्ध कर लेना होगा, फिर वहाँ भी चलूँगी। चाय पिओगी ? आज दिन-भर तुमने कुछ नहीं खाया, मैं ले आऊँ---बोलो ? हम लोगों को जीवन के नवीन अध्याय के लिए प्रस्तुत होना चाहिए। लतिका ! 'सदेव प्रस्तुत रहो' का महामंत्र मेरे जीवन का रहस्य है—दुख के लिए, सुख के लिए, जीवन के लिए और मरण के लिए ! उसमें शिथिलता न आनी चाहिए ! विपत्तियाँ वायु की तरह निकल जाती हैं; सुख के दिन प्रकाश के सदृश पश्चिमी समुद्र में भागते रहते हैं। समय काटना होगा, बिताना होगा, और यह ध्रुव-सत्य है कि दोनों का अन्त है।

लतिका के मुख पर स्फूर्ति की रेखा फूट उठी।

कई महीने बीत गये। लतिका और बाथम का सम्बन्ध-विच्छेद हो गया था। बाथम अब पादरी के बँगले में रहता था, और घण्टी भी वहीं रहती। बाथम किसी काम में लग जाने के लिए जी-तोड़ परिश्रम कर रहा था। वह अपनी जीविका स्थिर करने के लिए प्रयत्नशील था। और, पादरी घण्टी को बपतिस्मा देकर जीवन का कर्त्तव्य पूरा कर लेने की प्रसन्नता से कुछ सीधा हो गया, अब वह उतना झुककर नहीं चलता।

परन्तु घण्टी ! —आज अँधेरा हो जाने पर भी, गिरजा के समीप वाले नाले के पुल पर बैठी, अपनी उधेड़-बुन में लगी है। अपने हिसाब-किताब में लगी है—

मैं भीख माँगकर खाती थी, तब मेरा कोई अपना नहीं था। लोग दिल्लगी करते और मैं हँसती, हँसाकर हँसती। पहले तो पैसे के लिए, फिर, फिर चसका लग गया—हँसने का आनन्द मिल गया। मुझे विश्वास हो गया कि इस विचित्र भूतल पर हम लोग केवल हँसी की लहरों में हिलने-डोलने के लिए आ रहे हैं। आह ! मैं दरिद्र थी, पर मैं उन रोनी मूरतवाले गम्भीर विद्वान या रुपयों के बोरों पर बैठे हुए भनभनानेवाले मच्छरों को देखकर घृणा करती, या उनका अस्तित्व ही न स्वीकार करती, जो जी खोलकर हँसते न थे ! मैं वृन्दावन की गली की एक हँसोड़ पागल थी; पर उस हँसी ने रंग पलट दिया; वही हँसी अपना कुछ और उद्देश्य रखने लगी। फिर विजय; धीरे-धीरे जैसे सावन की हरियाली पर प्रभात का बादल बनकर छा गया—मैं नाचने लगी मयूर-सी ! और, वह यौवन का मेघ बरसने लगा। भीतर-बाहर रंग से छक गया। मेरा अपना कुछ न रहा। मेरा आहार, विचार, वेश और भूषा सब बदला, और खूब बदला। वह बरसात के बादलों की रंगीन संध्या थी; परन्तु यमुना पर विजय पाना साधारण काम न था। असंभव था। मैंने संचित शक्ति से विजय को छाती से दबा लिया था और यमुना...वह तो स्वयं राह छोड़कर हट गई थी। पर मैं बनकर भी न बन सकी—नियति चारों ओर से दबा रही थी। और मैंने अपना कुछ न रखा था; जो कुछ था, सब दूसरी धातु का था; मेरे उपादान में कुछ ठोस न था। लो—मैं चली; बाथम...उस पर भी लतिका रोती होगी—यमुना सिसकती होगी...दोनों मुझे गाली देती होंगी; अरे—अरे; मैं हँसने वाली सबको रुलाने लगी ! मैं उसी दिन धर्म से च्युत हो गई—मर गई, घण्टी मर गई ! ...पर, यह कौन सोच रही है ! हाँ, वह मरघट की ज्वाला धधक रही है —ओ, ओ मेरा शव ! वह देखो—विजय लकड़ी के कुन्दे पर बैठा हुआ रो रहा है और बाथम हँस रहा है। हाय ! मेरा शव कुछ नहीं करता है—न रोता है, न हँसता है, तो मैं क्या हूँ ! जीवित हूँ ! चारों ओर ये कौन नाच रहे हैं, ओह ! सिर में कौन धक्के मार रहा है ! मैं भी नाचूँ—ये चुड़ैलें हैं और मैं भी ! तो चलूँ वहाँ, आलोक है।

घंटी अपना नया रेशमी साया नोचती हुई दौड़ पड़ी। अन्धकार में चल पड़ी। बाथम उस समय क्लब में था। मैजिस्ट्रेट की सिफारिशी चिट्ठी की उसे अत्यन्त आवश्यकता थी। पादरी जॉन सोच रहा था—अपनी समाधि का पत्थर कहाँ से मँगाऊँ, उस पर क्रास कैसा हो !

उधर घण्टी—पागल घण्टी—अँधेरे में भाग रही थी।

५

फतहपुर सीकरी से अछनेरा जाने वाली सड़क के सूने अंचल में एक छोटा-सा जंगल है। हरियाली दूर तक फैली हुई है। यहाँ खारी नदी एक छोटी-सी पहाड़ी से टकराती हुई बहती है। यह पहाड़ी सिलसिला अछनेरा और सिंघापुर के बीच में है। जनसाधारण उस सूने कानन में नहीं जाते। कहीं-कहीं बरसाती पानी बहने के सूखे नाले अपना जर्जर कलेवर फैलाये पड़े हैं। बीच-बीच में ऊपर के टुकड़े निर्जल नालों से सहानुभूति करते हुए दिखाई दे जाते हैं। केवल ऊँची-ऊँची टेकरियों से उसकी बस्ती बसी है। वृक्षों के एक घने झुरमुट में लता-गुल्मों से ढँकी एक सुन्दर झोपड़ी है। उसमें कई विभाग हैं। बड़े-बड़े वृक्षों के नीचे पशुओं के झुंड बँधे हैं; उनमें गाय, भैंस और घोड़े भी हैं। तीन-चार भयावने कुत्ते अपनी सजग आँखों से दूर-दूर बैठे पहरा दे रहे हैं। एक पूरा पशु-परिवार लिये गाला उस जंगल में सुखी और निर्भर रहती है। बदन गूजर, उस प्रान्त के भयानक मनुष्यों का मुखिया गाला का सत्तर बरस का बूढ़ा पिता है। वह अब भी अपने साथियों के साथ चढ़ाई पर जाता है। गाला की वयस यद्यपि बीस के ऊपर है, फिर भी कौमार्य के प्रभाव से वह किशोरी ही जान पड़ती है।

गाला अपने पक्षियों के चारे-पानी का प्रबन्ध कर रही थी। देखा तो एक बुलबुल उस टूटे हुए पिंजड़े से निकल भागना चाहता है। अभी कल ही गाला ने उसे पकड़ा था। वह पशु-पक्षियों को पकड़ने और पालने में बड़ी चतुर थी। उसका यही खेल था। बदन गूजर जब बटेसर के मेले में सौदागर बनकर जाता, तब इसी गाला की देख-रेख में पले हुए जानवर उसे मुँहमाँगा दाम दे जाते। गाला अपने टूटे हुए पिंजड़े को तारों के टुकड़े और मोटे सूत से बाँध रही थी। सहसा एक बलिष्ठ युवक ने मुस्कराते हुए कहा—कितनों को पकड़कर सदैव के लिए बन्धन में जकड़ती रहोगी गाला !

हम लोगों की पराधीनता से बड़ी मित्रता है नये ! इसमें बड़ा सुख मिलता है। वही सुख औरों को भी देना चाहता हूँ—किसी से पिता, किसी से भाई, ऐसा ही कोई सम्बन्ध जोड़कर उन्हें उलझाना चाहती हूँ; किन्तु पुरुष, इस जंगली

बुलबुल से भी अधिक स्वतन्त्रता-प्रेमी हैं। वे सदैव छुटकारे का अवसर खोज लिया करते हैं। देखा न, बाबा जब होता है, चले जाते हैं। कब तक आवेंगे तुम जानते हो ?

नहीं भला मैं क्या जानूँ ! पर, तुम्हारे भाई को मैंने कभी नहीं देखा।

इसी से तो कहती हूँ नये ! मैं जिसको पकड़कर रखना चाहती हूँ, वे ही लोग तो भागते हैं। जाने कहाँ संसार-भर का काम उन्हीं के सिर पर आ पड़ा है ! मेरा भाई ? —आह, कितनी चौड़ी छाती वाला युवक था ! अकेले चार-चार घोड़ों को बीसों कोस सवारी में ले जाता। आठ-दस सिपाही कुछ न कर सकते। वह शेर-सा उनमें से तड़पकर निकल जाता। उसके सिखाये घोड़े सीढ़ियों पर चढ़ जाते। घोड़े उससे बातें करते, वह उनके मरम को जानता था।

तो क्या अब नहीं है ?

नहीं है। मैं रोकती थी, बाबा ने न माना। एक लड़ाई में वह मारा गया ! अकेले बीस सिपाहियों को उसने उलझा लिया, और सब निकल आये।

तो क्या मुझे आश्रय देने वाले डाकू हैं ?

तुम देखते नहीं, मैं जानवरों को पालती हूँ, और मेरे बाबा उन्हें मेले में ले जाकर बेंचते हैं ! —गाला का स्वर तीव्र और सन्देहजनक था।

और तुम्हारी माँ ?

ओह ! वह बड़ी लम्बी कहानी है, उसे न पूछो ! —कहकर गाला उठ गई। एक बार अपने कुरते के अंचल से उसने आँख पोंछी, और एक श्यामा गौ के पास जा पहुँची। गौ ने सिर झुका दिया, गाला उसका सिर खुजलाने लगी। फिर उसके मुँह-से-मुँह सटाकर दुलार किया। उसके बछड़े का गला चूमने लगी। उसे भी छोड़कर एक साल-भर के बछड़े को जा पकड़ा। उसके बड़े-बड़े अयालों को अपनी उँगलियों से सुलझाने लगी। एक बार वह फिर अपने पशु-मित्रों में प्रसन्न हो गई। युवक चुपचाप एक वृक्ष की जड़ पर जा बैठा। आधा घण्टा न बीता होगा कि टापों के शब्द सुनकर गाला मुस्कराने लगी। उत्कण्ठा से उसका मुख प्रसन्न हो गया।

अश्वारोही आ पहुँचे। उनमें सबसे आगे उमर में सत्तर बरस का वृद्ध, परन्तु दृढ़ पुरुष था। क्रूरता उसकी घनी दाढ़ी और मूँछों के तिरछेपन से टपक रही थी। गाला ने उसके पास पहुँचकर घोड़े से उतरने में सहायता दी। वह भीषण बुड्ढा अपनी युवती कन्या को देखकर पुलकित हो गया। क्षण भर के लिए न जाने कहाँ छिपी हुई मानवीय कोमलता उसके मुँह पर उमड़ आई ! उसने पूछा—सब ठीक है न गाला !

हाँ बाबा !

बुड्ढे ने पुकारा—नये !

युवक समीप आ गया। बुड्ढे ने एक बार नीचे से ऊपर तक उसे देखा। युवक के ऊपर सन्देह का कोई कारण न मिला। उसने कहा—सब घोड़ों को मलवाकर चारे-पानी का प्रबन्ध कर दो।

बुड्ढे के तीन साथी और उस युवक ने मिलकर घोड़ों को मलना आरम्भ किया। बुड्ढा एक छोटी-सी मँचिया पर बैठकर तमाखू पीने लगा। गाला उसके पास खड़ी होकर उससे हँस-हँसकर बातें करने लगी। पिता और पुत्री दोनों प्रसन्न थे। बुड्ढे ने पूछा—गाला ! यह युवक कैसा है ?

गाला न जाने क्यों इस प्रश्न पर पहली बार लज्जित हुई। फिर सँभल कर उसने कहा—देखने में तो यह बड़ा सीधा और परिश्रमी है।

मैं भी ऐसा ही समझता हूँ। प्रायः जब हम लोग बाहर चले जाते हैं, तब तुम अकेली रहती हो।

बाबा ! अब बाहर न जाया करो।

तो क्या यहीं बैठा रहूँ गाला ! मैं इतना बूढ़ा नहीं हो गया !

नहीं बाबा ! मुझे अकेली छोड़कर न जाया करो।

पहले तू जब छोटी थी, तब तो नहीं डरती थी। अब क्या हुआ ? और, अब तो यह 'नये' भी यहाँ रहा करेगा। बेटी ! यह कुलीन युवक जान पड़ता है।

हाँ बाबा ! किन्तु यह घोड़ों को मलना नहीं जानता—देखो सामने। पशुओं से इसे तनिक भी स्नेह नहीं है। बाबा ! तुम्हारे साथी भी बड़े निर्दयी हैं। एक दिन मैंने देखा कि सुख से चरते हुए एक बकरी के बच्चे को इन लोगों ने समूचा ही भून डाला ! ये सब बड़े डरावने लगते हैं। तुम भी उन्हीं में मिल जाते हो।

चुप पगली ! अब बहुत विलम्ब नहीं—मैं इन सबसे अलग हो जाऊँगा। अच्छा तो बता, इस 'नये' को रख लूँ न ? —बदन गम्भीर दृष्टि से गाला की ओर देख रहा था।

गाला ने कहा—अच्छा तो है बाबा ! बेचारा दुख का मारा है !

एक चाँदनी रात थी। बरसात से धुला हुआ जंगल अपनी गंभीरता में डूब रहा था। नाले के तट पर बैठा हुआ 'नये' निर्निमेष दृष्टि से उस हृदय-विमोहन चित्र-पट को देख रहा था। उसके मन में कितनी बीती हुई स्मृतियाँ स्वर्गीय नृत्य करती हुई चली जा रही थीं। वह अपने फटे हुए कोट को टटोलने लगा। सहसा उसे एक बाँसुरी मिल गई—जैसे कोई खोई हुई निधि मिली। वह प्रसन्न होकर

बजाने लगा। बंसी के विलम्बित मधुर स्वर से सोई हुई वनलक्ष्मी को जगाने लगा। वह अपने स्वर में आप ही मस्त हो रहा था। उसी समय गाला न जाने कैसे उसके समीप आकर खड़ी हो गई। नये ने बंसी बजाना बन्द कर दिया। वह भयभीत होकर देखने लगा।

गाला ने कहा---तुम जानते हो कि यह कौन स्थान है ?

जंगल है, मुझसे भूल हुई।

नहीं, यह ब्रज की सीमा के भीतर है। यहाँ चाँदनी रात में बाँसुरी बजाने से गोपियों की आत्माएँ, मचल उठती हैं।

तुम कौन हो गाला !

मैं नहीं जानती; पर मेरे मन में भी टेस पहुँचती है।

तब मैं न बजाऊँगा।

नहीं नये ! तुम बजाओ, बड़ी सुन्दर बजती थी। हाँ, बाबा कदाचित् क्रोध करें।

अच्छा, तुम रात को यों ही निकलकर घूमती हो। इस पर तुम्हारे बाबा न क्रोध करेंगे ?

हम लोग जंगली हैं। अकेले तो मैं कभी-कभी आठ-आठ दस-दस दिन इसी जंगल में रहती हूँ।

अच्छा, तुम्हें गोपियों की बात कैसे मालूम हुई ? क्या तुम लोग हिन्दू हो ? इन गूजरों से तो तुम्हारी भाषा भिन्न है !

आश्चर्य से देखती हुई गाला ने कहा---क्यों, इसमें भी तुमको सन्देह है ! मेरी माँ मुगल होने पर भी कृष्ण से अधिक प्रेम करती थी। अहा नये ! मैं किसी दिन उसकी जीवनी सुनाऊँगी। वह...

गाला ! तब तुम मुगलानी माँ से उत्पन्न हुई हो !

क्रोध से देखती हुई गाला ने कहा---तुम यह क्यों नहीं कहते कि हम लोग मनुष्य हैं।

जिस सहृदयता से तुमने मेरी विपत्ति में सेवा की है, गाला ! उसे देखकर तो मैं कहूँगा कि तुम देव-बालिका हो !---नये का हृदय सहानुभूति की स्मृति से भर उठा था।

नहीं-नहीं, मैं तुमको अपनी माँ की लिखी हुई जीवनी पढ़ने को दूँगी और तब तुम समझ जाओगे। चलो, रात अधिक बीत रही है, पुआल पर सो रहो। ---गाला ने नये का हाथ पकड़ लिया; दोनों उस चन्द्रिका-धौत शुभ्र रजनी से

भीगती हुई झोंपड़ी की ओर लौटे। उनके चले जाने के बाद वृक्षों की आड़ से बढ़ा बदन गूजर भी निकला और उनके पीछे-पीछे चला।

प्रभात चमकने लगा था। जंगली पक्षियों के कलनाद से कानन-प्रदेश गुंजरित था। गाला चारे-पानी के प्रबन्ध में लगी थी। बदन ने नये को बुलाया। वह आकर सामने खड़ा हो गया। बदन ने उससे बैठने के लिए कहा। उसके बैठ जाने पर गूजर कहने लगा—

जब तुम भूख से व्याकुल, थके हुए, भयभीत, सड़क से हटकर पेड़ के नीचे पड़े हुए आधे अचेत थे, उस समय किसने तुम्हारी रक्षा की थी ?

आपने ! —नये ने कहा।

तुम जानते हो कि हम लोग डाकू हैं, हम लोगों को माया-ममता नहीं ! परन्तु हमारी निर्दयता भी अपना निर्दिष्ट पथ रखती है, वह है केवल धन लेने के लिए। भेद यही है कि धन लेने का दूसरा उपाय हम लोग काभ में नहीं लाते, दूसरे उपायों को हम लोग अधम समझते हैं—धोखा देना, चोरी करना, विश्वासघात करना, यह सब जो तुम्हारे नगरों के सभ्य मनुष्यों की जीविका के सुगम उपाय हैं, हम लोग उनसे घृणा करते हैं।

और भी, तुम वृन्दावन वाले खून के एक भागे हुए असामी हो —हो न ? —कहकर बदन तीखी दृष्टि से नये को देखने लगा। वह सिर नीचा किये खड़ा रहा। बदन फिर कहने लगा—तो तुम छिपना चाहते हो। अच्छा सुनो, हम लोग जिसे अपनी शरण में ले लेते हैं, उससे विश्वासघात नहीं करते। आज तुमसे एक बात साफ कह देना चाहता हूँ। देखो, गाला सीधी लड़की है, संसार के कतरब्योंत वह नहीं जानती, तथापि यदि वह निसर्ग-नियम से किसी युवक को प्यार करने लगे, तो इसमें आश्चर्य नहीं। संभव है, वह मनुष्य तुम्हीं हो जाओ, इसलिए तुम्हें सचेत करता हूँ कि सावधान ! उसे धोखा न देना। हाँ, यदि तुम कभी प्रमाणित कर सकोगे कि तुम उसके योग्य हो, तो फिर देखा जायगा ! समझा !

बदन चला गया। उसकी प्रौढ़ कर्कश वाणी, नये के कानों में वज्र-गम्भीर स्वर से गूँजने लगी। वह बैठ गया और अपने जीवन का हिसाब लगाने लगा।

बहुत विलम्ब तक वह बैठा रहा। तब गाला ने उससे कहा—आज तुम्हारी रोटी पड़ी रहेगी, क्या खाओगे नहीं ?

नये ने कहा—मैं तुम्हारी माता की जीवनी पढ़ना चाहता हूँ। तुमने मुझे दिखाने के लिए कहा था न !

ओहो, तो तुम रूठना भी जानते हो ! अच्छा खा लो, मान जाओ, मैं तुम्हें

दिखला दूँगी।—कहती हुई गाला ने वैसा ही अभिनय किया, जैसे किसी बच्चे को मनाते हुए स्त्रियाँ करती हैं। यह देखकर नये हँस पड़ा। उसने पूछा—अच्छा कब दिखाओगी ?

लो तुम खाने लगो, मैं जाकर ले आती हूँ।

नये अपने रोटी-मठे की ओर चला और गाला अपने घर में।

६

शीतकाल के वृक्षों से छनकर आती हुई धूप, बड़ी प्यारी लग रही थी। नये पैरों पर पैर धरे, चुपचाप गाला की दी हुई, चमड़े से बँधी एक छोटी-सी पुस्तक को आश्चर्य से देख रहा था। वह प्राचीन नागरी में लिखी हुई थी। उसके अक्षर सुन्दर तो न थे; पर थे बहुत स्पष्ट। नये कुतूहल से उसे पढ़ने लगा—

मेरी कथा

बेटी गाला ! तुझे कितना प्यार करती हूँ, इसका अनुमान तुझे छोड़ कर दूसरा नहीं कर सकता। बेटा भी मेरे ही हृदय का टुकड़ा है; पर वह अपने बाप के रंग में रँग गया—पक्का गूजर हो गया ! पर मेरी प्यारी गाला ! मुझे भरोसा है कि तू मुझे न भूलेगी। जंगल के कोने में बैठी हुई, एक भयानक पति की पत्नी अपने बाल्यकाल की मीठी स्मृति से यदि अपने मन को न बहलावे, तो दूसरा उपाय क्या है ? गाला ! सुन, वर्तमान सुख के अभाव में पुरानी स्मृतियों का धन, मनुष्य को पल-भर के लिए सुखी कर सकता है, और तुझे भी अपने जीवन में आगे चलकर कदाचित् इससे सहायता मिले, इसीलिए मैंने तुझे थोड़ा-सा पढ़ाया और इसे लिखकर छोड़ जाती हूँ—

मेरी माँ मुझे बड़े गर्व से गोद में बैठाकर बड़े दुलार से मुझे अपनी बीती सुनाती, उन्हीं बिखरी हुई बातों को इकट्ठी करती हूँ। अच्छा लो सुनो मेरी कहानी—

मेरे पिता का नाम मिरजा जमाल था। वे मुगल-वंश के एक शाहजादे थे। मथुरा और आगरा के बीच में, उनकी जागीर के कई गाँव थे; पर वे प्रायः दिल्ली में ही रहते। कभी-कभी सैर-शिकार के लिए जागीर पर चले आते। उन्हें प्रेम था शिकार से और हिन्दी-कविता से। सोमदेव नामक एक चौबे उनका मुसाहिब और कवि था। वह अपनी हिन्दी-कविता सुनाकर उन्हें प्रसन्न रखता। मेरे पिता को संस्कृत और फारसी से भी प्रेम था। वे हिन्दी के मुसलमान कवि जायसी के पूरे भक्त थे। सोमदेव इसमें उनका बराबर साथ देता। मैंने भी उसी

से हिन्दी पढ़ी। क्या कहूँ, वे दिन बड़े चैन के थे ! पर आपदाएँ भी पीछा कर रही थीं।

एक दिन मिरजा जमाल अपनी छावनी से दूर ताम्बूल-वीथी में बैठे हुए, बैसाख के पहले के कुछ-कुछ गरम पवन से सुख का अनुभव कर रहे थे। ढालुवें टीले पर पान की खेती, उन पर सुढार छाजन, देहात के निर्जन वातावरण को सचित्र बना रही थी। उसी से सटा हुआ, कमलों में भरा एक छोटा-सा ताल था, जिसमें से भीनी-भीनी सुगन्ध उठकर मस्तक को शीतल कर देती। कलनाद करते हुए कभी-कभी पुरइनों से उड़ जाने पर ही जलपक्षी अपने अस्तित्व का परिचय दे देते। सोमदेव ने जलपान की सामग्री सामने रख कर पूछा—क्या आज यहीं दिन बीतेगा ?

हाँ, देखो, ये लोग कितने सुखी हैं सोमदेव ! इन देहाती गृहस्थों में भी कितनी आशा है, कितना विश्वास है। अपने परिश्रम में इन्हें कितनी तृप्ति है !

यहाँ छावनी है, अपनी जागीर में सरकार ? रोब से रहना चाहिए। दूसरे स्थान पर चाहे जैसे रहिए।—सोमदेव ने कहा।

सोमदेव सहचर, सेवक और उनकी सभा का पण्डित भी था। वह मुँहलगा भी था, कभी-कभी उनसे उलझ भी जाता; परन्तु वह हृदय से उनका भक्त था। उनके लिए प्राण दे सकता था।

चुप रहो सोमदेव ? यहाँ मुझे, हृदय की खोई हुई शान्ति का पता चल रहा है। तुमने देखा होगा, पिताजी कितने यत्न से संचय कर यह सम्पत्ति छोड़ गये हैं। मुझे उस धन से प्रेम करने की शिक्षा, वे उच्चकोटि की दार्शनिक शिक्षा की तरह गम्भीरता से आजीवन देते रहे। आज उसकी परीक्षा हो रही है। मैं पूछता हूँ कि हृदय में जितनी मधुरिमा है, कोमलता है, वह सब क्या केवल एक तरुणी सुन्दरता की उपासना की सामग्री है ? इसका और कोई उपयोग नहीं ? हँसने के जो उपकरण हैं, वे किसी झलमले अंचल में ही अपना मुँह छिपाए किसी आशीर्वाद की आशा में पड़े रहते हैं ? संसार में स्त्रियों का क्या इतना व्यापक अधिकार है ?

सोमदेव ने कहा—आपके पास इतनी सम्पत्ति है कि अभाव की शंका व्यर्थ है। जो चाहिए कीजिए। वर्तमान जगत् का शासक, प्रत्येक प्रश्नों का समाधान करने वाला विद्वान्, धन तो आपका चिर सहचर और विश्वस्त है ही ? चिन्ता क्या ?

मिरजा जमाल ने जलपान करते हुए प्रसंग बदल दिया। कहा—आज तुम्हारे बादाम की बरफी में कुछ कड़वे बादाम थे।

तमोली ने टट्टर के पास ही भीतर, दरी बिछा दी थी। मिरजा चुपचाप सामने फूले हुए कमलों को देखते थे। ईख की सिंचाई के पुरवट के शब्द दूर से उस निस्तब्धता को भंग कर देते थे। पवन की गरमी से टट्टर बन्द कर देने पर भी उस सरपत की झँझरी से बाहर का दृश्य दिखलाई पड़ता था। ढालुवीं भूमि में तकिये की आवश्यकता न थी। पास ही आम के नीचे कम्बल बिछाकर दो सेवकों के साथ सोमदेव बैठा था। मन में सोच रहा था—यह सब रुपये की सनक है !

ताल के किनारे, पत्थर की शिला पर, महुए की छाया में, एक किशोरी और एक खसखसी दाढ़ीवाला मनुष्य, लम्बी सारंगी लिये, विश्राम कर रहे थे। बालिका की वयस चौदह से ऊपर नहीं; पुरुष पचास के समीप। वह देखने से मुसलमान जान पड़ता था। दिहाती दृढ़ता उसके अंग-अंग से झलकती थी। घुटनों तक हाथ-पैर धो, मुँह पोंछकर एक बार अपने में आकर उसने आँखें फाड़-कर देखा—उसने कहा—शबनम ! देखो, यहाँ कोई अमीर टिका मालूम पड़ता है। ठंढी हो चुकी हो, तो चलो बेटी ! कुछ मिल जाय तो अचरज नहीं।

शबनम वस्त्र सँवारने लगी, उसकी सिकुड़न छुड़ाकर अपनी वेशभूषा को ठीक कर लिया। आभूषणों में दो-चार काँच की चूड़ियाँ और नाक में नथ, जिसमें मोती लटककर अपनी फाँसी छुड़ाने के लिए छटपटाता था। टट्टर के पास पहुँच गये। मिरजा ने देखा—बालिका की वेशभूषा में कोई विशेषता नहीं; परन्तु परिष्कार था। उसके पास कुछ नहीं था—वसन, अलंकार या भादों की भरी हुई नदी-सा यौवन। कुछ नहीं, थीं केवल दो-तीन कलामयी मुख-रेखाएँ—जो आगामी सौन्दर्य की बाह्य रेखायें थीं, जिनमें यौवन का रंग भरना कामदेव ने अभी बाकी रख छोड़ा था। कई दिन का पहना हुआ वसन भी मलिन हो चला था; पर कौमार्य में उज्ज्वलता थी। और यह क्या !—सूखे कपोलों में दो-दो तीन-तीन लाल मुहाँसे। तारुण्य जैसे अभिव्यक्ति का भूखा था, 'अभाव अभाव !'—कहकर जैसे कोई उसकी सुरमई आँखों में पुकार उठता था। मिरजा कुछ सिर उठाकर झँझरी से देखने लगा।

सरकार ! कुछ सुनाऊँ ?—दाढ़ीवाले ने हाथ जोड़कर कहा।

सोमदेव ने बिगड़कर कहा—जाओ अभी सरकार विश्राम कर रहे हैं।

तो हम लोग भी बैठ जाते हैं, आज तो पेट भर जायगा—कहकर वह सारंगी वाला वहाँ की भूमि झाड़ने लगा।

झुंझलाकर सोमदेव ने कहा—तुम भी एक विलक्षण मूर्ख हो ! कह दिया न, जाओ।

सेवक ने भी गर्व से कहा—तुमको मालूम नहीं, सरकार भीतर लेटे हैं। घबराकर सारंगीवाले ने पूछा—कौन सरकार ?

शाहजादे मिरजा जमाल ।

कहाँ हैं ?

यहीं, इसी टट्टी में हैं, धूप कम होने पर बाहर निकलेंगे ।

भाग खुल गये भय्या ! मैं चुपचाप बैठता हूँ—कहकर दाढ़ीवाला बिना परिष्कृत की हुई भूमि पर बैठकर आँखें मटकाकर शबनम को संकेत करने लगा ।

शबनम अपने एक ही वस्त्र को और भी मलिन होने से बचाना चाहती थी, उसकी आँखें स्वच्छ स्थान और आड़ खोज रही थीं। उसके हाथ में अभी का तोड़ा हुआ कमलगट्टा था। सबकी आँखें बचाकर वह उसे चख लेना चाहती थी। सहसा टट्टर खुला ।

मिरजा ने कहा—सोमदेव !

सेवक दौड़ा, सोमदेव उठ खड़ा हुआ। मिरजा ने आँखों से पूछा—ये कौन लोग हैं ? जैसे बिलकुल अनजान ।

सारंगीवाला उठ खड़ा हुआ था । उसने कई आदाब बजाकर और सोमदेव को कुछ बोलने का अवसर न देते हुए कहा—सरकार ! जाचक हूँ, बड़े भाग से दर्शन हुए ।

मिरजा को इतने से सन्तोष न हुआ। उन्होंने मुँह बन्द किये, फिर सिर हिलाकर कुछ और जानने की इच्छा प्रकट की। सोमदेव ने दरबारी ढंग से डाँट-कर कहा—तुम कौन हो जी, साफ-साफ क्यों नहीं बताते ?

मैं ढाढी हूँ ।

और, यह कौन है ?

मेरी लड़की शबनम ।

शबनम क्या ?

शबनम ओस को कहते हैं पण्डितजी ।—मुस्कराते हुए मिरजा ने कहा और एक बार शबनम की ओर भली-भाँति देखा। तेजस्वी श्रीमान् की आँखों से मिलते ही, दरिद्र शबनम की आँखें पसीने-पसीने हो गईं। मिरजा ने देखा उन आकाश-सी नीली आँखों में सचमुच ओस की बूँदें छा गई थीं ।

अच्छा, तुम लोग क्या करते हो ?—मिरजा ने पूछा ।

यही गाती है, इसी से हम दोनों का पापी पेट चलता है ।

मिरजा की इच्छा गाना सुनने की न थी; परन्तु शबनम अब तक कुछ बोली

नहीं थी; केवल इसीलिए सहसा उन्होंने कहा—अच्छा सुनूँ तो तुम लोगों का गाना। तुम्हारा नाम क्या है जी ?

रहमत खाँ, सरकार !—कहकर वह अपनी सारंगी मिलाने लगा। शबनम बिना किसी से कुछ पूछे, आकर कम्बल पर बैठ गई। सोमदेव झुंझला उठा; पर कुछ बोला नहीं।

शबनम गाने लगी—

पसे मर्ग मेरी मजार पर जो दिया किसी ने जला दिया।
उसे आह ! दामने बाद ने सरेशाम ही से बुझा दिया !

इसके आगे जैसे शबनम को भूल गया था। वह इसी पद्य को कई बार गाती रही। उसके संगीत में कला न थी, करुणा थी। पीछे ने रहमत उसके भूले हुए अंश को स्मरण दिलाने के लिए गुनगुना रहा था; पर शबनम के हृदय का रिक्त अंश मूर्त्तिमान होकर जैसे उसकी स्मरण-शक्ति के सामने अड़ जाता था। झुंझलाकर रहमत ने सारंगी रख दी। विस्मय से शबनम ने पिता की ओर देखा, उसकी भोली-भोली आँखों ने पूछा—क्या कुछ भूल हो गई। चतुर रहमत उस बात को पी गया। मिरजा जैसे स्वप्न से चौंके, उन्होंने देखा—सचमुच सन्ध्या से ही बुझा हुआ स्नेह विहीन दीपक सामने पड़ा है। मन में आया, उसे भर दूँ। कहा—रहमत, तुम्हारी जीविका का अवलम्ब तो बड़ा दुर्बल है।

सरकार; पेट नहीं भरता, दो बीघा जमीन से क्या होता है।

मिरजा ने कौतुक से कहा—तो तुम लोगों को कोई सुखी रखना चाहे, तो रह सकते हो ?

रहमत के लिए जैसे छप्पर फाड़कर किसी ने आनन्द बरसा दिया। वह भविष्य की सुखमयी कल्पनाओं से पागल हो उठा—क्यों नहीं सरकार ! आप गुनियों की परख रखते हैं।

सोमदेव ने धीरे से कहा—वेश्या है सरकार।

मिरजा ने कहा—दरिद्र हैं।

सोमदेव ने विरक्त होकर सिर झुका लिया।

कई बरस बीत गये।

शबनम मिरजा के महल में रहने लगी थी।

सुन्दरी ! सुन्दरी ! ओ बँदरी ! यहाँ तो आ !

आई !—कहती हुई एक चंचल छोकरी हाथ बाँधे सामने आकर खड़ी हो गई। उसकी भवें हँस रही थीं ! वह अपने होठों को बड़े दबाव से रोक रही थी।

देखो तो आज इसे क्या हो गया है। बोलती ही नहीं, मन मारे बैठी है।

नहीं मलका ! चारा-पानी रख देती हूँ। मैं तो इससे डरती हूँ ! और कुछ नहीं करती।

फिर इसको क्या हो गया है, बतला नहीं तो सिर के बाल नोच डालूंगी।

भुन्दरी को विश्वास था कि मलका कदापि ऐसा नहीं कर सकती। वह ताली पीटकर हँसने लगी और बोली—मैं समझ गई !

उत्कण्ठा से मलका ने कहा—तो बताती क्यों नहीं ?

जाऊँ सरकार को बुला लाऊँ, वे ही इसके मरम की बात जानते हैं।

सच कह, वे कभी इसे दुलार करते हैं, पुचकारते हैं ? मुझे तो विश्वास नहीं होता।

हाँ।

तो मैं ही चलती हूँ, तू इसे उठा ले।

सुन्दरी ने महीन सोने के तारों से बना हुआ पिंजरा उठा लिया, और शबनम आरक्त कपोलों पर का श्रम-सीकर पोंछती हुई, उसके पीछे-पीछे चली।

उपवन की कुंज गली परिमल से मस्त हो गई। फूलों ने मकरन्द-पान करने के लिए अधरों-सी पंखड़ियाँ खोलीं। मधुप लड़खड़ाये। मलयानिल सूचना देने के लिए आगे-आगे दौड़ने लगा।

लोभ ! सो भी धन का ! ओह। कितना सुन्दर सर्प भीतर फुफकार रहा है। कोहनूर का सीसफूल गजमुक्ताओं की एकावली बिना अधूरा है, क्यों ? वह तो कंगाल थी। वह मेरी कौन है ?

कोई नहीं सरकार ! —कहते हुए सोमदेव ने विचार में बाधा उपस्थित कर दी !

हाँ, सोमदेव मैं भूल कर रहा था।

बहुत-से लोग वेदान्त की व्याख्या करते हुए ऊपर से देवता बन जाते हैं और भीतर उसके वह नोच-खसोट चला करता है। जिसकी सीमा नहीं।

वही तो सोमदेव ! कंगाल को सोने में नहला दिया; पर उसका कोई तत्काल फल न हुआ—मैं समझता हूँ वह सुखी न हो सकी।

सोने की परिभाषा कदाचित् सबके लिए भिन्न-भिन्न हो ! कवि कहते हैं—सबेरे की किरणें सुनहली हैं, राजनीति-विशारद—सुन्दर राज्य को, सुनहला

शासन कहते हैं। प्रणयी यौवन में सुनहरा पानी देखते हैं, और माता अपने बच्चे के सुनहले बालों के गुच्छों पर सोना लुटा देती है। यह कठोर, निर्दय, प्राणहारी पीला सोना ही तो सोना नहीं है। —सोमदेव ने कहा।

सोमदेव! कठोर परिश्रम से, लाखों बरस से, नये-नये उपाय से, मनुष्य पृथ्वी से सोना निकाल रहा है; पर वह भी किसी-न-किसी प्रकार फिर पृथ्वी में जा घुसता है। मैं सोचता हूँ कि इतना धन क्या होगा! लुटाकर देखूँ?

सब तो लुटा दिया, अब कुछ कोष में है भी!

क्या! —आश्चर्य से मिरजा ने पूछा।

संचित धन अब नहीं रहा।

क्या वह सब प्रभात के झरते हुए ओस की बूँदों में अरुण किरणों की छाया थी! और, मैंने जीवन का कुछ सुख भी नहीं लिया!

सरकार! सब सुख सब के पास एक साथ नहीं आते, नहीं तो विधाता को सुख बाँटने में बड़ी बाधा उपस्थित हो जाती!

चिढ़कर मिरजा ने कहा—जाओ!

सोमदेव चला गया, और मिरजा एकान्त में जीवन की गुत्थियों को सुलझाने लगे। वापी के मरकत जल को निर्निमेष देखते हुए वे संगमर्मर के उसी प्रकोष्ठ के समान निश्चेष्ट थे, जिसमें बैठे थे।

नूपुर की झनकार ने स्वप्न भंग कर दिया—

देखो तो इसे हो क्या गया है, बोलता नहीं क्यों! तुम चाहो तो यह बोल दे।

ऐं! इसका पिंजड़ा तो तुमने सोने से लाद लिया है! मलका! बहुत हो जाने पर भी सोना-सोना ही है! ऐसा दुरुपयोग!

तुम इसे देखो तो, क्यों दुखी है?

ले जाओ, जब मैं अपने जीवन के प्रश्नों पर विचार कर रहा हूँ, तब तुम यह खिलवाड़ दिखाकर मुझे भुलवाना चाहती हो!

'मैं तुम्हें भुलवा सकती हूँ!' —मिरजा का यह रूप शबनम ने कभी नहीं देखा था। वह उनके गर्म आलिंगन, प्रेम-पूर्ण चुम्बन और स्निग्ध दृष्टि से सदैव ओत-प्रोत रहती थी—आज अचानक यह क्या! संसार अब तक उसके लिये एक सुनहली छाया और जीवन एक मधुर स्वप्न था। खंजरीट मोती उगलने लगे।

मिरजा को चेतना हुई—इसी शबनम को प्रसन्न करने के लिए तो वह कुछ विचारता-सोचता है, फिर यह क्या! यह क्या—मेरी एक बात भी यह हँसकर नहीं उड़ा सकती, झट उसका प्रतिकार! उन्होंने उत्तेजित होकर कहा—

सुन्दरी ! उठा ले मेरे सामने से पिंजरा, नहीं तो तेरी भी खोपड़ी फूटेगी और यह तो टूटेगा ही !

सुन्दरी ने बेढब रंग देखा, वह पिंजरा लेकर चली। मन में सोचती जाती थी—आज यह क्या ! मन-बहलाव न होकर यह काण्ड कैसा !

शबनम तिरस्कार न सह सकी, वह मर्माहत होकर श्वेत प्रस्तर के स्तम्भ से टिककर सिसकने लगी। मिरजा ने अपने मन को धिक्कारा। रोने वाली मलका ने उसे अकारण अकरुण हृदय को द्रवित कर दिया। उन्होंने मलका को मनाने की चेष्टा की; पर मानिनी का दुलार हिचकियाँ लेने लगा। कोमल उपचारों ने मलका को जब बहुत समय बीतने पर स्वस्थ किया, तब आँसू के सूखे पद-चिह्न पर हँसी की दौड़ धीमी थी, बात बदलने के लिए मिरजा ने कहा—मलका, आज अपना सितार सुनाओ, देखें अब तुम कैसा बजाती हो ?

नहीं, तुम हँसी करोगे और मैं फिर दुःखी होऊँगी।

तो मैं समझ गया, जैसे तुम्हारा बुलबुल एक ही आलाप जानता है—वैसे ही तुम अभी तक वही भैरवी की एक तान जानती होगी—कहते हुए मिरजा बाहर चले गये। सामने सोमदेव मिला, मिरजा ने कहा,—सोमदेव ! कंगाल धन का आदर करना नहीं जानते।

ठीक है श्रीमान्, धनी भी तो सब का आदर करना नहीं जानते, क्योंकि सबके आदरों के प्रकार भिन्न हैं। जो सुख-सम्मान आपने शबनम को दे रक्खा है, वही यदि किसी कुलवधू को मिलता !

वह वेश्या तो नहीं है...। फिर भी सोमदेव, सब वेश्याओं को देखो—उनमें कितनों के मुख सरल हैं, उनकी भोली-भाली आँखें रो-रोकर कहती हैं, मुझे पीट-पीटकर चञ्चलता सिखाई गई है। मेरा विश्वास है कि उन्हें अवसर दिया जाय तो वे कितनी ही कुलवधुओं से किसी बात में कम न होतीं !

मेरा ऐसा अनुभव नहीं, परीक्षा करके देखिये।

अच्छा तो तुमको पुरोहिती करनी होगी। निकाह कराओगे न ?

अपनी कमर टटोलिये, मैं प्रस्तुत हूँ। —कहकर सोमदेव ने हँस दिया।

मिरजा मलका के प्रकोष्ठ की ओर चले।

सब आभूषण और मूल्यवान वस्तु सामने एकत्र कर मलका बैठी है। रहमत ने सहसा आकर देखा, उसकी आँखें चमक उठीं। उसने कहा—बेटी यह सब क्या ?

इन्हें सहेज देना होगा।

किसे ? क्या मैं इन्हें घर ले जाऊँ ?

नहीं, जिसका है उसे।

पागल तो नहीं हो गई है---मिला हुआ भी कोई यों ही लौटा देता है।

चुप रहो बाबा !

उसी समय मिरजा ने भीतर आकर यह देखा। उसकी समझ में कुछ न आया। उत्तेजित होकर उन्होंने कहा---रहमत ! क्या यह सब घर बाँध ले जाने का ढंग था।

रहमत आँखें नीची किये चला गया; पर मलका शबनन लाल हो गईं। मिरजा ने सम्हलकर उससे पूछा---यह सब क्या है मलका !

तेजस्विता से शबनम ने कहा---यह सब मेरी वस्तुएँ हैं, मैंने रूप बेच कर पायी हैं, क्या इन्हें घर न भेजूं !

चोट खाकर मिरजा ने कहा---अब तुम्हारा दूसरा घर कौन है, शबनम ! मैं तुमसे निकाह करूँगा।

ओह ! तुम अपनी मूल्यवान वस्तुओं के साथ मुझे भी सन्दूक में बन्द किया चाहते हो ! तुम अपनी सम्पत्ति सहेज लो, मैं अपने को सहेजकर देखूं !

मिरजा मर्माहत होकर चले गये।

सादी धोती पहने सारंगी उठाकर हाथ में देते हुए, रहमत से शबनम ने कहा---चलो बाबा।

कहाँ बेटी ! अब तो मुझसे यह न हो सकेगा, और तुमने भी कुछ न सीखा ---क्या करोगी मलका ?

नहीं बाबा ! शबनम कहो। चलो, जो सीखा है वह गाना तो मुझे भूलेगा नहीं, और भी सिखा देना। अब यहाँ एक पल नहीं ठहर सकती !

बुड्ढे ने दीर्घ निःश्वास लेकर सारंगी उठायी, वह आगे-आगे चला।

उपवन में आकर शबनम रुक गई। मधुमास था, चाँदनी रात थी। वह निर्जनता सौरभ-व्याप्त हो रही थी। शबनम ने देखा, ऋतुरानी शिरिस के फूलों की कोमल तूलिका से विराट् शून्य में अलक्ष्य चित्र बना रही थी। वह खड़ी न रह सकी, जैसे किसी धक्के से खिड़की के बाहर हो गई।

इस घटना को बारह बरस बीत गये थे; रहमत अपनी कच्ची दालान में बैठा हुआ हुक्का पी रहा था। उसने अपने इकट्ठे किये हुए रुपयों से और भी बीस बीघा खेत ले लिया था। गाँव में अब वह एक अच्छा किसान था। मेरी

माँ शबनम चावल फटक रही थी और मैं बैठी हुई अपनी गुड़ियाँ खेल रही थी। अभी संध्या नहीं हुई थी। मेरी माँ ने कहा—बानो, तू अभी खेलती ही रहेगी, आज तूने कुछ भी न पढ़ा।—रहमतखाँ मेरे नाना ने कहा—शबनम, उसे खेल लेने दे बेटी; खेलने के दिन फिर नहीं आते—मैं यह सुनकर प्रसन्न हो रही थी, कि एक सवार नंगे सिर अपना घोड़ा दौड़ता हुआ दालान के सामने आ पहुँचा और उसने बड़ी दीनता से कहा—मियाँ रात-भर के लिए मुझे जगह दो, मेरे पीछे डाकू लगे हैं!

रहमत ने धुआँ छोड़ते हुए कहा—भई, थके हो तो थोड़ी देर ठहर सकते हो; पर डाकुओं से तो तुम्हें हम बचा नहीं सकते।

यही सही—कहकर सवार घोड़े से कूद पड़ा। मैं भी बाहर ही थी, कुतूहल से पथिक का मुँह देखने लगी। बाध की खाट पर वह हाँफते हुए बैठा। संध्या हो रही थी। तेल का दीपक लेकर मेरी माँ उस दालान में आई। वह मुँह फिराये हुए दीपक रखकर चली गई। सहसा मेरे बुड्ढे नाना को जैसे पागलपन हो गया, खड़े होकर पथिक को घूरने लगे। पथिक ने भी देखा और चौंककर पूछा—रहमत! यह तुम्हारा ही घर है?

हाँ मिरजा साहब!

इतने में एक और मनुष्य हाँफता हुआ आ पहुँचा; वह कहने लगा—सब उलट-पलट हो गया। मिरजा! आज देहली का सिंहासन मुगलों के हाथ से बाहर है। फिरंगी की दोहाई है, कोई आशा न रही।

मिरजा जमाल मानसिक पीड़ा से तिलमिलाकर उठ खड़े हुए, मुट्ठी बाँधे टहलने लगे और बुड्ढा रहमत हतबुद्धि होकर उन्हें देखने लगा। भीतर मेरी माँ यह सब सुन रही थी, वह बाहर झाँककर देखने लगी। मिरजा की आँखें क्रोध से लाल हो रही थीं। तलवार की मूठों पर, कभी मूछों पर, हाथ चंचल हो रहा था। सहसा वे बैठ गये और उनकी आँखों से आँसू की धारा बहने लगी। वे बोल उठे—मुगलों की विलासिता ने राज को खा डाला। क्या हम सब बाबर की संतान हैं? आह!

मेरी माँ बाहर चली आई। रात की अँधेरी बढ़ रही थी। भयभीत होकर यह सब आश्चर्यमय व्यापार देख रही थी! माँ धीरे-धीरे आकर मिरजा के सामने खड़ी हो गई और उनके आँसू पोंछने लगी। उस स्पर्श से मिरजा के शोक की ज्वाला जब शान्त हुई, तब उन्होंने क्षीण स्वर में कहा—शबनम!

वह बड़ा करुणाजनक दृश्य था। मेरे नाना रहमतखाँ ने कहा—आओ सोम-देव! हम लोग दूसरी कोठरी में चलें। वे दोनों चले गये। मैं चुप बैठी थी।

मेरी माँ ने कहा—अब शोक करके क्या होगा, धीरज को आपदा में न छोड़ना चाहिए। यह तो मेरा भाग है कि इस समय मैं तुम्हारी सेवा के लिए किसी तरह मिल गई। अब सब भूल जाना चाहिए। जो दिन बचे हैं, मालिक के नाम पर काट लिए जायँगे।

मिरजा ने एक लम्बी साँस लेकर कहा—शबनम ? मैं एक पागल था—मैंने समझा था, मेरे सुखों का अन्त नहीं; पर आज ?

कुछ नहीं, कुछ नहीं, मेरे मालिक ! सब अच्छा है, सब अच्छा होगा। उसकी दया में सन्देह न करना चाहिए।

अब मैं भी पास चली आई थी, मिरजा ने मुझे देखकर संकेत से पूछा। माँ ने कहा—इसी दुखिया को छः महीने का पेट में लिए मैं यहाँ आई थी, और यहीं धूल-मिट्टी में खेलती हुई यह इतनी बड़ी हुई। मेरे मालिक ! तुम्हारे विरह में यही तो मेरी आँखों की ठंडक थी—तुम्हारी निशानी ! मिरजा ने मुझे गले से लगा लिया। माँ ने कहा—बेटी ! यही तेरे पिता हैं। मैं न जाने क्यों रोने लगी। हम सब मिलकर बहुत रोये। उस रोने में बड़ा सुख था। समय ने एक साम्राज्य को हाथों में लेकर चूर कर दिया, बिगाड़ दिया; पर उसने एक झोपड़ी के कोने में एक उजड़ा हुआ स्वर्ग बसा दिया। हम लोगों के दिन सुख से बीतने लगे।

गाँव-भर में मिरजा के आ जाने से एक आतंक छा गया। मेरे नाना का बुढ़ापा चैन से कटने लगा। सोमनाथ मुझे हिन्दी पढ़ाने लगे, और मैं, माता-पिता की गोद के सुख में बढ़ने लगी।

सुख के दिन बड़ी शीघ्रता से खिसकते हैं। एक बरस के सब महीने देखते-देखते बीत गये। एक सन्ध्या में हम सब लोग अलाव के पास बैठे थे। किवाड़े बन्द थे। सरदी से कोई उठना नहीं चाहता था। ओस से भीगी रात भारी मालूम होती थी। धुआँ ओस के बोझ से ऊपर नहीं उठ सकता था। सोमनाथ ने कहा—आज बरफ पड़ेगा, ऐसा रंग है। उसी समय बुधुआ ने आकर कहा—और डाका भी।

सब लोग चौकन्ने हो गये। मिरजा ने हँसकर कहा—तो क्या तू ही उन सबों का भेदिया है।

नहीं सरकार ! यह देश ही ऐसा है, इसमें गूजरों की...

बुधुआ की बात काटते हुए सोमदेव ने कहा—हाँ-हाँ यहाँ के गूजर बड़े भयानक हैं।

तो हम लोगों को भी तैयार रहना चाहिए ?—कहकर मिरजा ने अपनी सिरोही उठा ली। रहमत ने कहा—आप भी किसकी बात में आते हैं, जाइए आराम कीजिए।

सब लोग उस समय तो हँसते हुए उठे; पर अपनी कोठरी में आते समय सबके हाथ-पैर बोझ से लदे हुए थे। मैं भी माँ के साथ कोठरी में जाकर सो रही।

रात को अचानक कोलाहल सुनकर मेरी आँख खुल गई। मैं पहले सपना समझकर फिर आँख बन्द करने लगी; पर झुठलाने से कठोर आपत्ति कहीं झूठी हो सकती है। सचमुच डाका पड़ा था, गाँव के सब लोग भय से अपने-अपने घरों में घुसे थे। मेरा हृदय धड़कने लगा। माँ भी उठकर बैठी थी। वह भयानक आक्रमण मेरे नाना के ही घर पर हुआ था। रहमतखाँ, मिरजा और सोमदेव ने कुछ काल तक उन लोगों को रोका, एक भीषण काण्ड उपस्थित हुआ। हम माँ-बेटियाँ एक-दूसरे के गले से लिपटी हुई थर-थर काँप रही थीं। रोने का भी साहस न होता था। एक क्षण के लिए बाहर का कोलाहल रुका। अब उस कोठरी के किवाड़ तोड़े जाने लगे, जिसमें हम लोग थे। भयानक शब्द से किवाड़े टूटकर गिरे। मेरी माँ ने साहस किया, वह उन लोगों से बोली—तुम लोग क्या चाहते हो ?

नवाबी का माल दो बीबी ! बताओ कहाँ है ? एक ने कहा। मेरी माँ बोली —हम लोगों की नवाबी उसी दिन गई, जब मुगलों का राज्य गया ! अब क्या है, किसी तरह दिन काट रहे हैं।

यह पाजी भला बताएगी—कहकर दो नर-पिशाचों ने उसे घसीटा। वह विपत्ति की सताई मेरी माँ मूर्च्छित हो गई; पर डाकुओं में से एक ने कहा—नकल कर रही है—और उसी अवस्था में उसे पीटने लगे। पर वह फिर न बोली। मैं अवाक् कोने में काँप रही थी। मैं भी मूर्छित हो रही थी कि मेरे कानों में सुनाई पड़ा—इसे न छुओ, मैं इसे देख लूँगा। मैं अचेत थी।

इसी झोंपड़ी के एक कोने में मेरी आँखें खुलीं। मैं भय से अधमरी हो रही थी। मुझे प्यास लगी थी। ओठ चाटने लगी। एक सोलह बरस के युवक ने मुझे थोड़ा दूध पिलाया और कहा—घबराओ न, तुम्हें कोई डर नहीं है।—मुझे आश्वासन मिला। मैं उठ बैठी। मैंने देखा, उस युवक की आँखों में मेरे लिए स्नेह है ! हम दोनों के मन में प्रेम का षड्यंत्र चलने लगा और उस सोलह बरस के बदन गूजर की सहानुभूति उसमें उत्तेजना उत्पन्न कर रही थी। कई दिनों तक जब मैं पिता और माता का ध्यान करके रोती, तो बदन मेरे आँसू पोंछता और मुझे समझाता। अब धीरे-धीरे मैं उसके साथ जंगल के अंचलों में घूमने लगी।

गूजरों ने नवाब का नाम सुनकर बहुत धन की आशा में डाका डाला था, पर कुछ हाथ न लगा। बदन का पिता सरदार था! वह प्रायः कहता—मैंने इस बार व्यर्थ इतनी हत्या की। अच्छा मैं इस लड़की को जंगल की रानी बनाऊँगा।

बदन सचमुच मुझसे स्नेह करता। उसने कितने ही गूजर कन्याओं के ब्याह लौटा दिये, उसके पिता ने भी कुछ न कहा। हम लोगों का स्नेह देखकर वह अपने अपराधों का प्रायश्चित्त करना चाहता था; परन्तु बाधक था हम लोगों का धर्म। बदन ने कहा—हम लोगों को इससे क्या? तुम जैसे चाहो भगवान को मानो, मैं जिसके सम्बन्ध में स्वयं कुछ समझता ही नहीं, तब तुम्हें क्यों समझाऊँ। सचमुच वह इन बातों के समझाने की चेष्टा भी नहीं करता। वह पक्का गूजर जो पुराने संस्कार और आचार चले आये थे—उन्हीं कुल-परम्परा के कामों के कर लेने से कृतकृत्य हो जाता। मैं इस्लाम के अनुसार प्रार्थना करती; पर इससे हम लोगों के मन में सन्देह न हुआ। हमारे प्रेम ने हम लोगों को एक बन्धन में बाँध दिया और जीवन कोमल होकर चलने लगा। बदन ने अपना पैतृक व्यवसाय न छोड़ा, मैं उससे केवल इसी बात से असन्तुष्ट रहती।

यौवन की पहली ऋतु हम लोगों के लिए जंगली उपहार ले कर आई। मन में नवाबी का नशा और माता की सरल सीख—इधर गूजर पति की कठोर दिनचर्या! एक विचित्र सम्मेलन था। फिर भी मैं अपना जीवन बिताने लगी हूँ।

बेटी गाला! तू जिस अवस्था में रह; जगत्पिता को न भूल? राजा कंगाल होते हैं और कंगाल राजा हो जाते हैं; पर वह सबका मालिक अपने सिंहासन पर अटल बैठा रहता है। जिसे हृदय देना, उसी को शरीर अर्पण करना—उसमें एकनिष्ठा बनाये रखना। मैं बराबर जायसी की 'पद्मावत' पढ़ा करती हूँ। वह स्त्रियों के लिए तो जीवन-यात्रा में पथ-प्रदर्शक है। स्त्रियों को प्रेम करने के पहले यह सोच लेना चाहिए—मैं पद्मावती हो सकती हूँ कि नहीं? गाला! संसार दुख से भरा है। सुख के छींटे कहीं से परमपिता की दया से आ जाते हैं। उसकी चिन्ता न करना, उसके न पाने से दुःख भी न मानना। मैंने अपने कठोर और भीषण पति की सेवा सचाई से की है, और चाहती हूँ कि तू भी मेरी जैसी हो। परमपिता तेरा मंगल करे। पद्मावत पढ़ना कभी न छोड़ना। उसके गूढ़ तत्त्व जो मैं तुझे बराबर समझाती आई हूँ, तेरी जीवन-यात्रा की मधुरता और कोमलता से भर देंगे। अन्त में फिर तेरे लिए मैं प्रार्थना करती हूँ—तू सुखी रहे।

नये ने पुस्तक बन्द करते हुए एक दीर्घ निःश्वास लिया। उसकी संचित स्नेह राशि में उस राजवंश की जंगली लड़की के लिए हलचल मच गई। विरस जीवन में एक नवीन स्फूर्ति हुई। वह हँसते हुए गाला के पास पहुँचा। गाला इस समय अपने नये बुलबुल को चारा दे रही थी।

पढ़ चुके! कहानी अच्छी है न? —गाला ने पूछा।

बड़ी करुण और हृदय में टीस उत्पन्न करनेवाली कहानी है गाला! तुम्हारा सम्बन्ध दिल्ली के राज-सिंहासन से है—आश्चर्य!

आश्चर्य किस बात का नये? क्या तुम समझते हो कि यह कोई बड़ी भारी घटना है। कितने राजरक्तपूर्ण शरीर, परिश्रम करते-करते मर-पच गये—उस अनन्त अनलशिखा में—जहाँ चरम शीतलता है, परम विश्राम है, वहाँ किसी तरह पहुँच जाना ही तो इस जीवन का लक्ष्य है।

नये अवाक् होकर उसका मुँह देखने लगा। गाला सरल जीवन की जैसे प्राथमिक प्रतिमा थी। नये ने साहस कर पूछा—फिर गाला, जीवन के प्रकारों में तुम्हारे लिए चुनाव का कोई विषय नहीं, उसे बिताने के लिए कोई निश्चित कार्यक्रम नहीं।

है तो नये! समीप के प्राणियों में सेवा-भाव, सबसे स्नेह-सम्बन्ध रखना, यह क्या मनुष्य के लिए पर्याप्त कर्त्तव्य नहीं।

तुम अनायास ही इस जंगल में पाठशाला खोलकर यहाँ के दुर्दान्त प्राणियों के मन में कोमल मानव-भाव भर सकती हो!

ओहो। तुमने सुना नहीं, सीकरी में एक साधु आया है, हिन्दू-धर्म का तत्त्व समझाने के लिए। जंगली बालकों की एक पाठशाला उसने खोल दी है। वह कभी-कभी यहाँ भी आता है, मुझसे भी कुछ ले जाता है; पर मैं देखती हूँ कि मनुष्य बड़ा ढोंगी जीव है—वह दूसरों को वही सिखाने का उद्योग करता है, जिसे स्वयं कभी भी नहीं समझता। मुझे यह नहीं रुचता! मेरे पुरखे तो बहुत पढ़े-लिखे और समझदार थे, उनके मन की ज्वाला कभी शान्त हुई?

यह एक विकट प्रश्न है गाला! जाता हूँ, अभी मुझे घास करना है। यह बात तो मैं धीरे-धीरे समझने लगा हूँ कि शिक्षितों और अशिक्षितों के कर्मों में अंतर नहीं है। जो कुछ भेद है वह उनके काम करने के ढंग का है।

तो तुमने अभी अपनी कथा मुझे नहीं सुनाई।

किसी अवसर पर सुनाऊँगा—कहता हुआ नये चला गया।

गाला चुपचाप अस्त होते हुए दिनकर को देख रही थी। बदन दूर से टहलता हुआ आ रहा था। आज उसका मुँह सदा की भाँति प्रसन्न न था। गाला

उसे देखते ही उठ खड़ी हुई, बोली—बाबा ! तुमने कहा था, आज मुझे बाजार लिवा चलने को, अब तो रात हुआ चाहती है ?

कल चलूँगा बेटी ? —कहते हुए बदन ने अपने मुँह पर हँसी ले आने की चेष्टा की, क्योंकि यह उत्तर सुनने के लिए गाला के मान का रंग गहरा हो चला था। वह बालिका के सदृश ठुनुककर बोली—तुम तो बहाना करते हो।

नहीं, नहीं, कल तुझे लिवा ले चलूँगा। तुझे क्या लेना है, सो तो बता !

मुझे दो पिंजड़े चाहिए, कुछ सूत और रंगीन कागज।

अच्छा कल ले आना।

बेटी और बाप का यह मान निपट गया। अब दोनों अपनी झोंपड़ी में आये और रूखा-सूखा खाने-पीने में लग गये।

७

सीकरी की बस्ती से कुछ हटकर एक ऊँचे टीले पर फूस का बड़ा-सा छप्पर पड़ा है और नीचे कई चटाइयाँ पड़ी हैं। एक चौकी पर मंगलदेव लेटा हुआ, सवेरे की—छप्पर के नीचे आती हुई—शीतकाल की प्यारी धूप से अपनी पीठ में गर्मी पहुँचा रहा है। आठ-दस मैले-कुचैले लड़के भी उसी टीले के नीचे-ऊपर हैं। कोई मिट्टी बराबर कर रहा है, कोई अपनी पुस्तकों को बेठन में बाँध रहा है। कोई इधर-उधर नये पौधों में पानी दे रहा है। मंगलदेव ने यहाँ भी पाठशाला खोल रखी है। कुछ थोड़े से जाट-गूजरों के लड़के यहाँ पढ़ने आते हैं। मंगल ने बहुत चेष्टा करके उन्हें स्नान करना सिखाया; परन्तु कपड़ों के अभाव ने उनकी मलिनता रख छोड़ी है। कभी-कभी उनके क्रोधपूर्ण झगड़ों में मंगल का मन ऊब जाता है। वे अत्यन्त कठोर और तीव्र स्वभाव के हैं।

जिस उत्साह से वृन्दावन की पाठशाला चलती थी, वह यहाँ नहीं है। बड़े परिश्रम से उजाड़ देहातों में घूमकर उसने इतने लड़के एकत्र किये हैं। मंगल आज गम्भीर चिन्ता में निमग्न है। वह सोच रहा था—क्या मेरी नियति इतनी कठोर है कि मुझे कभी चैन न लेने देगी। एक निश्छल परोपकारी हृदय लेकर मैंने संसार में प्रवेश किया और चला था भलाई करने। पाठशाला का सुन्दर जीवन छोड़कर मैंने एक भोली-भाली बालिका के उद्धार करने का संकल्प किया, यही सत्संकल्प मेरे जीवन की चक्करदार पगडण्डियों में घूमता-फिरता मुझे कहाँ ले आया! कलंक, पश्चात्ताप और प्रवञ्चनाओं की कमी नहीं। उस अबला की भलाई करने के लिए जब-जब मैंने पैर बढ़ाया, धक्के खाकर पीछे हटा और उसे भी ठोकरें लगाईं। यह किसकी अज्ञात प्रेरणा है ? मेरे दुर्भाग्य की ? मेरे मन में धर्म का दम्भ था। बड़ा उग्र प्रतिफल मिला। आर्यसमाज के प्रति जो मेरी प्रतिकूल सम्मति थी, उसी ने...सब कराया। हाँ, मानना पड़ेगा, धर्म-सम्बन्धी उपासना के नियम उसके चाहे जैसे हों—परन्तु सामाजिक परिवर्तन उसके माननीय हैं। यदि मैं पहले ही समझता! आह! कितनी भूल हुई। मेरी मानसिक दुर्बलता ने मुझे यह चक्कर खिलाया।

मिथ्या-धर्म का संचय और प्रायश्चित्त, पश्चात्ताप, और आत्म-प्रतारणा—क्यों ? शान्ति तो नहीं मिली। मैंने साहस किया होता, तारा को न छोड़ देता, तो क्या समाज और धर्म मुझे इससे भी भीषण दण्ड देता ? कायर मंगल ! तुझे लज्जा नहीं आती ? —सोचते-सोचते वह उठ खड़ा हुआ और धीरे-धीरे टीले से उतरा।

शून्य पथ पर निरुद्देश चलने लगा। चिन्ता जब अधिक हो जाती है, तब उसकी शाखा-प्रशाखाएँ इतनी निकलती हैं कि मस्तिष्क उनके साथ दौड़ने में थक जाता है। किसी विशेष चिन्ता की वास्तविक गुरुता लुप्त होकर विचार को यान्त्रिक और चेतना-विहीन बना देती है। तब पैरों से चलने में, मस्तिष्क से विचार करने में, कोई विशेष भिन्नता नहीं रह जाती। मंगलदेव की वही अवस्था थी। वह बिना संकल्प के ही बाजार पहुँच गया, तक खरीदने-बेचने वालों की बातचीत उसे केवल भन्नाहट-सी सुनाई पड़ती। वह कुछ समझने में असमर्थ था। सहसा किसी ने उसका हाथ पकड़ कर खींच लिया। उसने क्रोध से उस खींचने-वाले की ओर देखा—लहँगा कुरता और ओढ़नी में एक गूजरी युवती ! दूसरी ओर से एक बैल बड़ी निश्चिन्तता से सींघ हिलाता, दौड़ता निकल गया। मंगल ने अब उस युवती को धन्यवाद देने के लिए मुँह खोला; पर तब तक वह चार हाथ आगे निकल गई थी। विचारों में बौखलाये हुए मंगल ने अब पहचाना—यह तो गाला है ! वह कई बार उसके झोंपड़े तक जा चुका था। मंगल के हृदय में एक नवीन स्फूर्ति हुई, वह डग बढ़ाकर गाला के पास पहुँच गया और घबराये हुए शब्दों में उसे धन्यवाद दे ही डाला। गाला भौंचक्की-सी उसे देखकर हँस पड़ी।

अप्रतिभ होकर मंगल ने कहा—अरे यह तुम हो गाला !

उसने कहा—हाँ; आज सनीचर है न ! हम लोग बाजार करने आये हैं। अब मंगल ने उसके पिता बदन को देखा। मुख पर स्वाभाविक हँसी ले आने की चेष्टा करते हुए मंगल ने कहा—आज बड़ा अच्छा दिन है कि आपका यहीं दर्शन हो गया।

नीरसता से बदन ने कहा—क्यों, अच्छे तो हो ?

आप लोगों की कृपा से—कहकर मंगल ने सिर झुका लिया।

बदन बढ़ता चला जाता था और बातें भी करता जाता था। वह एक जगह बिसाती की दूकान पर खड़ा होकर गाला की आवश्यक वस्तुएँ लेने गया। मंगल ने अवसर देखकर कहा—आज तो अचानक भेंट हो गई है, समीप ही मेरा आश्रम

है, यदि उधर भी चलियेगा तो आपको विश्वास हो जायेगा कि आप लोगों की भिक्षा व्यर्थ नहीं फेंकी जाती।

गाला समीप के कपड़े की दूकान देख रही थी, वृन्दाबनी धोती की छींट उसकी आँखों में कुतूहल उत्पन्न कर रही थी। उसकी भोली दृष्टि उस पर से न हटती थी। सहसा बदन ने कहा—सूत और कागज ले लिये, किन्तु पिंजड़े तो यहाँ नहीं दिखाई देते गाला!

तो न सही, दूसरे दिन आकर ले लूँगी—गाला ने कहा; पर वह देख रही थी धोती। बदन ने कहा—क्या देख रही है? दूकानदार था चतुर, उसने कहा—ठाकुर! यह धोती लेना चाहती है, बची भी इस छापे की एक ही है।

जंगली बदन इस नागरिक प्रगलभता पर लाल तो हो गया, पर बोला नहीं। गाला ने कहा—नहीं, नहीं, मैं भला इसे लेकर क्या करूँगी! मंगल ने कहा—स्त्रियों के लिए इससे पूर्ण वस्त्र और कोई हो ही नहीं सकता। कुरते के ऊपर से इसे पहन लिया जाय, तो यह अकेला सब काम दे सकता है। बदन को मंगल का बोलना बुरा तो लगा, पर वह गाला का मन रखने के लिए बोला—तो ले ले गाला!

गाला ने अल्हड़पन से कहा—अच्छा तो!

मंगल ने मोल ठीक किया। धोती लेकर गाला के सरल मुख पर एक बार कुतूहल की प्रसन्नता छा गई। तीनों बात करते-करते उस छोटे से बाजार से बाहर आ गये। धूप कड़ी हो चली थी। मंगल ने कहा—मेरी कुटी ही पर बिश्राम कीजिए न! धूप कम होने पर चले जाइएगा। गाला ने कहा—हाँ बाबा हम लोग पाठशाला भी देख लेंगे। बदन ने सिर हिला दिया। मंगल के पीछे दोनों चलने लगे।

बदन इस समय कुछ चिन्तित था। वह चुपचाप जब मंगल की पाठशाला में पहुँच गया, तब उसे एक आश्चर्यमय क्रोध हुआ। किन्तु वहाँ का दृश्य देखते ही उसका मन बदल गया। वह कुतूहल से काले बोर्डों और स्टूलों के सम्बन्ध में पूछने लगा। क्लास का समय हो गया था, मंगल के संकेत से एक बालक ने घंटा बजा दिया। पास ही खेलते हुए बालक दौड़ आये; अध्ययन आरम्भ हुआ। मंगल को यत्न-सहित उन बालकों को पढ़ाते देखकर गाला को एक तृप्ति हुई। बदन भी अप्रसन्न न रह सका। उसने हँसकर कहा—भई, तुम पढ़ाते हो, सो तो अच्छा करते हो; पर यह पढ़ना किस काम का होगा? मैं तुमसे कई बार सुन चुका हूँ कि पढ़ने से, शिक्षा से, मनुष्य सुधरता है; पर मैं तो समझता हूँ—ये किसी काम

के न रह जायँगे। इतना परिश्रम करके तो जीने के लिए मनुष्य कोई भी काम कर सकता है।

बाबा! पढ़ाई सब कामों का सुधार कर करना सिखाती है। यह तो बड़ा अच्छा काम है, देखिए मंगल के त्याग और परिश्रम को! —गाला ने कहा।

हाँ, तो यह अच्छी बात है। कह कर बदन चुप हो रहा।

मंगल ने कहा—ठाकुर! मैं तो चाहता हूँ कि एक लड़कियों की भी पाठशाला हो जाती; पर उनके लिए स्त्री अध्यापिका की आवश्यकता होगी, और वह दुर्लभ है।

गाला जो यह दृश्य देखकर बहुत उत्साहित हो रही थी, बोली—बाबा! तुम कहते तो मैं ही लड़कियों को पढ़ाती। बदन ने आश्चर्य से गाला की ओर देखा; पर वह कहती ही रही—जंगल में तो मेरा मन भी नहीं लगता। मैं बहुत विचार कर चुकी हूँ, मेरा उस खारी नदी के पहाड़ी अंचल से जीवन भर निभने का नहीं!

तो क्या तू मुझे छोड़कर...कहते-कहते बदन का हृदय भर उठा, आँखें डबडबा आईं। वह दुर्दान्त मनुष्य मोम के समान पिघलने लगा। गाला ने कहा—नहीं बाबा, तुम भी मेरे ही साथ रहो न!

बदन ने कहा—ऐसा नहीं हो सकता गाला! तुझे मैं अधिक-से-अधिक चाहता हूँ; पर कुछ और भी ऐसी वस्तुएँ हैं, जिन्हें मैं इस जीवन में छोड़ नहीं सकता। मैं समझता हूँ, उनसे पीछा छुड़ा लेने की तेरी भीतरी इच्छा है, क्यों?

गाला ने कहा—अच्छा तो घर चलकर इस पर फिर विचार किया जायगा। —मंगल के सामने वह इस विवाद को बन्द कर देने के लिए अधीर थी।

रूठने के स्वर में बदन ने कहा—तेरी ऐसी ही इच्छा है, तो घर ही न चल! —यह बात कुछ कड़ी और अचानक बदन के मुँह से निकल पड़ी।

मंगल जल के लिए इसी बीच से चला गया था, तो भी गाला बहुत घायल हो गई। हथेलियों पर मुँह धरे हुए वह टपाटप आँसू गिराने लगी; पर न जाने क्यों उस गूजर का मन अधिक कठोर हो गया था। सान्त्वना का एक शब्द भी न निकला। वह तब तक चुप रहा, जब तक मंगल ने आकर कुछ मिठाई और जल सामने नहीं रक्खा। मिठाई देखते ही बदन बोल उठा—मुझे यह नहीं चाहिए। वह जल का लोटा उठाकर चुल्लू से पी गया और उठ खड़ा हुआ, मंगल की ओर देखता हुआ बोला—कई मील जाना है, बूढ़ा आदमी हूँ! तो चलता हूँ। वह सीढ़ियाँ उतरने लगा। गाला से उसने चलने के लिए नहीं कहा। वह बैठी रही। क्षोभ से भरी हुई तड़प रही थी; पर ज्योंही उसने देखा कि, बदन टेकरी से उतर

चुका, अब भी वह लौटकर नहीं देख रहा है, तब वह आँसू बहाती उठ खड़ी हुई। मंगल ने कहा—गाला ! तुम इस समय बाबा के साथ जाओ, मैं आकर उन्हें समझा दूँगा। इसके लिये झगड़ना कोई अच्छी बात नहीं।

गाला निरुपाय नीचे उतरी और बदन के पास पहुँचकर भी कई हाथ पीछे-ही-पीछे चलने लगी; परन्तु उस कट्टर बुड्ढे ने घूमकर देखा भी नहीं।

नये के मन में गाला का एक आकर्षण जाग उठा था। वह कभी-कभी अपनी बाँसुरी लेकर खारी के तट पर चला जाता और बहुत धीरे-धीरे उसे फूंकता। उसके मन में भय उत्पन्न हो गया था, अब वह नहीं चाहता था कि वह किसी की ओर अधिक आकर्षित हो, और सबकी आँखों से अपने को बचाना चाहता। इन सब कारणों से उसने एक कुत्ते को प्यार करने का अभ्यास किया। बड़े दुलार से उसका नाम रक्खा था भालू। वह था भी झबरा। निःसंदिग्ध आँखों से, अपने कानों को गिराकर, अगले दोनों पैर खड़े किये हुए, वह नये के पास बैठा है। विश्वास उसकी मुद्रा से प्रकट हो रहा है। वह बड़े ध्यान से बंसी की पुकार समझना चाहता है। सहसा नये ने बंसी बन्द करके उससे पूछा—

भालू ! तुम्हें यह गीत अच्छा लगा ?

भालू ने कहा—भुँह !

ओहो, अब तो तुम बड़े समझदार हो गये हो ? —कहकर नये ने एक चपत धीरे से लगा दी। वह प्रसन्नता से सिर झुकाकर पूँछ हिलाने लगा। सहसा उछलकर वह सामने की ओर भागा। नये उसे पुकारता ही रहा; पर वह चला गया। नये चुपचाप बैठा उस पहाड़ी सन्नाटे को देखता रहा। कुछ ही क्षण में भालू आगे दौड़ता फिर पीछे लौटता दिखाई पड़ा, और उसके पीछे-पीछे गाला उसके दुलार में व्यस्त दिखाई पड़ी। गाला की वृन्दावनी साड़ी जब वह पकड़कर अगले दोनों पंजों से पृथ्वी पर चिपक जाता और गाला उसे चिड़कती, तो वह खिल-वाड़ी लड़के के समान उछलकर दूर जा खड़ा होता और दुम हिलाने लगता। नये उसकी क्रीड़ा को देखकर मुस्किराता हुआ चुप बैठा रहा। गाला ने बनावटी क्रोध से कहा—मना करो अपने दुलारे को, नहीं तो—

वह भी दुलार ही तो करता है। बेचारा जो कुछ पाता है, वही तो देता है, फिर इसमें उलाहना कैसा गाला !

जो पावे उसे बाँट दे। —गाला ने गम्भीर होकर कहा।

यही तो उदारता है ! कहो, आज तो तुमने साड़ी पहन ही ली, बहुत भली लगती हो !

बाबा बहुत बिगड़े हैं—आज तीन दिन हुए, मुझसे बोलते नहीं। नये ! तुमको स्मरण होगा कि मेरा पढ़ना-लिखना जानकर तुम्हीं ने एक दिन कहा था कि तुम अनायास ही जंगल में शिक्षा का प्रचार कर सकती हो—भूल तो नहीं गये ?

नहीं; मैंने अवश्य कहा था।

तो फिर मेरे विचार पर बाबा इतने दुःखी क्यों हैं ?

उन्होंने उसे अच्छा न समझा होगा।

तब मुझे क्या करना चाहिए ?

जिसे तुम अच्छा समझो।

नये ! तुम बड़े दुष्ट हो—मेरे मन में एक आकांक्षा उत्पन्न करके अब उसका कोई उपाय नहीं बताते !

जो आकांक्षा उत्पन्न कर देता है, वह उसकी पूर्ति भी कर देता है ऐसा तो नहीं देखा गया ! तब भी तुम क्या चाहती हो ?

मैं इस जंगली जीवन से ऊब गई हूँ, मैं कुछ और ही चाहती हूँ—वह क्या है ? तुम्हीं बता सकते हो।

मैंने जिसे जो बताया, उसे वह समझ न सका गाला ! —मुझसे न पूछो, मैं आपत्ति का मारा तुम लोगों की शरण में जा रहा हूँ—कहते-कहते नये ने सिर नीचा कर लिया। वह विचारों में डूब गया। गाला चुप थी। सहसा भालू जोर से भूँक उठा, दोनों ने घूमकर देखा कि बदन चुपचाप खड़ा है ! जब नये उठकर खड़ा होने लगा, तो वह बोला—गाला ! मैं दो बातें तुम्हारे हित की कहना चाहता हूँ, और तुम भी सुनो नये।

दोनों ने सिर नीचा कर लिया।

मेरा अब समय हो चला। इतने दिनों तक मैंने तुम्हारी इच्छा में कोई बाधा नहीं दी, यों कहो कि तुम्हारी कोई वास्तविक इच्छा ही नहीं हुई; पर अब तुम्हारा जीवन चिरपरिचित देश की सीमा पार कर रहा है। मैंने जहाँ तक उचित समझा, तुमको अपने शासन में रक्खा, पर अब मैं यह चाहता हूँ कि तुम्हारा पथ नियत कर दूँ और किसी उपयुक्त पात्र की संरक्षता में तुम्हें छोड़ जाऊँ। —इतना कहकर उसने एक भेदभरी दृष्टि नये के ऊपर डाली। गाला कनखियों से देखती हुई चुप थी। बदन फिर कहने लगा—मेरे पास इतनी सम्पत्ति है कि गाला और उसका पति जीवन भर सुख से रह सकते हैं—यदि उनकी संसार में सरल जीवन बिता लेने से अधिक इच्छा न हो। नये ! मैं तुमको उपयुक्त समझता हूँ—गाला के जीवन की धारा सरल पथ से बहा ले चलने की क्षमता तुम में है ! तुम्हें यदि स्वीकार हो तो—

मुझे इसकी आशंका पहले से थी। आपने मुझे शरण दी है। इसलिए गाला को मैं प्रतारित नहीं कर सकता। क्योंकि, मेरे हृदय में दाम्पत्य जीवन की सुख-साधना की सामग्री बची न रही। तिसपर भी आप जानते हैं कि मैं एक सन्दिग्ध हत्यारा मनुष्य हूँ! —नये ने इन बातों को कहकर जैसे एक बोझ उतार फेंकने की साँस ली हो।

बदन निरुपाय और हताश हो गया। गाला जैसे इस विवाद से एक अपरिचित असमंजस में पड़ गई। उसका दम घुटने लगा। लज्जा, क्षोभ और अपनी दयनीय दशा से उसे अपने स्त्री होने का ज्ञान अधिक वेग से धक्के देने लगा। वह उसी क्षण नये से अपना सम्बन्ध हो जाना, जैसे अत्यन्त आवश्यक समझने लगी थी। फिर भी यह उपेक्षा वह सह न सकी। उसने रोकर बदन से कहा—आप मुझे अपमानित कर रहे हैं, मैं अपने यहाँ पले हुए मनुष्य से कभी ब्याह न करूँगी। यह तो क्या, मैंने अभी ब्याह करने का विचार भी नहीं किया है! मेरा उद्देश्य है—पढ़ना और पढ़ाना। मैं निश्चय कर चुकी हूँ कि मैं किसी बालिका-विद्यालय में पढ़ाऊँगी।

एक क्षणभर के लिए बदन के मुँह पर भीषण भाव नाच उठा। वह दुर्दान्त मनुष्य हथकड़ियों से जकड़े हुए बन्दी के समान किटकिटा कर बोला—तो आज से मेरा-तेरा कोई सम्बन्ध नहीं—और एक ओर चल पड़ा।

नये चुपचाप पश्चिम के आरक्तिम आकाश की ओर देखने लगा। गाला रोष और क्षोभ से फूल रही थी, अपमान ने उसके हृदय को क्षत-विक्षत कर दिया था।

यौवन से भरे हृदय की महिमामयी कल्पना, गोधूली की धूप में बिखरने लगी। नये अपराधी की तरह इतना भी साहस न कर सका कि गाला को कुछ सान्त्वना देता। वह भी उठा और एक ओर चला गया।

चतुर्थ खण्ड

१

वह दरिद्रता और अभाव के गार्हस्थ्य जीवन की कटुता में दुलारा गया था। उसकी माँ चाहती थी कि वह अपने हाथ दो रोटी कमा लेने के योग्य वन जाय, इसलिए वह बार-बार झिड़की सुनता। जब क्रोध से उसके आँसू निकलते और जब उन्हें अधरों से पोंछ लेना चाहिए था, तब भी वे रूखे कपोलों पर आप-ही-आप सूखकर एक मिलन-चिह्न छोड़ जाते थे।

कभी वह पढ़ने के लिए पिटता, कभी काम सीखने के लिए डाँटा जाता; यही थी उसकी दिनचर्या। फिर वह चिड़चिड़े स्वभाव का क्यों न हो जाता। वह क्रोधी था, तो भी उसके मन में स्नेह था, प्रेम था और था नैसर्गिक आनन्द—शैशव का उल्लास; रो लेने पर भी जी खोलकर हँस लेना; पढ़ने पर खेलने लगना! बस्ता खुलने के लिए सदैव प्रस्तुत रहता। पुस्तकें गिरने के लिए निकल पड़ती थीं। टोपी असावधानी से टेढ़ी और कुरते का बटन खुला हुआ। आँखों में सूखते हुए आँसू और अधर पर मुस्कराहट।

उसकी गाड़ी चल रही थी। वह एक पहिया ढुलका रहा था। उसे चलाकर उल्लास से बोल उठा—हटो सामने से, गाड़ी जाती है।

सामने से आती हुई युवती पगली ने उस गाड़ी को उठा लिया। बालक के निर्दोष विनोद में बाधा पड़ी। वह सहमकर उस पगली की ओर देखने लगा। निष्फल क्रोध का परिणाम होता है रो देना। बालक रोने लगा। म्यूनिसिपल स्कूल भी पास न था, जिसकी 'अ'-कक्षा में वह पढ़ता था। कोई सहायक न पहुँच सका। पगली ने उसे रोते देखा, वह जैसे अपनी भूल समझ गई। बोली—आँ! अमको न खेलाओगे; आँ-आँ,—मैं भी रोने लगूंगी, आँ-आँ-आँ! बालक हँस पड़ा। वह उसे गोद में लेकर झिझोड़ने लगी। अबकी वह फिर घबराया। उसने रोने के लिए मुँह बनाया ही था कि पगली ने उसे गोद से उतार दिया और वह बड़बड़ाने लगा—राम, कृष्ण और बुद्ध सभी तो पृथ्वी पर लोटते थे!

मैं खोजती थी आकाश में ! ईसा की जननी से पूछता थी । इतना खोजने की क्या आवश्यकता ? कहीं तो नहीं, वह देखो कितनी चिनगारी निकल रही है । सब एक-एक प्राणी हैं, चमकना, फिर लोप हो जाना ! किसी के बुझने में रोना है और किसी के जल उठने में हँसी । हा-हा-हा-हा !...

तब तो बालक और भी डरा । वह त्रस्त था, उसे भी शंका होने लगी कि यह पगली तो नहीं है । वह हतबुद्धि-सा इधर-उधर देख रहा था । दौड़ कर भाग जाने का साहस भी न था । अभी तक उसकी गाड़ी पगली लिये थी । दूर से एक स्त्री और पुरुष, यह घटना कुतूहल से देखते चले आ रहे थे । उन्होंने बालक को विपत्ति में पड़ा देखकर सहायता करने की इच्छा की । पास आकर पुरुष ने कहा —क्यों जी, तुम पागल तो नहीं हो ! क्यों इस लड़के को तंग कर रही हो ?

तंग कर रही हूँ । पूजा कर रही हूँ पूजा ! राम, कृष्ण, बुद्ध, ईसा की सरलता की पूजा कर रही हूँ । इन्हें रुला देने से इनकी एक कसरत हो जाती है, फिर हँसा दूँगी । और, तुम तो कभी भी जी खोलकर न हँस सकोगे और न रो सकोगे !

बालक को कुछ साहस हो चला था । वह अपना सहायक देखकर बोल उठा—मेरी गाड़ी छीन ली है ! पगली ने पुचकारते हुए कहा—चित्र लोगे ?—देखो पश्चिम में संध्या कैसा अपना रंगीन चित्र फैलाये बैठी है ! —पगली के साथ ही और उन तीनों ने भी देखा । पुरुष ने कहा—मुझसे बातें करो, उस बालक को जाने दो । पगली हँस पड़ी । वह बोली—तुमसे बात ! बातों का कहाँ अवकाश ! चालबाजियों से कहाँ अवसर ! ऊँह, देखो उधर काले पत्थरों की एक पहाड़ी, उसके बाद एक लहराती हुई झील, फिर नारंगी रंग की एक जलती हुई पहाड़ी—जैसे उसकी ज्वाला ठंढी नहीं होती ! फिर एक सुनहला मैदान !—वहाँ चलोगे ?

उधर देखने में सब विवाद बन्द हो गया, बालक भी चुप था । उस स्त्री और पुरुष ने भी निसर्ग-स्मरणीय दृश्य देखा । पगली संकेत करनेवाला हाथ फैलाये अभी तक वैसे ही खड़ी थी । पुरुष ने देखा, उसका सुन्दर शरीर कृश हो गया था और बड़ी-बड़ी आँखें क्षुधा से व्याकुल थीं । जाने वह कब से अनाहार का कष्ट उठा रही थी । साथवाली स्त्री से पुरुष ने कहा—किशोरी ! इसे कुछ खिलाओ ! किशोरी उस बालक को देख रही थी, अब श्रीचन्द्र का ध्यान भी उसकी ओर गया । वह बालक उस पगली की उन्मत्त क्रीड़ा से रक्षा पाने की आशा में विश्वासपूर्ण नेत्रों से, इन्हीं दोनों की ओर देख रहा था । श्रीचन्द्र ने उसे गोद में उठाते हुए कहा—चलो तुम्हें गाड़ी दिला दूँ !

किशोरी ने पगली से कहा—तुम्हें भूख लगी है, कुछ खाओगी ?

पगली और बालक दोनों ही उनके प्रस्तावों से सहमत थे; पर बोले नहीं। इतने में श्रीचन्द्र का पण्डा आ गया, और बोला—बाबूजी आप कब से यहाँ फँसे हैं। यह तो चाची का पालित पुत्र है, क्यों रे मोहन ! तू अभी से स्कूल जाने लगा है ? चल; तुझे घर पहुँचा दूँ ? —वह श्रीचन्द्र की गोद से उसे लेने लगा; परन्तु मोहन वहाँ से उतरना नहीं चाहता था।

मैं तुझको कब से खोज रही हूँ, तू बड़ा दुष्ट है रे।—कहती हुई चाची ने आकर उसे अपनी गोद में ले लिया। सहसा पगली हँसती हुई भाग चली। वह कह रही थी—वह देखो, प्रकाश भागा जाता है...अन्धकार...! —कहकर पगली वेग से दौड़ने लगी थी। कंकड़, पत्थर और गड्ढों का ध्यान नहीं। अभी थोड़ी भी दूर वह न जा सकी थी कि उसे ठोकर लगी, वह गिर पड़ी। गहरी चोट लगने से वह मूर्च्छित-सी हो गई।

यह दल उसके पास पहुँचा। श्रीचन्द्र ने पंडाजी से कहा—इसकी सेवा होनी चाहिए, बेचारी दुखिया है ! पंडाजी अपने धनी यजमान की प्रत्येक आज्ञा पूरी करने के लिए प्रस्तुत थे। उन्होंने कहा—चाची का घर तो पास ही है, वहाँ उसे उठा ले चलता हूँ। चाची ने मोहन और श्रीचन्द्र के व्यवहार को देखा था, उसे अनेक आशा थी। उसने कहा—हाँ, हाँ, बेचारी को बड़ी चोट लगी है, उतर तो मोहन ! —मोहन को उतारकर वह पंडाजी की सहायता से पगली को अपने पास के घर में ले चली। मोहन रोने लगा। श्रीचन्द्र ने कहा—ओहो, तुम बड़े रोने हो जी ? गाड़ी लेने न चलोगे ?

चलूँगा—चुप होते हुए मोहन ने कहा।

मोहन के मन में पगली से दूर रहने की बड़ी इच्छा थी। श्रीचन्द्र ने पंडा को कुछ रुपये दिये कि पगली के आराम का कुछ उचित प्रबन्ध किया जाय; और बोले—चाची, मैं मोहन को गाड़ी दिलाने के लिए बाजार लिवाता जाऊँ ?

चाची ने कहा—हाँ हाँ, आपका ही लड़का है।

मैं फिर अभी आता हूँ, आपके पड़ोस में ही तो ठहरा हूँ।—कह कर श्रीचंद्र, किशोरी और मोहन बाजार की ओर चले।

ऊपर लिखी हुई घटना को महीनों बीत चुके थे। अभी तक श्रीचन्द्र और किशोरी अयोध्या में ही रहे। नागेश्वरनाथ के मन्दिर के पास ही डेरा था। सरयू की तीव्र धारा सामने बह रही थी। स्वर्गद्वार के घाट पर स्नान कर के श्रीचन्द्र, किशोरी बैठे थे। पास ही एक बैरागी रामायण की कथा कह रहा था—

'राम एक तापस-तिय तारी।
नाम कोटि खल कुमति सुधारी ।।'

तापस-तिय तारी---गौतम की पत्नी अहल्या को अपनी लीला करते समय भगवान् ने तार दिया। वह यौवन के प्रमाद से, इन्द्र के दुराचार से, छली गई। उसने पति से---इस लोक के देवता से---छल किया। वह पामरी इस लोक के सर्वश्रेष्ठ रत्न सतीत्व से वंचित हुई। उसके पति ने शाप दिया, वह पत्थर हो गई। वाल्मीकि ने इस प्रसंग पर लिखा है---वातभक्षा निराहारा तप्यन्ती भस्मशायिनी। ऐसी कठिन तपस्या करते हुए, पश्चात्ताप का अनुभव करते हुए वह पत्थर नहीं तो और क्या थी ! पतितपालन ने उसे शाप-विमुक्त किया। प्रत्येक पापों के दण्ड की सीमा होती है। सब काल में अहल्या-सी स्त्रियों के होने की सम्भावना है, क्योंकि कुमति तो बची है, वह जब चाहे किसी को अहल्या बना सकती है। उसके लिए उपाय है---भगवान् का नाम-स्मरण। आप लोग नामस्मरण का अभिप्राय यह न समझ लें कि राम-राम चिल्लाने से नाम-स्मरण हो गया---

'नाम निरूपन नाम जतन से।
सो प्रकटत जिमि मोल रतन ते ।।'

इस 'राम' शब्दवाची उस अखिल ब्रह्माण्ड में रमण करने वाले पतितपावन की सत्ता को सर्वत्र स्वीकार करते हुए सर्वस्व समर्पण करनेवाली भक्ति के साथ उसका स्मरण करना ही यथार्थ में नाम-स्मरण है !

वैरागी ने कथा समाप्त की। तुलसी बँटी। सब लोग जाने लगे। श्रीचन्द्र भी चलने के लिए उत्सुक था; परन्तु किशोरी का हृदय काँप रहा था अपनी दशा पर, और पुलकित हो रहा था भगवान् की महिमा पर। उसने विश्वासपूर्ण नेत्रों से देखा कि सरयू प्रभात के तीव्र आलोक में लहराती हुई बह रही है। उसे साहस हो चला था। आज उसे पाप और उससे मुक्ति का नवीन रहस्य प्रतिभासित हो रहा था। पहली ही बार उससे अपना अपराध स्वीकार किया, और यह उसके लिए अच्छा अवसर था कि उसी क्षण उसे उद्धार की भी आशा थी। वह व्यस्त हो उठी।

पगली अब स्वस्थ हो चली थी। विकार तो दूर हो गये थे, किन्तु दुर्बलता बनी थी। वह हिन्दूधर्म की ओर अपरिचित कुतूहल से देखने लगी थी, उसे वह मनोरंजक दिखलाई पड़ता था। वह भी चाची के साथ श्रीचन्द्र वाले घाट से दूर बैठी हुई, सरयू-तट का प्रभात और उसमें हिन्दूधर्म के आलोक को सकुतूहल देख रही थी।

इधर श्रीचन्द्र का मोहन से हेलमेल बढ़ गया था और चाची भी उसकी रसोई बनाने का काम करती थी। वह हरद्वार से अयोध्या चली आई थी, क्योंकि वहाँ उसका मन न लगा।

चाची का वह रूप पाठक भूले न होंगे; जब वह हरद्वार में तारा के साथ रहती थी; परन्तु तब से अब अन्तर था। मानव मनोवृत्तियाँ प्राय: अपने लिए एक केन्द्र बना लिया करती हैं, जिसके चारों ओर वह आशा और उत्साह से नाचती रहती हैं। चाची तारा के उस पुत्र को—जिसे यह अस्पताल में छोड़कर चली आई थी—अपना ध्रुव नक्षत्र समझने लगी थी। मोहन को पालने के लिए उसने अधिकारियों से माँग लिया था।

पगली और चाची जिस घाट पर बैठी थीं; वहाँ एक अन्धा भिखारी लठिया टेकता हुआ, उन लोगों के समीप आया। उसने कहा—भीख दो बाबा! इस जन्म में कितने अपराध किये हैं—हे भगवान्! अभी मौत भी नहीं आती। चाची चमक उठीं। एक बार उसे ध्यान से देखने लगीं। सहसा पगली ने कहा—अरे, तुम मथुरा से यहाँ भी पहुँचे।

तीर्थों में घूमता हूँ बेटी! अपना प्रायश्चित्त करने के लिए, दूसरा जन्म बनाने के लिए! इतनी ही तो आशा है—भिखारी ने कहा।

पगली उत्तेजित हो उठी। अभी उसके मस्तिष्क की दुर्बलता गई न थी। उसने समीप जाकर उसे झकझोर कर पूछा—गोविन्दी चौबाइन की पाली हुई बेटी को तुम भूल गये! पण्डित, मैं वही हूँ; तुम बताओगे मेरी माँ को? अरे घृणित नीच अन्धे! मेरी माता से मुझे छुड़ानेवाले हत्यारे! तू कितना निष्ठुर है!

क्षमा कर बेटी! क्षमा में भगवान् की शक्ति है, उनकी अनुकम्पा है। मैंने अपराध किया था, उसी का तो फल भोग रहा हूँ! यदि तू सचमुच वही गोविंदी चौबाइन की पाली हुई लड़की है, तो तू प्रसन्न हो जा—अपने अभिशाप की ज्वाला में मुझे जलता हुआ देखकर प्रसन्न हो जा! बेटी, हरद्वार तक तो तेरी माँ का पता था, पर मैं बहुत दिन से नहीं जानता कि वह अब कहाँ है! नन्दो कहाँ है?—यह बताने में अब अन्धा रामदेव असमर्थ है बेटी!

चाची ने उठकर सहसा उस अन्धे का हाथ पकड़कर कहा—रामदेव!

रामदेव ने एक बार अपनी अन्धी आँखों से देखने की भरपूर चेष्टा की, फिर विफल होकर आँसू बहाते हुए बोला—नन्दो का-सा स्वर सुनाई पड़ता है! नन्दो, तुम्हीं हो? बोलो! हरद्वार से तुम यहाँ आ गई हो? हे राम! आज तुमने मेरा अपराध क्षमा किया,—नन्दो! यही तुम्हारी लड़की है! रामदेव की फूटी आँखों से आँसू बह रहे थे।

एक बार पगली ने नन्दो चाची की ओर देखा और नन्दो ने पगली की ओर —रक्त का आकर्षण तीव्र हुआ, दोनों गले से मिलकर रोने लगीं। यह घटना दूर पर हो रही थी। किशोरी और श्रीचन्द्र का उससे कुछ सम्बन्ध न था।

अकस्मात् अन्धा रामदेव उठा और चिल्लाकर कहने लगा—पतितपावन की जय हो! भगवान् मुझे शरण में लो!—जब तक उसे सब लोग देखें, तब तक वह सरयू की प्रखर धारा में बहता हुआ—फिर डूबता हुआ, दिखाई पड़ा।

घाट पर हलचल मच गई। किशोरी कुछ व्यस्त हो गई। श्रीचन्द्र भी इस आकस्मिक घटना से चकित-सा हो रहा था।

अब यह एक प्रकार से निश्चित हो गया कि श्रीचन्द्र, मोहन को पालेंगे, और वे उसे दत्तक रूप से भी ग्रहण कर सकते हैं। चाची को संतोष हो गया था, वह मोहन के धनी होने की कल्पना से सुखी हो सकी। उसका और भी एक कारण था—पगली का मिल जाना। वह आकस्मिक मिलन उन लोगों के लिए अत्यन्त हर्ष का विषय था। किन्तु पगली अब तक पहचानी न जा सकी थी, क्योंकि वह बीमारी की अवस्था में बराबर चाची के घर पर ही रही। श्रीचन्द्र से चाची को उसकी सेवा के लिए रुपये मिलते। वह धीरे-धीरे स्वस्थ हो चली, परन्तु वह किशोरी के पास न जाती। किशोरी को केवल इतना मालूम था कि नन्दो की पगली लड़की मिल गई है। एक दिन यह निश्चय हुआ कि अब सब लोग काशी चलें; पर पगली अभी जाने के लिए सहमत न थी। मोहन श्रीचन्द्र के यहाँ रहता था। पगली भी किशोरी का सामना करना नहीं चाहती थी; पर उपाय क्या था! उसे उन लोगों के साथ जाना ही पड़ा। उसके पास केवल एक अस्त्र बचा था, वह था घूंघट! वह उसी की आड़ में काशी आई। किशोरी के सामने भी हाथों घूंघट निकाले रहती। किशोरी नन्दो के चिढ़ने के डर से उससे कुछ न बोलती। मोहन को दत्तक लेने का समय समीप था, वह तब तक चाची को चिढ़ाना भी न चाहती, यद्यपि पगली का घूंघट उसे बहुत खलता था।

किशोरी को विजय की स्मृति प्रायः चौंका देती है। एकान्त में वह रोती रहती है। उसकी वही तो सारी कमाई, जीवन भर के पाप-पुण्य का सञ्चित धन विजय! आह, माता का हृदय रोने लगता।

काशी आने पर एक दिन पण्डितजी के कुछ मन्त्रों ने प्रकट रूप से श्रीचन्द्र को मोहन का पिता बना दिया। नन्दो चाची को अपनी बेटी मिल चुकी थी,

अब मोहन के लिए उसके मन में उतनी व्यथा न थी। मोहन भी श्रीचन्द्र को बाबूजी कहने लगा था। वह सुख में पलने लगा।

किशोरी परिजात के पास बैठी हुई अपनी अतीत-चिन्ता में निमग्न थी। नन्दो के साथ पगली स्नान करके लौट आई थी। चादर उतारते हुए नन्दो ने पगली से कहा—बेटी!

उसने कहा—माँ!

तुमको सब किस नाम से पुकारते थे, यह तो मैंने आज तक न पूछा। बतलाओ बेटी वह प्यारा नाम!

माँ, मुझे चौबाइन 'घण्टी' नाम से बुलाती थी।

चाँदी की सुरीली घण्टी-सी ही तेरी बोली है बेटी!

किशोरी सुन रही थी। उसने पास आकर एक बार आँख गड़ा कर देखा और पूछा—क्या कहा! घण्टी?

हाँ बहूजी—वही वृन्दावनवाली घण्टी!

किशोरी आग हो गई। वह भभक उठी—निकल जा डायन! मेरे विजय को खा डालने वाली चुड़ैल!

नन्दो तो पहले एक बार किशोरी की डाँट पर स्तब्ध रही; पर वह कब सहनेवाली! उसने कहा—मुँह सँभालकर बातें करो बहू! मैं किसी से दबनेवाली नहीं। मेरे सामने किसका साहस है, जो मेरी बेटी—मेरी घण्टी—को आँख दिखलावे! आँख निकाल लूँ!

तुम—दोनों अभी निकल जाओ—अभी जाओ, नहीं तो नौकरों से धक्के देकर निकलवा दूँगी।—हाँफती हुई किशोरी ने कहा।

बस इतना ही तो—गौरी रूठे अपना सुहाग ले! हम लोग जाती हैं, मेरे रुपये अभी दिलवा दो, बस अब एक शब्द भी मुँह से न निकालना—समझा!—नन्दो ने तीखेपन से कहा।

किशोरी क्रोध में उठी और आलमारी खोलकर नोटों का बण्डल उसके सामने फेंकती हुई बोली—लो सहेजो अपना रुपया, भागो!

नन्दो ने घण्टी से कहा—चलो बेटी! अपना सामान ले लो।

दोनों ने तुरन्त गठरी दबाकर बाहर की राह ली। किशोरी ने एक बार भी उन्हें ठहरने के लिए न कहा। उस समय श्रीचन्द्र और मोहन गाड़ी पर चढ़कर हवा खाने गये थे।

किशोरी का हृदय इस नवागन्तुक कल्पित सन्तान से विद्रोह तो कर ही रहा था, वह अपना सच्चा धन गँवाकर इस दत्तक पुत्र से मन भुलवाने में असमर्थ

थी। नियति की इस आकस्मिक विडम्बना ने उसे अधीर बना दिया। जिस घण्टी के कारण विजय अपने सुखमय संसार को खो बैठा और किशोरी ने अपने पुत्र विजय को; उसी घण्टी का भाई आज उसके सर्वस्व का मालिक है, उत्तराधिकारी है। दुर्दैव का यह कैसा परिहास है ! वह छटपटाने लगी, मसोसने लगी; परन्तु अब कर ही क्या सकती थी। धर्म के विधान से दत्तक पुत्र उसका अधिकारी था और विजय नियम के विधान से निर्वासित—मृतक-तुल्य !

२

मंगलदेव की पाठशाला में अब दो विभाग हैं—एक लड़कों का, दूसरा लड़कियों का। गाला लड़कियों की शिक्षा का प्रबन्ध करती। वह अब एक प्रभावशाली गम्भीर युवती दिखलाई पड़ती, जिसके चारों ओर पवित्रता और ब्रह्मचर्य का मण्डल घिरा रहता! बहुत-से लोग जो पाठशाला में आते, वे इस जोड़ी को आश्चर्य से देखते। पाठशाला के बड़े छप्पर के पास ही गाला की भी झोंपड़ी थी, जिसमें एक चटाई; तीन-चार कपड़े, एक पानी का बरतन और कुछ पुस्तकें थीं। गाला एक पुस्तक मनोयोग से पढ़ रही थी। कुछ पन्ने उलटते हुए उसने सन्तुष्ट होकर पुस्तक धर दी। वह सामने की सड़क की ओर देखने लगी। फिर भी कुछ समझ में न आया। उसने बड़बड़ाते हुए कहा—पाठ्यक्रम इतना असम्बद्ध है कि यह मनोविकास में सहायक होने के बदले, स्वयं भार हो जायगा। वह फिर पुस्तक पढ़ने लगी—'रानी ने उन पर कृपा दिखाते हुए छोड़ दिया और राजा ने भी रानी की उदारता पर हँसकर प्रसन्नता प्रकट की...' राजा और रानी, इसमें स्त्री और पुरुष बनाने का, संसार का सहनशील साझीदार होने का, सन्देश कहीं नहीं। केवल महत्ता का प्रदर्शन, मन पर अनुचित प्रभाव का बोझ! उसने झुंझलाकर पुस्तक पटककर एक निःश्वास लिया। उसे बदन का स्मरण हुआ, 'बाबा'—कह कर एक बार चिहुँक उठी। वह अपनी ही भर्त्सना प्रारम्भ कर चुकी थी। सहसा मंगलदेव मुस्कराता हुआ सामने दिखाई पड़ा। मिट्टी के दीप की लौ भक-भक करती हुई जलने लगी।

तुमने कई दिन लगा दिये, मैं तो अब सोने जा रही थी।

क्या करूँ, आश्रम की एक स्त्री पर हत्या का भयानक अभियोग था। गुरुदेव ने उसकी सहायता के लिए बुलाया था।

तुम्हारा आश्रम हत्यारों की भी सहायता करता है?

नहीं गाला! वह हत्या उसने नहीं की थी, वस्तुतः एक दूसरे पुरुष ने की; पर, वह स्त्री उसे बचाना चाहती है।

क्यों?

यही तो मैं समझ न सका।

तुम न समझ सके ! स्त्री एक पुरुष को फाँसी से बचाना चाहती है और इसका कारण तुम्हारी समझ में न आया---इतना स्पष्ट कारण !

तुम क्या समझती हो ?

स्त्री जिससे प्रेम करती है, उसी पर सरबस वार देने को प्रस्तुत हो जाती है, यदि वह भी उसका प्रेमी हो तो ! स्त्री वय के हिसाब से सदैव शिशु, कर्म में वयस्क और अपनी असहायता में निरीह है। विधाता का ऐसा ही विधान है।

मंगल ने देखा कि अपने कथन में गाला एक सत्य का अनुभव कर रही है। उसने कहा---तुम स्त्री-मनोवृत्ति को अच्छी तरह समझ सकती हो; परन्तु सम्भव है यहाँ भूल कर रही हो। सब स्त्रियाँ एक ही धातु की नहीं। देखो मैं जहाँ तक उसके सम्बन्ध में जानता हूँ, तुम्हें सुनाता हूँ---वह एक निश्छल प्रेम पर विश्वास रखती थी और प्राकृतिक नियम से आवश्यक था कि एक युवती किसी भी युवक पर विश्वास करे; परन्तु वह अभागा युवक उस विश्वास का पात्र नहीं था। उसकी अत्यन्त आवश्यक और कठोर घड़ियों में युवक विचलित हो उठा। कहना न होगा कि उस युवक ने उसके विश्वास को बुरी तरह ठुकराया। एकाकिनी उस आपत्ति की कटुता झेलने के लिए छोड़ दी गई। बेचारी को एक सहारा भी मिला; परन्तु यह दूसरा युवक भी उसके साथ वही करने के लिए प्रस्तुत था, जो पहले युवक ने किया। वह फिर अपना आश्रय छोड़ने के लिए बाध्य हुई। उसने संघ की छाया में दिन बिताना निश्चित किया। एक दिन उसने देखा कि यही दूसरा युवक एक हत्या करके फाँसी पाने की आशा में हठ कर रहा है। उसने उसे हटा दिया, आप शव के पास बैठी रही। पकड़ी गई, तो हत्या का भार अपने सिर ले लिया। यद्यपि उसने स्पष्ट स्वीकार नहीं किया; परन्तु शासन को तो एक हत्या के बदले दूसरी हत्या करनी ही है। न्याय को यही समीप मिली, उसी पर अभियोग चल रहा है। मैं तो समझता हूँ कि वह हताश होकर जीवन दे रही है। उसका कारण प्रेम नहीं है, जैसा तुम समझ रही हो।

गाला ने एक दीर्घ निःश्वास लिया। उसने कहा---नारी जाति का निर्माण विधाता की एक झुंझलाहट है। मंगल ! उससे संसार-भर के पुरुष कुछ लेना चाहते हैं, एक माता ही कुछ सहानुभूति रखती है, इसका कारण है उसका भी स्त्री होना। हाँ, तो उसने न्यायालय में अपना क्या वक्तव्य दिया ?

उसने कहा---पुरुष स्त्रियों पर सदैव अत्याचार करते हैं, कहीं नहीं सुना गया कि अमुक स्त्री ने अमुक पुरुष के प्रति ऐसा ही अन्याय किया; परन्तु पुरुषों का यह साधारण व्यवसाय है---स्त्रियों पर आक्रमण करना ! जो अत्याचारी है,

वह मारा गया। कहा जाता है कि न्याय के लिए न्यायालय सदैव प्रस्तुत रहता है; परन्तु अपराध हो जाने पर ही विचार करना उसका काम है। उस न्याय का अर्थ है कि किसी को दण्ड दे देना! किन्तु उसके नियम उस आपत्ति से नहीं बचा सकते। सरकारी वकील कहते हैं—न्याय को अपने हाथ में लेकर तुम दूसरा अन्याय नहीं कर सकते; परन्तु उस एक क्षण की कल्पना कीजिए कि उसका सर्वस्व लुटा चाहता है और न्याय के रक्षक अपने आराम में हैं। वहाँ एक पत्थर का टुकड़ा ही आपत्ति-ग्रस्त की रक्षा कर सकता है। तब वह क्या करे, उसका भी उपयोग न करे! यदि आपके सुव्यवस्थित शासन में कुछ दूसरा नियम है, तो आप प्रसन्नता से मुझे फाँसी दे सकते हैं। मुझे और कुछ नहीं कहना है।—वह निर्भीक युवती इतना कहकर चुप हो गई। न्यायाधीश दाँतों-तले ओठ दबाये चुप थे। साक्षी बुलाये गये हैं; पुलिस ने दूसरे दिन उन्हें ले आने की प्रतिज्ञा की है। गाला! मैं तुमसे भी कहता कि चलो, इस विचित्र अभियोग को देखो; परन्तु यहाँ पाठशाला भी तो देखनी है। अबकी बार मुझे कई दिन लगेंगे!

आश्चर्य है; परन्तु मैं कहती हूँ कि वह स्त्री अवश्य उस युवक से प्रेम करती है, जिसने हत्या की है। जैसा तुमने कहा, उससे तो यही मालूम होता है कि वही दूसरा युवक उसका प्रेम-पात्र है, जिसने उसे सताना चाहा था।

गाला! पर मैं कहता हूँ कि वह उससे घृणा करती थी। ऐसा क्यों! मैं न कह सकूँगा; पर है बात कुछ ऐसी ही। सहसा रुककर मंगल चुपचाप सोचने लगा—हो सकता है! ओह! अवश्य विजय और यमुना!—यही तो, मानता हूँ कि हृदय में एक आँधी रहती है; एक हलचल लहराया करती है, जिसके प्रत्येक धक्के में—'बढ़ो! बढ़ो!'—की घोषणा रहती है। वह पागलपन संसार को तुच्छ लघुकण समझकर उसकी ओर उपेक्षा से हँसने का उत्साह देता है। संसार का कर्त्तव्य, धर्म का शासन, केले के पत्ते की तरह धज्जी-धज्जी उड़ जाता है। यही तो प्रणय है। नीति की सत्ता ढोंग मालूम पड़ती है और विश्वास होता है कि समस्त सदाचार उसी की साधना है...हाँ वही सिद्धि है, वही सत्य है। आह, अबोध मंगल! तूने उसे पाकर भी न पाया। नहीं-नहीं, वह पतन था, अवश्य माया थी। अन्यथा, विजय की ओर इतनी प्राण दे देने वाली सहानुभूति क्यों? आह, पुरुष-जीवन के कठोर सत्य! क्या इस जीवन में नारी को प्रणय-मदिरा के रूप में गलकर तू कभी न मिलेगा? परन्तु स्त्री, जल-सदृश कोमल एवं अधिक-से-अधिक निरीह है। बाधा देने की सामर्थ्य नहीं; तब भी उसमें एक धारा है, एक गति है, पत्थरों की रुकावट की भी उपेक्षा कर के कतराकर वह चली ही जाती है। अपनी सन्धि खोज ही लेती है, और सब उसके लिए पथ छोड़ देते हैं,

सब झुकते हैं; सब लोहा मानते हैं। किन्तु सदाचार की प्रतिज्ञा...तो अर्पण करना होगा धर्म की बलिवेदी पर मन का स्वातंत्र्य ! कर तो दिया, मन कहाँ स्वतन्त्र रहा ! अब उसे एक राह पर लगाना होगा।—वह जोर से बोल उठा—गाला ! क्या यही ! !

गाला चिन्तित मंगल का मुँह देख रही थी। वह हँस पड़ी, बोली—कहाँ घूम रहे हो मंगल ?

मंगल चौंक उठा। उसने देखा, जिसे खोजता था वही कब से मुझे पुकार रहा है। वह तुरन्त बोला—कहीं तो नहीं गाला !

आज पहला अवसर था, जब गाला ने मंगला को उसके नाम से पुकारा। उसमें सरलता थी, हृदय की छाया थी। मंगल ने अभिन्नता का अनुभव किया। हँस पड़ा।

तुम कुछ सोच रहे थे। यही कि स्त्रियाँ ऐसा प्रेम कर सकती हैं ? तर्क ने कहा होगा—नहीं ! व्यवहार ने समझाया होगा—यह सब स्वप्न है ! यही न ? पर मैं कहती हूँ सब सत्य है...स्त्री का हृदय......प्रेम का रंगमंच है ! तुमने शास्त्र पढ़ा है, फिर भी तुम स्त्रियों के हृदय को परखने में उतने कुशल नहीं हो, क्योंकि...

बीच में रोककर मंगल ने पूछा—और तुम कैसे प्रेम का रहस्य जानती हो गाला ! तुम भी तो...

स्त्रियों का यह जन्मसिद्ध उत्तराधिकार है मंगल ! उसे खोजना, परखना नहीं होता, कहीं से ले आना नहीं होता। वह बिखरा रहता है असावधानी से—धनकुबेर की विभूति के समान ! उसे सम्हालकर केवल एक ओर व्यय करना पड़ता है—इतना ही तो !—हँसकर गाला ने कहा।

और पुरुष को...?—मंगल ने पूछा।

हिसाब लगाना पड़ता है, उसे सीखना पड़ता है। संसार में जैसे उसकी महत्त्वाकांक्षा की और भी बहुत-सी विभूतियाँ हैं, वैसे ही यह भी एक है। पद्मिनी के समान जल-मरना स्त्रियाँ ही जानती हैं, और पुरुष केवल उसी जली हुई राख को उठाकर अलाउद्दीन के सदृश बिखेर देना ही तो जानते हैं !—कहते-कहते गाला तन गई थी। मंगल ने देखा—वह ऊर्जस्वित सौन्दर्य !

बात बदलने के लिए गाला ने पाठ्यक्रम-सम्बन्धी अपने उपालम्भ कह सुनाये और पाठशाला के शिक्षाक्रम का मनोरंजक विवाद छिड़ा। मंगल उस कानन-वासिनी के तर्कजालों में बार-बार जान-बूझकर अपने को फँसा देता। अन्त में मंगल ने स्वीकार किया कि वह पाठ्यक्रम बदला जायगा। सरल पाठों में बालकों

के चारित्र्य, स्वास्थ्य और साधारण ज्ञान को विशेष सहायता देने का उपकरण जुटाया जायगा।

स्वावलम्बन का व्यावहारिक विषय निर्धारित होगा।

गाला ने सन्तोष की साँस लेकर देखा—आकाश का सुन्दर शिशु, बैठा हुआ बादलों की क्रीड़ा-शैली पर हँस रहा था और रजनी शीतल हो चली थी। रोएँ अनुभूति में सगबगाने लगे थे। दक्षिण पवन जीवन का सन्देश लेकर टेकरी पर विश्राम करने लगा था। मंगल की पलकें भारी थीं और गाला झीम रही थी। कुछ ही देर में दोनों अपने-अपने स्थान पर बिना किसी शैया के आडम्बर के सो गये।

३

एक दिन सवेरे की गाड़ी से वृन्दावन के स्टेशन पर नन्दो और घण्टी उतरीं। बाथम स्टेशन के समीप ही, सड़क पर ईसाई-धर्म पर व्याख्यान दे रहा था--

यह देवमन्दिरों की यात्राएँ तुम्हारे मन में क्या भाव लाती हैं—पाप की या पुण्य की ? तुम जब पापों के बोझ से लदकर, एक मन्दिर की दीवार से टिककर लम्बी साँस खींचते हुए सोचोगे कि मैं इससे छू जाने पर पवित्र हो गया, तो तुम्हारे में फिर से पाप करने की प्रेरणा बढ़ेगी ! यह विश्वास कि देवमन्दिर मुझे पाप से मुक्त कर देंगे, भ्रम है।

सहसा सुनने वालों में से मंगल ने कहा—ईसाई ! तुम जो कह रहे हो, यदि वही ठीक है, तो इस भाव के प्रचार का सबसे बड़ा दायित्व तुम लोगों पर है, जो कहते हैं कि पश्चात्ताप करो, तुम पवित्र हो जाओगे। भाई, हम लोग तो इस सम्बन्ध में ईश्वर को भी इस झंझट से दूर रखना चाहते हैं—

'जो अस करे सो तस फल चाखा !'

सुननेवालों ने ताली पीट दी। बाथम एक घोर सैनिक की भाँति प्रत्यावर्त्तन कर गया। वह भीड़ में से निकलकर अभी स्टेशन की ओर चला था कि सिर पर गठरी लिये हुए नन्दो के पीछे घण्टी जाती हुई दिखाई पड़ी। वह उत्तेजित होकर लपका, उसने पुकारा,—घण्टी !

घण्टी के हृदय में सनसनी दौड़ गई। उसने नन्दो का कन्धा पकड़ लिया। धर्म का व्याख्याता ईसाई, पशु के फंदे में अपना गला फाँसकर उछलने लगा। उसने कहा—घण्टी ! चलो, हम तुमको खोज कर लाचार हो गये—आह डॉलिङ्ग !

भयभीत घण्टी सिकुड़ी जाती थी। नन्दो ने डपटकर कहा—तू कौन है रे ! क्या सरकारी राज नहीं रहा ! आगे बढ़ा, तो ऐसा झापड़ लगेगा कि तेरा टोप उड़ जायगा !

दो-चार मनुष्य और इकट्ठे हो गये। बाथम ने कहा---माँ जी, यह मेरी विवाहिता स्त्री है; यह ईसाई है, आप नहीं जानतीं।

नन्दो तो घबरा गई। और लोगों ने भी कान सगबगाये; पर सहसा फिर मंगल बाथम के सामने लेट गया। उसने घण्टी से पूछा—क्या तुम ईसाई-धर्म ग्रहण कर चुकी हो?

मैं धर्म-कर्म कुछ नहीं जानती। मेरा कोई आश्रय न था, तो इन्होंने मुझे कई दिन खाने को दिया था।

ठीक है; पर तुमने इनके साथ ब्याह किया था?

नहीं, यह मुझे दो-एक दिन गिरजाघर में ले गये थे, ब्याह-वाह मैं नहीं जानती।

मिस्टर बाथम, यह क्या कहती है? क्या आप लोगों का ब्याह चर्च में नियमानुसार हो चुका है—आप प्रमाण दे सकते हैं?

नहीं, जिस दिन होने वाला था, उसी दिन तो यह भागी। हाँ, यह बपतिस्मा अवश्य ले चुकी है।

क्यों, तुम ईसाई हो चुकी हो?

मैं नहीं जानती।

अच्छा मिस्टर बाथम! अब आप एक भद्र पुरुष होने के कारण इस तरह एक स्त्री को अपमानित न कर सकेंगे। इसके लिए आप पश्चात्ताप तो करेंगे ही, चाहे वह प्रकट न हो। छोड़िए, राह छोड़िए, जाओ देवी!

मंगल के इस कहने पर भीड़ हट गई। बाथम भी चला। अभी वह अपनी धुन में थोड़ी दूर गया था कि चर्च का बुड्ढा चपरासी मिला। बाथम चौंक पड़ा। चपरासी ने कहा---बड़े साहब की चलाचली है; चर्च को सँभालने के लिए आपको बुलाया है।

बाथम किंकर्त्तव्य-विमूढ़-सा चर्च के ताँगे पर जा बैठा।

पर नन्दो का तो पैर ही आगे न पड़ता था। वह एक बार घंटी को देखती, फिर सड़क को। घण्टी के पैर उसी पृथ्वी में गड़े जा रहे थे। दुःख से दोनों के आँसू छलक आये थे। दूर खड़ा मंगल भी यह सब देख रहा था, वह फिर पास आया, बोला—आप लोग अब यहाँ क्यों खड़ी हैं?

नन्दो रो पड़ी, बोली—बाबूजी, बहुत दिन पर मेरी बेटी मिली भी, तो बेधरम होकर! हाय, अब मैं क्या करूँ?

मंगल के मस्तिष्क में सारी बातें दौड़ गईं, वह तुरन्त बोल उठा—आप लोग गोस्वामी जी के आश्रम में चलिए, वहाँ सब प्रबन्ध हो जायगा, सड़क पर खड़ी

रहने से फिर भीड़ लग जायगी। आइए, मेरे पीछे-पीछे चली आइए! —मंगल ने आज्ञापूर्ण स्वर में ये शब्द कहे। दोनों उसके पीछे-पीछे आँसू पोंछती हुई चलीं।

मंगल को गम्भीर दृष्टि से देखते हुए गोस्वामीजी ने पूछा—तो तुम क्या चाहते हो?

गुरुदेव! आपकी आज्ञा का पालन करना चाहता हूँ; सेवा-धर्म की जो दीक्षा आपने मुझे दी है, उसको प्रकाश्य रूप से व्यवहृत करने की मेरी इच्छा है। देखिए, धर्म के नाम पर हिन्दू स्त्रियों, शूद्रों, अछूतों—नहीं, वही प्राचीन शब्दों में कहे जाने वाली पापयोनियों—की क्या दुर्दशा हो रही है! क्या इन्हीं के लिए भगवान् श्रीकृष्ण ने परागति पाने की व्यवस्था नहीं दी है? क्या वे सब उनकी दया से वंचित ही रहें!

मैं आर्यसमाज का विरोध करता था—मेरी धारणा थी कि धार्मिक समाज में कुछ भीतरी सुधार कर देने से काम चल जायगा; किन्तु गुरुदेव! यह आपका शिष्य मंगल आप ही की शिक्षा से आज यह कहने का साहस करता है कि परिवर्तन आवश्यक है; एक दिन मैंने अपने मित्र विजय का इन्हीं विचारों के लिए विरोध किया था; पर नहीं, अब मेरी यही दृढ़ धारणा हो गई है कि इस जर्जर धार्मिक समाज में जो पवित्र हैं—वे अलग पवित्र बने रहें, मैं उन पतितों की सेवा करूँ, जिन्हें ठोकरें लग रही हैं—जो बिलबिला रहे हैं!

मुझे पतितपावन के पदांक का अनुसरण करने की आज्ञा दीजिए। गुरुदेव, मुझसे बढ़कर कौन पतित होगा? कोई नहीं, आज मेरी आँखें खुल गई हैं, मैं अपने समाज को एकत्र करूँगा और गोपाल से तब प्रार्थना करूँगा कि भगवान तुममें यदि पावन करने की शक्ति हो, तो आओ। अहंकारी समाज के दम्भ से पद-दलितों पर अपनी करुणा-कादम्बिनी बरसाओ।

मंगल की आँखों में उत्तेजना के आँसू थे। उसका गला भर आया था। वह फिर कहने लगा—गुरुदेव! उन स्त्रियों की दशा पर विचार कीजिए, जिन्हें कल ही आश्रम में आश्रय मिला है।

मंगल! क्या तुमने भली भाँति विचार कर लिया, और विचार करने पर भी तुमने यही कार्य-क्रम निश्चित किया है? —गम्भीरता से कृष्णशरण ने पूछा।

गुरुदेव! जब कार्य करना ही है, तब उसे उचित रूप क्यों न दिया जाय! देवनिरंजनजी से परामर्श करने पर मैंने तो यही निष्कर्ष निकाला है कि भारत-संघ स्थापित होना चाहिए।

परन्तु तुम मेरा सहयोग उसमें न प्राप्त कर सकोगे। मुझे इस आडम्बर में विश्वास नहीं है, यह मैं स्पष्ट कह देना चाहता हूँ। मुझे फिर कोई एकान्त कुटिया खोजनी पड़ेगी—मुस्कराते हुए कृष्णशरण ने कहा।

कार्य आरम्भ हो जाने दीजिए। गुरुदेव ! तब यदि आप उसमें अपना निर्वाह न देखें, तो दूसरा विचार करें। इस कल्याण-धर्म के प्रचार में क्या आप ही विरोधी बनियेगा ! मुझे जिस दिन आपने सेवाधर्म का उपदेश देकर वृन्दावन से निर्वासित किया था, उसी दिन से मैं इसके लिए उपाय खोज रहा था; किन्तु आज जब सुयोग उपस्थित हुआ, देवनिरंजनजी जैसा सहयोगी मिल गया, तब आप ही मुझे पीछे हटने को कह रहे हैं।

पूर्ण गम्भीर हँसी के साथ गोस्वामीजी कहने लगे—जब निर्वासन का बदला लिये बिना तुम कैसे मानोगे ? मंगल, अच्छी बात है, मैं शीघ्र प्रतिफल का स्वागत करता हूँ। किन्तु, मैं एक बात फिर कह देना चाहता हूँ कि मुझे व्यक्तिगत पवित्रता के उद्योग में विश्वास है, मैंने उसी को सामने रखकर उन्हें प्रेरित किया था। मैं यह न स्वीकार करूँगा कि वह भी मुझे न करना चाहिए था। किन्तु, जो कर चुका, वह लौटाया नहीं जा सकता। तो फिर करो, जो तुम लोगों की इच्छा !

मंगल ने कहा—गुरुदेव, क्षमा कीजिए—आशीर्वाद दीजिए।

अधिक न कहकर वह चुप हो गया। वह इस समय किसी भी तरह गोस्वामी जी के भारत-संघ का आरम्भ करा लिया चाहता था।

निरंजन ने जब वह समाचार सुना, तो उसे अपनी विजय पर प्रसन्नता हुई—दोनों उत्साह से आगे का कार्यक्रम बनाने लगे।

४

कृष्णशरण की टेकरी ब्रज-भर में रहस्यमय कुतूहल और सनसनी का केन्द्र बन रही थी। निरंजन के सहयोग से उसमें नवजीवन का संचार होने लगा। कुछ ही दिनों से सरला और लतिका भी उस विश्राम-भवन में आ गयी थीं।

लतिका बडे चाव से वहाँ उपदेश सुनती। सरला तो एक प्रधान महिला कार्यकर्त्री थी। उसके हृदय में नई स्फूर्ति थी और शरीर में नये साहस का संचार था। संघ में बड़ी सजीवता आ चली। इधर यमुना के अभियोग में भी संघ प्रधान भाग ले रहा था, इसलिए बड़ी चहल-पहल रहती।

एक दिन वृन्दावन की गलियों में सब जगह बड़े-बड़े विज्ञापन चिपक रहे थे। उन्हें लोग भय और आश्चर्य से पढ़ने लगे—

भारत-संघ

हिन्दू-धर्म का सर्वसाधारण के लिए
खुला हुआ द्वार
ब्राह्मण, क्षत्रिय, वैश्यों से
(जो किसी विशेष कुल में जन्म लेने के कारण संसार में सबसे अलग रहकर;
निस्सार महत्ता में फँसे हैं)
भिन्न एक नवीन हिन्दू जाति का
संगठन कराने वाला सुदृढ़ केन्द्र
जिसका आदर्श प्राचीन है—
राम, कृष्ण, बुद्ध की आर्य-संस्कृति का प्रचारक
वही

भारत-संघ

सबको आमन्त्रित करता है !

दूसरे दिन नया विज्ञापन लगा—

भारत-संघ
वर्तमान कष्ट के दिनों में
श्रेणीवाद
धार्मिक पवित्रतावाद,
अभिजात्यवाद, इत्यादि अनेक रूपों में
फैले हुए सब देशों के भिन्न प्रकारों के जातिवाद
की
अत्यन्त उपेक्षा करता है !
श्रीराम ने शबरी का आतिथ्य स्वीकार किया था
श्रीकृष्ण ने दासी-पुत्र विदुर का आतिथ्य ग्रहण किया था,
बुद्धदेव ने वेश्या के निमंत्रण की रक्षा की थी;
इन घटनाओं को स्मरण करता हुआ
भारत-संघ मानवता के नाम पर
सबको गले से लगाता है !
राम, कृष्ण और बुद्ध महापुरुष थे
इन लोगों ने सत्साहस का पुरस्कार पाया था—
'कष्ट, तीव्र उपेक्षा और तिरस्कार !'
भारत-संघ भी
आप लोगों की ठोकरों की धूल
सिर से लगावेगा ।

वृन्दावन उत्तेजना की उँगलियों पर नाचने लगा। विरोध में और पक्ष में—देवमन्दिरों, कुंजों, गलियों और घाटों पर बातें होने लगीं ।

तीसरे दिन फिर विज्ञापन लगा—

मनुष्य अपनी सुविधा के लिए
अपने और ईश्वर के सम्बन्ध को
धर्म,
अपने और अन्य मनुष्यों के सम्बन्ध को
नीति,
और रोटी-बेटी के सम्बन्ध को
समाज,
कहने लगता है, कम-से-कम

इसी अर्थ में इन शब्दों का व्यवहार करता है।

धर्म और नीति में शिथिल

हिन्दुओं का समाज-शासन

कठोर हो चला है !

क्योंकि, दुर्बल स्त्रियों पर ही शक्ति का उपयोग करने की

उसके पास क्षमता बच रही है—

और यह अत्याचार प्रत्येक काल और देश के

मनुष्यों ने किया है;

स्त्रियों की

निसर्ग-कोमल प्रकृति और उनकी रचना

इसका कारण है

भारत-संघ

ऋषि-वाणी को दोहराता है

'यत्र नार्यस्तु पूज्यन्ते रमन्ते तत्र देवता

कहता है—

स्त्रियों का सम्मान करो !

वृन्दावन में एक भयानक हलचल मच गई। सब लोग आज-कल भारत-संघ और यमुना के अभियोग की चर्चा में संलग्न हैं। भोजन करके, पहले की आधी छोड़ी हुई बात फिर आरम्भ हो जाती है—वही भारत-संघ और यमुना !

मन्दिर के किसी-किसी मुखिया को शास्त्रार्थ की सूझी। भीतर-भीतर आयोजन होने लगा। पर, अभी खुलकर कोई प्रस्ताव नहीं आया था। उधर यमुना के अभियोग के लिए सहायतार्थ चन्दा भी आने लगा। वह दूसरी ओर की प्रतिक्रिया थी।

५

कई दिन हो गये थे। मंगल नहीं था। अकेले गाला का उस पाठशाला का प्रबन्ध कर रही थी। उसका नवीन उत्साह उसे नित्य बल दे रहा था; पर उसे कभी-कभी ऐसा प्रतीत होता कि उसने कोई वस्तु खो दी है। इधर एक पंडितजी भी उस पाठशाला में पढ़ाने लगे थे। उनका गाँव दूर था; अतः गाला ने कहा—पण्डितजी, आप भी यहाँ रहा करें तो अधिक सुविधा हो। रात को छात्रों के कष्ट इत्यादि का समुचित प्रवन्ध भी कर दिया जाता और सूनापन उतना न अखरता।

पण्डितजी सात्त्विक बुद्धि के एक अधेड़ व्यक्ति थे। उन्होंने स्वीकार कर लिया। एक दिन वे बैठे हुए रामायण की कथा गाला को सुना रहे थे, गाला ध्यान से सुन रही थी। राम-वनवास का प्रसंग था। रात अधिक हो गई थी, पण्डितजी ने कथा बन्द कर दी। सब छात्रों ने फूस की चटाई पर पैर फैलाये और पण्डितजी ने भी कम्बल सीधा किया।

आज गाला की आँखों में नींद न थी। वह चुपचाप नैश पवन-विकम्पित लता की तरह कभी-कभी विचार में झीम जाती, फिर चौंक कर अपनी विचार परम्परा की विशृङ्खल लड़ियों को सम्हालने लगती। उसके सामने आज रह-रह कर वदन का चित्र प्रस्फुटित हो उठता। वह सोचती—पिता की आज्ञा मानकर राम वनवासी हुए और मैंने पिता की क्या सेवा की? उलटा उनके वृद्ध जीवन में कठोर आघात पहुँचाया! और यह मंगल? किस माया में पड़ी हूँ! बालक पढ़ते हैं, मैं पुण्य कर रही हूँ, कर्त्तव्य कर रही हूँ; परन्तु क्या यह ठीक है? मैं एक दुर्दान्त दस्यु और यवनी की बालिका—हिन्दू समाज मुझे किस दृष्टि से देखेगा? ओह, मुझे इसकी क्या चिन्ता! समाज से मेरा क्या सम्बन्ध! फिर भी मुझे चिन्ता करनी ही पड़ेगी...क्यों? इसका कोई स्पष्ट उत्तर नहीं दे सकती; पर यह मंगल भी एक विलक्षण...आहा, बेचारा कितना परोपकारी है, तिस पर उसकी खोज करने वाला कोई नहीं। न खाने की सुध, न अपने शरीर की। सुख क्या है—वह जैसे भूल गया है। और मैं भी कैसी हूँ—पिताजी को कितनी पीड़ा मैंने दी, वे मसो-सते होंगे! मैं जानती हूँ, लोहे से भी कठोर मेरे पिता अपने दुःख में भी किसी

की सेवा-सहायता न चाहेंगे। तब यदि उन्हें ज्वर आ गया हो—उस जंगल के एकान्त में पड़े कराहते होंगे ?

सहसा जैसे गाला के हृदय की गति रुकने लगी। उसके कान में बदन के कराहने का स्वर सुनाई पड़ा, जैसे पानी के लिए खाट के नीचे हाथ बढ़ाकर वह टटोल रहा हो। गाला से न रहा गया, वह उठ खड़ी हुई। फिर निस्तब्ध आकाश की नीलिमा में वह बन्दी बना दी गई। उसकी इच्छा हुई कि चिल्लाकर रो उठे; परन्तु निरुपाय थी। उसने अपने रोने का मार्ग भी बन्द कर दिया था ! बड़ी बेचैनी थी। वह तारों को गिन रही थी, पवन की लहरों को पकड़ रही थी।

सचमुच गाला आज अपने विद्रोही हृदय पर खीज उठी। वह अथाह अन्धकार के समुद्र में उभचुभ हो रही थी—नाक में, आँख में, हृदय में जैसे अन्धकार भरा जा रहा था। अब उसे निश्चय हो गया कि वह डूब गई ! वास्तव में वह विचारों से थककर सो गई।

अभी पूर्व में प्रकाश नहीं फैला था। गाला की नींद उचट गई। उसने देखा, कोई बड़ी दाढ़ी और मूँछोंवाला लम्बा-चौड़ा मनुष्य खड़ा है। चिन्तित रहने से गाला का मन दुर्बल हो ही रहा था, उस आकृति को देखकर वह सहम गई। वह चिल्लाना ही चाहती थी कि उस व्यक्ति ने कहा—गाला मैं हूँ नये !

तुम हो ! मैं तो चौंक उठी थी, भला तुम इस समय क्यों आये !

तुम्हारे पिता कुछ घण्टों के लिए संसार में जीवित हैं, यदि चाहो तो देख सकती हो !

क्या सच ! तो मैं चलती हूँ —कहकर गाला ने सलाई जलाकर आलोक किया। वह एक चिट पर कुछ लिखकर पण्डितजी के कम्बल के पास गई। वे अभी सो रहे थे; गाला चिट उनके सिरहाने रखकर नये के पास गई, दोनों टेकरी से उतरकर सड़क पर चलने लगे।

नये कहने लगा—

बदन के घुटने में गोली लगी थी। रात को पुलिस ने डाके के माल के संबंध में उस जंगल की तलाशी ली; पर कोई वस्तु वहाँ न मिली। हाँ अकेले बदन ने वीरता से पुलिस-दल का विरोध किया, तब उस पर गोली चलाई गई। वह गिर पड़ा। वृद्ध बदन ने इसको अपना कर्त्तव्य-पालन समझा। पुलिस ने फिर कुछ न पाकर घायल बदन को उसके भाग्य पर छोड़ दिया। यह निश्चय था कि वह मर जायगा, तब उसे ले जाकर वह क्या करती !

सम्भवतः पुलिस ने रिपोर्ट दी—डाकू अधिक संख्या में थे। दोनों ओर से खूब गोलियाँ चलीं; पर कोई मरा नहीं। माल उन लोगों के पास न था। पुलिस

—दल कम होने के कारण लौट आई; उन्हें घेर न सकी। डाकू लोग निकल भागे —इत्यादि-इत्यादि।

गोली का शब्द सुनकर पास ही सोया हुआ भालू भूँक उठा, मैं भी चौंक पड़ा। देखा कि निस्तब्ध अँधेरी रजनी में यह कैसा शब्द ! मैं कल्पना से बदन को संकट में समझने लगा।

जब से विवाह-सम्बन्ध को मैंने अस्वीकार किया, तब से बदन के यहाँ नहीं जाता था। इधर-उधर उसी खारी के तट पर पड़ा रहता। कभी सन्ध्या के समय पुल के पास जाकर कुछ माँग लाता, उसे खाकर भालू और मैं दोनों ही सन्तुष्ट हो जाते। क्योंकि खारी में जल की कमी तो थी नहीं। आज सड़क पर सन्ध्या को कुछ असाधारण चहल-पहल देखी; इसलिए बदन के कष्ट की कल्पना कर सका।

सिंवारपुर के गाँव के लोग मुझे औघड़ समझते—क्योंकि मैं कुत्ते के साथ ही खाता हूँ। कम्बल बगल में दबाये, भालू के साथ मैं, जनता की आँखों का एक आकर्षक विषय हो गया हूँ।

हाँ, तो बदन के संकट की कल्पना ने मुझको उत्तेजित कर दिया। मैं उसके झोंपड़े की ओर चला। वहाँ जाकर जब बदन को घायल कराहते देखा, तब तो मैं जमकर उसकी सेवा करने लगा। तीन दिन बीत गये, बदन का ज्वर भीषण हो चला। उसका घाव भी असाधारण था, गोली तो निकल गई थी, पर चोट गहरी थी। बदन ने एक दिन भी तुम्हारा नाम न लिया। सन्ध्या को जब मैं उसे जल पिला रहा था, मैंने वायु-विकार बदन की आँखों में स्पष्ट देखा। उससे धीरे से पूछा—गाला को बुलाऊँ ? बदन ने मुँह फेर लिया। मैं अपना कर्त्तव्य सोचने लगा, फिर निश्चय किया कि आज तुम्हें बुलाना ही चाहिए।

गाला पथ चलते-चलते यह कथा संक्षेप में सुन रही थी; पर कुछ न बोली। उसे इस समय केवल चलना ही सूझता था।

नये जब गाला को लेकर पहुँचा, तब बदन की अवस्था अत्यन्त भयानक हो चली थी। गाला उसके पैर पकड़कर रोने लगी। बदन ने कष्ट से दोनों हाथ उठाये, गाला ने अपने शरीर को अत्यन्त हल्का करके बदन के हाथ में दिया। मरणोन्मुख वृद्ध पिता ने अपनी कन्या का सिर चूम लिया।

नये उस समय हट गया था। बदन ने धीरे से उसके कान में कुछ कहा, गाला ने भी समझ लिया अब अन्तिम समय है। वह डटकर पिता के खाट के पास बैठ गई।

हाय, उस दिन की भूखी संध्या ने उसके पिता को छीन लिया।

गाला ने बदन का शव-दाह किया । वह बाहर तो खुलकर रोती न थी, पर उसके भीतर की ज्वाला का ताप उसकी आरक्त आँखों में दिखाई देता था । उसके चारों ओर सूना था । उसने नये से कहा—मैं तो यह धन का सन्दूक न ले जा सकूँगी, तुम इसे ले लो ।

नये ने कहा—भला मैं क्या करूँगा गाला ! मेरा जीवन संसार के भीषण कोलाहल से, उत्सव से और उत्साह से ऊब गया है । अब तो मुझे भीख मिल जाती है । तुम तो इससे पाठशाला की सहायता पहुँचा सकती हो । मैं इसे वहाँ पहुँचा दे सकता हूँ ।—फिर वह सिर झुकाकर मन-ही-मन सोचने लगा—जिसे मैं अपना कह सकता था, जिसे माता-पिता समझता था, वे ही जब अपने नहीं तो दूसरों की क्या !

गाला ने देखा, नये के मन में एक तीव्र विराग और वाणी में व्यंग है ! वह चुपचाप दिनभर खारी के तट पर बैठी हुई सोचती रही । सहसा उसने घूमकर देखा, नये अपने कुत्ते के साथ कम्बल पर बैठा है । उसने पूछा—तो नये ! यही तुम्हारी सम्मति है न ?

हाँ, इससे अच्छा इसका दूसरा उपयोग हो ही नहीं सकता । और, यहाँ तुम्हारा अकेले रहना ठीक नहीं ।—नये ने कहा ।

हाँ पाठशाला भी सूनी है—मंगलदेव वृन्दावन की एक हत्या में फँसी हुई यमुना नाम की एक स्त्री के अभियोग की देख-रेख करने गये हैं, उन्हें अभी कई दिन लगेंगे ।

बीच ही में टोककर नये ने पूछा—क्या कहा ! यमुना ? वह हत्या में फँसी है ?

हाँ, पर तुम क्यों पूछते हो ?

मैं भी हत्यारा हूँ गाला, इसी से पूछता हूँ । फैसला किस दिन होगा ? कब तक मंगलदेव आवेंगे ?

परसों न्याय का दिन नियत है ।—गाला ने कहा ।

तो चलो, आज ही तुम्हें पाठशाला पहुँचा दूँ । अब यहाँ रहना ठीक भी नहीं ।

अच्छी बात है जाओ, वह सन्दूक लेते आओ ।

नये अपना कम्बल उठाकर चला । और, गाला चुपचाप सुनहली किरणों को खारी के जल में बुझती हुई देख रही थी—दूर कर एक स्यार दौड़ा हुआ जा रहा था । उस निर्जन स्थान में पवन रुक-रुक पर बह रहा था । खारी बहुत धीरे-धीरे अपने करुण-प्रवाह में बहती जाती थी; पर जैसे उसका पति स्थिर

हो—कहीं से आता-जाता न हो ! एक स्थिरता और स्पन्दन-हीन विवशता गाला को घेरकर मुस्कराने लगी। वह सोच रही थी—शैशव से परिचित इस जंगली भूखंड को छोड़ने की बात !

गाला के सामने अन्धकार ने परदा खींच दिया। तब वह घबराकर उठ खड़ी हुई। इतने में कम्बल और सन्दूक सिर पर धरे नये वहाँ आ पहुँचा। गाला ने कहा—तुम आ गये !

हाँ चलो, बहुत दूर चलना है !

दूर चले, भालू भी पीछे-पीछे था।

६

जज के साथ पाँच जूरी बैठे थे। सरकारी वकील ने अपना वक्तव्य समाप्त करते हुए कहा—जूरी सज्जनों से मेरी प्रार्थना है कि अपना मत देते हुए वे इस बात का ध्यान रखें कि वे लोग हत्या जैसे एक भीषण अपराध पर अपना मत दे रहे हैं। स्त्री, साधारणतः मनुष्य की दया को अपनी ओर आकर्षित कर सकती है, फिर जब कि उसके साथ उसकी स्त्री-जाति की मर्यादा का प्रश्न भी लग जाता हो। तब यह बड़े साहस का काम है कि न्याय की पूरी सहायता हो। समाज में हत्या का रोग बहुत जल्द फैल सकता है, यदि अपराधी इस...

जज ने वक्तव्य समाप्त करने का संकेत किया। सरकारी वकील ने केवल—अच्छा तो आप लोग शान्त हृदय से अपराध का गुरुत्व विचारकर न्यायालय को न्याय करने में सहायता दीजिए।—कहकर वक्तव्य समाप्त किया।

जज ने जूरियों को सम्बोधन करके कहा—सज्जनो, यह एक हत्या का अभियोग है, जिसमें नवाब नाम का मनुष्य वृन्दावन के समीप यमुना के किनारे मारा गया। इसमें तो संदेह नहीं कि वह मारा गया—डाक्टर का कहना है कि गला घोंटने और पत्थर से सिर फोड़ने से उसकी मृत्यु हुई। गवाह कहते हैं—जब हम लोगों ने देखा, तो यह यमुना उस मृत व्यक्ति पर झुकी हुई थी; पर, यह कोई नहीं कहता कि मैंने उसे मारते देखा। यमुना कहती है कि स्त्री की मर्यादा नष्ट करने जाकर नवाब मारा गया; पर सरकारी वकील का यह कहना बिलकुल निरर्थक है कि उसने मारना स्वीकार किया है। यमुना के वाक्यों से यह अर्थ कदापि नहीं निकाला जा सकता। इस विशेष बात को समझा देना आवश्यक था। यह दूसरी बात है कि वह स्त्री अपनी मर्यादा के लिए हत्या कर सकती है या नहीं, यद्यपि नियम इसके लिए बहुत स्पष्ट है। विचार करने के समय आप लोग इन बातों का ध्यान रखखेंगे। अब आप लोग एकान्त में जा सकते हैं।

जूरी लोग एक कमरे में जा बैठे। यमुना निर्भीक होकर जज का मुँह देख रही थी। न्यायालय में दर्शक बहुत थे। उस भीड़ में मंगल, निरंजन इत्यादि भी

थे। सहसा द्वार पर हलचल हुई, कोई भीतर घुसना चाहता था। रक्षियों ने शान्ति की घोषणा की। जूरी लोग आये।

दो ने कहा—हम लोग यमुना को हत्या का अपराधी समझते हैं; पर दण्ड इसे कम दिया जाय।—जज ने मुस्कुरा दिया।

अन्य तीन सज्जनों ने कहा—प्रमाण अभियोग के लिए पर्याप्त नहीं है।

अभी वे पूरा कहने नहीं पाये थे कि एक लम्बा-चौड़ा, दाढ़ी-मूँछ वाला युवक, कम्बल बगल में दबाये, कितनों ही को धक्का देता, जज की कुरसी की बगलवाली खिड़की से कब घुस आया, यह किसी ने नहीं देखा। वह सरकारी वकील के पास आकर बोला—मैं हूँ हत्यारा! मुझको फाँसी दो? यह स्त्री निरपराध है!

जज ने चपरासियों की ओर देखा। पेशकार ने कहा—पागलों को भी तुम नहीं रोकते! ऊँघते रहते हो क्या?

इसी गड़बड़ी में बाकी तीन जूरी सज्जनों ने अपना वक्तव्य पूरा किया—हम लोग यमुना को निरपराध समझते हैं।

उधर वह पागल भीड में से निकला जा रहा था। उसका कुत्ता भौंककर हल्ला मचा रहा था। इसी बीच में जज ने कहा—हम इन तीन जूरियों से सहमत होते हुए यमुना को छोड़ देते हैं।

एक हलचल मच गई। मंगल और निरंजन—जो अब तक दुश्चिन्ता और सन्देह से कमरे के बाहर थे—यमुना के समीप आये। वह रोने लगी। उसने मंगल से कहा—मैं नहीं चल सकती। मंगल मन-ही-मन कट गया। निरंजन उसे सान्त्वना देकर आश्रम तक ले आया।

एक वकील साहब कहने लगे—क्यों जी, मैंने तो समझा था कि पागलपन भी एक दिल्लगी है; पर यह तो प्राणों से भी खिलवाड़ है।

दूसरे ने कहा—यह भी तो पागलपन है, जो पागल से भी बुद्धिमानी की आशा तुम रखते हो!

दोनों वकील मित्र हँसने लगे।

पाठकों को कुतूहल होगा कि बाथम ने अदालत में उपस्थित होकर क्यों नहीं इस हत्या पर प्रकाश डाला! परन्तु वह नहीं चाहता था कि उस हत्या के अवसर पर उसका रहना तथा उक्त घटना से उसका सम्पर्क सब लोग जान लें। उसका हृदय घण्टी के भाग जाने से और भी लज्जित हो गया था। अब वह

अपने को इस सम्बन्ध में बदनाम होने से बचाना चाहता था। वह प्रचारक बन गया था।

इधर आश्रम में लतिका, सरला, घण्टी और नन्दो के साथ यमुना भी रहने लगी, पर यमुना अधिकतर कृष्णशरण की सेवा में रहती। उनकी दिनचर्या बड़ी नियमित थी। वह चाची से भी नहीं बोलती और निरंजन उसके पास ही आने में संकुचित होता। भंडारीजी का तो साहस ही उसका सामना करने का न हुआ।

पाठक आश्चर्य करेंगे कि घटना-सूत्र तथा सम्बन्ध में इतने समीप के मनुष्य एकत्र होकर भी चुपचाप कैसे रहे ?

लतिका और घंटी का वह मनोमालिन्य न रहा, क्योंकि अब बाथम से दोनों का कोई सम्बन्ध न रहा। नन्दो चाची ने यमुना के साथ उपकार भी किया था और अन्याय भी। यमुना के हृदय में मंगल के व्यवहार की इतनी तीव्रता थी कि उसने सामने और किसी के अत्याचार परिस्फुटित हो नहीं पाते। वह अपने दु:ख-सुख में किसी को साझीदार बनाने की चेष्टा न करती। निरंजन मन में सोचता—मैं वैरागी हूँ। मेरे शरीर से सम्बन्ध रखने वाले प्रत्येक परमाणुओं को मेरे दुष्कर्म के ताप से दग्ध होना विधाता का अमोघ विधान है, यदि सब बातें खुल जायँ, तो यह सताई हुई स्त्री और भी विरक्ति के नीचे पिसने लग जाय और फिर मैं कहाँ खड़ा हूँगा ! यह आश्रम मुझे किस दृष्टि से देखेगा ! नन्दो सोचती—यदि मैं कुछ भी कहती हूँ, तो मेरा ठिकाना नहीं, इसलिए जो हुआ, सो हुआ, अब इसमें चुप रह जाना ही अच्छा है। मंगल और यमुना आप ही अपना रहस्य खोलें, मुझे क्या पड़ी है।

इसी तरह निरंजन, नन्दो और मंगल का मौन भय, यमुना के अदृष्ट अन्धकार का सृजन कर रहा था। मंगल का सार्वजनिक उत्साह, यमुना के सामने अपराधी हो रहा था। वह अपने मन को सान्त्वना देता कि इसमें मेरा क्या अन्याय है—जब उपयुक्त अवसर पर मैंने अपना अपराध स्वीकार करना चाहा, तभी तो यमुना ने मुझे वर्जित किया तथा अपनी और मेरा पथ भिन्न-भिन्न कर दिया। इसके हृदय में विजय के प्रति इतनी सहानुभूति कि उनके लिए फाँसी पर चढ़ना स्वीकार ! यमुना से अब मेरा कोई सम्बन्ध नहीं ! —वह उद्विग्न हो उठता। सरला दूर से उनके उद्विग्न मुख को देख रही थी। उसने पास आकर कहा—अहा, तुम इन दिनों अधिक परिश्रम करते-करते थक गये हो !

नहीं माता, सेवक को विश्राम कहाँ ? अभी तो आप लोगों के संघ-प्रवेश का उत्सव जब तक समाप्त नहीं हो जाता, हमको छुट्टी कहाँ !

सरला के हृदय में स्नेह का संचार देखकर मंगल का हृदय भी स्निग्ध हो चला। उसको बहुत दिनों पर इतने सहानुभूति-सूचक शब्द पुरस्कार में मिले थे।

मंगल इधर लगातार कई दिन धूप में परिश्रम करता रहा। आज उसकी आँखें लाल हो रही थीं। दालान में पड़ी हुई चौकी पर जाकर लेट रहा। ज्वर का आतंक उसके ऊपर छा गया था। वह अपने मन में सोच रहा था कि बहुत दिन हुए बीमार पड़े—काम कर के रोगी हो जाना भी एक विश्राम है, चलो कुछ दिन छुट्टी ही सही। फिर वह सोचता कि मुझे बीमार होने की आवश्यकता नहीं; एक घूंट पानी तक को कोई न पूछेगा। न भाई, यह सुख दूर रहे! पर, उसके अस्वीकार करने से क्या दुख न आते? उसे ज्वर आ ही गया, वह एक कोने में पड़ा।

निरंजन उत्सव की तैयारी में व्यस्त था। मंगल के रोगी हो जाने से सब का छक्का छूट गया। कृष्णशरणजी ने कहा—तब तक संघ के लोगों के उपदेश के लिए मैं राम-कथा कहूँगा और सर्वसाधारण के लिए प्रदर्शन तो जब मंगल स्वस्थ होगा, किया जायगा।

बहुत-से लोग बाहर से भी आ गये थे। संघ में बड़ी चहल-पहल थी; पर मंगल ज्वर में अचेत रहता। केवल सरला उसे देखती थी। आज तीसरा दिन था, ज्वर में तीव्र दाह था, अधिक वेदना से सिर में पीड़ा थी; लतिका ने कुछ समय के लिए छुट्टी देकर सरला को स्नान करने के लिए भेज दिया था। सवेरे की धूप जँगले के भीतर जा रही थी। उसके प्रकाश में मंगल की रक्तवर्ण आँखें भीषण लाली से चमक उठतीं। मंगल ने कहा—गाला! लड़कियों की पढ़ाई पर...

लतिका पास बैठी थी। उसने समझ लिया कि ज्वर की भीषणता में मंगल प्रलाप कर रहा है। वह घबरा उठी। सरला इतने में स्नान कर के आ चुकी थी। लतिका ने प्रलाप की सूचना दी। सरला उसे वहीं रहने के लिए कहकर गोस्वामी के पास गई। उसने कहा—महाराज! मंगल का ज्वर भयानक हो गया है। वह गाला का नाम लेकर चौंक उठता है।

गोस्वामीजी कुछ चिन्तित हुए।—कुछ विचार कर उन्होंने कहा—सरला, घबराने की कोई बात नहीं, मंगल शीघ्र अच्छा हो जायगा। मैं गाला को बुलवाता हूँ।

गोस्वामीजी की आज्ञा से एक छात्र उनका पत्र लेकर सीकरी गया। दूसरे दिन गाला उसके साथ आ गई। यमुना ने उसे देखा। वह मंगल से दूर रहती। फिर भी न जाने क्यों उसका हृदय कचोट उठता; पर वह लाचार थी।

गाला और सरला कमर कसकर मंगल को सेवा करने लगीं। वैद्य ने देखकर कहा--अभी पाँच दिन में यह ज्वर उतरेगा। बीच में सावधानी की आवश्यकता है। कुछ चिन्ता नहीं! —यमुना सुन रही थी, वह कुछ निश्चिन्त हुई।

इधर संघ में बहुत-से बाहरी मनुष्य भी आ गये थे। उन लोगों के लिए गोस्वामीजी राम-कथा कहने लगे थे।

आज मंगल के ज्वर का वेग अत्यन्त भयानक था। गाला पास बैठी हुई मंगल के मुख पर पसीने की बूंदों को कपड़े में पोंछ रही थी। बार-बार प्यास से मंगल का मुँह सूखता था। वैद्यजी ने कहा था--आज की रात बीत जाने पर यह निश्चय अच्छा हो जायगा। गाला की आँखों में बेबसी और निराशा नाच रही थी। सरला ने दूर से यह सब देखा। अभी रात आरम्भ हुई थी। अन्धकार ने संघ के प्रांगण में लगे हुए विशाल वृक्षों पर अपना दुर्ग बना लिया था। सरला का मन व्यथित हो उठा। वह धीरे-धीरे एक बार कृष्ण की प्रतिमा के सम्मुख आई। उसने प्रार्थना की। वही सरला, जिसने एक दिन कहा था—भगवान् के दुःख-दान को आँचल पसारकर लूंगी—आज मंगल की प्राणभिक्षा के लिए आँचल पसारने लगी। यह कंकाल का गर्व था, जिसके पास कुछ बचा ही नहीं। वह किसकी रक्षा चाहती! सरला के पास तब क्या था, जो वह भगवान् के दुःख-दान से हिचकती। हताश जीवन तो साहसिक बन ही जाता है; परन्तु आज उसे कथा सुनकर विश्वास हो गया था कि विपत्ति में भगवान् सहायता के लिए अवतार लेते हैं, आते हैं भयभीतों के उद्धार के लिए! अहा, मानव-हृदय की स्नेह-दुर्बलता कितना महत्त्व रखती है! यही तो उसके यांत्रिक जीवन की ऐसी शक्ति है। प्रतिमा निश्चल रही, तब भी उसका हृदय आशापूर्ण था। वह खोजने लगी—कोई मनुष्य मिलता, कोई देवता आकर अमृत-पात्र मेरे हाथों में रख जाता। 'मंगल! मंगल!'—कहती हुई वह आश्रम के बाहर निकल पड़ी। उसे विश्वास था कि कोई दैवी सहायता मुझे अचानक मिल जायगी अवश्य!

यदि मंगल जी उठता तो गाला कितना प्रसन्न होती! —यही बड़बड़ाती हुई वह यमुना के तट की ओर बढ़ने लगी। अन्धकार में पथ दिखाई न देता था; पर वह चली जा रही थी।

यमुना के पुलिन में नैश अन्धकार बिखर रहा था। तारों की सुन्दर पंक्तियाँ झलमलाती हुई अनन्त में जैसे घूम रही थीं। उनके आलोक में यमुना का स्थिर गम्भीर प्रवाह जैसे अपनी करुणा में डूब रहा था। सरला ने देखा—एक व्यक्ति

कम्बल ओढ़े, यमुना की ओर मुँह किये, बैठा है; जैसे किसी योगी की अचल समाधि लगी हो।

सरला कहने लगी—हे यमुना माता! मंगल का कल्याण करो और उसे जीवित करके गाला को भी प्राणदान दो। माता! आज की रात बड़ी भयानक है—दुहाई भगवान् की!

वह बैठा हुआ कम्बलवाला विचलित हो उठा। उसने बड़े गम्भीर स्वर से पूछा—क्या मंगलदेव रुग्ण हैं?

प्रार्थिनी और व्याकुल सरला ने कहा—हाँ महाराज! यह किसी का बच्चा है, उसके स्नेह का धन है, उसी की कल्याण-कामना कर रही हूँ।

और तुम्हारा नाम सरला है? तुम ईसाई के घर पहले रहती थीं न! —धीरे स्वर से प्रश्न हुआ।

हाँ योगिराज। आप तो अन्तर्यामी हैं!

उस व्यक्ति ने टटोलकर कोई वस्तु निकालकर सरला की ओर फेंक दी। सरला ने देखा, वह एक यंत्र है। उसने कहा—बड़ी दया हुई महाराज! तो इसे ले जाकर बाँध दूँगी न!

वह फिर कुछ न बोला, जैसे समाधि लग गई हो। सरला ने अधिक छेड़ना उचित न समझा। मन-ही-मन नमस्कार करती हुई, प्रसन्नता से आश्रम की ओर लौट पड़ी।

वह अपनी कोठरी में आकर, उस यंत्र को धागे में पिरोकर, मंगल के प्रकोष्ठ के पास गई। उसने सुना, कोई कह रहा है—बहन गाला! तुम थक गई होगी, लाओ मैं कुछ समय सहायता कर दूं।

उत्तर मिला—नहीं यमुना बहिन! मैं तो अभी बैठी हूँ, फिर आवश्यकता होगी, तो बुलाऊँगी।

एक स्त्री लौटकर निकल गई। सरला भीतर घुसी। उसने वह यंत्र मंगल के गले में बाँध दिया और मन-ही-मन भगवान् से प्रार्थना की। वहीं बैठी रही। दोनों ने रात भर बड़े यत्न से सेवा की।

प्रभात होने लगा। बड़े सन्देह से सरला ने उस प्रभात के आलोक को देखा। दीप की ज्योति मलिन हो चली। रोगी इस समय निद्रित था। जब प्रकाश उस कोठरी में घुस आया, तब गाला, सरला और मंगल तीनों नींद में सो रहे थे।

जब कथा समाप्त करके सब लोगों के चले जाने पर गोस्वामीजी उठकर

मंगलदेव के पास आये, तब गाला बैठी पंखा झल रही थी। उन्हें देखकर वह संकोच से उठ खड़ी हुई। गोस्वामीजी ने कहा—सेवा सब से कठिन व्रत है देवि! तुम अपना काम करो। हाँ मंगल! तुम अब अच्छे हो न!

कम्पित कंठ से मंगल ने कहा—हाँ, गुरुदेव!

अब तुम्हारा अभ्युदय-काल है, घबराना मत! कहकर गोस्वामीजी चले गये।

दीपक जल गया। आज अभी तक सरला नहीं आई। गाला को बैठे हुए बहुत विलम्ब हुआ। मंगल ने कहा—जाओ गाला, संध्या हुई; हाथ-मुँह तो धो लो, तुम्हारे इस अथक परिश्रम से मैं कैसे उद्धार पाऊँगा।

गाला लज्जित हुई। इतने सम्भ्रान्त मनुष्य और स्त्रियों के बीच आकर कानन-वासिनी ने लज्जा सीख ली थी। वह अपने स्त्रीत्व का अनुभव कर रही थी। उसके मुख पर विजय की मुस्कुराहट थी। उसने कहा—अभी माँ जी नहीं आईं, उन्हें बुला लाऊँ! —कहकर सरला को खोजने के लिए वह चली।

सरला मौलसिरी के नीचे बैठी सोच रही थी—जिन्हें लोग भगवान् कहते हैं, उन्हें भी माता की गोद से निर्वासित होना पड़ा था। दशरथ ने तो अपना अपराध समझकर प्राण-त्याग दिया; परन्तु कौशल्या कठोर होकर जीती रही—जीती रही श्रीराम का मुख देखने के लिए। क्या मेरा भी दिन लौटेगा?—क्या मैं इसी से अब तक प्राण न दे सकी!

गाला ने सहसा आकर कहा—चलिये!

दोनों मंगल की कोठरी की ओर चलीं।

मंगल के गले के नीचे वह यंत्र गड़ रहा था। उसने तकिया से उसे खींचकर बाहर किया। मंगल ने देखा कि वह यंत्र उसी का पुराना यंत्र है! वह आश्चर्य से पसीने-पसीने हो गया। दीप के आलोक में उसे वह देख ही रहा था कि सरला भीतर आई। सरला को बिना देखे ही अपने कुतूहल में उसने प्रश्न किया—यह मेरा यंत्र इतने दिनों पर कौन लाकर पहना गया है, आश्चर्य है!

सरला ने उत्कण्ठा से पूछा—तुम्हारा यन्त्र कैसा बेटा! यह तो मैं एक साधु से लाई हूँ!

मंगल ने सरल आँखों से उसकी ओर देखकर कहा—माँ जी, यह मेरा ही यन्त्र है, मैं इसे बराबर बाल्यकाल में पहना करता था। जब यह खो गया, तभी से दुःख पा रहा हूँ। आश्चर्य है, इतने दिनों पर यह कैसे आपको मिल गया!

सरला के धैर्य का बाँध टूट पड़ा। उसने यन्त्र को हाथ में लेकर देखा—

'वही त्रिकोण यंत्र !' वह चिल्ला उठी—मेरे खोये हुए निधि ! मेरे लाल ! यह दिन देखना किस पुण्य का फल है मेरे भगवान् !

मंगल तो आश्चर्य-चकित था। सब साहस बटोरकर उसने कहा—तो क्या सचमुच तुम्हीं मेरी माँ हो !

तीनों के आनन्दाश्रु बाँध तोड़कर बहने लगे।

सरला ने गाला के सिर पर हाथ फेरते हुए कहा—बेटी ! तेरे भाग्य से आज मुझे मेरा खोया हुआ धन मिल गया !

गाला गड़ी जा रही थी।

मंगल एक आनन्दमय कुतूहल से पुलकित हो उठा। उसने सरला के पैर पकड़कर कहा—मुझे तुमने छोड़ क्यों दिया था माँ ?

उसकी भावनाओं की सीमा न थी। कभी वह जीवन-भर के हिसाब को बराबर हुआ समझता, कभी उसे भान होता कि आज से संसार में मेरा जीवन प्रारम्भ हुआ है।

सरला ने कहा—मैं कितनी आशा में थी, यह तुम क्या जानोगे। तुमने तो अपनी माता के जीवित रहने की कल्पना भी न की होगी। पर भगवान् की दया पर मेरा विश्वास था और उसने मेरी लाज रख ली !

उस हर्ष से लतिका वंचित न रही। उसने भी बहुत दिनों बाद अपनी हँसी को लौटाया।

भण्डार में बैठी हुई नन्दो ने भी इस सम्वाद को सुना, वह चुपचाप रही। घंटी भी स्तब्ध होकर अपनी माता के साथ उसके काम में हाथ बँटाने लगी।

७

आलोक-प्रार्थिनी यमुना, अपने कुटीर में दीपक बुझाकर बैठी रही। उसे आशा थी कि वातायन और द्वारों से राशि-राशि प्रभात का धवल आनन्द उसके प्रकोष्ठ में भर जायगा; पर जब समय आया, किरनें फूटीं, तब उसने अपने वातायनों, झरोखों और द्वारों को रुद्ध कर दिया! आँखें भी बन्द कर लीं। आलोक कहाँ से आये! वह चुपचाप पड़ी थी। उसके जीवन की अनन्त रजनी उसके चारों ओर घिरी थी।

लतिका ने जाकर द्वार खटखटाया। उद्धार की आशा में आज संघ-भर में उत्साह था। यमुना हँसने की चेष्टा करती हुई बाहर आई। लतिका ने कहा—चलोगी बहन यमुना! स्नान करने ?

चलूँगी बहन, धोती ले लूँ!

दोनों आश्रम के बाहर हुईं। चलते-चलते लतिका ने कहा—बहिन सरला का दिन भगवान् ने जैसे लौटाया, वैसा सब का लौटे। अहा, पचीसों बरस पर किसका लड़का लौटकर गोद में आता है।

सरला के धैर्य का फल है बहन! परन्तु सबका दिन लौटे, ऐसी तो भगवान् की रचना नहीं देखी जाती। बहुतों का दिन कभी न लौटने के लिए चला जाता है। विशेषकर स्त्रियों का। मेरी रानी। जब मैं स्त्रियों के ऊपर दया दिखाने का उत्साह पुरुषों में देखती हूँ, तो जैसे कट जाती हूँ। ऐसा जान पड़ता है कि वह सब कोलाहल, स्त्री-जाति की लज्जा की मेघमाला है। उनकी असहाय परि-स्थिति का व्यंग-उपहास है।—यमुना ने कहा।

लतिका ने आश्चर्य से आँखें बड़ी करते हुए कहा—सच कहती हो बहन! जहाँ स्वतन्त्रता नहीं है, वहाँ पराधीनता का आन्दोलन है; और जहाँ ये सब माने हुए नियम हैं, वहाँ कौन-सी अच्छी दशा है। यह झूठ है कि किसी विशेष समाज में स्त्रियों को कुछ विशेष सुविधा है। हाय, हाय, पुरुष यह नहीं जानते कि स्नेह-मयी रमणी सुविधा नहीं चाहती, वह हृदय चाहती है; पर मन इतना भिन्न उप-करणों से बना हुआ है कि समझौते पर ही संसार के स्त्री-पुरुषों का व्यवहार

चलता हुआ दिखाई देता है। इसका समाधान करने के लिए कोई नियम या संस्कृति असमर्थ है।

मुझे ही देखो न, मैं ईसाई-समाज की स्वतन्त्रता में अपने को सुरक्षित समझती थी; पर भला मेरा धन मेरा रहा ! तभी हम स्त्रियों के भाग्य में लिखा है कि उड़कर भागते हुए पक्षी के पीछे, चारा और पानी से भरा हुआ पिंजरा लिये घूमती रहें।

यमुना ने कहा—कोई समाज और धर्म स्त्रियों का नहीं बहन ! सब पुरुषों के हैं। सब हृदय को कुचलनेवाले क्रूर हैं। फिर भी मैं समझती हूँ कि स्त्रियों का एक धर्म है, वह है आघात सहने की क्षमता रखना। दुर्दैव के विधान ने उनके लिए यही पूर्णता बना दी है। यह उनकी रचना है।

दूर पर नन्दो और घण्टी जाती हुई दिखाई पड़ीं। लतिका ने पुकारा, दोनों ठहर गईं। लतिका, यमुना के साथ दोनों के पास जा पहुँची।

नन्दो ने यमुना की ओर संकुचित दृष्टि से देखा, और घण्टी की आँखों में स्नेह की भिक्षा थी। सब चुप थीं। सबका रहस्य सबका गला घोंट रहा था। किसी के मुख से एक शब्द भी न निकला। सब यमुना-तट पर पहुँचीं।

स्नान करते हुए घण्टी और लतिका एकत्र हो गईं, और उसी तरह चाची और यमुना का एक जुटाव हुआ। यह आकस्मिक था। घण्टी ने अंजली में जल लेकर लतिका से कहा—बहन ! मैं अपराधिनी हूँ, मुझे क्षमा करोगी ?

लतिका ने कहा—बहन ! हम लोगों का अपराध स्वयं दूर चला गया है। यह तो मैं जान गई हूँ कि इसमें तुम्हारा कोई दोष नहीं है। हम दोनों एक ही स्थान पर पहुँचनेवाली थीं; पर सम्भवतः थककर दोनों ही लौट आईं। कोई पहुँच जाता, तो द्वेष की सम्भावना थी, ऐसा ही तो संसार का नियम है; पर अब तो हम दोनों एक-दूसरे को समझा सकती हैं, सन्तोष कर सकती हैं।

घण्टी ने कहा—दूसरा उपाय नहीं है बहन ! तो मुझे क्षमा कर दो। आज से मुझे बहन कहकर बुलाओगी न ?

लतिका ने देखा, नारी-हृदय गल-गलकर आँखों की राह से उसकी अंजली के यमुना-जल में मिल रहा है। वह अपने को न रोक सकी, लतिका और घण्टी गले से लगकर रोने लगीं। लतिका ने कहा—आज से दुःख में, सुख में, हम लोग कभी साथ न छोड़ेंगी। बहन ! संसार में गला बाँधकर जीवन बिताऊँगा, यमुना साक्षी है।

दूर यमुना और नन्दो चाची ने इस दृश्य को देखा। नन्दो का मन न जाने

किस भावों से भर गया। मानों जन्म-भर की उसकी कठोरता तीव्र पाप लगने से बरफ के समान गलने लगी हो। उसने यमुना से रोते हुए कहा—यमुना, नहीं-नहीं—बेटी तारा ! मुझे भी क्षमा कर दे ! मैंने जीवन-भर बहुत-सी बुरी बातें की हैं; पर जो कठोरता तेरे साथ हुई है, वह नरक की आँच से भी तीव्र दाह उत्पन्न कर रही है। बेटी ! मैं मंगल को उसी समय पहचान गई, जब उसने अँगरेज से मेरी घण्टी को छुड़ाया था; पर वह न पहचान सका, उसे वे बातें भूल गई थीं, तिसपर मेरे साथ मेरी बेटी थी, जिसकी वह कल्पना भी नहीं कर सकता था। वह छलिया मंगल आज एक दूसरी स्त्री से ब्याह करने का सुख-चिन्ता में निमग्न है। मैं जल उठती हूँ बेटी ! मैं उसका सब भण्डाफोड़ कर देना चाहती थी; पर तुझे भी यहीं चुपचाप देखकर मैं कुछ न कर सकी। हाय रे पुरुष !

नहीं चाची ! अब वह दिन चाहे लौट आये, पर वह हृदय कहाँ से आवेगा ! मंगल को दुःख पहुँचाकर आघात दे सकूँगी, अपने लिए सुख कहाँ से लाऊँगी। चाची ! तुम मेरे दुःखों की साक्षी हो, मैंने केवल एक अपराध किया है—वह यही कि प्रेम करते समय साक्षी नहीं इकट्ठा कर लिया था, और कुछ मन्त्रों से कुछ लोगों की जीभ पर उसका उल्लेख नहीं करा लिया था; पर किया था प्रेम। चाची ! यदि उसका यही पुरस्कार है, तो मैं उसे स्वीकार करती हूँ।—यमुना ने कहा।

पुरुष कितना बड़ा ढोंगी है बेटी ! वह हृदय के विरुद्ध ही तो जीभ से कहता है। आश्चर्य है, उसे सत्य कहकर चिल्लाता है !—उत्तेजित चाची ने कहा।

पर मैं एक उत्कट अपराध की अभियुक्त है चाची ! आह मेरा पन्द्रह दिन का बच्चा ! मैं कितनी निर्दय हूँ ! मैं उसी का तो फल भोग रही। मुझे किसी दूसरे ने ठोकर लगाई और मैंने दूसरे को ठुकराया। हाय ! संसार अपराध करके इतना अपराध नहीं करता, जितना यह दूसरों को उपदेश देकर करता है ! जो मंगल ने मुझसे किया, वही तो मैं हृदय के टुकड़े से, अपने से, कर चुकी हूँ। मैंने सोचा था कि फाँसी पर चढ़कर उसका प्रायश्चित्त कर सकूँगी, पर डूबकर बची—फाँसी से बची ! हाय-रे कठोर नारी-जीवन ! ! न जाने मेरे लाल का क्या हुआ ?

यमुना, नहीं—अब उसे तारा कहना चाहिए—रो रही थी। उसकी आँखों में जितनी करुण कालिमा थी, उतनी कालिन्दी में कहाँ !

चाची ने उसकी अश्रुधारा पोंछते हुए कहा—बेटी ! तुम्हारा लाल जीवित है, सुखी है !

तारा चिल्ला पड़ी, उसने कहा—सच कहती हो चाची ?

सच तारा ! वह काशी के एक धनी श्रीचन्द्र और किशोरी बहू का दत्तक पुत्र है; मैंने उसे वहाँ दिया है। क्या इसके लिए तुम मुझे क्षमा करोगी बेटी ?

तुमने मुझे जिला लिया, अहा ! मेरी चाची, तुम मेरी उस जन्म की माता हो, अब मैं सुखी हूँ ! —वह जैसे एक क्षण के लिए पागल हो गई। चाची के गले से लिपट कर रो उठी। वह रोना आनन्द का था।

चाची ने उसे सान्त्वना दी। इधर घण्टी और लतिका भी पास आ रही थीं। तारा ने धीरे से कहा—मेरी बिनती है, अभी इस बात को किसी से न कहना—यह मेरा 'गुप्त धन' है।

चाची ने कहा—यमुना साक्षी है !

चारों के मुख पर प्रसन्नता थी। चारों का हृदय हल्का था। सब स्नान करके दूसरी बातें करती हुई आश्रम लौटीं। लतिका ने कहा—आपनी सम्पत्ति संघ को देती हूँ वह स्त्रियों की स्वयंसेविका की पाठशाला चलावे। मैं उसकी पहली छात्रा होऊँगी। और तुम घण्टी ?

घण्टी ने कहा—मैं भी ! बहन, स्त्रियों को स्वयं घर पर जाकर अपनी दुखिया बहनों की सेवा करनी चाहिए। पुरुष उन्हें उतनी ही शिक्षा और ज्ञान देना चाहते हैं, जितना उनके स्वार्थ में बाधक न हो। घरों के भीतर अन्धकार है, धर्म के नाम पर ढोंग की पूजा है, और शील तथा आचार के नाम पर रूढ़ियों की। बहनें अत्याचार के परदे में छिपाई गई हैं, उनकी सेवा करूँगी। धात्री, उपदेशिका, धर्म-प्रचारिका, सहचारिणी बनकर उनकी सेवा करूँगी।

सब प्रसन्न मन से आश्रम में पहुँच गईं।

८

नियत दिन आ गया, आज उत्सव का विराट् आयोजन है। संघ के प्रांगण में वितान तना है। चारों ओर प्रकाश है। बहुत से दर्शकों की भीड़ है।

गोस्वामीजी, निरंजन और मंगलदेव संघ की प्रतिमा के सामने बैठे हैं। एक ओर घण्टी, लतिका, गाला और सरला भी बैठी हैं। गोस्वामीजी ने शान्त वाणी में आज के उत्सव का उद्देश्य समझाया और कहा—भारत-संघ के संगठन पर आप लोग देवनिरंजनजी का व्याख्यान दत्तचित्त होकर सुनें। निरंजन का व्याख्यान आरम्भ हुआ—

प्रत्येक समय में सम्पत्ति-अधिकार और विद्या ने भिन्न-भिन्न देशों में जाति वर्ण और ऊँच-नीच की सृष्टि की। जब आप लोग इसे ईश्वरकृत विभाग समझने लगते हैं, तब यह भूल जाते हैं कि इसमें ईश्वर का उतना सम्बन्ध नहीं, जितना उसकी विभूतियों का। कुछ दिनों तक उन विभूतियों का अधिकारी बने रहने पर मनुष्य के संस्कार भी वैसे ही बन जाते हैं, वह प्रमत्त हो जाता है। प्राकृतिक ईश्वरीय नियम, विभूतियों का दुरुपयोग देखकर विकास की चेष्टा करता है, यह कहलाती है उत्क्रान्ति। उस समय केन्द्रीभूत विभूतियाँ, मानव-स्वार्थ के बन्धनों को तोड़कर समस्त भूत हित के लिए बिखरना चाहती हैं। वह समदर्शी भगवान् की क्रीड़ा है।

भारतवर्ष आज वर्णों और जातियों के बन्धन में जकड़कर कष्ट पा रहा है और दूसरों को कष्ट दे रहा है। यद्यपि अन्य देशों में भी इस प्रकार के समूह बन गये हैं; परन्तु यहाँ इसका भीषण रूप है। यह महत्त्व का संस्कार अधिक दिनों तक प्रभुत्व भोगकर खोखला हो गया है। दूसरों की उन्नति से उसे डाह होने लगा है। समाज अपना महत्त्व धारण करने की क्षमता तो खो चुका है; परन्तु व्यक्तियों को उन्नति का दल बनकर सामूहिक रूप से विरोध करने लगा है। प्रत्येक व्यक्ति अपनी छूंछी महत्ता पर इतराता हुआ दूसरे को नीचा—अपने से छोटा—समझता है, जिससे सामाजिक विषमता का विषमय प्रभाव फैल रहा है।

अत्यन्त प्राचीनकाल में भी इस वर्ण-विद्वेष का—ब्रह्म-क्षत्र-संघर्ष का—साक्षी रामायण है—

उस वर्ण-भेद के भयानक संघर्ष का यह इतिहास जानकर भी, नित्य उसका पाठ करके भी भला हमारा देश कुछ समझता है ? नहीं, यह देश समझेगा भी नहीं। सज्जनो ! वर्ण-भेद, सामाजिक जीवन का क्रियात्मक विभाग है। यह जनता के कल्याण के लिए बना; परन्तु द्वेष की सृष्टि में, दम्भ का मिथ्या गर्व उत्पन्न करने में, वह अधिक सहायक हुआ है। जिस कल्याण-बुद्धि से इसका आरम्भ हुआ, वह न रहा, गुण-कर्मानुसार वर्णों की स्थिति नष्ट होकर, आभिजात्य के अभिमान में परिणत हो गई, उसका व्यक्तिगत परीक्षात्मक निर्वाचन के लिए, वर्णों के शुद्ध वर्गीकरण के लिए वर्तमान अतिवाद को मिटाना होगा—बल, विद्या और विभव की ऐसी सम्पत्ति किस हाड़-मांस के पुतले के भीतर ज्वालामुखी-सी धधक उठेगी, कोई नहीं जानता। इसलिए वे व्यर्थ के विवाद हटाकर, उस दिव्य संस्कृति—आर्य-मानव-संस्कृति—की सेवा में लगना चाहिए। भगवान् का स्मरण करके नारी-जाति पर अत्याचार करने से विरत हो। किसी को शवरी के सदृश अछूत न समझो, किसी को अहल्या के सदृश पापिनी मत कहो। किसी को लघु न समझो। सर्वभूत-हित-रत होकर भगवान् के लिए सर्वस्व समर्पण करो, निर्भय रहो !

भगवान् की विभूतियों को समाज ने बाँट लिया है; परन्तु जब मैं स्वार्थियों को भगवान् पर भी अपना अधिकार जमाये देखता हूँ, तब मुझे हँसी आती है—और भी हँसी आती है—जब उस अधिकार की घोषणा करके दूसरों को वे छोटा, नीच और पतित ठहराते हैं। बहु-परिचारिणी जाबाला के पुत्र सत्यकाम को कुलपति ने ब्राह्मण स्वीकार किया था; किन्तु उत्पत्ति, पतन और दुर्बलताओं के व्यंग से मैं घबराता नहीं। जो दोषपूर्ण आँखों में पतित हैं, जो निसर्ग-दुर्बल हैं, उन्हें अवलम्ब देना भारतसंघ का उद्देश्य है। इसलिए, इन स्त्रियों को भारत-संघ में पुनः लौटाते हुए बड़ा सन्तोष होता है। इन लतिका देवी ने अपना सर्वस्व दान किया है। उस धन से स्त्रियों की पाठशाला खोली जायगी, जिसमें उनकी पूर्णता की शिक्षा के साथ वे इस योग्य बनायी जायँगी कि घरों में पदों में दीवारों के भीतर नारी-जाति के सुख, स्वास्थ्य और संयत स्वतन्त्रता की घोषणा करें, उन्हें सहायता पहुँचाएँ, जीवन के अनुभवों से अवगत करें। उनमें उन्नति, सहानुभूति, क्रियात्मक प्रेरणा का प्रकाश फैलाएँ। हमारा देश इस सन्देश से—नवयुग के सन्देश से—स्वास्थ्यलाभ करे। इन आर्यललनाओं का उत्साह सफल हो, यही भगवान् से प्रार्थना है। अब आप मंगलदेव का व्याख्यान सुनेंगे, वे नारी-जाति के

सम्मान पर कुछ कहेंगे।

मंगलदेव ने कहना आरम्भ किया--

संसार में जितनी हलचल है, आन्दोलन हैं, वे सब मानवता की पुकार हैं। जननी अपने झगड़ालू कुटुम्ब में मेल कराने के लिए बुला रही है। उसके लिए हमें प्रस्तुत होना है। हम अलग न खड़े रहेंगे! यह समारोह उसी का समारम्भ है। इसलिए, हमारे आन्दोलन व्यवच्छेदक न हों।

एक बार फिर स्मरण करना चाहिए कि लोग एक हैं, ठीक उसी प्रकार जैसे श्रीकृष्ण ने कहा—'अविभक्त च भूतेषु विभक्तमिव च स्थित'—यह विभक्त होना कर्म के लिए है, चक्रप्रवर्त्तन को नियमित रखने के लिए है। समाज-सेवा-यज्ञ को प्रगतिशील करने के लिए है। जीवन व्यर्थ न करने के लिए, पाप की आयु, स्वार्थ का बोझ न उठाने के लिए हमें समाज के रचनात्मक कार्य में, भीतरी सुधार लाना चाहिए। यह ठीक है कि सुधार का काम प्रतिकूल स्थिति में प्रारम्भ होता है! सुधार सौन्दर्य का साधन है। सभ्यता सौन्दर्य की जिज्ञासा है। शारीरिक और आलंकारिक सौन्दर्य प्राथमिक है, चरम सौन्दर्य मानसिक सुधार का है। मानसिक सुधारों में सामूहिक भाव कार्य करते हैं। इसके लिए श्रम-विभाग है। हम अपने कर्त्तव्य को देखते हुए समाज की उन्नति करें; परन्तु संघर्ष को बचाते हुए। हम उन्नति करते-करते भौतिक ऐश्वर्य के टीले न बन जायँ। हाँ, हमारी उन्नति-फल-फूल वाले वृक्षों की-सी हो, जिनमें छाया मिले, विश्राम मिले, शान्ति मिले।

मैंने पहले कहा है कि समाज-सुधार भी हो और संघर्ष से बचना भी चाहिए। बहुत-से लोगों का यह विचार है कि, सुधार और उन्नति में संघर्ष अनिवार्य है; परन्तु संघर्ष से बचने का एक उपाय है, वह है—आत्म-निरीक्षण। समाज के कामों में अतिवाद से बचाने के लिए यह उपयोगी हो सकता है। जहाँ समाज का शासन कठोरता से चलता है, वहाँ द्वेष और द्वन्द्व भी चलता है। शासन की उपयोगिता हम भूल जाते हैं, फिर शासन केवल शासन के लिए चलता रहता है। कहना नहीं होगा कि वर्तमान हिन्दूजाति और उसकी उपजातियाँ इसके उदाहरण हैं। सामाजिक कठोर दण्डों से वह छिन्न-भिन्न हो रही हैं, जर्जर हो रही हैं। समाज के प्रमुख लोगों को इस भूल को सुधारना पड़ेगा। व्यवस्थापक तन्त्रों की जननी, प्राचीन पंचायतें, नवीन समस्याएँ सहानुभूति के बदले द्वेष फैला रही हैं। उनसे कठोर दण्ड से प्रतिहिंसा का भाव जगता है। हम लोग भूल जाते हैं कि मानव-स्वभाव दुर्बलताओं से संगठित है।

दुर्बलता कहाँ से आती है?—लोकापवाद से भयभीत होकर स्वभाव को

पाप कहकर मान लेना, एक प्राचीन रूढ़ि है। समाज को सुरक्षित रखने के लिए उससे संगठन में स्वाभाविक मनोवृत्तियों की सत्ता स्वीकार करनी होगी। सब के लिए एक पथ देना होगा। समस्त प्राकृतिक आकांक्षाओं की पूर्ति आपके आदर्श में होनी चाहिए। केवल—'रास्ता बन्द है!'—कह देने से काम न चलेगा। लोकापवाद—संसार का एक भय है, एक महान् अत्याचार है। आप लोग जानते होंगे कि श्रीरामचन्द्र ने भी—लोकापवाद के सामने सिर झुका लिया। 'लोकापवादी बलवाल्येन त्यक्ताहि मैथिली' और इसे पूर्वकाल के लोग मर्यादा कहते हैं, उनका मर्यादापुरुषोत्तम नाम पड़ा। वह धर्म की मर्यादा न थी, वस्तुतः समाज-शासन की मर्यादा थी, जिसे सम्राट् ने स्वीकार किया और अत्याचार सहन किया; परन्तु विवेक-दृष्टि से विचारने पर देश, काल और समाज की संकीर्ण परिधियों में पले हुए सर्वसाधारण नियम-भंग अपराध या पाप कहकर न गिने जायें; क्योंकि प्रत्येक नियम अपने पूर्ववर्त्ती नियम के बाधक होते हैं। या उसकी अपूर्णता को पूर्ण करने के लिए बनते ही रहते हैं। सीता-निर्वासन एक इतिहास-विश्रुत महान् सामाजिक अत्याचार है, और ऐसे अत्याचार अपनी दुर्बल संगिनी स्त्रियों पर प्रत्येक जाति के पुरुषों ने किया है। किसी-किसी समाज में तो पाप के मूल में स्त्री का ही उल्लेख है, और पुरुष निष्पाप है। यह भ्रान्त मनोवृत्ति अनेक सामाजिक व्यवस्थाओं के भीतर काम कर रही है। रामायण भी केवल राक्षस-वध का इतिहास नहीं है, किन्तु नारी-निर्यातन का सजीव इतिहास लिखकर वाल्मीकि ने स्त्रियों के अधिकार की घोषणा की है। रामायण में समाज के दो दृष्टिकोण हैं—निन्दक और वाल्मीकि के। दोनों निर्धन थे, एक बड़ा भारी अपकार कर सकता था और दूसरा एक पीड़ित आर्यललना की सेवा कर सका था। कहना न होगा कि उस युद्ध में कौन विजयी हुआ! सच्चे तपस्वी ब्राह्मण वाल्मीकि की विभूति संसार में आज भी महान् है। आज भी उस निन्दक को गाली मिलती है, परन्तु देखिए तो, आवश्यकता पड़ने पर हम-आप और निन्दकों से ऊँचे हो सकते हैं? आज भी तो समाज वैसे ही लोगों से भरा पड़ा है—जो स्वयं मलीन रहने पर भी दूसरों की स्वच्छता को अपनी जीविका का साधन बनाये हैं।

हमें इन बुरे उपकरणों को दूर करना चाहिए। हम जितनी कठिनता से दूसरों को दबाये रक्खेंगे, उतनी ही हमारी कठिनता बढ़ती जायगी। स्त्री-जाति के प्रति सम्मान करना सीखना होगा।

हम लोगों को अपना हृदय-द्वार और कार्य-क्षेत्र विस्तृत करना चाहिए। मानव-संस्कृति के प्रचार के लिए हम उत्तरदायी हैं। विक्रमादित्य, समुद्रगुप्त और हर्षवर्द्धन का रक्त हममें है। संसार भारत के सन्देश की आशा में है, हम उन्हें

देने के उपयुक्त बनें—यही मेरी प्रार्थना है।

आनन्द की करतलध्वनि हुई। मंगलदेव बैठा। गोस्वामीजी ने उठकर कहा—आज आप लोगों को एक और हर्ष-समाचार सुनाऊँगा। सुनाऊँगा ही नहीं, आप लोग उस आनन्द के साक्षी होंगे। मेरे शिष्य मंगल देव का, ब्रह्मचर्य की समाप्ति करके गृहस्थाश्रम में प्रवेश करने का शुभ मुहूर्त्त भी आज ही है। यह कानन-वासिनी गूजर-बालिका गाला अपने सत्साहस और दान से सीकरी में एक बालिका-विद्यालय चला रही है। इसमें मंगलदेव और गाला दोनों का हाथ है। मैं इन दोनों पवित्र हाथों को एक बंधन में बाँधता हूँ, जिसमें सम्मिलित शक्ति से ये लोग मानव-सेवा में अग्रसर हों और यह परिणय समाज के लिए आदर्श हो!

कोलाहल मच गया, सब लोग गाला को देखने के लिए उत्सुक हुए। सलज्जा गाला, गोस्वामीजी के संकेत से उठकर सामने आई। कृष्णशरण ने प्रतिमा से दो माला लेकर दोनों को पहना दी।

हर्ष-कोलाहल हो रहा था। उसी में किसी का डरावना कष्ट सुनाई पड़ा—अच्छा तो है! चंगेज और वर्धनों की सन्तानों की क्या ही सुन्दर जोड़ी है!!

गाला और मंगलदेव ने चौंककर देखा—पर उस भीड़ में कहने वाला न दिखाई पड़ा।

भीड़ के पीछे कम्बल ओढ़े, एक घनी दाढ़ी-मूँछ वाले युवक का कन्धा पकड़कर तारा ने कहा—विजय बाबू! आप क्या प्राण देंगे! हटिए यहाँ से, अभी वह घटना टटकी है!

नये, नहीं, विजय ने घूमकर कहा—यमुना! प्राण तो बच ही गया; पर, यह मनुष्य...

तारा ने बात काटकर कहा—बड़ा ढोंगी है, पाखण्डी है, यही न कहना चाहते हैं आप! होने दीजिए, आप संसार-भर के ठेकेदार नहीं—चलिए।

तारा उसका हाथ पकड़कर अन्धकार की ओर ले चली।

९

किशोरी सन्तुष्ट न हो सकी। कुछ दिनों के लिए वह विजय को अवश्य भूल गई थी; पर मोहन को दत्तक ले लेने से उसको एकदम भूल जाना असम्भव था। हाँ, उसकी स्मृति और भी उज्ज्वल हो चली। घर के एक-एक कोने उसकी कृतियों से अंकित थे। उन सबों ने मिल कर किशोरी की हँसी उड़ाना आरम्भ किया।

एकान्त में विजय का नाम लेकर वह रो उठती। उस समय उसके विवर्ण मुख को देखकर मोहन भी भयभीत हो जाता। धीरे-धीरे मोहन के प्यार की माया अपना हाथ किशोरी की ओर से खींचने लगी। किशोरी कटकटा उठती, पर उपाय क्या था, नित्य मनोवेदना से पीड़ित होकर उसने रोग का आश्रय लिया। औषधि होती थी रोग की; पर मन तो वैसा ही अस्वस्थ था। ज्वर ने उसके जर्जर शरीर में डेरा डाल दिया। विजय को उसने भूलने की चेष्टा की थी। किसी सीमा तक वह सफल भी हुई; पर वह धोखा अधिक दिन तक नहीं चल सका।

मनुष्य दूसरे को धोखा दे सकता है, क्योंकि उससे सम्बन्ध कुछ ही समय के लिए होता है; पर अपने से, नित्य सहचर से, जो घर का सब कोना जानता है, कब तक छिपेगा। किशोरी चिर-रोगिणी हुई। एक दिन उसे एक पत्र मिला। वह खाट पर पड़ी हुई अपने रूखे हाथों से उसे खोलकर पढ़ने लगी—

"किशोरी,

संसार इतना कठोर है कि वह क्षमा करना नहीं जानता और उसका सबसे बड़ा दंड है—'आत्म दर्शन !' अपनी दुर्बलता, जब अपराधों की स्मृति बनकर डंक मारती है, तब वह कितना उत्पीड़नमय होता है ! उसे तुम्हें क्या समझाऊँ मेरा अनुमान है कि तुम भी उसे भोगकर जान सकी हो।

मनुष्य के पास तर्कों के समर्थनों का अस्त्र है; पर कठोर सत्य अलग खड़ा उसकी विद्वत्तापूर्ण मूर्खता पर मुस्कुरा देता है। यह हँसी-शूल-सी भयानक, ज्वाला से भी अधिक झुलसानेवाली होती है।

मेरा इतिहास......मैं लिखना नहीं चाहता। जीवन की कौन-सी घटना प्रधान है, और बाकी सब पीछे-पीछे चलने वाली, अनुचरी हैं ? बुद्धि बराबर उसे चेतना की लम्बी पंक्ति में पहचानने में असमर्थ है। कौन जानता है कि ईश्वर को खोजते-खोजते कब, किसे पिशाच मिल जाता है !

जगत् की एक जटिल समस्या है—स्त्री-पुरुष का स्निग्ध मिलन। यदि तुम और श्रीचन्द्र एक-मन-प्राण होकर निभा सकते ? किन्तु वह असम्भव था। इसके लिए समाज ने भिन्न-भिन्न समय और देशों में अनेक प्रकार की परीक्षाएँ कीं, किन्तु वह सफल न हो सका। रुचि मानव-प्रकृति, इतनी विभिन्न है कि वैसा युग्म-मिलन विरला होता है। मेरा विश्वास है कि वह कदापि सफल न होगा। स्वतन्त्र चुनाव, स्वयंवरा, यह सब सहायता नहीं दे सकते। इसका उपाय एक-मात्र समझौता है, वही ब्याह है; परन्तु तुम लोग उसे विफल बना ही रहे थे कि मैं बीच में कूद पड़ा। मैं कहूँगा कि तुम लोग उसे व्यर्थ करना चाहते थे।

किशोरी ! इतना तो निस्सन्देह है कि मैं तुमको पिशाच मिला—तुम्हारे आनन्दमय जीवन को नष्ट कर देने वाला, भारतवर्ष का एक साधु नामधारी हो। —यह कितनी लज्जा की बात है। मेरे पास शास्त्रों का तर्क था, मैंने अपने कामों का समर्थन किया; पर तुम थीं असहाय अबला—आह, मैंने क्या किया !

और सबसे भयानक बात तो यह थी कि मैं तो अपने विचारों में पवित्र था। पवित्र होने के लिए मेरे पास एक सिद्धान्त था। मैं समझता था कि, धर्म से, ईश्वर से, केवल हृदय का सम्बन्ध है; कुछ क्षणों तक उसकी मानसिक उपासना कर लेने से यह मिल जाता है। इन्द्रियों से, वासनाओं से उनका कोई सम्बन्ध नहीं; परन्तु हृदय तो इन्हीं संवेदनों से सुसंगठित है। किशोरी, तुम भी मेरे ही पथ पर चलती रही हो; पर रोगी शरीर में स्वस्थ हृदय कहाँ से आवेगा ? काली करतूतों के भगवान् का उज्ज्वल रूप कौन देख सकेगा ?

तुमको स्मरण होगा कि मैंने एक दिन यमुना नाम की दासी को तुम्हारे यहाँ देवगृह में जाने के लिए रोक दिया था—उसे बिना जाने-समझे अपराधिनी मान-कर ! वाह रे दम्भ !

मैं सोचता हूँ कि अपराध करने में भी मैं उतना पतित नहीं था, जितना दूसरों को बिना जाने-समझे छोटा, नीच, अपराधी मान लेने में। पुण्य का सैकड़ों मन का धातु-निर्मित घण्टा बजाकर जो लोग अपनी ओर संसार का ध्यान आक-र्षित कर सकते हैं, वे, यह नहीं जानते कि बहुत समीप अपने हृदय तक वह भीषण शब्द नहीं पहुँचता।

किशोरी ! मैंने खोजकर देखा कि मैंने जिसको सबसे बड़ा अपराधी समझा था, वही सबसे अधिक पवित्र है ! वही यमुना—तुम्हारी दासी ! तुम जानती होगी कि तुम्हारे अन्न से पलने के कारण, विजय के लिए फाँसी पर चढ़ने जा रही थी, और मैं—जिसे विजय पर ममत्व था—दूर-दूर खड़ा धन से सहायता करना चाहता था।

भगवान् ने यमुना को भी बचाया, यद्यपि विजय का पता नहीं। हाँ, एक बात और सुनोगी, मैं आज इसे स्पष्ट कर देना चाहता हूँ। हरद्वार वाली विधवा रामा को तुम न भूली होगी, वह तारा (यमुना) उसी के गर्भ से उत्पन्न हुई है। मैंने उसकी सहायता करनी चाही और लगा था कि निकट भविष्य में उसकी सांसारिक स्थिति सुधार दूं। इसीलिए मैं भारत-संघ में लगा, सार्वजनिक कामों में सहयोग करने लगा; परन्तु कहना न होगा कि इसमें मैंने बड़ा ढोंग पाया। गम्भीर मुद्रा का अभिनय करके अनेक रूपों में उन्हीं व्यक्तिगत दुराचारों को छिपाना पड़ता है, सामूहिक रूप से वही मनोवृत्ति काम करती हुई दिखाई पड़ती है। संघों में, समाजों में, मेरी श्रद्धा न रही। मैं विश्वास करने लगा उस श्रुति-वाणी में कि देवता जो अप्रत्यक्ष है, मानव-बुद्धि से दूर ऊपर है, सत्य है और मनुष्य अनृत है। चेष्टा करके भी उस सत्य को जो प्राप्त करेगा। उस मनुष्य को मैं कई जन्मों तक केवल नमस्कार करके अपने को कृतकृत्य समझूँगा। मेरे संघ में लगने का मूल कारण वही यमुना थी। केवल धर्माचरण ही न था, इसे स्वीकार करने में कोई संकोच नहीं; परन्तु वह विजय के समान ही तो उच्छृङ्खल है, वह अभिमानी चली गई। मैं सोचता हूँ कि मैंने अपने दोनों को खो दिया। 'अपने दोनों पर'—तुम हँसोगी, किन्तु वे चाहे मेरे न हों, तब भी मुझे ऐसी शंका हो रही है कि तारा की माता रामा से मेरा अवैध सम्बन्ध अपने को अलग नहीं रख सकता।

मैंने भगवान् की ओर से मुंह मोड़कर मिट्टी के खिलौने में मन लगाया था। वे ही मेरी ओर देखकर, मुस्कराते हुए त्याग का परिचय देकर चले गये और मैं कुछ टुकड़ों को—चीथड़ों को—सम्हालने-सुलझाने में व्यस्त बैठा रहा।

किशोरी ! सुना है कि सब छीन लेते हैं भगवान् मनुष्य से, ठीक उसी प्रकार जैसे पिता खिलवाड़ी लड़के के हाथ से खिलौना ! जिससे वह पढ़ने-लिखने में मन लगाये। मैं अब यही समझता हूँ कि यह परमपिता का मेरी ओर संकेत है।

हो या न हो, पर मैं जानता हूँ कि उसमें क्षमा की क्षमता है, मेरे हृदय की प्यास—ओफ ! कितनी भीषण है—वह अनन्त तृष्णा ! —संसार के कितने ही कीचड़ों पर लहरानेवाली जल की पतली तहों में शूकरों की तरह लोट चुकी है !

पर, लोहार की तपाई हुई छुरी जैसे सान रखने के लिए बुझाई जाती हो, वैसे ही मेरी प्यास बुझकर भी तीखी होती गई।

जो लोग पुनर्जन्म मानते हैं, जो लोग भगवान् को मानते हैं, वे पाप कर सकते हैं ? नहीं, पर मैं देखता हूँ कि इन पर लम्बी-चौड़ी बातें करने वाले भी इससे मुक्त नहीं। मैं कितने जन्म लूंगा, इस प्यास के लिए, मैं नहीं कह सकता। न भी लेना पड़े, नहीं जानता ! पर मैं विश्वास करने लगा हूँ कि भगवान् में क्षमा की क्षमता है।

मर्मव्यथा से व्याकुल होकर गोस्वामी कृष्णशरण से जब मैंने अपना सब समाचार सुनाया, तो उन्होंने बहुत देर तक चुप रहकर यही कहा—निरंजन, भगवान् क्षमा करते हैं। मनुष्य भूलें करता है, इसका रहस्य है मनुष्य का परिमित ज्ञानाभास। सत्य इतना विराट् है कि हम क्षुद्र जीव व्यावहारिक रूप में उसे सम्पूर्ण ग्रहण करने में प्रायः असमर्थ प्रमाणित होते हैं। जिन्हें हम परम्परागत संस्कारों के प्रकाश में कलंकमय देखते हैं, वे ही शुद्ध ज्ञान में यदि सत्य ठहरें, तो मुझे आश्चर्य न होगा। तब भी मैं क्या करूँ ? यमुना के सहसा संघ से चले जाने पर नन्दो ने मुझसे कहा कि यमुना का मंगल से ब्याह होने वाला था। हरद्वार में मंगल ने उसके साथ विश्वासघात करके उसे छोड़ दिया। आज भला जब वही मंगल एक दूसरी स्त्री से ब्याह कर रहा है, तब वह क्यों न चली जाती ? मैं यमुना की दुर्दशा सुनकर काँप गया। मैं ही मंगल का दूसरा व्याह कराने वाला हूँ। आह ! मंगल का समाचार तो नन्दो ने सुना ही था, अब तुम्हारी भी कथा सुनकर मैं तो स्वयं शंका करने लगा हूँ कि अनिच्छापूर्वक भी भारतसंघ की स्थापना में सहायक बनकर मैंने क्या किया है—पुण्य या पाप ? प्राचीनकाल के इतने बड़े-बड़े संगठनों में जड़ता की दुर्बलता घुस गई ! फिर यह प्रयास कितने बल पर है ? —वाह रे मनुष्य ! तेरे विचार कितने निस्संबल हैं—कितने दुर्बल हैं ! —मैं भी जाता हूँ इसी को विचारने किसी एकान्त में ! और, तुमसे मैं केवल यही कहूँगा कि भगवान् पर विश्वास और प्रेम की मात्रा बढ़ाती रहो।

किशोरी ! न्याय और दण्ड देने का ढकोसला तो मनुष्य भी कर सकता है; पर क्षमा में भगवान् की शक्ति है। उसकी सत्ता है, महत्ता है, सम्भव है कि इसीलिए, सबके क्षमा के लिए वह महाप्रलय करता हो।

तो किशोरी ! उसी महाप्रलय की आशा में मैं भी किसी निर्जन कोने में जाता हूँ बस—बस !

निरञ्जन !"

पत्र पढ़कर किशोरी ने रख दिया। उसके दुर्बल श्वास उत्तेजित हो उठे, वह फूट-फूटकर रोने लगी।

गरमी के दिन थे। दस ही बजे पवन में ताप हो चला था। श्रीचन्द्र ने आकर कहा—पंखा खींचने के लिए दासी मिल गई है, यहीं रहेगी, केवल खाना-कपड़ा लेगी।

पीछे खड़ी दो करुण आँखें घूंघट में झाँक रही थीं।

श्रीचन्द्र चले गये। दासी आई, पास आकर किशोरी की खाट पकड़कर बैठ गई। किशोरी ने आँसू पोंछते हुए उसकी ओर देखा—वह यमुना —तारा थी!

१०

बरसात के प्रारम्भिक दिन थे। अभी सन्ध्या होने में विलम्ब था। दशाश्वमेध घाट वाली चुंगी-चौकी से सटा हुआ जो पीपल का वृक्ष है, उसके नीचे कितने ही मनुष्य कहलानेवाले प्राणियों का ठिकाना है। पुण्य-स्नान करने वाली बुढ़ियों की बाँस की डाली में से निकलकर चार-चार चावल सबों के फटे अंचल में पड़ जाते हैं, उनसे कितनों के विकृत अंग की पुष्टि होती है। काशी में बड़े-बड़े अनाथालय, बड़े-बड़े अन्नसत्र हैं, और उनके संचालक स्वर्ग में जाने वाली आकाश-कुसुमों की सीढ़ी की कल्पना छाती फुला कर करते हैं; पर इन्हें तो झुकी हुई कमर, झुर्रियों से भरे हाथों वाली रामनामी ओढ़े हुए, अन्नपूर्णा की प्रतिमाएँ ही दो दाने दे देती हैं।

दो मोटी ईंटों पर खपड़ा रख कर उन्हीं दानों को भूनती हुई, कूड़ों की ईंधन से कितनी क्षुधा-ज्वालाएँ निवृत्त होती हैं—यह एक दर्शनीय दृश्य है! सामने नाई अपने टाट बिछाकर बाल बनाने में लगे हैं, वे पीपल की जड़ से टिके हुए देवता के परम भक्त हैं, स्नान करके अपनी कमाई के फल-फूल उन्हीं पर चढ़ाते हैं। वे नग्न-भग्न देवता, भूखे-प्यासे जीवित देवता, क्या पूजा के अधिकारी नहीं? उन्हीं में फटे कम्बल पर ईंट का तकिया लगाये, विजय भी पड़ा है। अब उसके पहचाने जाने की तनिक भी सम्भावना नहीं। छाती तक हड्डियों का ढाँचा और पिंडलियों पर सूजन की चिकनाई, बालों के घनेपन में बड़ी-बड़ी आँखें और उन्हें बाँधे हुए एक चीथड़ा, इन सबों ने मिलकर विजय को—'नये' को—छिपा लिया था। वह ऊपर लटकती हुई पीपल की पत्तियों का हिलना देख रहा था। वह चुप था। दूसरे, अपने सायंकाल के भोजन के लिए व्यग्र थे।

अँधेरा हो चला, रात्रि आई,—कितनों के विभव-विकास पर चाँदनी तानने और कितनों के अन्धकार में अपनी व्यंग की हँसी छिड़कने! विजय निश्चेष्ट था। उसका भालू उसके पास घूमकर आया, उसने दुलार किया। विजय के मुँह पर हँसी आई, उसने धीरे से हाथ उठाकर उसके सिर पर रक्खा, पूछा—भालू!

तुम्हें कुछ खाने को मिला ? —भालू ने जँभाई लेकर जीभ से अपना मुँह पोंछा, फिर बगल में सो रहा। दोनों मित्र निश्चेष्ट सोने का अभिनय करने लगे।

एक भारी गठरी लिये दूसरा भिखमंगा आकर उसी जगह सोये हुए विजय को घूरने लगा। अन्धकार में उसकी तीव्रता देखी न गई; पर वह बोल उठा—क्यों बे, बदमाश ! मेरी जगह तूने लम्बी तानी है ? मारूँ डण्डे से, तेरी खोपड़ी फूट जाय !

उसने डण्डा ताना ही था कि भालू झपट पड़ा। विजय ने विकृत कण्ठ से कहा—भालू ! जाने दो, यह मथुरा का थानेदार है, घूस लेने के अपराध में जेल काटकर आया है, यहाँ भी तुम्हारा चालान कर देगा तब ?

भालू लौट पड़ा और नया भिखमंगा एक बार ही चौंक उठा—कौन है रे ? —कहता वहाँ से खिसक गया। विजय फिर निश्चिन्त हो गया। उसे नींद आने लगी थी। पैरों में सूजन थी, पीड़ा थी, अनाहार से वह दुर्बल था।

एक घण्टा बीता न होगा कि एक स्त्री आई, उसने कहा—भाई ! बहन ! —कहकर विजय उठ बैठा। उस स्त्री ने कुछ रोटियाँ उसके हाथ पर रख दीं। विजय खाने लगा। स्त्री ने कहा—मेरी नौकरी लग गई भाई ! अब तुम भूखे न रहोगे।

कहाँ बहन ? —दूसरी रोटी समाप्त करते हुए विजय ने पूछा।

श्रीचन्द्र के यहाँ।

विजय के हाथ से रोटी गिर पड़ी। उसने कहा—तुमने आज मेरे साथ बड़ा अन्याय किया बहन !

क्षमा करो भाई ! तुम्हारी माँ मरण-सेज पर है, तुम उन्हें एक बार देखोगे !

विजय चुप था। उसके सामने ब्रह्माण्ड घूमने लगा। उसने कहा—माँ—मरण-सेज पर ! देखूँगा यमुना ? परन्तु तुमने...!

मैं दुर्बल हूँ भाई ! नारी-हृदय दुर्बल है, मैं अपने को न रोक सकी। मुझे नौकरी दूसरी जगह मिल सकती थी; पर तुम न जानते होगे कि श्रीचन्द्र का दत्तक पुत्र मोहन का मेरी कोख से जन्म हुआ है !

क्या।

हाँ भाई ! तुम्हारी बहन यमुना का वह रक्त है, उसकी कथा फिर सुनाऊँगी।

बहन ! तुमने मुझे बचा लिया। अब मैं मोहन की रोटी सुख से खा सकूँगा। पर...माँ मरण-सेज पर...तो मैं चलूँ...कोई घुसने न दे तब !

नहीं भाई ? इस समय श्रीचन्द्र बहुत-सा दान-धर्म करा रहे हैं, हम तुम भी तो भिखमंगे ठहरे—चलो न !

टीन के पात्र में जल पीकर विजय उठ खड़ा हुआ । दोनों चले । कितनी ही गलियाँ पार कर विजय और यमुना श्रीचन्द्र के घर पर पहुँचे । खुले दालान में किशोरी लिटाई गई थी । दान के सामान बिखरे थे । श्रीचन्द्र मोहन को लेकर दूसरे कमरे में जाते हुए बोले—यमुना ! देखो, इसे भी कुछ दिला दो । मेरा चित्त घबरा रहा है, मोहन को लेकर इधर हूँ; बुला लेना ।

और दो-तीन दासियाँ थीं । यमुना ने उन्हें हटने का संकेत किया । उन सबने समझा—कोई महात्मा आशीर्वाद देने आया है, वे हट गईं । विजय किशोरी के पैरों के पास बैठ गया । यमुना ने उसके कानों में कहा—भैया आये हैं ।

किशोरी ने आँखें खोल दीं । विजय ने पैरों पर सिर रख दिया । किशोरी के अंग अब हिलते न थे । वह कुछ बोलना चाहती थी; पर आँखों से आँसू बहने लगे । विजय ने अपने मलिन हाथों से उन्हें पोंछा । एक बार किशोरी ने उसे देखा, आँखों ने अधिक बल देकर देखा; पर वे आँखें खुली रह गईं । विजय फिर पैरों पर सिर रखकर उठ खड़ा हुआ । उसने मन-ही-मन कहा—मेरे इस दुखमय शरीर को जन्म देने वाली दुखिया जननी ! तुमसे उऋण नहीं हो सकता !

वह जब बाहर जा रहा था, यमुना रो पड़ी, सब दौड़ आये ।

इस घटना को बहुत दिन बीत गये । विजय वहीं पड़ा रहता था । यमुना नित्य उसे रोटी दे जाती, वह निर्विकार भाव से उसे ग्रहण करता ।

एक दिन प्रभात में जब उषा की लाली गंगा के वक्ष पर खिलने लगी थी, विजय ने आँखें खोलीं । धीरे से अपने पास से एक पत्र निकालकर वह पढ़ने लगा—वह विजय के समान ही तो उच्छृङ्खल है ।...अपने दोनों पर तुम हँसोगी । किन्तु वे चाहे मेरे न हों, तब भी मुझे ऐसी शंका हो रही है कि तारा (तुम्हारी यमुना) की माता रामा से मेरा अवैध सम्बन्ध अपने को अलग नहीं रख सकता।

पढ़ते-पढ़ते विजय की आँखों में आँसू आ गये । उसने पत्र फाड़ कर टुकड़े-टुकड़े कर डाला । तब भी वह न मिटा, उज्ज्वल अक्षरों से सूर्य की किरणों में आकाश-पट पर वह भयानक सत्य चमकने लगा ।

उसकी धड़कन बढ़ गई, वह तिलमिलाकर देखने लगा । अन्तिम साँस में कोई आँसू बहानेवाला न था, यह देखकर उसे प्रसन्नता हुई । उसने मन-ही-मन कहा—इस अन्तिम घड़ी में हे भगवान् ! मैं तुमको स्मरण करता हूँ; आज तक

कभी नहीं किया था, तब भी तुमने मुझे कितना बचाया—कितनी रक्षा की ! हे मेरे देव ! मेरा नमस्कार ग्रहण करो, इस नास्तिक का समर्पण स्वीकार करो ! अनाथों के नाथ ! तुम्हारी जय हो !

उसी क्षण उसके हृदय की गति बन्द हो गई।

आठ बजे भारत-संघ का प्रदर्शन निकलनेवाला था। दशाश्वमेध घाट पर उसका प्रचार होगा। सब जगह बड़ी भीड़ है। आगे स्त्रियों का दल था, जो बड़ा ही करुण-संगीत गाता जा रहा था। पीछे कुछ स्वयंसेवकों की श्रेणी थी। स्त्रियों के आगे-आगे घण्टी और लतिका थीं। जहाँ से दशाश्वमेध के दो मार्ग अलग हुए हैं, वहाँ आकर वे लोग अलग-अलग होकर प्रचार करने लगे। घण्टी उस भिखमंगोंवाले पीपल के पास खड़ी होकर बोल रही थी। उसके मुख पर शान्ति थी, वाणी में स्निग्धता थी। वह कह रही थी—संसार को इतनी आवश्यकता किसी अन्य वस्तु की नहीं, जितनी सेवा की। देखो—कितने अनाथ यहाँ अन्न-वस्त्र विहीन, बिना किसी औषधि-उपचार के मर रहे हैं। हे पुण्यार्थियो ! इन्हें न भूलो, भगवान् अभिनय करके इसमें पड़े हैं; वह तुम्हारी परीक्षा ले रहे हैं। इतने ईश्वर के मन्दिर नष्ट हो रहे हैं धार्मिको ! अब भी चेतो !

सहसा उसकी वाणी बन्द हो गई। उसने स्थिर दृष्टि से एक पड़े हुए कँगले को देखा, वह बोल उठी—देखो वह बेचारा अनाहार से मर गया-सा मालूम पड़ता है। इनका संस्कार...

हो जायगा ! हो जायगा ! आप इसकी चिन्ता न कीजिए, अपनी अमृतवाणी बरसाइए !—जनता में कोलाहल होने लगा; किन्तु वह आगे बढ़ी, भीड़ भी उधर ही जाने लगी। पीपल के पास सन्नाटा हो चला।

मोहन अपनी धाय के संग मेला देखने आया था। वह मान-मन्दिरवाली गली के कोने पर खड़ा था। उसने धाय से कहा—दाई, मुझे वहाँ ले चलकर मेला दिखाओ, चलो मेरी अच्छी दाई !

यमुना ने कहा—मेरे लाल ! बड़ी भीड़ है, वहाँ क्या है जो देखोगे ?

मोहन ने कहा—फिर हम तुमको पीटेंगे !

तब तुम पाजी लड़के समझे जाओगे, जो देखेगा वही कहेगा कि यह लड़का अपनी दाई को पीटता है !—चुम्बन लेकर यमुना ने हँसते हुए कहा।

अकस्मात् उसकी दृष्टि विजय के शव पर पड़ी। वह घबराई कि क्या करे। पास ही श्रीचन्द्र भी टहल रहे थे। उसने मोहन को उनके पास पहुँचाते हुए हाथ जोड़कर कहा—बाबूजी, मुझे दस रुपये दीजिए।

श्रीचन्द्र ने कहा—पगली, क्या करेगी ?

वह दौड़ी हुई विजय के पास गई। उसने खड़े होकर उसे देखा, फिर पास बैठकर देखा। दोनों आँखों से आँसू की धारा बह चली।

यमुना, दूर खड़े श्रीचन्द्र के पास आई। बोली—बाबूजी, मेरे वेतन में से काट लेना, इसी समय दीजिए, मैं जन्म-भर यह ऋण भरूँगी।

है क्या, मैं भी सुनूँ। —श्रीचन्द्र ने कहा।

मेरा एक भाई था, यहीं भीख माँगता था बाबू ! आज मरा पड़ा है, उसका संस्कार तो करा दूँ।

वह रो रही थी। मोहन ने कहा—दाई रोती है बाबूजी, और तुम दस-ठो रुपये नहीं देते !

श्रीचन्द्र ने दस का नोट निकाल कर दिया। यमुना प्रसन्नता से बोली—मेरी भी आयु लेकर जियो मेरे लाल !

वह शव के पास चल पड़ी; परन्तु उस संस्कार के लिए कुछ लोग भी चाहिए, वे कहाँ से आवें। यमुना मुँह फिराकर चुपचाप खड़ी थी। घण्टी चारों ओर देखती हुई फिर वहीं आई। उसके साथ चार स्वयंसेवक थे।

स्वयंसेवकों ने पूछा—यही न देवीजी ?

हाँ—कहकर घण्टी ने देखा कि एक स्त्री घूँघट काढ़े, दस रुपये का नोट स्वयंसेवक के हाथ में दे रही है।

घण्टी ने कहा—दान है इस पुण्यभागिनी का—ले लो, जाकर इससे सामान लाकर मृतक-संस्कार करवा दो।

स्वयंसेवक ने उसे ले लिया। वह स्त्री वहीं बैठी थी। इतने में मंगलदेव के साथ गाला भी आई। मंगल ने कहा—घण्टी ! मैं तुम्हारी इस तत्परता से बड़ा प्रसन्न हुआ। अच्छा अब चलो, अभी बहुत-सा काम बाकी है।

मनुष्य के हिसाब-किताब में काम ही तो बाकी पड़े मिलते हैं—कहकर घंटी सोचने लगी। फिर उस शव की दीन दशा मंगल को संकेत से दिखलाई।

मंगल ने देखा—एक स्त्री पास ही मलिन वसन में बैठी है। उसका घूंघट आँसुओं से भींग गया है। और निराश्रय पड़ा है, एक :—

कंकाल

• • •

तितली

प्रथम खण्ड

१

क्यों बेटी ! मधुवा आज कितने पैसे ले आया ?

नौ आने, बापू !

कुल नौ आने ! और कुछ नहीं ?

पाँच सेर आटा भी दे गया है । कहता था, एक रुपये का इतना ही मिला ।

वाह रे समय—कहकर बुड्ढा एक बार चित होकर साँस लेने लगा ।

कुतूहल से लड़की ने पूछा—कैसा समय बापू ?

बुड्ढा चुप रहा ।

यौवन के व्यंजन दिखायी देने से क्या हुआ, अब भी उसका मन दूध का धोया है । उसे लड़की कहना ही अधिक संगत होगा ।

उसने फिर पूछा—कैसा समय बापू ?

चिथड़ों से लिपटा हुआ, लम्बा-चौड़ा, अस्थि-पंजर झनझना उठा खाँसकर उसने कहा—जिस भयानक अकाल का स्मरण करके आज भी रोंगटे खड़े हो जाते हैं, जिस पिशाच की अग्नि-क्रीड़ा में खेलती हुई तुझको मैंने पाया था, वही संवत ५५ का अकाल आज के सुकाल से भी सदय था—कोमल था । तब भी आठ सेर का अन्न बिकता था । आज पाँच सेर को बिक्री में भी कहीं जूँ नहीं रेंगती, जैसे—सब धीरे-धीरे दम तोड़ रहे हैं ! कोई अकाल कहकर चिल्लाता नहीं । ओह ! मैं भूल रहा हूँ । कितने ही मनुष्य तभी से एक बार भोजन करने के अभ्यासी हो गये हैं । जाने दे, होगा कुछ बझो ! जो सामने आवे, उसे झेलना चाहिए ।

बझो, मटकी में डेढ़ पाव दूध, चार कंडों पर गरम कर रही थी । उफनाते हुए दूध को उतार कर उसने कुतूहल से पूछा—बापू ! उस अकाल में तुमने मुझे पाया था ! लो, दूध पीकर मुझे वह पूरी कथा सुनाओ ।

बुड्ढे ने करवट बदलकर, दूध लेते हुए, बझो की आँखों में खेलते हुए आश्चर्य को देखा । वह कुछ सोचता हुआ दूध पीने लगा ।

थोड़ा-सा पीकर उसने पूछा—अरे तूने दूध अपने लिए रख लिया है ?

बन्नो चुप रही। बुड्ढा खड़खड़ा उठा—तू बड़ी पाजी है, रोटी किससे खायगी रे ?

सिर झुकाये हुए, बन्नो ने कहा—नमक और तेल से मुझे रोटी अच्छी लगती है बापू !

बचा हुआ दूध पीकर बुड्ढा फिर कहने लगा—यही समय है, देखती है न ! गायें डेढ़ पाव दूध देती हैं ! मुझे तो आश्चर्य होता है कि उन सूखी ठठरियों में से इतना दूध भी कैसे निकलता है !

मधुवा दबे पाँव आकर उसी झोंपड़ी के एक कोने में खड़ा हो गया। बुड्ढे ने उसकी ओर देखकर पूछा—मधुवा, आज तू क्या-क्या ले गया था ?

डेढ़ सेर घुमची, एक बोझा महुआ का पत्ता और एक खाँचा कंडा बाबाजी !—मधुवा ने हाथ जोड़ कर कहा।

इन सबका दाम एक रुपया नौ आना ही मिला ?

चार पैसे बन्धू को मजूरी में दिये थे।

अभी दो सेर घुमची और होगी बापू ! बहुत-सी फलियाँ वनबेरी के झुरमुट में हैं, झड़ जाने पर उन्हें बटोर लूँगी।—बन्नो ने कहा। बुड्ढा मुस्कराया। फिर उसने कहा—मधुवा ! तू गायों को अच्छी तरह चराता नहीं बेटा ! देख तो, धवली कितनी दुबली हो गयी है !

कहाँ चरावें, कुछ ऊसर-परती कहीं चरने के लिए बची भी है ?—मधुवा ने कहा।

बन्नो अपनी भूरी लटों को हटाते हुए बोली—मधुवा गंगा में घंटों नहाता है बापू ! गायें अपने मन से चरा करती हैं ! यह जब बुलाता है, तभी सब चली आती हैं।

बन्नो की बात न सुनते हुए बाबाजी ने कहा—तू ठीक कहता है मधुवा ! पशुओं को खाते-खाते मनुष्य, पशुओं के भोजन की जगह भी खाने लगे। ओह ! कितना इनका पेट बढ़ गया है ! वाह रे समय ! !

मधुवा बीच ही में बोल उठा—बन्नो, बनिया ने कहा है कि सरफोंका की पत्ती दे जाना, अब मैं जाता हूँ।

कहकर वह झोंपड़ी के बाहर चला गया।

सन्ध्या गाँव की सीमा में धीरे-धीरे आने लगी। अन्धकार के साथ ही ठंड बढ़ चली। गंगा की कछार की झाड़ियों में सन्नाटा भरने लगा। नालों के करारों में चरवाहों के गीत गूँज रहे थे।

बञ्जो दीप जलाने लगी। उस दरिद्र कुटीर के निर्मम अन्धकार में दीपक की ज्योति तारा-सी चमकने लगी।

बुड्ढे ने पुकारा—बञ्जो !

आयी—कहती हुई वह बुड्ढे की खाट के पास आ बैठी और उसका सिर सहलाने लगी। कुछ ठहरकर बोली—बापू ! उस अकाल का हाल न सुनाओगे ?

तू सुनेगी बञ्जो ! क्या करेगी सुनकर बेटी ? तू मेरी बेटी है और मैं तेरा बूढ़ा बाप ! तेरे लिए इतना जान लेना बहुत है।

नहीं बापू ! सुना दो मुझे वह अकाल की कहानी—बञ्जो ने मचलते हुए कहा।

धाँय—धाय—धाँय…! ! !

गंगा-तट बन्दूक के धड़ाके से मुखरित हो गया। बञ्जो कुतूहल से झोंपड़ी के बाहर चली आयी।

वहाँ एक घिरा हुआ मैदान था। कई बीघा की समतल भूमि—जिसके चारों ओर, दस लट्ठे की चौड़ी, झाड़ियाँ की दीवार थी—जिसमें कितने ही सिरिस, महुआ, नीम और जामुन के वृक्ष थे—जिन पर घुमची, सतावर और करञ्ज इत्यादि की लतरें झूल रही थीं। नीचे की भूमि में भटेस के चौड़े-चौड़े पत्तों की हरियाली थी। बीच-बीच में बनबेर ने भी अपनी कँटीली डालों को इन्हीं सबों से उलझा लिया था।

वह एक सघन झुरमुट था—जिसे बाहर से देखकर यह अनुमान करना कठिन था कि इसके भीतर इतना लम्बा-चौड़ा मैदान हो सकता है।

देहात के मुक्त आकाश में अन्धकार धीरे-धीरे फैल रहा था। अभी सूर्य की अस्तकालीन लालिमा आकाश के उच्च प्रदेश में स्थित पतले बादलों में गुलाबी आभा दे रही थी।

बञ्जो, बन्दूक का शब्द सुनकर, बाहर तो आयी; परन्तु वह एकटक उसी गुलाबी आकाश को देखने लगी। काली रेखाओं-सी भयभीत कराकुल पक्षियों की पंक्तियाँ 'कररररर—कर्र' करती हुई संध्या की उस शान्त चित्रपटी के अनुराग पर कालिमा फेरने लगी थीं।

हाय राम ! इन काँटों में—कहाँ आ फँसा !

बञ्जो कान लगाकर सुनने लगी।

फिर किसी ने कहा—नीचे करार की ओर उतरने में तो गिर जाने का डर है, इधर ये काँटेदार झाड़ियाँ ! अब किधर जाऊँ ?

बञ्जो समझ गयी कि कोई शिकार खेलने वालों में से इधर आ गया है। उसके हृदय में विरक्ति हुई—उँह, शिकारी पर दया दिखाने की क्या आवश्यकता? भटकने दो।

वह घूम कर उसी मैदान में बैठी हुई एक श्यामा गौ को देखने लगी। बड़ा मधुर शब्द सुन पड़ा—चौबेजी! आप कहाँ हैं?

अब बञ्जो को बाध्य होकर उधर जाना पड़ा। पहले काँटों में फँसने वाले व्यक्ति ने चिल्लाकर कहा—खड़ी रहिए; इधर नहीं—ऊँहूँ-ऊँ! उसी नीम के नीचे ठहरिए, मैं आता हूँ! इधर बड़ा ऊँचा-नीचा है।

चौबेजी, यहाँ तो मिट्टी काटकर बड़ी अच्छी सीढ़ियाँ बनी हैं; मैं तो उन्हीं से ऊपर आई हूँ।—रमणी के कोमल कंठ से यह सुन पड़ा।

बञ्जो को उसकी मिठास ने अपनी ओर आकृष्ट किया। जंगली हिरन के समान कान उठाकर वह सुनने लगी।

झाड़ियों के रौंदे जाने का शब्द हुआ। फिर वही पहिला व्यक्ति बोल उठा—लीजिये, मैं तो किसी तरह आ पहुँचा, अब गिरा—तब गिरा, राम-राम! कैसी साँसत! सरकार से मैं कह रहा था कि मुझे न ले चलिए। मैं यहीं चूड़ा-मटर की खिचड़ी बनाऊँगा। पर आपने भी जब कहा, तब तो मुझे आना ही पड़ा। भला आप क्यों चली आईं?

इन्द्रदेव ने कहा कि सुर्खाब इधर बहुत हैं, मैं उनके मुलायम पैरों के लिए आई। सच चौबेजी, लालच में मैं चली आई। किन्तु छर्रों से उनका मरना देखने में मुझे सुख तो न मिला। आह! कितना निधड़क वे गंगा के किनारे टहलते थे! उन पर विनचेस्टर-रिपीटर के छर्रों की चोट! बिल्कुल ठीक नहीं। मैं आज ही इन्द्रदेव को शिकार खेलने से रोकूँगी—आज ही।

अब किधर चला जाय?—उत्तर में किसी ने कहा।

चौबेजी ने डग बढ़ाकर कहा—मेरे पीछे-पीछे चली आइए।

किन्तु मिट्टी बह जाने से मोटी जड़ नीम की उभड़ आई थी, उसने ऐसी करारी ठोकर लगाई कि चौबेजी मुँह के बल गिरे।

रमणी चिल्ला उठी। उस धमाके और चिल्लाहट ने बञ्जो को विचलित कर दिया। वह कँटीली झाड़ी को खींचकर अँधेरे में भी ठीक-ठीक उसी सीढ़ी के पास जाकर खड़ी हो गई, जिसके पास नीम का वृक्ष था।

उसने देखा कि चौबेजी बेतरह गिरे हैं। उनके घुटने में चोट आ गई है। वह स्वयं नहीं उठ सकते।

सुकुमारी सुन्दरी के बूते के बाहर की यह बात थी।

बञ्जो ने भी हाथ लगा दिया। चौबेजी किसी तरह काँखते हुए उठे।

अन्धकार के साथ-साथ सर्दी बढ़ने लगी थी। बञ्जो की सहायता से सुन्दरी, चौबेजी को लिवा ले चली; पर कहाँ ? यह तो बञ्जो ही जानती थी।

झोंपड़ी में बुड्ढा पुकार रहा था—बञ्जो ! बञ्जो ! ! बड़ी पगली है। कहाँ घूम रही है ? बञ्जो, चली आ !

झुरमुट में घुसते हुए चौबेजी तो कराहते थे, पर सुन्दरी उस वन-विहंगिनी की ओर आँखें गड़ाकर देख रही थी और अभ्यास के अनुसार धन्यवाद भी दे रही थी।

दूर से किसी की पुकार सुन पड़ी—शैला ! शैला ! !

ये तीनों, झाड़ियों की दीवार पार करके, मैदान में आ गये थे।

बञ्जो के सहारे चौबेजी को छोड़कर शैला फिरहरी की तरह घूम पड़ी। वह नीम के नीचे खड़ी होकर कहने लगी—इसी सीढ़ी से इन्द्रदेव---- बहुत ठीक सीढ़ी है। हाँ, सँभालकर चले जाओ। चौबेजी का तो घुटना ही टूट गया है ! हाँ, ठीक है, चले आओ ! कहीं-कहीं जड़ें बुरी तरह से निकल आई हैं—उन्हें बचाकर आना।

नीचे से इन्द्रदेव ने कहा—सच कहना शैला ! क्या चौबे का घुटना टूट गया ? ओहो, तो कैसे वह इतनी दूर चलेगा ! नहीं-नहीं, तुम हँसी करती हो।

ऊपर आकर देख लो, नहीं भी टूट सकता है !

नहीं भी टूट सकता है ? वाह ! यह एक ही रही। अच्छा, लो, मैं आ ही पहुँचा।

एक लम्बा-सा युवक, कंधे पर बन्दूक रखे, ऊपर चढ़ रहा था। शैला, नीम के नीचे खड़ी, गंगा के करारे की ओर झाँक रही थी—यह इन्द्रदेव को सावधान करती थी—ठोकरों से और ठीक मार्ग से।

तब तक उस युवक ने हाथ बढ़ाया—दो हाथ मिले !

नीम के नीचे खड़े होकर, इन्द्रदेव ने शैला के कोमल हाथों को दबाकर कहा ---करारे की मिट्टी काट कर देहातियों ने कामचलाऊ सीढ़ियाँ अच्छी बना ली हैं। शैला ! कितना सुन्दर दृश्य है ! नीचे धीरे-धीरे गंगा बह रही हैं, अन्धकार से मिली हुई उस पार के वृक्षों की श्रेणी क्षितिज की कोर में गाढ़ी कालिमा की बेल बना रही है, और ऊपर...

पहले चलकर चौबेजी को देख लो, फिर दृश्य देखना। —बीच ही में रोक-कर शैला ने कहा।

अरे हाँ, यह तो मैं भूल ही गया था ? चलो किधर चलूँ ? यहाँ तो तुम्हीं पथ-प्रदर्शक हो। —कहकर इन्द्रदेव हँस पड़े।

दोनों, झोंपड़ियों के भीतर घुसे। एक अपरिचित बालिका के सहारे चौबेजी को कराहते देखकर इन्द्रदेव ने कहा—तो क्या सचमुच में यह मान लूँ कि तुम्हारा घुटना टूट गया ? मैं इस पर कभी विश्वास नहीं कर सकता। चौबे, तुम्हारे घुटने 'टूटने वाली हड्डी' के बने ही नहीं !

सरकार, यही तो मैं भी सोचता हुआ चलने का प्रयत्न कर रहा हूँ। परन्तु ...आह ! बड़ी पीड़ा है, मोच आ गई होगी। तो भी इस छोकरी के सहारे थोड़ी दूर चल सकूँगा। चलिए—। चौबेजी ने कहा।

अभी तक बञ्जो से किसी ने न पूछा था कि तू कौन है, कहाँ रहती है, या हम लोगों को कहाँ लिवा जा रही है।

बञ्जो ने स्वयं ही कहा—पास ही झोंपड़ी है। आप लोग वहीं तक चलिए; फिर जैसी इच्छा।

सब बञ्जो के साथ मैदान के उस छोर पर जलने वाले दीपक के सम्मुख चले, जहाँ से "बञ्जो ! बञ्जो ! !" कहकर कोई पुकार रहा था। बञ्जो ने कहा—आती हूँ !

झोंपड़ी के दूसरे भाग के पास पहुँचकर बञ्जो क्षण-भर के लिए रुकी। चौबेजी को छप्पर के नीचे पड़ी हुई एक खाट पर बैठने का संकेत करके वह घूमी ही थी कि बुड्ढे ने कहा—बञ्जो ! कहाँ है रे ? अकाल की कहानी और अपनी कथा न सुनेगी ? मुझे नींद आ रही है।

आ गई—कहती हुई बञ्जो भीतर चली गई। बगल के छप्पर के नीचे इन्द्रदेव और शैला खड़े रहे ! चौबेजी खाट पर बैठे थे, किन्तु कराहने की व्याकुलता दबाकर। एक लड़की के आश्रय में आकर इन्द्रदेव भी चकित सोच रहे थे—कहीं यह बुड्ढा हम लोगों के यहाँ आने से चिढ़ेगा तो नहीं।

सब चुपचाप थे।

बुड्ढे ने कहा—कहाँ रही तू बञ्जो !

एक आदमी को चोट लगी थी, उसी...।

तो—तू क्या कर रही थी ?

वह चल नहीं सकता था, उसी को सहारा देकर—

मरा नहीं, बच गया। गोली चलने का—शिकार खेलने का—आनन्द नहीं मिला ! अच्छा, तो तू उनका उपकार करने गई थी। पगली ! यह मैं मानता हूँ कि मनुष्य को कभी-कभी अनिच्छा से भी कोई काम कर लेना पड़ता है; पर...

नहीं...जान-बूझ कर किसी उपकार-अपकार के चक्र में न पड़ना ही अच्छा है। बञ्जो ! पल भर की भावुकता मनुष्य के जीवन में कहाँ-से-कहाँ खींच ले जाती है, तू अभी नहीं जानती। बैठ, ऐसी ही भावुकता को लेकर मुझे जो कुछ भोगना पड़ा है, वही सुनाने के लिए तो मैं तुझे खोज रहा था।

बापू...

क्या है रे ! बैठती क्यों नहीं ?

वे लोग यहाँ आ गये हैं....

ओहो ! तू बड़ी पुण्यात्मा है...तो फिर लिवा ही आई है, तो उन्हें बिठा दे छप्पर में—और दूसरी जगह ही कौन है ? और बञ्जो ! अतिथि को बिठा देने से ही नहीं काम चल जाता। दो-चार टिक्कर सेंकने की भी...समझी ?

नहीं-नहीं, इसकी आवश्यकता नहीं—कहते हुए इन्द्रदेव बुड्ढे के सामने आ गये। बुड्ढे ने धुंधले प्रकाश में देखा—पूरा साहबी ठाट ! उसने कहा—आप साहब यहाँ....

तुम घबराओ मत, हम लोगों को छावनी तक पहुँच जाने पर किसी बात की असुविधा न रहेगी। चौबेजी को चोट आ गई है, वह सवारी न मिलने पर रात भर, यहाँ पड़े रहेंगे। सवेरे देखा जायेगा। छावनी की पगडंडी पा जाने पर हम लोग स्वयं चले जायँगे। कोई....

इन्द्रदेव को रोककर बुड्ढे ने कहा—आप धामपुर की छावनी पर जाना चाहते हैं ? जमींदार के मेहमान हैं न ? बञ्जो ! मधवा को बुला दे, नहीं तू ही इन लोगों को बनजरिया के बाहर उत्तर वाली पगडंडी पर पहुँचा दे। मधुवा !! ओ रे मधुवा !—चौबेजी को रहने दीजिए, कोई चिन्ता नहीं।

बञ्जो ने कहा—रहने दो बापू। मैं ही जाती हूँ।

शैला ने चौबेजी से कहा—तो आप यहीं रहिए, मैं जाकर सवारी भेजती हूँ।

रात को झंझट बढ़ाने की आवश्यकता नहीं, बटुए में जलपान का सामान है कम्बल भी है। मैं इसी जगह रात भर में इसे सेंक-साँक कर ठीक कर लूंगा। आप लोग जाइए।—चौबे ने कहा।

इन्द्रदेव ने पुकारा—शैला ! आओ, हम लोग चलें।

शैला उसी झोंपड़ी में आई। वहीं से बाहर निकलने का पथ था। बञ्जो के पीछे दोनों झोंपड़ी से निकले।

लेटे हुए बुड्ढे ने देखा—इतनी गोरी, इतनी सुन्दर, लक्ष्मी-सी स्त्री इस जंगल-उजाड़ में कहाँ ! फिर सोचने लगा—चलो, दो तो गये। यदि वे भी यहीं रहते,

तो खाट-कम्बल और सब सामान कहाँ से जुटता। अच्छा चौबेजी हैं तो ब्राह्मण उनको कुछ अड़चन न होगी; पर इन साहबी ठाट के लोगों के लिए मेरी झोंपड़ी में कहाँ...ऊँह ! गये, चलो, अच्छा हुआ। बञ्जो आ जाय, तो उसकी चोट तेल लगाकर सेंक दे।

बुड्ढे को फिर खाँसी आने लगी। वह खाँसता हुआ इधर के विचारों से छुट्टी पाने की चेष्टा करने लगा।

उधर चौबेजी गोरसी में सुलगते हुए कंडों पर हाथ गरम करके घुटना सेंक रहे थे। इतने में बञ्जो मधुवा के साथ लौट आई।

बापू ! जो आये थे, जिन्हें मैं पहुँचाने गई थी, वही तो धामपुर के जमींदार हैं। लालटेन लेकर कई नौकर-चाकर उन्हें खोज रहे थे। पगडंडी पर ही उन लोगों से भेंट हुई। मधुवा के साथ मैं लौट आई।

एक साँस में बञ्जो कहने को तो कह गई, पर बुड्ढे की समझ में कुछ न आया। उसने कहा—मधुवा ! उस शीशी में जो जड़ी का तेल है, उसे लगा कर ब्राह्मण का घुटना सेंक दे, उसे चोट आ गई है।

मधुवा तेल लेकर घुटना सेंकने चला।

बञ्जो पुआल में कम्बल लेकर घुसी। कुछ पुआल और कुछ कम्बल से गले तक शरीर ढँक कर वह सोने का अभिनय करने लगी। पलकों पर ठंड लगने से बीच-बीच में वह आँख खोलने-मूँदने का खिलवाड़ कर रही थी। जब आँखें बंद रहतीं, तब एक गोरा-गोरा मुँह—करुणा की मिठास से भरा हुआ गोल-मटोल नन्हा-सा मुँह—उसके सामने हँसने लगता। उसमें ममता का आकर्षण था। आँख खुलने पर वही पुरानी झोंपड़ी की छाजन ! अत्यन्त विरोधी दृश्य ! ! दोनों ने उसके कुतूहल-पूर्ण हृदय के साथ छेड़छाड़ की, किन्तु विजय हुई आँख बन्द करने की। शैला के संगीत के समान सुन्दर शब्द उसकी हृत्तन्त्री में झनझना उठे ! शैला के समीप होने की—उसके हृदय में स्थान पाने की—बलवती वासना बञ्जो के मन में जगी। वह सोते-सोते स्वप्न देखने लगी। स्वप्न देखते-देखते शैला के साथ खेलने लगी।

मधुवा से तेल मलवाते हुए चौबेजी ने पूछा—क्यों जी ! तुम यहाँ कहाँ रहते हो ? क्या काम करते हो ? क्या तुम इस बुड्ढे के यहाँ नौकर हो ? उसके लड़के तो नहीं मालूम पड़ते ?

परन्तु मधुवा चुप था।

चौबेजी ने घबराकर कहा—बस करो, अब दर्द नहीं रहा। वाह-वाह !

यह तेल है या जादू ! जाओ भाई, तुम भी सो रहो। नहीं-नहीं ठहरो तो, मुझे थोड़ा पानी पिला दो।

मधुवा चुपचाप उठा और पानी के लिए चला। तब चौबेजी ने धीरे से बटुआ खोलकर मिठाई निकाली, और खाने लगे। मधुवा इतने में न जाने कब लोटे में जल रखकर चला गया था।

और बञ्जो सो गई थी। आज उसने नमक और तेल से अपनी रोटी भी नहीं खाई। आज पेट के बदले उसके हृदय में भूख लगी थी। शैला से मित्रता---शैला से मधुर परिचय---के लिए न-जाने कहाँ की साध उमड़ पड़ी थी। सपने-पर-सपने देख रही थी। उस स्वप्न की मिठास में उसके मुख पर प्रसन्नता की रेखा उस दरिद्र-कुटीर में नाच रही थी।

२

धामपुर एक बड़ा ताल्लुका है। उसमें चौदह गाँव हैं। गंगा के किनारे-किनारे उसका विस्तार दूर तक चला गया है। इन्द्रदेव यहीं के युवक जमींदार थे। पिता को राजा की उपाधि मिली थी।

बी० ए० पास करके जब इन्द्रदेव ने बैरिस्टरी के लिए विलायत-यात्रा की, तब पिता के मन में बड़ा उत्साह था।

किन्तु इन्द्रदेव धनी के लड़के थे। उन्हें पढ़ने-लिखने की उतनी आवश्यकता न थी, जितनी लन्दन का सामाजिक बनने की!

लन्दन-नगर में भी उन्हें पूर्व और पश्चिम का प्रत्यक्ष परिचय मिला। पूर्वी भाग में पश्चिमी जनता का जो साधारण समुदाय है, उतना ही विरोध पूर्ण है, जितना कि विस्तृत पूर्व और पश्चिम का। एक ओर सुगन्ध जल के फौवारे छूटते हैं, बिजली से गरम कमरों में जाते ही कपड़े उतार देने की आवश्यकता होती है; दूसरी ओर बरफ और पाले में दूकानों के चबूतरों के नीचे अर्ध-नग्न दरिद्रों का रात्रि-निवास!

इन्द्रदेव कभी-कभी उस पूर्वी भाग की सैर के लिए चले जाते थे।

एक शिशिर रजनी थी। इन्द्रदेव मित्रों के निमन्त्रण से लौटकर सड़क के किनारे, मुँह पर अत्यन्त शीतल पवन का तीखा अनुभव करते हुए, बिजली के प्रकाश में धीरे-धीरे अपने 'मेस' की ओर लौट रहे थे। पुल के नीचे पहुँच कर वह रुक गये। उन्होंने देखा—कितने ही अभागे, पुल की कमानी के नीचे अपना रात्रि-निवास बनाये हुए, आपस में लड़-झगड़ रहे हैं। एक रोटी पूरी ही खा जायगा!—इतना बड़ा अत्याचार न सह सकने के कारण जब तक स्त्री उसके हाथ से छीन लेने के लिए अपनी शराब की खुमारी से भरी आँखों को चढ़ाती ही रहती है, तब तक लड़का उचक कर छीन लेता है। चटपट तमाचों का शव्द होना तुमुल युद्ध के आरम्भ होने की सूचना देता है। धौल-धप्पड़, गाली-गलौज बीच-बीच में फूहड़ हँसी भी सुनाई पड़ जाती है।

इन्द्रदेव चुपचाप वह दृश्य देख रहे थे और सोच रहे थे—इतना अकूत धन

विदेशों से ले आकर भी क्या इन साहसी उद्योगियों ने अपने देश की दरिद्रता का नाश किया ? अन्य देशों की प्रकृति का रक्त इन लोगों की कितनी प्यास बुझा सका है ?

सहसा एक लम्बी-सी पतली-दुबली लड़की उनके पास आकर कुछ याचना की। इन्द्रदेव ने गहरी दृष्टि से उस विवर्ण मुख को देख कर पूछा—क्यों, तुम्हारे पिता-माता नहीं हैं ?

पिता जेल में हैं, माता मर गई है।

और इतने अनाथालय ?

उनमें जगह नहीं !

तुम्हारे कपड़े से शराब की दुर्गन्ध आ रही है। क्या तुम...

'जैक' बहुत ज्यादा पी गया था, उसी ने कै कर दिया है। दूसरा कपड़ा नहीं जो बदलूँ; बड़ी सरदी है। —कहकर लड़की ने अपनी छाती के पास का कपड़ा मुट्ठियों में समेट लिया।

तुम नौकरी क्यों नहीं कर लेती ?

रखता कौन है ? हम लोगों को तो वे बदमाश, गिरह-कट, आवारे समझते हैं। पास खड़े होने तो...

आगे उस लड़की के दाँत आपस में रगड़कर बजने लगे। यह स्पष्ट कुछ न कह सकी।

इन्द्रदेव ओठ काटते हुए क्षण-भर विचार करने लगे। एक छोकरे ने आकर लड़की को धक्का देकर कहा—जो पाती, सब शराब पी जाती है। इसको देना —न देना सब बराबर है।

लड़की ने क्रोध से कहा—जैक ! अपनी करनी मुझ पर क्यों लादता है ? तू ही माँग ले; मैं जाती हूँ।

वह घूमकर जाने के लिए तैयार थी कि इन्द्रदेव ने कहा—अच्छा सुनो तो, तुम पास के भोजनालय तक चलो, तुमको खाने के लिए, और मिल सका तो कोई भी दिलवा दूंगा।

छोकरा 'हो-हो-हो !' करके हँस पड़ा। बोला—जा न शैला। आज की रात तो गरमी से बिता ले, फिर कल देखा जायगा।

उसका अश्लील व्यंग्य इन्द्रदेव को व्यथित कर रहा था; किन्तु शैला ने कहा —चलिये।

दोनों चल पड़े। इन्द्रदेव आगे थे, पीछे शैला। लन्दन का विद्युत-प्रकाश निस्तब्ध होकर उन दोनों का निर्विकार पद-विक्षेप देख रहा था। सहसा घूमकर

इन्द्रदेव ने पूछा—तुम्हारा नाम 'शैला' है न ?

'हाँ' कहकर फिर वह चुपचाप सिर नीचा किये अनुसरण करने लगी।

इन्द्रदेव ने फिर ठहरकर पूछा—कहाँ चलोगी ? भोजनालय में या हम लोगों के मेस में ?

'जहाँ कहिए' कहकर वह चुपचाप चल रही थी। उसकी अविचल धीरता से मन-ही-मन कुढ़ते हुए इन्द्रदेव मेस की ओर ही चले।

उस मेस में तीन भारतीय छात्र थे। मकान वाली एक बुढ़िया थी। उसके किये सब काम होता न था। इन्द्रदेव ही उन छात्रों के प्रमुख थे। उनकी सम्मत से सब लोगों ने 'शैला' को परिचारिका-रूप में स्वीकार किया। और, जब शैला से पूछा गया, तो उसने अपनी स्वाभाविक उदार दृष्टि इन्द्रदेव के मुँह पर जमाकर कहा—यदि आप कहते हैं तो मुझे स्वीकार करने में कोई आपत्ति नहीं है। भिखमंगिन होने से यह बुरा तो न होगा।

इन्द्रदेव अपने मित्रों के मुस्कराने पर भी मन-ही-मन सिहर उठे। बालिका के विश्वास पर उन्हें भय मालूम होने लगा। तब भी उन्होंने समस्त साहस बटोर कर कहा—शैला, कोई भय नहीं, तुम यहाँ स्वयं सुखी रहोगी और हम लोगों की भी सहायता करोगी।

मकान वाली बुढ़िया ने जब यह सुना, तो एक बार झल्लाई। उसने शैला के पास जाकर, उसकी ठोढ़ी पकड़कर, आँखें गड़ाकर, उसके मुँह को और फिर सारे अंग को इस तीखी चितवन से देखा, जैसे कोई सौदागर किसी जानवर को खरीदने से पहले उसे देखता हो।

किन्तु शैला के मुंह पर तो एक उदासीन धैर्य आसन जमाये था, जिसको कितनी ही कुटिल दृष्टि क्यों न हो, विचलित नहीं कर सकती।

बुढ़िया ने कहा—रह जा बेटी, ये लोग भी अच्छे आदमी हैं।

शैला उसी दिन से मेस में रहने लगी।

भारतीयों के साथ बैठकर वह प्रायः भारत के देहातों, पहाड़ी तथा प्राकृतिक दृश्यों के सम्बन्ध में इन्द्रदेव से कुतूहलपूर्ण प्रश्न किया करती।

बैरिस्टरी का डिप्लोमा मिलने के साथ ही इन्द्रदेव को पिता के मरने का शोक-समाचार मिला। उस समय शैला की सान्त्वना और स्नेहपूर्ण व्यवहार ने इन्द्रदेव के मन को बहुत-कुछ बहलाया। मकान वाली बुढ़िया उसे बहुत प्यार करती, इन्द्रदेव के सद्व्यवहार और चारित्र्य पर वह बहुत प्रसन्न थी। इन्द्रदेव ने जब शैला को भारत चलने के लिए उत्साहित किया, तो बुढ़िया ने समर्थन किया। इन्द्रदेव के साथ शैला भी भारत चली आई।

इन्द्रदेव ने शहर के महल में न रहकर धामपुर के बँगले में ही अभी रहने का प्रबन्ध किया।

अभी धामपुर आये इन्द्रदेव और शैला को दो सप्ताह से अधिक न हुए थे। इंगलैण्ड से ही इन्द्रदेव ने शैला को हिन्दी से खूब परिचित कराया। वह अच्छी हिन्दी बोलने लगी थी। देहाती किसानों के घर जाकर उनके साथ घरेलू बातें करने का चसका लग गया था। पुरानी खाट पर बैठकर वह बड़े मजे में उनसे बातें करती, साड़ी पहनने का उसने अभ्यास कर लिया था—और उसे फबती भी अच्छी।

शैला और इन्द्रदेव दोनों इस मनोविनोद से प्रसन्न थे। वे गंगा के किनारे-किनारे धीरे-धीरे बात करते चले जा रहे थे। कृषक-बालिकाएँ बरतन माँज रही थीं। मल्लाहों के लड़के अपने डोंगी पर बैठे हुए मछली फँसाने की कटिया तोल रहे थे। दो-एक बड़ी-बड़ी नावें, माल से लदी हुई, गंगा के प्रशांत जल पर धीरे-धीरे सन्तरण कर रही थीं। वह प्रभात था!

शैला बड़े कुतूहल से भारतीय वातावरण में नीले आकाश, उजली धूप और सहज ग्रामीण शान्ति का निरीक्षण कर रही थी।—वह बातें भी करती जाती थी। गंगा की लहर से सुन्दर कटे हुए—बालू के नीचे करारों में पक्षियों के एक सुन्दर छोटे-से झुंड को विचरते देखकर उसने उनका नाम पूछा!

इन्द्रदेव ने कहा—ये सुर्खाब हैं, इनके परों का तो तुम लोगों के यहाँ भी उपयोग होता है। देखो, ये कितने कोमल हैं।

यह कहकर इन्द्रदेव ने दो-तीन गिरे हुए परों को उठाकर शैला के हाथ में दे दिया।

'फ़ाइन'!—नहीं-नहीं, माफ करो इन्द्रदेव! अच्छा, इन्हें कहूँ? कोमल। सुन्दर!—कहती हुई, शैला ने हँस दिया।

शैला! इनके लिए मेरे देश में एक कहावत है। यहाँ के कवियों ने अपनी कविता में इनका बड़ा करुण वर्णन किया है।—गम्भीरता से इन्द्रदेव ने कहा।

क्या?

इन्हें चक्रवाक कहते हैं। इनके जोड़े दिन-भर तो साथ-साथ घूमते रहते हैं, किन्तु संध्या जब होती है, तभी ये अलग हो जाते हैं। फिर ये रात-भर नहीं मिलने पाते।

कोई रोक देता है क्या?

प्रकृति; कहा जाता है कि इनके लिए यही विधाता का विधान है।

ओह ! बड़ी कठोरता है ।---कहती हुई शैला एक क्षण के लिए अन्यमनस्क हो गई ।

कुछ दूर चुपचाप चलने पर इन्द्रदेव ने कहा---शैला । हम लोग नीम के पास आ गये । देखो, यही सीढ़ी है; चलो देखें, चौबे क्या कर रहा है ।

पालना---नहीं-नहीं---पालकी तो पहुँच गई होगी इन्द्रदेव । यह भी कोई सवारी है ? तुम्हारे यहाँ रईस लोग इसी पर चढ़ते हैं---आदमियों पर । क्यों ? बिना किसी बीमारी के ! यह तो अच्छा तमाशा है !---कहकर शैला ने हँस दिया ।

अब तो बीमारों से बदले डाक्टर ही यहाँ पालकी पर चढ़ते हैं शैला ! लो, पहले तुम्हीं सीढ़ी पर चढ़ो ।

दोनों सीढ़ी पर चढ़कर बातें करते हुए बनजरिया में पहुँचे । देखते हैं, तो चौबेजी अपने सामान से लैस खड़े हैं ।

शैला ने हँसकर पूछा---चौबेजी ! आप तो पालकी पर जायँगे ?

मुझे हुआ क्या है । रामदीन को आज बिना मारे मैं न छोड़ूँगा । सरकार ! उसने बड़ा तंग किया । मुझे गोद में उठाकर पालकी पर बिठाता था । छावनी पर चलकर उस बदमाश छोकरे की खबर लूँगा ।

बुरा क्या करता था ? मेरे कहने से वह बेचारा तो तुम्हारी सेवा करना चाहता था और तुम चिढ़ते थे । अच्छा, चलो तुम पालकी में बैठो ।---इन्द्रदेव ने कहा ।

फिर वही---पालकी में बैठो ! क्या मेरा ब्याह होगा ?

ठहरो भी, तुम्हारा घुटना तो टूट गया है न । तुम चलोगे कैसे ?

तेल क्या था, बिल्कुल जादू ! मेम साहब ने जो दवा का बक्स मेरे बटुए में रख दिया था---वही, जिसमें सागूदाना की-सी गोलियाँ रहती हैं---मैंने खोल डाला । एक शीशी गोली खा डाली । न गुड़ तीता न मीठा---सच मानिये मेम साहब । आपकी दवा मेरे-जैसे उजड्डों के लिए नहीं । मेरा तो विश्वास है कि उस तेल ने मुझे रातभर में चंगा कर दिया । मैं अब पालकी पर न चढ़ूँगा । गाँव-भर में मेरी दिल्लगी राम-राम ! !

शैला हँस रही थी । इन्द्रदेव ने कहा---चौबे ! होमियोपैथी में बीमारी की दवा नहीं होती, दवा की बीमारी होती है । क्यों शैला !

इन्द्रदेव ! तुमने कभी इसका अनुभव नहीं किया है । नहीं तो इसकी हँसी न उड़ाते । अच्छा, चलो उस लड़की को तो बुलावें । वह कहाँ है ? उसे कल कुछ इनाम नहीं दिया । बड़ी अच्छी लड़की है । झोंपड़ी में से लठिया टेकते हुए बुड्ढा

निकल आया। उसके पीछे बञ्जो थी। शैला ने दौड़कर उसका हाथ पकड़ लिया, और कहने लगी—ओह ! तुम रात को चली आईं, मैं तो खोज रही थी। तुम बड़ी नेक,...!

बञ्जो आश्चर्य से उसका मुँह देख रही थी।

इन्द्रदेव ने कहा—बुड्ढे। तुम बहुत बीमार हो न ?

हाँ सरकार ! मुझे नहीं मालूम था, रात को आप...

उसका सोच मत करो। तुम कौन कहानी कह रहे थे—रात को बञ्जो को क्या सुना रहे थे ? मुझको सुनाओगे, चलो छावनी पर।

सरकार; मैं बीमार हूँ। बुड्ढा हूँ। बीमार हूँ।

शैला ने कहा—ठीक इन्द्रदेव, अच्छा सोचा। इस बुड्ढे की कहानी बड़ी अच्छी होगी। लिवा चलो इसे। बञ्जो ! तुम्हारी कहानी हम लोग भी सुनेंगे। चलो।

इन्द्रदेव ने कहा—अच्छा तो होगा।

चौबेजी ने कहा—अच्छा तो होगा सरकार ! मैं भी मधुवा को साथ लिवा चलूँगा। शायद फिर घुटना टूटे, तेल मलवाना पड़े और इन गायों को भी हाँक ले चलूं, दूध भी—

सब हँस पड़े; परन्तु बुड्ढा बड़े संकट में पड़ा। कुछ बोला नहीं ; वह एकटक शैला का मुँह देख रहा था। एक अपरिचित ! किन्तु जिससे परिचय बढ़ाने के लिए मन चंचल हो उठे। माया-ममता से भरा-पूरा मुख !

बुड्ढा डरा नहीं, वह समीप होने की मानसिक चेष्टा करने लगा।

साहस बटोरकर उसने कहा—सरकार ! जहाँ कहिये, वहीं चलूं।

३

चारों ओर ऊँचे-ऊँचे खम्भों पर लम्बे-चौड़े दालान, जिनसे सटे हुए सुन्दर कमरों में सुखासन, उजली सेज, सुन्दर लैम्प, बड़े-बड़े शीशे, टेबिल पर फूलदान अलमारियों में सुनहली जिल्दों से मढ़ी हुई पुस्तकें—सभी कुछ उस छावनी में पर्याप्त है।

आस-पास, दफ्तर के लिए, नौकरों के लिए तथा और भी कितने ही आवश्यक कामों के लिए छोटे-मोटे घर बने हैं। शहर के मकान में न जाकर, इन्द्रदेव ने विलायत से लौटकर यहीं रहना जो पसन्द किया है, उसके कई कारणों में इस कोठी की सुन्दर भूमिका और आस-पास का रमणीय वातावरण भी है। शैला के लिए तो दूसरी जगह कदापि उपयुक्त न होती।

छावनी के उत्तर नाले के किनारे ऊँचे चौतरे की हरी-हरी दूबों से भरी हुई भूमि पर कुर्सी का सिरा पकड़े तन्मयता से वह नाले का गंगा में मिलना देख रही थी। उसका लम्बा और ढीला गाउन मधुर पवन से आन्दोलित हो रहा था। कुशल शिल्पी के हाथों से बनी हुई संगमरमर की सौन्दर्य-प्रतिमा-सी वह बड़ी भली मालूम हो रही थी।

दालान में चौबेजी उसके लिये चाय बना रहे थे। सायंकाल का सूर्य अब लाल बिम्ब-मात्र रह गया था, सो भी दूर की ऊँची हरियाली के नीचे जाना ही चाहता है। इन्द्रदेव अभी तक नहीं आये थे। चाय ले आने में चौबेजी और सुस्ती कर रहे थे। उनकी चाय शैला को बड़ी अच्छी लगी। वह चौबेजी के मसाले पर लट्टू थी।

रामदीन ने चाय की टेबिल लाकर धर दी। शैला की तन्मयता भंग हुई। उसने मुस्कराते हुए, इन्द्रदेव से कुछ मधुर सम्भाषण करने के लिए, मुँह फिराया; किन्तु इन्द्रदेव को न देखकर वह रामदीन से बोली—क्या अभी इन्द्रदेव नहीं आते हैं ?

नटखट रामदीन हँसी छिपाते हुए एक आँख का कोना दबाकर ओठ के कोने को ऊपर चढ़ा देता था। शैला उसे देखकर खूब हँसती, क्योंकि रामदीन

का कोई उत्तर बिना इस कुटिल हँसी के मिलना असम्भव था ! उसने अभ्यास के अनुसार आधा हँसकर कहा—जी, आ रहे हैं सरकार ! बड़ी सरकार के आने की...

बड़ी सरकार ?

हाँ, बड़ी सरकार ! वह भी आ रही हैं।

कौन है वह ?

बड़ी सरकार—

देखो रामदीन, समझाकर कहो। हँसना पीछे।

बड़ी सरकार का अनुवाद करने में उसके सामने बड़ी बाधाएँ उपस्थित हुईं; किन्तु उन सबको हटाकर उसने कह दिया—सरकार की माँ आई हैं। उनके लिए गंगा-किनारे वाली छोटी कोठी साफ़ कराने का प्रबन्ध देखने गये हैं। वहाँ से आते ही होंगे।

आते ही होंगे ? क्या अभी देर है ?

रामदीन कुछ उत्तर देना चाहता था कि बनारसी साड़ी का आँचल कंधे पर से पीठ की ओर लटकाये; हाथ में छोटा-सा बेग लिये एक सुन्दरी वहाँ आकर खड़ी हो गई। शैला ने उसकी ओर गम्भीरता से देखा। उसने भी अधिक खोजने वाली आँखों से शैला को देखा।

दृष्टि-विनिमय में एक-दूसरे को पहचानने की चेष्टा होने लगी; किन्तु कोई बोलता न था।

शैला बड़ी असुविधा में पड़ी। वह अपरिचित से क्या बातचीत करे ? उसने पूछा—आप क्या चाहती हैं ?

आने वाली ने नम्र मुस्कान से कहा—मेरा नाम मिस अनवरी है। क्या किया जाय, जब कोई परिचय करानेवाला नहीं तो ऐसा करना ही पड़ता है। मैं कुंवर साहेब की माँ को देखने के लिए आया करती हूँ। आपको मिस शैला समझ लूं ?

जी—कहकर शैला ने कुर्सी बढ़ा दी और शीतल दृष्टि से उसे बैठने का संकेत किया।

उधर चौबेजी चाय ले आ रहे थे। शैला ने भी एक कुर्सी पर बैठते हुए कहा—आपके लिए भी...

अनवरी और शैला आमने-सामने बैठी हुई एक-दूसरे को परखने लगीं। अनवरी की सारी प्रगल्भता धीरे-धीरे लुप्त हो चली। जिस गर्मी से उसने अपना

परिचय अपने-आप दे दिया था, वह चाय के गर्म प्याले के सामने ठंढी हो चली थी।

शैला ने चाय के छोटे-से पात्र से उठते हुए धुएँ को देखते हुए कहा—कुंवर साहब की माँ भी सुना, आ गई हैं ?

मुझे तो नहीं मालूम, मैं अपनी मोटर से यहीं उतर पड़ी थी। उनके साथ ही आती; पर क्या करूँ, देर हो गई। किसी को पूँछ आने के लिए भेजिएगा ?

मुझे तो आपसे सहायता मिलनी चाहिए मिस अनवरी—शैला ने हँसकर कहा—आपके कुँवर साहब आ जायँ, तो प्रबन्ध...

अरे शैला ! यह कौन...

इन्द्रदेव ! तुम अब तक क्या कर रहे थे—कहकर शैला ने मिस अनवरी की ओर संकेत करते हुए कहा—आप मिस अनवरी...

फिर अपने होंठ को गर्म चाय में डुबो दिया, जैसे उन्हें हँसने का दण्ड मिला हो। इन्द्रदेव ने अभिनन्दन करते हुए कहा—माँ जब से आईं, तभी से पूछ रही हैं, उनकी रीढ़ में दर्द हो रहा है। आपसे उनसे भेंट नहीं हुई क्या ?

जी नहीं; मैंने समझा, यहीं होंगी। फिर जब यहाँ चाय मिलने का भरोसा था, तो थोड़ा यहीं ठहरना अच्छा हुआ—कहकर अनवरी मुस्कराने लगी।

इन्द्रदेव ने साधारण हँसी हँसते हुए कहा—अच्छी बात है, चाय पी लीजिए। चौबेजी आपको वहाँ पहुँचा देंगे।

तीनों चुपचाप चाय पीने लगे। इन्द्रदेव ने कहा—चौबे आज तुम्हारी गुजराती चाय बड़ी अच्छी रही। एक प्याला और ले आओ, और उसके साथ और भी कुछ...

चौबे सोहन-पापड़ी के टुकड़े और चायदानी लेकर जब आये, तो मिस अनवरी उठकर खड़ी हो गई।

इन्द्रदेव ने कहा—वाह, आप तो चली जा रही हैं। इसे भी तो चखिए।

शैला ने मुस्कराते हुए कहा—बैठिए भी, आप तो यहाँ पर मेरी ही मेहमान होकर रह सकेंगी।

हाँ, इसको तो मैं भूल गई थी—कहकर अनवरी बैठ गई।

चौबेजी ने सबको चाय दे दी, और अब वह प्रतीक्षा कर रहे थे कि कब अनवरी चलेगी। पर अनवरी तो वहाँ से उठने का नाम ही न लेती थी। वह कभी इन्द्रदेव और कभी शैला को देखती, फिर सन्ध्या की आने वाली कालिमा की प्रतीक्षा करती हुई नीले आकाश से आँख लड़ाने लगती।

उधर इन्द्रदेव इस बनावटी सन्नाटे से ऊब चले थे। सहसा चौबेजी ने कहा—

सरकार ! वह बुड्ढा आया है, उसकी कहानी कब सुनिएगा ? मैं लालटेन लेता आऊँ ?

फिर अनवरी की ओर देखते हुए कहने लगे—अभी आपको भी छोटी कोठी में पहुँचाना होगा।

अनवरी को जैसे धक्का लगा। वह चटपट उठकर खड़ी हो गई। चौबेजी उसे साथ लेकर चले।

इन्द्रदेव ने गहरी साँस लेकर कहा—शैला !

क्या इन्द्रदेव ?

माँ से भेंट करोगी ?

चलूँ ?

अच्छा, कल सवेरे !

इन्द्रदेव की माता श्यामदुलारी पुराने अभिजात-कुल की विधवा हैं। प्रायः बीमार रहा करती हैं। किन्तु मुख-मंडल पर गर्व की दीप्ति, आज्ञा देने की तत्परता और छिपी हुई सरल दया भी अंकित है ? वह सरकार हैं। उनके आस-पास अनावश्यक गृहस्थी के नाम पर जुटाई गई अगणित सामग्री का बिखरा रहना आवश्यक है। आठ से कम दासियों से उनका काम चल ही नहीं सकता। दो पुजारी और ठाकुरजी का सम्भार अलग। इन सबके आज्ञा-पालन के लिए कहारों का पूरा दल। बहँगी पर गंगाजल और भोजन का सामान ढोते हुए कहारों का आना-जाना—श्यामदुलारी की आँखें सदैव देखना चाहती थीं।

बेटा विलायत से लौट आया है। एक दिन उनसे मिलकर उनकी चरण-रज लेकर वह छावनी में चला आया और यहीं रहने लगा।

लोग कहते हैं कि इन्द्रदेव के कानों में जब यह समाचार किसी मतलब से पहुँचा दिया गया कि चरण छूकर आपके चले आने पर माताजी ने फिर से स्नान किया, तो फिर वह मकान पर न ठहर सके।

किन्तु श्यामदुलारी की प्रकृति ही ऐसी है। उसने ऐसा किया हो, तो कोई आश्चर्य नहीं। तब भी श्यामदुलारी को तो यही विश्वास दिलाया गया कि—साथ में मेम नहीं आई है !

श्यामदुलारी अपने बेटे को सम्भालना चाहती थीं। बेटी माधुरी से पूछकर यही निश्चित हुआ कि सब लोग छावनी पर ही कुछ दिन चलकर रहें। वहीं इन्द्रदेव को सुधार लिया जायगा।

माधुरी घर की प्रबंधकर्त्री है। वह दक्ष, चिड़चिड़े स्वभाव की सुन्दरी युवती

है। माता श्यामदुलारी भी उसके अनुशासन को मानती हैं और भीतर-ही-भीतर दबती भी हैं।

माधुरी का पति उसकी खोज-खबर नहीं लेता। उसे लेने की आवश्यकता ही क्या? माधुरी धनी घर की लाड़ली बेटी है। इसलिए बाबू श्यामलाल को इस अवसर से लाभ उठाने की पूरी सुविधा है।

श्यामदुलारी, बेटी और दामाद दोनों को प्रसन्न रखने की चेष्टा में लगी रहती हैं। बहुत बुलाने पर कभी साल भर में बाबू श्यामलाल कलकत्ता से दो-तीन दिन के लिए चले आते हैं। उनका व्यवसाय न नष्ट हो जाय, इसलिए जल्द चले जाते हैं—अर्थात् रेस की टीप, बगीचों के जुए, स्टीमरों की पार्टियाँ—और भी कितने ही ऐसे काम हैं, जिनमें चूक जाने से बड़ी हानि उठाने की संभावना है।

माधुरी शासन करने की क्षमता रखती है। भाई इन्द्रदेव पढ़ते थे; इसलिए माता की रुग्णावस्था में घर-गृहस्थी का बोझ दूसरा कौन सम्हालता?

माधुरी की अभिभावकता में माता श्यामदुलारी सोती हैं—सपना देखती हैं। इसलिए माधुरी भी साथ ही आई हैं। चौकी पर मोटे-से गद्दे पर तकिया सहारे बैठी वह कुछ हिसाब देख रही थी। पेट्रोल-लैम्प के तीव्र प्रकाश में उसकी उठी हुई नाक की छाया दीवार पर बहुत लम्बी-सी दिखाई पड़ती है।

मलिया बड़ी नटखट छोकरी है। वह पान का डब्बा लिये हुए, उस छाया को देखकर, जोर से हँसना चाहती है; पर माधुरी के डर से अपने ओठों को दाँत से दबाये चुपचाप खड़ी है। मिस अनवरी की छाया से वह चौंक उठी। उसने चुलबुलेपन से कहा—मेम साहब, सलाम!

माधुरी ने सिर उठाकर देखा और कहा—आइए, हम लोग बड़ी देर से आपकी प्रतीक्षा कर रहे हैं। माँ का दर्द तो बहुत बढ़ गया है।

माधुरी के पास ही बैठते हुए अनवरी ने—बीबी, तुमको देखने के लिए जी ललचाया रहता है, माँ को तो देखूंगी ही—कहकर उसके हाथों को दबा दिया।

माधुरी ने झेंपकर कहा—आहा! तुम तो मेम और साहब दोनों ही हो न? अच्छा, यह तो बताओ, तुम्हारे ठहरने का क्या प्रबन्ध करूँ? आज रात को तो मोटर से शहर लौट जाने न दूंगी। अभी माँ पूजा कर रही हैं, एक घंटे में खाली होंगी, फिर घंटों उनको देखने में लग जायगा। बजेगा दो और जाना है तीस मील! आज रात तो तुमको रहना ही होगा।

अनवरी ने मुस्कराते हुए कहा—सो तो बीबी, तुम्हारी भाभी ने मुझे न्योता ही दिया है—

माधुरी क्षण-भर के लिए चुप हो गई। फिर बोली—अनवरी, ऐसी दिल्लगी न करो, यह बात मुझे ही नहीं, घर भर को खटक रही है। लेकिन भाई साहब तो कहते हैं कि वह हमारी दोस्त है !

हाँ—बीबी, दोस्ती नहीं तो क्या दुश्मनी से कोई इतना बड़ा...

माधुरी ने भीतर के कमरे की ओर देखते हुए उसके मुँह पर हाथ रख दिया, और धीरे-धीरे कहने लगी—प्यारी अनवरी ! क्या इस चुड़ैल से छुटकारा पाने का कोई उपाय नहीं ? हम लोग क्या करें ? कोई बस नहीं चलता।

धीरे-धीरे सब हो जायगा। लेकिन तुम्हें बुरा न लगे, तो मैं एक बात पूछ लूं।

क्या ?

कुँवर साहब इससे ब्याह कर लें, तो तुम्हारा क्या ?

ऐसा न कहो अनवरी !

तुम्हारी माँ तो फिर तुमको ही...

उँह, तुम क्या बक रही हो !

अच्छा तो मैं कुछ दिन यहाँ रहूँ तो...

तो रहो न मेरी रानी।

४

हाथ-मुँह धोकर मुलायम तौलिये से हाथ पोंछती हुई अनवरी बड़े-से दर्पण के सामने खड़ी थी। शैला अपने सोफा पर बैठी हुई रेशमी रूमाल पर कोई नाम कसीदे से काढ़ रही थी। अनवरी सहसा चंचलता से पास जाकर उन अक्षरों को पढ़ने लगी। शैला ने अपनी भोली आँखों को एक बार ऊपर उठाया, सामने से सूर्योदय की पीली किरणों ने उन्हें धक्का दिया, वे फिर नीचे झुक गईं। अनवरी ने कहा—मिस शैला ! क्या कुँवर साहब का नाम है ?

जी—नीचा सिर किये हुए शैला ने कहा।

क्या आप रोज सबेरे एक रूमाल उनको देती हैं ? यह तो अच्छी बोहनी है ! —कहकर अनवरी खिलखिला उठी।

शैला को उसकी यह हँसी अच्छी न लगी। रात-भर उसे अच्छी नींद भी न आई थी। इन्द्रदेव ने अपनी माता से उसे मिलाने की जो उत्सुकता नहीं दिखलाई, उल्टे एक ढिलाई का आभास दिया, वही उसे खटक रहा था। अनवरी ने हँसी करके उसको चौंकाना चाहा; किन्तु उसके हृदय में जैसे हँसने की सामग्री न थी ?

इन्द्रदेव ने कमरे के भीतर प्रवेश करते हुए कहा—शैला ! आज तुम टहलने नहीं जा सकीं ? मुझे तो आज किसानों की बातों से छुट्टी न मिलेगी। दिन भी चढ़ रहा है। क्यों न मिस अनवरी को साथ लेकर घूम आओ !

अनवरी ने ठाट से उठकर कहा—आदाबअर्ज है कुँवर साहब ! बड़ी खुशी से ! चलिए न ! आज कुँवर साहब का काम मैं ही करूँगी !

शैला इस प्रगल्भता से ऊपर न उठ सकी। इन्द्रदेव और अनवरी को आत्म-समर्पण करते हुए उसने कहा—अच्छी बात है, चलिये। इन्द्रदेव बाहर चले गये।

खेतों में अंकुरों की हरियाली फैली पड़ी थी। चौखूंटे, तिकोने, और भी कितने आकारों के टुकड़े, मिट्टी की मेड़ों से अलगाये हुए, चारों ओर समतल में फैले थे। बीच-बीच में आम, नीम और महुए के दो-एक पेड़ जैसे उनकी रख-

वाली के लिए खड़े थे। मिट्टी की सँकरी पगडंडी पर आगे शैला और पीछे-पीछे अनवरी चल रही थीं। दोनों चुपचाप पैर रखती हुई चली जा रही थीं। पगडंडी से थोड़ी दूर पर एक झोंपड़ी थी, जिस पर लौकी और कुँभड़े की लतर चढ़ी थी। उसमें से कुछ बात करने का शब्द सुनाई पड़ रहा था। शैला उसी ओर मुड़ी। वह झोंपड़ी के पास जाकर खड़ी हो गई। उसने देखा, मधुवा अपनी टूटी खाट पर बैठा हुआ बञ्जो से कुछ कह रहा है। बञ्जो ने उत्तर में कहा—तब क्या करोगे मधुबन ! अभी एक पानी चाहिए। तुम्हारा आलू सोराकर ऐसा ही रह जायगा ? ढाई रुपये के बिना ! महँगू महतो उधार हल नहीं देंगे ? मटर भी सूख जायेगी !

अरे आज मैं मधुबन कहाँ से बन गया रे बञ्जो ! पीट दूँगा जो मुझे मधुवा न कहेगी। मैं तुझे तितली कहकर न पुकारूँगा। सुना न ? हल उधार नहीं मिलेगा, महतो ने साफ-साफ कह दिया है। दस बिस्से मटर और दस बिस्से आलू के लिए खेत मैंने अपनी जोत में रखकर बाकी दो बीघे जौ-गेहूँ बोने के लिए उसे साझे में दे दिया है। यह भी खेत नहीं मिला, इसी की उसे चिढ़ है। कहता है कि अभी मेरा हल खाली नहीं है।

तब तुमने इस एक बीघे को भी क्यों नहीं दे दिया !

मैंने सोचा कि शहर तो मैं जाया ही करता हूँ। नया आलू और मटर वहाँ अच्छे दामों पर बेचकर कुछ पैसे भी लूँगा; और बञ्जो ! जाड़े में इस झोंपड़ी में बैठे-बैठे रात को उन्हें भून कर खाने में कम सुख तो नहीं है ! अभी एक कम्बल लेना जरूरी है।

तो बापू से कहते क्यों नहीं ? वह तुम्हें ढाई रुपया दे देंगे।

उनसे कुछ माँगूंगा, तो यही समझेंगे कि मधुवा मेरा कुछ काम कर देता है, उसी की मजूरी चाहता है। मुझे जो पढ़ाते हैं, उसकी गुरु-दक्षिणा मैं उन्हें क्या देता हूँ ? तितली ! जो भगवान करेंगे, वही अच्छा होगा।

अच्छा तो मधुबन ! जाती हूँ। अभी बापू छावनी से लौटकर नहीं आये। जी घबराता है।

यह कहकर जब वह लौटने लगी, तो मधुबन ने कहा—अच्छा, फिर आज से मैं रहा मधुबन और तुम तितली। यही न ?

दोनों की आँखें एक क्षण के लिए मिलीं—स्नेहपूर्ण आदान-प्रदान करने के लिए। मधुबन उठ खड़ा हुआ, तितली बाहर चली आई। उसने देखा, शैला और अनवरी चुपचाप खड़ी हैं ! वह सकुच गई। शैला ने सहज मुस्कुराहट से कहा—तब तुम्हारा नाम तितली है क्यों ?

हाँ—कहकर तितली ने सिर झुका लिया। आज जैसे उसे अकेले में मधुबन से बातें करते हुए समग्र संसार ने देखकर व्यंग से हँस दिया हो। वह संकोच में गड़ी जा रही थी। शैला ने उसकी ठोढ़ी उठाकर कहा—लो, यह पाँच रुपये तुम्हारे उस दिन की मजूरी के हैं।

मैं, मैं न लूँगी। बापू बिगड़ेंगे।

वह चंचल हो उठी। किन्तु शैला कब मानने वाली थी। उसने कहा—देखो इसमें ढाई रुपये तो मधुबन को दे दो, वह अपना खेत सींच ले और बाकी अपने पास रख लो। फिर कभी काम देगा।

अब मधुबन भी निकल आया था। वह विचार-विमूढ़ था, क्या कहे! तब तक तितली को रुपया न लेते देखकर शैला ने मधुबन के हाथ में रुपया रख दिया, और कहा—बाकी रुपया जब तितली माँगे तो दे देना। समझा न? मैं तुम लोगों को छावनी पर बुलाऊँ, तो चले आना।

दोनों चुप थे।

अनवरी अब तक तो चुप थी; किन्तु उसके हृदय ने इस सौहार्द को अधिक सहने से अस्वीकार कर दिया। उसने कहा—हो चुका, चलिये भी। धूप निकल आई है।

शैला अनवरी के साथ घूम पड़ी। उसके हृदय में एक उल्लास था। जैसे कोई धार्मिक मनुष्य अपना प्रातःकृत्य समाप्त कर चुका हो। दोनों धीरे-धीरे ग्राम-पथ पर चलने लगीं।

अनवरी ने धीरे से प्रसंग छेड़ दिया—मिस शैला! आपको इन दिहाती लोगों से बातचीत करने में बड़ा सुख मिलता है।

मिस अनवरी! सुख! अरे मुझे तो इनके पास जीवन का सच्चा स्वरूप मिलता है, जिसमें ठोस मेहनत, अटूट विश्वास और सन्तोष से भरी शांति हँसती-खेलती है। लन्दन की भीड़ से दबी हुई मनुष्यता में मैं ऊब उठी थी, और सबसे बड़ी बात तो यह है कि मैं दुख भी उठा चुकी हूँ। दुखी के साथ दुखी की सहानुभूति होना स्वाभाविक है। आपको यदि इस जीवन में सुख-ही-सुख मिला है तो...

नहीं-नहीं, हम लोगों को सुख-दुख जीवन से अलग होकर कभी दिखाई नहीं पड़ा। रुपयों की कमी ने मुझे पढ़ाया और मैं नर्स का काम करने लगी। जब अस्पताल का काम छोड़कर अपनी डाक्टरी का धन्धा मैंने फैलाया, तो मुझे रुपयों की कमी न रही। पर मुझे तो यही समझ पड़ता है कि मेहनत-मजूरी करते हुए अपने दिन बिता लेना, किसी के गले पड़ने से अच्छा है।

अनवरी यह कहते हुए शैला की ओर गहरी दृष्टि से देखने लगी। वह उसकी बगल में आ गई थी। सीधा व्यंग्य न खुल जाय, इसलिए उसने और भी कहा—हम मुसलमानों को तो मालिक की मर्जी पर अपने को छोड़ देना पड़ता है, फिर सुख-दुख की अलग-अलग परख करने की किसको पड़ी है।

शैला ने जैसे चौंककर कहा—तो क्या स्त्रियाँ अपने लिए कुछ भी नहीं कर सकतीं ? उन्हें अपने लिए सोचने का अधिकार भी नहीं है ?

बहुत करोगी मिस शैला, तो यही कि किसी को अपने काम का बना लोगी। जैसा सब जगह हम लोगों की जाति किया करती है। पर उसमें दुख होगा कि सुख, इसका निपटारा तो वही मालिक कर सकता है।

शैला न जाने कितनी बातें सोचती हुई चुप हो गई। वह केवल इस व्यंग्य पर विचार करती हुई चलने लगी। उत्तर देने के लिए उसका मन बेचैन था; पर अनवरी को उत्तर देने में उसे बहुत-सी बातें कहनी पड़ेंगी। वह क्या सब कहने लायक हैं ? और यह प्रश्न भी उसके मन में आने लगा कि अनवरी कुछ अभि-प्राय रखकर तो बात नहीं कर रही है। उसको भारतीय वायुमंडल का पूरा ज्ञान नहीं था। उसने देखा था केवल इन्द्रदेव को, जिसमें श्रद्धा और स्नेह का ही आभास मिला था। सन्देह का विकृत चित्र उसके सामने उपस्थित करके अपने मन में अनवरी क्या सोच रही है, यही धीरे-धीरे विचारती हुई वह छावनी की ओर लौटने लगी।

अनवरी ने सौहार्द बढ़ाने के लिए कुछ दूसरा प्रसंग छेड़ना चाहा; किन्तु वह सौजन्य के अनुरोध से संक्षिप्त उत्तर मात्र देती हुई छावनी पर पहुँची।

अभी इन्द्रदेव का दरबार लगा हुआ था। आरामकुर्सी पर लेटे हुए वह कोई कागज देख रहे थे। एक बड़ी-सी दरी बिछी थी। उस पर कुछ किसान बैठे थे। इन लोगों के जाते ही दो कुर्सियाँ और आ गईं। पर इन्द्रदेव ने अपने तहसील-दार से कहा—इस पोखरी का झगड़ा बिना पहले का कागज देखे समझ में नहीं आवेगा। इसे दूसरे दिन के लिए रखिए।

तहसीलदार इन्द्रदेव के बाप के साथ काम कर चुका था। वह इन्द्रदेव से काम लेना चाहता था। उसने कहा—लेकिन दो-एक कागज तो आज ही देख लीजिए, उनकी बेदखली जल्दी होनी चाहिए।

अच्छा, मैं चाय पीकर अभी आता हूँ। —कहकर इन्द्रदेव शैला और अनवरी के साथ कमरे में चले गये।

बुड्ढे से अब न रहा गया। उसने कहा, तहसीलदार साहब, मैं कल से यहाँ बैठा हूँ। मुझे क्यों तंग किया जा रहा है !

तहसीलदार ने चश्मे के भीतर से आँखें तरेरते हुए कहा—रामनाथ हो न ? तंग किया जा रहा है ! हूँ ! बैठो अभी। दस बीघे की जोत बिना लगान दिये हड़प किये बैठे हो और कहते हो, मुझे तंग किया जा रहा है।

क्या कहा ? दस बीघे ! अरे तहसीलदार साहब, क्या अब जंगल-परती में भी बैठने न दोगे ? और वह तो न जाने कब से कृष्णार्पण लगी हुई बनजरिया है ! वही तो बची है, और तो सब आप लोगों के पेट में चला गया। क्या उसे भी छीनना चाहते हो ?

तहसीलदार चुपचाप उसे घूरने लगा।

इन्द्रदेव शैला के साथ बाहर चले आये। अनवरी के लिए देर से माधुरी की भेजी हुई लौंडी खड़ी थी। वह उसके साथ छोटी कोठी में चली गई। इन्द्रदेव ने बुड्ढे को देखकर तहसीलदार को संकेत किया। तहसीलदार अभी बुड्ढे रामनाथ की बात नहीं छेड़ना चाहता था। किन्तु इन्द्रदेव के संकेत से उसे कहना ही पड़ा—इसका नाम रामनाथ है। यह बनजरिया पर कुछ लगान नहीं देता। एकरेज जो लगा है, वह भी नहीं देना चाहता। कहता है—कृष्णार्पण माफी पर लगान कैसा ?

इन्द्रदेव ने रामनाथ को देखकर पूछा—क्यों, उस दिन हम लोग तुम्हारी ही झोंपड़ी पर गये थे ?

हाँ सरकार !

तो एकरेज तो तुमको देना ही चाहिए। सरकारी मालगुजारी तो तुम्हारे लिए हम अपने आप से नहीं दे सकते।

तहसीलदार से न रहा गया, बीच ही में बोल उठा—अभी तो यह भी नहीं मालूम कि यह बनजरिया का होता कौन है। पुराने कागजों में वह थी देवनन्दन के नाम। उसके मर जाने पर बनजरिया पड़ी रही। फिर इसने आकर उसमें आसन जमा लिया।

बुड्ढा झनझना उठा। उसने कहा—हम कौन हैं, इसको बताने के लिए थोड़ा समय चाहिए सरकार ! क्या आप सुनेंगे ?

शैला ने अपने संकेत से उत्सुकता प्रकट की। किन्तु इन्द्रदेव ने कहा—चलो, अभी माताजी के पास चलना है। फिर किसी दिन सुनूँगा। रामनाथ आज तुम जाओ; फिर मैं बुलाऊँगा, तब आना।

रामनाथ ने उठकर कहा—अच्छा सरकार !

चौबेजी बटुआ लिये हुए पान मुँह में दाबे आकर खड़े हो गये। उनके मुख पर एक विचित्र कुतूहल था। वह मन-ही-मन सोच रहे थे—आज शैला बड़ी

सरकार के सामने जायगी। अनवरी भी वहीं है, और वहीं हैं बीबीरानी माधुरी! हे भगवान्!

शैला, इन्द्रदेव और चौबेजी छोटी कोठी की ओर चले।

मधुबन के हाथ में था रुपया और पैरों में फुरती, वह महँगू महतो के खेत पर जा रहा था। बीच में छावनी पर से लौटते हुए रामनाथ से भेंट हो गई। मधुबन के प्रणाम करने पर रामनाथ ने आशीर्वाद देकर पूछा—कहाँ जा रहे हो मधुबन?

आज पहला दिन है, बाबाजी ने उसे मधुवा न कहकर मधुबन नाम से पुकारा। वह भीतर-ही-भीतर जैसे प्रसन्न हो उठा। अभी-अभी तितली से उसके हृदय की बातें हो चुकी थीं। उसकी तरी छाती में भरी थी। उसने कहा—बाबाजी, रुपया देने जा रहा हूँ। महँगू से पुरवट के लिए कहा था—आलू और मटर सींचने के लिए। वह बहाना करता था, और हल भी उधार देने से मुकर गया। मेरा खेत भी जोतता है और मुझी से बढ़-बढ़कर बातें करता है।

रामनाथ ने कहा—भला रे, तू पुरवट के लिए तो रुपया देने जाता है—सिंचाई होगी; पर हल क्या करेगा? आज-कल कौन-सा नया खेत जोतेगा?

मधुबन ने क्षण-भर सोचकर कहा—बाबाजी, तितली ने मुझसे चार पहर के लिए कहीं से हल उधार माँगा था। सिरिस के पेड़ के पास बनजरिया में बहुत दिनों से थोड़ा खेत बनाने का वह विचार कर रही है, जहाँ बरसात में बहुत-सी खाद भी हम लोगों ने डाल रखी थी। पिछाड़ होगी तो क्या, गोभी बोने का...

दुत पागल! तो इसके लिए इतने दिनों तक कानाफूसी करने की कौन-सी बात थी? मुझसे कहती! अच्छा, तो रुपया तुझे मिला?

हाँ बाबाजी, मेम साहब ने तितली को पाँच रुपया दिया था, वही तो मेरे पास है।

मेम साहब ने रुपया दिया था! बञ्जो को? तू कहता क्या है!

हाँ, मेरे ही हाथ में तो दिया। वह तो लेती न थी। कहती थी, बापू बिगड़ेंगे! किसी दिन मेम साहब का उसने कोई काम कर दिया था, उसी की मजूरी बाबाजी! मेम साहब बड़ी अच्छी हैं।

रामनाथ चुप होकर सोचने लगा। उधर मधुबन चाहता था, बुड्ढा उसे छुट्टी दे। वह खड़ा-खड़ा ऊबने लगा। उत्साह उसे उकसाता था कि महँगू के पास पहुँचकर उसके आगे रुपये फेंक दे और अभी हल लाकर बञ्जो का छोटा-सा

गोभी का खेत बना दे। बुड्ढा न जाने कहाँ से छींक की तरह उसके मार्ग में बाँधा-सा आ पहुँचा।

रामनाथ सोच रहा था छावनी की बात ! अभी-अभी तहसीलदार ने जो रूप दिखलाया था, वही उसके सामने नाचने लगा था। उसे जैसे बनजरिया की काया-पलट होने के साथ ही अपना भविष्य उत्पातपूर्ण दिखाई देने लगा। तितली उसमें नया खेत बनाने जा रही है। तब भी न जाने क्या सोच कर उसने कहा—जाओ मधुबन, हल ले आओ।

मधुबन तो उछलता हुआ चला जा रहा था। किन्तु रामनाथ धीरे-धीरे बन-जरिया की ओर चला।

तितली गायों को चराकर लौटा ले जा रही थी। मधुबन तो हल ले आने गया था। वह उनको अकेली कैसे छोड़ देती। धूप कड़ी हो चली थी। रामनाथ ने उसे दूर से देखा। तितली अब दूर से पूरी स्त्री-सी दिखाई पड़ती थी।

रामनाथ एक दूसरी बात सोचने लगा। बनजरिया के पास पहुँचकर उसने पुकारा—तितली !

उसने लौट कर प्रफुल्ल बदन से उत्तर दिया—'बापू !'

५

श्यामदुलारी आज न जाने कितनी बातें सोचकर बैठी थीं—लड़का ही तो है, उसे दो बात खरी-खोटी सुनाकर डाँट-डपटकर न रखने से काम नहीं चलेगा—पर विलायत हो आया है। बारिस्टरी पास कर चुका है। कहीं जवाब दे बैठा तो! अच्छा...आज वह मेम की छोकरी भी साथ आवेगी। इस निर्लज्जता का कोई ठिकाना है! कहीं ऐसा न हो कि साहब की वह कोई निकल आवे! तब उसे कुछ कहना तो ठीक न होगा। अभी दो महीने पहले कलेक्टर साहब जब मिलने आये थे, तो उन्होंने कहा था—'रानी साहब, आपके ताल्लुके में नमूने के गाँव बसाने का बन्दोबस्त किया जायगा। इसमें बड़ी-बड़ी खेतियाँ, किसानों के बंक और सहकार की संस्थाएँ खुलेंगी। सरकार भी मदद देगी।' तब उसको कुछ कहना ठीक न होगा। माधुरी की क्या राय है? वह तो कहती है—'माँ, जाने दो, भाई साहब को कुछ मत कहो?' तो क्या वह अपने मन से बिगड़ता चला जायगा। सो नहीं हो सकता। अच्छा, जाने दो।

माधुरी के मन में अनवरी की बात रह-रहकर मरोर उठती थी। इन्द्रदेव क्या यह घर सम्हाल सकेंगे? यदि नहीं, तो मैं क्यों बनाने की चेष्टा करूँ।

उसके मन में तेरह बरस के कृष्णमोहन का ध्यान आ गया। थियासोफिकल स्कूल में वह पढ़ता है। पिता बाबू श्यामलाल उसकी ओर से निश्चिन्त थे। हाँ, उसके भविष्य की चिन्ता तो उसकी माता माधुरी को ही थी। तब भी वह जैसे अपने को धोखे में डालने के लिए कह बैठती—जैसा जिसके भाग्य में होगा, वही होकर रहेगा।

अनवरी इस कुटुम्ब की मानसिक हलचल में दत्तचित्त होकर उसका अध्ययन कर रही थी। न जाने क्यों, तीनों चुप होकर मन-ही-मन सोच रही थीं। पलँग पर श्यामदुलारी मोटी-सी तकिया के सहारे बैठी थीं। चौकी पर चाँदनी बिछी थी। माधुरी और अनवरी वहीं बैठी हुई एक-दूसरे का मुंह देख रही थीं। तीन-चार कुर्सियाँ पड़ी थीं। छोटी कोठी का यह बाहरी कमरा था।

श्यामदुलारी यहीं पर सबसे बात करती, मिलती-जुलती थीं; क्योंकि उनका निज का प्रकोष्ठ तो देव-मन्दिर के समान पवित्र, अस्पृश्य और दुर्गम्य था ? बिना स्नान किये—कपड़ा बदले, वहाँ कौन जा सकता था !

बाहर पैरों का शब्द सुनाई पड़ा। तीनों स्त्रियाँ सजग हो गईं, माधुरी अपनी साड़ी का किनारा सँवारने लगी। अनवरी एक उँगली से कान के पास के बालों को ऊपर उठाने लगी। और, श्यामदुलारी थोड़ा खाँसने लगीं।

इन्द्रदेव शैला और चौबेजी के साथ, भीतर आये। माता को प्रणाम किया। श्यामदुलारी ने 'सुखी रहो' कहते हुए देखा कि वह गोरी मेम भी दोनों हाथों की पतली उँगलियों में बनारसी साड़ी का सुनहला अंचल दबाये नमस्कार कर रही है।

अनवरी उठकर खड़ी हो गई। माधुरी चौकी पर ही थोड़ा खिसक गई। माता ने बैठने का संकेत किया। पर वह भीतर से शैला से बोलने के लिए उत्सुक थी।

इन्द्रदेव ने कहा—मिस अनवरी ! माँ का दर्द अभी अच्छा नहीं हुआ। इसके लिए आप क्या कर रही हैं। क्यों माँ, अभी दर्द में कमी तो नहीं है ?

है क्यों नहीं बेटा ! तुमको देखकर दर्द दूर भाग जाता है। —श्यामदुलारी ने मधुरता से कहा।

तब तो भाई साहब, आप यहीं माँ के पास रहिए। दर्द पास न आवेगा। —माधुरी ने कहा।

लेकिन बीबीरानी ! और लोग क्या करेंगे ? कुंवर साहब यहीं घर में बैठे रहेंगे, तो जो लोग मिलने-जुलने वाले हैं, वे कहाँ जायँगे ! —अनवरी ने व्यंग से कहा।

यह बात श्यामदुलारी को अच्छी न लगी। उन्होंने कहा—मैं तो चाहती हूँ कि इन्द्र मेरी आँखों से ओझल न हो। वह करता ही क्या है मिस अनवरी ! शिकार खेलने में ज्यादा मन लगाता है। क्यों, विलायत में इसकी बड़ी चाल है न ! अच्छा बेटा ! यह मेम साहब कौन हैं ? इनका तो तुमने परिचय ही नहीं दिया।

माँ, इंगलैण्ड में यही मेरा सब प्रबन्ध करती थीं। मेरे खाने-पीने का, पढ़ने-लिखने का, कभी जब अस्वस्थ हो जाता तो डाक्टरों का, और रात-रात भर जागकर नियमपूर्वक दवा देने का काम यही करती थीं। इनका मैं चिर-ऋणी हूँ। इनकी इच्छा हुई कि मैं भारतवर्ष देखूंगी।

इसी से चली आई हैं न ! अच्छा बेटा ! इनको कोई कष्ट तो नहीं ? हम

लोग इनके शिष्टाचार से अपरिचित हैं। चौबेजी ! आप ही न मेम साहब के लिए...ओ ! इनका नाम क्या है, यह पूछना तो मैं भूल ही गई।

मेरा नाम 'शैला' है माँ जी ! —शैला की बोली घण्टी की तरह गूंज उठी ! श्यामदुलारी के मन में ममता उमड़ आई। उन्होंने कहा—चौबेजी ! देखिए, इनको कोई कष्ट न होने पावे। इन्द्रदेव तो लड़का है, वह कभी काहे को इनकी सुविधा की खोज-खबर लेता होगा।

जी सरकार ! मेम साहब बड़ी चतुर हैं। वह तो कुँवर साहब का प्रबन्ध स्वयं आदेश देकर कराती रहती हैं। हम लोग तो अभी सीख रहे हैं। बड़े सरकार के समय में जो व्यवस्था थी, उसी से तो अब काम नहीं चल सकता !

इन्द्रदेव घबरा गये थे। उन्हें कभी चौबे, कभी अनवरी पर क्रोध आता; पर वह बहाली देते रहे।

माधुरी ने कहा—अच्छा तो भाई साहब ! अभी शहर चलने की इच्छा नहीं है क्या ? अब तो यहाँ कड़ी दिहाती सर्दी पड़ेगी।

नहीं, अभी तो यहीं रहूँगा। क्यों माँ, यहाँ कोई कष्ट तो नहीं है ?—इन्द्रदेव ने पूछा।

अनवरी ने कहा—इस छोटी कोठी में साफ हवा कम आती है। और तो कोई...हाँ, बीबीरानी, मैं यह तो कहना भूल ही गई थी कि मुझे आज शहर चला जाना चाहिए। कई रोगियों को आज ही तक के लिए दवा दे आई हूँ। मोटर तो मिल जायगी न ?

ठहरिए, आप तो न जाने क्यों घबराई हैं। अभी तो माँ की दवा...माधुरी की बात पूरी न होने पाई कि अनवरी ने कहा—दवा खायँगी तो नहीं, यही लगाने की दवा है। लगाते रहिए, मुझे रोक कर क्या कीजिएगा। हाँ, यहाँ साफ हवा मिलनी चाहिए, इसके लिए आप सोचिए।

चौबेजी बीच में बोल उठे—तो बड़ी सरकार उस कोठी में रहें, खुले हुए कमरे और दालान उसमें तो हैं ही।

बोलने के लिए तो बोल गये; पर चौबेजी कई बातें सोचकर दाँत से अपनी जीभ दबाने लगे। उनकी इच्छा तो हुई कि अपने कान भी पकड़ लें; पर साहस न हुआ।

इन्द्रदेव चुप रहे। शैला ने कहा—माँ जी ! बड़ी कोठी में चलिए। यहाँ न रहिए। —वह बेचारी भूल गई कि श्यामदुलारी उसके साथ कैसे रहेंगी !

श्यामदुलारी ने इन्द्रदेव का चेहरा देखा। वह उतरा हुआ तो नहीं था; किन्तु उस पर उत्साह भी न था। माधुरी ने शैला को स्वयं कहते हुए जब सुना,

तो वह बोली—अच्छा तो है माँ! मेम साहब और अनवरी बीबी इसमें आ जायँगी। हम लोग वहीं चलकर रहें।

अनवरी ने कहा—मुझे एक दिन में लौट आने दीजिए।

श्यामदुलारी ने देखा कि काम तो हो चला है, अब इस बात को यहीं रोक देना चाहिए। वह बोली—बेटा! कलेक्टर साहब ने नमूने का गाँव बसाने का जो नक्शा भेजा था, उसे तुमने देखा?

नहीं माँ, अभी तो नहीं—शैला के पास वह है। इन्हें गाँवों से बड़ा प्रेम है। मैंने इन्हीं के ऊपर यह भार छोड़ दिया है। इसके लिए यही एक योजना तैयार करने में लगी हैं।

श्यामदुलारी सावधान हो गईं। शैला ने कहा—माँ जी, अभी तो मैं गाँवों में जाकर यहाँ की बातें समझने लगी हूँ। फिर भी बहुत-सी बातें अभी नहीं समझ सकी हूँ। किसी दिन आपको अवकाश रहे, तो मैं नक्शा ले आऊँ?

चौबे जी ने एक बार माधुरी की ओर देखा और माधुरी ने अनवरी को। तीनों का भीतर-ही-भीतर एक दल-सा बँध गया। इधर माँ, बेटे की ओर होने लगी—और शैला, जो व्यवधान था, उसकी खाई में पुल बनाने लगी।

श्यामदुलारी का हृदय, बेटे को काम की बातों में मन लगाते देख कर, मिठास से भरने लगा। उन्होंने कहा—अच्छा; तो मैं अब पूजा करने जाती हूँ। बीबी! मिस अनवरी को जाने दो, कल आ जायँगी। हाँ, एक बात तो मैं भूल ही गई थी—मिस अनवरी, आप आने लगिए, तो कृष्णमोहन को छुट्टी दिलाकर साथ लिवाते आइएगा।

श्यामदुलारी ने माधुरी को भी प्रसन्न करने का उपाय निकाल ही लिया! अनवरी ने कहा—बहुत अच्छा।

शैला ने कहा—मैं आपके पास आकर कभी-कभी बैठा करूँ, इसके लिए क्या आप मुझे आज्ञा देंगी माँ जी!

क्यों नहीं; आपका घर है, चाहे जब चली आया करें। मुझे तो अपने देश की कहानी आपने सुनाई ही नहीं!

नहीं; मैं इसलिए आज्ञा माँगती थी कि मेरे आने से आपको कष्ट न हो। मुझे अलग कुर्सी पर बैठाया कीजिए। मैं आपको छुऊँगी नहीं!—शैला ने बड़ी सरलता से कहा।

श्यामदुलारी ने हँसकर कहा—वाह! यह तो मेरे सिर पर अच्छा कलंक है। क्या मैं किसी को छूती नहीं? आप आइए, मुझे आपकी बातें बड़ी मीठी लगती हैं।

इन्द्रदेव ने देखा कि उनके हृदय का बोझ टल गया---शैला ने माँ के समीप पहुँचने का अपना पथ बना लिया। उन्होंने इसे अपनी विजय समझी। वह मन-ही मन प्रसन्न हो रहे थे कि शैला ने उठते हुए नमस्कार करके कहा---माँ जी, मुझसे भूल हो सकती है, अपराध नहीं। तब भी, आप लोगों की स्नेह-छाया में मुझे सुख की अधिक आशा है।

श्यामदुलारी का स्नेह-सिक्त हृदय भर उठा। एक दूर देश की बालिका कितना मधुर हृदय लिये उनके द्वार पर खड़ी है।

श्यामदुलारी स्नान करने चली गईं।

इन्द्रदेव के साथ शैला धीरे-धीरे बड़ी कोठी की ओर चली जा रही थी। मोटर के लिए चौबेजी गये थे, तब तक दालान में अनवरी से माधुरी कहने लगी---तुमने ठीक कहा था मिस अनवरी !

उसने माधुरी को अधिक खुलने का अवसर देते हुए कहा---मैंने क्या ठीक कहा था ?

यही, शैला के सम्बन्ध में...

अनवरी गम्भीर बन गई। उसने कहा---बीबी रानी ! तुम लोगों को इनसे कभी काम नहीं पड़ा है। ये सब जादूगर हैं। देखा न माँजी को कैसा अपनी ओर ढुलका लिया---मोम बन गई। क्या यों ही सात समुद्र तेरह नदी पार करके यह आई है ! और...

पर तुमने भी मिस अनवरी ! शैला को अच्छा एक उखाड़ दिया ! थोड़ा-सा तो वह सोचेगी, बँगले से हटना उसे अखरेगा। क्यों ?---बीच ही में माधुरी ने कहा।

वह भी घुटी हुई है, कैसा पी गई ! बीबी को कसक तो होगी ही ! बीबी रानी, मैं तुमसे फिर कहती हूँ, तुम अपनी देखो। आपके भाई साहब तो नदी की बाढ़ में बह रहे हैं। मैं कल तो न आ सकूंगी। हाँ, जल्दी आने की...

नहीं-नहीं अनवरी ! कल, कल तुमको अवश्य आना होगा। इस समय तुम्हारी सहायता की बड़ी आवश्यकता है। उस चुड़ैल को, जिस तरह हो, नीचा...

माधुरी आगे कुछ न कह सकी, उसका क्रोध कपोलों पर लाल हो रहा था।

मानव-स्वभाव है; वह अपने सुख को विस्तृत करना चाहता है। और भी, केवल अपने सुख से ही सुखी नहीं होता, कभी-कभी दूसरों को दुखी करके, अपमानित करके, अपने मान को, सुख को प्रतिष्ठित करता है।

माधुरी के मन में अनवरी के द्वारा जो आग जलाई गई है, वह कई रूप

बदलकर उसके कोने-कोने को झुलसाने लगी है। उसके मन में लोभ तो जाग ही उठा था। अधिकारच्युत होने की आशंका ने उसे और भी सन्दिग्ध और प्रयत्नशील बना दिया। उसके गौरव की चाँदनी शैला की उषा में फीकी पड़ेगी ही, इसकी दृढ़ सम्भावना थी, और अब वह युद्ध के लिए तत्पर थी। चौबेजी को खींचने के लिए उसने मन-ही-मन सोच लिया! एक सम्मिलित कुटुम्ब में राष्ट्रनीति ने अधिकार जमा लिया। स्व-पक्ष और पर-पक्ष का सृजन होने लगा।

चौबेजी कम चतुर न थे। माधुरी को उन्होंने अधिक समीप समझा। ढुले भी उसी ओर। मोटर लेकर जब वह आये, तो उन्होंने कहा—बीबी रानी! हम लोगों ने बड़े सरकार का समय और दरबार देखा है। अब यह सब नहीं देखा जाता। तुम्हीं बचाओगी तो यह राज बचेगा, नहीं तो गया। मैं अब उसके लिए चाय बनाना नहीं चाहता! मुझे जवाब मिल जाय, यही अच्छा है।

मोटर पर बैठते हुए अनवरी ने कहा—घबराइए मत चौबेजी, बीबी रानी आपके लिए कोई बात उठा न रखेंगी।

६

गंगा की लहरियों पर मध्याह्न के सूर्य की किरणें नाच रही थीं। उन्हें अपने चंचल हाथों से अस्त-व्यस्त करती हुई, कमर-भर जल में खड़ी, मलिया छींटे उड़ा रही थी। करारे के ऊपर मल्लाहों की छोटी-सी बस्ती थी। सात घर मल्लाहों और तीन घर कहारों के थे। मलिया और रामदीन का घर भी वहीं था। दोपहर को छावनी से छुट्टी लेकर, दोनों ही अपने घर आये थे। रामदीन करारे से उतरता हुआ कहने लगा—मलिया, मैं भी आया।

मलिया हँसकर बोली—मैं तो जाती हूँ।

जाओगी क्यों ? वाह ?—कहते हुए रामदीन 'धम' से गंगा में कूद पड़ा।

थोड़ी दूर पर एक बुड्ढा मल्लाह बंसी डाले बैठा था, उसने क्रोध से कहा—देखो रामदीन, तुम छावनी के नौकर हो, इससे मैं डर न जाऊँगा। मछली न फँसी, तो तुम्हारी बुरी गत कर दूँगा।

तैरते हुए रामदीन ने कहा—अरे क्यों बिगड़ रहे हो दादा ! आज कितने दिनों पर छुट्टी मिली है। ऊधम मचाने अब कहाँ आता हूँ।

तैरते हुए तीर की ओर लौटकर उसने मलिया के पास पहुँचने का ज्यों ही उपक्रम किया, वह गंगा से निकलने लगी। रामदीन ने कहा—अरे क्या मैं काट लूँगा ? मलिया, ठहर न !

वह रुक गई।

रामदीन ने धीरे से पास आकर पूछा—क्यों रे, तेरी सगाई पक्की हो गई ?

उसने कहा—धत !

रामदीन ने कहा—तो आज मैं तेरे चाचा से कहूँ कि...

मलिया ने बीच ही में बात काट कर कहा—देखो, मुझे गाली दोगे तो...हाँ, कहे देती हूँ।

क्या कहे देती है ? क्या मुझे डराती है ? अब तो मुझे तेरी बीबी रानी का डर नहीं। मलिया, तू जानती है छोटी कोठी में मेम साहब जब से आई हैं, तब

से मैं ही उनका खाना बनाता हूँ, चौबेजी का काम भी मैं ही करता हूँ ? अब तो...

मेम साहब के भरोसे कूद रहे हो न ! देखो तो तुम्हारी मेम साहब की दुर्दशा चार दिन में होती है । बीबी रानी...

क्या...बकती है ! चल, अपना काम देख ! वह तो कहती थीं कि रामदीन, तुझको मैं सरकार से कहकर खेत दिलवा दूंगी । वहीं...

चल, अपना मुँह देख, मुझसे चला है सगाई करने ! तीन ही दिन में छोटी कोठी से भी तेरी मेम साहब भागती हैं । तब लेना खेत !

अरे तो क्या...

आगे रामदीन कुछ न बोल सका; क्योंकि एक गौर वर्ण की प्रौढ़ा स्त्री धोती लिये हुए उत्तर की ओर से धीरे-धीरे गंगा में उतर रही थी ।

उसे देखते ही दोनों की सिट्टी भूल गई । दोनों ही गंगा जल में से निकलकर उसे अभिवादन करके भलेमानसों की तरह अपनी-अपनी धोती पहनने लगे ।

उस स्त्री के अंग पर कोई आभूषण न था, और न तो कोई सधवा का चिह्न ! था केवल उज्ज्वलता का पवित्र तेज, जो उसकी मोटी-सी धोती के बाहर भी प्रकट था ।

एक पत्थर पर अपनी धोती रखते हुए उसने घूमकर पूछा—क्यो रे रामदीन, तुझे कभी घंटे भर की भी छुट्टी नहीं मिलती ? आज अठवारों हो गया, कोई सौदा ले आना है । तेरी नानी कहती थी, आज रामदीन आने वाला है । सो तू आज आने पर भी यहीं धमाचौकड़ी मचा रहा है ?

मालकिन ! मैं नहाकर कोट में आ ही रहा था । यही मलिया बड़ी पाजी है, इसने धोती पर पानी के छींटे...सरकार...

रामदीन अपनी बनावटी बात को आगे न बढ़ा सका । बीच ही में मलिया अपनी सफाई देती हुई बोल उठी—इसकी छाती फट जाय, झूठा कहीं का ! मालकिन, यह मुझको गाली दे रहा है । इसका घमंड बढ़ गया है । मेम साहब का खानसामा बन गया है, तो चला है मुझसे सगाई करने !

मालकिन अपनी आती हुई हँसी को रोककर बोलीं—वह देख, इसकी नानी आ रही है, उसी से कह दे । मलिया, सचमुच रामदीन पाजी हो गया है ।

दोनों ने देखा, बुढ़िया—रामदीन की नानी—ताँबे का एक घड़ा लिये धीरे-धीरे आ रही है ।

मालकिन स्नान करने लगीं । कभी-कभी स्नान करने के लिए वह इधर आ जातीं, तो कई काम करती हुई जातीं । भाई मधुबन के लिए मछली लेना और

मल्लाही-टोली की किसी प्रजा को सहेजकर गृहस्थी का और कोई काम करा लेना भी उनके नहाने का उद्देश्य होता।

उनको देखते ही बूढ़े मल्लाह ने अपनी बंसी खींची। मछली फँस चुकी थी।

वह स्नान करके सूर्य को प्रणाम करती हुई जब ऊपर आकर खड़ी हुईं तो मल्लाह ने मछली सामने लाकर रख दी। उन्होंने रामदीन से कहा--इसे लेता चल।

मलिया ने बुढ़िया के स्नान कर लेने पर उसके लाये हुए घड़े को भर लिया। मालकिन की गीली धोती लेकर बुढ़िया उनके साथ हो गई।

मल्लाह ने कहा—मालकिन, आज इस पाजी रामदीन को बिना मारे मैं न छोड़ता। आज कई दिन पर मैं मधुबन बाबू के लिए मछली फँसाने बैठा था, यह आकर ऊधम मचाने लगा। इसी की चाल से बड़ा-सा रोहू आकर निकल गया। आज लगा है छावनी की नौकरी करने, तो घमंड का ठिकाना ही नहीं। हम लोग आपकी प्रजा हैं मालकिन ! यह बूढ़ा इस बात को नहीं भूल सकता। अभी कल का लड़का—यह क्या जाने कि धामपुर के असली मालिक—चार आने के पुराने हिस्सेदार—कौन हैं। मालकिन, बेईमानी से वह सब चला गया, तो क्या हुआ ? हम लोग अपने मालिक को न पहचानेंगे ?

मालकिन को उसका यह व्याख्यान अच्छा न लगा। उनके अच्छे दिनों का स्मरण करा देने की उस समय कोई आवश्यकता न थी। किन्तु सीधा और बूढ़ा मल्लाह उस बिगड़े घर की बड़ाई में और कहता ही क्या ?

शेरकोट के कुलीन जमींदार मधुबन के पास अब तीन बीघे खेत और वही खँडहर-सा शेरकोट है, इसके अतिरिक्त और कुछ चाहे न बचा हो; किन्तु पुरानी गौरव-गाथाएँ तो आज भी सजीव हैं। किसी समय शेरकोट के नाम से लोग सम्मान से सिर झुकाते थे।

मधुबन के लिए वंश-गौरव का अभिमान छोड़कर, मुकदमे में सब कुछ हारकर, जब उसके पिता मर गये, तो उसकी बड़ी विधवा बहन ने आकर भाई को सम्हाला था। उसकी ससुराल सम्पन्न थी; किन्तु विधवा राजकुमारी के दरिद्र भाई को कौन देखता ! उसी ने शेरकोट के खँडहर में दीपक जलाने का काम अपने हाथों में लिया !

शेरकोट मल्लाही-टोले के समीप उत्तर की ओर बड़े-से ऊँचे टीले पर था। मल्लाही-टोला और शेरकोट के बीच एक बड़ा-सा वट-वृक्ष था। वहीं दो-चार बड़े-बड़े पत्थर थे। उसी के नीचे स्नान करने का घाट था। मल्लाही-टोले में

अब तो केवल दस घरों की बस्ती है। परन्तु जब शेरकोट के अच्छे दिन थे, तो उसकी प्रजा से—काम करने वालों से—यह गाँव भरा था।

शेरकोट के विभव के साथ वहाँ की प्रजा धीरे-धीरे इधर-उधर जीविका की खोज में खिसकने लगी। मल्लाहों की जीविका तो गंगातट से ही थी; वे कहाँ जाते ? उन्हीं के साथ दो-तीन कहारों के भी घर बच रहे—उस छोटी-सी बस्ती में।

कहीं-कहीं पुराने घरों की गिरी हुई भीतों के ढूह अपने दारिद्रय-मंडित सिर को ऊँचा करने की चेष्टा में संलग्न थे, जिनके किसी सिरे पर टूटी हुई धरनें, उन घरों का सिर फोड़नेवाली लाठी की तरह, अड़ी पड़ी थीं !

उधर शेरकोट का छोटा-सा मिट्टी का ध्वस्त दुर्ग था ! अब उसका नाम-मात्र है, और है उसके दो ओर नाले की खाई—एक ओर गंगा। एक पथ गाँवों में जाने के लिए था। घर सब गिर चुके थे। दो-तीन कोठरियों के साथ एक आँगन बच रहा था।

भारत का वह मध्यकाल था, जब प्रतिदिन आक्रमणों के भय से एक छोटे-से भूमिपति को भी दुर्ग की आवश्यकता होती थी। ऊँची-नीची होने के कारण, शेरकोट में अधिक भूमि होने पर भी, खेती के काम में नहीं आ सकती थी। तो भी राजकुमारी ने उसमें फल-फूल और साग-भाजी का आयोजन कर लिया था।

शेरकोट के खँडहर में घुसते हुए राजकुमारी ने बूढ़े मल्लाह को बिदा किया। वह बूढ़ा मनुष्य कोट का कोई भी काम करने के लिए प्रस्तुत रहता। उसने जाते जाते कहा—मालकिन, जब कोई काम हो, कहला देना, हम लोग आपकी पुरानी प्रजा हैं, नमक खाया है।

उसकी इस सहानुभूति से राजकुमारी को रोमांच हो आया। उसने कहा—तुमसे न कहलाऊँगी, तो काम कैसे चलेगा; और कब नहीं कहलाया है ?

बूढ़ा दोनों हाथों को अपने सिर से लगाकर लौट गया।

रामदीन ने एक बार जैसे साँस ली। उसने कहा—तो मालकिन, कहिए, नौकरी छोड़ दूँ ?

जो प्रेरणा उसे बूढ़े मल्लाह से मिली थी, वही उत्तेजित हो रही थी। राजकुमारी ने कहा—पागल ! नौकरी छोड़ देगा, तो खेत छिन जायगा। गाँव में रहने पावेगा फिर ? अब हम लोगों के वह दिन नहीं रहे कि तुमको नौकर रख लूंगी। मैंने तो इसलिए कह था कि मधुबन ने कहीं पर खेत बनाया है; वहीं बाबाजी की बनजरिया में। कहता था कि 'बहिन, एक भी मजूर नहीं मिला !'

फिर बाबाजी और उसने मिलकर हल चलाया ! सुनता है रे रामदीन, अब बड़े घर के लोग हल चलाने लगे, मजूर नहीं मिलते, बाबाजी तो यह सब बात मानते ही नहीं। उन्होंने मधुबन से भी हल चलवाया। वह कहते हैं कि 'हल चलाने से बड़े लोगों की जात नहीं चली जाती। अपना काम हम नहीं करेंगे, तो दूसरा कौन करेगा।' आज-कल इस देश में जो न हो जाय। कहाँ मधुबन का वंश, कहाँ हल चलाना ! बाबाजी ने उसको पढ़ाया-लिखाया और भी न जाने क्या-क्या सिखाया। वह जाता है शहर यहाँ से बोझ लिवाकर सौदा बेचने ! जब मैं कुछ कहती हूँ; तो कहता है—'बहन ! वह सब रामकहानी के दिन बीत गये। काम करके खाने में लाज कैसी। किसी की चोरी करता हूँ या भीख माँगता हूँ ?' धीरे-धीरे मजूर होता जा रहा है। मधुबन हल चलावे, यह कैसे सह सकती हूँ। इसी से तो कहती हूँ कि क्या दो घंटे जाकर तू उसका काम नहीं कर सकता था !

दोपहर को खाने-नहाने की छुट्टी तो किसी तरह मिलती है। कैसे क्या कहूँ, अभी न जाऊँ तो रोटी भी रसोईदार इधर-उधर फेंक देगा। फिर दिन भर टापता रह जाऊँगा। मालकिन, पहले से कह दिया जाय, तो कोई उपाय भी निकाल लूं।

अच्छा, जा; कल आना तो मुझसे भेंट करके जाना; भूलना मत ! समझा न ? मधुबन मिले तो भेज दो।

रामदीन ने मछली रखते हुए सिर झुकाकर अभिवादन किया। फिर मलिया की ओर देखता हुआ वह चला गया।

रामदीन की नानी धूप में धोती फैलाकर रसोई-घर की ओर मछली लेकर गई। वह चौके में आग-पानी जुटाने लगी।

मलिया मालकिन के पास बैठ गई थी। राजकुमारी ने उनसे पूछा—मलिया ! तेरी ससुराल के लोग कभी पूछते हैं ?

उसने कहा—नहीं मालकिन, अब क्यों पूछने लगे।

राजकुमारी ने कहा—तो रामदीन से तेरी सगाई कर दूँ न ?

जाओ मालकिन, इसीलिए मुझको...

राजकुमारी उसकी इस लज्जित मूर्ति को देखकर रुक गईं। उन्होंने बात बदलने के लिए कहा—तो आज-कल तू वहाँ रात-दिन रहती है ?

क्यों न रहूँगी। बीबीरानी माधुरी की तरेर-भरी आँखें देखकर ही छठी का दूध याद आता है। अरे बाप रे ! मालकिन, वहाँ से जब घर आती हूँ, तो जैसे बाघ के मुंह से निकल आती हूँ। इधर तो उनकी आँखें और भी चढ़ी रहती हैं।

चौबे, जो पहले कुँवर साहब की रसोई बनाता था, आकर न मालूम क्या धीरे-धीरे फुसफुसा जाता है। बस फिर क्या पूछना! जिसकी दुर्दशा होनी हो वही सामने पड़ जाय।

क्यों रे, चौबे तो पहले तेरे कुंवर साहब के बड़े पक्षपाती थे। अब क्या हुआ जो···

छावनी की बातें अच्छी तरह सुनने के लिए राजकुमारी ने पूछा। कोई भी स्वार्थ न हो; किन्तु अन्य लोगों के कलह से थोड़ी देर मनोविनोद कर लेने की मात्रा मनुष्य की साधारण मनोवृत्तियों में प्रायः मिलती है। राजकुमारी के कुतूहल की तृप्ति भी उससे क्यों न होती?

मलिया कहने लगी—मालकिन! यह सब मैं क्या जानूं, पहले तो चौबेजी बड़े हँसमुख बने रहते थे। पर जब से बड़ी सरकार आई हैं; तब से चौबेजी इसी दरबार की ओर झुके रहते हैं। कुंवर साहब से तो नहीं पर मेम साहब से वह चिढ़ते हैं। कहते हैं, उसकी रसोई बनाना हमारा काम नहीं है। बीबीरानी से और भी न जाने क्या-क्या उसकी निन्दा करते हैं। सुना था, एक दिन वह रसोई बना रहे थे, भूल से मेम साहब जूते पहने रसोई-घर में चली आईं, तभी से वह चिढ़ गये, पर कुछ कह नहीं सकते थे। जब बड़ी सरकार आ गईं, तो उन्होंने इधर ही अपना डेरा जमाया। अब तो वह छोटी कोठी जाकर, वहाँ क्या-क्या चाहिए—यही देख आते हैं—

क्यों रे! क्या तेरे कुंवर साहब इस मेम से ब्याह करेंगे?

मैं क्या जानूं मालकिन! अब छुट्टी मिले। जाऊँ, नहीं तो रसोईदार महाराज ही दो-चार बात सुनावेंगे।

अच्छा, जा, अभी तो चाचा के पास जायगी न?

हाँ, उधर से होती हुई चली जाऊँगी—कहकर मलिया अपने घर चली।

राजकुमारी से आकर रामदीन की नानी ने कहा—चलिए, अपनी रसोई देखिए। अभी मधुबन बाबू तो नहीं आये।

राजकुमारी ने एक बार शेरकोट के उजड़े खंडहर की ओर देखा और धीरे-धीरे रसोई घर की ओर चलीं।

रोटी सेंकते हुए राजकुमारी ने पूछा—बुढ़िया, तू ने मलिया के चाचा से कभी कहा था।

क्या मालकिन?

रामदीन से मलिया की सगाई के लिए। अब कब तक तू अकेली रहेगी?

अपने पेट के लिए तो वह पाजी जुटा ले; सगाई करके क्या करेगा माल-

किन ! ब्याह होता मधुबन बाबू का; हम लोगों को वह दिन आँखों से देखने को मिलता......

किसका रे बुढ़िया ! —कहते हुए मधुबन ने आते ही उसकी पीठ थपथपा दी।

राजकुमारी ने कहा—रोटी खाने का अब समय हुआ है न ? मधु ! तुम कितना जलाते हो।

बहन ! मैं अपने आलू और मटर का पानी बरा रहा था, आज मेरा खेत सिंच गया। —कहकर वह हँस पड़ा। वह प्रसन्न था; किन्तु राजकुमारी अपने पिता के वंश का वह विगत वैभव सोच रही थीं; उनको हँसी न आई।

७

इन्द्रदेव की कचहरी में आज कुछ असाधारण उत्तेजना थी। चिकों के भीतर स्त्रियों का समूह, बाहर पास-पड़ोस के देहातियों का जमाव था। शैला भी अपनी कुर्सी पर अलग बैठी थी।

बनजरिया वाले बाबाजी अपनी कहानी सुनाने वाले थे, क्योंकि गोभी के लिए उसमें खेत बन गया था। उसी को लेकर तहसीलदार ने इन्द्रदेव को समझाया कि बनजरिया में बोने-जोतने का खेत है। उस पर एकरेज—या और भी जो कुछ कानून के वैध उपायों से देन लगाया जा सकता हो—लगाना ही चाहिए। और, इस बाबा को तो यहाँ से हटाना ही होगा; क्योंकि गाँव के लोग इससे तंग आ गये हैं। यह समाजी है, लड़कों को न जाने क्या-क्या सिखाता है—ऊँची जाति के लड़के हल चलाने लगे हैं। नीचों को बराबर कलकत्ता-बम्बई कमाने जाने के लिए उकसाया करता है। इसके कारण लोगों को हलवाहों और मजूरों का मिलना असम्भव हो गया है। तिस पर भी यह बनजरिया देवनन्दन के नाम की है। वह मर गया, अब लावारिस कानून के अनुसार यह जमींदार की है।— इत्यादि

इन्द्रदेव ने सब सुनकर कहा कि बुड्ढे की बात भी सुन लेनी चाहिए। उससे कह भी दिया गया है। उसको बुलवाया जाय।

आज इसीलिए रामनाथ आये हैं, और साथ में लिवाते आये हैं तितली को। तितली इस जन-समूह में संकुचित-सी एक खम्भे की आड़ में आधी छिपी हुई बैठी है।

इन्द्रदेव का संकेत पाकर रामनाथ ने कहना आरम्भ किया—

बार्टली साहब की नील-कोठी टूट चुकी थी। नील का काम बन्द हो चला था। जैसा आज भी दिखायी देता है, तब भी उस गुदाम के हौज और पक्की नालियाँ अपना खाली मुँह खोले पड़ी रहती थीं, जिससे नीम की छाया में गायें बैठकर विश्राम लेती थीं। पर बार्टली साहब को वह ऊँचे टीले का बँगला, जिसके नीचे बड़ा-सा ताल था, बहुत ही पसन्द था। नील गुदाम बन्द हो जाने पर भी उनका बहुत-सा रुपया दादनी में फँसा था।

किसानों को नील बोना तो बन्द कर देना पड़ा, पर रुपया देना ही पड़ता। अन्न की खेती से उतना रुपया कहाँ निकलता, इसलिए आस-पास के किसानों में बड़ी हलचल मची थी। बार्टली के किसान-आसामियों में एक देवनन्दन भी थे। मैं उनका आश्रित ब्राह्मण था। मुझे अन्न मिलता था और मैं काशी में जाकर पढ़ता था। काशी की उन दिनों की पंडित-मंडली में स्वामी दयानन्द के आ जाने से हलचल मची हुई थी। दुर्गाकुंड के उस शास्त्रार्थ में मैं भी अपने गुरुजी के साथ दर्शक-रूप से था; जिसमें स्वामीजी के साथ बनारसी चाल चली गयी थी। ताली तो मैंने भी पीट दी थी। मैं क्वीन्स कालेज के एंग्लो-संस्कृत-विभाग में पढ़ता था मुझे वह नाटक अच्छा न लगा। उस निर्भीक संन्यासी की ओर मेरा मन आकर्षित हो गया। वहाँ से लौटकर गुरुजी से मुझसे कहा-सुनी हो गयी, और जब मैं स्वामीजी का पक्ष समर्थन करने लगा, तो गुरुजी ने मुझे नास्तिक कहकर फटकारा।

देवनन्दन का पत्र भी मुझे मिल चुका था कि कई कारणों से अन्न देना वह बन्द करते हैं। मैं अपने गठरी पीठ पर लादे हुए झुँझलाहट से भरा नील-गुदाम के नीचे से अपने गाँव में लौटा जा रहा था। देखा कि देवनन्दन को नील कोठी का पियादा काले खाँ पकड़े हुए ले जा रहा है। देवनन्दन सिंहपुर के प्रमुख किसान और आप ही लोगों के जाति-बान्धव थे। उनकी यह दशा! रोम-रोम उनके अन्न से पला था। मैं भी उनके साथ बार्टली के सामने जा पहुँचा।

उस समय कुर्सियों पर बैठे हुए बार्टली और उनकी बहन जेन आपस में कुछ बातें कर रहे थे।

जेन ने कहा—भाई! इधर जब से वह चले गये हैं, मेरी चिन्ता बढ़ रही है। न जाने क्यों, मुझे उन पर सन्देह होने लगा है। मैं भी घर जाना चाहती हूँ।

तुम जानती हो कि मैंने स्मिथ का कभी अपमान नहीं किया, और सच तो यह है कि मैं उसको प्यार करता हूँ। किन्तु क्या करूँ, उसका जैसा उग्र स्वभाव है, वह तो तुम जानती हो। मैं भला अभी काम छोड़ कर कैसे चलूँगा!—बार्टली ने कहा।

जब यह काम ही बंद हो गया, तब यहाँ रहने का क्या काम है। देखती हूँ कि जो रुपया तुम्हारा निकल भी आता है, उसे यहाँ जमींदारी में फँसाते जा रहे हो। क्या तुम यहीं बसना चाहते हो?—जेन ने कहा।

तब तुम क्या चाहती हो।—बार्टली ने अन्यमनस्क भाव से पूर्व की धीरे-धीरे सूखने वाली झील को देखते हुए कहा।

नील का काम बन्द हो गया, पर अब हम लोगों को रुपये की कमी नहीं।

जो कुछ हो, यहाँ से बेच कर इंगलैंड लौट चलें। मेरा प्रसव-काल समीप है। मैं गाँव के घर में ही जाकर रहना चाहती हूँ। समझा न ?—जेन ने सरलता से कहा।

इतनी जल्दी ! असम्भव, अभी बहुत रुपया बाकी पड़ा है। ठहरो, मैं पहले इन लोगों से बात कर लूं।—बार्टली ने रूखे स्वर से कहा।

देवनन्दन ने सलाम करते हुए कुछ कहना चाहा कि बीच ही में बात काटकर काले खाँ ने कहा—सरकार, बहुत कहने पर यह आया है।

देवनन्दन ने रोष-भरे नेत्रों से काले को देखा।

बार्टली ने कहा—रुपया देते हो कि तुम्हारा दूसरा...

जेन उठकर जाने लगी थी। बीच ही में देवनन्दन ने उसे हाथ जोड़ते हुए कहा। मेरी स्त्री को लड़का होने वाला है, और लड़की...

जेन आगे न सुन सकी। उसने कहा—बार्टली, जाने दो उसे, उसकी स्त्री का...

तुम चलो चाय के कमरे में, मैं अभी आता हूँ।—कहते हुए बार्टली ने जेन को तीखी आँखों से देखा। दुखी होकर जेन चली गयी।

देवनन्दन की कोई बिनती नहीं सुनी गयी ! बार्टली ने कहा—काले खाँ, इसको यहीं कोठरी में बन्द करो और तीन घंटे में रुपये न मिलें, तो बीस हंटर लगाकर तब मुझसे कहना।

बार्टली की ठोकर से जब देवनन्दन पृथ्वी चूमने लगा, तब वह चाय पीने चला गया।

मेरे हृदय में वह देवनन्दन का अपमान घाव कर गया।

मैं अब तक तो केवल वह दृश्य देख रहा था। किन्तु क्षण-भर में मैंने अपना कर्त्तव्य निर्धारित कर लिया। मैंने कहा—काले खाँ, भूलना मत, मेरा नाम है रामनाथ। आज तुमने यदि देवनन्दन को मारा-पीटा, तो मैं तुम्हें जीता न छोड़ूंगा। मैं रुपये ले आता हूँ।

क्रोध और आवेश में कहने को तो मैं यह कहकर गाँव में चला आया; पर रुपये कहाँ से आते ! मैं उन्हीं के पट्टीदार के पास पहुँचा; पर सूद का मोल-भाव होने लगा। उनकी स्थावर सम्पत्ति पर्याप्त न थी। हिन्दुओं में परस्पर तनिक भी सहानुभूति नहीं ! मैं जल उठा। मनुष्य, मनुष्य के दुख-सुख से सौदा करने लगता है और उसका मापदंड बन जाता है रुपया। मैंने कहा—अच्छा, अच्छा, धामपुर में मेरी कृष्णार्पण माफी है, उसे भी मैं रेहन कर दूंगा।

तहसीलदार साहब ने कहा कि इस बनजरिया के नम्बर पर पहले देवनन्दन का नाम था, सो ठीक है। मैंने ही उसी सम्बन्ध में रेहन करके फिर इसी माफी को देवनन्दन के नाम बेच दिया। अब मेरे मन में गाँव से घोर घृणा हो गयी थी। मैं भ्रमण के लिए निकला। गाँव पर मेरे लिए कोई बन्धन नहीं रह गया। तीर्थों, नगरों और पहाड़ों में मैं घूमता था और गली, चौमुहानी, कुओं पर, तालाबों और घाटों के किनारे, मैं व्याख्यान देने लगा। मेरा विषय था हिन्दू-जाति का उद्‌बोधन। मैं प्रायः उनकी धनलिप्सा; गृह-प्रेम और छोटे-से-छोटे हिन्दू गृहस्थ की राजमनोवृत्ति की निन्दा किया करता! आप देखते नहीं कि हिन्दू की छोटी-सी गृहस्थी में कूड़ा-करकट तक जुटा रखने की चाल है, और उन पर प्राण से बढ़कर मोह! दस-पाँच गहने, दो-चार बर्तन, उनको बीसों बार बन्धक करना और घर में कलह करना, यही हिन्दू-घरों में आये दिन के दृश्य हैं। जीवन का जैसे कोई लक्ष्य नहीं! पद-दलित रहते-रहते उनकी सामूहिक चेतना जैसे नष्ट हो गयी है। अन्य जाति के लोग मिट्टी या चीनी के बरतन में उत्तम स्निग्ध भोजन करते हैं। हिन्दू चाँदी की थाली में भी सत्तू घोलकर पीता है। मेरी कटुता उत्ते-जित हो जाती, तो और भी इसी तरह की बातें बकता। कभी तो पैसे मिलते और कहीं-कहीं धक्के भी। पर मेरे लिए दूसरा काम नहीं। इसी धुन में मैं कितने बरसों तक घूमता रहा। नर्मदा के तट से घूमकर मैं उज्जैन जा रहा था। अकस्मात् बिना किसी स्टेशन के गाड़ी खड़ी हो गयी।

मैंने पूछा—क्या है?

साथ के यात्री लोग भी चकित थे।

इतने में रेल के गार्ड ने कहा—भुखमरों की भीड़ रेलवे-लाइन पर खड़ी है।

मैं गाड़ी से उतरकर वह भीषण दृश्य देखने लगा।

संसार का नग्न चित्र, जिसमें पीड़ा का, दुःख का, तांडव नृत्य था। बिना वस्त्र के सैकड़ों नर-कंकाल, इंजिन के सामने लाइन पर खड़े-खड़े और गिरे हुए, मृत्यु की आशा में टक लगाये थे। मैं रो उठा। मेरे हृदय में अभाव की भीषणता, जो चिनगारी के रूप में थी, अब ज्वाला-सी धधकने लगी।

चतुर गार्ड ने झोली में चन्दा के पैसे एकत्र करके कँगलों में बाँट दिया और वे समीप के बाजार की ओर दौड़ पड़े। हाँ, दौड़े। उन अभागों को अन्न की आशा ने बल दिया। वे गिरते-पड़ते चले। मैं भी चला। उनके पीछे-पीछे यह देखता जाता था कि पेड़ों में पत्तियाँ नहीं बची हैं। टिड्डियाँ भी इस तरह उन्हें नहीं खा सकतीं; वे तो नस छोड़ देती हैं।

मैंने देखा कि वे मरभुखे बाजार में घुसे; किन्तु मैं नहीं जा सका। बाजार

के बाहर ही एक वृक्ष के बिना पत्तोंवाली डालों के नीचे एक व्यक्ति पड़ा हुआ अपना हाथ मुँह तक ले जाता है और उसे चाटकर हटा लेता है पास ही एक छोटा-सा जीव और भी निस्तब्ध पड़ा है। मैं दौड़कर अपने लोटे में दूध मोल ले आया। उसके गले में धीरे-धीरे टपकाने लगा। वह आँख खोलकर पास ही पड़े हुए शिशु को देखने लगा। शिशु की ओर मेरा ध्यान नहीं गया था। मैं उसे दूध पिलाने लगा।

कहकर बुड्ढा रामनाथ एक बार ठहर गया। उसने चारों ओर देखकर अपनी आँखों को उस खंभे की आड़ में ठहरा दिया, जहाँ तितली बैठी थी।

शैला रूमाल से अपनी आँखें पोंछ रही थी, और सुनने वाली जनता चुपचाप स्तब्ध थी।

बुड्ढे ने फिर कहना आरम्भ किया—आप लोगों को कष्ट होता है। दुख और दर्द की कहानी सुनाकर मैंने अवश्य आप लोगों का समय नष्ट किया। किन्तु करता क्या! अच्छा, जाने दीजिए, मैं अब बहुत संक्षेप में कहता हूँ—

हाँ, तो वह व्यक्ति थे देवनन्दन, जिनकी समस्त भू-सम्पत्ति नीलाम हो गयी। धूर-धूर बिक गयी। दो सन्तानों का शरीरान्त हो गया। तब उस बची हुई कन्या को लेकर स्त्री के साथ वह परदेश में भीख माँगने चले थे।

उस अभागे को नहीं मालूम था कि वह किधर जा रहा था। उस समय अकाल था। कौन भीख देता? जिनके पास रुपया था, उन्हें अपनी चिन्ता थी।

अस्तु, कुलीन वंश की सुकुमारी कुलवधू अधिक कष्ट न सह सकी, वह मर गयी। तब देवनन्दन इस शिशु को लेकर घूमने लगे। वह भी मुमूर्ष हो रहा था।

उन्होंने बड़े कष्ट से मुझे पहचानकर केवल इतना कहा—रामनाथ, मैंने सब कुछ बेच दिया; पर तुम्हारा धामपुर का खेत नहीं बेचा है, और यह तितली तुम्हारी शरण है। मैं तो चला।

हाँ वह चल बसे। मैंने तितली को गोद में उठा लिया।

आगे बुड्ढा कुछ न कह सका; क्योंकि तितली सचमुच चीत्कार करती हुई मूर्च्छित हो गयी थी और शैला उसके पास पहुँच कर उसे प्रफुल्लित करने में लग गयी थी।

इन्द्रदेव आराम कुर्सी पर लेट गये थे, और सुनने वाले धीरे-धीरे खिसकने लगे।

द्वितीय खण्ड

१

पूस की चाँदनी गाँव के निर्जन प्रान्त में हल्के कुहासे के रूप में साकार हो रही थी। शीतल पवन जब घनी अमराइयों में हरहराहट उत्पन्न करता, तब स्पर्श न होने पर भी गाढ़े के कुरते पहननेवाले किसान अलावों की ओर खिसकने लगते। शैला खड़ी होकर एक ऐसे ही अलाव का दृश्य देख रही थी, जिसके चारों ओर छः-सात किसान बैठे हुए तमाखू पी रहे थे। गाढ़े की दोहर और कम्बल उनमें से दो ही के पास थे। और सब कुरते और इकहरी चद्दरों में 'हू-हा' कर रहे थे।

शैला ज़ब महुए की छाया से हटकर उन लोगों के सामने आई तो, वे लोग अपनी बात-चीत बन्द कर असमंजस में पड़े कि मेम साहब से क्या कहें। शैला को सभी पहचानते थे। उसने पूछा—यह अलाव किसका है?

महँगू महतो का सरकार—एक सोलह बरस के लड़के ने कहा।

दूर से आते हुए मधुबन ने पूछा—क्या है रामजस?

मधु भइया, यही मेम साहब पूछ रही थीं। —रामजस ने कहा।

मधुबन ने शैला को नमस्कार करते हुए कहा—क्या कोई काम है? कहीं जाना हो तो मैं पहुँचा दूं।

नहीं-नहीं मधुबन! मैं भी आग के पास बैठना चाहती हूँ।

मधुबन पुआल का छोटा-सा बंडल ले आया। शैला बैठ गई। मधुबन को वहाँ पाकर उसके मन में जो हिचक थी, वह निकल गई।

महँगू के घर के सामने ही वह अलाव लगा था, महँगू वहाँ पर तमाखू-चिलम का प्रबन्ध रखता। दो-चार किसान, लड़के-बच्चे उस जगह प्रायः एकत्र रहते। महँगू की चिलम कभी ठंडी न होती। बुड्ढा पुराना किसान था। उस गाँव के सब अच्छे टुकड़े उसकी जोत में थे। लड़के और पोते गृहस्थी करते थे, वह बैठा तमाखू पिया करता। उसने भी मेम साहब का नाम सुना था; शैला

की दयालुता से परिचित था। उसकी सेवा और सत्कार के लिए मन-ही-मन कोई बात सोच रहा था।

सहसा शैला ने मधुबन से पूछा—मधुबन ! तुम जानते हो, बार्टली साहब की नील-कोठी यहाँ से कितनी दूर है ?

वह कल के लड़के हैं मेम साहब ! उन्हें क्या मालूम कि बार्टली साहब कौन थे; मुझसे पूछिए। मेरा रोआँ-रोआँ उन्हीं लोगों के अन्न के पला हुआ है—महँगू ने कहा।

अहा ! तब तुम उन्हें जानते हो ?

बार्टली को जानता हूँ। बड़े कठोर थे। दया तो उनके पास फटकती न थी—कहते-कहते अलाव के प्रकाश में बुड्ढे के मुख पर घृणा की दो-तीन रेखाएँ गहरी हो गईं। फिर वह सँभल कर कहने लगा—पर उनकी बहन जेन माया-ममता की मूर्ति थी। कितने ही बार्टली के सताये हुए लोग उन्हीं के रुपये से छुटकारा पाते, जिसे वह छिपाकर देती थीं। और, मुझ पर तो उनकी बड़ी दया रहती थी। मैं उनकी नौकरी कर चुका हूँ। मैं लड़कपन से ही उन्हीं की सेवा में रहता था। यह सब खेती-बारी गृहस्थी उन्हीं की दी हुई है। उनके जाने के समय मैं कितना रोया था ! —कहते-कहते बुड्ढे की आँखों से पुराने आँसू बहने लगे।

शैला ने बात सुनने के लिए फिर कहा—तो तुम उनके पास नौकरी कर चुके हो ? अच्छा तो वह नील-कोठी—

अरे मेम साहब, वह नील-कोठी अब काहे को है, वह तो है भुतही कोठी ! अब उधर कोई जाता भी नहीं, गिर रही है। जेन के कई बच्चे वहीं मर गये हैं। वह अपने भाई से बार-बार कहती कि मैं देश जाऊँगी; पर बार्टली ने जाने न दिया। जब वह मरे, तभी जेन को यहाँ से जाने का अवसर मिला। मुझसे कहा था कि—महँगू, जब बाबा होगा, तो तुमको बुलाऊँगी उसे खेलाने के लिए, आ जाना; मैं दूसरे पर भरोसा नहीं करूँगी। —मुझे ऐसा ही मानती थीं। चली गईं, तब से उनका कोई पक्का समाचार नहीं मिला। पीछे एक साहब से,—जब वह यहाँ का बन्दोबस्त करने आया था, सुना—कि जेन का पति स्मिथ साहब बड़ा पाजी है, उसने जेन का सब रुपया उड़ा डाला। वह बेचारी बड़ी दुःखी हैं। मैं यहाँ से क्या करता मेम साहब !

शैला चुपचाप सुन रही थी। उसके मन में आँधी उठ रही थी; किन्तु मुख पर धैर्य की शीतलता थी। उसने कहा—महँगू, मैं तुम्हारी मालकिन को जानती हूँ।

क्या अभी जीती हैं मेम साहब ? —बुड्ढे ने बड़े उल्लास से पूछा । उसके हाथ का हुक्का छूटते-छूटते बचा ।

नहीं, वह तो मर गईं । उनकी एक लड़की है ।

अहा ! कितनी बड़ी होगी वह ! मैं एक बार देख तो पाता ?

अच्छा, जब समय आवेगा तो तुम देख लोगे । पहले यह तो बताओ कि मैं नील-कोठी देखना चाहती हूँ; इस समय कोई वहाँ मेरे साथ चल सकता है ?

सब किसान एक-दूसरे का मुँह देखने लगे । भुतही कोठी में इस रात को कौन जायगा । महँगू ने कहा—मैं बूढ़ा हूँ, रात को सूझता कम है ।

मधुबन ने कहा—मेम साहब, मैं चल सकता हूँ ।

साहस पाकर लड़के रामजस ने कहा—मैं भी चलूँगा भइया ।

मधुबन ने कहा—तुम्हारी इच्छा !

कंधे पर अपनी लाठी रखे, मधुबन आगे, उसके पीछे शैला और तब रामजस; तीनों उस चाँदनी में पगडंडी से चलने लगे । चुपचाप कुछ दूर निकल जाने पर शैला ने पूछा—मधुबन, खेती से तुम्हारा काम चल जाता है ? तुम्हारे घर पर और कौन है ?

मेम साहब ! काम तो किसी तरह चलता ही है । दो-तीन बीघे की खेती ही क्या ? बहन है बेचारी; न जाने कैसे सब जुटा लेती है । आज-कल तो नहीं, हाँ जब मटर हो जायगी, गाँवों में कोल्हू चलने ही लगे हैं, तब फिर कोई चिन्ता नहीं ।

तुम शिकार नहीं करते ?

कभी-कभी मछली पर बंसी डाल देता हूँ । और कौन शिकार करूँ ?

बहन तुम्हारी यहीं रहती हैं ?

हाँ मेम साहब, उसी ने मुझे पाला है—कहते हुए मधुबन ने कहा—देखिए, यह गड्ढा है । सम्भल कर आइए । अब हम लोग कच्ची सड़क पर आ गये हैं ।

अच्छा मधुबन । तुमने यह तो कहा ही नहीं कि तितली कहाँ है, दिखाई नहीं पड़ी । उस दिन जब रामनाथ उसको लिवा ले गया, तब से तो उसका पता न लगा । उसका क्या हाल है ?

सब कठोर हैं, निर्दय हैं—मन-ही-मन कहते हुए अन्यमनस्क भाव से मधुबन ने अपना कन्धा हिला दिया ?

क्या है मधुबन ! कहते क्यों नहीं ।

उसी दिन से वह बेचारी पड़ी है । उधर सुना है कि तहसीलदार ने बेदखली

कराने का पूरा प्रबन्ध कर लिया है ! मेम साहब, गरीब की कोई सुनता है ? आप ही कहिए न ! किसी ब्याह में रमुआ ने दस रुपये लिये । वह हल चलाता मर गया । जिसका ब्याह हुआ उस दस रुपये से, वह भी उन्हीं रुपयों में हल चलाने लगा । उसके भी लड़के यदि हल चलाने के डर से घबराकर कलकत्ता भाग जायँ, तो इसमें बाबाजी का क्या दोष है ?

कुछ नहीं—शैला ने कहा ।

फिर आप तो जानती नहीं । यह तहसीलदार पहले मेरे यहाँ काम करता था । गुदाम वाले साहब से, एक बात पर उभाड़ कर, मेरे पिताजी को लडा दिया । मुकदमे में जब मेरा सब साफ हो गया, तो जाकर यह धामपुर की छावनी में नौकरी करने लगा । इसको दानव की तरह लड़ने का चसका है, सो भी अदालत का ही । नहीं तो किसी एक दिन इसकी लड़ने की साध मिटा देता । मैं किसी दिन इसकी नस तोड़ दूँ, तो मुझे चैन मिले । इसके कलेजे में कतरनी-से कीड़े दिन-रात कलबलाया करते हैं ।

यह तहसीलदार तुम्हारे यहाँ...

अरे यह बात मैं क्रोध में कह गया मेम साहब; जो समय बीत गया, उसे सोच कर क्या करूँगा । अब तो मैं एक साधारण किसान हूँ । शेरकोट का...

चलते-चलते शैला ने कहा—क्या कहा, शेरकोट न ! हाँ—तहसीलदार ने कहा था कि शेरकोट ही बैंक बनाने के लिए अच्छा स्थान है ! कहाँ है वह ?

मधुबन गुर्रा उठा भूखे भेड़िये की तरह । उस ठंडी रात में उसे अपना क्रोध दमन करने से पसीना हो आया । बोला नहीं ।

शैला भी सामने एक ऊँचा-सा टीला देखकर अन्यमनस्क हो गयी जो चाँदनी रात में रहस्य के स्तूप-सा उदास बैठा था ।

रामजस सहसा पीछे से चिल्ला उठा—अब तो पहुँच गये मधुबन भइया !

मधुबन ने गम्भीरता से कहा—हूँ ।

शैला चुपचाप टूटी हुई सीढ़ियों से चढ़ने लगी । उस नीरस रजनी में पुरानी कोठी, बहुत दिनों के बाद तीन नये आगन्तुकों को देखकर, जैसे व्यंग की हँसी हँसने लगी । अभी ये लोग दालान में पहुँचने भी न पाये थे कि एक सियार उसमें से निकल कर भागा । हाँ, भयभीत मनुष्य पहले ही आक्रमण करता है । रामजस ने डरकर उस पर डंडा चलाया । किन्तु वह निकल गया ।

शैला ने कहा—मैं भीतर चलूँगी ।

चलिए, पर अँधेरे में कोई जानवर...

मधुबन चुप रहा । आगे उसके मन में शेरकोट में बैंक बनाने की बात आ

गई। वह चुपचाप एक पत्थर पर बैठ गया। शैला भी भीतर न जाकर झील की ओर चली गई। पत्थरों की पुरानी चौकियाँ अभी वहाँ पड़ी थीं। उन्हीं में से एक पर बैठकर वह सूखती हुई झील को देखने लगी। देखते-देखते उसके मन में विषाद और करुणा का भाव जागृत होकर उसे उदास बनाने लगा। शैला को दृढ़ विश्वास हो गया कि जिस पत्थर पर वह बैठी है, उसी पर उसकी माता जेन आकर बैठती थी। अज्ञात अतीत को जानने की भावना उसे अन्धकार में पूर्व-परिचितों के समीप ले जाने का प्रयत्न करने लगी। जीवन में यह विचित्र शृंखला है। जिस दिन से उसे बार्टली और जेन का सम्बन्ध इस भूमि से विदित हुआ, उसी दिन से उसकी मानस-लहरियों में हलचल हुई। पहले उसके हृदय ने तर्क-वितर्क किया। फिर बाल्यकाल की सुनी हुई बातों ने उसे विश्वास दिलाया कि उसकी माता जेन ने अपने जीवन के सुखी दिनों को यहीं बिताया है। अवश्य उसकी माता भारत के एक नील-व्यवसायी की कन्या थी। फिर जब उसके सम्बन्ध में यहाँ प्रमाण भी मिलता है, तब उसे सन्देह करने का कोई कारण नहीं। अज्ञात नियति की प्रेरणा उसे किस सूत्र से यहाँ खींच लाई है, यही उसके हृदय का प्रश्न था। वह सोचने लगी, यहाँ पर उसकी माता की कितनी सुखद स्मृतियाँ शून्य में विलीन हो गईं। आह! उसके दुःख से भरे वे अन्तिम दिन कितने प्यार से इन स्थलों को स्मरण करते रहे होंगे। इसी झील में छोटी-सी नाव पर उस अतीतकाल में वह कितनी बार घूमकर इसी कोठी में लौटकर चली आई होगी। उसे कल्पना की एकाग्रता ने माता के पैरों की चाप तक सुनवा दी। उसे मालूम हुआ कि उस खँडहर की सीढ़ियों पर सचमुच कोई चढ़ रहा है। वह घूमकर खड़ी हो गई; किन्तु रामजस और मधुबन के अतिरिक्त कोई नहीं दिखाई दिया। वह फिर बैठ गई और दोनों हाथों से अपना मुँह ढँककर सिसकने लगी।

माता का प्यार उसकी स्मृति मात्र से ही उसे सहलाने लगा। उस भयावने खँडहर में माता का स्नेह जैसे बिखर रहा था। वह जीवन में पहिली बार इस अनुभूति से परिचित हुई। उसे विश्वास हो गया कि यही उसका जन्म-जन्म का आवास है, आज तक वह जो कुछ देख सकी थी, वह सब विदेश की यात्रा थी। आँखों के सामने दो घड़ी के मनोरंजन करने वाले दृश्य, सो भी उसमें कटुता की मात्रा ही अधिक थी, जो कष्ट झेलने वाली सहनशील मनोवृत्ति के निदर्शन थे। आज उसे वास्तविक विश्राम मिला। वह और भी बैठती; किन्तु मधुबन ने कहा—रामजस, तुमको जाड़ा लग रहा है क्या?

नहीं भइया, यही सोचता हूँ कि कहीं से एक चिलम...

पागल, यहाँ से गाँव में जाकर लौटने में घंटों लग जायँगे।

तो न सही—कहकर वह अपनी कमली मुट्ठियों में दबाने लगा। शैला की एकग्रता भंग हो गई। उसने पूछा—मधुबन, क्या हम लोगों को चलना चाहिए ?

रात बहुत हो चली, वह देखिए, सातों तारे इतने ऊपर चढ़ आये हैं। छावनी पहुँचते-पहुँचते हम लोगों को आधी रात हो जायगी।

तब चलो—कहकर शैला निस्तब्ध टीले से नीचे उतरने लगी। मधुबन और रामजस उसके आगे और पीछे थे। वह यन्त्र-चालित पुतली की तरह पथ अतिक्रम कर रही थी, और मन में सोच रही थी, अपने अतीत जीवन की घटनाएँ। दुर्वृत्त पिता की अत्याचार-लीलाएँ फिर माता जेन का छटपटाते हुए कष्टमय जीवन से छुट्टी पाना, उस प्रभाव की भीषणता में अनाथिनी होकर भिखमंगों और आवारों के दल में जाकर पेट भरने की आरम्भिक शिक्षा, धीरे-धीरे उसका अभ्यास; फिर सहसा इन्द्रदेव से भेंट—सन्ध्या के क्रमशः प्रकाशित होने वाले नक्षत्रों की तरह उसके शून्य, मलिन और उदास अन्तस्तल के आकाश में प्रज्वलित होने लगे। वह सोचने लगी—

नियति दुस्तर समुद्र को पार कराती है, चिरकाल के अतीत को वर्तमान से क्षण-भर में जोड़ देती है, और अपरिचित मानवता-सिन्धु में से उसी एक से परिचय करा देती है, जिससे जीवन की अग्रगामिनी धारा अपना पथ निर्दिष्ट करती है। कहाँ भारत, कहाँ मैं और कहाँ इन्द्रदेव! और फिर तितली!—जिसके कारण मुझे अपनी माता की उदारता के स्वर्गीय संगीत सुनने को मिले, यह पावन प्रदेश देखने को मिला!

उसके मन में अनेक दुराशाएँ जाग उठीं। आज तक वह सन्तुष्ट थी। अभावपूर्ण जीवन इन्द्रदेव की कृतज्ञता में आबद्ध और सन्तुष्ट था। किन्तु इस दृश्य ने उसे कर्मक्षेत्र में उतरते के लिए एक स्पर्द्धामय आमंत्रण दिया। उसका सरल जीवन जैसे चतुर और सजग होने के लिए व्यस्त हो उठा।

वह कच्ची सड़क से धीरे-धीरे चली जा रही थी। पीछे से मोटर की आवाज सुन पड़ी। वह हटकर चलने लगी। किन्तु मोटर उसके पास आकर रुक गई। भीतर से अनवरी ने पुकारा—मिस शैला हैं क्या ?

हाँ।

छावनी पर ही चल रही हैं न ? आइए न।

धन्यवाद। आप चलिए, मैं आती हूँ।—अन्यमनस्क भाव से शैला ने कह दिया। पर अनवरी सहज में छोड़ने वाली नहीं। उसने अपने पास बैठे हुए कृष्णमोहन से धीरे से कहा—यह तुम्हारी मामी हैं; उन्हें जाकर बुला लो।

शैला उस फुसफुसाहट को सुनने के लिए वहाँ ठहरी न थी। आगे बढ़कर कृष्णमोहन ने नमस्कार करके कहा—आइए न।

शैला कृष्णमोहन का अनुरोध न टाल सकी। मोटर के प्रकाश में उसका प्यारा मुख अधिक आग्रहपूर्ण और विनीत दिखाई पड़ा।

शैला ने मधुबन से कहा—मधुबन, कल छावनी पर अवश्य आना। कृष्णमोहन के साथ शैला मोटर पर बैठ गई।

२

तहसीलदार ने कागजों पर बड़ी सरकार से हस्ताक्षर करा ही लिया; क्योंकि शैला की योजना के अनुसार किसानों का एक बैंक और एक होमियोपैथी का निःशुल्क औषधालय सबसे पहले खुलना चाहिए। गाँव का जो स्कूल है, उसे ही अधिक उन्नत बनाया जा सकता है। तीसरे दिन जहाँ बाजार लगता है, वहीं एक अच्छा-सा देहाती बाजार बसाना होगा, जिसमें करघे के कपड़े, अन्न, बिसाती-खाना और आवश्यक चीजें बिक सकें। गृहशिल्प को प्रोत्साहन देने के लिए वहीं से प्रयत्न किया जा सकता है। किसानों में खेतों के छोटे-छोटे टुकड़े बदलकर उनका एक जगह चक बनाना होगा, जिसमें खेती की सुविधा हो। इसके लिए जमींदार को अनेक तरह की सुविधाएँ देनी होंगी।

यह सबसे पीछे होगा। बैंक पहले खुलना चाहिए। कलक्टर ने इसके लिए विशेष आग्रह किया है।

तहसीलदार के सुझाने पर शैला ने शेरकोट को ही बैंक के लिए अधिक उपयुक्त लिख दिया था; किन्तु मधुबन के पिता की जमींदारी नीलाम खरीद हुई थी श्यामदुलारी के नाम। वह हिस्सा अभी तक उन्हीं के नाम से खेवट में था। इसलिए श्यामदुलारी ने थोड़ी-सी गर्व की हँसी हँसते हुए हस्ताक्षर करने पर कहा—तहसीलदार। अब तो मुझे इससे छुट्टी दो। इन्द्र से ही जो कुछ हो, लिखाया-पढ़ाया करो।

तहसीलदार ने चश्मे में से माधुरी की ओर देखकर कहा—सरकार, यह मैं कैसे कह सकता हूँ कि आप अपना अधिकार छोड़ दें। न मालूम क्या समझ कर आपके नाम से बड़े सरकार ने यह हिस्सा खरीदा था। आप इसे जो चाहें कर सकती हैं। यदि आप किसी के नाम इसकी स्पष्ट लिखा-पढ़ी न करें, तो यह कानून के अनुसार बीबी रानी का हो सकता है। छोटे सरकार से तो इसका कोई सम्बन्ध...

श्यामदुलारी ने कड़ी निगाह से तहसीलदार को देखा। उसमें संकेत था उसे चुप करने के लिए; किन्तु कूटनीति-चतुर व्यक्ति ने थोड़ी-सी संधि पाते ही, जो कुछ कहना था, कह डाला!

माधुरी इस आकस्मिक उद्घाटन से घबराकर दूसरी ओर देखने लगी थी ? वह मन में सोच रही थी, मुझे क्या करना चाहिए ?

माधुरी के जीवन में प्रेम नहीं, सरलता नहीं, स्निग्धता भी उतनी न थी। स्त्री के लिए जिस कोमल स्पर्श की अत्यन्त आवश्यकता होती है, वह श्यामलाल से कभी मिला नहीं। तो भी मन को किसी तरह संतोष चाहिये। पिता के घर का अधिकार ही उसके लिए मन बहलाने का खिलौना था। वह भी जानती थी कि यह वास्तविक नहीं, तो भी जब कुछ नहीं मिलता तो मानव-हृदय कृत्रिम को ही वास्तविक बनाने की चेष्टा करता है। माधुरी भी अब तक यही कर रही थी।

चौबेजी कब चूकने वाले थे ! उन्होंने खाँसकर कहना आरम्भ किया—बड़े सरकार सब समझते थे। विलायत भेजकर जो कुछ होने वाला था, वह सब अपनी दूर-दृष्टि से देख रहे थे। इसी से उन्होंने यह प्रबन्ध कर दिया था, तहसीलदार साहब ने इस समय उसको प्रकट कर दिया। यह अच्छा ही किया। आगे आपकी इच्छा।

श्यामदुलारी ऊब रही थीं; क्योंकि सब कुछ जानते हुए भी वह नहीं चाहती थीं कि उनकी दोनों सन्तानों में भेद का बीजारोपण हो। इन स्वयंसेवक सम्मति-दाताओं से वह घबरा गई।

माधुरी ने इस क्षोभ को ताड़ लिया। उसने कहा—इस समय तो आपका काम हो ही गया, अब आप लोग जाइए।

तहसीलदार ने सिर झुकाकर विनयपूर्वक बिदा ली। चौबेजी भी बाहर चले गये।

श्यामदुलारी के मौन हो जाने से वहाँ का वातावरण कुंठित-सा हो गया। माधुरी जैसे कुछ कहने में संकुचित थी। कुछ देर तक यही अवस्था बनी रही।

फिर सहसा माधुरी ने कहा—क्यों माँ ! क्या सोच रही हो ? यह भला कौन-सी बात है इतनी सोचने-विचारने की ! ये लोग तो ऐसी व्यर्थ की बातें निकालने में बड़े चतुर हैं ही। तुमको तो यह काम पहले ही कर डालना चाहिए।

किन्तु क्या कर डालना चाहिए, उसे साफ-साफ माधुरी ने भी अभी नहीं सोचा था। वह केवल मन बहलाने वाली कुछ बातें करना चाहती थी। किन्तु श्यामदुलारी के सामने यह एक विचारणीय प्रश्न था। उन्होंने सिर उठाकर गहरी दृष्टि से देखते हुए पूछा—क्या ?

माधुरी क्षण-भर चुप रही, तो भी उसने साहस बटोरकर कहा—भाई साहब का नाम उस पर भी चढ़वा दो, झगड़ा मिटे।

श्यामदुलारी ने सिर झुका लिया। वह सोचने लगीं। उनके सामने एक समस्या खड़ी हो गई थी।

समस्याएँ तो जीवन में बहुत-सी रहती हैं, किन्तु वे दूसरों के स्वार्थों और रुचि तथा कुरुचि के द्वारा कभी-कभी जैसे सजीव होकर जीवन के साथ लड़ने के लिए कमर कसे हुए दिखाई पड़ती हैं।

श्यामदुलारी के सामने उनका जीवन इन चतुर लोगों की कुशल कल्पना के द्वारा निस्सहाय वैधव्य के रूप में खड़ा हो गया।

दूसरी ओर थी वास्तविकता से वंचित माधुरी के कृत्रिम भावी जीवन की दीर्घकालव्यापिनी दुःख रेखा। एक क्षण में ही नारी-हृदय ने अपनी जाति की सहानुभूति से अपने को आपाद-मस्तक ढँक लिया।

माधुरी की ओर देखते हुए श्यामदुलारी की आँखें छलछला उठीं। उन्हें मालूम हुआ कि माधुरी उस सम्पत्ति को इन्द्रदेव के नाम करने का घोर विरोध कर रही है। उसकी निस्सहाय अवस्था, उसके पति की हृदय-हीनता और कृष्ण-मोहन का भविष्य—सब उसकी ओर से श्यामदुलारी की बुद्धि को सहायता देने लगे।

माधुरी ने कहने को तो कह दिया! परन्तु फिर उसने आँख नहीं उठाई। सिर झुकाकर नीचे की ओर देखने लगी।

श्यामदुलारी ने कहा—माधुरी, अभी इसकी आवश्यकता नहीं है। तू सब बातों में टाँग मत अड़ाया कर। मैं जैसा समझूंगी, करूँगी।

माधुरी इस मीठी झिड़की से मन-ही-मन प्रसन्न हुई। वह नहाने चली गई, सो भी रूठने का-सा अभिनय करते हुए। श्यामदुलारी मन-ही-मन हँसीं।

३

सहसा एक दिन इन्द्रदेव को यह चेतना हुई कि वह जो कुछ पहले थे, अब नहीं रहे ! उन्हें पहले भी कुछ-कुछ ऐसा भान होता था कि परदे पर एक दूसरा चित्र तैयारी से आने वाला है; पर उसके इतना शीघ्र आने की सम्भावना न थी। शैला के लिए वह बार-बार सोचने लगे थे। उसकी क्या स्थिति होगी, यही वह अभी नहीं समझ पाते थे। कभी-कभी वह शैला के संसर्ग से अपने को मुक्त करने की भी चेष्टा करने लगते—यह भी विरक्ति के कारण नहीं, केवल उसका गौरव बनाने के लिए। उनके कुटुम्ब वालों के मन में शैला को वेश्या से अधिक समझने की कल्पना भी नहीं हो सकती थी। यह प्रच्छन्न व्यंग उन्हें व्यथित कर देता था।

उधर शैला भी इससे अपरिचित थी—ऐसी बात नहीं। तब भी इन्द्रदेव से अलग होने की कल्पना उसके मन में नहीं उठती थी। इसी बीच में उसने शहर में जाकर मिशनरी सोसाइटी से भी बातचीत की थी। उन लोगों ने स्कूल खोल कर शिक्षा देने के लिए उसे उकसाया।

किन्तु उसने मिशनरी होना स्वीकार नहीं किया। इधर वह बाबा रामनाथ के यहाँ हितोपदेश पढ़ने भी जाती थी अर्थात् इन्द्रदेव और शैला दोनों ही अपने को बहलाने की चिन्ता में थे। वे इस उलझन को स्पष्ट करने के लिए क्या-क्या करने की बातें सोचते थे, पर एक-दूसरे से कहने में संकुचित ही नहीं, किन्तु भयभीत भी थे; क्योंकि इन्द्रदेव के परिवार में घटनाएँ बड़े वेग से विकसित हो रही थीं। किसी भी क्षण में विस्फोट होकर कलह प्रकट हो सकता था।

इमली के पेड़ के नीचे आरामकुर्सियों पर शैला और इन्द्रदेव बैठकर एक-दूसरे को चुपचाप देख रहे थे। प्रभात की उजली धूप टेवुल पर बिछे हुए रेशमी कपड़ों पर, रह-रहकर तड़प उठती थी, जिस पर धरे हुए फूलदान के गुलाबों में से एक भीनी महँक उठकर उनके वातावरण को सुगन्धपूर्ण कर रही थी।

इन्द्रदेव ने जैसे घबराकर कहा—शैला !

क्या !

तुम कुछ देख रही हो ?

सब कुछ। किन्तु इतने विचारमूढ़ क्यों हो रहे हो ? यही समझ में नहीं आता।

तुम्हारी वह कल्पना सफल होती नहीं दिखाई देती। इसी का मुझे दुःख है।

किन्तु अभी हम लोगों ने उसके लिए कुछ किया भी तो नहीं।

कर नहीं सकते।

यह मैं नहीं मानती।

तुमको कुछ मालूम है कि तुम्हारे सम्बन्ध में यहाँ कैसी बातें फैलाई जा रही हैं ?

हाँ ! मैं रात-रात को घूमा करती हूँ, जो भारतीय स्त्रियों के लिए ठीक नहीं। मैं रामनाथ के यहाँ संस्कृत पढ़ने जाती हूँ। यह भी बुरा करती हूँ। और, तुमको भी बिगाड़ रही हूँ। यही बात न ? अच्छा, इन बातों के किसी-किसी अंश पर देखती हूँ कि तुम भी अधिक ध्यान देने लगे हो। नहीं तो इतना सोचने-विचारने की क्या आवश्यकता थी ? मैं—

इतना ही नहीं। मैं अब इसलिए चिन्तित हूँ कि अपना और तुम्हारा सम्बन्ध स्पष्ट कर दूँ। यह ओछा अपवाद अधिक सहन नहीं किया जा सकता।

किन्तु मैं अभी उस प्रश्न पर विचारने की आवश्यकता ही नहीं समझती ! —शैला ने ईषत् हँसी से कहा।

क्यों ?

तुम्हारे संसर्ग से जो मैंने सीखा है, उसका पहला पाठ यही है कि दूसरे मुझको क्या कहते हैं, इस पर इतना ध्यान देने की आवश्यकता नहीं। पहले मुझे ही अपने विषय में सच्ची जानकारी होनी चाहिए। मैं चाहती हूँ कि तुम्हारी जमींदारी के दातव्य विभाग से जो खर्च स्वीकृत हुआ है, उसी में मैं अपना और औषधालय का काम चलाऊँ। बैंक में भी कुछ काम कर सकूँ, तो उससे भी कुछ मिल जाया करेगा। और मेरी स्वतन्त्र स्थिति इन प्रवादों को स्वयं ही स्पष्ट कर देगी।

बात तो ठीक है—इन्द्रदेव ने कुछ सोचकर धीरे से कहा।

पर इसके लिए तुमको एक प्रबन्ध कर देना पड़ेगा। पहले मैंने सोचा था कि गाँव में कई जगह कर्म-केन्द्र की सृष्टि हो सकती है। भिन्न-भिन्न शक्ति वाले अपने-अपने काम में जुट जायेंगे। किन्तु अब मैं देखती हूँ कि इसमें बड़ी बाधा है,

और मैं उन पर इस तरह नियन्त्रण न कर सकूँगी। इसलिए बैंक और औषधालय, ग्रामसुधार और प्रचार-विभाग, सब एक ही स्थान पर हों।

तो ठीक है! शेरकोट में ही सब विभागों के लिए कमरे बनवाने की व्यवस्था कर दो न!

किन्तु इसमें मैं एक भूल कर गई हूँ। क्या उसके सुधारने का कोई उपाय नहीं है?

भूल कैसी?

कुछ लोग ऐसे होते हैं, जो जान-बूझकर एक रहस्यपूर्ण घटना को जन्म देते हैं। स्वयं उसमें पड़ते हैं और दूसरों को भी फँसाते हैं। मैं भी शेरकोट को बैंक के लिए चुनने में कुछ इस तरह मूर्ख बनाई गई हूँ।

इन्द्रदेव ने हँसते हुए कहा—मैं देख रहा हूँ कि तुम अधिक भावनामयी होती जा रही हो। यह सन्देह अच्छा नहीं। शेरकोट के लिए तो माँ ने सब प्रबन्ध कर भी दिया है। अब फिर क्या हुआ?

शेरकोट एक पुराने वंश की स्मृति है। उसे मिटा देना ठीक नहीं। अभी मधुबन नाम का एक युवक उसका मालिक है। तहसीलदार से उसकी कुछ अन-बन है, इसलिए यह...

मधुबन! अच्छा तो मैं क्या कर सकता हूँ। तुम बैंक न भी बनवाओ, तो होता क्या है। अब तो वह बेचारा उस शेरकोट से निकाला ही जायगा।

तुम एक बार माँ से कहो न! और नीलवाली कोठी की मरम्मत करा दो, इसमें रुपये भी कम लगेंगे, और...

नीलवाली कोठी! —आश्चर्य से इन्द्रदेव ने उसकी ओर देखा।

हाँ, क्यों?

अरे वह तो भुतही कोठी कही जाती है।

जहाँ मनुष्य नहीं रहते वहीं तो भूत रह सकेंगे? इन्द्रदेव! मैं उस कोठी को बहुत प्यार करती हूँ।

कब से शैला? —हँसते हुए इन्द्र ने उसका हाथ पकड़ लिया।

इन्द्र। तुम नहीं जानते। मेरी माँ यहीं कुछ दिनों तक रह चुकी है।

इन्द्रदेव की आँखें जैसे बड़ी हो गईं। उन्होंने कुर्सी से उठ खड़े होकर कहा—तुम क्या कह रही हो?

बैठो और सुनो। मैं वही कह रही हूँ, जिसके मुझे सच होने का विश्वास हो रहा है। तुम इसके लिए कुछ करो। मुझे तुमसे दान लेने में तो कोई संकोच नहीं। आज तक तुम्हारे ही दान पर मैं जी रही हूँ; किन्तु वहाँ रहने देकर मुझे

सबसे बड़ी प्रसन्नता तुम दे सकते हो। और, मेरी जीविका का उपाय भी कर सकते हो।

शैला की इस दीनता से घबराकर इन्द्रदेव ने कुर्सी खींचकर बैठते हुए कहा—

शैला! तुम काम-काज की इतनी बातें करने लगी हो कि मुझे आश्चर्य हो रहा है। जीवन में यह परिवर्तन सहसा होता है; किन्तु यह क्या! तुम मुझको एक बार ही कोई अन्य व्यक्ति क्यों समझ बैठी हो? मैं तुमको दान दूँगा? कितने आश्चर्य की बात है!

यह सत्य है इन्द्रदेव! इसे छिपाने से कोई लाभ नहीं। अवस्था ऐसी है कि अब मैं तुमसे अलग होने की कल्पना करके दुखी होती हूँ, किन्तु थोड़ी दूर हटे बिना काम भी नहीं चलता। तुमको और अपने को समान अन्तर पर रखकर, कुछ दिन परीक्षा लेकर, तब मन से पूछूँगी।

क्या पूछोगी शैला!

कि वह क्या चाहता है। तब तक के लिए यही प्रबन्ध रहना ठीक होगा। मुझे काम करना पड़ेगा, और काम किये बिना यहाँ रहना मेरे लिए असम्भव है। अपनी रियासत में मुझे एक नौकरी और रहने की जगह देकर मेरे बोझ से तुम इस समय के लिए छुट्टी पा जाओ, और स्वतंत्र होकर कुछ अपने विषय में भी सोच लो।

शैला बड़ी गंभीरता से उनकी ओर देखते हुए फिर कहने लगी—हम लोगों के पश्चिमी जीवन का यह संस्कार है कि व्यक्ति को स्वावलम्ब पर खड़े होना चाहिए। तुम्हारे भारतीय हृदय में, जो कौटुम्बिक कोमलता में पला है, परस्पर सहानुभूति की—सहायता की बड़ी आशाएँ, परम्परागत संस्कृति के कारण, बलवती रहती हैं। किन्तु मेरा जीवन कैसा रहा है, उसे तुमसे अधिक कौन जान सकता है! मुझसे काम लो और बदले में कुछ दो।

अच्छा, यह सब मैं कर लूँगा; पर मधुबन के शेरकोट का क्या होगा? मैं नहीं कहना चाहता। मैं न जाने क्या मन में सोचेंगी। जबकि उन्होंने एक बार कह दिया, तब उसके प्रतिकूल जाना उनकी प्रकृति के विरुद्ध है। तो भी तुम स्वयं कहकर देख लो।

यह मैं नहीं पसन्द करती इन्द्रदेव! मैं चाहती हूँ कि जो कुछ कहना हो, अपनी माताजी से तुम्हीं कहो। दूसरों से वही बात सुनने पर, जिसे कि अपनों से सुनने की आशा रहती है—मनुष्य के मन में एक ठेस लगती है। यह बात अपने घर में तुम आरम्भ न करो।

देखो शैला। वह आरम्भ हो चुकी है, अब उसे रोकने में असमर्थ हूँ। तब भी तुम कहती हो, तो मैं ही कहकर देखूंगा कि क्या होता है। अच्छा तो जाओ, तुम्हारे हितोपदेश के पाठ का यही समय है न! वाह! क्या अच्छा तुमने यह स्वाँग बनाया है।

शैला ने स्निग्ध दृष्टि से इन्द्रदेव को देखकर कहा—यह स्वाँग नहीं, है, मैं तुम्हारे समीप आने का प्रयत्न कर रही हूँ—तुम्हारी संस्कृति का अध्ययन करके।

अनवरी को आते देखकर उल्लास से इन्द्रदेव ने कहा—शैला! शेरकोट वाली बात अनवरी से ही माँ तक पहुँचाई जा सकती है।

शैला प्रतिवाद करना ही चाहती थी कि अनवरी सामने आकर खड़ी हो गई। उसने कहा—आज कई दिन से आप उधर नहीं आई हैं। सरकार पूछ रही थीं कि...

अरे पहले बैठ तो जाइए।—कुर्सी खिसकाते हुए शैला ने कहा, मैं तो स्वयं अभी चलने के लिए तैयार हो रही थी।

अच्छा—

हाँ, शेरकोट के बारे में रानी साहबा से मुझे कुछ कहना था। मेरे भ्रम से एक बड़ी बुरी बात हो रही है, उसे रोकने के लिए...

क्या?

मधुबन बेचारा अपनी झोंपड़ी से भी निकाल दिया जायगा। उसके बाप-दादों की डीह है। मेंने बिना समझे-बूझे बैंक के लिए वही जगह पसन्द की। उस भूल को सुधारने के लिए मैं अभी ही आने वाली थी।

मधुबन! हाँ, वही न, जो उस दिन रात को आपके साथ था, जब आप नील-कोठी से आ रही थीं? उस पर तो आपको दया करनी ही चाहिए—कहकर अनवरी ने भेद-भरी दृष्टि से इन्द्रदेव की ओर देखा।

इन्द्रदेव कुर्सी छोड़ उठ खड़े हुए।

शैला ने निराश दृष्टि से उनकी ओर देखते हुए कहा—तो इस मेरी दया में आपकी सहायता की भी आवश्यकता हो सकती है। चलिए।

४

क्यों बेटी ! तुमने सोच-विचार लिया ? --कोठरी के बाहर बैठे हुए रामनाथ ने पूछा।

भीतर से राजकुमारी ने कहा—बाबाजी, हम लोग इस समय ब्याह करने के लिए रुपये कहाँ से लावें ?

रुपयों से ब्याह नहीं होगा बेटी ! ब्याह होगा मधुबन से तितली का। तुम इसे स्वीकार कर लो; और जो कुछ होगा मैं देख लूँगा। मैं अब बूढ़ा हुआ, तितली को तुम लोगों की स्नेह-छाया में दिये बिना मैं कैसे सुख से मरूँगा ?

अच्छा, पर एक बात और भी आपने समझ ली है ? क्या मधुबन, तितली के साथ गृहस्थी चलाने के लिए, दुःख-सुख भोगने के लिए तैयार है ? वह अपनी सुध-बुध तो रखता ही नहीं। भला उसके गले एक बछिया बाँध कर क्या आप ठीक करेंगे ?

सुनो बेटी, दस बीघा तितली के, और तुम लोगों के जो खेत हैं—सब मिलाकर एक छोटी-सी गृहस्थी अच्छी तरह चल सकेगी। फिर तुमको तो यही सब देखना है, करना है, सब सम्हाल लोगी। मधुबन भी पढ़ा-लिखा परिश्रमी लड़का है। लग-लपटकर अपना घर चला ही लेगा।

मधुबन से भी आप पूछ लीजिए। वह मेरी बात सुनता कब है। कई बार मैंने कहा कि अपना घर देख, वह हँस देता है, जैसे उसे इसकी चिन्ता ही नहीं। हम लोग न जाने कैसे अपना पेट भर लेते हैं। फिर पराई लड़की घर में ले आकर तो उसी तरह नहीं चल सकता ?

तुम भूलती हो बेटी ! पराई लड़की समझता तो मैं उसके ब्याह की यहाँ चर्चा न चलाता। मधुबन और तितली दोनों एक-दूसरे को अच्छी तरह पहचान गये हैं। और तितली पर तुमको दया ही नहीं करनी होगी, तुम उसे प्यार भी करोगी। उसे तुमने इधर देखा है ?

नहीं, अब तो वह बहुत दिन से इधर आती ही नहीं।

आज मेम साहब के साथ वह भी नहाने गई है। शैला का नाम तो तुमने

सुना होगा ? वही जो यहाँ के जमींदार इन्द्रदेव के साथ विलायत से आई है। बड़ी अच्छी सुशील लड़की है। वह भी मेरे यहाँ संस्कृत पढ़ती है। तुम चल कर उन दोनों से बात भी कर लो और देख भी लो।

अच्छा, मैं अभी आती हूँ।

मैं भी चलता हूँ बेटी ! मधुबन उनके संग नहीं है। मल्लाह को तो सहेज दिया है। तो चलूँ !

रामनाथ नहाने के घाट की ओर चले। राजकुमारी भी रामदीन की नानी के साथ गंगा की ओर चली।

अभी वह शेरकोट से बाहर निकल कर पथ पर आई थी कि सामने से चौबेजी दिखाई पड़े। राजकुमारी ने एक बार घूंघट खींचकर मुड़ते हुए निकल जाना चाहा। किन्तु चौबे ने सामने आकर टोक ही दिया—भाभी हैं क्या ? अरे मैं तो पहचान ही न सका !

दुख में सब लोग पहचान लें, ऐसा तो नहीं होता। —राजकुमारी ने अनखाते हुए कहा।

अरे नहीं-नहीं ! मैं भला भूल जाऊँगा ? नौकरी ठहरी। बराबर सोचता हूँ कि एक दिन शेरकोट चलूँ, पर छुट्टी मिले तब तो। आज मैंने भी निश्चय कर लिया था कि भेंट करूँगा ही।

चौबेजी के मुँह पर एक स्निग्धता छा गई थी; वह मुस्कराने की चेष्टा करने लगे।

किन्तु मैं नहाने जा रही हूँ।

अच्छी बात है, मैं थोड़ी देर में आऊँगा। —कहकर चौबेजी दूसरी ओर चले गये, और राजकुमारी को पथ चलना दूभर हो गया !

कितने बरस पहले की बात है ! जब वह ससुराल में थी, विधवा होने पर भी बहुत-सा दुख, मान-अपमान भरा समय वह बिता चुकी थी। वह ससुराल की गृहस्थी में बोझ-सी हो उठी थी ! चचेरी सास के व्यंग से नित्य ही घड़ी-दो-घड़ी कोने में मुँह डाल कर रोना पड़ता। सब कुछ सहकर भी वहीं खटना पड़ता।

ससुराल के पुरोहितों में चौबेजी का घराना था। चौबे प्रायः आते-जाते—वैसे ही, जैसे घर के प्राणी; और गाँव के सहज नाते से राजकुमारी के वह देवर होते—हँसने-बोलने की बाधा नहीं थी।

राजकुमारी के पति के सामने से ही यह व्यवहार था। विधवा होने पर भी वह छूटा नहीं। उस निराशा और कष्ट के जीवन में भी कभी-कभी चौबे आकर हँसी की रेखा खींच देते। दोनों के हृदय में एक सहज स्निग्धता और सहानुभूति

थी। दिन-दिन वही बढ़ने लगी। स्त्री का हृदय था; एक दुलार का प्रत्याशी; उसमें कोई मलिनता न थी।

चौबे भी अज्ञात भाव से उसी का अनुकरण कर रहे थे। पर वह कुछ जैसे अंधकार में चल रहे थे। राजकुमारी फिर भी सावधान थी!

एक दिन सहसा नियमित गालियाँ सुनने के समय जब चौबे का नाम भी उसमें मिलकर भीषण अट्टहास कर उठा, तब राजकुमारी अपने मन में न जाने क्यों वास्तविकता को खोजने लगी। वह जैसे अपमान की ठोकर से अभिभूत होकर उसी ओर पूर्ण वेग से दौड़ने के लिए प्रस्तुत हुई, बदला लेने के लिए और अपनी असहाय अवस्था का अवलम्ब खोजने के लिए। किन्तु वह पागलपन क्षणिक हो रहा। उसकी खीझ फल नहीं पा सकी। सहसा मधुबन को सम्हालने के लिए उसे शेरकोट चले आना पड़ा। वह भयानक आँधी क्षितिज में ही दिखलाई देकर रुक गई। चौबे नौकरी करने लगे राजा साहब के यहाँ, और राजकुमारी शेरकोट के झाड़ू और दीये में लगी—यह घटना वह संभवत: भूल गई थी; किन्तु आज सहसा विस्मृत चित्र सामने आ गया।

राजकुमारी का मन अस्थिर हो गया। वह गंगाजी के नहाने के घाट तक बड़ी देर से पहुँची।

शैला और तितली नहाकर ऊपर खड़ी थीं। बाबा रामनाथ अभी संध्या कर रहे थे। राजकुमारी को देखते ही तितली ने नमस्कार किया और शैला से कहा—आप ही हैं, जिनकी बात बाबाजी कर रहे थे?

शैला ने कहा—अच्छा! आप ही मधुबन की बहिन हैं?

जी।

मैं मधुबन के साथ पढ़ती हूँ। आप मेरी भी बहन हुईं न!—शैला ने सरल प्रसन्नता से कहा।

राजकुमारी ने मेम के इस व्यवहार से चकित होकर कहा—मैं आपकी बहन होने योग्य हूँ? यह आपकी बड़ाई है।

क्यों नहीं बहन! तुम ऐसा क्यों सोचती हो? आओ, इस जगह बैठ जायँ। अच्छा होगा कि तुम भी स्नान कर लो, तब हम लोग साथ ही चलें।

नहीं, आपको विलम्ब होगा।—कहकर राजकुमारी विशाल वृक्ष के नीचे पड़े हुए पत्थर की ओर बढ़ी।

शैला और तितली भी उसी पर जाकर बैठीं।

राजकुमारी का हृदय स्निग्ध हो रहा था। उसने देखा, तितली अब वह चंचल लड़की न रही, जो पहले मधुबन के साथ खेलने आया करती थी। उसकी

काली रजनी-सी उनींदी आँखें जैसे सदैव कोई गम्भीर स्वप्न देखती रहती हैं। लम्बा छरहरा अंग, गोरी-पतली उँगलियाँ, सहज उन्नत ललाट, कुछ खिंची हुई भौंहें और छोटा-सा पतले-पतले अधरोंवाला मुख—साधारण कृषक-बालिका से कुछ अलग अपनी सत्ता वता रहे थे। कानों के ऊपर से ही घूंघट था, जिससे लटें निकली पड़ती थीं। उसकी चौड़ी किनारे की धोती का चम्पई रंग उसके शरीर में घुला जा रहा था। वह सन्ध्या के निरभ्र गगन में विकसित होने वाली—अपने ही मधुर आलोक से तुष्ट—एक छोटी-सी तारिका थी।

राजकुमारी, स्त्री की दृष्टि से, उसे परखने लगी; और रामनाथ का प्रस्ताव मन-ही-मन दुहराने लगी।

शैला ने कहा—अच्छा, तुम कहीं आती-जाती नहीं हो बहन !

कहाँ जाऊँ ?

तो मैं ही तुम्हारे यहाँ कभी-कभी आया करूँगा। अकेले घर में बैठे-बैठे कैसे तुम्हारा मन लगता है ?

बैठना ही तो नहीं है ! घर का काम कौन करता है ? इसी में दिन बीतता जा रहा है। देखिए, यह तितली पहले मधुबन के साथ कभी-कभी आ जाती थी, खेलती थी। अब तो सयानी हो गई है। क्यों री, अभी तो व्याह भा नहीं हुआ, तू इतनी लजाती क्यों है ?—घूमकर जब उसने तितली की ओर देखकर यह बात कही, तो उसके मुख पर एक सहज गम्भीर मुस्कान—लज्जा के वादल में विजली-सी—चमक उठी।

शैला ने उसकी ठोढ़ी पकड़कर कहा—यह तो अब यहीं आकर रहना चाहती है न, तुम इसको बुलाती नहीं हो, इसीलिए रूठी हुई है।

तितली को अपनी लज्जा प्रकट करने के लिए उठ जाना पड़ा। उसने कहा—क्यों नहीं आऊँगी।

वाबा रामनाथ ऊपर आ गये थे। उन्होंने कहा—अच्छा, तो अव चलना चाहिए।

फिर राजकुमारी की ओर देखकर कहा—तो बेटी, फिर किसी दिन आऊँगा।

राजकुमारी ने नमस्कार किया। वह नहाने के लिए नीचे उतरने लगी, और शैला तितली के साथ रामनाथ का अनुसरण करने लगी।

गंगा के शीतल जल में राजकुमारी देर तक नहाती रही, और सोचती थी अपने जीवन की अतीत घटनाएँ। तितली के व्याह के प्रसंग से और चौबे के आने-जाने से नई होकर वे उसकी आँखों के सामने अपना चित्र उन लहरों में खींच रही थीं। मधुबन की गृहस्थी का नशा उसे अब तक विस्मृति के अन्धकार

में डाले हुए था। वह सोच रही थी—क्या वही सत्य था ? इतना दिन जो मैंने किया, वह भ्रम था ! मधुबत जब ब्याह कर लगा, तब यहाँ मेरा क्या काम रह जायगा ? गृहस्थी ! उसे चलाने के लिए तो तितली आ ही जायगी। अहा ! तितली कितनी सुन्दर है ! मधुबन प्रसन्न होगा। और मैं...? अच्छा, तब तीर्थ करने चली जाऊँगी। उँह ! रुपया चाहिए उसके लिए—कहाँ से आवेगा ? अरे जब घूमना ही है, तो क्या रुपये की कमी रह जायगी ? रुपया लेकर करूँगी ही क्या ? भीख माँग कर या परदेश में मजूरी करके पेट पालूंगी। परन्तु आज इतने दिनों पर चौबे !

उसके हृदय में एक अनुभूति हुई, जिसे स्वयं स्पष्ट न समझ सकी। एक विकट हलचल होने लगी। वह जैसे उन चपल लहरों में झूमने लगी।

रामदीन की नानी ने कहा—चलो मालकिन, अभी रसोई का सारा काम पड़ा है, मधुबन बाबू आते होंगे।

राजकुमारी जल के बाहर खीझ से भरी निकली। आज उसके प्रौढ़ वय में भी व्यय-विहीन पवित्र यौवन चंचल हो उठा था। चौबे ने उससे फिर मिलने के लिए कहा था। वह आकर लौट न जाय।

वह जल से निकलते ही घर पहुँचने के लिए व्यग्र हो उठी।

५

शेरकोट में पहुँचकर उसने अपनी चंचल मनोवृत्ति को भरपूर दबाने की चेष्टा की, और कुछ अंश तक वह सफल भी हुई; पर अब भी चौबे की राह देख रही थी। बहुत दिनों तक राजकुमारी के मन में यह कुतूहल उत्पन्न हुआ था कि चौबे के मन में वह बात अभी बनी हुई है या भूल गई। उसे जान लेने पर वह सन्तुष्ट हो जायगी। बस, और कुछ नहीं। मधुबन ! नहीं, आज वह सन्ध्या को घर लौटने के लिए कह गया है। तो फिर, रसोई बनाने की भी आवश्यकता नहीं। वह स्थिर होकर प्रतीक्षा करने लगी।

किन्तु...बहुत दिनों पर चौबेजी आवेंगे, उनके लिए जलपान का कुछ प्रबन्ध होना चाहिए। राजकुमारी ने अपनी गृहस्थी के भंडार-घर में जितनी हाँड़ियाँ टटोलीं, सब सूनी मिलीं। उसकी खीझ बढ़ गई। फिर इस खोखली गृहस्थी का तो उसे कभी अनुभव भी न हुआ था।

आज मानो वह शेरकोट अपनी अन्तिम परीक्षा में असफल हुआ।

राजकुमारी का क्रोध उबल पड़ा। अपनी अग्निमयी आँखों को घुमाकर वह जिधर ही ले जाती थी, अभाव का खोखला मुँह विकृत रूप से परिचय देकर जैसे उसकी हँसी उड़ाने के लिए मौन हो जाता। वह पागल होकर बोली—यह भी कोई जीवन है।

क्या है भाभी ! मैं आ गया !—कहते हुए चौबे ने घर में प्रवेश किया। राजकुमारी अपना घूंघट खींचते हुए काठ की चौकी दिखाकर बोली—बैठिए।

क्या कहूँ, तहसीलदार के यहाँ ठहर जाना पड़ा। उन्होंने बिना कुछ खिलाए आने ही नहीं दिया। सो भाभी ! आज तो क्षमा करो, फिर किसी दिन आकर खा जाऊँगा। कुछ मेरे लिए बनाया तो नहीं ?

राजकुमारी रुद्ध कंठ से बोली—नहीं तो, आये बिना मैं कैसे क्या करती ! तो फिर कुछ तो...

नहीं आज कुछ नहीं ! हाँ, और क्या समाचार है। कुछ सुनाओ।—कहकर चौबे ने एक बार सतृष्ण नेत्रों से उस दरिद्र विधवा की ओर देखा।

सुखदेव ! कितने दिनों पर मेरा समाचार पूछ रहे हो, मुझे भी स्मरण नहीं; सब भूल गई हूँ। कहने की कोई बात हो भी। क्या कहूँ।

भाभी ! मैं बड़ा अभागा हूँ। मैं तो घर से निकाला जाकर कष्टमय जीवन ही बिता रहा हूँ। तुम्हारे चले आने के बाद मैं कुछ ही दिनों तक घर पर रह सका। जो थोड़ा खेत बचा था उसे बन्धक रखकर बड़े भाई के लिए एक स्त्री खरीद कर जब आई, तो मेरे लिए रोटी का प्रश्न सामने खड़ा होकर हँसने लगा। मैं नौकरी के बहाने परदेश चला। मेरा मन भी वहाँ लगता न था। गाँव काटने दौड़ता था। कलकत्ता में किसी तरह एक थेटर की दरबानी मिली। मैं उसके साथ बराबर परदेस घूमने लगा। रसोई भी बनाता रहा। हाँ बीच में मैं संग होने से हारमोनियम सीखता रहा। फिर एक दिन बनारस में जब हमारी कम्पनी खेल कर रही थी, राजा साहब से भेंट हो गई। जब उन्हें सब हाल मालूम हुआ, तो उन्होंने कहा—तुम चलो, मेरे यहाँ सुख से रहो। क्यों परदेस में मारे-मारे फिर रहे हो ? तब मैं राजा साहब का दरबारी बना। उन्हें कभी कोई अच्छी चीज बनाकर खिलाता, ठंढाई बनाता और कभी-कभी बाजा भी सुनाता। मेरे जीवन का कोई लक्ष्य न था। रुपया कमाने की इच्छा नहीं। दिन बीतने लगे। कभी-कभी, न जाने क्यों, तुमको स्मरण कर लेता। जैसे इस संसार में...

राजकुमारी के नस-नस में बिजली दौड़ने लगी थी। एक अभागे युवक का —जो सब ओर से ठुकराये जाने पर भी उसको स्मरण करता था—रूप उसकी आँखों के सामने विराट होकर ममता के आलोक में झलक उठा। वह तन्मय होकर सुन रही थी, जैसे उसकी चेतना सहसा लौट आई। अपनी प्यास बढ़ाकर उसने पूछा—क्यों सुखदेव ! मुझे क्यों ?

न पूछो भाभी ! अपने दुख से जब ऊबकर मैं परदेस की किसी कोठरी में गाँव की बातें सोचकर आह कर बैठता था, तब मुझे तुम्हारा ध्यान बराबर हो आता। तुम्हारा दुख क्या मुझसे कम है ? और वाह रे निष्ठुर संसार ! मैं कुछ कर नहीं सकता था ? वह क्यों ?

सुखदेव ! बस करो। वह भूख समय पर कुछ न पाकर मर मिटी है। उसे जानने से कुछ लाभ नहीं। मुझे भी इस संसार में कोई पूछने वाला है, यह मैं नहीं जानती थी; और न जानना मेरे लिए अच्छा था। तुम सुखी हो। भगवान सबका भला करें।

भाभी ? ऐसा न कहो। दो दिन के जीवन में मनुष्य मनुष्य को यदि नहीं पूछता—स्नेह नहीं करता, तो फिर वह किसलिए उत्पन्न हुआ है। यह सत्य है कि सब ऐसे भाग्यशाली नहीं होते कि उन्हें कोई प्यार करे, पर यह तो हो सकता

है कि वह स्वयं किसी को प्यार करे, किसी के दुख-सुख में हाथ बँटाकर अपना जन्म सार्थक कर ले ।

सुखदेव नाटक में जैसे अभिनय कर रहा था ।

राजकुमारी ने एक दीर्घ निश्वास लिया । वह निश्वास उस प्राचीन खँडहर में निराश होकर घूम आया था । वह सिर झुकाकर बैठी रही । सुखदेव की आँखों में आँसू झलकने लगे थे । वह दरबारी था, आया था कुछ काम साधने; परन्तु प्रसंग ऐसा चल पड़ा कि उसे कुछ साफ-साफ होकर सामने आना पड़ा ।

उसकी चतुरता का भाव परास्त हो गया था । अपने को सम्हालकर कहने लगा—तो फिर मैं अपनी बात न कहूँ? अच्छा, जैसी तुम्हारी आज्ञा । एक विशेष काम से तुम्हारे पास आया हूँ । उसे तो सुन लोगी ?

तुम जो कहोगे, सब सुनूँगी, सुखदेव !

तितली को तो जानती हो न !

जानती हूँ क्यों नहीं; अभी आज ही तो उससे भेंट हुई थी ।

और हमारे मालिक कुँवर इन्द्रदेव को भी ?

क्यों नहीं !

यह भी जानती हो कि तुम लोगों के शेरकोट को छीनने का प्रबन्ध तहसीलदार ने कर लिया है ?

राजकुमारी अब अपना धैर्य न सम्हाल सकी, उसने चिढ़कर कहा—सब सुनती हूँ, जानती हूँ, तुम साफ-साफ अपनी बात कहो ।

मैंने तहसीलदार को रोक दिया है । वहाँ रहकर अपनी आँखों के सामने तुम्हारा अनिष्ट होते मैं नहीं देख सकता था । किन्तु एक काम तुम कर सकोगी ?

अपने को बहुत रोकते हुए राजकुमारी ने कहा—क्या ?

किसी तरह तितली से इन्द्रदेव का ब्याह करा दो और यह तुम्हारे किये होगा ! और तुम लोगों से जो जमींदार के घर से बुराई है, वह भलाई में परिणत हो जायगी । सब तरह का रीति-व्यवहार हो जायगा । भाभी ! हम सब सुख से जीवन बिता सकेंगे ।

राजकुमारी निश्चेष्ट होकर सुखदेव का मुँह देखने लगी; और वह बहुत-सी बात सोच रही थी । थोड़ी देर पर वह बोली—क्यों, मेम साहब क्या करेंगी ?

उसी को हटाने के लिए तो । तितली को छोड़कर और कोई ऐसी बालिका जाति की नहीं दिखाई पड़ती, जो इन्द्रदेव से ब्याही जाय; क्योंकि विलायत से मेम ले आने का प्रवाद सब जगह फैल गया है ।

कुछ देर तक राजकुमारी सिर नीचा कर सोचती रही। फिर उसने कहा—अच्छा, किसी दूसरे दिन इसका उत्तर दूँगी।

उस दिन चौबे बिदा हुए। किन्तु राजकुमारी के मन में भयानक हलचल हुई। संयम के प्रौढ़ भाव की प्राचीर के भीतर जिस चारित्र्य की रक्षा हुई थी, आज वह सन्धि खोजने लगा था। मानव-हृदय की वह दुर्बलता कही जाती है। किन्तु जिस प्रकार चिररोगी स्वास्थ्य की सम्भावना से प्रेरित होकर पलँग के नीचे पैर रखकर अपनी शक्ति की परीक्षा लेता है, ठीक उसी तरह तो राजकुमारी के मन में कुतूहल हुआ था—अपनी शक्ति को जाँचने का। वह किसी अंश तक सफल भी हुई, और उसी सफलता ने और भी चाट बढ़ा दी। राजकुमारी परखने लगी थी अपना—स्त्री का अवलम्ब, जिसके सबसे बड़े उपकरण हैं यौवन और सौन्दर्य। आत्मगौरव, चारित्र्य और पवित्रता तक सबकी दृष्टि तो नहीं पहुँचती। अपनी सांसारिक विभूति और सम्पत्ति को सम्हालने की आवश्यकता रखने वाले किस प्राणी को, चिन्ता नहीं होती?

शस्त्र कुंठित हो जाते हैं, तब उन पर शान चढ़ाना पड़ता है। किन्तु राजकुमारी के सब अस्त्र निकम्मे नहीं थे। उनकी और परीक्षा लेने की लालसा उसके मन में बढ़ी।

उधर हृदय में एक सन्तोष भी उत्पन्न हो गया था। वह सोचने लगी थी कि मधुबन की गृहस्थी का बोझ उसी पर है। उसे मधुबन की कल्याण-कामना के साथ उसकी व्यावहारिकता भी देखनी चाहिए। शेरकोट कैसे बचेगा, और तितली से ब्याह करके दरिद्र मधुबन कैसे सुखी हो सकेगा? यदि तितली इन्द्रदेव की रानी हो जाती और राजकुमारी के प्रयत्न से, तो वह कितना...

वह भविष्य की कल्पना से क्षण-भर के लिए पागल हो उठी। सब बातों में सुखदेव की सुखद स्मृति उसकी कल्पनाओं को और भी सुन्दर बनाने लगी।

बुढ़िया ने बहुत देर तक प्रतीक्षा की; पर जब राजकुमारी के उठने के, या रसोई-घर में आने के, उसने कोई लक्षण नहीं देखे तो उसे भी लाचार होकर वहाँ से टल जाना पड़ा। राजकुमारी ने अनुभूति भरी आँखों से अपनी अभाव की गृहस्थी को देखा और विरक्ति से वहीं चटाई बिछाकर लेट गई।

धीरे-धीरे दिन ढलने लगा। पश्चिम में लाली दौड़ी, किन्तु राजकुमारी आलस भरी भावना में डुबकी ले रही थी। उसने एक बार अँगड़ाई लेकर करारों में गंगा की अधखुली धारा को देखा। वह धीरे-धीरे बह रही थी। स्वप्न देखने की इच्छा से उसने आँखें बन्द कीं।

मधुबन आया। उसने आज राजकुमारी को इस नई अवस्था में देखा। वह

कई बरसों से बराबर, बिना किसी दिन की बीमारी के, सदा प्रस्तुत रहने के रूप में ही राजकुमारी कोदेखता आता था। किन्तु आज ? वह चौंक उठा। उसने पूछा—

राजो ! पड़ी क्यों हो ?

वह बोली नहीं। सुनकर भी जैसे न सुन सकी। मन-ही-मन सोच रही थी। ओह, इतने दिन बीत गये ! इतने बरस ! कभी दो घड़ी की भी छुट्टी नहीं। मैं क्यों जगाई जा रही हूँ। इसीलिए न कि रसोई नहीं बनी है। तो मैं क्या रसोई-दारिन हूँ। आज नहीं बनी—न सही।

मधुबन दौड़ कर बाहर आया। बुढ़िया को खोजने लगा। वह भी नहीं दिखाई पड़ी। उसने फिर भीतर जाकर रसोई-घर देखा। कहीं धुएँ या चूल्हा जलने का चिह्न नहीं। बरतनों को उलट-पलट कर देखा। भूख लग रही थी। उसे थोड़ा-सा चबेना मिला। उसे बैठकर मनोयोग से खाने लगा। मन-ही-मन सोचता था—आज बात क्या है ? डरता भी था कि राजकुमारी चिढ़ न जाय ! उसने भी मन में स्थिर किया—आज यहाँ रहूँगा नहीं।

मधुबन का रूठने का मन हुआ। वह चुपचाप जल पीकर चला गया।

राजकुमारी ने सब जान-बूझकर—कहा—हूँ। अभी यह हाल है तो तितली से ब्याह हो जाने पर तो धरती पर पैर ही न पड़ेंगे।

विरोध कभी-कभी बड़े मनोरंजक रूप में मनुष्य के पास धीरे से आता है और अपनी काल्पनिक सृष्टि में मनुष्य को अपना समर्थन करने के लिए बाध्य करता है—अवसर देता है—प्रमाण ढूंढ़ लाता है। और फिर; आँखों में लाली, मन में घृणा, लड़ने का उन्माद और उसका सुख—सब अपने-अपने कोनों से निकलकर उसके हाँ-में-हाँ मिलाने लगते हैं।

गोधूली आई। अन्धकार आया। दूर-दूर झोपड़ियों में दीये जल उठे। शेर-कोट का खँडहर भी सायँ-सायँ करने लगा। किन्तु राजकुमारी आज उठती ही नहीं। वह अपने चारों ओर और भी अन्धकार चाहती थी !

६

उजली धूप बनजरिया के चारों ओर, उसके छोटे-बड़े पौधों पर, फिसल रही थी। अभी सवेरा था, शरीर में उस कोमल धूप की तीव्र अनुभूति करती हुई तितली, अपने गोभी के छोटे-से खेत के पास, सिरिस के नीचे बैठी थी। झाड़ियों पर से ओस की बूंदें गिरने-गिरने को हो रही थीं। समीर में शीतलता थी।

उसकी आँखों में विश्वास कुतूहल बना हुआ संसार का सुन्दर चित्र देख रहा था। किसी ने पुकारा—तितली ! उसने घूमकर देखा; शैला अपनी रेशमी साड़ी का अंचल हाथ में लिए खड़ी है।

तितली की प्रसन्नता चंचल हो उठी। वहीं खड़ी होकर उसने कहा—आओ बहन ! देखो न ! मेरी गोभी में फूल बैठने लगे हैं।

शैला हँसती हुई पास आकर देखने लगी। श्याम-हरित पत्रों में नन्हें-नन्हें उजले-उजले फूल ! उसने कहा—वाह ! लो, तुम भी इसी तरह फूलो-फलो।

आशीर्वाद की कृतज्ञता में सिर झुकाकर तितली ने कहा—कितना प्यार करती हो मुझे !

तुमको जो देखेगा, वही प्यार करेगा।

अच्छा !—उसने अप्रतिभ होकर कहा।

चलो, आज पाठ कब होगा ? अभी तो मधुबन भी नहीं दिखाई पड़ा।

मैं आज न पढ़ूंगी।

क्यों ?

यों ही। और भी कई काम करना है।

शैला ने कहा—अच्छा, मैं भी आज न पढ़ूंगी—बाबाजी से मिल कर चली जाऊँगी।

रामनाथ अभी उपासना करके अपने आसन पर बैठे थे। शैला उनके पास चटाई पर जाकर बैठ गई। रामनाथ ने पूछा—आज पाठ न होगा क्या ? मधुबन भी नहीं दिखाई पड़ रहा है, और तितली भी नहीं !

आज यों ही मुझे कुछ बताइए ।

पूछो ।

हम लोगों के यहाँ जीवन को युद्ध मानते हैं, इसमें कितनी सचाई है । इसके विरुद्ध भारत में उदासीनता और त्याग का महत्त्व है ?

यह ठीक है कि तुम्हारे देश के लोगों ने जीवन को नहीं, किन्तु स्थल और आकाश को भी लड़ने का क्षेत्र बना दिया है । जीवन को युद्ध मान लेने का यह अनिवार्य फल है । जहाँ स्वार्थ के अस्तित्व के लिए युद्ध होगा, वहाँ तो यह होना ही चाहिए ।

किन्तु युद्ध का जीवन में कुछ भाग तो अवश्य ही है । भारतीय जनता में भी उसका अभाव नहीं ।

पर यह दूसरे प्रकार का है । उसमें अपनी आत्मा के शत्रु आसुर भावों से युद्ध की शिक्षा है । प्राचीन ऋषियों ने बतलाया है कि भीतर जो काम का और जीवन का युद्ध चलता हैं, उसमें जीवन को विजयी बनाओ ।

किन्तु, मैं तो ऐसा समझतो हूँ कि आपके वेदान्त में जो जगत् को मिथ्या और भ्रम मान लेने का सिद्धान्त है, वही यहाँ के मनुष्यों को उदासीन बनाता है ? संसार को असत समझने वाला मनुष्य कैसे किसी काम को विश्वासपूर्वक कर सकता है ।

मैं कहता हूँ कि वह वेदान्त पिछले काल का साम्प्रदायिक वेदान्त है, जो तर्कों के आधार पर अन्य दार्शनिक को परास्त करने के लिए बना । सच्चा वेदान्त व्यावहारिक है । वह जीवन-समुद्र आत्मा को उसकी सम्पूर्ण विभूतियों के साथ समझता है । भारतीय आत्मवाद के मूल में व्यक्तिवाद है; किन्तु उसका रहस्य है समाजवाद की रूढ़ियों से व्यक्ति की स्वतंत्रता की रक्षा करना । और, व्यक्ति की स्वतंत्रता का अर्थ है व्यक्ति समता की प्रतिष्ठा, जिसमें समझौता अनिवार्य है । युद्ध का परिणाम मृत्यु है । जीवन से युद्ध का क्या सम्बन्ध, युद्ध तो विच्छेद है और जीवन में शुद्ध सहयोग है ।

अच्छा, तो मैं मान लेती हूँ; परन्तु...

सुनो, तुम्हारे ईसा के जीवन में और उनकी मृत्यु में इसी भारतीय सन्देश की क्षीण प्रतिध्वनि है ।

आपने ईसा की जीवनी भी पढ़ी है ?

क्यों नहीं ! किन्तु तुम लोगों के इतिहास में तो उसका कोई सूक्ष्म निदर्शन नहीं मिलता, जिसके लिए ईसा ने प्राण दिये थे । आज सब लोग यही कहते हैं कि ईसाई-धर्म सेमिटिक है, किन्तु तुम जानती हो कि यह सेमेटिक धर्म क्यों

सेमेटिक जाति के द्वारा अस्वीकृत हुआ ? नहीं। वास्तव में वह विदेशी था, उनके लिए, वह आर्य-सन्देश था। और कभी इस पर भी विचार किया है तुमने कि वह क्यों आर्य-जाति की शाखा में फूला-फला ? वह धर्म उसी जाति के आर्य-संस्कारों के साथ विकसित हुआ; क्योंकि तुम लोगों के जीवन में ग्रीस और रोम की आर्य-संस्कृति का प्रभाव सोलहो आने था ही, उसी का यह परिवर्तित रूप संसार की आँखों में चकाचौंध उत्पन्न कर रहा है। किन्तु व्यक्तिगत पवित्रता को अधिक महत्त्व देने वाला वेदांत, आत्मशुद्धि का प्रचारक है। इसीलिए इसमें संघबद्ध प्रार्थनाओं की प्रधानता नहीं।

तो जीवन की अतृप्ति पर विजय पाना ही भारतीय जीवन का उद्देश्य है न ? फिर अपने लिए...

अपने लिए ? अपने लिए क्यों नहीं। सब कुछ आत्मलाभ के लिए ही तो धर्म का आचरण है। उदास होकर इस भाव को ग्रहण करने से तो सारा जीवन भार हो जायगा। इसके साथ प्रसन्नता और आनन्दपूर्ण उत्साह चाहिए। और तब जीवन युद्ध न होकर समझौता, सन्धि या मेल बन जाता है। जहाँ परस्पर सहायता और सेवा की कल्पना होती है—झगड़ा-लड़ाई नोच-खसोट नहीं।

शैला ने मन-ही-मन कहा—यही तो। उसका मुँह प्रसन्नता से चमकने लगा। फिर उसने कहा—आज मैं बहुत ही कृतज्ञ हुई; मेरी इच्छा है कि आप मुझे अपने धर्म के अनुसार दीक्षा दीजिए।

क्षण-भर सोच लेने के बाद रामनाथ ने पूछा—क्या अभी और विचार करने के लिए तुमको अवसर नहीं चाहिए ? दीक्षा तो मैं...

नहीं, अब मुझे कुछ सोचना-विचारना नहीं। मकर-संक्रान्ति किस दिन है। उसी दिन से मेरा अस्पताल खुलेगा। मैं समझती हूँ कि उसके पहले ही मुझे...।

अब कितने दिन हैं ? यही कोई एक सप्ताह तो और होगा। अच्छा उसी दिन प्रभात में तुम्हारी दीक्षा होगी। जब तक और इस पर विचार कर लो।

बाबा रामनाथ धार्मिक जनता के उस विभाग के प्रतिनिधि थे जो संसार के महत्त्वपूर्ण कर्मों पर अपनी ही सत्ता, अपना ही दायित्वपूर्ण अधिकार मानती है; और संसार को अपना आभारी समझती हैं। उनका दृढ़ विश्वास था कि विश्व के अन्धकार में आर्यों ने अपनी ज्ञान-ज्वाला प्रज्वलित की थी। वह अपनी सफलता पर मन-ही-मन बहुत प्रसन्न थे।

मेरा निश्चय हो चुका। अच्छा तो आज मुझे छुट्टी दीजिये। अभी नीलवाली कोठी पर जाना होगा। मधुबन तो कई दिन से रात को भी वहीं रहता है। वह घर क्यों नहीं जाता। आप पूछिएगा।—शैला ने कहा।

आज पूछ लूंगा—कहकर आसन से उठते हुए रामनाथ ने पुकारा—तितली !

आई...

तितली ने आकर देखा कि रामनाथ आसन से उठ गये हैं और शैला बनजरिया से बाहर जाने के लिए हरियाली की पगडंडी पर चली आई है। उसने कहा—बहन तुम जाती हो क्या ?

हाँ, तुमसे तो कहा ही नहीं। शेरकोट को बेदखल कराने का विचार माताजी ने मेरे कहने से छोड़ दिया है। मेरा सामान आ गया, मैं नील कोठी में रहने लगी हूँ। वहीं मेरा अस्पताल खुल जाएगा।...क्यों, इधर मधुबन से तुमसे भेंट नहीं हुई क्या ?

तितली लज्जित सी सिर नीचा किए बोली—नहीं, आज कई दिनों से भेंट नहीं हुई। —उसके हृदय में धड़कन होने लगी।

ठीक है, कोठी में काम की बड़ी जल्दी है। इसी से आजकल छुट्टी न मिलती होगी—अच्छा तो तितली, आज मैं मधुबन को तुम्हारे पास भेज दूंगी। — कहकर शैला मुस्कुराई।

नहीं-नहीं, आप क्या कह रही हैं। मैंने सुना है कि वह घर भी नहीं जाते। उन्हें...

क्यों ? यह तो मैं भी जानती हूँ। —फिर चिन्तित होकर शैला ने कहा—क्या राजकुमारी का कोई सन्देश आया था ?

नहीं। —अभी तितली और कुछ कहना ही चाहती थी कि सामने से मधुबन आता दिखाई पड़ा। उसकी भवें तनी थीं। मुँह रूखा हो रहा था।

शैला ने पूछा—क्यों मधुबन, आज-कल तुम घर क्यों नहीं जाते ?

जाऊँगा ! —विरक्त होकर उसने कहा।

कब ?

कई दिन का पाठ पिछड़ गया है। रोटी खाने के समय से जाऊँगा।

अच्छी बात है ! देखो, भूलना मत ! —कहती हुई शैला चली गई; और अब सामने खड़ी रही तितली। उसके मन में कितनी बातें उठ रही थीं, किन्तु जब से उसके ब्याह की बात चल पड़ी थी, वह लज्जा का अधिक अनुभव करने लगी थी। पहले तो वह मधुबन को झिड़क भी देती थी, रामनाथ से मधुबन के संबंध में कुछ उलटी-सीधी भी कहती पर न जाने अब वैसा साहस उसमें क्यों नहीं आता। वह जोर करके बिगड़ना चाहती थी, पर जैसे अधरों के कोनों में हँसी फूट उठती ! बड़े धैर्य से उसने कहा—आजकल तुमको रूठना कब से आ गया है।

मधुबन की इच्छा हुई कि वह हँसकर कह दे कि—जब से तुमसे ब्याह होने की बात चल पड़ी है; —पर वैसा न कहकर उसने कहा—हम लोग भला रूठना क्या जानें, यह तो तुम्हीं लोगों की विद्या है।

तो क्या मैं तुमसे रूठ रही हूँ ? —चिढ़े हुए स्वर में तितली ने कहा।

आज न सही, दो दिन में रूठोगी। उस दिन रक्षा पाने के लिए आज से हो परिश्रम कर रहा हूँ ! नहीं तो सुख की रोटी किसे नहीं अच्छी लगती ?

तितली इस सहज हँसी से भी झल्ला उठी। उसने कहा—नहीं-नहीं, मेरे लिए किसी को कुछ करने की आवश्यकता नहीं।

तब तो प्राण बचे। अच्छा, पहले बताओ कि शेरकोट से कोई आया था ? रामदीन की नानी; वही आकर कह गई होगी। उसकी टाँगें तोड़नी ही पड़ेंगी।

अरे राम ! उस बेचारी ने क्या किया है !

मधुबन और कुछ कहने जा रहा था कि रामनाथ ने उसे दूर से ही पुकारा—मधुबन !

दोनों ने घूमकर देखा कि बनजरिया के भीतर इन्देद्रव अपने घोड़े को पकड़े हुए धीरे-धीरे आ रहे हैं। तितली संकुचित होती हुई झोंपड़ी की ओर जाने लगी और मधुबन ने नमस्कार किया।

किन्तु एक दृष्टि में इन्द्रदेव ने उस सरल ग्रामीण सौन्दर्य को देखा। उन्हें कुतूहल हुआ। उस दिन बनजरिया के साथ तितली का नाम उनकी कचहरी में प्रतिध्वनित हो गया था। वही यह है ? उन्होंने मधुबन के नमस्कार का उत्तर देते हुए तितली से पूछा—मिस शैला अभी-अभी यहाँ आई थीं ?

हाँ, अभी ही नील-कोठी की ओर गई हैं ! —तितली ने घूमकर मधुर स्वर से कहा। वह खड़ी हो गई।

इन्द्रदेव ने समीप आते हुए रामनाथ को देखकर नमस्कार किया। रामनाथ इसके पहले से ही आशीर्वाद देने के लिए हाथ उठा चुके थे ? इन्द्रदेव ने हँसकर पूछा—आपकी पाठशाला तो चल रही है न ?

श्रीमानों की कृपा पर उसका जीवन है। मैं दरिद्र ब्राह्मण भला क्या कर सकता हूँ। छोटे-छोटे लड़के संध्या में पढ़ने आते हैं।

अच्छा, मैं इस पर फिर कभी विचार करूँगा। अभी तो नील-कोठी जा रहा हूँ। प्रणाम !

इन्द्रदेव अपने घोड़े पर सवार होकर चले गये।

रामनाथ, मधुबन और तितली वहीं खड़े रहे।

रामनाथ ने पूछा—मधुबन, तुम आजकल कैसे हो रहे हो ?

मधुबन ने सिर झुका लिया।

रामनाथ ने कहा—मधुबन ! कुछ ही दिनों में एक नई घटना होने वाली है। वह अच्छी होगी या बुरी, नहीं कह सकता। किन्तु उसके लिए हम सबको प्रस्तुत रहना चाहिए।

क्या ?—मधुबन ने सशंक होकर पूछा।

शैला को मैं हिन्दू-धर्म की दीक्षा दूंगा।—स्थिर भाव से रामनाथ ने कहा।

मधुबन ने उद्विग्न होकर कहा—तो इसमें क्या कुछ अनिष्ट की संभावना है ?

विधाता का जैसा विधान होगा, वही होगा। किन्तु ब्राह्मण का जो कर्त्तव्य है, वह करूँगा।

तो मेरे लिए क्या आज्ञा है ? मैं तो सब तरह प्रस्तुत हूँ।

हूँ, और उसी दिन तुम्हारा ब्याह भी होगा !

उसी दिन !—वह लज्जित होकर कह उठा। तितली चली गई।

क्यों, इसमें तुम्हें आश्चर्य किस बात का है ? राजकुमारी की स्वीकृति मुझे मिल ही जायगी, इसकी मुझे पक्की आशा है।

जैसा आप कहिए।—उसने विनम्र होकर उत्तर दिया। किंतु मन-ही-मन बहुत-सी बातें सोचने लगा—तितली को लेकर घर-बार करना होगा। और भी क्या-क्या...

रामनाथ ने बाधा देकर कहा—आज पाठ न होगा। तुम कई दिन से घर नहीं गये हो, जाओ !

वह भी छुट्टी चाहता ही था। मन में नई-नई आशाएँ, उमंग और लड़कपन के-से प्रसन्न विचार खेलने लगे। वह शेरकोट की ओर चल पड़ा।

रामनाथ स्थिर दृष्टि से आकाश की ओर देखने लगा। उसके मुँह पर स्फूर्ति थी; पर साथ में चिंता भी थी अपने शुभ संकल्पों की—और उसमें बाधा पड़ने की संभावना की। फिर वह क्षण-भर के लिए अपनी विजय निश्चित समझते हुए मुस्कुरा उठे। बनजरिया की हरियाली में वह टहलने लगे।

उनके मन में इस समय हलचल हो रही थी कि ब्याह किस रीति से किया जाय। बारात तो आवेगी नहीं। मधुबन यह चाहेगा तो ? पर मैं व्यर्थ का उपद्रव बढ़ाना नहीं चाहता। तो भी उसके और तितली के लिए कपड़े तो चाहिए ही; और मंगल-सूचक कोई आभरण तितली के लिए ! अरे, मैंने अभी तक किया क्या ?

वह अपनी असावधानी पर झल्लाते हुए झोंपड़ी के भीतर कुछ ढूंढ़ने चले।

किन्तु पीछे फिर कर देखते हैं, तो राजकुमारी रामदीन की नानी के साथ खड़ी है। उन्होंने कहा—आओ, तुम्हारी प्रतीक्षा में था। बैठो।

राजकुमारी ने बैठते हुए कहा—मैं आज एक काम से आई हूँ।

मैं अभी-अभी तुम्हारे आने की बात सोच रहा था; क्योंकि अब कितने दिन रही गये हैं ?

नहीं बाबाजी ! ब्याह तो नहीं होगा।—उसने साहस से कह दिया।

क्यों ? नहीं क्यों होगा ? —रामनाथ ने आश्चर्य से पूछा।

ऐसे निठल्ले से तितली का ब्याह करके उस लड़की को क्या भाड़ में झोंकना है। आज कई दिनों से वह घर भी नहीं आता। मैं मर-कुट कर गृहस्थी का काम चलाती हूँ। बाबाजी, इतने दिनों से आपने भी मुझे इसी गाँव में देखा-सुना है। मैं अपने दुःख के दिन किस तरह काट रही हूँ। —कहते-कहते राजकुमारी की आँखों से आँसू भर आये।

रामनाथ हतबुद्धि-से उस स्त्री का अभिनय देखने लगे, जो आज तक अपनी चरित्र-दृढ़ता की यश-पताका गाँव-भर में ऊँची किये हुए थी !

राजकुमारी का, दारिद्रय में रहते हुए भी, कुलीनता का अनुशासन सब लोग जानते थे। किन्तु सहसा आज यह कैसा परिवर्तन !

रामनाथ ने पूरे, बल से इस लीला का प्रत्याख्यान करने का मन में संकल्प कर लिया। बोले—सुनो राजो, ब्याह तो होगा ही। जब बात चल चुकी है, तो उसे करना ही होगा। इसमें मैं किसी की बात नहीं सुनूंगा, तुम्हारी भी नहीं। क्या तुम्हारे ऊपर मेरा कुछ अधिकार नहीं है ? बेटी, आज ऐसी बात ! ना, सो नहीं, ब्याह तो होगा ही।

राजकुमारी तिलमिला उठी थी। उसने क्रोध से जलकर कहा—कैसा होगा ? आप नहीं जानते हैं कि जमींदार के घर के लोगों की आँख उस पर है।

इसका क्या अर्थ है राजकुमारी ? समझाकर कहो; यह पहेली कैसी ?

पहेली नहीं बाबाजी, कुँवर इन्द्रदेव से तितली का ब्याह होगा। और मैं कहती हूँ कि मैं करा दूंगी।

रामनाथ के सिर के बाल खड़े हो गये। यह क्या कह रही हो तुम ? तितली से इन्द्रदेव का ब्याह ? असम्भव है !

असम्भव नहीं, मैं कहती हूँ न ! आप ही सोच लीजिए। तितली कितनी सुखी होगी !

पल-भर के लिए रामनाथ ने भूल की थी। वह एक सुख-स्वप्न था। उन्होंने सम्हलकर कहा—मैं तो मधुबन से ही उसका ब्याह निश्चित्त कर चुका हूँ।

तब दोनों को ही गाँव छोड़ना पड़ेगा। और आप तो दो दिन के लिए अपने बल पर जो चाहे कर लेंगे; फिर तो आप जानते हैं कि बनजरिया और शेरकोट दोनों ही निकल जायँगे और...

रामनाथ चुप होकर विचारने लगे। फिर सहसा उत्तेजित-से बड़बड़ा उठे—तुम भूल करती हो राजो! तितली को मधुबन के साथ परदेश जाना पड़े, यह भी मैं सह लूँगा; पर उसका ब्याह दूसरे से होने पर वह बचेगी नहीं।

राजकुमारी ने अब रूप बदला। बहुत तीखे स्वर से बोली—तो आप मधुबन का सर्वनाश करना चाहते हैं! कीजिए; मैं स्त्री हूँ, क्या कर सकूँगी। वह आँखों में आँसू भरे उठ गई।

रामनाथ भी काठ की तरह चुपचाप बैठे नहीं रहे। वह अपनी पोटली टटोलने के लिए झोंपड़ी में चले गये।

जब रामनाथ झोंपड़ी में से कुछ हाथ में लिए बाहर निकले तो मधुबन दिखाई पड़ा। उसका मुँह क्रोध से तमतमा रहा था। कुछ कहना चाहता था; पर जैसे कहने की शक्ति छिन गई हो! रामनाथ ने पूछा—क्या घर नहीं गये?

गया था।

फिर तुरन्त ही चले क्यों आये?

वहाँ क्या करता? देखिए, इधर मैं घर की कोई बात आपसे कहना चाहता था, परन्तु डर से कह नहीं सका। राजो...वह कहते-कहते रुक गया।

कहो, कहो। चुप क्यों हो गये?

मैं जब घर पहुँचा, तो मुझे मालूम हुआ कि वह चौबे आज मेरे घर आया था। उससे बातें करके राजो कहीं चली गई है। बाबाजी...

ओह, तो तुम नहीं जानते। वह तो यहीं आई थी। अभी घर भी तो न पहुँची होगी।

यहाँ आई थी!

हाँ, कहने आई थी कि तितली का ब्याह मधुबन से न होकर जमींदार इन्द्रदेव से होना अच्छा होगा।

यहाँ तक। मैंने तो समझा था कि...

पर तुम क्यों इस पर इतना क्रोध और आश्चर्य प्रकट करो! ब्याह तो होगा ही!

मैं वह बात नहीं कह रहा था। मुझे तो तहसीलदार ही की नस ठीक करने की इच्छा थी। अब देखता हूँ कि इस चौबे को भी किसी दिन पाठ पढ़ाना

होगा। वह लफंगा किस साहस पर मेरे घर पर आया था! आप कहते हैं क्या! मैं तो उसका खून भी पी जाऊँगा।

रामनाथ ने उसके बढ़ते हुए क्रोध को शान्त करने की इच्छा से कहा—सुनो मधुबन! राजो फिर भी तो स्त्री है। उसे तुम्हारी भलाई का लोभ किसी ने दिया होगा। वह बेचारी उसी विचार से...

नहीं बाबाजी। इसमें कुछ और भी रहस्य है। वह चाहे मैं अभी नहीं समझ सका हूँ...।—कहते-कहते मधुबन सिर नीचा करके गम्भीर चिन्ता में निमग्न हो गया।

अन्त में रामनाथ ने दृढ़ स्वर से कहा—पर तुमको तो आज ही शहर जाना होगा। यह लो रुपये सब वस्तुएँ इसी सूची के अनुसार आ जानी चाहिए।

मधुबन ने हताश होकर रामनाथ की ओर देखा; फिर वह वृद्ध अविचल था।

मधुबन को शहर जाना पड़ा।

दूर से तितली सब सुनकर भी जैसे कुछ नहीं सुनना चाहती थी। उसे अपने ऊपर क्रोध आ रहा था। वह क्यों ऐसी विडम्बना में पड़ गई! उसको लेकर इतनी हलचल! वह लाज में गड़ी जा रही थी।

७

शैला का छोटी कोठी से भी हट जाना रामदीन को बहुत बुरा लगा। वह माधुरी, श्यामदुलारी और इन्द्रदेव से भी मन-ही-मन जलने लगा। लड़का ही तो था, उसे अपने साथ स्नेह से व्यवहार करने वाली शैला के प्रति तीव्र सहानुभूति हुई। वह बिना समझे-बूझे मलिया के कहने पर विश्वास कर बैठा कि शैला को छोटी कोठी से हटाने में गहरी चालबाजी है, अब वह इस गाँव में भी नहीं रहने पावेगी, नील-कोठी में भी कुछ ही दिनों की चहल-पहल है।

रामदीन रोष से भर उठा। वह कोठी का नौकर है। माधुरी ने कई हेर-फेर लगाकर उसे नील-कोठी जाने से रोक लिया। मेम साहब का साथ छोड़ना उसे अखर गया। शैला ने जाते-जाते उसे एक रुपया देकर कहा—रामदीन, तुम यहीं काम करो। फिर मैं माँ जी से कहकर बुला लूंगी ! अच्छा न !

लड़के का विद्रोही मन इस सान्त्वना से धैर्य न रख सका। वह रोने लगा। शैला के पास कोई उपाय न था। वह तो चली गई। किन्तु, रामदीन उत्पाती जीव बन गया। दूसरे ही दिन उसने लैम्प गिरा दिया। पानी भरने का ताँबे का घड़ा लेकर गिर पड़ा। तरकारी धोने ले जाकर सब कीचड़ से भर लाया। मलिया को चिकोटी काटकर भागा। और, सबसे अधिक बुरा काम किया उसने माधुरी के सामने तरेर का देखने का, जब उसको अनवरी को मुंह चिढ़ाने के लिए वह डाँट रही थी।

उसका सारा उत्पात देखते-देखते इतना बढ़ा कि बड़ी कोठी में से कई चीजें खो जाने लगीं। माधुरी तो उधार खाये बैठी थी। अब अनवरी की चमड़े की छोटी-सी थैली भी गुम हो गई; तब तो रामदीन पर बे-भाव की पड़ी। चोरी के लिए वह अच्छी तरह पिटा; पर स्वीकार करने के लिए वह किसी भी तरह प्रस्तुत नहीं।

माधुरी ने स्वभाव के अनुसार उसे खूब पीटने के लिए चौबे से कहा। चौबेजी ने कहा—यह पाजी पीटने से नहीं मानेगा। इसे तो पुलिस में देना ही चाहिए। ऐसे लौंडों की दूसरी दवा ही नहीं।

माधुरी ने इन्द्रदेव को बुलाकर उसका सब वृत्तान्त कुछ नोन-मिर्च लगाकर सुनाते हुए पुलिस में भेजने के लिए कहा । इन्द्रदेव ने सिर हिला दिया । वह गम्भीर होकर सोचने लगे । बात क्या है ! शैला के यहाँ से जाते ही रामदीन को हो क्या गया !

इसमें भी आप सोच रहे हैं ! भाई साहब, मैं कहती हूँ न, इसे पुलिस में अभी दीजिए, नहीं तो आगे चलकर यह पक्का चोर बनेगा और यह देहात इसके अत्याचार से लुट जायगा । —माधुरी ने झल्लाकर कहा ।

इन्द्रदेव को माधुरी की इस भविष्यवाणी पर विश्वास नहीं हुआ । उन्होंने कहा—लड़कों को इतना कड़ा दण्ड देने से सुधार होने की सम्भावना तो बहुत ही कम होती है, उलटे उनके स्वभाव में उच्छृङ्खलता बढ़ती है । उसे न हो तो शैला के पास भेज दो । वहाँ ठीक रहेगा ।

माधुरी आग हो गई—उन्हीं के साथ रहकर तो बिगड़ा है । फिर वहाँ न भेजूंगी । मैं कहती हूँ, भाई साहब, इसे पुलिस में भेजना ही होगा ।

अनवरी ने भी दूसरी ओर से आकर क्रोध और उदासी से भरे स्वर में कहा —दूसरा कोई उपाय नहीं ।

अनवरी का बेग गुम हो गया था, इस पर भी विश्वास करना ही पड़ा । इन्द्रदेव को अपने घरेलू सम्बन्ध में इस तरह अनवरी का सब जगह बोल देना बहुत दिनों से खटक रहा था । किन्तु आज वह सहज की सीमा को पार कर गया । क्रोध से भरकर प्रतिवाद करने जाकर भी वह रुक गये । उन्होंने देखा कि हानि तो अनवरी की ही हुई है, यहाँ तो उसे बोलने का नैतिक अधिकार ही है ।

रामदीन बुलाया गया । अनवरी पर जो क्रोध था उसे किसी पर निकालना ही चाहिए; और जब दुर्बल प्राणी सामने हो तो हृदय के सन्तोष के लिए अच्छा अवसर मिल जाता है । रामदीन ने सामने आते ही इन्द्रदेव का रूप देखकर रोना आरम्भ किया । उठा हुआ थप्पड़ रुक गया । इन्द्रदेव ने डाँटकर पूछा—क्यों बे, तूने मनीबेग चुरा लिया है ?

मैंने नहीं चुराया । मुझे निकालने के लिए डाक्टर साहब बहुत दिनों से लगी हुई हैं । एँ-एँ-एँ ! एक दिन कहती भी थीं कि तुझे पुलिस में भेजे बिना मुझे चैन नहीं । दुहाई सरकार की, मेरा खेत छुड़ाकर मेरी नानी को भूखों मारने की भी धमकी देती थीं ।

इन्द्रदेव ने कड़ककर कहा—चुप बदमाश ! क्या तुमसे उनकी कोई बुराई है जो वह ऐसा करेंगी ?

मैं जो मेम साहब का काम करता हूँ ! मलिया भी कहती थी कि बीवी-रानी मेम साहब को निकालकर छोड़ेंगी और तुमको भी...हूँ-हूँ-ऊँ-ऊँ !

उसका स्वर तो ऊँचा हुआ, पर बीबी-रानी अपना नाम सुनकर क्षोभ और क्रोध से लाल हो गईं । —सुना न, इस पाजी का हौसला देखिये । यह कितनी झूठी-झूठी बातें भी बना सकता है । —कहकर भी माधुरी रोने-रोने हो रही थी । आगे उसके लिए बोलना असम्भव था । बात में सत्यांश था । वह क्रोध न करके अपनी सफाई देने की चेंष्टा करने लगी । उसने कहा—बुलाओ तो मलिया को; कोई सुनता है कि नहीं !

इन्द्रदेव ने विष्य का भीषण आभास पाया । उन्होंने कहा—कोई काम नहीं । इस शैतान को पुलिस में देना ही होगा । मैं अभी भेजता हूँ ।

रामदीन की नानी दौड़ी आई । उसके रोने-गाने पर भी इन्द्रदेव को अपना मत बदलना ठीक न लगा । हाँ, उन्होंने रामदीन को चुनार के रिफार्मेटरी में भेजने के लिए मजिस्ट्रेट को चिट्ठी लिख दी ।

शैला के हटते ही उसका प्रभु-भक्त बाल-सेवक इस तरह निकाला गया !

इन्द्रदेव ने देखा कि समस्या जटिल होती जा रही है । उसके मन में एक बार यह विचार आया कि वह यहाँ से जाकर कहीं पर अपनी बैरिस्टरी की प्रैक्टिस करने लगें । परन्तु शैला ! अभी तो उसके काम का आरम्भ हो रहा है । वह क्या समझेगी । मेरी कायरता पर उसे कितनी लज्जा होगी । और मैं ही क्यों ऐसा करूँ । रामदीन के लिए अपना घर तो बिगाड़ूँगा नहीं । पर यह चाल कब तक चलेगी ।

एक छोटे-से घर में साम्राज्य की-सी नीति बरतने में उन्हें बड़ी पीड़ा होने लगी । अधिक न सोचकर वह बाहर घूमने चले गये ।

शैला को रामदीन की बात तब मालूम हुई, जब वह मजिस्ट्रेट के इजलास पर पहुँच चुका था और पुलिस ने किसी तरह अपराध प्रमाणित कर दिया था ! साथ ही, इन्द्रदेव-जैसे प्रतिष्ठित जमींदार का पत्र भी रिफ़ार्मेटरी भेजने के लिए पहुँच गया था ।

८

शैला का सब सामान नील-कोठी में चला गया था। वह छावनी में आई थी कल के सम्बन्ध में कुछ इन्द्रदेव से कहने; क्योंकि इन्द्रदेव को उसके भावी धर्म-परिवर्तन की बात नहीं मालूम थी।

भीतर से कृष्णमोहन चिक हटाकर निकला। उसने हँसते हुए नमस्कार किया। शैला ने पूछा—बड़ी सरकार कहाँ हैं ?

पूजा पर।

और बीबी-रानी ?

मालूम नहीं। —कहता हुआ कृष्णमोहन चला गया।

शैला लौट कर इन्द्रदेव के कमरे के पास आई। आज उसे वही कमरा अपरिचित सा दिखाई पड़ा! मलिया को उधर से आते हुए देखकर शैला ने पूछा—इन्द्रदेव कहाँ हैं ?

एक साहब आये हैं। उन्हीं के पास छोटी कोठी गये हैं ? आप बैठिए। मैं बीबी-रानी से कहती हूँ।

शैला कमरे के भीतर चली गई! सब अस्त-व्यस्त! किताबें बिखरी पड़ी थीं। कपड़े खूँटियों पर लदे हुए थे। फूलदान में कई दिन का गुलाब अपनी मुरझाई हुई दशा में पंखुरियाँ गिरा रहा था। गर्द की भी कमी नहीं। वह एक कुर्सी पर बैठ गई।

मलिया ने लैम्प जला दिया। बैठे-बैठे कुछ पढ़ने की इच्छा से शैला ने इधर उधर देखा। मेज पर जिल्द बँधी हुई एक छोटी-सी पुस्तक पड़ी थी। वह खोलकर देखने लगी।

किन्तु वह पुस्तक न होकर इन्द्रदेव की डायरी थी। उसे आश्चर्य हुआ—इन्द्रदेव कब से डायरी लिखने लगे।

शैला इधर-उधर पन्ने उलटने लगी। कुतूहल बढ़ा। उसे पढ़ना ही पड़ा—

सोमवार की आधी रात थी। लैम्प के सामने पुस्तक उलट कर रखने जा रहा था। मुझे झपकी आने लगी थी। चिक के बाहर किसी की छाया का आभास

मिला—मैं आँख मींचकर कहना ही चाहता था—'कौन ?' फिर न जाने क्यों चुप रहा। कुछ फुसफुसाहट हुई। दो स्त्रियाँ बातें करने लगी थीं। उन बातों में मेरी भी चर्चा रही। मुझे नींद आ रही थी; सुनता भी जाता था। वह कोई सन्देश की बात थी। मैं पूरा सुनकर भी सो गया। और नींद खुलने पर जितना ही मैं उन बातों का स्मरण करना चाहता, वे भूलने लगीं। मन में न जाने क्यों घबराहट हुई; किन्तु उसे फिर से स्मरण करने का कोई उपाय नहीं। अनावश्यक बातें आज-कल मेरे सिर में चक्कर काटती रही हैं। परन्तु जिनकी आवश्यकता होती है, वे तो चेष्टा करने पर भी पास नहीं आतीं। मुझे कुछ विस्मरण का रोग हो गया है क्या ? तो मैं लिख लिया करूँ।

मैं सब कुछ समीप होने पर चिन्तित क्यों रहता हूँ। चिन्ता अनायास घेर लेती है। जान पड़ता है कि मेरा कौटुम्बिक जीवन बहुत ही दयनीय है। ऊपर से तो कहीं भी कोई कमी नहीं दिखाई देती। फिर भी, मुझे धीरे-धीरे विश्वास हो चला है कि भारतीय सम्मिलित कुटुम्ब की योजना की कड़ियाँ चूर-चूर हो रही हैं। वह आर्थिक संगठन अब नहीं रहा, जिसमें कुल का एक प्रमुख सबके मस्तिष्क का संचालन करता हुआ रुचि की समता का भार ठीक रखता था। मैंने जो अध्ययन किया है, उसके वल पर इतना तो कही सकता हूँ कि हिन्दू समाज की बहुत-सी दुर्बलताएँ इस खिचरी-कानून के कारण हैं। क्या इनका पुर्ननिमाण नहीं हो सकता। प्रत्येक प्राणी, अपनी व्यक्तिगत चेतना का उदय होने पर, एक कुटुम्ब में रहने के कारण अपने को प्रतिकूल परिस्थिति में देखता है। इसलिए सम्मिलित कुटुम्ब का जीवन दुखदायी हो रहा है।

सब जैसे भीतर-भीतर विद्रोही ! मुँह पर कृत्रिमता और उस घड़ी की प्रतीक्षा में ठहरे हैं कि विस्फोट हो तो उछलकर चले जायँ।

माधुरी कितनी स्नेहमयी थी। मुझे उसकी दशा का जब स्मरण होता है, मन में वेदना होती है। मेरी बहन ! उसे कितना दुख है। किन्तु जब देखता हूँ कि वह मुझसे स्नेह और सान्त्वना की आशा करने वाली निरीह प्राणी नहीं रह गयी है, वह तो अपने लिए एक दृढ़ भूमिका चाहती है, और चाहती है, मेरा पतन, मुझी से विरोध, मेरी प्रतिद्वंद्विता ! तब तो हृदय व्यथित हो जाता है। यह सब क्यों ? आर्थिक सुविधा के लिए !

और माँ—जैसे उनके दोनों हाथ दो दुर्दान्त व्यक्ति लूटने वाले—पकड़ कर अपनी ओर खींच रहे हों, द्विविधा में पड़ी हुई, दोनों के लिए प्रसन्नता—दोनों को आशीर्वाद देने के लिए प्रस्तुत ! किन्तु फिर भी झुकाव अधिक माधुरी की ओर ! माधुरी को प्रभुत्व चाहिए। प्रभुत्व का नशा, ओह कितना मादक है ! मैंने थोड़ी

सी पी है। किन्तु मेरे घर की स्त्रियाँ तो इस एकाधिकार के वातावरण में मुझसे भी अधिक ! सम्मिलित कुटुम्ब कैसे चल सकता है ?

मुझे पुत्र-धर्म का निर्वाह करना है। मातृ-भक्ति, जो मुझमें सच्ची थी, कृत्रिम होती जा रही है। क्यों ? इसी खींचा-तानी से। अच्छा तो मैं क्यों इतना पतित होता जा रहा हूँ। मैंने बैरिस्टरी पास की है। मैं तो अपने हाथ-पैर चला कर भी आनन्द से रह सकता हूँ। किन्तु यह आर्थिक व्यथा ही तो नहीं रही। इसमें अपने को जब दूसरों के विरोध का लक्ष्य बना हुआ पाता हूँ, तो मन की प्रतिक्रिया प्रबल हो उठती है। तब पुरुष के भीतर अतीतकाल से संचित अधिकार का संस्कार गरज उठता है।

और भी मेरे परिचय के सम्बन्ध में इन लोगों को इतना कुतूहल क्यों ? इतना विरोध क्यों ? मैं तो उसे स्पष्ट षड्यन्त्र कहूँगा। तो ये लोग क्या चाहती हैं कि बच्चा बना रहूँ।

यह तो हुई दूसरी बात। हाँ जी दूसरे, अपने कहाँ ? अच्छा, अब अपनी बात। मैं किसी माली की सँकरी क्यारी का कोई छोटा-सा पौधा होना बुरा नहीं समझता; किन्तु किसी की मुट्ठी में गुच्छे का कोई सुगंधित फूल नहीं बनना चाहता। प्राचीन काल में घरों के भीतर तो इतने किवाड़ नहीं लगते थे। उतनी तो स्वतन्त्रता थी। अब तो जगह-जगह ताले, कुण्डियाँ और अर्गलाएँ ? मेरे लिए यह असह्य है।

बड़ी-बड़ी अभिलाषाएँ लेकर मैं इंगलैण्ड से लौटा था। यह सुधार करूँगा, वह करूँगा। किन्तु मैं अपने वातावरण में घिरा हुआ बेबस हो रहा हूँ। हम लोगों का जातीय जीवन संशोधन के योग्य नहीं रहा। धर्म और संस्कृति ! निराशा की सृष्टि है। इतिहास कहता है कि संशोधन के लिए इसमें सदैव प्रयत्न हुआ है। किन्तु जातीय जीवन का क्षण बड़ा लम्बा होता है न। जहाँ हम एक सुधार करते हुए उठने का प्रयत्न करते हैं, वहीं कहीं अनजान में रो-रुलाकर आँसुओं से फिसलन बनाते जाते हैं। जब हम लोग मन्दिर के सुवर्ण-कलश का निर्माण करते हैं, तभी उसके साथ कितने पीड़ितों का हृदय-रक्त उसकी चमक बढ़ाने में सहायक होता है।

तो भी आदान-प्रदान, सुख-दुख का विनिमय-व्यापार, चलता ही रहता है। मैं सुख का अधिक भाग लूं और दुख दूसरे के हिस्से रहे, यही इच्छा बलवती होती है। व्यक्ति को छुट्टी नहीं। मुझे क्या करना होगा ? मैं दुख का भी भाग लूं ?

और अनवरी—

बाहर से चंचल और भीतर से गहरे मनोयोग-पूर्वक प्रयत्न करने वाली चतुर स्त्री है। उस दिन शैला और मधुबन के सम्बन्ध में हँसी-हँसी से कितना गम्भीर व्यंग कर गई। वह क्या चाहती है। हँसते-हँसते अपने यौवन से भरे हुए अंगों को, लोट-पोट होकर असावधानी से, दिखा देने का अभिनय करती है; और कान में आकर कुछ कहने के बहाने हँसकर लौट जाती है। वह धर्म-परिवर्तन की भी बातें करती है। उसे हिन्दू आचार-विचार अच्छे लगते हैं। रहन-सहन; पहिनावा और खाना-पीना ठीक-ठीक। जैसे मेरे कुटुम्ब की स्त्रियाँ भी उसे अपने में मिला लेने में हिचकेंगी नहीं। यह मुझे कभी-कभी टटोलती है। पूछती है--'क्या स्त्रियों को शैला की तरह स्वतन्त्रता चाहिए? अवरोध और अनुशासन नहीं? मैं तो किसी से भी ब्याह कर लूँ और वह इतनी स्वतन्त्रता मुझे दे तो मैं ऊब जाऊँगी।' वह हँसी में कहती है? सब हँसने लगती हैं। सब लोगों को शैला पर कही हुई यह बात अच्छी लगती है। और मैं? दबते-दबते मन में अनवरी का समर्थन क्यों करने लगता हूँ? वह ढीठ अनवरी—माँ से हँसी करती हुई पूछती है, मैं हिन्दू हो जाऊँ तो मुझे अपनी बहू बनाइयेगा?

माँ हँस देती हैं।

दूसरे दिन रात को, जब सब लोग सो रहे थे, मैं ऊँघता हुआ विचार कर रहा था। फिर वैसा ही शब्द हुआ। मैंने पूछा---कौन?

मैं हूँ--कहती हुई अनवरी भीतर चली आई। मेरा मन न जाने क्यों उद्विग्न हो उठा।

पढ़ते-पढ़ते शैला ने घबराकर डायरी बन्द कर दी। सोचने लगी—इन्द्रदेव कितनी मानसिक हलचल में पड़े हैं और यह अनवरी। केवल इन्द्रदेव के परिवार से सहानुभूति के कारण वह मेरे विरुद्ध है, या इसमें कोई और रहस्य है! क्या वह इन्द्रदेव को चाहती है?

क्षण-भर सोचने पर उसने कहा—नहीं, वह इन्द्रदेव को प्यार कभी नहीं कर सकती।--फिर डायरी के पन्ने खोलकर पढ़ने लगी। उसने सोचा कि मुझे ऐसा न करना चाहिए; किन्तु न जाने क्यों उसे पढ़ लेना वह अपना अधिकार समझती थी। हाँ, तो वह आगे पढ़ने लगी—

...वह मेरे सामने निर्भीक होकर बैठ गई। गम्भीर रात्रि, भारतीय वातावरण, उसमें एक युवती का मेरे पास एकान्त में बिना संकोच के हँसना-बोलना। शैला के लिए तो मेरे मन में कभी ऐसी भावना नहीं हुई। तब क्या मेरा मन चोरी कर रहा है? नहीं, मैं उसे अपने मन से हटाता हूँ। अरे, उसे क्यों, अनवरी को? नहीं। उसके प्रति अपने संदिग्ध भाव को। मुझे वह छिछोरापन भला

नहीं लगा। वह भी कहने लगी—मैं संस्कृत पढ़ूँगी, पूजा-पाठ करूँगी। कुँवर साहब! मुझे हिन्दू बनाइये न।—किन्तु उसमें इतनी बनावट थी कि मन में घृणा के भाव उठने लगे। किन्तु मेरा पाखण्ड-पूर्ण मन...कितने चक्कर काटता है?

शैला—सामने घुसती हुई चली जाने वाली सरल और साहसभरी युवती। फिर वह तितली-सी ग्रामीण बालिका क्यों बनने की चेष्टा कर रही है? क्या मेरी दृष्टि में उसका यह वास्तविक आकर्षण क्षीण नहीं हो जायगा? वह तितली बनकर मेरे हृदय में शैला नहीं बनी रहेगी। तब तो उस दिन तितली को ही जैसा मैंने देखा; वह कम सुन्दर न थी।

अरे, अरे मैं क्या चुनाव कर रहा हूँ। मुझे कौन-सी स्त्री चाहिए!—हाँ, प्रेम चतुर मनुष्य के लिए नहीं, वह तो शिशु-से सरल हृदयों की वस्तु है। अधिकतर मनुष्य चुनाव ही करता है, यदि परिस्थिति वैसी हो। मैं स्वीकार करता हूँ कि संसार की कुटिलता मुझे अपना साथी बना रही है। वह मित्र-भाव तो शैला का साथ न छोड़ेगा। किन्तु मेरी निष्कपट भावना...जैसे मुझसे खो गई है। मुझे संदेह होने लगा है कि शैला को वैसा ही प्यार करता हूँ, या नहीं!

मनुष्य का हृदय, शीतकाल की उस नदी के समान जब हो जाता है—जिसमें ऊपर का कुछ जल बरफ की कठोरता धारण कर लेता है, तब उसके गहन तल में प्रवेश करने का कोई उपाय नहीं। ऊपर-ऊपर भले ही वह पार की जा सकती है। आज प्रवञ्चनाओं की बरफ की मोटी चादर मेरे हृदय पर ओढ़ा दी गई है। मेरे भीतर का तरल जल बेकार हो गया है, किसी की प्यास नहीं बुझा सकता। कितनी विवशता है!

शैला ने डायरी रख दी।

इन्द्रदेव आ गये, तब भी वह आँख मूंद कर बैठी रही। इन्द्रदेव ने उसके सिर पर हाथ रखकर कहा—शैला?

अरे, कब आ गये? मैं कितनी देर से बैठी हूँ!

मैं चला गया था मिस्टर वाट्सन से मिलने। कोआपरेटिव बैंक के सम्बन्ध में और चकबन्दी के लिए वह आये हैं। कल ही तो तुम्हारा औषधालय खुलेगा। इस उत्सव में उनका आ जाना अच्छा हुआ। तुम्हारे अगले कामों में सहायता मिलेगी।

हाँ, पर मैं एक बात तुमसे पूछने आई हूँ।

वह क्या?

कल मैं बाबा रामनाथ से हिन्दू-धर्म की दीक्षा लूंगी।

अच्छा ! यह खिलवाड़ तुम्हें कैसे सूझा ? मैंने तो...

नहीं, तुम इस मेरे धर्म-परिवर्तन का कोई दूसरा अर्थ न निकालो । इसका कुछ भी बोझ तुम्हारे ऊपर नहीं है ।

अवाक् होकर इन्द्रदेव ने शैला की ओर देखा । वह शान्त थी । इन्द्रदेव ने साहस एकत्र करके कहा—तब जैसी तुम्हारी इच्छा !

तुम भी सवेरे ही बनजरिया में आना । आओगे न ?

आऊँगा । किन्तु मैं फिर पूछता हूँ कि—यह क्यों ?

प्रत्येक जाति में मनुष्य को बाल्यकाल ही में एक धर्म-संघ का सदस्य बना देने की मूर्खतापूर्ण प्रथा चली आ रही है । जब उसमें जिज्ञासा नहीं, प्रेरणा नहीं, तब उसके धर्म-ग्रहण करने का क्या तात्पर्य हो सकता है ? मैं आज तक नाम के लिए ईसाई थी । किन्तु धर्म का रूप समझ कर उसे मैं अब ग्रहण करूँगी । चित्र-पट पहले शुभ्र होना चाहिए, नहीं तो उस पर चित्र बदरंग और भद्दा होगा । मैं हृदय का चित्रपट साफ कर रही हूँ—अपने उपास्य का चित्र बनाने के लिए ।

इन्द्रदेव, उपास्य को जानने के लिए उद्विग्न हो गये थे । वह पूछना ही चाहते थे कि बीच में टोककर शैला ने कहा—और मुझे क्षमा भी माँगनी है ।

किस बात की ?

मैं यहाँ बैठी थी, अनिच्छा से ही अकेले बैठे-बैठे तुम्हारी डायरी के कुछ पृष्ठ पढ़ लेने का अपराध मैंने किया है ।

तब तुमने पढ़ लिया ? अच्छा ही हुआ । यह रोग मुझे बुरा लग रहा था—कहकर इन्द्रदेव ने अपनी डायरी फाड़ डाली !

किन्तु उपास्य को पूछने की बात उनके मन में दब गई ।

दोनों ही हँसकर बिदा हुए ।

९

बनजरिया का रूप आज बदला हुआ है। झोंपड़ी के मुँह पर चूना, धूल-भरी धरा पर पानी का छिड़काव, और स्वच्छता से बना हुआ तोरण और कदली के खम्भों से सजा हुआ छोटा-सा मण्डप, जिसमें प्रज्वलित अग्नि के चारों ओर बाबा रामनाथ, तितली, शैला और मधुबन बैठे हुए हवन-विधि पूरी कर रहे थे। दीक्षा हो चुकी थी। रामनाथ के साथ शैला ने प्रार्थना की--

'असतोमा सद्गमय, तमसोमा ज्योतिर्गमय, मृत्योर्मामृतंगमय।'

एक दरी पर सामने बैठे हुए मिस्टर वाट्सन, इन्द्रदेव, अनवरी और सुखदेव चौबे चकित होकर यह दृश्य देख रहे थे। शैला सचमुच अपनी पीली रेशमी साड़ी में चम्पा की कली-सी बहुत भली लग रही थी। उसके मस्तक पर रोली का अरुण बिन्दु जैसे प्रमुख होकर अपनी ओर ध्यान आकर्षित कर रहा था। किन्तु मधुबन और तितली भी पीले रेशमी वस्त्र पहने हुए थे। तितली के मुख पर सहज लज्जा और गौरव था। मधुबन का खुला हुआ दाहिना कंधा अपनी पुष्टि में बड़ा सुन्दर दिखाई पड़ता था। उसका मुख हवन के धुएँ से मँजे हुए ताँबे के रंग का हो रहा था। छोटी-मूँछें कुछ ताव में चढ़ी थीं। किसी आने वाली प्रसन्नता की प्रतीक्षा में आँखें हँस रही थीं। वही गँवार मधुबन जैसे आज दूसरा हो गया था! इन्द्रदेव उसे आश्चर्य से देख रहे थे और तितली अपनी सलज्ज कान्ति में जैसे शिशिर-कणों से लदी हुई कुन्दकली की मालिका-सी गम्भीर सौन्दर्य का सौरभ बिखेर रही थी। इन्द्रदेव उसको भी परख लेते थे।

उधर मिस्टर वाट्सन शैला को कुतूहल से देख रहे थे। मन में सोचते थे कि 'यह कैसा है?' शैला के चारों ओर जो भारतीय वायुमंडल हवन-धूम, फूलों और हरियाली की सुगन्ध में स्निग्ध हो रहा था, उसने वाट्सन के हृदय पर से विरोध का आवरण हटा दिया था; उसके सौन्दर्य में वह श्रद्धा और मित्रता को आमंत्रित करने लगा। उन्होंने इन्द्रदेव से पूछा—कुँवर साहब! यह जो कुछ हो रहा है, उसमें आप विश्वास करते हैं न?

इन्द्रदेव ने अपने गौरव पर और भी रंग चढ़ाने के लिए उपेक्षा से मुस्करा कर कहा—तनिक भी नहीं। हाँ, मिस शैला की प्रसन्नता के लिए उनके उत्साह में भाग लेना मेरे लिए आदर की बात है। मुझे इस गुरुडम में कोई कल्याण की बात समझ में नहीं आती। मनुष्य को अपने व्यक्तित्व में पूर्ण विकास करने की क्षमता होनी चाहिए। उसे बाहरी सहायता की आवश्यकता नहीं।

आपकी यह बात मेरी समझ में नहीं आई। विकास अव्यवस्थित तो होगा नहीं। उसे एक सरल मार्ग से चलना चाहिए। आपका यही कहना है न कि मनुष्य पर मानसिक नियन्त्रण उसकी विचार-धारा को एक सँकरे पथ से ले चलता है—वह जीवन के मुक्त विकास से परिचित नहीं होता? किन्तु जिसके व्यक्तित्व में अदृष्ट ने अपने हाथों से सहायता दी है, वह उन बाधाओं से अनजान है, जो संसार के जंगल में भटकने वाले निस्संबल प्राणी के सामने आती हैं।

फिर मुस्कराकर वाट्सन ने कहा—स्वतन्त्र इंगलैण्ड में रह आने के कारण आप वाट्सन को हौवा नहीं समझते; किन्तु मैं अनुभव करता हूँ कि यहाँ के अन्य लोग मेरी कितनी धाक मानते हैं। उनके लिए मैं देवता हूँ या राक्षस, साधारण मनुष्य नहीं। यह विषमता क्या परिस्थितियों से उत्पन्न नहीं हुई है?

इन्द्रदेव को अपने साम्पत्तिक आधार पर खड़ा करके जो वाट्सन ने व्यंग किया, वह उन्हें तीखा लगा। इन्द्रदेव ने खीझकर कहा—मेरी सुविधाएँ मुझे मनुष्य बनाने में समर्थ हुई हैं कि नहीं, यह तो मैं नहीं कह सकता; किन्तु मेरी सम्मति में जीवन को सब तरह की सुविधा मिलनी चाहिए। यह मैं नहीं मानता कि मनुष्य अपने सन्तोष से ही सम्राट् हो जाता है और अभिलाषाओं से दरिद्र। मानव-जीवन लालसाओं से बना हुआ सुन्दर चित्र है। उसका रंग छीनकर उसे रेखा-चित्र बना देने से मुझे सन्तोष नहीं होगा। उसमें कहे जाने वाले पुण्य-पाप की सुवर्ण कालिमा, सुख-दुःख की आलोक-छाया और लज्जा-प्रसन्नता की लाली-हरियाली उद्भासित हो। और चाहिए उसके लिए विस्तृत भूमिका, जिसमें रेखाएँ उन्मुक्त होकर विकसित हों।

वाट्सन अपने अध्ययन और साहित्यिक विचारों के कारण ही शासन-विभाग से बदलकर प्रबन्ध में भेज दिये गये थे। उन्होंने इन्द्रदेव का उत्तर देने के लिए मुँह खोला ही था कि शैला अपनी दीक्षा समाप्त करके प्रणाम करने आ गई। वाट्सन ने हँसकर कहा—मिस शैला, मैं तुमको बधाई देता हूँ। तुम्हारा और भी मानसिक विकास हो, इसके लिए आशीर्वाद भी।

इन्द्रदेव कुछ कहने नहीं पाये थे कि अनवरी ने कहा—और मैं तो मिस शैला की चेली बनूंगी! बहुत जल्द!

इन्द्रदेव ने उसकी चपलता पर खीझ कर कहा—उसके लिए—अभी बहुत देर है मिस अनवरी।

फिर उसने अपने हाथ का फलों का गुच्छा आशीर्वाद-स्वरूप शैला की ओर बढ़ा दिया। शैला ने कृतज्ञतापूर्वक उसे लेकर माथे से लगा लिया और इन्द्रदेव के पास ही बैठ गई।

रामनाथ ने एक-एक माला सबको पहना दी और कहा—आप लोगों से मेरी एक और भी प्रार्थना है। कुछ समय तो लगेगा; किन्तु आप लोग भी ठहरकर मेरे शिष्य मधुबन और तितली के विवाह में आशीर्वाद देंगे तो मुझे अनुगृहीत करेंगे।

इन्द्रदेव तो चुप रहे। उनके मन में इस प्रसंग से न जाने क्यों विरक्ति हुई। अनवरी चुप रहने वाली न थी। उसने हँसकर कहा—वाह ! तब तो ब्याह की मिठाई खाकर ही जाऊँगी।

तितली और मधुबन अभी वेदी के पास बैठे थे, सुखदेव किसी की प्रतीक्षा में इधर-उधर देख रहे थे कि तहसीलदार साहब आते हुए दिखाई पड़े।

सुखदेव ने उठकर उनके कानों में कुछ कहा। तहसीलदार की कुतरी हुई छोटी-छोटी मूँछे, कुछ फूले हुए तेल से चुपड़े गाल—जैसा कि उतरती हुई अवस्था के सुखी मनुष्यों का प्रायः दिखाई पड़ता है, नीचे का मोटा लटकता हुआ ओंठ, वनावटी हँसी हँसने की चेष्टा में व्यस्त, पट्टेदार बालों पर तेल से भरी पुरानी काली टोपी, कुटिलता से भरी गोल-गोल आँखें किसी विकट भविष्य की सूचना दे रही थीं। उन्होंने लम्बा सलाम करते हुए इन्द्रदेव से कहा—मैं एक जरूरी काम से चला गया था। इसी से...

इन्द्रदेव को इस विवरण की आवश्यकता न थी। उन्होंने पूछा—नील-कोठी से आप हो आये ? वहाँ का प्रबन्ध सब ठीक है न ?

हाँ—एक बात आपसे कहना चाहता हूँ।

इन्द्रदेव उठकर तहसीलदार की बात सुनने लगे। उधर वेदी के पास ब्याह की विधि आरम्भ हुई। शैला भी वहाँ चली गई थी। मधुबन आहुतियाँ दे रहा था और तितली निष्कम्प दीप-शिखा-सी उसकी बगल में बैठी हुई थी।

सहसा दो स्त्रियाँ वहाँ आकर खड़ी हो गईं। आगे तो राजकुमारी थी; उसके पीछे कौन थी, यह अभी किसी को नहीं मालूम। राजकुमारी की आँखें जल रही थीं। उसने क्रोध से कहा, बाबाजी, किसी का घर बिगाड़ना अच्छा नहीं। मेरे मना करने पर भी आप ब्याह करा रहे हैं। किसी लड़के को फुसलाना आपको शोभा नहीं देता।

दूसरी स्त्री चादर के घूंघट में से ही बिलखकर कहने लगी—क्या इस गाँव में कोई किसी की सुनने वाला नहीं? मेरी भतीजी का ब्याह मुझसे बिना पूछे करने वाला यह बाबा कौन होता है? हे राम! यह अंधेर!

मिस्टर वाट्सन उठकर खड़े हो गये। अनवरी के मुख पर व्यंगपूर्ण आश्चर्य था और सुखदेव के क्रोध का तो जैसे कुछ कुछ ठिकाना ही न था। उन्होंने चिल्लाकर कहा—सरकार, आप लोगों के रहते ऐसा अन्याय न होना चाहिए।

क्षण-भर के लिए मधुबन रुककर क्रोध से सुखदेव की ओर देखने लगा। वह आसन छोड़कर उठने ही वाला था। वह जैसे नींद से सपना देखकर बोलने का प्रयत्न करते हुए मनुष्य के समान अपने क्रोध से असमर्थ हो रहा था।

उधर रामनाथ ने चारों ओर देखकर गंभीर स्वर से कहा—शान्त हो मधुबन! अपना काम समाप्त करो। यह सब तो जो हो रहा है, उसे होने दो।

और तितली की दशा, ठीक गाँव के समीप रेलवे-लाइन के तार को पकड़े हुए उस बालक-सी थी, जिसके सामने से डाक-गाड़ी भक्-भक् करती हुई निकल जाती है—सैकड़ों सिर खिड़कियों से निकले रहते हैं, पर पहचान में एक भी नहीं आते, न तो उनकी आकृति या वर्णरेखाओं का ही कुछ पता चलता है। वह अपनी सारी विडम्बना को हटाकर अपनी दृढ़ता में खड़ी रहने का प्रयत्न करने लगी थी।

तो भी रामनाथ की आज्ञाओं का—आदेशों का—अक्षरशः पालन हो रहा था! तहसीलदार और इन्द्रदेव वापस चले आये थे। तहसीलदार ने कहा—बाबाजी आप यह काम अच्छा नहीं कर रहे हैं। तितली के घरवालों की सम्मति के बिना उसका ब्याह अपराध तो है ही, उसका कोई अर्थ भी नहीं।

इन्द्रदेव को चुप देखकर रामनाथ ने कहा—क्या आपकी भी यही सम्मति है?

हाँ—नहीं—उन लोगों से तो आपको पूछ लेना...

किन लोगों से? तितली की बुआ! कहाँ थी वह—जब तितली मर रही थी पानी के बिना? और फिर आपको भी विश्वास है कि यह तितली की बुआ ही है? मैं भी इस गाँव की सब बातें जानता हूँ। रह गई मधुबन की बात, सो अब वह लड़का नहीं है; उसे कोई भुलावा नहीं दे सकता।

रामनाथ ने फिर अपनी शेष विधि पूरी की। उधर दोनों स्त्रियाँ उछल-कूद मचा रही थीं।

अनवरी ने धीरे से वाट्सन से कहा—क्या आपको इसमें कुछ न बोलना चाहिए?

कुछ सोचकर वाट्सन ने कहा—नहीं, मैं इन बातों को अच्छी तरह जानता भी नहीं, और देखता हूँ तो दोनों ही अपना भला-बुरा समझने लायक हैं। फिर मैं क्यों...?

आह ! यह मेरा मतलब नहीं था। मैं तो प्राणी का प्राणी से जीवन-भर के सम्बन्ध में बँध जाना दासता समझती हूँ; उसमें आगे चलकर दोनों के मन में मालिक बनने की विद्रोह-भावना छिपी रहती है। विवाहित जीवनों में, अधिकार जमाने का प्रयत्न करते हुए स्त्री-पुरुष दोनों ही देखे जाते हैं। यह तो एक झगड़ा मोल लेना है।

ओहो ! तब आप एक सिद्धान्त की बात कर रही थीं—वाट्सन ने मुस्करा-कर कहा।

कुछ भी हो, बाबाजी ! आपको इसमें समझ-बूझकर हाथ डालना चाहिए। ——न जाने किस भावना से प्रेरित होकर वेदी के पास ही खड़े हुए इन्द्रदेव ने कहा। उनके मुख पर झुँझलाहट और सन्तोष की रेखाएँ स्पष्ट हो उठीं।

रामनाथ ने उनको और तितली को देखते हुए कहा——कुँवर साहब ! मधु-बन ही तितली के उपयुक्त वर है। मैं अपना दायित्व अच्छी तरह समझकर ही इसमें पड़ा हूँ। कम-से-कम जो लोग इस सम्बन्ध में यहाँ बातचीत कर रहे हैं, उनसे मेरा अधिक न्यायपूर्ण अधिकार है।

इन्द्रदेव तिलमिला उठे। भीतर की बात वह नहीं समझ रहे थे; किन्तु मन के ऊपरी सतह पर तो यह आया कि यह बाबा प्रकारान्तर से मेरा अपमान कर रहा है।

उधर से चौबे ने कहा——अधिकार ! यह कैसा हठीला मनुष्य है, जो इतने बड़े अफसर और अपने जमींदार के सामने भी अपने को अधिकारी समझता है ! सरकार ! यह धर्म का ढोंग है। इसके भीतर बड़ी कतरनी है ! इसने सारे गाँव में ऐसी बुरी हवा फैला दी है कि किसी दिन इसके लिए बहुत पछताना होगा, यदि समय रहते इसका उपाय न किया गया।

इन्द्रदेव की कनपटी लाल हो उठी। वह क्रोध को दबाना चाहते थे शैला के कारण। परन्तु उन्हें असह्य हो रहा था।

शैला ने खड़ी होकर कहा—एक पल-भर रुक जाइए। क्यों मधुबन ! तुम पूरी तरह से विचार करके यह ब्याह कर रहे हो न ? कोई तुमको बहका तो नहीं रहा है ? इसमें तुम प्रसन्न हो ?

सम्पूर्ण चेतनता से मधुबन ने कहा——हाँ !

और तुम तितली ?

मैं भी।

उसका नारीत्व अपने पूर्ण अभिमान में था।

अनवरी झल्ला उठी। सुखदेव दाँत पीसकर उठ गये। तहसीलदार मन-ही-मन बुदबुदाने लगे। वाट्सन मुस्कराकर रह गये। शैला ने गम्भीर स्वर में इन्द्रदेव से कहा—अब आप लोगों से यह नवविवाहित दम्पति आशीर्वाद की आशा करता है। और मैं समझती हूँ कि यहाँ का काम हो चुका है। अब आप लोग नील-कोठी चलिये। अस्पताल खोलने का उत्सव भी इसी समय होगा और और तितली के ब्याह का जलपान भी वहीं करना होगा। सब लोग मेरी ओर से निमंत्रित हैं।

इन्द्रदेव ने सिर झुकाकर जैसे सब स्वीकार कर लिया। और वाट्सन ने हँसकर कहा—मिस शैला ! मैं तुमको धन्यवाद पहले ही से देता हूँ।

सिन्दूर से भरी हुई तितली की माँग दमक उठी।

१०

नील-कोठी में अस्पताल खुल गया। बैंक के लिए भी प्रबन्ध हो गया। वहीं गाँव की पाठशाला भी आ गई थी। वाट्सन ने चकबन्दी की रिपोर्ट और नक्शा भी तैयार कर दिया और प्रान्तीय सरकार से बुलावा आने पर वहीं लौट गये। साथ-ही-साथ अपने सौजन्य और स्नेह से धामपुर के बहुत-से लोगों के हृदयों में अपना स्थान भी बना गये। शैला उनके बनाये हुए नियमों पर साधक की तरह अभ्यास करने लगी।

अभी भी जमींदार के परिवार पर उस उत्सव की स्मृति सजीव थी। किन्तु श्यामदुलारी के मन में एक बात खटक रही थी। उनके दामाद बाबू श्यामलाल उस अवसर पर नहीं आये। इन्द्रदेव ने उन्हें लिखा भी था; पर उनको छुट्टी कहाँ? पहले ही एक बोट पर गंगा-सागर चलने के लिए अपनी मित्र-मण्डली को उन्होंने निमंत्रित किया था। कुल आयोजन उन्हीं का था। चन्दा तो सब लोगों का था; किन्तु किसको ताश खेलना है, किसे संगीत के लिए बुलाना है, और कौन व्यंग-विनोद से जुए में हारे हुए लोगों को हँसा सकेगा, कौन अच्छी ठंढाई बनाता है, किसे बढ़िया भोजन पकाने की क्रिया मालूम है—यह तो सभी को नहीं मालूम था। श्यामलाल के चले आने से उनकी मित्र-मण्डली गंगा-सागर का पुण्य न लूटती। वह आने नहीं पाये।

तहसीलदार और चौबेजी जल उठे थे तितली के ब्याह से। जो जाल उनका था, वह छिन्न हो गया। शैला के स्थान पर जो पात्री चुनी गई थी, वह भी हाथ से निकल गई। उन्होंने श्यामदुलारी के मन में अनेक प्रकार से यह दुर्भावना भर दी कि इन्द्रदेव चौपट हो रहे हैं और हम लोग कुछ नहीं कर सकते। शैला को घर से तो हटा दिया गया; पर वह एक पूरी शक्ति इकट्ठी करके उन्हीं की छाती पर जम गई।

श्यामदुलारी की खीझ बढ़ गई। उनके मन में यह धारणा हो रही थी कि इन्द्रदेव चाहते, और भी दो-एक पत्र लिखते, तो श्यामलाल अवश्य आते। वह इन्द्रदेव से उदासीन रहने लगी। घरेलू कामों में अनवरी मध्यस्थता करने लगी।

कुटुम्ब में पारस्परिक उदासीनता का परिणाम यही होता है। श्यामदुलारी का माधुरी के प्रति अकारण पक्षपात और इन्द्रदेव पर सन्देह, उनके कर्त्तव्य-ज्ञान को चबा रहा था।

कभी-कभी मनुष्य की यह मूर्खतापूर्ण इच्छा होती है कि जिनको हम स्नेह की दृष्टि से देखते हैं, उन्हें अन्य लोग भी उसी तरह प्यार करें। अपनी असंभव कल्पना को आहत होते देखकर वह झल्लाने लगता है।

श्यामदुलारी की इस दीनता को इन्द्रदेव समझ रहे थे; पर यह कहें किस तरह। कहीं ऐसा न हो कि मन में छिपी हुई बात कह देने से माँ और भी क्रोध कर बैठें; क्योंकि उसको स्पष्ट करने के लिए इन्द्रदेव को अपने प्रेमाधिकार से औरों की तुलना करनी पड़ती, यह और भी उन्हीं के लिए लज्जा की बात होगी। उनका साधारण स्नेह जितना एक आत्मीय पर होना चाहिए, उससे अधिक भाग तो इन्द्रदेव अपना समझते थे। किन्तु जब छिपाने की बात है, तो स्नेह की अधिकता का भागी कोई दूसरा ही है क्या ?

श्यामदुलारी अपने मन की बात अनवरी से कहलाने की चेष्टा क्यों करती हैं ? माँ को अधिकार है कि वह बच्चे का, उसके दोषों पर, तिरस्कार करे। गुरुजनों का यह कर्त्तव्य छोड़कर बनावटी व्यवहार इन्द्रदेव को खलने लगा, जिसके कारण उन्हें अपने को दूर हटाकर दूसरों को अपनाना पड़ा है। अनवरी आज इतनी अन्तरंग बन गई है !

बड़ी कोठी में जैसे सब कुछ सन्दिग्ध हो उठा। अपना अवलम्ब खोजने के लिए जब इन्द्रदेव ने हाथ बढ़ाया, तो वहाँ शैला भी नहीं ! सारा क्षोभ शैला को ही दोषी बनाकर इन्द्रदेव को उत्तेजित करने लगा। इस समय शैला उनके समीप होती !

अनवरी से लड़ने के लिए छाती खोलकर भी अपने को निस्सहाय पाकर इन्द्रदेव विवश थे। विराट् वट-वृक्ष के समान इन्द्रदेव के सम्पन्न परिवार पर अनवरी छोटे-से नीम के पौधे की तरह उसी का रस चूस कर हरी-भरी हो रही थी। उसकी जड़ें वट को भेदकर नीचे घुसती जा रही थीं। सब अपराध शैला का ही था। वह क्यों हट गई। कभी-कभी अपने कामों के लिए ही वह आती, तब उससे इन्द्रदेव की भेंट होती; किन्तु वह किसानों की बात करने में इतनी तन्मय हो जाती कि इन्द्रदेव को वह अपने प्रति उपेक्षा-सी मालूम होती।

कभी-कभी घर के कोने से अपने और तितली के भावी सम्बन्ध की सूचना भी उन्होंने सुनी थी। तब उन्होंने हँसी में उड़ा दिया था। कहाँ वह और कहाँ तितली—एक ग्रामीण बालिका ! किन्तु उस दिन ब्याह में जो तितली की निश्चल

सौन्दर्यमयी गम्भीरता देख कर उन्हें एक अनुभूति हुई थी, उसे वह स्पष्ट न कर सके थे। हाँ, तो शैला ने उस ब्याह में भी योग दिया। क्या यह भी कोई सकारण घटना है ?

इन्द्रदेव का मानसिक विप्लव बढ़ रहा था। उनके मन में निश्चल क्रोध धीरे-धीरे संचित होकर उदासीनता का रूप धारण करने लगा।

सायंकाल था। खेतों की हरियाली पर कहीं-कहीं डूबती हुई किरणों की छाया अभी पड़ रही थी। प्रकाश डूब रहा था। प्रशान्त गंगा का कछार शून्य हृदय खोले पड़ा था। करारे पर सरसों के खेत में बसन्ती चादर बिछी थी। नीचे शीतल बालू में कराकुल चिड़ियों का एक झुण्ड मौन होकर बैठा था।

कंधों से सरसों के फूलों के घनेपन को चीरते हुए इन्द्रदेव ने उस स्पन्दन-विहीन प्रकृति-खंड को आन्दोलित कर दिया। भयभीत कराकुल झुंड-के-झुंड उड़कर उस धूमिल आकाश में मँडराने लगे।

इन्द्रदेव के मस्तक पर कोई विचार नहीं था। एक सन्नाटा उसके भीतर और बाहर था। वह चुपचाप गंगा की विचित्र धारा को देखने लगे।

चौबेजी ने सहसा आकर कहा—बड़ी सरकार बुला रही हैं।

क्यों ?

यह तो मैं...हाँ, बाबू श्यामलाल जी आये हैं; इसी के लिए बुलाया होगा।

तो मैं आता हूँ अभी जल्दी क्या है ?

उसके लिए कौन-सा कमरा...?

हूँ, तो कह दो कि माँ इसे अच्छी तरह समझती होंगी। मुझसे पूछने की क्या आवश्यकता ? न हो मेरे ही कमरे में, क्यों, ठीक होगा न ? न हो तो छोटी कोठी में, या जहाँ अच्छा समझें।

जैसा कहिए।

तब यही जाकर कह दो। मैं अभी ठहरकर आऊँगा।

चौबे चले गये।

इन्द्रदेव वहीं खड़े रहे। शैला को इस अन्धकार के शैशव में वहीं देखने की कामना उत्तेजित हो रही थी, और वह आ भी गई। इन्द्रदेव ने प्रसन्न होकर कहा—इस समय मैं जो भी चाहता, वह मिलता।

क्या चाहते थे ?

तुमको यहाँ देखना। देखा, आज यह कैसी सन्ध्या है ! मैं तो लौटने का विचार कर रहा था।

और मैं कोठी से होती आ रही हूँ।

भला, आज कितने दिनों पर।

तुम अप्रसन्न हो इसके लिए न ! मैं क्या करूँ। ––कहते-कहते शैला का चेहरा तमतमा गया। वह चुप हो गई।

कुछ कहो शैला ! तुम क्यों आने में संकोच करती हो ? मैं कहता हूँ कि तुम मुझे अपने शासन में रखो। किसी से डरने की आवश्यकता नहीं।

शैला ने दीर्घ निःश्वास लेकर कहा—मैं तो शासन कर रही हूँ। और अभी अधिक तुम्हारे ऊपर अत्याचार करते हुए मैं काँप उठती हूँ। इन्द्र ! तुम कैसे दुबले हुए जा रहे हो ? तुम नहीं जानते कि मैं तुम्हारे अधिक क्षोभ का कारण नहीं बनना चाहती। कोठी में अधिक जाने से अच्छा तो नहीं होता।

क्या अच्छा नहीं होता। कौन है जो तुमको रोकता। शैला ! तुम स्वयं नहीं आना चाहती हो। और मैं भी तुम्हारे पास आता हूँ तो गाँव-भर का रोना मेरे सामने इकट्ठा करके धर देती हो। और मेरी कोई बात ही नहीं ! तुम कोठी पर...

ठहरो, सुन लो, मैं अभी कोठी पर गई थी। वहाँ कोई बाबू आये हैं। तुम्हारे कमरे में बैठे थे। मिस अनवरी बातें कर रही थीं। मैं भीतर चली गई। पहले तो वह घबराकर उठ खड़े हुए। मेरा आदर किया। किन्तु अनवरी ने जब मेरा परिचय दिया, तो उन्होंने बिल्कुल अशिष्टता का रूप धारण कर लिया। वही बीबी-रानी के पति हैं ?

शैला आगे कहते-कहते रुक गई; क्योंकि इन्द्रदेव के स्वभाव से परिचित थी। इन्द्रदेव ने पूछा—क्या कहा, कहो भी ?

बहुत-सी भद्दी बातें ! उन्हें सुनकर तुम क्या करोगे ? मिस अनवरी तो कहने लगीं कि उन्हें ऐसी हँसी करने का अधिकार है। मैं चुप हो रही। मुझे बहुत बुरा लगा। उठकर इधर चली आई।

इन्द्रदेव ने भयानक विषधर की तरह श्वास फेंककर कहा—शैला ! जिस विचार से हम लोग देहात में चले आये थे, वह सफल न हो सका। मुझे अब यहाँ रहना पसन्द नहीं। छोड़ो इस जंजाल को, चलो हम लोग किसी शहर में चलकर अपने परिचित जीवन-पथ पर सुख लें ! यह अभागा...

शैला ने इन्द्रदेव का मुँह बन्द करते हुए कहा—मुझे यहीं रहने दो। कहती हूँ न, क्रोध से काम न चलेगा। और तुम भी क्या घर को छोड़ कर दूसरी जगह सुखी हो सकोगे ? आह ! मेरी कितनी करुण कल्पना उस नील की कोठी में लगी-लिपटी है ! इन्द्र ! तुमसे एक बार तो कह चुकी हूँ।

वह उदास होकर चुप हो गयी। उसे अपनी माता की स्मृति ने विचलित कर दिया।

इन्द्रदेव को उसकी यह दुर्बलता मालूम थी। वह जानते थे कि शैला के चिर दुखी जीवन में यही एक सान्त्वना थी। उन्होंने कहा--तो मैं अब यहाँ से चलने के लिए न कहूँगा। जिसमें तुम प्रसन्न रहो।

तुम कितने दयालु हो इन्द्रदेव ! मैं तुम्हारी ऋणी हूँ !

तुम यह कहकर मुझे चोट पहुँचाती हो शैला ! मैं कहता हूँ कि इसकी एक ही दवा है। क्यों तुम रोक रही हो। हम दोनों एक-दूसरे की कमी पूरी कर लेंगे। शैला स्वीकार कर लो।--कहते-कहते इन्द्रदेव ने उस आर्द्रहृदया युवती के दोनों कोमल हाथों को अपने हाथों में दबा लिया।

शैला भी अपनी कोमल अनुभूतियों के आवेश में थी। गद्‌गद कंठ से बोली--इन्द्र ! मुझे अस्वीकार कब था ? मैं तो केवल समय चाहती हूँ। देखो, अभी आज ही वाट्‌सन का यह पत्र आया है, जिसमें मुझे उनके हृदय के स्नेह का आभास मिला है। किन्तु मैं...

इन्द्रदेव ने हाथ छोड़ दिया। वाट्‌सन !--उनके मन में द्वेषपूर्ण सन्देह जल उठा।

तभी तो शैला ! तुम मुझको भुलावा देती आ रही हो।

ऐसा न कहो ! तुम तो पूरी बात भी नहीं सुनते।

इन्द्रदेव के हृदय में उस निस्तब्ध सन्ध्या के एकान्त में सरसों के फूलों से निकली शीतल सुगन्ध की कितनी मादकता भर रही थी, एक क्षण में विलीन हो गई। उन्हें सामने अन्धकार की मोटी-सी दीवार खड़ी दिखाई पड़ी !

इन्द्रदेव ने कहा--मैं स्वार्थी नहीं हूँ शैला ! तुम जिसमें सुखी रह सको।

वह कोठी की ओर चलने के लिए घूम पड़े। शैला चुपचाप वहीं खड़ी रही। इन्द्रदेव ने पूछा--चलोगी न ?

हाँ, चलती हूँ--कहकर वह भी अनुसरण करने लगी।

इन्द्रदेव के मन में साहस न होता था कि वह शैला के ऊपर अपने प्रेम का पूरा दबाव डाल सकें। उन्हें सन्देह होने लगता था कि कहीं शैला यह न समझे कि इन्द्रदेव अपने उपकारों का बदला चाहते हैं।

इन्द्रदेव एक जगह रुक गये और बोले--शैला, मैं अपने बहनोई साहब के किये हुए अशिष्ट व्यवहार के लिए तुमसे क्षमा चाहता हूँ।

शैला ने कहा--तो यह मेरे डायरी पढ़ने की क्षमा-याचना का जवाब है

न ! मुझे तुमसे इतने शिष्टाचार की आशा नहीं। अच्छा अब मैं इधर से जाऊँगी। महौर महतो से एक नौकर के लिए कहा था। उससे भेंट कर लूँगी। नमस्कार !

शैला चल पड़ी। इन्द्रदेव भी वहीं से घूम पड़े। एक बार उनकी इच्छा हुई कि बनजरिया में चलकर रामनाथ से कुछ बातचीत करें। अपने क्रोध से अस्त-व्यस्त हो रहे थे, उस दशा में श्यामलाल से सामना होना अच्छा न होगा—यही सोचकर रामनाथ की कुटी पर जब पहुँचे, तो देखा कि तितली एक छोटा-सा दीप जलाकर अपने अंचल से आड़ किये वहीं आ रही है, जहाँ रामनाथ बैठे हुए सन्ध्या कर रहे थे। तितली ने दीपक रख कर उसको नमस्कार किया; फिर इन्द्रदेव को और रामनाथ को नमस्कार करके आसन लाने के लिए कोठरी में चली गई।

रामनाथ ने इन्द्रदेव को अपने कम्बल पर बिठा लिया। पूछा—इस समय कैसे ?

यों ही इधर घूमते-घूमते चला आया।

आपका इस देहात में यश फैला रहा है। और सचमुच आपने दुखी किसानों के लिए बहुत-से उपकार करने का समारम्भ किया है। मेरा हृदय प्रसन्न हो जाता है; क्योंकि विलायत से लौटकर अपने देश की संस्कृति और उसके धर्म की ओर उदासीनता आपने नहीं दिखाई। परमात्मा आप-जैसे श्रीमानों को सुखी रखे।

किन्तु आप भूल कर रहे हैं। मैं तो अपने धर्म और संस्कृति से भीतर-ही-भीतर निराश हूँ। मैं सोचता हूँ कि मेरा सामाजिक बन्धन इतना विश्रृंखल है कि उसमें मनुष्य केवल ढोंगी बन सकता है। दरिद्र किसानों से अधिक-से-अधिक रस चूसकर एक धनी थोड़ा-सा दान—कहीं-कहीं दया और कभी-कभी छोटा-मोटा उपकार—करके, सहज ही में आप-जैसे निरीह लोगों का विश्वासपात्र बन सकता है। सुना है कि आप धर्म में प्राणिमात्र की समता देखते हैं, किन्तु वास्तव में कितनी विषमता है। सब लोग जीवन में अभाव-ही-अभाव देख पाते। प्रेम का अभाव, स्नेह का अभाव, धन का अभाव शरीर-रक्षा की साधारण आवश्यकताओं का अभाव, दुःख और पीड़ा—यही तो चारों ओर दिखाई पड़ता है। जिसको हम धर्म या सदाचार कहते हैं, वह भी शान्ति नहीं देता। सबमें बनावट, सबमें छल-प्रपंच ! मैं कहता हूँ कि आप लोग इतने दुखी हैं कि थोड़ी-सी सहानुभूति मिलते ही कृतज्ञता नाम की दासता करने लग जाते हैं। इससे तो अच्छी है पश्चिम की आर्थिक या भौतिक समता, जिसमें ईश्वर के न रहने पर भी मनुष्य की सब तरह की सुविधाओं की योजना है।

मालूम होता है, आप इस समय किसी विशेष मानसिक हलचल में पड़कर

उत्तेजित हो रहे हैं। मैं समझ रहा हूँ कि आप व्यावहारिक समता खोजते हैं; किन्तु उसकी आधार-शिला तो जनता की सुख-समृद्धि ही है न? जनता को अर्थ-प्रेम की शिक्षा देकर उसे पशु बनाने की चेष्टा अनर्थ करेगी। उसमें ईश्वर-भाव का आत्मा का निवास न होगा तो सब लोग उस दया, सहानुभूति और प्रेम के उद्गम से अपरिचित हो जायेंगे जिससे आपका व्यवहार टिकाऊ होगा। प्रकृति में विषमता तो स्पष्ट है। नियन्त्रण के द्वारा उसमें व्यावहारिक समता का विकास न होगा। भारतीय आत्मवाद की मानसिक समता ही उसे स्थायी बना सकेगी। यान्त्रिक सभ्यता पुरानी होते ही ढीली होकर बेकार हो जायगी। उसमें प्राण बनाये रखने के लिए व्यावहारिक समता के ढाँचे या शरीर में, भारतीय आत्मिक साम्य की आवश्यकता कब मानव-समाज समझ लेगा, यही विचारने की बात है। मैं मानता हूँ कि पश्चिम एक शरीर तैयार कर रहा है किन्तु उसमें प्राण देना पूर्व के अध्यात्मवादियों का काम है। यहीं पूर्व और पश्चिम का वास्तविक संगम होगा, जिससे मानवता का स्रोत प्रसन्न धार में बहा करेगा।

तब उस दिन की आशा में हम लोग निश्चेष्ट बैठे रहें?

नहीं; मानवता की कल्याण-कामना में लगना चाहिए। आप जितना कर सकें, करते चलिए। इसीलिए न, मैं जितनी ही भलाई देख पाता हूँ, प्रसन्न होता हूँ। आपकी प्रशंसा में मैंने जो शब्द कहे थे बनावटी नहीं थे। मैं हृदय मे आपको आशीर्वाद देता हूँ।

इन्द्रदेव चुप थे, तितली दूर खड़ी थी। रामनाथ ने उसकी ओर देखकर कहा—क्यों बेटी, सरदी में क्यों खड़ी हो? पूछ लो जो तुम्हें पूछना हो। संकोच किस बात का?

बापू, दूध नहीं है। आपके लिए क्या...?

अरे तो न सही; कौन एक रात में मैं मरा जाता हूँ।

इन्द्रदेव ने अभाव की इस तीव्रता में भी प्रसन्न रहते हुए रामनाथ को देखा। वह घबराकर उठ खड़े हुए। उनसे यह भी न कहते बन पड़ा कि मैं ही कुछ भेजता हूँ। चले गये।

इन्द्रदेव को छावनी में पहुँचते-पहुँचते बहुत रात हो गई। वह आँगन से धीरे-धीरे कमरे की ओर बढ़ रहे थे। उनके कमरे में लैम्प जल रहा था। हाथ में कुछ लिए हुए मलिया कमरे के भीतर जा रही थी। इन्द्रदेव खम्भे की छाया में खड़े रह गये। मलिया भीतर पहुँची। दो मिनट बाद ही वह झनझनाती हुई बाहर निकल आई। वह अपनी विवशता पर केवल रो सकती थी, किन्तु श्यामलाल का मदिरा-जड़ित कंठ अट्टहास कर उठा; और साथ-ही-साथ अनवरी की

डाँट सुनाईं पड़ी—हरामजादी, झूठमूठ चिल्लाती है। सारा पान भी गिरा दिया और...

इन्द्रदेव अभी शैला की बात सुन आये थे। यहाँ आते ही उन्होंने यह भी देखा। उनके रोम-रोम में क्रोध की ज्वाला निकलने लगी। उनकी इच्छा हुई कि श्यामलाल को उसकी अशिष्टता का, ससुराल में यथेष्ट अधिकार भोगने का फल दो घूँसे लगाकर दे दें। किन्तु माँ और माधुरी ! ओह ? जिनकी दृष्टि में इन्द्रदेव से बढ़कर आवारा और गया-बीता दूसरा कोई नहीं।

वह लौट पड़े। उनके लिए एक क्षण भी वहाँ रुकना असह्य था। न जाने क्या हो जाय। मोटरखाने में आकर उन्होंने ड्राइवर से कहा—जल्दी चलो।

बेचारे ने यह भी न पूछा कि 'कहाँ' ? मोटर हार्न देती हुई चल पड़ी !

तृतीय खण्ड

१

निर्धन किसानों में किसी ने पुरानी चादर को पीले रंग से रँग लिया, तो किसी की पगड़ी ही बचे हुए फीके रंग में रँगी है। आज बसन्त-पंचमी है न! सबके पास कोई न कोई पीला कपड़ा है। दरिद्रता में भी पर्व और उत्सव तो मनाये ही जायँगे। महँगू महतो के अलाव के पास भी ग्रामीणों का एक ऐसा ही झुंड बैठा है। जौ की कच्ची बालों को भून कर गुड़ मिला कर लोग 'नवान' कर रहे हैं, चिल ठंडी नहीं होने पाती। एक लड़का, जिसका कंठ सुरीला था, बसन्त गा रहा था—

मदमाती कोयलिया डार-डार

दुखी हो या दरिद्र, प्रकृति ने अपनी प्रेरणा से सबके मन में उत्साह भर दिया था। उत्सव मनाने के लिए, भीतर की उदासी ने ही मानो एक नया रूप धारण कर लिया था। पश्चिमी पवन के पके हुए खेतों पर से सर्राटा भरता और उन्हें रौदता हुआ चल रहा था। बूढ़े महँगू के मन में भी गुद-गुदी लगी। उसने कहा—दुलरवा, ढोल ले आ, दूसरी जगह तो सुनता हूँ कि तू बजाता है; अपने घर काज-त्योहार के दिन बजाने में लजाता है क्या रे?

दुलारे धीरे से उठकर घर में गया। ढोल और मँजीरा आया। गाना जमने लगा। सब लोग अपने को भूलकर उस सरल विनोद में निमग्न हो रहे थे।

तहसीलदार ने उसी समय आकर कहा—महँगू!

सभा विशृंखल हो गई। गाना-बजाना रुक गया। उस निर्दय यमदूत के समान तहसीलदार से सभी काँपते थे। फिर छावनी पर उसे न बुलाकर स्वयं महँगू के यहाँ उनके अलाव पर खड़ा था। लोग भयभीत हो गये। भीतर से जो स्त्रियाँ झाँक रही थीं उनके मुँह छिप गये। लड़के इधर-उधर हुए, सब जैसे आतंक में त्रस्त!

महँगू ने कहा—सरकार ने बुलाया है क्या ?

बेचारा बूढ़ा घबरा गया था।

सरकार को बुलाना होता तो जमादार आता। महँगू ! मैं क्यों आया हूँ, जानते हो ! तुम्हारी भलाई के लिए तुम्हें समझाने आया हूँ।

मैंने क्या किया है तहसीलदार साहब !

तुम्हारे यहाँ मलिया रहती है न। तुम जानते हो कि वह बीबी-रानी छोटी सरकार का काम करती थी। वह आज कितने दिनों से नहीं जाती। उसको उकसाकर बिगाड़ना तो नहीं चाहिए। डाँटकर तुम कह देते कि 'जा, काम कर' तो क्या वह न जाती ?

मैं कैसे कह देता तहसीलदार साहब। कोई मजूरी करता है तो पेट भरने के लिए, अपनी इज्जत देने के लिए नहीं। हम लोगों के लिए दूसरा उपाय ही क्या है। चुपचाप घर भी न बैठे रहें।

देखो महँगू, ये सब बातें मुँह से न निकालनी चाहिए। तुम जानते हो कि...

मैं जानता हूँ कि नहीं, इससे क्या ? वह जाय तो आप लिवा जाइए। मजूरी ही तो करेगी। आपके यहाँ छोडकर मधुबन बाबू के यहाँ काम करने में कुछ पैसा बढ़ तो जायगा नहीं। हाँ, वहाँ तो उसको बोझ लेकर शहर भी जाना पड़ता है। आपके यहाँ करे तो मेरा क्या ? पर हाँ, जमींदार माँ-वाप हैं। उनके यहाँ ऐसा...

मधुबन बाबू। हूँ, कल का छोकरा ! अभी तो सीधी तरह धोती भी नहीं पहन सकता था। 'बाबा' तो सिखाकर चला गया। उसका मन बहक गया है। गसको भी ठीक करना होगा। अब मैं समझ गया। महँगू ! मेरा नाम तुम भी भूल गये हो न ?

अच्छा, आपसे जो बने, कर लीजिएगा। मैंने क्या किसी की चोरी की है या कहीं डाका डाला है ? मुझे क्यों धमकाते हैं ?

महँगू भी अपने अलाव से सामने आवेश में क्यों न आता ? उसके सामने उसकी बखारें भरी थीं। कुंडों में गुड़ था। लड़के पोते सब काम में लगे थे। अपमान सहने के लिए उसके पास किसी तरह की दुर्बलता न थी। पुकारते ही दस लाठियाँ निकल सकती थीं। तहसीलदार ने समझ-बूझकर धीरे से प्रस्थान किया।

महँगू जब आपे में आया तो उसको भय लगा। वह लड़कों को गाने-बजाने के लिए कहकर बनजरिया की ओर चला। उस समय तितली बैठी हुई चावल विन रही थी; और मधुबन गले में कुरता डाल चुका था कहीं वाहर जाने के लिए।

मलिया, एक डाली में मटर की फलियाँ, एक कद्दू और कुछ आलू लिए हुए मधुबन के खेत से आ रही थी। महँगू ने जाते ही कहा—मधुबन बाबू। मलिया को बुलाने के लिए छावनी से तहसीलदार साहब आये थे। वहाँ उसके न जाने से उपद्रव मचेगा।

तो उसको मना कौन करता है, जाती क्यों नहीं?—कहकर मधुबन ने जाने के लिए पैर बढ़ाया ही था कि तितली ने कहा—वाह, मलिया क्या वहाँ मरने जायेगी!

क्यों, जब उसको छावनी के काम करने के लिए, फिर से रख लेने के लिए, बुलावा आ रहा है, तब जाने में क्या अड़चन है?—रुकते हुए मधुबन ने पूछा।

बुलावा आ रहा है, न्योता आ रहा है। सब तो है, पर यह भी जानते हो कि वह क्यों वहाँ से काम छोड़ आयी है? वहाँ जायगी अपनी इज्जत देने? न जाने कहाँ का शराबी उनका दामाद आया है। उसने तो गाँव भर को ही अपनी ससुराल समझ रखा है। कोई भलामानस अपनी बहू-बेटी छावनी में भेजेगा क्यों?

महँगू ने कहा—हाँ बेटी, ठीक कह रही हो। पर हम लोग जमींदार से टक्कर ले सकें, इतना तो बल नहीं। मलिया अब मेरे यहाँ रहेगी तो तहसीलदार मेरे साथ कोई-न-कोई झगड़ा-झंझट खड़ा करेगा। सुना है कि कुँवर साहब तो अब यहाँ रहते नहीं। आज-कल औरतों का दरबार है। उसी के हाथ में सब-कुछ है।

मधुबन चुप था। तितली ने कहा—तो उसे यहीं रहने न दो, देखा जायगा।

महँगू ने वरदान पाया। वह चला गया।

मलिया दूर खड़ी सब सुन रही थी। उसकी आँखों से आँसू निकल रहा था। तितली ने कहा—रोती क्यों है रे, यहीं रह, कोई डर नहीं, तुझे क्या कोई खा जायगा? जा-जा देख, ईंधन की लकड़ी सुखाने के लिए डाल दी गई गई है, उठा ला।

मलिया आँचल से आँसू पोंछती हुई चली गई। उसका चचा भी मर गया था। अब उसका रक्षक कोई न था। तितली ने पूछा—अब रुके क्यों खड़े हो? नील-कोठी जाना था न?

जाना तो था। जाऊँगा भी। पर यह तो बताओ, तुमने यह क्या झंझट मोल ली। हम लोग अपने पैर खड़े होकर अपनी ही रक्षा कर लें, यही बहुत है। अब तो बाबाजी की छाया भी हम लोगों पर नहीं है। राजो बुरा मानती ही है। मैंने शेरकोट जाना छोड़ दिया। अभी संसार में हम लोगों को धीरे-धीरे घुसना

है। तुम जानती हो कि तहसीलदार मुझसे तो बुरा मानता ही है।

तो तुम डर रहे हो!

डर नहीं रहा हूँ। पर क्या आगा-पीछा भी नहीं सोचना चाहिए। बाबाजी तो काशी चले गये संन्यासी होने, विश्राम लेने। ठीक ही था। उन्होंने अपना काम-काज का भार उतार फेंका। पर यदि मैं भूलता नहीं हूँ तो उन्होंने जाने के समय हम लोगों को जो उपदेश दिया था उसका तात्पर्य यही था कि मनुष्य को जान-बूझकर उपद्रव मोल न लेना चाहिए। विनय और कष्ट सहन करने का अभ्यास रखते हुए भी अपने को किसी से छोटा न समझना चाहिए, और बड़ा बनने का घमण्ड भी अच्छा नहीं होता। हम लोग अपने कामों से ही भगवान को शीघ्र कष्ट पहुँचाने और उन्हें पुकारने लगते हैं।

बस करो। मैं जानती हूँ कि बाबाजी इस समय होते तो क्या करते और मैं वही कर रही हूँ जो करना चाहिए। मलिया अनाथ है। उसकी रक्षा करना अपराध नहीं। तुम कहाँ जा रहे हो?

जाने को तो मैं इस समय छावनी पर ही था, क्योंकि सुना है, वहाँ एक पहलवान आया, उसकी कुश्ती होने वाली है, गाना-बजाना भी होगा। पर अब मैं वहाँ न जाऊँगा; नील-कोठी जा रहा हूँ।

जल्द आना; दंगल देख आओ। खा-पोकर नील-कोठी चले जाना। आज बसन्त-पंचमी की छुट्टी नहीं है क्या?—तितली ने कहा।

अच्छा जाता हूँ—कहता हुआ अन्यमनस्क भाव से मधुबन बनजरिया के बाहर निकला। सामने ही रामजस दिखाई पड़ा। उसने कहा—मधुबन भइया, कुश्ती देखने न चलोगे?

अकेले तो जाने की इच्छा नहीं थी, पर जब तुम भी आ गये तो उधर ही चलूंगा।

भइया! लँगोट ले लूँ।

अरे क्या मैं कुश्ती लड़ूँगा? दुत!

कौन जाने कोई ललकार ही बैठे।

इस समय मेरा मन कुश्ती लड़ने लायक नहीं।

वाह भइया, यह भी एक ही रही। मन लड़ता है कि हाथ-पैर। मैं देख आया हूँ उस पहलवान को। हाथ मिलाते ही न पटका आपने तो जो कहिए मैं हारता हूँ।

मधुबन अब कुश्ती नहीं लड़ सकता रामजस! अब उसे अपनी रोटी-दाल से लड़ना है।

तो भी लँगोट लेते चलने में कोई...

अरे तो क्या मैं लँगोट घर छोड़ आया हूँ। चल भी।—हँसते हुए मधुबन ने रामजस को एक धक्का दिया, जिसमें यौवन के बल का उत्साह था। रामजस गिरते-गिरते बचा।

दोनों छावनी की ओर चले।

छावनी में भीड़ थी। अखाड़ा बना हुआ था। चारों ओर जनसमूह खड़ा और बैठा था। कुरसी पर बाबू श्यामलाल और उसके इष्ट-मित्र बैठे थे। उनका साथी पहलवान लुंगी बाँधे अपनी चौड़ी छाती खोले हुए खड़ा था। अभी तक उससे लड़ने के लिए कोई भी प्रस्तुत न था। पास के गाँवों की दो-चार वेश्याएँ भी आम के बौर हाथ में लिये, गुलाल का टीका लगाये, वहाँ बैठी थीं—छावनी में वसन्त गाने के लिए आई थीं। यही पुराना व्यवहार था। परन्तु इन्द्रदेव होते तो बात दूसरी थी। तहसीलदार ने श्यामलाल बाबू का आतिथ्य करने के लिए, उनसे जो कुछ हो सका था, आमोद-प्रमोद का सामान इकट्ठा किया था। सवेरे ही सबकी केसरिया बूटी छनी थीं। श्यामलाल देहाती सुख में प्रसन्न दिखाई देते थे। उन्हें इस बात का गर्व था कि उनके साथी पहलवान से लड़ने के लिए अभी तक कोई खड़ा नहीं हुआ। उन्होंने मूँछ मरोरते हुए कहा—रामसिंह, तुमसे यहाँ कौन लड़ेगा जी। यही अपने नत्थू से जोर करके दिखा दो! सब लोग आये हुए हैं।

अच्छा सरकार!—कहकर रामसिंह ने साथी नत्थू को बुलाया। दोनों अपने दाँव-पेंच दिखाने लगे।

रामजस ने कहा—क्यों भइया, यह हम लोगों को उल्लू बनाकर चला जायगा?

मधुबन धीरे से हुँकार कर उठा। रामजस उस हुँकार से परिचित था। उसने युवकों की-सी चपलता से आगे बढ़कर कहा—सरकार! हम लोग देहाती ठहरे; पहलवानी क्या जानें! पर नत्थू से लड़ने को तो मैं तैयार हूँ।

सब लोग चौंककर रामजस को देखने लगे। दाँव-पेंच बन्द करके रामसिंह ने भी रामजस को देखा। वह हँस पड़ा।

जाओ, खेत में कुदाल चलाओ लड़के!—रामसिंह ने व्यंग्य से कहा।

मधुबन से अब न रहा गया। उसने कहा—पहलवान साहब, खेतों का अन्न खाकर ही तुम कुश्ती लड़ते हो।

पसेरी भर अन्न खाकर कुश्ती नहीं लड़ी जाती भाई! सरकार लोगों के साथ माल चाबकर यह कसाले का काम किया जाता है। दूसरे पूत से हाथ मिलाना, हाड़-हाड़-से-हाड़ लड़ाना, दिल्लगी नहीं है।

मैं तो इसे ऐसा ही समझता हूँ।

तो फिर आ जा न मेरे यार ! तू भी यह दिल्लगी देख !

रामसिंह के इतना कहते ही मधुबन सचमुच कुरता उतार, धोती फेंककर अखाड़े में कूद पड़ा। सुन्दरियाँ उस देहाती युवक के शरीर को सस्पृह देखने लगीं। गाँव के लोगों में उत्साह-सा फैल गया। सब लोग उत्सुकता से देखने लगे ! और तहसीलदार तो अपनी गोल-गोल आँखों में प्रसन्नता छिपा ही न सकता था। उसने मन में सोचा—आज बच्चू की मस्ती उतर जायगी।

रामसिंह और मधुबन में पैंतरें, दाँव-पेंच और निकस-पैठ इतनी विचित्रता से होने लगी कि लोगों के मुँह से अनायास ही 'वाह-वाह' निकल पड़ता। रामसिंह मधुबन को नीचे ले आया। वह घिस्सा देकर चित करना ही चाहता था कि मधुबन ने उसका हाथ दबाकर ऐसा धड़ उड़ाया कि वह रामसिंह की छाती पर बैठ गया। हल्ला मच गया। देहातियों ने उछलकर मधुबन को कंधे पर बिठा लिया।

श्यामलाल का मुँह तो उतर गया, पर उन्होंने अपनी उँगली से अँगूठी निकालकर, मधुबन को देने के लिए बढ़ाई। मधुबन ने कहा—मैं इनाम क्या करूँगा—मेरा तो यह व्यवसाय नहीं है। आप लोगों की कृपा ही बहुत है।

श्यामलाल कट गये। उन्हें हताश होते देखकर एक वेश्या ने उठकर कहा—मधुबन बाबू ! आपने उचित ही किया। बाबूजी तो हम लोगों के घर आये हैं, इनका सत्कार तो हमीं लोगों को करना चाहिए। बड़े भाग्य से इस देहात में आ गये हैं न !

श्यामलाल जब उसकी चंचलता पर हँस रहे थे, तब उस युवती मैना ने धीरे से अपने हाथ का बौर मधुबन की ओर बढ़ाया, और सचमुच मधुबन ने उसे ले लिया। यही उसका विजय-चिह्न था।

तहसीलदार जल उठा। वह झुंझला उठा था, कि एक देहाती युवक बाबू साहब को प्रसन्न करने के लिए क्यों नहीं पटका गया। उसे अपने प्रबन्ध की यह त्रुटि बहुत खली। छावनी के आँगन में भीड़ बढ़ रही थी। उसने कड़ककर कहा—अब चुपचाप सब लोग बैठ जायँ। कुश्ती हो चुकी। कुछ गाना-बजाना भी होगा।

श्यामलाल को यह अच्छा तो नहीं लगता था, क्योंकि उनका पहलवान पिट गया था; पर शिष्टाचार और जनसमूह के दबाव से वह बैठे रहे। अनवरी बगल में बैठी हुई उन पर शासन कर रही थी। माधुरी भीतर चिक में उदासभाव से

यह सब उपद्रव देख रही थी। श्यामदुलारी एक ओर प्रसन्न हो रही थीं, दूसरी ओर सोचती थीं—इन्द्रदेव यहाँ क्यों नहीं है।

जब मैना गाने लगी तो वहाँ मधुबन और रामजस दोनों ही न थे। सुखदेव चौबे तो न जाने क्यों मधुवन की जीत और उसके बल को देख कर काँप गये। उसका भी मन गाने-बजाने में न लगा। उन्होंने धीरे से तहसीलदार के कान में कहा—मधुबन को अगर तुम नहीं दबाते, तो तुम्हारी तहसीलदारी हो चुकी। देखा न!

गंभीर भाव से सिर हिलाकर तहसीलदार ने कहा—हूँ।

२

धूप निकल आयी है, फिर भी ठंढ से लोग ठिठुरे जा रहे हैं। रामजस के साथ जो लड़का दवा लेने के लिए शैला की मेज के पास खड़ा है, उसकी ठुड्ढी काँप रही है। गले के समीप कुर्ता का अंश बहुत-सा फट कर लटक गया है, जिससे उसके छाती की हड्डियों पर नसें अच्छी तरह दिखायी पड़ती हैं।

शैला ने उसे देखते ही कहा—रामजस ! मैंने तुमको मना किया था। इसे यहाँ क्यों ले आये ? खाने के लिए सागूदाना छोड़कर और कुछ न देना ! ठंड बचाना !

मेम साहब, रात को ऐसा पाला पड़ा कि सब मटर झुलस गई। हरी मटर शहर में बेचने के लिए जो ले जाते तो सागूदाना ले आते। अब तो इसी को भून कर कच्चा-पक्का खाना पड़ेगा। वही इसे भी मिलेगा।

तब तो इसे तुम मार डालोगे !

मरता तो है ही ! फिर क्या किया जाय ?

रामजस की इस बेबशी पर शैला काँप उठी। उसने मन में सोचा कि इन्द्रदेव से कहकर इसके लिए सागूदाना मँगा दें। सब बातों के लिए इन्द्रदेव से कहला देने का अभ्यास पड़ गया था। फिर उसको स्मरण हो आया कि इन्द्रदेव तो यहाँ नहीं हैं। वह दुखी हो गई। उसका हृदय व्याथा से भर गया। इन्द्रदेव की निर्दयता पर—नहीं-नही, उनकी विवशता पर—वह व्याकुल हो उठी। रामजस को बिदा करते हुए उसने कहा—मधुबन से कह देना, वह तुम्हारे लिए सागूदाना ले आयेगा।

यही एक छोटा भाई है मेम साहब ! माँ बहुत रोती है।

जाओ रामजस ! भगवान सब अच्छा करेगा।

रामजस तो चला गया। शैला उठकर अपने कमरे में टहलने लगी। उसका मन न लगा। वह टीले से नीचे उतरी; झील के किनारे-किनारे अपनी मानसिक व्यथाओं के बोझ से दबी हुई, धीरे-धीरे चलने लगी। कुछ दूर चलकर वह जब कच्ची सड़क की ओर फिरी तो उसने देखा कि अरहर और मटर के खेत काले

होकर सिकुड़ी हुई पत्तियों में अपनी हरियाली लुटा चुके हैं। अब भी जहाँ सूर्य की किरणें नहीं पहुँचती हैं, उन पत्तियों पर नमक की चादर-सी पड़ी है। कच्चे कुएँ के जगत पर सिर पकड़े हुए एक किसान बैठा है। उसके सामने भरी हुई खेती का शव झुलसा पड़ा है। उसकी प्रसन्नता और साल भर की आशाओं पर बज्र की तरह पाला पड़ गया। गृहस्थी के दयनीय और भयानक भविष्य के चित्र उसकी आँखों के सामने, पीछे जमींदार के लगान का कँपा देने वाला भय! दैव को अत्याचारी समझकर ही जैसे वह संतोष से जीवित है।

क्यों जी? तुम्हारे खेत पर भी पाला पड़ा है?

आप देख तो रही हैं मेम साहब—दुख और क्रोध से किसान ने कहा। उसको यह असमय की सहानुभूति व्यंग्य-सी मालूम पड़ी। उसने समझा मेम साहब तमाशा देखने आई हैं।

शैला जैसे टक्कर खाकर आगे बढ़ गई। उसके मन में रह-रहकर यही बात आती है कि इस समय इन्द्रदेव यहाँ क्यों नहीं हैं, अपने ऊपर भी रह-रहकर उसे क्रोधा आता कि वह इतनी शीतल क्यों हो गई। इन्द्रदेव को वह जाने से रोक सकती थी; किन्तु अपने रूखे-सूखे व्यवहार से इन्द्रदेव के उत्साह को उसी ने नष्ट कर दिया, और अब यह ग्राम सुधार का ब्रत एक बोझ की तरह उसे ढोना पड़ रहा है। तब क्या वह इन्द्रदेव से प्रेम नहीं करती! ऐसा तो नहीं; फिर यह संकोच क्यों? वह सोचने लगी—उस दिन इन्द्रदेव के मन में एक सन्देह उत्पन्न करके मैंने ही यह गुत्थी डाल दी है। तब क्या यह भूल मुझे ही न सुधारनी चाहिए? वसंत पंचमी को माधुरी ने बुलाया था, वहाँ भी न गई। उन लोगों ने भी बुरा मान लिया होगा।

उसने निश्चय किया कि अभी मैं छावनी पर चलूँ। वहाँ जाने से इन्द्रदेव का भी पता लग जायगा। यदि उन लोगों की इच्छा हुई तो मैं इन्द्रदेव को बुलाने के लिए चली जाऊँगी, और इन्द्रदेव से अपनी भूल के लिए क्षमा भी माँग लूँगी।

वह छावनी की ओर मन-ही-मन सोचते हुए घूम पड़ी। बीच में मधुबन दिखाई पड़ा। शैला का मन प्रसन्न वातावरण बनाने की कल्पना से उत्साह से भर उठा था। उसने कहा—मधुबन! तितली से कह देना, आज दोपहर को मैं उसके यहाँ भोजन करूँगी; मैं छावनी से होकर आती हूँ।

मैं भी साथ चलूँ—मधुबन ने पूछा।

नहीं, तुम जाकर तितली से कह दो भाई, मैं आती हूँ।—कहकर वह लम्बा

डग बढ़ाती हुई चल पड़ी। छावनी पर पहुँचकर उसने देखा, बिलकुल सन्नाटा छाया है। नौकर-चाकर उधर चुपचाप काम कर रहे हैं।

शैला माधुरी के कमरे के पास पहुँचकर बाहर रुक गई। फिर उसने चिक हटा दिया। देखा तो मेज पर सिर रखे हुए माधुरी कुर्सी पर बैठी है—जैसे उसके शरीर में प्राण नहीं!

शैला कुछ देर खड़ी रही। फिर उसने पुकारा—बीबी-रानी!

माधुरी सिसकने लगी। उसने सिर न उठाया। शैला ने उसके बालों को धीरे-धीरे सहलाते हुए कहा—क्या है, बीबी-रानी!

माधुरी ने धीरे से सिर उठाया। उसकी आँखें गुड़हल के फूल की तरह लाल हो रही थीं। शैला से आँख मिलाते ही उसके हृदय का बाँध टूट गया। आँसू की धारा बहने लगी। शैला की ममता उमड़ आई। वह भी पास बैठ गई।

जी कड़ा करके माधुरी ने कहा—मैं तो सब तरह से लुट गई!

हुआ क्या? मैं तो इधर बहुत दिनों से यहाँ आई नहीं, मुझे क्या पता। बीबी-रानी! मुझ पर सन्देह न करो। मैं तुम्हारा बुरा नहीं चाहती। मुझसे अपनी बीती साफ-साफ कहो न। मैं भी तुम्हारी भलाई चाहने वाली हूँ बहन!

माधुरी का मन कोमल हो चला! दुख की सहानुभूति हृदय के समीप पहुँचती है। मानवता का यही तो प्रधान उपकरण है। माधुरी ने स्थिर दृष्टि से शैला को देखते हुए कहा—यह सच है मिस शैला, कि मैं तुम्हारे ऊपर अविश्वास करती रही हूँ! मेरी भूल रही होगी। पर मुझे जो धोखा दिया गया वह अब प्रत्यक्ष हो गया। मैं यह जानती हूँ कि मेरे पति सदाचारी नहीं हैं, उनका मुझ पर स्नेह भी नहीं, तब भी यह मेरे मान का प्रश्न था और उससे भी मुझे धक्का मिला। मेरा हृदय टूक-टूक हो रहा है। मैंने कृष्णमोहन को लेकर दिन बिताने का निश्चय कर लिया था। मैं तो यह भी नहीं चाहती थी कि वह यहाँ आवें। पर जो होनी थी वह होकर ही रही।

माधुरी को फिर रुलाई आने लगी। वह अपने को सम्हाल रही थी। शैला ने पूछा—तो क्या हुआ, बाबू श्यामलाल चले गये?

हाँ, गये, और अनवरी को लेकर गये। मिस शैला! यह अपमान मैं सह न सकूँगी। अनवरी ने मुझ पर ऐसा जादू चलाया कि मैं उसका असली रूप इसके पहले समझ ही न सकी।

यह कैसे हुआ! इसमें सब इन्द्रदेव की भूल है। वह यहाँ रहते तो ऐसी घटना न होने पाती।—शैला ने आश्चर्य छिपाते हुए कहा।

उनके रहने न रहने से क्या होता। यह तो होना ही था। हाँ, चले जाने से

मेरे-माँ के मन में भी यह बात आई कि इन्द्रदेव को उन लोगों का आना अच्छा न लगा। परन्तु इन्द्रदेव को इतना रूखा मैं नहीं समझती। कोई दूसरी ही बात है, जिससे इन्द्रदेव को यहाँ से जाना पड़ा। जो स्त्री इतनी निर्लज्ज हो सकती है, इतनी चतुर है, वह क्या नहीं कर सकती ? उसी का कोई चरित्र देखकर चले गये होंगे। सुनिये, वह घटना मैं सुनाती हूँ जो मेरे सामने हुई थी—

उस दिन माँ के बहुत बकने पर मैं रात को उन्हें व्यालू कराने के लिए थाली हाथ में लिये, कमरे के पास पहुँची। मुझे ऐसा मालूम हुआ कि भीतर कोई और भी है। मैं रुकी। इतने में सुनायी पड़ा—बस, बस, बस, एक ग्लास मैं पी चुकी, और लूंगी तो छिपा न सकूँगी। सारा भंडाफोड़ हो जायगा।

उन्होंने कहा—मैं भंडाफोड़ होने से नहीं डरता। अनवरी ! मैंने अपने जीवन में तुम्हीं को तो ऐसा पाया है, जिससे मेरे मन की सब बातें मिलती हैं ! मैं किसी की परवा नहीं करता, मैं किसी का दिया हुआ नहीं खाता, जो डरता रहूँ। तुम यहाँ क्यों पड़ी हो, चलो कलकत्ते में ? तुम्हारी डाक्टरी ऐसी चमकेगी कि तुम्हारे नाम का डंका पिट जायगा। हम लोगों का जीवन बड़े सुख से कटेगा।

लम्बी-चौड़ी बातें करने वाले मैंने भी बहुत-से देखे हैं। निबाहना सहज नहीं है बाबू साहब ! अभी बीबी-रानी सुन लें तो आपकी...

चलो, देखा है तुम्हारी बीबी-रानी को। मैं...

मैं अधिक सुन न सकी। मेरा शरीर काँपने लगा। मैंने समझा कि यह मेरी दुर्बलता है। मेरा अधिकार मेरे ही सामने दूसरा ले और मैं प्रतिवाद न करके लौट जाऊँ, यह ठीक नहीं। मैं थाली लिए घुस पड़ी। अनवरी अपने को छुड़ाती हुई उठ खड़ी हुई। उसका मुँह विवर्ण था। शराब की महक से कमरा भर रहा था। उन्होंने अपनी निर्लज्जता को स्पष्ट करते हुए पूछा—क्या है ?

भला मैं इसका क्या उत्तर देती ! हाँ, इतना कह दिया कि क्षमा कीजिए, मैं नहीं जानती थी कि मेरे आने से आप लोगों को कष्ट होगा।

यह बड़ी असभ्यता है कि बिना पूछे किसी के एकान्त में...

उनकी बात काटकर अनवरी ने कहा—बीबी-रानी ! मैं कलकत्ते में डाक्टरी करने के सम्बन्ध में बातें कर रही थी।

यह भी उसका दुस्साहस था ! मैं तो उसका उत्तर नहीं देना चाहती थी। परन्तु उसकी ढिठाई अपनी सीमा पार कर चुकी थी। मैंने कहा—बड़ी अच्छी बात है, मिस अनवरी ! आप कब जायँगी ?

मैं अधिक कुछ न कह सकी। थाली रखकर लौट आयी। दूसरे दिन सवेरे ही अनवरी तो बनारस चली गयी और उन्होंने कलकत्ते की तैयारी की ! माँ ने

बहुत चाहा कि वे रोक लिए जायँ। उन्होंने कहलाया भी, पर मैं इसका विरोध करती रही। मैं फिर सामने न गयी। वह चले गये।

शैला ने सान्त्वना देते हुए कहा—जो होना था सो हो गया। अब दुख करने से क्या लाभ ?

हम लोगों का भी आज शहर जाना निश्चित है। माँ कहती हैं कि अब यहाँ न रहूँगी। भाई साहब का पता चला है कि बनारस में ही हैं। उन्होंने बैरिस्टरी आरम्भ कर दी है। हाँ, कोठी पर वह नहीं रहते, अपने लिए कहीं बँगला ले लिया है।

वह और कुछ कहना चाहती थी कि बीच ही में किसी ने पुकारा—बीबी-रानी !

क्या है ?—माधुरी ने पूछा।

माँ जी आ रही हैं।

आती तो रही, उन्हें उठकर आने की जल्दी क्या पड़ी थी ?

श्यामदुलारी भीतर आ गयीं। उस वृद्धा स्त्री का मुख गम्भीर और दृढ़ता से पूर्ण था। शैला का नमस्कार ग्रहण करते हुए एक कुर्सी पर बैठ कर उन्होंने कहा—मिस शैला ! आप अच्छी हैं ? बहुत दिनों पर हम लोगों की सुध हुई।

माँ जी ! क्या करूँ, आप ही का काम करती हूँ। जिस दिन से यह सब काम सिर पर आ गया, एक घड़ी की छुट्टी नहीं। आज भी यदि एक घटना न हो जाती तो यहाँ आती या नहीं, इसमें सन्देह है। आपके गाँव भर में रात को पाला पड़ा। किसानों का सर्वनाश हो गया है। कई दवाएँ भी नहीं हैं। तहसीलदार के पास लिख भेजा था। वे आयीं कि नहीं और...

शैला और भी जाने क्या-क्या कह जाती; क्योंकि उसका मन चंचल हो गया था। इस गृहस्थी की विशृंखलता के लिए वह अपने को अपराधी समझ रही थी। उसकी बातें उखड़ी-उखड़ी हो रही थीं। किन्तु श्यामदुलारी ने बीच ही में रोक-कर कहा—पाला-पत्थर पड़ने में जमींदार क्या कर सकता है। जिस काम में भगवान का हाथ है, उसमें मनुष्य क्या कर सकता है। मिस शैला, मेरी सारी आशाओं पर भी तो पाला पड़ गया। दोनों लड़के बेकहे हो रहे हैं। हम लोग स्त्री हैं। अबला हैं। आज वह जीते होते तो दो-दो थप्पड़ लगाकर सीधा कर देते। पर हम लोगों के पास कोई अधिकार नहीं। संसार तो रुपये-पैसे के अधि-कार को मानता है। स्त्रियों के स्नेह का अधिकार, रोने-दुलारने का अधिकार, तो मान लेने की वस्तु है न ?

अपनी विवशता और क्रोध से श्यामदुलारी की आँखों से आँसू निकल आये।

शैला सन्न हो गयी। उसे भी रह-रह कर इन्द्रदेव पर क्रोध आता था। पुरुषों के प्रति स्त्रियों का हृदय प्रायः विषम और प्रतिकूल रहता है। जब लोग कहते हैं कि वे एक आँख से रोती हैं तो दूसरी से हँसती हैं, तब कोई भूल नहीं करते। हाँ, यह बात दूसरी है कि पुरुषों के इस विचार में व्यंगपूर्ण दृष्टिकोण का अन्त है।

स्त्रियों को उनकी आर्थिक पराधीनता के कारण जब हम स्नेह करने के लिए बाध्य करते हैं, तब उनके मन में विद्रोह की सृष्टि भी स्वाभाविक है! आज प्रत्येक कुटुम्ब उनके इस स्नेह और विद्रोह के द्वन्द्व से जर्जर है और असंगठित है। हमारा सम्मिलित कुटुम्ब उनकी इस आर्थिक पराधीनता की अनिवार्य असफलता है। उन्हें चिरकाल से वंचित एक कुटुम्ब के आर्थिक संगठन को ध्वस्त करने के लिए दिन-रात चुनौती मिलती रहती है। जिस कुल से वे आती हैं, उस पर से ममता हटती नहीं, यहाँ भी अधिकार की कोई सम्भावना न देखकर, वे सदा घूमने वाली गृहहीन अपराधी जाति की तरह प्रत्येक कौटुम्बिक शासन को अव्यवस्थित करने में लग जाती हैं। यह किसका अपराध है? प्राचीन-काल में स्त्रीधन की कल्पना हुई थी। किन्तु आज उसकी जैसी दुर्दशा है, जितने कांड उसके लिए खड़े होते हैं, वे किसी से छिपे नहीं।

श्यामदुलारी का मन आज सम्पूर्ण विद्रोही हो गया था। लड़के और दामाद की उच्छृङ्खलता ने उन्हें अपने अधिकार को सजीव करने के लिए उत्तेजना दी। उन्होंने कहा—मिस शैला! मैंने निश्चय कर लिया है कि अब किसी को मनाने न जाऊँगी। हाँ, मेरी बेटी का दुःख से भरा भविष्य है और उसके लिए मुझे कोई उपाय करना ही होगा। वह इस तरह न रह सकेगी। मैंने अपने नाम की जमींदारी माधुरी को देने का निश्चय कर लिया है। तुम क्या कहती हो? हम लोग तुम्हारी सम्मति चाहती हैं।

माँ जी, आपने ठीक सोचा है। बीबी-रानी को और दूसरा क्या सहारा है। मैं समझती हूँ कि इसमें इन्द्रदेव से पूछने की आवश्यकता नहीं, क्योंकि उनके लिए कोई कमी नहीं। वह स्वयं भी कमा सकते हैं और सम्पत्ति भी है ही!

माधुरी अवाक् होकर शैला का मुंह देखने लगी। आज स्त्रियाँ सब एक ओर थीं। पुरुषों की दुष्टता का प्रतिकार करने में सब सहमत थीं। श्यामदुलारी ने शैला का अनुकूल मत जानकर कहा—तो हम लोग आज ही बनारस जायँगी। वहाँ पहले मैं दान-पत्र की रजिस्ट्री कराऊँगी। तुम भी चलोगी?

बिना कुछ सोचे हुए शैला ने कहा—चलूँगी।

तो फिर तैयार हो जाओ। नहीं, दो घंटे में उधर ही नील-कोठी पर आकर तुम्हें लेती चलूँगी।

बहुत अच्छा—कहकर शैला उठ खड़ी हुई। वह सीधे बनजरिया की ओर चल पड़ी। मधुबन से कह चुकी थी, तितली उसकी प्रतीक्षा में बैठी होगी।

शैला कुछ प्रसन्न-सी थी। उसने अज्ञात भाव से इन्द्रदेव को जो थोड़ा-सा दूर हटाकर श्यामदुलारी और माधुरी को अपने हाथों में पा लिया था, वह एक लाभ-सा उसे उत्साहित कर रहा था। परन्तु बीच-बीच में वह अपने हृदय में तर्क भी करती थी—इन्द्रदेव को मैं एक बार ही भूल सकूँगी? अभी-अभी तो मैंने सोचा था कि चलकर इन्द्रदेव से क्षमा माँग लूंगी, मना लाऊँगी; फिर यह मेरा भाव कैसा?

उसे खेद हुआ। और फिर अपनी भूल सुधारते हुए उसने निश्चय किया कि बुरा काम करते भी अच्छा हो सकता है। मैं इसी प्रश्न को लेकर इन्द्रदेव से अच्छी तरह बातें कर सकूँगी और अपनी सफाई भी दे लूंगी।

वह अपनी धुन में बनजरिया तक पहुँच भी गई; पर उसे मानो ज्ञान नहीं। जब तितली ने पुकारा—वाह बहन! मैं कब से बैठी हूँ, इस तरह के आने के लिए कह कर भी कोई भूल जाता है—तो वह आपे में आ गई।

मुझे झटपट कुछ खिला दो। अभी-अभी मुझे शहर जाना है।

वाह रे चटपट! बैठो भी, अभी हरे चने बनाती हूँ, तब खाना होगा। ठंढा हो जाने से वह अच्छा नहीं लगता। हम लोगों का ऐसा-वैसा भोजन, रूखा-सूखा गरम-गरम ही तो खा सकोगी। चावल और रोटियाँ भी तैयार हैं! अभी बन जाता है।

तितली उसे बैठाती हुई, रसोई-घर में चली गई। हरे चनों की छनछनाहट अभी बनजरिया में गूंज रही थी कि मधुबन एक कोमल लौकी लिए हुए आया। वह उसे बैठकर छीलने-बनाने लगा।

शैला इस छोटी-सी गृहस्थी में दो प्राणियों को मिलाकर उसकी कमी पूरी करते देखकर चकित हो रही थी। अभी छावनी की दशा देखकर आई थी। वहाँ सब कुछ था, पर सहयोग नहीं। यहाँ कुछ न था; परन्तु पूरा सहयोग उस अभाव से मधुर युद्ध करने के लिए प्रस्तुत। शैला ने छेड़ने के लिए कहा—तितली! मुझे भूख लगी है। तुम अपने पकवान रहने दो; जो बना हो, मुझे लाकर खिला दो।

आई, आई, लो, मेरा हाथ जलने से बचा।

मधुबन ने कहा—तो ले आओ न!

वह भी हँस रहा था।

पहले केले का पत्ता ले आओ। फिर जल्दी करना।

मधुबन केले का पत्ता लेने के लिए बनजरिया की झुरमुट में चला। शैला हँस रही थी। उसके सामने हरे-हरे दोनों में देहाती दही में भीगे हुए बड़े और आलू-मटर की तरकारी रख दी गई। पत्ते लेकर मधुबन के आते ही चावल, रोटी दाल, हरे चने और लौकी भी सामने आ गई।

शैला खाती भी थी, हँसती भी थी। उसके मन में सन्तोष-ही-सन्तोष था। उसके आस-पास एक प्रसन्न वातावरण फैल रहा था, जैसे विरोध का कहीं नाम नहीं। इन्द्रदेव! उस रूठे हुए मन को मना लाने के लिए तो वह जा ही रही थी।

भोजन कर लेने पर शैला ने हाथ पोंछते हुए मधुबन से कहा—नील कोठी की रखवाली तुम्हारे ऊपर। मैं दो-चार दिन भी वहाँ ठहर सकती हूँ! सावधान रहना। किसी से लड़ाई-झगड़ा मत कर बैठना।

वाह! मैं सबसे लड़ाई ही तो करता फिरता हूँ!

दूर न जाकर घर में तितली ही से, क्यों बहन!—शैला ने हँस कर कहा।

तितली लज्जा से मुस्कराती हुई बोली—मैं क्या कलकत्ते की पहलवान हूँ बहन!

मधुबन उत्तर न दे सकने से खीझ रहा था। पर वह खीझ बड़ी सुहावनी थी सहसा उसे एक बात का स्मरण हुआ। उसने कहा—हाँ, एक बात तो कहना मैं भूल ही गया था। मलिया को लेकर वह तहसीलदार बहुत धमका गया है। मेरे सामने फिर आवेगा तो मैं उसके दो-चार बचे हुए दाँत भी झाड़ दूँगा। वह बेचारी क्या इस गाँव में रहने भी न पावेगी। और तो किसी से बोलने के लिए मैं शपथ खा सकता हूँ।

मधुबन! सहनशील होना अच्छी बात है। परन्तु अन्याय का विरोध करना उससे भी उत्तम है। तुम कोई उपद्रव न करोगे, इसका तो मुझे विश्वास है। अच्छा तो चलो मेरे साथ, और बहन तितली! तो मैं जाती हूँ।

तितली ने नमस्कार किया। दोनों चले। अभी बनजरिया से कुछ ही दूर पहुँचे होंगे कि मलिया उधर से आती हुई दिखाई पड़ी। उसकी दयनीय और भयभीत मुखाकृति देखकर शैला को रुक जाना पड़ा। शैला ने उसे पास बुलाकर कहा—मलिया, तू तितली के पास निर्भय होकर रह, किसी बात की चिन्ता मत कर।

मलिया की आँखों में कृतज्ञता के आँसू भर आये। नील कोठी पर पहुँचकर दो-चार आवश्यक वस्तुएँ अपने बेग में रखकर शैला तैयार हो गई। मधुबन को आवश्यक काम समझाकर वह झील की ओर पत्थर पर बैठी हुई, सड़क पर मोटर आने की प्रतीक्षा करने लगी। मधुबन को भूख लगी थी। उसने जाने के लिए पूछा। तितली भी अभी बैठी होगी—यह जानकर शैला को अपनी भूल मालूम हुई। उसने कहा—जाओ, तितली मुझे कोसती होगी।

मधुबन चला गया। तितली की बातें सोचते-सोचते उसकी छोटी-सी सुख से भरी गृहस्थी पर विचार करते-करते, शैला के एकान्त मन में नई गुदगुदी होने लगी। वह अपनी बड़ी-सी नील कोठी को व्यर्थ की विडम्बना समझकर, उसमें नया प्राण ले आने की मन-ही-मन स्त्री-हृदय के अनुकूल मधुर क़ल्पना करने लगी।

आज उसे अपनी भूल पग-पग पर मालूम हो रही थी। उसने उत्साह से कहा—अब विलम्ब नहीं।

दूर से धूल उड़ाती हुई मोटर आ रही थी। ड्राइवर के पास एक पाण्डेजी वन्दूक लिये बैठे थे। पीछे श्यामदुलारी और माधुरी थीं।

टीले के नीचे मोटर रुकी। चमड़े का छोटा-सा बेग हाथ में लिये फुरती से शैला उतरी। वह जाकर माधुरी से सटकर बैठ गई।

माधुरी ने पूछा—और कुछ सामान नहीं है क्या ?

नहीं तो।

तो फिर चलना चाहिए।

शैला ने कुछ सोचकर कहा—आपने तहसीलदार को साथ में नहीं लिया। बिना उसके वह काम, जो आप करना चाहती हैं, हो सकेगा ?

क्षण-भर के लिये सन्नाटा रहा। माधुरी कुछ कहना नहीं चाहती थी। श्यामदुलारी ने ही कहा—हाँ, यह बात तो मैं भी भूल गई। उसको रहना चाहिए।

तो आप एक चिट लिख दें। मैं यही नील-कोठी के चपरासी के पास छोड़ आती हूँ। वह जाकर दे देगा। कल तहसीलदार बनारस पहुँचेगा।

श्यामदुलारी ने माधुरी को नोट-बुक से पन्ना फाड़कर उस पर कुछ लिखकर दे दिया। शैला उसे लेकर ऊपर चली गई।

श्यामदुलारी ने माधुरी को देखकर कहा—हम लोग जितनी बुरी शैला को समझती थीं उतनी तो नहीं है, बड़ी अच्छी लड़की है।

माधुरी चुप थी ! वह अब भी शैला को अच्छा स्वीकार करने में हिचकती थी।

शैला ऊपर से आ गई। उसके बैठ जाने पर हार्न देती हुई मोटर चल पड़ी।

३

धामपुर में फिर सन्नाटा हो गया। जमींदार की छावनी सूनी थी। बनजरिया में बाबाजी नहीं। नील-कोठी पर शैला की छाया नहीं। उधर शेरकोट के खँडहर में राजकुमारी अपने दुर्बल अभिमान में ऐंठी जा रही थी। उसका हृदय काल्पनिक सुखों का स्वप्न देखकर चंचल हो गया था। सुखदेव चौबे ने अकाल-जलद की तरह उसके संयम के दिन को मलिन कर दिया था। वह अब ढलते हुए यौबन को रोक रखने की चेष्टा में व्यस्त रहती है।

उसकी झोंपड़ी में प्रसाधन की सामग्री भी दिखाई पड़ने लगी। कहीं छोटा-सा दर्पण, तो कहीं तेल की शीशी। वह धीरे-धीरे चिकने पथ पर फिसल रही थी। और लोग क्या कहेंगे, इस पर उसका ध्यान बहुत कम जाता। कभी-कभी अपनी मर्यादा के खोये हुए गौरव की क्षीण प्रतिध्वनि उसे सुनाई पड़ती; पर वह प्रत्यक्ष सुख की आशा को—जिसे जीवन में कभी प्राप्त न कर सकी थी—छोड़ने में असमर्थ थी।

मधुबन भी तो अब वहाँ नहीं आता। उस दिन ब्याह में राजकुमारी का वह विरोध उसे बहुत ही खला। उसे धीरे-धीरे राजकुमारी के चरित्र में सन्देह भी हो चला था। किन्तु उसकी वही दशा थी, जैसे कोई मनुष्य भय से आँख मूंद लेता है। वह नहीं चाहता था कि अपने सन्देह की परीक्षा करके कठोर सत्य का नग्न रूप देखे।

मधुबन को नील-कोठी का काम करना पड़ता। वहाँ से उसको कुछ रुपये मिलते थे। इसी बहाने को वह सब लोगों से कह देता कि उसे शेरकोट आने-जाने में नौकरी के लिए असुविधा थी। इसीलिए बनजरिया में रोटी खाता था। राजकुमारी की खीझ और भी बढ़ गई थी। यों तो मधुबन पहले ही कुछ नहीं देता था। राजकुमारी अपने बुद्धि-बल और प्रबन्ध-कुशलता से किसी-न-किसी तरह रोटी बनाकर खा-खिला लेती थी। पर जब मधुबन को कुछ मिलने लगा, तब उसमें से कुछ मिलने की आशा करना उसके लिए स्वाभाविक था। किन्तु वह नहीं चाहती थी कि वास्तव में उसे मधुबन कुछ दिया करे। हाँ, वह तो यह

भी चाहती थी, मधुबन इसके लिए फिर शेरकोट में न आने लगे; और इससे नवजात विरोध का पौधा और भी बढ़ेगा। विरोध उसका अभीष्ट था।

सन्ध्या होने में भी विलम्ब था। राजकुमारी अपने बालों में कंघी कर चुकी थी। उसने दर्पण उठाकर अपना मुँह देखा। एक छोटी-सी बिन्दी लगाने के लिए उसका मन ललचा उठा। रोली, कुंकुम, सिन्दूर वह नहीं लगा सकती, तब ? उसने नियम और धर्म की रूढ़ि बचाकर काम निकाल लेना चाहा। कत्थे और चुने को मिलाकर उसने बिन्दी लगा ली। फिर से दर्पण देखा। वह अपने ऊपर रीझ रही थी। हाँ, उसमें वह शक्ति आ गई थी कि पुरुष एक बार उसकी ओर देखता। फिर चाहे नाक चढ़ाकर मुँह फिरा लेता। यह तो उसकी विशेष मनोवृत्ति है। पुरुष, समाज में वही नहीं चाहता, जिसके लिए उसी का मन छिपे-छिपे प्रायः विद्रोह करता रहता है। वह चाहता है, स्त्रियाँ सुन्दर हों, अपने को सजाकर निकलें और हम लोग देखकर उनकी आलोचना करें। वेश-भूषा के नये-नये ढंग निकालता है। फिर उनके लिए नियम बनाता है। पर जो सुन्दर होने की चेष्टा करती हो, उसे अपना अधिकार प्रमाणित करना होगा।

राजो ने यह अधिकार खो दिया था। वह बिन्दी लगाकर पंडित दीनानाथ की लड़की के ब्याह में नहीं जा सकती थी। दुःख से उसने बिन्दी मिटाकर चादर ओढ़ ली। बुधिया, सुखिया और कल्लो उसके लिए कब से खड़ी थीं। राजकुमारी को देखकर वह सब-की-सब हँस पड़ीं।

क्या है रे ?—अपने रूप की अभ्यर्थना समझते हुए भी राजकुमारी ने उनकी हँसी का अर्थ समझना चाहा। अपनी किसी भी वस्तु की प्रशंसा कराने की साध बड़ी मीठी होती है न ? चाहे उसका मूल्य कुछ हो। बुधिया ने कहा—चलो मालकिन ! बारात आ गई होगी !

जैसे तेरा ही कन्यादान होने वाला है। इतनी जल्दी।—कहकर राजकुमारी घर में ताला लगाकर निकल गई। कुछ ही दूर चलते-चलते और भी कितनी ही स्त्रियाँ इन लोगों के झुंड में मिल गईं। अब यह ग्रामीण स्त्रियों का दल हँसते-खेलते परस्पर परिहास में विस्मृत, दीनानाथ के घर की ओर चला।

अन्नों को पका देने वाला पश्चिमी पवन सर्राटे से चल रहा था। जौ-गेहूँ के कुछ-कुछ पीले बाल उसकी झोंक में लोट-पोट हो रहे थे। वह फागुन की हवा मन में नई उमंग बढ़ाने वाली थी, सुख-स्पर्श थी। कुतूहल से भरी ग्राम-वधुएँ, एक-दूसरे की आलोचना में हँसी करती हुई, अपने रंग-बिरंगे वस्त्रों में ठीक-ठीक शस्य-श्यामल खेतों की तरह तरंगायित और चंचल हो रही थीं। वह जंगली पवन वस्त्रों से उलझता था। युवतियाँ उसे समेटती हुई, अनेक प्रकार से अपने

अंगों को मरोर लेती थीं। गाँव की सीमा में निर्जनता थी। उन्हें मनमानी बात-चीत करने के लिए स्वतंत्रता थी। पीली-पीली धूप, तीसी और सरसों के फूलों पर पड़ रही थी। वसन्त की व्यापक कला से प्रकृति सजीव हो उठी थी। सिंचाई से मिट्टी की सोंधी महँक, वनस्पतियों की हरियाली की और फूलों की गन्ध उस वातावरण में उत्तेजना-भरी मादकता ढाल रही थी।

राजकुमारी इस टोली की प्रमुख थी। वह पहले ही पहल इस तरह ब्याह के निमन्त्रण में चली थी! संयम का जीवन जैसे कारागार के बाहर आकर संसार की वास्तविक विचित्रता से और अनुभूति से परिचित हो रहा था।

राजकुमारी को दूर से दीनानाथ के घर की भीड़-भाड़ दिखाई पड़ी। उसकी संगिनियों का दल भी कम न था। उसने देखा कि राग-विरागपूर्ण जन-कोलाहल में दिन और रात की सन्धि, अपना दुःख-सुख मिलाकर एक तृप्ति-भरी उलझन से संसार को आन्दोलित कर रही है। राजकुमारी का मन उसी में मिल जाने के लिए व्यग्र हो उठा।

जब वह पंडितजी के घर पर पहुँची तो बारात की अगवानी में गीत गाने वाली कुल-कामिनियों के झुण्ड ने अपनी प्रसन्न चेष्टा, चपल संकेतों और खिल-खिलाहट-भरी हँसी से उसका स्वागत किया। राजकुमारी ने देखा कि जीवन का सत्य है, प्रसन्नता। वह प्रसन्नता और आनन्द की लहरों में निमग्न हो गई।

तहसीलदार बारात का प्रबन्ध कर रहे थे। इसलिए गोधूली में जब बारात पहुँची तो वही सबके आगे था। इधर दीनानाथ के पक्ष से चौबे अगवानी कर रहे थे। द्वारपूजा होकर बारात वापस जनवासे में लौट गई। वहाँ मैना का नाच होने लगा।

इधर पंडितजी के घर पर स्त्रियों का कोलाहल शान्त हो रहा था। बहुत-सी तो लौटने लगी थीं। पर राजकुमारी का दल अभी जमा था। गाना-बजाना चल रहा था। लग्न समीप था, इसलिए ब्याह देखकर ही इन लोगों को जाने की इच्छा थी।

तितली, जो भीड़ में दूसरी ओर बैठी थी, उठकर आँगन की ओर आई। वह जाने के लिए छुट्टी माँग चुकी थी। छपे हुए किनारे की सादी खादी की धोती। हाथों में दो चूड़ियाँ और सुनहले कड़े। माथे में सौभाग्य सिन्दूर। चादर की आवश्यकता नहीं। अपनी सलज्ज गरिमा को ओढ़े हुए, वह उन स्त्रियों की रानी-सी दिखलाई पड़ती थी।

पंडित की बड़ी लड़की जमुना शहर में ब्याही थी। उसने तितली को जाते

देखा। देहात में यह ढंग ! वह चकित हो रही थी। मित्रता के लिए चंचल हो कर वह सामने आकर खड़ी हो गई।

वाह बहन ! तुम चली जाती हो। यह नहीं होगा। अभी नहीं जाने दूँगी। चलो, बैठो। ब्याह देखकर जाना।

वह गाने वाले झुण्ड की ओर पकड़कर उसे ले चली। राजकुमारी ने तितली को देखा और तितली ने राजकुमारी को। तितली उसके पास पहुँची। आँचल का कोना दोनों हाथों में पकड़कर गाँव की चाल से वह पैर छूने लगी। राजकुमारी अपने रोष की ज्वाला में धधकती हुई मुँह फेर कर बैठ गई।

जमुना को राजो के इस व्यवहार पर क्रोध आ गया। वह तो तितली की मित्र थी। फिर दबने वाली भी नहीं। उसने कहा—बेचारी तो पैर छू रही है और तुम अपना मुँह घुमा लेती हो, यह क्या है। तुम तो तितली की ननद हो न !

मैं कौन हूँ ? यह सिर चढ़ी तो स्वयं ही दूल्हा खोज कर आई है। भला इस दिखावट की आवभगत से क्या काम ?

राजकुमारी का स्वर बड़ा तीव्र और रूखा था।

अब तो आ गई हूँ जीजी—तितली ने हँसकर कहा।

कुछ युवतियों ने उसकी बात पर हँस दिया। परन्तु एक दल ऐसा भी था, जो तितली से उग्र प्रतिवाद की आशा रखता था। गाना-बजाना बन्द हो गया। तितली और राजकुमारी का द्वन्द्व देखने का लोभ सब को उसी ओर आकर्षित किये था।

एक ने कहा—सच तो कहती है, अब तो वह तुम्हारे घर आ गई है। तुमको अब वह सब बातें भुला देनी चाहिए।

मैं कर क्या रही हूँ। मैं तो कुछ बोलती भी नहीं। तुम लोग झूठ ही मेरा सिर खा रही हो। क्या मैं चली जाऊँ ?—कहती हुई राजकुमारी उठ खड़ी हुई। जमुना ने उसका हाथ पकड़ कर बिठलाया, और तितली भौंचक-सी अपने अपराधों को खोजने लगी। उसने फिर साहस एकत्र किया और पूछा—जीजी, मेरा अपराध क्षमा न करोगी ?

मैं कौन होती हूँ क्षमा करनेवाली ? तुमको हाथ जोड़ती हूँ, तुम्हारे पैरों पड़ती हूँ, तुम राजरानी हो, हम लोगों पर दया रखो।

राजकुमारी और कुछ कहना ही चाहती थी कि किसी प्रौढ़ा ने हँसकर कहा—बेचारी के भाई को जादू-विद्या से इस कल की छोकरी ने अपने बस में कर लिया है। उसे दुख न हो ?

राजकुमारी ने देखा कि वह बनाई जा रही है, फिर भी तितली की ही विजय रही। वह जल उठी। चुप होकर धीरे से खिसक जाने का अवसर देखने लगी। पंडित दीनानाथ कुछ क्रोध से भरे हुए घर में आये और अपनी स्त्री से कहने लगे—मैं मना करता था कि इन शहरवालों के यहाँ एक ब्याह करके देख चुकी हो, अब यह ब्याह किसी देहात में ही करूँगा.। पर तुम मानो तब तो। माँग-पर-माँग आ रही है। अनार-शरबत चाहिए। ले आओ, है घर में ? इस जाड़े में भी यह ढकोसला ! मालूम होता है, जेठ-वैसाख की गरमी से तप रहे हैं !

जमुना की माँ धीरे से उठकर अपनी कोठरी में गई और बोतल लिये हुए बाहर आई। उसने कहा—फिर समधी हैं, अनार-शरबत ही तो माँगते हैं। कुछ तुमसे शराब तो माँगते नहीं। घबड़ाने की क्या बात है ? सुखदेव चौबे से कह दो, जाकर दे आवें और समझा दें कि हम लोग देहाती हैं; पंडित जी को साग-सत्तू ही दे सकते हैं, ऐसी वस्तु न माँगें जो यहाँ न मिल सकती हो।

जमुना की माँ की एक बहन बड़ी हँसोड़ थी। उसने देखा कि अच्छा अवसर है। वह चिल्ला उठी—छिपकली।

पंडित जी—कहाँ—कहते हुए उछल पड़े। सब स्त्रियाँ हँस पड़ीं। जमुना की माँ ने कहा—छिपकली के नाम पर उछलते हो, यह सुनकर समधी तो तुम्हारे ऊपर सैकड़ों छिपकलियाँ उछाल देंगे।

पंडित जी ने कहा—तुम नहीं जानती हो, इसके गिरने से शुभ और अशुभ देखा जाता है। यह है बड़ी भयानक वस्तु। इसका नाम है 'विषतूलिका'। सामने गिर पड़े तो भी दुःख देती है।

पंडित जी जब 'विषतूलिका' का उच्चारण अपने ओठों को बना कर बड़ी गंभीरता से कर रहे थे और सब स्त्रियाँ हँस रही थीं, तब राजकुमारी ने तितली की ओर देखकर मन-ही-मन घृणा से कहा—विषतूलिका। उस समय उसकी मुखाकृति बड़ी डरावनी हो गई थी। परन्तु सुखदेव चौबे को सामने देखते ही उसका हृदय लहलहा गया। रधिया को न जाने क्या सूझा, ढोल बजाती हुई सुखदेव के नाम के साथ कुछ जोड़कर गाने लगी। सब उस परिहास में सहयोग करने लगीं। तितली उठकर मर्माहत-सी जमुना के पास चली गई।

रात हो गई थी। राजकुमारी भी छुट्टी माँगकर अपनी बुधिया, कल्लो को लेकर चली। राह में ही जनवासा पड़ता था। रावटियों के बाहर बड़े-से-बड़े चँदोवे के नीचे मैना गा रही थी—

राजकुमारी कुछ काल के लिए रुक गई। दुधिया ने कहा—चलो, न मालकिन ! दूर से खड़ी होकर हम लोग भी नाच देख लें।

नहीं रे ! कोई देख लेगा।

कौन देखता है, उधर अँधेरे में बहुत-सी स्त्रियाँ हैं। वहीं पीछे हम लोग भी घूँघट खींचकर खड़ी हो जायँगी। कौन पहचानेगा ?

राजकुमारी के मन की बात थी। वह मान गई। वह भी जाकर आम के वृक्ष की घनी छाया में छिपकर खड़ी हो गई। बुधिया और कल्लो तो ढीठ थीं, आगे बढ़ गईं। उधर गाँव की बहुत-सी स्त्रियाँ और लड़के बैठे थे। वे सब जाकर उन्हीं में मिल गईं। पर राजकुमारी को साहस न हुआ। आम की मंजरी की मीठी मतवाली महँक उसके मस्तिष्क को बेचैन करने लगी।

मैना उन्मत्त होकर पञ्चम स्वर में गा रही थी। उसका नृत्य अद्भुत था। सब लोग चित्रलिखे-से देख रहे थे। कहीं कोई भी दूसरा शब्द नहीं सुनाई पड़ता था। उसके मधुर नूपुर की झनकार उस वसन्त की रात को गुंजा रही थी।

राजकुमारी ने विह्वल होकर कहा—बालेपन से; साथ ही एक दबी साँस उसके मुँह से निकल गई। वह अपनी विकलता से चंचल होकर जल्दी से अपनी कोठरी में पहुँचकर किवाड़ बन्द कर लेने के लिए घबड़ा उठी। पर जाय तो कैसे। बुधिया और कल्लो तो भीड़ में थीं। वहाँ जाकर उन्हें बुलाना उसे जँचता न था। उसने मन-ही-मन सोचा—कौन दूर शेरकोट है। मैं क्या अकेली नहीं जा सकती। कब तक यहीं खड़ी रहूँगी ?—वह लौट पड़ी।

अन्धकार का आश्रय लेकर वह शेरकोट की ओर बढ़ने लगी। उधर से एक बाहा पड़ता था। उसे लाँघने के लिए वह क्षण भर के लिए रुकी थी कि पीछे से किसी ने कहा—कौन है ?

भय से राजकुमारी के रोएँ खड़े हो गये। परन्तु अपनी स्वाभाविक तेजस्विता एकत्र करके वह लौट पड़ी। उसने देखा, और कोई नहीं, यह तो सुखदेव चौबे हैं।

गाँव की सीमा में खलिहानों पर से किसानों के गीत सुनाई पड़ रहे थे। रसीली चाँदनी की आर्द्रता से मंथर पवन अपनी लहरों से राजकुमारी के शरीर में रोमाञ्च उत्पन्न करने लगा था। सुखदेव ज्ञानविहीन मूक पशु की तरह, उस आम की अँधेरी छाया में राजकुमारी के परवश शरीर के आलिंगन के लिए, चंचल हो रहा था। राजकुमारी की गई हुई चेतना लौट आई। अपनी असहायता में उसका नारीत्व जगकर गरज उठा। अपने को उसने छुड़ाते हुए कहा—सुख-

देव ! मुझे सब तरह से मत लूटो। मेरा मानसिक पतन हो चुका है। मैं किसी ओर की न रही, तो तुम्हारी भी न हो सकूँगी। मुझे घर पहुँचा दो।

सुखदेव अनुनय करने लगा। रात और भी भींगने लगी। ज्तों-ज्यों बिलम्ब हो रहा था, राजकुमारी का मन खीझने लगा। उसने डाँटकर कहा—चलो घर पर, मैं यहाँ नहीं खड़ी रह सकती।

विवश हो कर दोनों ही शेरकोट की ओर चले।

उधर बारात में नाच-गाना, खाना-पीना चल रहा था। सब लोग जब आनन्द-विनोद में मस्त हो रहे थे, तब एक भयानक दुर्घटना हुई। एक हाथी, जो मस्त हो रहा था, अपने पीलवान को पटककर चिंघाड़ने लगा। उधर साटे-बरदार, बरछी वाले दौड़े, पर चँदोवे के नीचे तो भगदड़ मच गई। हाथी सच-मुच उधर ही आ रहा था। मधुबन भी इसी गड़बड़ी में अभी खड़ा होकर कुछ सोच ही रहा था, कि उसने देखा, मैना अकेली किंकर्त्तव्यविमूढ़-सी हाथी के सूंड़ की पहुँच ही के भीतर खड़ी थी। बिजली की तरह मधुबन झपटा। मैना को गोद में उठाकर दैत्य की तरह सरपट भागने लगा। मैना बेसुध थी।

उपद्रव की सीमा से दूर निकल आने पर मधुबन को भी चैतन्य हुआ। उसने देखा, सामने शेरकोट है। आज क़ितने दिनों पर वह अपने घर की ओर आया था। अब उसे अपनी विचित्र परिस्थिति का ज्ञान हुआ। वह मैना को बचा ले आया, पर इस रात में उसे रखे कहाँ। उसने मन को समझाते हुए कहा—मैं अपना कर्त्तव्य कर रहा हूँ। इस समय राजो को बुलाकर इस मूर्च्छित स्त्री को उसकी रक्षा में छोड़ दूं। फिर सवेरे देखा जायगा।

मैना मूर्च्छित थी। उसे लिए हुए धीरे-धीरे वह शेरकोट के खँडहर में घुसा। अभी वह किवाड़ के पास नहीं पहुँचा था कि उसे सुखदेव का स्वर सुनाई पड़ा—खोल दो राजो ! मैं दो बात करके चला जाऊँगा। तुमको मेरी सौगन्ध।

मधुबन के चारों ओर चिनगारियाँ नाचने लगीं। उसने मैना को धीरे से दालान की टूटी चौकी पर सुलाकर सुखदेव को ललकारा—क्यों चौबे की दुम। यह क्या ?

सुखदेव ने घूमकर कहा—मधुबन ! बे, ते मत करो !

साथ ही मधुबन के बलवान हाथ का भरपूर थप्पड़ मुंह पर पड़ा—नीच कहीं का। रात को दूसरों के घर की कुंडियाँ खटखटाता है और धन्नासेठी भी बघारता है। पाजी !

अभी सुखदेव सम्हल भी नहीं पाया था कि दनादन लात-घूंसे पड़ने लगे। सुखदेव चिल्लाने लगा। मैना सचेत होकर यह व्यापार देखने लगी। उधर से

राजो भी किवाड़ खोलकर बाहर निकल आई। मधुबन का हाथ पकड़ कर मैना ने कहा—बस करो मधुबन बाबू !

राजो तो सन्न थी। सुखदेव ने साँस ली। उसकी अकड़ के बन्धन टूट चुके थे।

मैना ने कहा—हम लोग यहीं रात बिता लेंगे। अभी न जाने हाथी पकड़ा गया कि नहीं। उधर जाना तो प्राण देना है।

सुखदेव चतुरता से चूकने वाला न था। उसने उखड़े हुए शब्दों में अपनी सफाई देते हुए कहा—मैं क्या जानता था कि हाथी से प्राण बचाने जाकर बाघ के मुँह में चला गया हूँ।

मैना को हँसी आ गई। पर मधुबन का क्रोध शान्त नहीं हुआ था। वह राजकुमारी की ओर उस अन्धकार में घूरने लगा था। राजो का चुप रहना उस अपराध में प्रमाण बन गया था। परन्तु मधुबन उसे अधिक खोलने के लिए प्रस्तुत न था।

मीना एक वेश्या थी। उसके सामने कुलीनता का आडम्बर रखने वाले घर का यह भंडाफोड़। मधुबन चुप था। राजकुमारी ने कहा—अच्छा, भीतर चलो। जो किया सो अच्छा किया। यह कौन है ?

अब मधुबन को जैसे थप्पड़ लगा।

मैना का प्राण बचाकर उसने अच्छा ही किया था। पर थी तो वह वेश्या ! उतनी रात को उसे उठाकर ले भागना; फिर उसे अपने घर ले आना ! गाँव-भर में लोग क्या कहेंगे ! और सब तो जो होगा, देखा जायगा, इस समय राजकुमारी को क्या उत्तर दे। उसका संकोच उसके साहस को चबाने लगा।

मधुबन की परिस्थिति मैना समझ गई। उसने कहा—मैं यहाँ नाचने आई हूँ। हाथी बिगड़कर मुझी पर दौड़ा। यदि मधुबन बाबू वहाँ न आ जाते तो मैं मर चुकी थी। अब रात भर मुझे कहीं पड़े रहने के लिए जगह दीजिए, सवेरे ही चली जाऊँगी।

राजकुमारी को समझौता करना था। दूसरा अवसर होता तो वह कभी न ऐसा करती। उसने कहा—अच्छा आओ मैना—उसके साथ भीतर चलते हुए मधुबन का हाथ पकड़कर मैना बोली—सुखदेव को वहीं पड़ा न रहने दीजिए। रात है, अभी न जाने हाथी कुचल दे तो बेचारे की जान चली जायगी।

मधुबन कुछ न बोला। वह भीतर चला गया।

सुखदेव सवेरा होने के पहले ही धीरे-धीरे उठकर बनजरिया की ओर चला। उसका मन विषाक्त हो रहा था। वह राजकुमारी पर क्रोध से भुन रहा था।

मधुबन को कभी चबाना चाहता था। परन्तु मधुबन के थप्पड़ों को भूलना सहज बात नहीं। वह बल से तो कुछ नहीं कर सकता था, तब कुछ छल से काम लेने की उसे सूझी। अपनी बदनामी भी बचानी थी।

बनजरिया के ऊपर अरुणोदय की लाली अभी नहीं आई थी। मलिया झाड़ू लगा रही थी। तितली ने जागकर सवेरा किया था। मधुबन की प्रतीक्षा में उसे नींद नहीं आई थी। वह अपनी सम्पूर्ण चेतना से उत्सुक-सी टहल रही थी। सामने से चौबेजी आते हुए दिखाई पड़े। वह खड़ी हो गई। चौबे ने पूछा—मधुबन बाबू अभी तो नहीं आये न ?

नहीं तो।

रात को उन्होंने अद्‌भुत साहस किया। हाथी बिगड़ा तो इस फुरती से मैना को बचाकर ले भागे कि लोग दंग रह गये। दोनों ही का पता नहीं। लोग खोज रहे हैं। शेरकोट गये होंगे।

तितली तो अनमनी हो रही थी। चौबे की उखड़ी हुई गोल-मटोल बातें सुनकर वह और भी उद्विग्न हो गई। उसने चौबे से फिर कुछ न पूछा। चौबेजी अधिक कहने की आवश्यकता न देखकर अपनी राह लगे। तितली को इस संवाद के कलंक की कालिमा बिखरती जान पड़ी। वह सोचने लगी—मैना ! कई बार उसका नाम सुन चुकी हूँ। वही न ! जिसने कलकत्ते वाले पहलवान को पछाड़ने पर उनको बौर दिया था। तो...उसको लेकर भागे। बुरा क्या किया। मर जाती तो ? अच्छा तो फिर यहाँ नहीं ले आये ? शेरकोट राजकुमारी के यहाँ ! जो मुझसे उनको छीनने के लिए तैयार ! मुझको फूटी आँखों भी नहीं देखना चाहती। वहीं रात बिताने का कारण ?

वह अपने को न सँभाल सकी। रामनाथ की तेजस्विता का पाठ भूली न थी। उसने निश्चय किया कि आज शेरकोट चलूंगी, वह भी तो मेरा ही घर है, अभी चलूँगी। मलिया से कहा—चल तो मेरे साथ।

तितली उसी वेश में मधुबन की प्रतीक्षा कर रही थी जिसमें दीनानाथ के घर गई थी। वहाँ, आँखें जगने से लाल हो रही थीं। दोनों शेरकोट की ओर पग बढ़ाती हुई चलीं।

ग्लानि और चिन्ता से मधुबन को भी देर तक निद्रा नहीं आई थी। पिछली रात में जब वह सोने लगा तो फिर उसकी आँख ही नहीं खुलती थी। सूर्य की किरणों से चौंककर जब झुंझलाते हुए मधुबन ने आँखें खोलीं तो सामने तितली खड़ी थी। घूमकर देखता है तो मैना भी बैठी मुस्करा रही है। और राजो वह जैसे लज्जा-संकोच से भरी हुई, परिहास-चंचल अधरों में अपनी वाणी को पी

रही है। तितली को देखते ही उससे न रहा गया। उसका हाथ पकड़कर वह अपनी कोठरी में ले जाते हुए बोली—मैना ! आज मेरे मधुबन की बहू अपनी सुसराल में आई है। तुम्हीं कुछ मंगल गा दो। बेचारी मुझसे रूठकर यहाँ आती ही न थी।

मधुबन अवाक् था। मैना समझ गयी। उसने गाने के लिए मुँह खोला ही था कि मधुबन की तीखी दृष्टि उस पर पड़ी। पर वह कब मानने वाली। उसने कहा—बाबूजी, जाइए, मुँह धो आइए। मैं आपसे डरने वाली नहीं। ऐसी सोने-सी बहू देखकर गाने का मन न करे, वह कोई दूसरी होगी। भला मुझे यह अवसर तो मिला।

मधुबन ने तितली से पूछा भी नहीं कि तुम कैसे यहाँ आई हो। उसने बाहर को राह ली। तितली इस आकस्मिक मेल से चकित-सी हो रही थी। उस दिन राजो के घर धूम-धाम से खाने-पीने का प्रबन्ध हुआ। मधुबन जब खाने बैठा तो मैना गाने लगी। तितली की आँखों में सन्देह की छाया न थी। राजो के मुँह पर स्पष्टता का आलोक था। और मधुबन ! वह कभी शेरकोट को देखता, कभी तितली को।

मैना रामकलेवा के चुने हुए गीत गा रही थी। मलिया अपने विलक्षण स्वर में उसका साथ दे रही थी। मधुबन आज न जाने क्यों बहुत प्रसन्न हो रहा था।

४

जब से श्यामदुलारी शहर चली गई; धामपुर में तहसीलदार का एकाधिपत्य था। धामपुर के कई गाँवों में पाला ने खेती चौपट कर दी थी। किसान व्याकुल हो उठे थे। तहसीलदार की कड़ाई और भी बढ़ गई थी। जिस दिन रामजस का भाई पथ्य के अभाव से मर गया और उसकी माँ भी पुत्रशोक में पागल हो रही थी, उसी दिन जमींदार की कुर्की पहुँची। पाला से जो कुछ बचा था, वह जमींदार के पेट में चला गया। खड़ी फसल कुर्क हो गई। महँगू भी इस ताक में बैठा ही था। उसका कुछ रुपया बाकी था। आज-कल करते बहुत दिन बीत गये। रामजस के बैलों पर उसकी डीठ लगी थी। रामजस निर्विकार भाव से जैसे प्रतीक्षा कर रहा था कि किसी तरह सब कुछ लेकर संसार मुझे छोड़ दे और मैं भी माता के मर जाने के बाद इस गाँव को छोड़ दूँ। दूसरे ही दिन उसकी माँ भी चल बसी। मधुबन ने उसे बहुत समझाया कि ऐसा क्यों करते हो, मेम साहब को आने दो, कोई-न-कोई प्रबन्ध हो जायगा; परन्तु उसके मन में उस जीवन से तीव्र उपेक्षा हो गई थी। अब वह गाँव में रहना नहीं चाहता। मधुबन के यहाँ कितने दिन तक रहेगा। उसे तो कलकत्ता जाने की धुन लगी थी।

उस दिन जब बारात में हाथी बिगड़ा और मैना को लेकर मधुवन भागा तो गाँव-भर में यह चर्चा हो रही थी कि मधुवन ने बड़ी वीरता का कार्य किया। परन्तु उसके शत्रु तहसीलदार और चौबेजी ने यह प्रवाद फैलाया कि 'मधुबन बाबा रामनाथ के सुधारक दल का स्तंभ हैं। उसी ने ऐसा कोई काम किया कि हाथी बिगड़ गया, और यह रंग-भंग हुआ! क्योंकि वे लोग बारात में नाच-रंग के विरोधी थे।'

महँगू के अलाव पर गाँव भर की आलोचना होती थी। रामजस को बेकारी में दूसरी जगह बैठने की कहाँ थी। महँगू ने खाँसकर कहा—मधुवन बाबू को ऐसा नहीं करना चाहता था। भला ब्याह-बारात में किसी मंगल काम में, ऐसा गड़बड़ करा देना चाहिए।

झूठे हैं, जो लोग ऐसी बात कहते हैं महतो !—रामजस ने उत्तेजित होकर कहा।

और यह भी झूठ है कि रात भर मैना को अपने घर ले जाकर रखा। भाई, अभी लड़के हो, तुम भी तो उसी दल के हो न ! देह में जब बल उमगता है तब सब लोग ऐसा कर बैठते हैं। फिर भी लोक-लाज तो कोई चीज है। मधुबन अभी और क्या-क्या करते हैं, देखना; मेरा भी नाम महँगू है।

तुम बूढ़े हो गये, पर समझ से तो कोसों दूर भागते हो। मधुबन के ऐसा कोई हो भी। देखो तो वह लड़कों को पढ़ाता है, नौकरी करता है, खेती-बारी सम्भालता है, अपने अकेले दम पर कितने काम करता है। उसने मैना का प्राण बचा दिया तो यह भी पाप किया ?

तुम्हारे जैसे लोग उसके साथ न होंगे तो दूसरे कौन होंगे। उसी की बात सुनते-सुनते अपना सब कुछ गँवा दिया, अभी उसकी बड़ाई करने से मन नहीं भरता।

रामजस को कोड़ा-सा लगा। वह तमककर खड़ा हो गया। और कहने लगा—चार पैसे हो जाने से तुम अपने को बड़ा समझदार और भलेमानुस समझने लगे हो। अभी उसी का खेत जोतते-जोतते गगरी में अनाज दिखाई देने लगा, उसी को भला-बुरा कहते हो। मैं चौपट हो गया तो अपने दुर्दैव से महँगू ! मधुबन ने मेरा क्या बिगाड़ा। और तुम अपनी देखो।—कहता हुआ रामजस बिगड़कर वहाँ से चलता बना। वह तो बारात देखने के लिए ठहर गया था। आज ही उसका जाने का दिन निश्चित था। मधुबन से मिलना भी आवश्यक था। वह बनजरिया की ओर चला। उसके मन में इस कृतघ्न गाँव के लिए घोर घृणा उत्तेजित हो रही थी। वह सोचता चला जा रहा था कि किस तरह महँगू को उसकी हेकड़ी का दण्ड देना चाहिए। कई बातें उसके मन में आईं। पर वह निश्चय न कर सका।

सामने मधुबन को आते देखकर वह जैसे चौंक उठा। मधुबन के मुँह पर गहरी चिन्ता की छाया थी। मधुबन ने पूछा—क्यों रामजस, कब जा रहे हो ?

मैं तो आज ही जाने को था, परन्तु अब कल सवेरे जाऊँगा, मधुबन भइया ! एक बात तुमसे पूछूँ तो बुरा नहीं मानोगे ?

बुरा मान कर कोई क्या कर लेता है रामजस ! तुम पूछो !

भइया, तुमको क्या हो गया जो मैना को लेकर भागे ? गाँव-भर में इसकी बड़ी बदनामी है। वह तो कहो कि हाथी ही बिगड़ा था नहीं तो इस पर परदा डालने के लिए कौन-सी बात कही जाती ?

और हाथी को भी तो मैंने ही छेड़कर उत्तेजित कर दिया था। यह क्या तुम नहीं जानते ?

लोग तो ऐसा भी कहते हैं।

तब फिर मैना के लिए क्या ऐसा नहीं किया जा सकता। जिन लोगों के पास रुपया है वे तो रुपया खर्च कर सकते हैं। और जिसके पास न हो तो वह क्या करे ?

नहीं, यह बात मैं नहीं मानता। मेरे भाभी के पैर की धूल भी तो वह नहीं है।

तेरी भाभी भी यही बात मानती है।

तब यह बात किसने फैलायी है, जानते हो भइया, उसी पाजी महँगू ने ! तुम्हारा ही खाकर मोटा हुआ है, तुम्हारी ही बदनामी करता है ! अपने अलाव पर बैठकर हुक्का हाथ में ले लेता है तब मालूम पड़ता है कि नवाब का नाती है। अभी उससे मेरी एक झपट हो गई है। भइया, मैंने सब गँवा दिया, अब तो मुझे यहाँ रहना नहीं है। कहो तो रात में उसको ठीक करके कलकत्ते खिसक जाऊँ। किसको पता चलेगा कि किसने यह किया है।

नहीं-नहीं रामजस ! उसके ऊपर तुम सन्देह न करो। यह सत्य है कि उसके पास चार पैसा हो गया है। उसके पास साधन-बल और जनबल भी है। इसी से कुछ बहकी हुई बातें करने लगा है, पर वह मन का खोटा नहीं है ! सम्पन्न होने से इस तरह का अभिमान आ जाते देर नहीं लगती। इस तरह की बात, जब तुम गाँव छोड़कर परदेश जा रहे हो तब, न सोचना चाहिए। न जाने किस अपराध के कारण तुमको यह दिन दिखाई पड़ा तब सचमुच तुम चलते-चलते अपने माथे कलंक का टीका न लो। मैं जानता हूँ जो यह सब कर रहा है। पर मैं अभी उसका नाम न लूंगा।

बता दो भइया, मैं तो जा ही रहा हूँ। उसको पाठ पढ़ाकर जाता तो मुझे खुशी होती। मेरा गाँव छोड़ना सार्थक हो जाता।

ठहरो भाई ! हम लोगों के सम्बन्ध में लोगों की जब ऐसी धारणा हो रही है तो सोच-समझकर कुछ कहना चाहिए। जिसकी दुष्टता से यह सब हो रहा है उसके अपराध का पूरा प्रमाण मिले बिना दण्ड देना ठीक नहीं। परन्तु रामजस, न कहने से पेट में हूक-सी उठ रही है। तुमसे कहूँ; लज्जा मेरा गला दबा रही है।

कहते-कहते मधुबन रुककर सोचने लगा। उसका श्वास विषधर के फुफकार की तरह सुनाई पड़ रहा था। फिर उसने ठहरकर कहना आरम्भ कर दिया—

भाई, जब मैना के सामने यह बात खुल गई तो तुमसे कहने में क्या संकोच ! सुनो, उस भगदड़ में जब मैं मैना को लेकर भागा तो मुझे ज्ञान न था कि मैं किधर जा रहा हूँ । जा पहुँचा शेरकोट और वहाँ देखा कि भीतर से किवाड़ बन्द है, बाहर सुखदेव चौबे खड़ा होकर कह रहा है, 'राजो, किवाड़ खोलो' । मेरा खून खौल उठा । मैना को छोड़कर मैंने उसे दो-चार हाथ जमाया ही था कि मैना ने रोक लिया और मैं तो उसकी हत्या ही कर बैठता; पर यही जान कर कि जब राजो के साथ चौबे का कोई सम्बन्ध था तभी तो यह बात हुई, मैं रुक गया । तुम तो जानते हो कि मैं ब्याह के बाद शेरकोट गया ही नहीं : इधर यह सब क्या हो गया, मुझे मालूम नहीं । मेरा हृदय जला जा रहा है । मैं जानता हूँ कि यह चौबे ही इसकी जड़ में है, पर क्या करूँ, लोक-लाज और अपना कलंक मेरा गला घोंट रहा है ।

रामजस ने अपनी लाठी पटकते हुए कहा—ब्याह करके तुम कायर हो गये हो, यह नहीं कहते । स्त्री का मोह हो रहा है । सुखदेव को तो मैं उसी दिन समझ गया था कि बह बड़ा पाजी है, जब वह माँ के मरने में ज्योनार देने के लिए बहुत-कुछ कह रहा था । उस नीच को मालूम था कि मेरा भाई पथ्य के लिए भूखों मर गया । और माँ दरिद्रता की उस घोर पीड़ा और अभिमान के कारण पागल होकर मर गई । परन्तु वह श्राद्ध के अवसर पर बड़ी-सी ज्योनार देने के लिए निर्लज्जता से हठ करता रहा । ऐसे ढोंगी को तो वहीं मार डालना चाहता था । पाजी जब मेरे खेत के लिए नीलाम को बोली बोलने आया था तब नहीं जानता था कि मेरे पास कुछ नहीं है । मुझे धर्म और परलोक का पाठ पढ़ाता था । मैं तो अब कलकत्ते नहीं जाता । देखूँ कौन मेरा खेत काटता है । मैं तो आज से प्रतिज्ञा करता हूँ कि बिना इसका सर फोड़े नहीं जाता । पैसे के वल पर धर्म और सदाचार का अभिनय करना भुलवा दूँगा ! मैंने जो कुछ पढ़ा-लिखा है, सब झूठा था । आज-कल क्या, सब युगों में लक्ष्मी का बोलबाला था । भगवान भी इसी के संकेतों पर नाचते हैं । मैं तुम्हारी इस झूठे पाप-पुण्य की दुहाई नहीं मानता ।

तुम ठहरो रामजस ! इस दरिद्रता का अनिवार्य कुफल लोग समझने लगे हैं, देखते नहीं हो, गाँव में संगठन का काम चलाने के लिए मिस शैला कितना काम कर रही हैं । सब का सामूहिक रूप से कल्याण होने में विलम्ब है अवश्य, परन्तु उसे अपनी उच्छृङ्खलताओं से अधिक दूर करने से तो कुछ लाभ नहीं । मैं कायर हूँ, डरपोक हूँ, मुझे मोह है, यह सब तुम कह रहे हो केवल इसलिए कि मुझे भविष्य के कल्याण से आशा है । मैं धैर्य से उसकी प्रतीक्षा करने का पक्षपाती हूँ ।

मैं यह सब नहीं मानता। पेट के प्रश्न को सामने रखकर शक्ति-सम्पन्न पाखंडी लोग अभाव-पीड़ितों को सब तरह के नाच नचा रहे हैं। मनुष्य को अपनी वास्तविकता का जैसे ज्ञान नहीं रह गया है। तब यह सब बातें सुनने के योग्य नहीं रह जातीं। प्रभुत्व और धन के बल पर कौन-कौन से अपराध नहीं हो रहे हैं। तब उन्हीं लोगों के अपराध-अपराध चिल्लाने का स्वर दूसरे गाँव में भटक कर चले आने वाले नये कुत्ते के पीछे गाँव के कुत्तों का-सा है। वह सब मैं सुनते-सुनते ऊब गया हूँ मधुबन भइया!

मधुबन ने गंभीर होकर कहा—तुम्हारे खेत की फसल नीलाम हो चुकी है। अब तुम उसे छुओगे तो मुकदमा चलेगा। चलो तुम बनजरिया में रहो। फिर देखा जायगा।

ओंठ बिचकाकर रामजस ने जैसे उसकी बातों को उड़ाते हुए हँस दिया। फिर ठहरकर उसने कहा—अच्छा आज तो मैं अपने खेत का हाबुस भूनकर खाऊँगा। फिर कल, यहाँ रहना होगा तो बनजरिया में ही आकर रहूँगा।

रामजस चला गया, परन्तु मधुबन के हृदय पर एक भारी बोझ डालकर। वह बाबा रामनाथ की शिक्षा स्मरण करने लगा—मनुष्य के भीतर जो कुछ वास्तविकता है, उसे छिपाने के लिए जब वह सभ्यता और शिष्टाचार का चोला पहनता है तब उसे सम्हालने के लिए व्यस्त होकर कभी-कभी अपनी आँखों में ही उसको तुच्छ बनना पड़ता है।

मधुबन के सामने ऐसी ही परिस्थिति थी। रामनाथ के महत्त्व का बोझ अब उसी के सिर पर आ पड़ा था। वह बनावटी बड़प्पन से पीड़ित हो रहा था। उसके मन में साफ-साफ झलकने लगा था कि रामनाथ के लिए जो बात अच्छी थी वही उसके लिए भी सोलह आने ठीक उतरे, यह असम्भव है।

जीवन तो विचित्रता और कौतूहल से भरा होता है। यही उसकी सार्थकता है। उस छोटी-सी गुड़िया ने मुझे पालतू सुग्गा बनाकर अपने पिंजड़े में रख छोड़ा है। मनुष्य का जीवन, उसका शरीर और मन एक कच्चे सूत में बाँधकर लटका देने का खेल करना चाहती हैं, यही खेल बराबर नहीं चल सकता। मैना को लेकर जो कांड अकस्मात् खड़ा हो गया है उसको जैसे वह आज-कल दिन-रात सोचती है। रूठी हुई शान्त-सी, किन्तु भीतर-भीतर जैसे उबल पड़ने की दशा। बोलती है तो जैसे वाणी हृदय का स्पर्श करके नहीं आती। मैं अपनी सफाई देता हूँ, उसकी गाँठ खोलना चाहता हूँ, किन्तु वह तो जैसे भयभीत और चौकन्नी-सी हो गई है। पुरुष को सदैव यदि स्त्री को सहलाते, पुचकारते ही बीते तो बहुत ही बुरा है। उसे तो उन्मुक्त, विकासोन्मुख और स्वतंत्र होना चाहिए। संसार

में उसे युद्ध करना है। वह घड़ी भर मन बहलाने के लिए जिस तरह चाहे रह सकता है। उसके आचरण में, कर्म में, नदी की धारा की तरह प्रवाह होना चाहिए। तालाब के बँधे पानी-सा उसके जीवन का जल सड़ने और सूखने के लिए होगा तो वह भी जड़ और स्पन्दन-विहीन होगा!

अभी-अभी रामजस क्या कह गया है ? उसका हृदय कितना स्वतंत्र और उत्साहपूर्ण है। मैं जैसे इस छोटी-सी गृहस्थी के बंधन में बँधा हुआ, बैल की तरह अपने सूखे चारे को चबाकर सन्तुष्ट रहने में अपने को धन्य समझ रहा हूँ। नहीं, अब मैं इस तरह नहीं रह सकता। सचमुच मेरी कायरता थी। चौबे को उसी दिन मुझे इस तरह छोड़ देना नहीं चाहता था। मैं डर गया था। हाँ अभाव! झगड़े के लिए शक्ति, संपत्ति और साहाय्य भी तो चाहिए। यदि यही होता। तब मैं उसे संग्रह करूंगा। पाजी बनूंगा; सब करते क्या हैं। संसार में चारों ओर दुष्टता का साम्राज्य है। मैं अपनी निर्बलता के कारण ही लूट में सम्मिलित नहीं हो सकता। मेरे सामने ही वह मेरे घर में घुसना चाहता था। मेरी दरिद्रता को वह जानता है। और राजो। ओह! मेरा धर्म झूठा है। मैं क्या किसी के सामने सिर उठा सकता हूँ। तब...रामजस सत्य कहता है। संसार पाजी है, तो हम अकेले महात्मा बनकर मर जायँगे।...

मधुबन घर की ओर मुड़ा। वह धीरे-धीरे अपनी झोंपड़ी के सामने आकर खड़ा हुआ। तितली उसकी ओर मुँह किये एक फटा कपड़ा सी रही थी। भीतर राजो रसोई-घर में से बोली—बहू, सरसों का तेल नहीं है। ऐसे गृहस्थी चलती है; आज ही आटा भी पिस जाना चाहिए।

जीजी, देखो मलिया ले आती है कि नहीं! उससे तो मैंने कह दिया था कि आज जो दाम मटर का मिले उससे तेल लेते आना।

और आटे के लिए क्या किया ?

जौ, चना और गेहूँ एक में मिलाकर पिसवा लो। जब बाबू साहब को घर की कुछ चिन्ता नहीं तब तो जो होगा घर में वही न खायेंगे ?

कल का बोझ जो जायगा उसमें अधिक दाम मिलेगा, करंजा सब बिनवा चुकी हूँ। बनिये ने माँगा भी है। गेहूँ कल मँगवा लूंगी। उनकी बात क्या पूछती हो। तुम्हीं तो मुझसे चिढ़कर उनके लिए मैना को खोज लाई हो, जीजी!—कहती हुई तितली ने हँसी को बिखराते हुए व्यंग्य किया।

भाड़ में गई मैना! बहू, मुझे यह हँसी अच्छी नहीं लगती। आ तो आज तेरी चोटी बाँध दूं।

मधुबन यह बातें सुनकर धीरे से उल्टे पाँव लौटकर बनजरिया के बाहर

चला गया। वह मैना की बात सोचने लगा था। कितनी चंचल, हँसमुख और सुन्दर है, और मुझे...मानती है। चाहती होगी! उस दिन हजारों के सामने उसने मुझे जब बौर दिया था, तभी उसके मन में कुछ था।

मधुबन को शरीर की यौवन भरी सम्पत्ति का सहसा दर्प भरा ज्ञान हुआ। स्त्री और मैना-सी मनचली! यह तो...तब इस कूड़ा-करकट में कब तक पड़ा रहूँगा? रामजस ठीक ही कहता था!

न जाने कह, हृदय की भूमि सोंधी होकर बट-बीज-सा बुराई की छोटी-सी बात अपने में जमा लेती है। उसकी जड़ें गहरी और गहरी भीतर-भीतर घुसकर अन्य मनोवृत्तियों का रस चूस लेती हैं। दूसरा पौधा आस-पास का निर्बल ही रह जाता है?

मधुबन ने एक दीर्घ निःश्वास लेकर कहा—स्त्री को स्त्री का अवलम्बन मिल गया। तितली, मैना के भय से राजो को पकड़ कर उसकी गोद में मुँह छिपाना चाहती है। और राजो, उसकी भी दुर्बलता साधारण नहीं। चलो अच्छा हुआ एक-दूसरे को सम्हाल लेंगी।

मधुबन हल्के मन से रामजस को खोजने के लिए निकल पड़ा।

तहसीलदार की बैठक में बैठे चौबेजी पान चबाते हुए बोले—फिर सम्हालते न बनेगा। मैं देख रहा हूँ कि तुम अपना भी सिर तुड़ाओगे और गाँव-भर पर विपत्ति बुलाओगे। मैं अभी देखता आ रहा हूँ, रामजस बैठा हुआ अपने उपरवार खेत का जौ उखाड़ कर होला जला रहा था, बहुत-से लड़के उसके आसपास बैठे हैं।

उसका यह साहस नहीं होता यदि और लोग उसे न उकसाते। यह मधुबन का पाजीपन है। मैं उसे बचा रहा हूँ, लेकिन देखता हूँ, लेकिन देखता हूँ कि वह आग में कूदने के लिए कमर कसे है। बड़ा क्रोध आता है, चौबे, मैं भी तो समय देख रहा हूँ। बीबी-रानी के नाम से हिस्सेदारी का दाखिल-खारिज हो गया है। मुखतारनामा मुझे मिल जाय तो एक बार इन पाजियों को बता दूँ कि इसका कैसा फल मिलता है।

वह तो सबसे कहता है कि मेरे टुकड़ों से पला हुआ कुत्ता आज जमींदार का तहसीलदार बन गया। उसको मैं समझता क्या हूँ!

पला तो हूँ, पर देख लेना कि उससे टुकड़ा न तुड़वाऊँ तो मैं तहसीलदार नहीं। मैं भी सब ठीक कर रहा हूँ। बनजरिया और शेरकोट पर घमण्ड हो गया

है ! सुखदेव ! अब क्या यहाँ इन्द्रदेव या श्यामदुलारी फिर आवेंगी ? देखना, इन सबको मैं कैसा नाच नचाता हूँ।

तहसीलदार के मन में लघुता को—पहले मधुबन के पिता के यहाँ की हुई नौकरी के कलंक को—धो डालने के लिए बलवती प्रेरणा हुई—यह कल का छोकरा सबसे कहता फिरता है तो उसको भी मालूम हो जाय कि मैं क्या हूँ—कुछ विचार करके उसने सुखदेव से कहा—

तुम जाकर एक बार रामजस को समझा दो। नहीं तो अभी उसका उपाय करता हूँ। मैं चाहता हूँ कि भिड़ना हो तो मधुबन पर ही सीधा वार किया जाय। दूसरों को उसके साथ मिलने का अवसर न मिले।

मैं जाता तो हूँ; पर यदि वह मुझसे टर्राया और तुम फिर चुप रह गये तो यह अच्छी बात न होगी।—कहकर सुखदेव चौबे रामजस के खेत पर चले। वहाँ लड़कों की भीड़ जुटी थी। पूरा भोज का-सा जमघट था। कोई बेकार नहीं। कोई उछल रहा है, कोई गा रहा है, कोई जौ के मुट्ठों को पत्तियाँ जलाकर झुलस रहा है। रामजस ने जैसे टिड्डियों को बुला लिया है। वह स्थिर होकर यह अत्याचार अपने ही खेत पर करा रहा है। जैसे सर्वनाश में उसको विश्वास हो गया हो। अपनी झोंपड़ी में से, जो रखवाली के लिए वहाँ पड़ी थी, सूखे खरों को खींचकर लड़कों को दे रहा था। लड़कों में पूरा उत्साह था। जिनके यहाँ कोल्हू चल रहा था, वे दौड़कर अपने-अपने घरों से ऊख का रस ले आते थे। ऐसा आनन्द भला वे कैसे छोड़ सकते थे। एक लड़के ने कहा—रामजस दादा, कहो तो ढोल ले आवें।

नहीं बे, रात को चौताल गाया जायगा। अभी तो ख़ूब पेट भरकर खा ले। फिर...

अभी बात पूरी न हो पाई थी कि सामने से सुखदेव ने कहा—यह क्या हो रहा है रामजस ! कुछ पीछे की भी सुध है ? क्या जेल जाने की तैयारी कर रहे हो ?

क्या तुम हथकड़ी लेकर आये हो ?

अरे नहीं भाई ! मैं तो तुमको समझाने आया हूँ। देखो ऐसा काम न करो कि सब कुछ चौपट हो जाने के बाद जेल भी जाना पड़े। यह खेत...

यह खेत क्या तुम्हारे बाप का है ? मैंने इसे छाती का हाड़ तोड़ कर जोता-बोया है; मेरा अन्न है, मैं लुटा देता हूँ, तुम होते कौन हो ?

पीछे मालूम होगा, अभी तुम मधुबन के बहकाने में आ गये हो, जब चक्की पीसनी होगी; तब हेंकड़ी भूल जायगी।

कहे देता हूँ कि सीधे-सीधे चले जाओ, नहीं तो तुम्हारी मस्ती उतार दूंगा। कहकर रामजस सीधा तनकर खड़ा हो गया। सुखदेव ने भी क्रोध में आकर कहा—दूंगा एक झापड़, दाँत झड़ जायेंगे। मैं तो समझा रहा हूँ, तू बहकता जा रहा है।

तो तुमने मुझको भी मधुबन भइया समझ रखा है न। अच्छा तो लेते जाओ बच्चू !—कहकर रामजस ने लाठी घुमाकर हाथ उसके मोढ़े पर जड़ दिया। जब तक चौबे सम्हले तब तक उसने दुहरा दिया।

चौबेजी वहीं लेट गये। लड़के इधर-उधर भाग चले। गाँव भर में हल्ला मचा। लोग इधर-उधर से दौड़कर आये।

महँगू ने कहा—यह बड़ा अंधेर है। ऐसी नवाबी तो नहीं देखी। भला कुर्क हुए खेत को इस तरह तहस-नहस करना चाहिए।

पांडेजी ने कहा—चौबेजी को तो पहले उठा ले चलो, यहाँ खड़े तुम लोग क्या देख रहे हो।

पांडेजी के कहने पर लोगों को मूर्छित चौबे का ध्यान आया। उन्हें उठाकर जब लोग जा रहे थे तब मधुबन वहाँ आया। उसने सुना लिया कि सुखदेव पिट गया। मधुबन ने क्षण भर में सब समझ लिया। उसने कहा—रामजस ! अब यहाँ क्या कर रहे हो ? चलो मेरे साथ।

उसने कहा—ठहरो दादा, लगे हाथ इस महँगू को भी समझा दें।

मधुबन ने उसका हाथ पकड़ कर कहा—अरे महँगू बूढ़ा है। उस बेचारे ने क्या किया है ? अधिक उपद्रव न बढ़ाओ, जो किया सो अच्छा किया।

अभी मधुबन उसको समझा ही रहा था कि छावनी से दस लट्ठबाज दौड़ते हुए पहुँच गये। 'मार-मार' की ललकार बढ़ चली। मधुबन ने देखा कि रामजस तो अब मारा जाता है। उसने हाथ उठाकर कहा—भाइयो, ठहरो, बिना समझे मारपीट करना नहीं चाहिए।

यही पाजी तो सब बदमाशी की जड़ है।—कहकर पीछे से तहसीलदार ने ललकारा। दनादन लाठियाँ छूट पड़ीं। दो-तीन तक तो मधुबन बचाता रहा, पर कब तक ! चोट लगते ही उसे क्रोध आ गया। उसने लपककर एक लाठी छीन ली और रामजस की बगल में आकर खड़ा हो गया।

इधर दो और उधर दस। जमकर लाठी चलने लगी। मधुबन और रामजस जब घिर जाते तो लाठी टेककर दस-दस हाथ दूर जाकर खड़े हो जाते। छः आदमी गिरे और रामजस भी लहू से तर हो गया।

गाँव वाले बीच में आकर खड़े हो गये। लड़ाई बन्द हुई। मधुबन रामजस को अपने कंधे का सहारा दिये धीरे-धीरे बनजरिया की ओर ले चला।

५

कच्ची सड़क के दोनों ओर कपड़े, बरतन, बिसातखाना और मिठाइयों की छोटी-बड़ी दूकानों से अलग, चूने से पुती हुई पक्की दीवारों के भीतर, बिहारीजी का मन्दिर था। धामपुर का यहीं बाजार था। बाजार के बनियों की सेवा-पूजा से मंदिर का राग-भोग चलता ही था, परन्तु अच्छी आय थी महन्त जी को सूद से। छोटे-छोटे किसानों की आवश्यकता जब-जब उन्हें सताती, वे लोग अपने खेत बड़ो सुविधा के साथ यहाँ बन्धक रख देते थे।

महन्तजीं मन्दिर से मिले हुए, फूलों से भरे, एक सुन्दर बगीचे में रहते थे। रहने के लिए छोटा, पर दृढ़ता से बना हुआ, पक्का घर था। दालान में ऊँचे तकिये के सहारे महन्तजी प्रायः बैठकर भक्तों की भेंट और किसानों का सूद दोनों ही समभाव से ग्रहण करते। जब कोई किसान कुछ सूद छोड़ने के लिए प्रार्थना करता तो वह बड़ी गम्भीरता से कहते—भाई, मेरा तो कुछ है नहीं, यह तो श्री बिहारीजी की विभूति है, उनका अंश लेने से क्या तुम्हारा भला होगा ?

भयभीत किसान बिहारीजी का पैसा कैसे दबा सकता था ? इसी तरह कई छोटी-मोटी आस-पास की जमींदारी भी उनके हाथ आ गई थी। खेतों की तो गिनती न थी।

सन्ध्या की आरती हो चुकी थी। घंटे की प्रतिध्वनि अभी दूर-दूर के वायु-मंडल में गूंज रही थी। महन्तजी पूजा समाप्त करके अपनी गद्दी पर बैठे ही थे कि एक नौकर ने आकर कहा—ठाकुर साहब आए हैं।

ठाकुर साहब ! —जैसे चौंककर महन्त ने कहा।

हाँ महाराज ! —अभी वह कही रहा था कि ठाकुर साहब स्वयं आ धमके। लम्बे-चौड़े शरीर पर खाकी की आधी कमीज और हाफ-पैण्ट, पूरा मोजा और बूट, हाथ में हण्टर !

इस मूर्ति को देखते ही महन्तजी विचलित हो उठे। आसन से थोड़ा-सा उठकर कहा—

आइए, सब कुशल तो है न ?

कुर्सी पर बैठते हुए ठाकुर रामपाल सिंह इंस्पेक्टर ने कहा—सब आपकी कृपा है। धामपुर में जाँच के लिए गया था। वहाँ से चला आ रहा हूँ। सुना है कि वह चौबे जो उस दिन की मार-पीट में घायल हुआ था, आपके यहाँ है।

हाँ साहब ! वह बेचारा तो मर ही गया होता। अब तो उसके घाव अच्छे हो रहे हैं। मैंने उससे बहुत कहा कि शहर के अस्पताल में चला जा, पर वह कहता है कि नहीं, जो होना था, हो गया; मैं अब न अस्पताल जाऊँगा, न धामपुर, और न मुकदमा ही चलाऊँगा; यहीं ठाकुरजी की सेवा में पड़ा रहूँगा।

पर मैं तो देखता हूँ कि यह मुकदमा अच्छी तरह न चलाया गया तो यहाँ के किसान फिर आप लोगों को अँगूठा दिखा देंगे। एक पैसा भी उनसे आप ले सकेंगे, इसमें सन्देह है। सुना है कि आपका रुपया भी बहुत-सा इस देहात में लगा है।

ठाकुर साहब ! मैं तो आप लोगों के भरोसे बैठा हूँ। जो होगा देखा जायगा। चौबे तो इतना डर गया है कि उससे अब कुछ भी काम लेना असंभव है। वह तो कचहरी जाना नहीं चाहता।

अच्छी बात है; मैंने मुकदमा छावनी के नौकरों का बयान लेकर चला दिया है। कई बड़ी धाराएँ लगा दी हैं। उधर तहसीलदार ने शेरकोट और बनजरिया की बेदखली का भी दावा किया। अपने-आप सब ठीक हो जायेंगे। फिर आप जानें और आपका काम जाने। धामपुर में तो इस घटना से ऐसी सनसनी है कि आप लोगों का लेन-देन सब रुक जायगा।

महन्तजी को इस छिपी हुई धमकी से पसीना आ गया। उन्होंने सम्हलते हुए कहा—बिहारीजी का सब कुछ है, वही जानें।

ठाकुर साहब पान-इलायची लेकर चले गये। महन्तजी थोड़ी देर तक चिन्ता में निमग्न बैठे रहे। उनका ध्यान जब टूटा, जब राजकुमारी के साथ माधो आकर उनके सामने खड़ा हो गया। उन्होंने पूछा—क्या है ?

राजकुमारी ने घूंघट सम्हालते हुए कहा—हम लोगों को रुपये की आवश्यकता है। बन्धक रखकर कुछ रुपया दीजियेगा ? बड़ी विपत्ति में पड़ी हूँ। आप न सहायता करेंगे तो सब मारे जायँगे।

तुम कौन हो और क्या बन्धक रखना चाहती हो ? भाई आज-कल कौन रुपया देकर लड़ाई मोल लेगा। तब भी सुनूं।

शेरकोट को बन्धक रखकर मेरे भाई मधुबन को कुछ रुपये दीजिये। तहसीलदार ने बड़ी-धूम-धाम से मुकदमा चलाया है। आप न सहायता करेंगे तो मुकदमे की पैरवी न हो सकेगी। सब-के-सब जेल चले जायँगे।

शेरकोट ! भला उसे कौन बन्धक रखेगा ? तुम लोगों के ऊपर तो 'बेदखली' हो गई है । बनजरिया का भी वही हाल है । मैं उस पर रुपया नहीं दे सकता । मैं इस झंझट में नहीं पड़ूँगा ।—कहकर महन्तजी ने माधो की ओर देखकर कहा—और तुम क्या कहते हो ? रुपये दोगे कि नहीं ? आज ही न देने के लिए कहा था ?

महन्तजी, आप हमारे माता-पिता हैं । इस समय आप न उबारेंगे तो हमारा दस प्राणियों का परिवार नष्ट हो जायेगा । घर की स्त्रियाँ रात को साग खोंट कर ले आती हैं । वही उबाल कर नमक से खाकर सो रहती है । दूसरे-तीसरे दिन अन्न कभी-कभी, वह भी थोड़ा-सा मुंह में चला जाता है । हम लोग तो चाकरी-मजूरी भी नहीं कर सकते । मटर की फसल भी नष्ट हो गई । थोड़ी-सी ऊख रही, उसे पेरकर सोचा था कि गुड़ बनाकर बेच लेंगे, तो आपको भी कुछ देंगे और कुछ बाल-बच्चों के खाने के काम में आयेगा ।

फिर क्या हुआ, उसकी बिक्री भी चट कर गये ? तुमको देना तो है नहीं, बात बनाने आये हो ।

महाराज ! मुनवाँ गुलौर झोंक रहा था, जब उसने सुना कि जमींदार का तगादा आ गया है, वह लोग गुड़ उठाकर ले जा रहे हैं, तो घबरा गया । जलता हुआ गुड़ उसके हाथ पर पड़ गया । फिर भी हत्यारों ने उसके पानी पीने के लिए भी एक भेली न छोड़ी । यहीं बाजार में खड़े-खड़े बिकवा कर पाई-पाई ले ली । पानी के दाम मेरा गुड़ चला गया । आप इस समय दस रुपये से सहायता न करेंगे तो सब मर जायँगे । बिहारी जी आपको...

भाग यहाँ से, चला है मुझको आशीर्वाद देने । पाजी कहीं का । देना न लेना, झूठ-मूठ ढंग साधने आया है । पुजारी ! कोई यहाँ है नहीं क्या ?—कहकर महन्तजी चिल्ला उठे ।

भूखा और दरिद्र माधो सन्न हो गया । महन्त फिर बड़बड़ाने लगा—इनके बाप ने यहाँ पर जमा कर दिया है, बिहारीजी के पुछल्ले !

भयभीत माधो लड़खड़ाते पैर से चल पड़ा । उसका सिर चकरा रहा था । उसने मन्दिर के सामने आकर भगवान को देखा । वह निश्चल प्रतिमा ! ओह करुणा कहीं नहीं ! भगवान के पास भी नहीं !

माधो किसी तरह सड़क पर आ गया । वहाँ मधुबन खड़ा था । उसने देखा कि माधो गिरना चाहता है । उसे सम्हाल कर एक बार क्रूर-दृष्टि से उस चूने से पुते हुए झकाझक मन्दिर की ओर देखा ।

मधुबन गाढ़े की दोहर में अपना अंग छिपाये था । वह सबसे छिपना चाहता था । उसने धीरे से माधो को मिठाई की दूकान दिखाकर कुछ पैसे दिये और

कहा—वहीं पर जल पीकर तुम बैठो। राजो के आने पर मैं तुमको बुला लूंगा।

मधुबन तो इतना कहकर सड़क के वृक्षों की अँधेरी छाया में छिप गया, और माधो जल पीने चला गया।—आज उसको दिन भर कुछ खाने के लिए नहीं मिला था।

उधर राजो चुपचाप महन्त जी के सामने खड़ी रही। उसके मन में भीषण क्रोध उबल रहा था; किन्तु महन्त जी को भी न जाने क्या हो गया था कि उसे जाने के लिए तब तक नहीं कहा था! राजो ने पूछा—महाराज! यह सब किसलिए!

किसलिए? यह सब? —चौंककर महन्त जी बोले।

ठाकुरजी के घर में दुखियों और दीनों को आश्रय न मिले तो फिर क्या यह सब ढोंग नहीं? यह दरिद्र किसान क्या थोड़ी-सी भी सहानुभूति देवता के घर से भीख में नहीं पा सकता था? हम लोग गृहस्थ हैं, अपने दिन-रात के लिए जुटा-कर रखें तो ठीक भी है। अनेक पाप, अपराध, छल-छन्द करके जो कुछ पेट काटकर देवता के लिए दिया जाता है, क्या वह भी ऐसे ही कामों के लिए है? मन में दया नहीं, सूखा-सा...

राजकुमारी तुम्हारा ही नाम है न? मैं सुन चुका हूँ कि तुम कैसी माया जानती हो। अभी तुम्हारे ही लिए वह चौबे बिचारा पिट गया है। उसको मैं न रखता तो वह मर जाता। क्या यह दया नहीं है? तुमको भी, यहाँ रहो तो सब कुछ मिल सकता है। ठाकुरजी का प्रसाद खाओ, मौज से पड़ी रह सकती हो। सूखा-रूखा नहीं!

फिर कुछ रुककर महन्त ने एक निर्लज्ज संकेत किया। राजकुमारी उसे जहर के घूंट की तरह पी गई। उसने कहा—तो क्या चौबे यहीं हैं।

हाँ; यहीं तो है, उसकी यह दशा तुम्हीं ने की है। भला उस पर तुमको कुछ दया नहीं आई। दूसरे की दया सब लोग खोजते हैं और स्वयं करनी पड़े तो कान पर हाथ रख लेते हैं। थानेदार उसको खोजते हुए अभी आये थे। गवाही देने के लिए कहते थे।

राजकुमारी मन-ही-मन काँप उठी। उसने एक बार उस बीती हुई घटना का स्मरण करके अपने को सम्पूर्ण अपराधिनी बना लिया। क्षण भर में उसके सामने भविष्य का भीषण चित्र खिंच गया। परन्तु उसके पास कोई उपाय न था। इस समय उसको चाहिए रुपया, जिससे मधुबन के ऊपर आई हुई विपत्ति टले। मधुबन छिपा फिर रहा था, पुलिस उसको खोज रही थी। रुपया ही एक

अमोघ अस्त्र था जिससे उसकी रक्षा हो सकती थी। उसका गौरव और अभिमान मानसिक भावना और वासना के एक ही झटके में, कितना जर्जर हो गया था। वही राजकुमारी! आज वह क्या हो रही है? और चौबेजी! कहाँ से यह दुष्ट-ग्रह के समान उसके सीधे-सादे जीवन में आ गया? अब वह भी अपना हाथ दिखावे तो कितनी आपत्ति बढ़ेगी?

सोचते-सोचते वह शिथिल हो गई। महन्त चुपचाप चतुर शिकारी की तरह उसकी मुखाकृति की ओर ध्यान से देख रहा था।

इधर राजकुमारी के मन में दूसरा झोंका आया! कलंक! स्त्री के लिए भयानक समस्या—मैं ही तो इस काण्ड की जड़ हूँ—उसने अपना मलिन और दयनीय चित्र अपने सामने देखा। आज वह उबर नहीं सकती थी। वह मुँह खोलकर किसी से कुछ कहने जाती है, तो शक्तिशाली समर्थ पापी अपनी करनी पर हँसकर परदा डालता हुआ उसी के प्रवाद-मूलक कलंक का घूंघट धीरे से उघार देता है। ओह! वह आँखों से आँसू बहाती हुई बैठ गई। उसकी इच्छा हुई कि जैसे हो, जो कुछ भी करना पड़े; मधुबन को इस बार बचा लेती। शैला के पास रुपया नहीं है, और वह मधुबन की सहायता करेगी ही क्यों। मधुबन कहता था कि उसने जाते-जाते लड़ाई-झगड़ा करने के लिए मना किया था। अब वह लज्जा से अपनी सब बातें कहना भी नहीं चाहता। मेरा प्रसंग वह कैसे कह सकता था। इसीलिए शैला की सहायता से भी वंचित! अभागा मधुबन!

राजकुमारी ने गिड़गिड़ाकर कहा—सचमुच मेरा ही सब अपराध है, मैं मर क्यों न गई? पर अब तो लज्जा आपके हाथ है। दुहाई है, मैं सौगन्ध खाती हूँ, आपका सब रुपया चुका दूँगी। मेरी हड्डी-हड्डी से अपनी पाई-पाई ले लीजियेगा। मधुबन ने कहा है कि वह पहले वाला एक सौ का दस्तावेज और पाँच सौ यह, सब मिलाकर सूद-समेत लिखा लीजिए।

और जमानत में क्या देती हो?—कहकर महन्त फिर मुस्कराया।

राजकुमारी ने निराश होकर चारों ओर देखा। उस एकान्त-स्थान में सन्नाटा था। महन्त के नौकर-चाकर खाने-पीने में लगे थे। वहाँ किसी को अपना परिचित न देखकर वह सिर झुकाकर बोली—क्या शेरकोट से काम न चल जायगा?

नहीं जी, कह तो चुका, वह आज नहीं तो कल तुम लोगों के हाथ से निकला ही हुआ है। फिर तुम तो अभी कह रही थी कि मेरी हड्डी से चुका लेना। क्यों वह बात सच है?

अपनी आवश्यकता से पीड़ित प्राणी कितनी ही नारकीय यंत्रणाएँ सहता हैं। उसकी सब चीजों का सौदा मोल-तोल कर लेने में किसी को रुकावट नहीं। तिस

पर वह स्त्री, जिसके सम्बन्ध में किसी तरह का कलंक फैल चुका हो। उसको मधुबन मना कर रहा था कि वहाँ तुम मत जाओ, मैं ही बात कर लूँगा। किन्तु राजो का सहज तेज गया तो नहीं था। वह आज अपनी मूर्खता से एक नई विपत्ति खड़ी कर रही है, इसका उसको अनुमान भी नहीं हुआ था। वह क्या जानती थी कि यहाँ चौबे भी मर रहा है। भय और लज्जा, निराशा और क्रोध से वह अधीर होकर रोने लगी। उसकी आँखों से आँसू गिर रहे थे। घबराहट से उसका बुरा हाल था। बाहर मधुबन क्या सोचता होगा ?

महन्त ने देखा कि ठीक अवसर है। उसने कोमल स्वर में कहा—तो राजकुमारी ! तुमको चिन्ता करने की क्या आवश्यकता ? शेरकोट न सही, बिहारीजी का मंदिर तो कहीं गया नहीं। यहीं रहो न ठाकुरजी की सेवा में पड़ी रहोगी। और मैं तो तुमसे बाहर नहीं। घबराती क्यों हो ?

महन्त समीप आ गया था; राजकुमारी का हाथ पकड़ने ही वाला था कि वह चौंककर खड़ी हो गई। स्त्री की छलना ने उसको उत्साहित किया। उसने कहा—दूर ही रहिए न ! यहाँ क्यों !

कामुक महन्त के लिए यह दूसरा आमन्त्रण था। उसने साहस करके राजो का हाथ पकड़ लिया। मंदिर से सटा हुआ वह बाग एकान्त था। राजकुमारी चिल्लाती, पर वहाँ सहायता के लिए कोई न आता ! उसने शांत होकर कहा—मैं फिर आ जाऊँगी। आज मुझे जाने दीजिए। आज मुझे रुपयों का प्रबन्ध करना है !

सब हो जायेगा। पहले तुम मेरी बात तो सुनो।—कहकर वह और भी पाशव भीषणता से उस पर आक्रमण कर बैठा।

राजकुमारी अब न रुकी। उसका छल उसी के लिए घातक हो रहा था। वह पागल की तरह चिल्लाई। दीवार के बाहर ही इमली की छाया में मधुबन खड़ा था। पाँच हाथ की दीवार नाँघते उसे कितना विलम्ब लगता ? वह महन्त की खोपड़ी पर यमदूत-सा आ पहुँचा। उसके शरीर का असुरों का-सा सम्पूर्ण बल उन्मत्त हो उठा। दोनों हाथों से महन्त का गला पकड़कर दबाने लगा। वह छटपटाकर भी कुछ बोल नहीं सकता था। और भी बल से दबाया। धीरे-धीरे महन्त का विलास-जर्जर शरीर निश्चेष्ट होकर ढीला पड़ गया ! राजकुमारी भय से मूर्च्छित हो गई थी, और हाथ से निर्जीव देह को छोड़ते हुए मधुबन जैसे चैतन्य हो गया।

अरे यह क्या हुआ ? हत्या ! —मधुबन को जैसे विश्वास नहीं हुआ, फिर उसने एक बार चारों ओर देखा। भय ने उसे ज्ञान दिया, वह समझ गया कि

महन्त को एक स्त्री के साथ जानकर यहाँ अभी कोई नहीं आया है, और न कुछ समय तक आवेगा। उसको अपनी जान बचाने की सूझी। सामने सन्दूक का ढक्कन खुला था, उसमें से रुपयों की थैली लेकर उसने कमर में बाँधी। इधर राजकुमारी को ज्ञान हुआ तो चिल्लाना चाहती थी कि उसने कहा—चुप ! वहीं दूकान पर माधो बैठा है। उसे लेकर सीधे घर चली जा। माधो से भी मत कहना। भाग ! अब मैं चला !

मधुबन तो अन्धकार में चला गया। राजकुमारी थर-थर काँपती हुई माधो के पास पहुँची।

सड़क पर सन्नाटा हो गया था। देहाती बाजार में पहर भर रात जाने पर बहुत ही कम लोग दिखाई पड़ रहे थे। मिठाई की दूकान पर माधो खा-पीकर संतुष्टि की झपकी ले रहा था। राजकुमारी ने उसे उँगली से जगाकर अपने पीछे आने के लिए कहा। दोनों बाजार के बाहर आये। एक्के वाला एक तान छेड़ता हुआ अपने घोड़े को खरहरा कर रहा था। राजकुमारी ने धीरे से शेरकोट की ओर पैर बढ़ाया। दोनों ही किसी तरह की बात नहीं कर रहे थे। थोड़ी ही दूर आगे बढ़े होंगे कि कई आदमी दौड़ते हुए आये। उन्होंने माधो को रोका। माधो ने कहा—क्यों भाई ! मेरे पास क्या धरा है, क्या है ?

हम लोग एक स्त्री को खोज रहे हैं। वह अभी-अभी विहारीजी के मन्दिर में आई थी—उन लोगों ने घबराये हुए स्वर में कहा।

यह तो मेरी लड़की है। भले आदमी, क्या दरिद्र होने के कारण राह भी न चलने पावेंगे ? यह कैसा अत्याचार ? कहकर माधो आगे बढ़ा। उसके स्वर में कुछ ऐसी दृढ़ता थी कि मन्दिर के नौकरों ने उनका पीछा छोड़कर दूसरा मार्ग ग्रहण किया।

६

मधुबन गहरे नशे से चौंक उठा था। हत्या! मैंने क्या कर दिया? फाँसी की टिकठी का चित्र उसके कालिमापूर्ण आकाश में चारों ओर अग्निरेखा में स्पष्ट हो उठा। इमली के घने वृक्षों की छाया में अपने ही श्वासों से सिहर कर सोचता हुआ वह भाग रहा था।

तो, क्या वह मर गया होगा? नहीं—मैंने तो उसका गला ही घोंट दिया है। गला घोंटने से मूर्च्छित हो गया होगा। चैतन्य हो जायगा अवश्य?

थोड़ा-सा उसके हृदय की धड़कन को विश्राम मिला। वह अब भी बाजार के पीछे-पीछे अपनी भयभीत अवस्था में सशंक चल रहा था। महन्त की निकली हुई आँखें जैसे उसकी आँखों में घुसने लगीं। विकल होकर वह अपनी आँखों को मूंदकर चलने लगा, उसने कहा—नहीं, मैं तो वहाँ गया भी नहीं था। किसने मुझको देखा? राजो! हत्यारिन! ओह उसी की बुलाई हुई यह विपत्ति है। यह देखो, इस वयस में उसका उत्पात! हाँ, मार डाला है मैंने, इसका दण्ड दूसरा नहीं हो सकता। काट डालना ही ठीक था। तो फिर मैंने किया क्या, हत्या? नहीं! और किया भी हो तो बुरा क्या किया।

उसके सामने महन्त की निकली हुई आँखों का चित्र नाचने लगा। फिर—तितली का निष्पाप और भोला-सा मुखड़ा। हाय-हाय। मधुबन! तूने क्या किया! वह क्या करेगी? कौन उसकी रक्षा करेगा?

उसका गला भर आया। वह चलता जाता था और भीतर-ही-भीतर अपने रोने को, साँसों को, दबाता जाता था। उसे दूर से किसी के दौड़ने का और ललकारने का भ्रम हुआ।—अरे! पकड़ा गया तो...।

क्षण-भर के लिए रुका। उसने पहचाना, यह तो मैना के घर के पीछे की फुलवारी की पक्की दीवार है। तो वह छिप जाय। यहीं न; अच्छा अब तो सोचने का समय नहीं है। लो, वह सब आ गये।

छोटी-सी दीवार फाँदते उसको क्या देर लगती। मैना की फुलवारी में अंध-

कार था। उसके कमरे की खिड़की की संधि से आलोक की पहली रेखा निकल कर उस विराट अन्धकार में निष्प्रभ हो जाती थी।

मधुबन सिरस के ऊपर चढ़ी हुई मालती की छाया में ठिठक गया। पीछा करने वालों की आहट लेने लगा। किन्तु वहाँ तो कोई नहीं आया। उसने साहस भरे हृदय से विश्वास किया, यह सब मेरा भ्रम है। अभी कोई नहीं आया, और न जानता है कि मैं कहाँ हूँ। तो यह मैना का घर है।...कोई दूसरा भी तो यहाँ आ सकता है। कौन जाने वह किसी के साथ उस कोठरी में सुख लुटाती हो। वेश्या...रुपये की पुजारिन! है तो...मेरे पास भी।

उसने अपनी थैली पर हाथ रखा। फिर महन्त की आँखें उसके सामने आ गईं। धीरे-धीरे बड़ी होने लगीं। ओह! कितनी बड़ी। उनसे छिपकर वह बच नहीं सकता। समूचा अवकाश केवल महन्त की आँख बनकर उसके सामने खड़ा था।

मधुबन ने आँख बन्द करके अपना सिर एक बार दोनों हाथों से दबाया। उसने कहा—तो भय क्या! फाँसी ही न पाऊँगा! फिर इस समय तो, अच्छा देखूँ कोई है तो नहीं।

वह धीरे-धीरे बिल्ली के-से दबे पाँवों से मैना की खिड़की के पास गया। संधि में से भीतर का सब दृश्य दिखाई दे रहा था। आँगन में भीतर खुलने वाला किवाड़ बन्द था। खिड़की से लगा हुआ मैना का पलँग था। वह लालटेन के उजाले में कोई पुस्तक पढ़ रही थी। मधुबन को विश्वास न हुआ कि वह अकेली ही है। उसने धीरे से खिड़की के पल्लों को खोला। मैना ध्यान से पढ़ रही थी। उसने फिर पल्लों को हटाया। अब मैना ने घूम कर देखा।

वह चिल्लाना ही चाहती थी कि मधुबन की अँगुली मुँह पर जा पड़ी। चुप रहने का संकेत पाकर वह उठ खडी हुई। धीरे से किवाड़ खोला। उसने चकित होकर मधुबन का उस रात में आना देखा। वह सन्देह, प्रसन्नता और आश्चर्य से चकित हो रही थी।

मधुबन ने भीतर आकर किवाड़ बन्द कर दिया। मैना सोच रही थी—मधुबन बाबू सबसे छिपकर मुझ वेश्या के यहाँ इस एकान्त रजनी में अभिसार करने आये हैं!—उसे न जाने क्यों विरक्ति-सी हुई। उसने मधुबन को पलँग पर बैठाते हुए कहा—भला इधर से आने की...

उसके मुँह पर हाथ रखकर मधुबन ने कहा चुप रहो। पहले यह बताओ कि तुम्हारे यहाँ इस समय कौन-कौन है। यहाँ कोई हम लोगों की बात सुनता तो नहीं है?

वह मुस्कराने लगी। वेश्या के यहाँ आने में इतने भयभीत। क्यों ? यहाँ तो कोई नहीं सुन सकता। माँ और निद्धू तो आँगन के उस पार सड़क वाले कमरे में हैं। रधिया सोई होगी। वह तो संध्या से ही ऊँघने लगती है। इधर तो मैं ही हूँ। फिर इतना डर काहे का ? कुछ चोरी तो नहीं कर रहे हैं। एक रात मेरे घर रहने से बहू रूठ न जायेगी। मैं...

मधुबन ने फिर उसको चुप रहने का संकेत किया। मैना ने देखा कि मधुबन का मुँह विवर्ण और भयभीत है। उसने मधुबन के शरीर से सटकर पूछा—बात क्या है ?

मधुबन का हाथ अपने कमर में बँधी थैली पर जा पड़ा। ओह ! हत्या का प्रमाण तो उसी के पास है। उसने धीरे से उसे कमर से खोल कर पलँग पर रख दिया। थैली का रंग लाल था। उसे देखते-ही-देखते मधुबन की आँखें चढ़ गईं।

मैना ने देखा कि मधुबन उन्मत्त-सा हो गया है। उसे झिझोड़कर उसने हिला दिया, क्योंकि मधुबन का वह रूप देखकर मैना को भी भय लगा।—उसने पूछा—क्यों बोलते नहीं ?

मधुबन को सहसा चेतना हुई। उसने धीरे से थैली खोलकर उसमें की गिन्नियाँ और रुपये पलँग पर रख दिये। मैना को तो चकाचौंध-सी लग गई।

मधुबन ने धीरे-से लैम्प की चिमनी उतार कर उसकी लौ से थैली लगा दी। वह भक-भक करके जर उठी।

अब तो मैना से न रहा गया। उसने मधुबन का हाथ पकड़कर कहा—तुम कुछ न कहोगे तो मैं माँ को बुलाती हूँ। मुझे डर लग रहा है।

मैंने खून किया है—मधुबन ने अविचल भाव से कहा।

बाप रे ! यह क्यों ? मुझे रुपये देने के लिए ?

मैना का श्वास रुकने लगा। उसने फिर सँभलकर कहा—मैं तो बिना रुपये की तुम्हारी ही थी। यह भला तुमने क्या किया ?

जो करना था कर दिया। अब बताओ, तुम मुझे यहाँ छिपा सकती हो कि नहीं ? मैं कल यहाँ से जाऊँगा। रात भर में मुझे जो कुछ करना है, उसे सोच लूंगा। बोलो !

मधुबन बाबू ! प्राण देकर भी आपकी सेवा करूँगी; पर आप यह तो बताइए कि ऐसा क्यों ?

क्यों—मत पूछो। इस समय मुझे अकेले छोड़ दो। मैं सोना चाहता हूँ।

मैना ने स्थिर होकर कुछ विचार किया। उसने कहा—तो मेरी बात मानिये। जैसा भी कहती हूँ वैसा कीजिए।

मधुबन ने कहा—अच्छा, जो तुम कहो वही करूँगा।

मैना ने पलँग पर से उस चादर को रुपया समेत बटोर लिया और धीरे से दूसरी छोटी कोठरी में चली गई।

थोड़ी देर के बाद जब वह उसमें से निकली तो उसके मुँह पर चंचलता न थी। हाथ में एक कटोरा दूध था। मधुबन के मुँह से लगाकर उसने कहा—पी जाइए।

मधुबन बच्चों की तरह पीने लगा—उसका कंठ प्यास से सूख रहा था। दूध पीकर मधुबन ने मैना से कहा—मैं कुछ दिनों के लिए धामपुर छोड़ देना चाहता हूँ। रामजस वाले मामले में पुलिस मेरे पीछे पड़ी है। अब एक और काण्ड हो गया है। मैना ! तुम वेश्या हो तो क्या, न जाने क्यों मैं तुम्हारे ऊपर विश्वास करता हूँ। तुम तितली की रक्षा करना, वह निरपराध !

इसके आगे मधुबन कुछ न कह सका। वह सिसककर रोने लगा। मैना की आँखों से भी आँसू बहने लगे। उसने बड़ी देर तक मधुबन को समझाया—और कहा कि—घबराने की कोई बात नहीं। तुम सीधे गंगा के किनारे-किनारे भागो, फिर चुनार जाकर रेल पर चढ़ना। इधर कोई तुम्हारा पता न पावेगा। एक पहर रात रहते मैं तुम्हें जगा दूँगी। इस समय सो जाओ।

मधुबन आज्ञाकारी बालक के समान सोने की चेष्टा करने लगा पर उसे नींद कहाँ आती थी !

मैना ने उसके पास जाकर समय बिताया। जब पीपल पर पहला कौआ अपने आलस भरे स्वर में बोल उठा, तो उसने मधुबन को जाने के लिए कहा। मधुबन के हृदय में एक टीस हुई। अपनी जन्मभूमि छोड़ने का यह पहला अवसर था।

मैना ने उसे समझाया कि तुम कुछ दिन कलकत्ते रहो; फिर यहाँ सब ठीक हो जायगा तो तुमको पत्र लिखूंगी।

उस पिछली रात में मधुबन चल पड़ा। कच्ची सड़क, जो गंगा के घाट पर जाती थी, सुनसान पड़ी थी—धूल ठंडी थी, चाँदनी फीकी। मधुबन अपनी धुन में चल रहा था। घाट पर पहुँचते-पहुँचते उजेला हो चला। एक नाव बनारस जाने के लिए खुल रही थी। माँझी मधुबन की जान-पहचान का था। उसने पूछा—मधुबन बाबू इतना सवेरे ?

तुम कहाँ—मधुबन ने नाव पर बैठते हुए कहा—जानते नहीं हो ? रामजस के मुकदमे में पुलिस मुझको भी चाहती है। मैं बनारस जा रहा हूँ, वकील से सलाह करने।

७

बरना के उत्तरी तट पर, सुन्दर वृक्षों से घिरा हुआ एक छोटा-सा बँगला है। वहाँ पर आस-पास में ऐसी बहुत-सी कोठियाँ हैं जिनमें सरकारी उच्च कर्मचारी रहते हैं। बैरिस्टर, वकील और डाक्टर-जैसे स्वतन्त्र व्यवसायी अपने सुखी परिवार को लेकर नगर से बाहर और अधिकारियों के समीप रहना अधिक पसन्द करते हैं। इसी स्थान पर बाबू मुकुन्दलाल भी रहते हैं। उनके पास तीन छोटे-बड़े बँगले हैं जिनमें से एक में तो वह स्वयं रहते हैं और बाकी दोनों के किराये से उनकी गृहस्थी का सारा खर्च चलता है। दोनों का भाड़ा २००) मिलता है। परन्तु मुकुन्दलाल का तो उतना बाहरी खर्च है। गृहस्थी का आवश्यक व्यय तो कर्ज के बल पर चल रहा है। आज से नहीं, कई बरस से।

नन्दरानी चुपचाप अपने बँगले से सटकर बहती हुई बरना की क्षीण धारा को देख रही है। उसके सुन्दर मुख पर तृप्ति से भरी हुई निराशा थी। तृप्ति इसलिए कि उसका कोई उपाय न था, और निराशा तो थी ही। उसका भविष्य अंधकारपूर्ण था। संतान कोई नहीं। पति निश्चिन्त भाग्यवादी कुलीन निर्धन, जिसके मस्तिष्क में भूतकाल की विभव-लीला स्वप्न-चित्र बनाती रहती है।

कत्थई रंग की ऊनी चादर, जिसे वह कंधों से लपेटे थी, खिसक कर गिर रही थी। किन्तु वह तल्लीन होकर बरना की अभावमयी धारा को देख रही थी और उसका समय भी वैसा ही ढल रहा था; जैसा गोधूलि से मलिन दिन।

दो वृक्षों की ऊँची चोटियाँ पश्चिम के धुँधले और पीले आकाश की भूमिका पर एक उदास चित्र का अंश बना रही थीं। उसके पैरों के समीप बड़ी मटर और शलजम की छोटी-सी हरियाली थी, किन्तु नन्दरानी बरना के ढालुवे करारे पर दृष्टि गड़ाये थी, इन्द्रदेव का आना उसे मालूम नहीं हुआ।

इन्द्रदेव ने 'भाभी' कहकर उसे चौंका दिया। वह कपड़े को सम्हालती हुई घूम पड़ी। इन्द्रदेव ने कहा—आज मेरे यहाँ कुछ लोग बाहर के आ गये हैं। उनके लिए थोड़ी-सी मटर चाहिए।

और बनावेगा कौन ? वही आपका मिसिर न !—रानी ने मुस्कराते हुए कहा।

तो फिर दूसरा कौन है ?—हताश होकर इन्द्रदेव ने उत्तर दिया।

सुनूं भी, कौन आये हैं ? कितने हैं, कैसे हैं ?

मिस शैला का नाम तो आपने सुना होगा ?—संकोच से इन्द्रदेव ने कहा।

ओहो ! यह तो मुझे मालूम ही नहीं ! तब तुम लोगों को आज यहीं ब्यालू करना पड़ेगा। मैं अपने मटर की बदनामी कराने के लिए तुम्हारे मिसिर को उसे जलाने न दूंगी। मिस साहिबा किस समय भोजन करती हैं ? अभी तो घंटे भर का समय होगा ही।

इन्द्रदेव भीतर के मन से तो यही चाहते थे। पर उन्होंने कहा—उनको यहाँ...

मैं समझ गई ! चलो, तुम्हारे साथ चलकर उन्हें बुला लाती हूँ। भला मुझे आज तुम्हारी मिस शैला की...कहकर नन्दरानी ने परिहासपूर्ण मौन धारण कर लिया।

इन्द्रदेव नन्दरानी के बहुत आभारी और साथ ही भक्त भी थे। उसकी गरिमा का बोझ इन्द्रदेव को सदैव ही नतमस्तक कर देता। गुरुजनोचित स्नेह की आभा से नन्दरानी उन्हें आप्लावित किया ही करती।

भाभी—कहकर वह चुप रह गये।

क्यों, क्या मेरे चलने से उसका अपमान होगा। एक दिन तो वही मेरी देवरानी होने वाली हैं, क्या यह बात मैंने झूठ सुनी है ?

वास्तविक बात तो यह थी कि इन्द्रदेव शैला के आ जाने से बड़े असमंजस में पड़ गये थे, उनकी भी इच्छा थी कि नन्दरानी से उसका परिचय कराकर वह छुट्टी पा जायँ। उन्होंने कहा—वाह भाभी, आप भी...

अच्छा-अच्छा, चलो। मैं सब जानती हूँ, कहती हुई नन्दरानी बगल के बँगले की ओर चली। इन्द्रदेव पीछे-पीछे थे।

छोटे-से बँगले के एक सुन्दर कमरे के बाहर दालान में आरामकुर्सी पर बैठी हुई शैला तन्मय होकर हिमालय के रमणीय दृश्यवाला चित्र देख रही थी। सहसा इन्द्रदेव ने कहा—मिस शैला ! मेरी भाभी श्रीमती नन्दरानी।

शैला उठ खड़ी हुई। उसने सलज्ज मुसकान के साथ नन्दरानी को नमस्कार किया।

नन्दरानी उसके व्यवहार को देखकर गद्गद हो गई। उसने शैला का हाथ पकड़ कर बैठाते हुए कहा—बैठिये, इतने शिष्टाचार की आवश्यकता नहीं।

नन्दरानी और इन्द्रदेव दोनों ही कुर्सी खींचकर बैठ गये ! तीनों चुप थे।

नन्दरानी ने कहा—आज आपको मेरा निमन्त्रण स्वीकार करना होगा। देखिये, बिना कुछ पूर्व-परिचय के मेरा ऐसा करना चाहे आपको न अच्छा लगे; किन्तु मेरा इन्द्रदेव पर इतना अधिकार अवश्य है और मैं शीघ्रता में भी हूँ। मुझे ही सब प्रबन्ध करना है। इसलिए मैं अभी तो छुट्टी माँग कर जा रही हूँ। वहीं पर बातें होंगी।

शैला को कहने का अवसर बिना दिये ही वह उठ खड़ी हुई। शैला ने इन्द्रदेव की ओर जिज्ञासा भरी दृष्टि से देखा।

नन्दरानी ने हँसकर कहा—इन्हें भी वहीं ब्यालू करना होगा।

शैला ने सिर झुकाकर कहा—जैसी आपकी आज्ञा।

नन्दरानी चली गई। शैला अभी कुछ सोच रही थी कि मिसिर ने आकर पूछा—ब्यालू के लिए...।

उसकी बात काटते हुए इन्द्रदेव ने कहा—हम लोग आज बड़े बँगले में ब्यालू करेंगे। वहाँ, घीसू से कह दो कि मेरे बगल वाले कमरे में मेम साहब के लिए पलँग लगा दे।

मिसिर के जाने पर शैला ने कहा—मैं तो कोठी पर चली जाऊँगी। यहाँ झंझट बढ़ाने से क्या काम है। मुझे तो यहाँ आये दो सप्ताह से अधिक हो गया। वहाँ तो मुझे कोई असुविधा नहीं है।

इन्द्रदेव ने सिर झुका लिया। क्षोभ से उनका हृदय भर उठा। वह कुछ कड़ा उत्तर देना चाहते थे। परन्तु सम्हलकर कहा—हाँ शैला ! तुमको मेरी असुविधा का बहुत ध्यान रहता है। तुमने ठीक ही समझा है कि यहाँ ठहरने में दोनों को कष्ट होगा।

किन्तु यह व्यंग शैला के लिए अधिक हो गया। इन्द्रदेव को वह मना लेने आई थी। वह इसी शहर में रहने पर भी आज कितने दिनों पर उनसे भेंट करने आई, इस बात का क्या इन्द्रदेव को दुख न होगा ? आने पर भी वह यहाँ रहना नहीं चाहती। इन्द्रदेव ने अपने मन में यही समझा होगा कि वह अपने सुख को देखती है। शैला ने हाथ जोड़कर कहा—क्षमा करो इन्द्रदेव ! मैंने भूल की है।

भूल क्या ? मैं तो कुछ न समझ सका।

मैंने अपराध किया है। मुझे सीधे यहीं आना चाहिए था। किन्तु क्या करूँ, रानी साहिबा ने मुझे वहीं रोक लिया। उन्होंने बीबी-रानी के नाम अपनी जमींदारी लिख दी है। उसी के लिखाने-पढ़ाने में लगी रही। और मैंने उसके लिए आकर तुम्हारी सम्मति नहीं ली, ऐसा मुझे न करना चाहिए था।

मैं तो समझता हूँ कि तुमने कुछ भूल नहीं की। मुझे उसके सम्बन्ध में कुछ कहना नहीं था। हाँ, यह बात दूसरी है कि तुम यहाँ क्यों नहीं आ गयीं। उसे लिखाते-पढ़ाते रहने पर भी तुम एक बार यहाँ आ सकती थीं। किन्तु तुमने सोचा होगा कि इन्द्रदेव स्वयं अपने लिए तंग होगा, मैं वहाँ चलकर उसे और भी कष्ट दूँगी। यही न ? तो ठीक तो है। अभी मेरी बैरिस्टरी अच्छी तरह नहीं चलती, तो भी इन कई महीनों में सादगी से जीवन-निर्वाह करने के लिए मैं रुपये जुटा लेता हूँ। मुझे सम्पत्ति की आवश्यकता नहीं शैला !

शैला ने देखा, इन्द्रदेव के मुँह पर दृढ़ उदासीनता है। वह मन-ही-मन काँप उठी। उसने सोचा कि इन्द्रदेव को आर्थिक हानि पहुँचाने में मेरा भी हाथ है। वह कुछ कहना ही चाहती थी कि इन्द्रदेव बीच में ही उसे रोककर कहने लगे—मैं संकुचित हो रहा था। मुझे यह कहकर माँ का जी दुखाने में भय होता था कि—मैं सम्पत्ति और जमींदारी से कुछ संसर्ग न रखूँगा। अच्छा हुआ कि उन्हा लोगों ने इसका आरम्भ किया है। तुमको अब यहाँ कुछ दिनों तक और ठहरना होगा; क्योंकि नियमपूर्वक लिखा-पढ़ी करके मैं समस्त अधिकार और अपनी सम्पत्ति माँ को दे देना चाहता हूँ। मेरे परम आदर की वस्तु 'माँ का स्नेह' जिसे पाकर खोया जा सके, वह सम्पत्ति मुझे न चाहिये। और मैं उसे लेकर भी क्या करूँगा ? अधिक धन तो पारस्परिक बन्धन में रहने वाले को...

शैला चौंककर बोल उठी—तो क्या तुम संन्यासी होना चाहते हो ? इन्द्रदेव ! अन्त में यह क्या कलंक भी मुझको मिलेगा।

इन्द्रदेव इस अप्रिय प्रसंग से ऊब उठे थे। इसे बन्द करने के लिए कहा—अच्छा, इस पर फिर बातें होंगी। अभी तो चलो, वह देखो, भाभी का नौकर बुलाने के लिए आ रहा होगा। जाओ, कपड़ा बदलना हो तो बदल कर झटपट तैयार हो लो।

शैला हँस पड़ी। उसने पूछा—तो क्या यहाँ किसी की साड़ियाँ भी मिल जायेंगी ? मुझे तो तुम्हारी गृहस्थ-बुद्धि पर इतना भरोसा नहीं !

इन्द्रदेव लज्जित-से खीझ उठे। शैला हाथ-मुँह धोने के लिए चली गई।

इन्द्रदेव क्रमशः उस घने होते हुए अन्धकार में निश्चेष्ट बैठे रहे। शैला भी आकर पास ही कुर्सी पर बैठकर तितली की छोटी-सी सुन्दर गृहस्थी का काल्पनिक चित्र खींच रही थी। दासी लालटेन लेकर शैला को बुलाने के लिए ही आई।

इन्द्रदेव ने कहा—चलो शैला !

दोनों चुपचाप नन्दरानी के बँगले में पहुँचे। दालान में कम्बल बिछा था।

मुकुन्दलाल कम्बल के एक सिरे पर बैठे हुए छोटी-सी सितारी पर ईमन का मधुर राग छेड़ रहे थे। दमचूल्हे पर मटर हो रही थी। उसके नीचे लाल-लाल अंगारों का आलोक फैल रहा था। लालटेन आड़ में कर दी गई थी, बाबू मुकुन्दलाल को उसका प्रकाश अच्छा नहीं लगता था।

नन्दरानी उस क्षीण आलोक में थाली सजा रही थी। सरूप निःशब्द काम करने में चतुर था। वह नन्दरानी के संकेत से सब आवश्यक वस्तु भण्डार में से लाकर जुटा रहा था।

शैला और इन्द्रदेव को देखते ही मुकुन्दलाल ने सितारी रखकर उनका स्वागत किया। शैला ने नमस्कार किया। सब लोग कम्बल पर बैठे। नन्दरानी ने थाली लाकर रख दी। इन्द्रदेव ने शैला का परिचय देते हुए यह भी कहा कि—आप हिन्दू-धर्म में दीक्षित हो चुकी हैं। आपने धामपुर में गाँव के किसानों की सेवा करना अपने जीवन का उद्देश्य बना लिया है।

नन्दरानी विस्मित होकर शैला के मौन गौरव को देख रही थी। किन्तु मुकुन्दलाल का ललाट, रेखा-रहित और उज्ज्वल बना रहा। जैसे उनके लिए यह कोई विशेष ध्यान देने की बात न थी। उन्होंने मटर का एक पूरा ग्रास गले से उतारते हुए कहा—भाई इन्द्रदेव, तुम जो कह रहे हो, उसे सुनकर मिस शैला की प्रशंसा किये बिना नहीं रह सकता। यह भी एक तरह का संन्यास-धर्म है। किन्तु मैं तो गृहस्थ नारी की मंगलमयी कृति का भक्त हूँ। वह इस साधारण संन्यास से भी दुष्कर और दम्भ-विहीन उपासना है।

नन्दरानी ने कुछ सजग होकर अपने पति की वह बात सुनी। उसके अधर कुछ खिल उठे। उसने कहा—इन्द्रदेव जी, और क्या दूँ ?

मुकुन्दलाल ने थोड़ा-सा हँसकर कहा—अपनी-सी एक सुन्दर सह-धर्मिणी।

शैला के कर्णमूल लाल हो उठे। और इन्द्रदेव ने बात टालते हुए कहा—मैं समझता हूँ कि भाभी जानती होंगी कि इस अपने पेट के लिए जुटाने वाले मनुष्य को, उनकी-सी स्त्री की आवश्यकता नहीं हो सकती।

शैला और भी कटी जा रही थी। उसको इन्द्रदेव की सब बातें निराश हृदय की संतोष-भरी साँस-सी मालूम होती थीं। वह देख रही थी नन्दरानी को और तुलना कर रही थी तितली से। एक की भरी-पूरी गृहस्थी थी और दूसरी अभाव से अकिंचन; तिस पर भी दोनों परिवार सुखी और वास्तविक जीवन व्यतीत कर रहे थे।

नन्दरानी ने कहा—इतना पेटू हो जाना भी अच्छा नहीं होता इन्द्रदेव ! अपना ही स्वार्थ न देखना चाहिए !

कहाँ भाभी ! मैंने तो अभी कुछ भी नहीं खाया। अभी मिठाइयाँ तो बाकी ही हैं। तिस पर भी मैं पेटू कहा जाऊँ ? आश्चर्य !

अरे राम ! मैं खाने के लिए थोड़े ही कह रही हूँ। अभी तो तुमने कुछ खाया ही नहीं ! मेरा तात्पर्य था तुम्हारे ब्याह से।

ओहो ! तो मैं देखता हूँ कि कोई मूर्ख कुमारी मुझसे ब्याह करने की भीख माँगने के लिए तुम्हारे पास पल्ला पसार कर आई थी न ! उसको समझा दो भाभी ! मैं तो उसके लिए कुछ न कर सकूँगा।

नन्दरानी हँसने लगी। शैला से उसने पूछा—क्यों, आप तो कुछ ? जी नहीं; मुझे कुछ न चाहिए ! कहकर शैला ने उसकी ओर दीनता से देखा।

मुकुन्दलाल ने इन्द्रदेव से कहा—तुम ठीक कहते हो इन्द्रदेव, मैं भूल कर रहा था। स्त्री के लिए पर्याप्त रुपया या सम्पत्ति की आवश्यकता है ! पुरुष उसे घर में लाकर जब डाल देता है तब उसकी निज की आवश्यकताओं पर बहुत कम ध्यान देता है। इसलिए मेरा भी अब यही मत हो गया है कि स्त्री के लिए सुरक्षित धन की व्यवस्था होनी चाहिए ! नहीं तो तुम्हारी भाभी की तरह वह स्त्री अपने पति को दिन-रात चुपचाप कोसती रहेगी।

नन्दरानी अप्रतिभ-सी होकर बोली—यह लो, अब मुझी पर बरस पड़े।

मुकुन्दलाल ने और भी गंभीर होकर कहा—अच्छा इन्द्रदेव ! तुमसे एक बात कहूँ ? मिस शैला के सामने भी वह बात कहने में मुझे संकोच नहीं। यह तो तुम जानते हो कि मैं धीरे-धीरे ऋण में डूब रहा हूँ। और जीवन के भोग के प्याले को, उसका सुख बढ़ाने के लिए, बहुत धीरे-धीरे दस-दस बीस-बीस बूँद का घूँट लेकर खाली कर रहा हूँ। होगा सो तो होकर ही रहेगा। किन्तु तुम्हारी भाभी क्या कहेंगी। मैं चाहता हूँ कि ये दोनों छोटे बँगले मैं नन्दरानी के नाम लिख दूँ। और फिर एक बार विस्मृति की लहर में धीरे-धीरे डूबूँ और उतराऊँ।

नन्दरानी की आँखों से दो बूँद आँसू टपक पड़े। न जाने कितनी अमंगल और मंगल की कोमल भावनाएँ संसार के कोने-कोने से खिलखिला पड़ीं। उसने मुकुन्दलाल का प्रतिवाद करना चाहा; परन्तु नारी-जीवन का कैसा गूढ़ रहस्य है कि वह स्पष्ट विरोध न कर सकी। इतने में इन्द्रदेव ने कहा—भाई साहब मुझे एक रजिस्ट्री करानी है ! मैं अपनी समस्त सम्पत्ति माँ के नाम लिख देना चाहता हूँ। क्योंकि···

शैला ने तौलिये से हाथ पोंछते हुए इन्द्रदेव की ओर देखा। उसने अभी-अभी इन्द्रदेव के अभावों का दृश्य देखा है। उसने सम्पत्ति से और उसकी आशा से भी वंचित होने की मन में ठानी है।

मुकुन्दलाल ने कहा---हाँ, हाँ, कहो क्योंकि स्त्रियों को ही धन की आवश्यकता है। और संभवतः वे ही इसकी रक्षा भी कर सकती हैं। तो फिर ठीक रहा। कल ही इसका प्रबन्ध कर दो।

सब लोग हाथ-मुँह धोकर अपनी कुर्सियों पर आराम से बैठे ही थे कि सरूप ने आकर कहा---बैरिस्टर साहब से मिलने के लिए एक स्त्री आई है। उसका कोई मुकद्दमा है।

सब लोग चुप रहे। शैला सोच रही थी कि क्या स्त्रियाँ सचमुच धन की लोलुप हैं। फिर उसने अपने ही उत्तर दिया---नहीं, समाज का संगठन ही ऐसा है कि प्रत्येक प्राणी को धन की आवश्यकता है। इधर स्त्री को स्वावलम्बन से जब पुरुष लोग हटाकर, उकके भाव और अभाव का दायित्व अपने हाथ में ले लेते हैं, तब धन को छोड़कर दूसरा उनका क्या सहारा है?

इतने में सरूप गरम कमरे में चाय की प्याली सजाने लगा।

नन्दरानी भोजन करने बैठी। उससे खाया न गया।

दालान में परदे गिरा दिये गये थे। ठंडी हवा चलने लगी थी। किन्तु नन्दरानी झटपट हाथ-मुँह धोकर पान मुख में रखकर वहीं एक आरामकुर्सी पर अपनी ऊनी चादर में लिपटी हुई पड़ी रही; उसके मन में संकल्प-विकल्प चल रहा था। आज तक का उसका त्याग, कुछ मूल्य पर बिकने जा रहा है। उसका मन यह मूल्य लेने से विद्रोह कर रहा था। तब भी जीवन के कितने निराशा भरे दिन काटने होंगे। ज्योतिषी ने कह दिया है कि बाबू मुकुन्दलाल अब अधिक दिन जीने के नहीं हैं—उनका भीतरी शरीर भग्न पोत की तरह काल-समुद्र में धीरे-धीरे धँसता जा रहा है, फिर भी, उस ऊर्जस्वित आत्मा का केतु अभी डुबा देने वाले जल के ऊपर ही है। उनकी अवस्था पचास वर्ष की और नन्दरानी की चालीस की है। किन्तु संसार जैसे उनके सामने अन्तिम घड़ियाँ गिन रहा है। गार्हस्थ्य जीवन के मंगलमय भविष्य में उनका विश्वास नहीं। उसमें रहते हुए भी पुराना संस्कार, उन्हें थके हुए घोड़े के लिए टूटा हुआ छकड़ा बन रहा है, वह जैसे उसे घसीट रहे हैं।

किन्तु मुकुन्दलाल के लिए यह अवस्था तभी होती है जब वह नन्दरानी को अपने जीवन के साथ मिलाकर देखते हैं। फिर जैसे अपने स्थान को लौटकर सितारी, मित्र वर्ग और उनके आतिथ्य-सत्कार में लग जाते हैं।

नन्दरानी खिन्न होकर सो गई। उसने नहीं जाना कि कब शैला और इन्द्रदेव दूसरी ओर चले गये।

मुकुन्दलाल ने सोने के कमरे में जाते हुए देखा कि नन्दरानी अभी वहीं पड़ी

है। वह एक क्षण तक चुपचाप खड़े रहे। फिर दासी को बुलाकर धीरे से कहा—कुछ और ओढ़ा दो। न जागें तो यहाँ आग भी सुलगा दो। देखो, परदे ठीक से बाँध देना। यहाँ गरम रहे, तुम्हारी मालकिन थक गई हैं। —फिर सोने चले गये।

दूसरे दिन, बरकतअली ने स्टाम्प इन्द्रदेव के पास भेज दिया और बाहर मिलने की आशा में बैठा रहा। जब बारह बजने लगा तब घबड़ा कर कोठी के बाहर निकल आया और आम के पेड़ के नीचे बैठी हुई एक स्त्री से उसने कहा—माँ जी! आज बैरिस्टर साहब एक काम में फँसे हुए हैं। आप जाइए, कल आपका काम हो जायगा।

वह सिर झुकाये हुए बोली—कल कब आऊँ?

आठ बजे।

तब मैं जाती हूँ—कहकर स्त्री धीरे से उठी और बँगले के बाहर हो गयी।

अभी वह थोड़ी दूर सड़क पर पहुँची होगी कि उसी फाटक से एक मोटर उसके पीछे से निकली। उसका शब्द सुनकर, मोटर की ओर देखती हुई, वह एक ओर हटी और उसने पहचान लिया, इन्द्रदेव और शैला। उसने साहस से पुकारा—बहन शैला।

किन्तु शैला ने सुना नहीं। इन्द्रदेव मोटर चला रहे थे। वह करुण पुकार दोनों के कान में नहीं पड़ी।

वह स्त्री धीरे-धीरे फाटक में लौट आई, और आम के नीचे जाकर बैठ रही।

शैला जब रजिस्ट्री पर गवाही करके इन्द्रदेव के साथ उस बँगले पर लौटी, तो उसे न जाने क्यों मानसिक ग्लानि होने लगी। वह हाथ-मुँह पोंछकर बगीचे में घूमने के लिए चली। एक छोटा-सा चमेली का कुञ्ज था। उसमें फूल नहीं थे। पत्तियाँ भी बिरल हो चली थीं; वह रूखी-रूखी लता, लोहे के मोटे तारों से लिपट गई थी; तीव्र धूप में चाहे उसे कितना ही जलाता हो, फिर भी उसके लिए वही अवलम्ब था। किरणें उसमें सहज प्रवेश करके उसे हँसाने का उद्योग कर रही थीं। शैला उस निस्सहाय अवस्था को तल्लीन होकर देख रही थी।

सहसा तितली ने उसके सामने आकर पुकारा—बहन! मैं कब से तुमको खोज रही हूँ। तुमको देखा और पुकारा भी; पर तुमने न सुना। सच है, संसार में सब मुँह मोड़ लेते हैं! विपत्ति में किससे आशा की जाय।

शैला ने घूमकर देखा। यह वही तितली है? कई पखवारों में ही वह कितनी दुर्बल और रक्त-शून्य हो गई है। आँखें जैसे निराशा-नदी के उद्गम-सी

बन गई हैं। बाहरी रूप-रेखा जैसे शून्य में विलीन होने वाले इन्द्रधनुष-सी अपना वर्ण खो रही है। उसे अभी अपने मानसिक विप्लव से छुट्टी नहीं मिली थी। फिर भी उसने सम्हलते हुए पूछा—तितली! क्या हुआ है बहन! तुम यहाँ कैसे!

बड़े दुःख में पड़कर मैं यहाँ आई हूँ बहन! मैं लुट गई! —तितली की रूखी आँखों से आँसू निकल पड़े।

क्यों मधुबन कहाँ है। सुनने ही शैला ने पूछा।

पता नहीं। उस दिन गाँव में लाठी चली। रामजस को लोग मारने लगे। उन्होंने जाकर रामजस को बचाया, जिसमें छावनी के कई नौकर घायल हो गये। पुलिस की तहकीकात में सब लोगों ने उन्हीं के विरुद्ध गवाही दी। थानेदार ने रुपया माँगा। और मुकद्दमे के लिए भी रुपयों की आवश्यकता थी। महन्तजी के पास उन्होंने राजो को भेजा। राजो कहती थी कि महन्त ने उसके साथ अनुचित व्यवहार करना चाहा। इस पर वहीं छिपे हुए उन्होंने महन्त का गला घोंट दिया। राजो तो चली आई। पर उनका पता नहीं!

यहाँ तक! और जब लड़ाई हुई, तब तुमने मुझे क्यों नहीं कहला भेजा? —शैला ने पूछा।

परन्तु तितली चुप रही। मैना के सम्बन्ध की बात, अपनी उदासी और राजो की सब कथा कहने के लिए जैसे उसके हृदय में साहस नहीं था।

तब क्या किया जाय? उनका पता कैसे लगेगा बहन! इधर शेरकोट पर बेदखली हो गई है। और बनजरिया पर भी डिग्री हुई है, कोई रुपया देता नहीं। मुकदमा कैसे लड़ा जाय? मुझे कोई सहायता नहीं देना चाहता। मैं तो सब ओर से गई। यहाँ कई वकीलों के पास गई। वे कहते हैं, पहले रुपया ले आओ, तब तुम्हारी बात सुनेंगे। फिर एक सज्जन ने बताया कि यहीं कहीं मिस्टर देवा नाम के एक सज्जन बैरिस्टर रहते हैं। वे प्रायः दीन-दुखियों के मुकदमे बिना कुछ लिये लड़ देते हैं। मैं उन्हीं को खोजती हुई यहाँ तक पहुँची।

शैला घबरा गई। वह अभी तो इन्द्रदेव के सर्वस्व-त्याग करने का दृश्य देखकर आई थी। उसके मन में रह-रहकर यही भावना हो रही थी, कि यदि मैं इन्द्रदेव को थोड़ा-सा भी विश्वास दिला सकती, तो उनके हृदय में यह भीषण विराग न उत्पन्न होता। वह फिर अपने को ही इन्द्रदेव की सांसारिक असफलता मानती हुई मन-ही-मन कोस रही थी कि तितली का यह दुख से दग्ध संसार उसके सामने अनुनय की भीख माँगने के लिए खड़ा था। वह किस मुँह से इन्द्रदेव से उसकी सहायता के लिए कहे। यदि नहीं कहती है तो अपनी सब दुर्बल-

ताएँ तितली से स्वीकार करनी होंगी। जिसको हम प्यार करते हैं, जिसके ऊपर अभिमान करने का ढोंग कई बार संसार में प्रचलित कर चुके हैं, उसके लिए यह कहना कि 'वह मुझसे अप्रसन्न है, मैं नहीं...' कितनी छोटी बात है ! वह कैसे निराश करती। उसने तितली से कहा—अच्छा, ठहरो। मैं आज इसका कोई उपाय करूँगी ! तितली ! क्या यह जानती हो कि यह मिस्टर देवा कोई दूसरे नहीं, तुम्हारे जमींदार इन्द्रदेव ही हैं।

तितली सन्न हो गई। उसने अपने चारों ओर निराशा के सिन्धु को लहराते हुए देखा। वह रो पड़ी और बोली—बहिन ! तब मुझे छुट्टी दो। मैं जाऊँ, कहीं दूसरी शरण खोजूं !

प्यार से उसकी पीठ थपथपाते हुए शैला ने कहा—नहीं, तुम दूसरी जगह न जाओ, मैं आज अपनी ही परीक्षा लूँगी। तुमको यह नहीं मालूम कि आज ही उन्होंने अपनी जमींदारी का स्वत्व त्याग दिया है।

क्या कहती हो बहन !

हाँ तितली ! इन्द्रदेव ने अपने ऐश्वर्य का आवरण दूर फेंक दिया है। वह भी आज हमी लोगों के-से श्रमजीवी-मात्र हैं। मुझे तुम्हारे लिए बहुत-कुछ करना होगा। गाँव का सुधार करने मैं गई थी। क्या एक कुटुम्ब की भी रक्षा न कर सकूँगी ? चलो तुम मेरे कमरे में नहा-धोकर स्वस्थ हो जाओ। मैं इन्द्रदेव से पूछ कर तुमको बुलाती हूँ।

इतना कहकर शैला ने तितली का हाथ पकड़कर उठाया। और अपनी कोठरी में ले गई।

उधर इन्द्रदेव चाय की टेबल पर बैठे हुए शैला की प्रतीक्षा कर रहे थे। उनका हृदय हल्का हो रहा था। त्याग का अभिमान उनके मुँह पर झलक रहा था और उसमें छिपा था एक व्यंग भरा रूठने का प्रसंग। शैला भी क्या सोचेगी। मन में मनुष्य अपने त्याग से जब प्रेम को आभारी बनाता है तब उसका रिक्त कोश बरसे हुए बादलों पर पश्चिम के सूर्य के रत्नालोक के समान चमक उठता है। इन्द्रदेव को आज आत्मविश्वास था और उसमें प्रगाढ़ प्रसन्नता थी।

शैला आई और धीरे से एक कुर्सी खींचकर बैठ गई। दोनों ने चुपचाप चाय की प्याली खाली कर दी। फिर भी चुप ! दोनों किसी प्रसंग की प्रतीक्षा में थे।

परन्तु इन्द्रदेव का हृदय तो स्पष्ट हो रहा था। उन्होंने चुप रहने की आवश्यकता न समझ कर सीधा प्रश्न किया—तो मैं समझता हूँ कि, कल तुम धामपुर जाओगी ? आज तो यहीं कोठी पर रुकना पड़ेगा ! क्योंकि मैंने तुम्हारा

अधूरा काम पूरा कर दिया है। उसे तो जाकर माँ से कहोगी ही! फिर समय कहाँ मिलेगा। कल सवेरे जाओगी। एँ!

शैला मेज के फूलदार कपड़े पर छपे हुए गुलाब की पंखुरियाँ नोच रही थी? सिर नीचा था और आँखें डबडबा रही थीं। वह क्या बोले?

इन्द्रदेव ने फिर कहा—तो आज यहीं रहना होगा!

क्या तुम चाहते हो कि मैं अभी चली जाऊँ? —बड़े दुःख से शैला ने उत्तर दिया।

यह लो, मैं पूछ रहा हूँ। नहीं-नहीं—मैं तो तुम्हारी ही बात कर रहा हूँ। तुम तो उसी दिन चली जा रही थीं। मैंने देखा कि तुम अपना काम अधूरा ही छोड़कर चली जा रही हो, इसीलिए रोक लिया था। अब तो मैं समझता हूँ कि तुम अपने ग्राम-सुधार की योजना अच्छी तरह चला लोगी। माँ को समझा देना कि जब इन्द्रदेव को ही अपने लिए सम्पत्ति की आवश्यकता नहीं रही, तब उन्हें चाहिए कि यह संचित सम्पत्ति अधिक-से-अधिक दीन-दुःखियों के उपकार में लगाकर पुण्य और यश के भागी बनें।

तो, तुम अब भी गाँव के सुधार में विश्वास रखते हो?

मेरे इस त्याग में इस विचार का भी एक अंश है शैला कि जब तक उस एकाधिपत्य से मैं अपने को मुक्त नहीं कर लेता, मेरी ममता उसके चारों ओर प्रेम की छाया की तरह घूमा करती। अब मेरा स्वार्थ उससे नहीं रहा। मैं तो समझता हूँ कि गाँवों का सुधार होना चाहिए। कुछ पढ़े-लिखे सम्पन्न और स्वस्थ लोगों को नागरिकता के प्रलोभनों को छोड़कर देश के गाँवों में बिखर जाना चाहिए। उनके सरल जीवन में—जो नागरिकों के संसर्ग से विषाक्त हो रहा है।—विश्वास, प्रकाश और आनन्द का प्रचार करना चाहिए। उनके छोटे-छोटे उत्सवों में वास्तविकता, उनकी खेती में सम्पन्नता और चरित्र में सुरुचि उत्पन्न करके उनके दारिद्रय और अभाव को दूर करने की चेष्टा होनी चाहिए। इसके लिए सम्पत्तिशालियों को स्वार्थ-त्याग करना अत्यन्त आवश्यक है।

किन्तु अधिकार रखते हुए तो उसे तुम और भी अच्छी तरह कर सकते थे। शक्ति-केन्द्र यदि अधिकारों के संचय का सदुपयोग करता रहे, तो नियन्त्रण भली-भाँति चल सकता है, नहीं तो अव्यवस्था उत्पन्न होगी। तुम्हारे इस त्याग का अच्छा ही फल होगा, इसका क्या प्रमाण है? मैं तो समझती हूँ कि तुमने किसी झोंक में आकर यह कर डाला।

शैला की यह बात सुनकर इन्द्रदेव हँसने लगे। उसी हँसी में अवहेलना भरी थी। फिर उन्होंने कहा—संसार के अच्छे-से-अच्छे नियम और सिद्धान्त बनते

और बिगड़ते रहेंगे। मैं सबको प्रसन्न और सन्तुष्ट रखने के लिए अपने-आपको जकड़कर रखना नहीं चाहता। जो होना हो वह हो ले। मैंने जो अच्छा समझा, वही किया। अच्छा, तो अब अपनी कहो। क्या निश्चय हुआ ?

मैं कल जाना चाहती थी। पर अब तो कुछ दिनों के लिए रुकना पड़ा।

क्यों—कोई आवश्यक काम आ पड़ा क्या ?

हाँ, पहले मैं तुम्हारे त्याग की ही परीक्षा करूँगी, फिर दूसरों के किवाड़ खटखटाऊँगी।

शैला ! सुनूँ भी। मुझे क्या परीक्षा देनी है ?

तितली बड़ी विपत्ति में पड़कर सहायता के लिए आई है। उसका शेरकोट बेदखल हो रहा है। बनजरिया पर भी लगान की डिग्री हो गई है। उधर आपके तहसीलदार ने एक फौजदारी करवा दी है, जिसमें मधुबन पर पुलिस ने वारण्ट निकलवाया है। और भी, बिहारीजी के महन्त ने डाके का मुकदमा भी उस पर चलाया है। मधुबन का पता नहीं। तितली का कोई सहायक नहीं। उसके ब्याह के बाद ही गाँव वालों का एक विरोधी-दल इन लोगों के विनाश का उपाय सोच रहा था। हम लोगों के हटते ही यह सब हो गया। क्या उसको तुम कानूनी सहायता दे सकोगे ?

एक साँस में यह सब कहकर शैला उत्सुकता से उत्तर की प्रतीक्षा करने लगी। इन्द्रदेव चुप रहे। फिर धीरे-धीरे उन्होंने कहा—मैं अब उस गाँव के सम्बन्ध में कुछ करना नहीं चाहता ! शैला ! तुम जानती हो कि इसका क्या फल होगा ?

मैं सब जानती हूँ। पर तुम अभी कह रहे थे कि मैं जाकर वहाँ सुधार का काम अधिक वेग से आरम्भ करूँ। यदि मेरे कुछ समर्थकों का इस तरह दमन हो जायगा, तो मैं क्या कर सकूँगी ? अभी तो चकबन्दी के लिए कितने झगड़े उठाये जायँगे। तो मैं समझ लूँ कि तुम मुझे कानूनी सहायता भी न दोगे !

मैं तो श्रमजीवी हूँ शैला ! मुझे जो भी फीस देगा, उसी का काम करने के लिए मुझे परिश्रम करना पड़ेगा।

तुमको फीस चाहिए ! क्या कहते हो इन्द्रदेव ! इसीलिए तितली की सहायता करने में तुम आनाकानी कर रहे हो न ? —शैला की वाणी में वेदना थी।

अपनी जीविका के लिए मैं अब दूसरा कोई काम खोज लूँ। फिर और लोगों का काम बिना कुछ लिए ही कर दिया करूँगा। तब तक के लिए क्या

तुम क्षमा नहीं कर सकती हो ? —इन्द्रदेव की मुक्तिमयी निश्चिन्त अवस्था व्यंग कर उठी।

शैला के हृदय में जो आन्दोलन हो रहा था उसे और भी उद्वेलित करते हुए इन्द्रदेव ने फिर कहा—और यह पाठ भी तो तुम्हीं से मैंने पढ़ा है। उस दिन, तुमने जब मेरा प्रस्ताव अस्वीकार करते हुए कहा था कि 'काम किये बिना रहना मेरे लिए असम्भव है, अपनी रियासत में मुझे एक नौकरी और रहने की जगह देकर बोझ से तुम इस समय के लिए छुट्टी पा जाओ,' तब तुम्हारी जो आज्ञा थी, वही तो मैंने किया। अपने इस त्यागपत्र में नील-कोठी को सर्वसाधारण कामों—अर्थात् औषधालय, पाठशाला और हो सके तो ग्रामसुधार सम्बन्धी अन्य कार्यालय—के लिए, दान करते हुए मैंने एक निधि उसमें लगा दी है; जिसका निरीक्षण तुमको ही आजीवन करना होगा। उसके लिए तुम्हारा वेतन भी नियत है। इसके अतिरिक्त...।

ठहरो इन्द्रदेव ! क्या तुम मुझे बन्दी बनाना चाहते हो ? मैं यदि अब वह काम न करूँ तो ? —बीच ही में रोककर शैला ने पूछा।

नहीं क्यों ? तुमने मुझे जो प्रेरणा दी है, वही करके भी मैं क्या भूल कर गया ? और तुमने तो उस दिन दीक्षा लेते हुए कहा था कि 'तुम्हारे और समीप होने का प्रयत्न कर रही हूँ,' तो क्या यह सब करके भी मैं तुम्हारे समीप होने नहीं पाऊँगा ?

क्यों नहीं ? —कहते हुए सहसा नन्दरानी ने उसी कमरे में प्रवेश किया।

शैला और इन्द्रदेव दोनों ही जैसे एक आश्चर्यजनक स्वप्न देखकर ही चौंक उठे।

फिर नन्दरानी ने हँसते हुए कहा—मिस शैला, आप मुझे क्षमा करेंगी। मैं अनधिकार प्रवेश कर आई हूँ। इन्द्रदेव से क्षमा माँगने की तो मैं आवश्यकता नहीं समझती।

इन्द्रदेव जैसे प्रकृतिस्थ होकर बोले—बैठिए भाभी ! आप भी क्या कहती हैं !

शैला ने लज्जा से अब अवसर पाकर नन्दरानी को नमस्कार किया। नन्दरानी ने हँसकर कहा—तो मैं तुम दोनों को ही आशीर्वाद देती हूँ, यह जोड़ी सदा प्रसन्न रहे।

अभिमान से भरा हुआ शैला का हृदय अपने को ही टटोल रहा था—क्या मेरे समीप आने के लिए ही इन्द्रदेव का वह त्याग है ?—यह प्रश्न भीतर-भीतर स्वयं उत्तर बन गया।

शैला ने नन्दरानी की प्रसन्न आकृति में विनोद की मात्रा देखी, वह क्षण भर के लिए अपने को वास्तविक जगत में देख सकी। उसने एक साँस में निश्चय किया कि 'हाँ' कह दूँ। किन्तु अब प्रस्ताव करने में कौन आगे बढ़े ? वह लज्जा और आनन्द से मुस्कुरा उठी।

नन्दरानी ने भाव पहचानते ही कहा—मिस शैला ! जब तुम इन्द्रदेव को बहुत दूर तक अपने पथ पर खींच लाई हो, तब यों अकेले छोड़ देना क्या कायरता नहीं ? बोलो, मैं किस दिन अपने इष्ट-मित्रों को निमंत्रित करूँ ? मुझे इन्द्रदेव का ब्याह करने का अधिकार है। मैं उनकी कुटुम्बिनी हूँ। अब मुझे केवल तुम्हारी स्वीकृति चाहिए।

शैला का सिर नीचे झुका हुआ था। उसकी ठुड्डी उठाकर नन्दरानी ने कहा—अब बहाना करने से काम नहीं चलेगा। कहो 'हाँ', बस मैं सब कर लूँगी।

बहन ! मैं स्वीकार करती हूँ। परन्तु इधर मेरे मन की जो दशा है, वह जब तक तितली का कुछ उपाय...।

चुप भी रहो; तितली, बुलबुल, कोयल, सबों का स्वागत होगा। पहले वसंत का उत्सव तो होने दो। मैं तितली को अपने पास रखूंगी। और इन्द्रदेव को उसकी सहायता करनी होगी।

शैला को चुप देखकर फिर नन्दरानी ने कहा। इन्द्रदेव ! तुम बोलते क्यों नहीं ? क्या मैं तुम्हारी वकालत करूँ और तुम बुद्ध बैरिस्टर बन कर बैठे रहो ?

इन्द्रदेव हँसकर बोले—भाभी ! संसार में कई तरह के न्यायालय होते हैं। आज जिस न्यायालय में खड़ा हूँ, वहाँ आप जैसे वकीलों का ही अधिकार है।

तो फिर मैं ही तुम्हारी ओर से स्वीकृति देती हूँ। कल अच्छा दिन है। यहीं मेरे बँगले में यह परिणय होगा। इन्द्रदेव, तुम्हारा महत्वपूर्ण आडम्बर हट गया है, तब तुम अपने मनुष्य के रूप में वास्तविक स्वतन्त्रता का सुख लो। केवल स्त्री और पुरुष ही का संयोग जटिलताओं से नहीं भरा है। संसार के जितने सम्बन्ध-विनिमय है, उनमें निर्वाह की समस्या कठिन है। तुम जानते हो कि मैंने उसका त्यागपत्र फाड़ कर फेंक दिया और रजिस्ट्री कराने के लिए उन्हें नहीं जाने दिया उनसे सब अधिकार लेकर मैं उनको अपदस्थ करके नहीं रखना चाहती। वे मेरे देवता हैं। उनकी बुराइयाँ तो मैं देख ही नहीं पाती हूँ। हाँ, अर्थ-संकट है सही, पर यही उनकी मनुष्यता है। धोखा देकर कई बार उनसे कुछ झँस लेने वाले मित्र भी फिर उनसे कुछ ले लेने की आशा रखते हैं। क्या यह मेरे गौरव की

वस्तु नहीं है ? मैंने उसका त्यागपत्र अस्वीकार कर दिया है; परन्तु अब मैं अर्थ-सचिव बन गई हूँ। अब वे सीधे मेरे पास सब कुछ भेज देते हैं। मैं कहती हूँ कि पुरुष और स्त्री को ब्याह करना ही चाहिए। एक-दूसरे के सुख-दुख और अभाव-आपदाओं को प्रसन्नता में बदलने के लिए सदैव प्रयत्न करना चाहिए। इसीलिए तुम दोनों को मैं एक में बाँध देना चाहती हूँ।

शैला ने इन्द्रदेव की ओर जिज्ञासा भरी दृष्टि से देखा। इन्द्रदेव ने मिसिर को पुकार कर कहा—देखो, तितली नाम की एक स्त्री बाहर है, उसे बुला लाओ।

तितली आई। उसने नमस्कार किया। इन्द्रदेव ने कुर्सी दिखलाकर कहा—बैठो।

सहसा उनके मन में वह बात चमक गई जो उनके और तितली के ब्याह के लिए धामपुर में एक बार अदृष्ट का उपहास बनकर फैल गई थी। फिर प्रकृतिस्थ होकर, तितली के बैठ जाने पर, इन्द्रदेव ने कहा—मुझे तुम्हारी सब बातें मालूम हैं। मैं सब तरह की सहायता करूँगा। किन्तु जब मधुबन इस समय कहीं जाकर छिप गया है, तब सोच-समझ कर कुछ करना होगा। मैं उसका पता लगाने का प्रयत्न करूँगा। और रह गया शेरकोट, उसका कागज मैं देख लूंगा तब कहूँगा! बनजरिया का लगान जमा करवा दूंगा। फिर उसका भी प्रबन्ध कर दिया जायगा। तब तक तुम यहीं रहो। क्यों शैला! कल के लिए तुम तितली को निमंत्रित न करोगी ?

तितली ने चुपचाप सुन लिया। शैला ने कहा—तितली! कल के लिए, मेरी ओर से निमन्त्रण है, तुमको यहीं रहना होगा।

तितली के मुँह पर उस निरानन्द में भी एक स्मित-रेखा झलक उठी।

दूसरे दिन वैवाहिक उत्सव के समाप्त हो जाने पर, तितली वहाँ से बिना कुछ कहे-सुने कहीं चली गई! शैला और इन्द्रदेव दोनों ही उसको बहुत खोजते रहे।

८

चुनार की एक पहाड़ी कन्दरा में रहते हुए, मधुबन को कई सप्ताह हो चुके थे। वह निस्तब्ध रजनी में गंगा की लहरों का, पहाड़ी के साथ टकराने का, गम्भीर शब्द सुना करता। उसके हृदय में भय, क्रोध और घृणा का भयानक संघर्ष चला करता। उसके जीवन में आरम्भ से ही अभाव था, पर वह उसे उतना नहीं अखरता था जितना यह एकान्तवास। सब कुछ मिलाकर भी जैसे उसके हाथ से निकल गया। छोटी-सी गृहस्थी; उसमें तितली-सी युवती का सावधानी से भरा हुआ मधुर व्यवहार; और भी भविष्य की कितनी ही मधुर आशाएँ सहसा जैसे आने वाले पतझड़ के झपेटे में पड़कर पत्तियों की तरह बिखर कर तीन-तेरह हो गईं।

वह अपने ही स्वार्थ को देखता, दूसरों के पचड़े में न पड़ा होता, तो आज यह दिन देखने की वारी न आती। उसने मन-ही-मन विचार किया कि समूचा जगत मेरे लिए एक षड्यन्त्र रच रहा था। और मूर्ख मैं, एक भावना में पड़कर, एक काल्पनिक महत्त्व के प्रलोभन में फँसकर, आज इस कष्ट में कदर्थित हो रहा हूँ।

उसके जीवन का गणित भ्रामक नहीं था। और फल अशुद्ध निकलता दिखाई पड़ रहा है। तब यह दोष उसका हो ही नहीं सकता। नहीं, इसमें अवश्य किसी दूसरे का हाथ है!

मुझे पिशाच के भयानक चंगुल में फँसाकर सब निर्विघ्न आनन्द ले रहे हैं। कौन। राजो...तितली...मैना...मुखदेव...तहसीलदार...और शैला! सब चुप चाप? तब मैं कितने दिनों तक छिपा-छिपा फिरूँगा? और शेरकोट, बनजरिया, उसमें तितली का सुन्दर-सा मुख—सोचते-सोचते उसे झपकी आ गई। भूख से भी वह पीड़ित था। दिन ढल रहा था; परन्तु जब तक रात न हो जाय, बाजार तक जाने में वह असमर्थ था। उसकी निद्रा स्वप्न को खींच लाई।

उसने देखा—तितली हँसती हुई अपनी कुटिया के द्वार पर खड़ी है। उधर से इन्द्रदेव घोड़े पर उसी जगह आकर उतर गये। उन्होंने तितली से कुछ पूछा

और तितली ने मन्द मुस्कान के साथ न जाने क्या उत्तर दिया। इन्द्रदेव प्रसन्न-से फिर घोड़े पर चढ़कर चले गये।

उस समय अपने को उसने घुमची की लता की आड़ में पाया। वह छिपकर देख रहा है। —हाँ।

फिर सुखदेव आता है। वह भी तितली से बात करके चला जाता है। स्वप्न की संध्या दिन को ढुलका कर रात को बुला लाई। अँधेरा हो गया। तारे निकल आये। उसे फुसफुसाहट सुनाई पड़ी। तितली अपने अंचल में दीप लिये किसी को पथ दिखलाने के लिए खड़ी है। उसका मुख धूमिल है। वह घबराई-सी जान पड़ती है।

दूसरा दृश्य, अन्धकार में और भी मलिन, कलुषपूर्ण हृदय की भूमिका में अत्यन्त विकृत होकर प्रतिभासित हो उठा। शेरकोट—खँडहर, उसमें भीतरी यह लिपि-पुती चूने से चमकीली एक छोटी-सी कोठरी! और राजो बन ठन कर बैठी है। क्यों? किवाड़ बन्द है। भीतर ही वह शीशे में अपना रूप देख रही है। बाहर किवाड़ों पर खट-खट का शब्द होता है। वह मुस्कुराकर उठ खड़ी होती है।

स्वप्न देखते हुए भी मधुबन और बल पूर्वक पलकों को दबा लेता है। आँखें जो बन्द थीं, वह मानों फिर से बन्द हो जाती हैं। आगे का दृश्य देखने में वह असमर्थ है।

तब, वह पुरुष है। उसको मान के लिए मर मिटना चाहिए; परन्तु यह नीच व्यापार यों ही चलता रहे। कुत्सित प्राणियों का कालिमापूर्ण...नहीं...अब नहीं। संसार उसको अपने एक कोने में, सुख नहीं, आनन्द नहीं, किसी तरह जीवन को बिता लेने के लिए भी अवसर नहीं देना चाहता। तो जिनको मैं परम प्रिय मानता हूँ, उनका अपमान, चाहे वह उन्हीं की स्वीकृति से हो रहा हो—नहीं होने दूँगा। नहीं—वह सपने का वीर हुङ्कार कर उठा।

पहले तितली ही—हाँ, उसी का गला घोंटना होगा। उसे प्यार करता हूँ। नहीं तो संसार में न जाने क्या कहाँ हो रहा है, मुझे क्या? नहीं, तितली को मेरी रक्षा के बाहर संसार में जाने से अपमान, कुत्सा और दुःख भोगना पड़ेगा। मैं चढ़ूँगा फाँसी पर और चढ़ने के पहले एक बार सबको जी खोलकर गाली दूँगा। संसार को—हाँ, इसी पाजी, नीच और कृतघ्न संसार को—जिसने मेरा मूल्य नहीं समझा और मुझे हाहाकार में व्यथित देखकर धीरे-धीरे मुस्कुराता हुआ अपनी चाल पर चला जा रहा है...यह क्या रहने के उपयुक्त है? तब... ठीक तो...अन्धकार है।

वह फिर उसी बनजरिया में घुसता है।

फिर तितली का भोला-सा सुन्दर मुख !

उसका साहस विचलित होता है। शरीर काँपने लगता है और आँखें खुल जाती हैं। वह पसीने से तर उठ बैठता है।

दिन ढल चुका है। वह धीरे-धीरे अपनी कन्दरा से बाहर आया। गंगा की तरी में खेत सुनसान पड़े थे। फसल कट चुकी थी। दूर पर किले की भद्दी प्राचीर ऊँची होकर दिखाई पड़ी। वह धीरे-धीरे बाजार की ओर न जाकर किले की ओर चला। सूर्य डूब रहे थे। अभी कोयले से भरी हुई छोटी-छोटी हाथ-गाड़ियाँ रिफार्मेटरी के लड़के ढकेल रहे थे। मधुबन ने आँख गड़ाकर देखा; वह, वह, रामदीन तो नहीं है। है तो वही।

वह वेग से चलने लगा और रामदीन के पास जा पहुँचा। उसने कहा—रामदीन !

रामदीन ने एक बार इधर-उधर देखा, फिर जैसे प्रकृतिस्थ हो गया। इधर कई महीनों से वह धामपुर को भूल गया था। उसे अच्छा खाना मिलता। काम करना पड़ता। तब अन्य बातों की चिन्ता क्यों करे ? आज सामने मधुबन ! क्षण भर में उसे अपने बन्दी-जीवन का ज्ञान हो गया। वह स्वतन्त्रता के लिए छटपटा उठा।

मधुबन बाबू !—वह चीत्कार कर उठा।

क्या तू छूट गया रे, नौकरी कर रहा है ?

नहीं तो, वही जेल का कोयला ढो रहा हूँ।

और कौन है तेरे साथ ?

कोई नहीं, यही अन्तिम गाड़ी थी। मैं ले जा रहा हूँ और लोग आगे चले गये हैं।

दूर पर प्रशान्त सन्ध्या की छाती को धड़काते हुए कोई रेलगाड़ी स्टेशन की ओर आ रही थी। बिजली की तरह एक बात मधुबन के मन में कौंध उठी। उसने पूछा—मैं कलकत्ता जा रहा हूँ—तू भी चलेगा ?

रामदीन—नटखट रामदीन ! अवसर मिलने पर कुछ उत्पात—हलचल—उपद्रव मचाने का आनन्द छोड़ना नहीं चाहता। और मधुबन तो संसार की व्यवस्था के विरुद्ध हो ही गया था। रामदीन ने कहा—सच ! चलूँ ?

हाँ, चल !

रामदीन ने एक बार किले की धुंधली छाया को देखा और वह स्टेशन की ओर भाग चला। पीछे-पीछे मधुबन !

गाड़ी के पिछले डब्बे प्लेटफार्म के बाहर लाइन में खड़े थे। प्लेटफार्म के ढालुवें छोर पर खड़े होकर गार्ड ने धीरे-धीरे हरी झंडी दिखाई। उस जगह पहुँचकर भी मधुबन और रामदीन हताश हो गये थे। टिकट लेने का समय नहीं। गाड़ी चल चुकी है, उधर लौटने से पकड़े जाने का भय। गार्ड वाला डब्बा गार्ड के समीप पहुँचा। दूर खड़े स्टेशन-मास्टर से कुछ संकेत करते हुए अभ्यस्त गार्ड का पैर, डब्बे की पटरी पर तो जा पहुँचा; पर वह चूक गया! दूसरा पैर फिसल गया। दूसरे ही क्षण कोई भयानक घटना हो जाती, परन्तु मधुबन ने बड़ी तत्परता से गार्ड को खींच लिया। गाड़ी खड़ी हुई। स्टेशन पर आकर गार्ड ने मधुबन को दस रुपये का एक नोट देना चाहा। उसने कहा—नहीं, हम लोग देहाती हैं, कलकत्ता जाना चाहते हैं। गार्ड ने प्रसन्नता से उन दोनों को अपने डब्बे में बिठा लिया।

गाड़ी कलकत्ता के लिए चल पड़ी।

उसी समय बनजरिया में उदासी से भरा हुआ दिन ढल रहा था। सिरिस के वृक्ष के नीचे, अपनी दोनों हथेलियों पर मुँह रखे हुए, राजकुमारी, चुपचाप आँसू की बूंदें गिरा रही थी। उसी के सामने, बटाई के खेत में से आये हुए, जौ-गेहूँ के बोझ पड़े थे। गऊ उसे सुख से खा रही थी। परन्तु राजकुमारी उसे हाँकती न थी।

मलिया भी पीठ पर रस्सी और हाथ में गगरी लिये पानी भरने के लिए दूसरी ओर चली जा रही थी।

राजकुमारी मन-ही-मन सोच रही थी—मैं ही इन सब उपद्रवों की जड़ हूँ। न जाने किस बुरी घड़ी में, मेरे सीधे-सादे हृदय में, संसार की अप्राप्त सुख-लालसा जाग उठी थी, जिससे मेरे सुशील मधुबन के ऊपर यह विपत्ति आई। तितली भी चली गई। उसका भी कुछ पता नहीं। सुना है कि कल तक लगान का रुपया न जमा हो जायगा, तो बनजरिया भी हम लोगों को छोड़ना पड़ेगा। हे भगवान!

वैशाख की सन्ध्या आई। नारंगी के हल्के रंग वाले पश्चिम के आकाश के नीचे, सन्ध्या का प्राकृतिक चित्र मधुर पवन से सजीव हो हिल रहा था। पवन अस्पष्ट गति से चल रहा था। उसमें अभी कुछ-कुछ शीतलता थी! सूर्य की अन्तिम किरणें भी डूब चुकी थीं; किन्तु राजकुमारी की भावनाओं का अन्त नहीं!

सहसा तितली ने पास आकर कहा—मलिया कहाँ गई ? जीजी ! क्या तुमने गऊ के ही खाने के लिए इतना-सा बोझ यहाँ डाल दिया है ?

वही दृढ़ स्वर ! वही अविचल भाव !

राजो ने चौंककर उसकी ओर देखा—तितली ! तू आ गई ! मधुबन का पता लगा ? मुकदमे में क्या हुआ ?

कहीं पता नहीं लगा। और न तो उनके बिना आये मुकदमा ही चलता है। तब तक हम लोगों को मुँह सीकर तो रहना नहीं होगा जीजी ! जीना तो पड़ेगा ही; जितनी साँसें आने-जाने को हैं, उतनी चल कर ही रहेंगी। फिर यह क्या हो रहा है ? कहकर उसने गऊ को हाँकते हुए अपनी छोटी-सी गठरी रख दी।

आग लगे ऐसे पेट में। जीकर ही क्या होगा। भगवान मुझे उठा ही लेते, तो क्या कोई उनको अपराध लगता ! मैं तो...!

मैं भी तुम्हारी-सी ही बात सोचकर छुट्टी पा जाती जीजी ! पर क्या करूँ, मैं वैसा नहीं कर सकती। मुझे तो उनके लौटने के दिन तक जीना पड़ेगा। और जो कुछ वे छोड़ गये हैं, उसे सम्हाल कर उनके सामने रख देना होगा।

तितली की प्रशान्त दृढ़ता देखकर राजो झल्ला उठी। वह मन-ही-मन सोचने लगी—पढ़ी-लिखी स्त्रियाँ क्या ऐसी ही होती हैं ? इतनी विपत्ति में भी जैसे इसको कुछ दुख नहीं ! न जाने इसके मन में क्या है !

मनुष्य इसी तरह प्रायः दूसरे को समझा करता है। उसके पास थोड़ा-सा सत्यांश और उस पर अनुमानों का घटाटोप लादकर वह दूसरे के हृदय की ऐसी मिथ्या मूर्ति गढ़ कर संसार के सामने उपस्थित करते हुए निस्संकोच भाव से चिल्ला उठता है कि लो यही है वह हृदय, जिसको तुम खोज रहे थे। मूर्ख मानवता !

राजकुमारी ने एक वार और भी किया—तितली ! कल लगान का रुपया न जमा होने से बनजरिया भी जायगी।

तितली ने गठरी खोल कर अपना कड़ा, और भी दो-एक जो अँगूठी-छल्ला था, राजकुमारी के सामने रख दिया।

राजो ने पूछा—यह क्या ?

इसको बेच कर रुपये लाओ जीजी। लगान का रुपया देकर जो बचे उससे एक दालान यहीं बनवाना होगा। मैं यहाँ पर कन्या-पाठशाला चलाऊँगी। और खेती के सामान में जो कुछ कमी हो, उसे पूरा करना होगा। गायें बेच दो।

आवश्यकता हो तो बैल खरीद लेना। तुम देखो खेती का काम, और मैं पढ़ाई करूँगी। हम लोगों को इस भीषण संसार से तब तक लड़ना होगा, जब तक वे लौट नहीं आते।

फिर ठहर कर तितली ने कहा—जी मिचलाता है, थोड़ा जल दो जीजी !

अन्तःसत्वा तितली के उस उत्साह भरे पीले मुंह को राजो आश्चर्य से देख रही थी। मलिया ने आकर उसका पैर छू लिया। बनजरिया में दिया जल उठा।

चतुर्थ खण्ड

१

मधुबन और रामदीन दोनों ही, उस गार्ड की दया से, लोको आफिस में कोयला ढोने की नौकरी पा गये। हबड़ा के जनाकीर्ण स्थान में उन दोनों ने अपने को ऐसा छिपा लिया, जैसे मधु-मक्खियों के छत्ते में कोई मक्खी। उन्हें यहाँ कौन पहचान सकता था। सारा शरीर काला, कपड़े काले और उनके लिए संसार भी काला था। अपराध करके वे छिपना चाहते थे।

संसार में अपराध करके प्रायः मनुष्य अपराधों को छिपाने की चेष्टा नित्य करते हैं। जब अपराध नहीं छिपते तब उन्हें ही छिपना पड़ता है। और अपराधी संसार उनकी इसी दशा से सन्तुष्ट होकर अपने नियमों की कड़ाई की प्रशंसा करता है। वह बहुत दिनों से सचेष्ट है कि संसार से अपराध उन्मूलित हो जायँ। किन्तु अपनी चेष्टाओं से वह नये नये-नये अपराधों की सृष्टि करता जा रहा है।

हाँ, तो वे दोनों अपराधी थे। कोयले की राख उनके गालों और मस्तक पर लगी रहती, जिसमें आँखें विलक्षणता से चमका करतीं। मधुबन प्रायः रामदीन से कहा करता—जैसा किया उसका फल तो खूब मिला। मुँह में कालिख लगाकर देश-निकाला इसी को न कहते हैं?

भइया, सबका दिन बदलता है! कभी हम लोगों का दिन पलटेगा—रामदीन ने कहा।

उस दिन दोनों को छुट्टी मिल गई थी। उनके टीन से बने मुहल्ले में अभी सन्नाटा था। अन्य कुली काम पर से नहीं आये थे। सूर्य की किरणें उनकी छाजन के नीचे हो गई थीं। उनका घर पूर्व के द्वार वाला था। सामने एक छोटा-सा गढ़ा था, जिसमें गँदला पानी भरा था। उसी में वे लोग अपने बरतन माँजते थे। एक बड़ा-सा ईंटों का ढेर वहीं पड़ा था, जो चौतरे का काम देता है। मधुबन मुँह साफ करने के लिए उसी गढ़े के पास आया। घृणा से उसको रोमांच

हो आया। उसकी आँखों में ज्वाला थी। शरीर भी तप रहा था। ज्वर के पूर्व लक्षण थे। वह अंजली में पानी भरकर उँगलियों की संधि से धीरे-धीरे गिराने लगा। रामदीन एक पीतल का तसला माँज रहा था। वहाँ चार ईंटों की एक चौकी थी। चिरकिट उस चौकी पर अपना पूर्ण अधिकार समझता था। वह जमादार था। आज उसके न रहने पर ही रामदीन वहीं बैठकर तसला धो रहा था।

मधुबन ने कहा—रामदीन, उस बम्बे से आज एक बाल्टी पानी ले आओ। मुझे ज्वर हो आया है। उसमें से एक लोटा गरम करके मेरे सिरहाने रख देना! मैं सोने जाता हूँ।

भइया, अभी तो किरन डूब रही है। तनिक बैठे रहो। अभी दीया जल जाने दो।—रामदीन ने अभी इतना ही कहा कि चिरकिट ने दूर से ललकारा—

कौन है रे चौतरिया पर बैठा?

रामदीन उठने लगा था। मधुबन ने उसे बैठे रहने का संकेत किया। वह कुछ बोला भी नहीं, उठा भी नहीं। चिरकिट यह अपमान कैसे सह सकता। उसने आते ही अपना बरतन रामदीन के ऊपर दे मारा। मधुबन को कोयले की कालिमा से जितनी घृणा थी, उससे अधिक थी चिरकिट के घमण्ड से। वह आज कुछ उत्तेजित था। मन की स्वाभाविक क्रिया कुछ तीव्र हो उठी। उसने कहा—यह क्या चिरकिट! तुमने उस बेचारे पर अपने जूठे बरतन फेंक दिये!

फेंक तो दिये, जो मेरे चौतरिया पर बैठेगा वही इस तरह...वह आगे कुछ कह न सकें, इसलिए मधुबन ने कहा—चुप रहो—चिरकिट तुम पाजीपन भी करते हो और सबसे टर्राते हो! वह बरतन माँजकर ईंटें नहीं उठा ले जायगा। हट जाता है तो तुम भी माँज लेना।

नहीं, उसको अभी हटना होगा।

अभी तो न हटेगा। गरम न हो। बैठ जाओ। वह देखो, तसला धुल गया।

क्रोध से उन्मत्त चिरकिट ने कहा—यहाँ धाँधली नहीं चलेगी। ढोयेंगे कोयला, बनेंगे ब्राह्मण-ठाकुर। तुम्हारा जनेऊ देखकर यहाँ कोई न डरेगा। यह गाँव नहीं है, जहाँ घास का बोझ लिये जाते भी तुमको देखकर खाट से उठ खड़ा होना पड़ेगा!

मधुबन ने अपने छोटे कुर्ते के नीचे लटकते हुए जनेऊ को देखा, फिर उस चिरकिट के मुँह की ओर। चिरकिट उस विकट दृष्टि को न सह सका। उसने मुँह नीचे कर लिया था, तब भी झापड़ लगा ही। वह चिल्ला उठा—अरे मनवा, दौड़ रे! मार डाला रे!

कुली इकट्‌ठे हो गये। मधुबन उन सबों में अविचल खड़ा रहा। उसने सोचा कि "अभी समय है। यदि झगड़ा बढ़ा और पुलिस तक पहुँचा तो फिर...?" क्षण भर में उसने कर्त्तव्य निश्चित कर लिया। कड़ककर बोला— सुनो चिरकिट ! समय पड़ने पर मेहनत-मजूरी करके खाने से जनेऊ नीचा नहीं हो जायगा। आज से फिर कभी तुम ऐसी बात न बोलना; और तुमको मेरा यहाँ रहना बुरा लगता हो तो लो, हम लोग चले। जहाँ हाथ-पैर चलावेंगे वहीं पैसा लेंगे।

रामदीन समझ चुका था। उसने कम्बल की गठरी बाँधी; दोनों चले। मधुबन को रोककर कुलियों को उससे झगड़ा करने का उत्साह न हुआ। उसकी भी कलकत्ते में रहने की इच्छा थी। हावड़ा के पुल पर आकर उसने एक नया संसार देखा। जनता का जंगल ! सब मनुष्य जैसे समय और अवकाश का अतिक्रमण करके, बहुत शीघ्र, अपना काम कर डालने में व्यस्त हैं। वह चकित-सा चला जा रहा था। घूमता हुआ जब मछुआ बाजार के भीड़ से आगे बढ़ा तो उसको ज्वर अच्छी तरह हो आया था। फिर भी उसे विश्राम के लिए इस जनाकीर्ण नगर में कहीं स्थान न था।

पटरी पर एक जगह भीड़ लग रही थी। एक लड़का अपनी भद्दी संगीत-कला से लोगों का मनोरंजन कर रहा था। रामधारी पांडे एक मारवाड़ी कोठी का जमादार था। उसके साथ दस-बारह बलिष्ठ युवक रहते थे। उसके नाम के लिए तो नौकरी थी, परन्तु अधिक लाभ तो उसको इन नवयुवकों के साथ रहने का था। सब लोग, इस कानून के युग में भी, बाहुबल से कुछ आशा, भय और सहानुभूति रखते थे। सुरती-चूना मलते हुए प्रायः तमोली की दूकान पर वह बैठा दिखाई पड़ता और एक-न-एक तमाशा लगाये रहने से बाजार उसके बहुत-से काम सधा करते थे। रहीम नाम का एक बदमाश मछुआ में उन दिनों बहुत तप रहा था। इसीलिए रामधारी की पाँचों उँगलियाँ घी में थीं !

रहीम के दल का ही वह लड़का था। उसका काम था कहीं भी खड़े होकर नाच-गाकर कुछ भीड़ इकट्ठी कर लेना। उसी समय उसके अन्य साथी गिरहकट लड़के जेब कतरते थे। उन सबों की रक्षा के लिए रहीम के दो-एक चर भी रहते थे, जो आवश्यकता होने पर दो-चार हाथ इधर-उधर चलाकर लड़कों के भागने में सहायता करते थे। रामधारी और रहीम में सन्धि थी। साधारण बातों पर वे लोग कभी झगड़ते न थे। जिनसे पूरी थैली मिलती, उनके लिए कभी-कभी दो-चार खोपड़ियों का रक्त निकाल दिया जाता था, वह भी केवल दिखाने के लिए !

कलकत्ता में यह व्यापार खुली सड़क पर चला करता। हाँ, तो वह लड़का

गा रहा था। भीड़ इकट्ठी थी। कोई अच्छी-सी ठुमरी का टुकड़ा, उसके कोमल कंठ से निकलकर, लोगों को उलझाए था। इतने ही में भीड़ के उसी ओर, जिधर मधुबन खड़ा था, गड़बड़ी मची। किसी मारवाड़ी युवक का जेब कटा। उसने गिरहकट का हाथ नोट के पुलिन्दों के साथ पकड़ा, साथ ही चमड़े के हण्टर की गाँठ उसके सिर पर बैठी। वह अभी तिलमिला ही रहा था कि रामधारी ने देखा कि उसे युवक की कोठी से कुछ मिलता है। अब उसका बोलना धर्म हो गया। उसने 'हाँ-हाँ' करते हुए उछल कर मारने वालों को पकड़ ही लिया। फिर भी पांडे ने भूल की। उसका कोई साथी वहाँ न था। उधर रहीम के दल वाले वहाँ उपस्थित थे। फिर क्या, चल गई। रामधारी पूरी तरह से घिर गया, और वह अधेड़ भी था। तब भी उसकी वीरता देखते ही बनी। मधुबन तो इस अवसर से अपने को कभी वंचित नहीं कर सकता था। वह भी एक कोना पकड़कर यह दृश्य देखने लगा। तीन-चार मिनट में एक काण्ड हो गया। कई दर्शकों के भी सिर फटे और रामधारी केले के छिलके पर फिसलकर गिर चुका था। सहसा मधुबन ने रहीम के दल वाले के हाथ से लकड़ी छीन ली और उधर नटखट रामदीन ने उस लड़के के हाथ से नोटों का बंडल पहले ही झटक लिया था। मधुबन ने जब रहीम के दल को भागने के लिए बाध्य किया, तब तक रामधारी के साथी और उधर से रहीम के दल वाले और भी जुट गये थे। इतने में पुलिस का हल्ला भी पहुँचा।

अब तक जो युवक चुपचाप बड़ी तन्मयता से मधुबन के शरीर और उसके लाठी चलाने को देख रहा था, उसके पास आकर बोला—तुम पकड़े जाना न चाहते हो तो मेरे साथ आओ।

मधुबन समझ गया। युवक के पीछे मधुबन और रामदीन एक दूसरी गली में घुस गये।

उस गली के भीतर भी, कितने मोड़ों से घूमते हुए वे लोग जब एक छोटे-से घर के किवाड़ों को खोलकर भीतर घुसे, तो मधुबन ने देखा कि यहाँ दरिद्रता का पूरा साम्राज्य है। एक गगरी में जल और फटे हुए गूदड़ का बिछावन, बस और कुछ नहीं!

युवक ने कहा—मैं समझता हूँ कि तुमको नोटों की आवश्यकता नहीं है; क्योंकि उन्हें लेकर जब तुम कहीं भुनाने जाओगे, तुरन्त वहीं पकड़ लिए जाओगे; इसलिए उन्हें तो मेरे पास रख छोड़ो। और लो यह पाँच रुपये। अपने लिए सामान रखकर दो-चार दिन यहीं कोठरी में पड़े रहो। फिर देखा जायगा।

इतना कहकर उसने एक हाथ तो नोटों के लेने के लिए बढ़ाया और दूसरे

से पाँच रुपये देने लगा। मधुबन चकित होकर उसका मुँह देखने लगा—कैसे नोट ?

इतने में रामदीन ने नोटों का बंडल निकालकर सामने रख दिया। मधुबन ने पूछा—अरे तूने इतने नोट कहाँ से पाये ? क्या उससे तूने छीन लिया पाजी ! क्या फिर यहाँ चोरी में पकड़वायेगा।

यह है कलकत्ता ! मालूम होता है कि तुम लोग अभी नये आये हो। भाई यहाँ तो छीना-झपटी चल ही रही है। तुम्हें धर्म के नाम पर भूखे मरना हो तो चले जाओ गंगा-किनारे। लाखों पर हाथ साफ करके सवेरे नहाने वाले किसी धार्मिक की दृष्टि पड़ जायगी तो दो-एक पाई तुम्हें दे ही देगा। नहीं तो हाथ साफ करो, खाओ पियो, मस्त पड़े रहो।

मधुबन आश्चर्य से उसका मुँह देख रहा था। युवक ने धीरे ही से नोटों के बंडल को उठाते हुए फिर कहा—आनन्द से यहीं पड़े रहो। देखो, उधर जो काठ का टूटा सन्दूक है, उसे मत छूना। मैं कल फिर आऊँगा। कोई पूछे तो कह देना कि बीरू बाबू ने मुझे नौकर रखा है। बस।

वह युवक फिर और कुछ न कहकर चला गया। मधुबन हक्का-बक्का-सा स्थिर दृष्टि से उस भयानक और गंदी कोठरी को देखने लगा। उसका सिर घूम रहा था। वह किस भूलभुलैया में आ गया। 'यह किस नरक में जाने का द्वार है ?' यही वह बार-बार अपने मन से पूछ रहा था। उसने परदेश में फिर वही मूर्खतापूर्ण कार्य क्यों किया, जिसके कारण उसे घर छोड़कर इधर-उधर मुँह छिपाना पड़ रहा है। मरता वह, मुझे क्या जो दूसरे का झगड़ा मोल लेकर यहाँ भी वही भूल कर बैठा जो धामपुर में एक बार कर चुका था। उसे अपने ऊपर भयानक क्रोध आया। उसके घाव भी ठंढे होकर दुख रहे थे। रामदीन भी सन्न हो गया था। फिर भी उसका चंचल मस्तिष्क थोड़ी ही देर में काम करने लगा। उसने धीरे से एक रुपया उठा लिया, और उस घर के बाहर निकल गया।

मधुबन अपनी उधेड़बुन में बैठा हुआ अपने ऊपर झल्ला रहा था। रामदीन बाजार से पूरी-मिठाई लेकर आया। उसने जब मधुबन के सामने खाना खाकर उसका हाथ पकड़कर हिलाया तब उसका ध्यान टूटा। भूख लगी थी, कुछ न कहकर वह खाने लगा।

दोनों सो गये। रात कब बीती, उन्हें मालूम नहीं। हारमोनियम का मधुर स्वर उनकी निद्रा का बाधक हुआ। मधुबन ने आँख खोलकर देखा कि उसी घर के आँगन में छः-सात युवक और बालक खड़े होकर मधुर स्वर से भीख माँगने

वाला गाना आरम्भ कर चुके हैं, और बीरू बाबू उनके नायक की तरह गेरुआ कपड़ा सिर से बाँधे बीच में खड़े हैं !

मधुबन जैसे स्वप्न देख रहा था। उसका सम्मिलित गान बड़ा आकर्षक था। वे धीरे-धीरे बाहर हो गये। दो लड़कों के हाथ में गेरुए कपड़े का झोला था। एक गले में हारमोनियम डाले था, बाकी गा रहे थे। भिखमंगों का यह विचित्र दल अपने नित्य-कर्म के लिए जब बाहर चला गया तब मधुबन अँगड़ाई ले उठ बैठा।

आज सवेरे से बदली थी। पानी बरसने का रंग था। रामदीन सरसों का तेल लेकर मधुबन के शरीर में लगाने लगा। वह इस अनायास की अमीरी का आँख मूँदकर आनन्द ले रहा था। वह जैसे एक नये संसार में आश्चर्य के साथ प्रवेश करने का उपक्रम कर रहा था। उसके जीवन की स्वचेतना--जो उसे अभी तक प्रायः समझ-बूझकर चलने के लिए संकेत किया करती थी—इस आकस्मिक घटना से अपना स्थान छोड़ चुकी थी। जीवन के आदर्शवाद मस्तिष्क से निकलने की चिन्ता में थे। दोपहर होने आया, वह आलसी की तरह बैठा रहा।

बीरू बाबू का दल लौट आया। झोली में चावल और पैसे थे, जो अलग कर लिये गये। बीरू पैसों को लेकर साग-भाजी लेने चला गया। और लोग भात बनाने में जुट गये। बड़ा-सा चूल्हा दालान में जलने लगा और चावल धोते हुए ननीगोपाल ने कहा--बीरू आज भी मछली लाता है कि नहीं। भाई, आज तीन दिन हो गये, साग खाकर हारमोनियम गले में डाले गली-गली नहीं घूमा जा सकता। क्यों रे सुरेन !

सुरेस हँस पड़ा। ननी फिर बौखला उठा—पाजी कहीं का, तुझसे कहा था न मैंने कि दो-चार आने उनमें से टरका देना।

और बीरू बाबू की घुड़की कौन सहता ?

मरें बीरू और सुरेन, मैं तो जाता हूँ अड्डे पर। देखूं एकाध चिलम, चरस...।

बीरू के प्रवेश करते ही सब वाद-विवाद बन्द हो गया था। उसने तरकारी की गठरी रखते हुए कहा—

आज भी मछली की ब्योंत नहीं लगी।

मैं तो बिना मछली के आज खा नहीं सकता—कहते हुए मधुबन ने एक रुपया अपनी कोठरी में से फेंक दिया। वह निर्विकार मन से इन बातों को सुनने का आनन्द ले रहा था। ननी दौड़ पड़ा—रुपये की ओर। उसने कहा—

वाह चाचा ! तुम कहाँ से मेरी दुर्बुद्धि की तरह इस घर की खोपड़ी में छिपे थे। तो खाली मछली ही न कि और भी कुछ।

बीरू ने ललकारा—क्यों रे ननी, तरकारी न बनेगी ? कहाँ चला ?

जब एक भलेमानस कुछ अपना खर्च करके खाने-खिलाने का प्रबन्ध कर रहे हैं तब भी बीरू चाचा ! चुल्हे में डाल दूंगा तुम्हारा सूखा भात...हाँ—कहते हुए रुपया लेकर दौड़ गया। मधुबन मुस्करा उठा। वह आज पूरी अमीरी करना चाहता है।

ठाट-बाट से बीरू के दल की ज्योनार उस दिन हुई। भोजन करके सबको एक-एक बीड़ा सौंफ और लौंग पड़ा हुआ पान मिला। नारियल भी गुड़गुड़ाया जाने लगा। ताश भी निकला। मधुबन को बातों में ही मालूम हुआ कि उस घर में रहने वाले सब ठलुए बेकार हैं। इस दल के संयोजक हैं 'बीरू बाबू'। उन्होंने परोपकार-दृष्टि से ही इस दल का संघटन किया है। उनकी आस्तिक बुद्धि बड़ी विलक्षण है। अपने दल के सामने जब वह व्याख्यान देते हैं तो सदा ही मनुस्मृति का उद्धरण देते हैं। जब अनायास, अर्थात् बिना किसी पुलिस के चक्कर में पड़े, कोई दल का सदस्य अर्थलाभ कर ले आता है, उसे ईश्वर को धन्यवाद देते हुए वे पवित्र धन समझते हैं। उसे ईश्वर की सहायता समझकर दरिद्रों के लिए, अपने दल की आवश्यकता की पूर्ति के लिए, व्यय करने में कोई संकोच नहीं करते। चाहे वह किसी तरह से आया हो। उन्होंने स्कूल की सीमा पर खड़े होकर कालेज को दूर से ही नमस्कार कर दिया था। वह तब भी व्याख्यान-वाचस्पति थे। लेखक-पुंगव थे। बंगाल की पत्रिकाओं में दरिद्रों के लिए बराबर लेख लिखा करते थे। मधुबन की उदारता को सन्देह की दृष्टि से देखते हुए उस दिन संघ के धन को मितव्ययिता से खर्च करने का उपदेश देते हुए जब अंत में कहा कि ईश्वर सबका निरीक्षण करता है, उसके पास एक-एक दाने का हिसाब रहता है, तब झल्लाते हुए ननी ने कहा—

अरे भाई, तुमने मनुष्य को अच्छी तरह समझ लिया क्या, जो अब ईश्वर के लिए अपनी बुद्धि की लँगड़ी टाँग अड़ा रहे हो ? हम लोग हैं भूखे, सब तरह के अभावों से पीड़ित। पहले हम लोगों की आवश्यकता पूरी होने दो। जब ईश्वर हमसे हिसाब माँगेंगे तब हम लोग भी उनसे समझ लेंगे। एक दिन मछली सो सात एकादशी के बाद मिली, वह भी तुमसे देखा नहीं जाता।

बीरू ने देखा कि उसके बड़प्पन में बट्टा लगता है। उसने सम्हल कर हँसते हुए कहा—अरे तुम चिढ़ गये अच्छा भाई, वही सही। अच्छी बात का प्रमाण यही है कि वह सबकी समझ में नहीं आती तो ठीक है।

मधुबन चुपचाप इस विचित्र परिवार का दृश्य देख रहा था। उसके मन में समय पर निर्भय होकर निश्चिन्त भाव से संसार-यात्रा करते रहने का विचार घनीभूत होता जा रहा था। उसमें अन्य मनुष्यों से सहायता मिलने का लोभ भी छिपा था, वह मानसिक परावलम्बन की ओर ढुलक रहा था। मनुष्य को कुछ चाहिए। वह किस तरह से आ रहा है, इस पर ध्यान देने की इच्छा नहीं रह गई।

दूसरे दिन बीरू ने एक रिक्शा-गाड़ी मधुबन के लिए खरीद दी। मधुबन रात को उसे लेकर निकलता। वह सरलता से दो-तीन रुपये ले आने लगा। रामदीन उस दल का सेवक बन गया। दिन को कोई काम न करके, रात को निकलने में मधुबन को कोई असुविधा न थी। कुछ लोग भीख माँगते हुए, कुछ लोग अवसर मिलने पर रात को कुली का काम भी कर लेते। महीनों के भीतर ही एक रिक्शा और आ गई। अच्छी आय होने लगी। उस दल के उड़िया, बंगाली और युक्तप्रान्तीय आनन्द से एक में रहते थे।

रात के दस बजे थे। हबड़ा से चाँदपाल घाट को जानेवाली सड़क पर मधुबन अपनी रिक्शा लिए धीरे-धीरे चला जा रहा था। वह बैण्ड बजने वाले मड़ो पर खड़ा होकर गंगा की धारा को क्षण भर के लिए देखने का प्रयत्न करने लगा। इतने में एक स्त्री का हाथ पकड़े हुए एक बाबू साहब लड़खड़ाती चाल से रिक्शा के सामने आकर खड़े हो गये। मधुबन रुककर आज्ञा की प्रतीक्षा करने लगा। दोनों ही मदिरा के नशे में झूम रहे थे। मधुबन ने पूछा—हबड़ा ?

तुम पूछकर क्या करोगे, मैं जिधर चलता हूँ उधर चलो।

क्या ?—मधुबन ने पूछा।

बड़ा बकवादी है।

तो फिर बैठ जाइए।

दोनों रिक्शा पर बैठ गये। मधुबन उन्हें खींच ले चला। हाँ, उन मदोन्मत्त विलासी धनियों के लिए वह पशु बन गया था। गंगा का स्पर्श करके आती हुई शीतल वायु धीरे-धीरे बह रही थी। मधुबन रिक्शा खींचते हुए सोच रहा था—

यदि मैं न छिपता तो फाँसी होती। और न होगी, कभी मैं न पहचान लिया जाऊँगा, इसी पर कैसे विश्वास कर लूँ। यह दुष्ट मनुष्यों का बोझ मैं गधों की तरह ढो रहा हूँ। मेरी शिक्षा ! मेरा वह उन्नत हृदय ! सब कहाँ गया। क्या मैं छाती ऊँची करके दण्ड झेलने में असमर्थ था। और भय का वह पहला झोंका; उसी में मैना ने मुझे भगाने के लिए...हाँ, मैना, वह वेश्या ! उसने मुझसे

रुपये भी लिये और मुझे उस समय निकाल बाहर भी किया। मैं पापी था, अछूत था; पर वह चाँदी के चमकीले टुकड़े—उनमें पाप कहाँ! धीरे से उन्हें वह रख आई। और मैं भगा दिया गया।

रिक्शा पर बैठे हुए बाबू साहब ने कहा—अरे बहुत धीरे-धीरे चलता है।

मधुबन अड़ियल टट्टू की तरह रुक गया। उसने कहा—तो बाबू साहब, मैं घोड़ा नहीं हूँ। आप उतर कर चले जाइए।

मारे हंटरों के खाल खींच लूँगा। नवाबी करने की इच्छा थी तो रिक्शा क्यों खींचने लगा। चल, तुझे दौड़कर चलना होगा।

अच्छा, उतरो नहीं तो...मधुबन को आगे कुछ करने से रोक कर उस स्त्री ने कहा—बड़ा हठी है। थोड़ी दूर तो हबड़ा का पुल है। वहीं तक चल।

नहीं इसे सूतापट्टी के मोड़ तक चलना होगा मैना! अनवरी के दवाखाने तक! ठीक, वहाँ तक बिना पहुँचे श्यामलाल उतरने के नहीं।

मधुबन के शरीर में बिजली-सी दौड़ गई। मैना! और यह श्यामलाल वही दंगल वाले बाबू श्यामलाल! यही कलकत्ता में...ठीक तो! उसके क्रोध के कितने कारण एकत्र हो गये थे। अब वह अपने को रोक न सका। उसने रिक्शा छोड़ दी। वह झटके से पृथ्वी पर आ गिरा; और मैना के साथ बाबू श्यामलाल भी।

मैना भी गहरे नशे में थी, श्यामलाल का तो कहना ही क्या था। दोनों रिक्शा से लुढ़ककर नीचे आ गिरे। मधुबन की पशु-प्रवृत्ति उत्तेजित हो उठी थी। उसने एक लात कस कर मारते हुए कहा—पाजी। श्यामलाल गों-गों करने लगा। उसकी पँसली चरमरा गई थी। किन्तु मैना चिल्ला उठी। थोड़ी दूर खड़ी पुलिस उधर जब दौडकर आने लगी तो मधुबन अपना रिक्शा खींचकर आगे बढ़ा। पुलिस ने उसे दौड़कर पकड़ लिया। मधुबन को विवश होकर, फिर उन्हीं दोनों को लादकर पुलिस के साथ जाना ही पड़ा।

दूसरे दिन हवालात में मैना और मधुबन ने एक-दूसरे को देखा। मैना चिल्ला उठी—मधुबन!

मैना!—मधुबन ने उत्तर दिया।

दोनो चुप थे। पुलिस ने दोनों का नाम नोट किया। श्यामलाल और मैना अनवरी के दवाखाने में पहुँचाई गई। मधुबन पर अभियोग लगाया गया। केवल उसी घटना के आधार पर नहीं; पुलिस के पास उस भगोड़े के लिए भी वारंट था, जिसने बिहारीजी के महन्त के यहाँ डाका डालकर रुपये लिए थे और उनकी हत्या की चेष्टा की थी। पुलिस के सुविधानुसार उपयुक्त न्यायालय में मधुबन की व्यवस्था हुई। उसके ऊपर डाके डालने के दोनों अभियोग थे। न्यायालय में जब

मैना ने उसे पहचानते हुए कहा कि उस रात में रुपयों की थैली लेकर छिपने के लिए मधुबन मेरे यहाँ अवश्य आया था, पर मैंने उसे अपने यहाँ रहने नहीं दिया, वह रुपये लेकर उसी समय चला गया, तो मधुबन उसके मुँह को एकटक देख रहा था। मैना! वही तो बोल रही थी। वह वहाँ धन की प्यासी पिशाची उसका संकेत, उसकी सहृदयता, सब अभिनय! रुपये पचा लेने की कारीगरी!

मधुबन को काठ मार गया। वह चेतना-विहीन शरीर लेकर उस अद्भुत अभिनय को देख रहा था। उसे दस वर्ष सपरिश्रम कठोर कारावास का दण्ड मिला।

बीरू बाबू ने रिक्शा खरीदने की रसीद दिखाकर रिक्शा पर अपना अधिकार प्रमाणित कर दिया। रिक्शा उन्हें मिल गया। उस परोपकार संघ में मूर्ख रामदीन फिर रिक्शा खींचने लगा। हाँ, ननीगोपाल उस संघ से अलग हो गया। उसे बीरू बाबू से अत्यन्त घृणा हो गई!

२

नील-कोठी में इधर कई दिनों से भीड़ लगी रहती है। शैला की तत्परता से चकबन्दी का काम बहुत रुकावटों में भी चलने लगा। महँगू इस बदले के लिए प्रस्तुत न था। उसकी समझ में यह बात न आती थी। उसके कई खेत बहुत ही उपजाऊ थे। रामजस का खेत उसके घर से दूर था, पर वह तीन फसल उसमें काटता था। उसको बदलना पड़ेगा। यह असम्भव है। वह लाठी टेकता हुआ भीड़ में घुसा।

वाट्सन के साथ बैठी हुई शैला मेज पर फैले गाँव के नक्शे को देख रही थी! किसानों का झुण्ड सामने खड़ा था। महँगू ने कहा—दुहाई सरकार मर जायँगे।

शैला ने चौंककर उसकी ओर देखा।

मेरा खेत! उसी से बाल-बच्चों की रोटी चलती है। उस टुकड़े को मैं न बदलूंगा।

महँगू की आँखों में आँसू तो अब बहुत शीघ्र यों ही आते थे। वृद्धावस्था में मोह ओर भी प्रबल हो जाता है। आज जैसे आँसू की धारा ही नहीं रुकती थी।

शैला ने वाट्सन की ओर देखा। उस देखने में एक प्रश्न था। किन्तु वाट्सन ने कहा—नहीं, तुम्हारा वह खेत तुम्हारी चरनी और कोल्हू से बहुत दूर है। उसको तो तुम्हें छोड़ना ही पड़ेगा। तुम अपने समीप का एक टुकड़ा क्यों नहीं पसन्द करते।

वाट्सन ने नक्शे पर उँगली रखी। शैला चुप रही। इतने में तितली एक छोटा-सा बच्चा गोद में लिए यहीं आई। उसे देखते ही दूसरी कुर्सी पर बैठने का संकेत करते हुए शैला ने कहा—वाट्सन! यही मेरी बहन 'तितली' है। जिसके लिए मैंने तुमसे कहा था। कन्या-पाठशाला की यही अध्यापिका है। बीस लड़कियाँ तो उसमें बोर्ड की हिन्दी-परीक्षा के लिए इस साल प्रस्तुत हो रही हैं और छोटी-छोटी कक्षाओं में कुल मिलाकर चालीस होंगी।

ओहो, आप बैठिए। मुझे तो यह पाठशाला देखनी ही होगी। यह सुनकर मैं बहुत प्रसन्न हुआ। —कहते हुए वाट्सन ने फिर बैठने के लिए कहा।

किन्तु तितली वैसी ही खड़ी रही। उसने कहा—आपकी कृपा है। किन्तु मैं इस समय आपके पास एक दूसरे काम से आई हूँ। मेरा कुछ खेत महँगू महतो जोत रहे हैं। मैं नहीं जानती कि मेरे पति ने वह खेत किन शर्तों पर उन्हें दिया है। किन्तु मुझे आवश्यकता है अपने स्कूल के लिए और भी विस्तृत भूमि की। बनजरिया पर लगान तो लग ही गया है। उसमें लड़कियों के खेलने की जगह बनाने से मेरी खेती की भूमि कम हो गई है। मैं चाहती हूँ महँगू के पास जो मेरा खेत है, वह महँगू को दे दिया जाय, और बनजरिया से सटा हुआ रामजस वाला खेत मुझे बदले में दिला दिया जाय।

वाट्सन ने घूमकर शैला से कहा—मैं तो समझता हूँ कि उस बदले से यह अच्छा होगा। क्यों महँगू ? तुमको तो यह प्रस्ताव मान लेना चाहिए।

शैला चुपचाप तितली और अपने सम्बन्ध को विचार रही थी। वह सोच रही थी कि तितली क्यों मुझसे इतना अलग रहना चाहती है। मैं कहती हूँ कि 'यहाँ बैठ जाओ' तो वह बैठना ही अपमान समझती है।

वाट्सन ने शैला के कान में धीरे से कहा—तुम चुप क्यों हो ? यह तो वही लड़की मालूम होती है, जिसके ब्याह में मैं उपस्थित था। ठीक है न ?

शैला ने दुःख से कहा—हाँ, इसका शेरकोट तो जमींदार ने बेदखल करा लिया। अब बनजरिया बची है; उस पर भी लगान लग गया। पहले माफी थी ! और वाट्सन ! तुमने तो यह न सुना होगा कि इसके पति को डकैती के अपराध में कारावास का दंड मिला है।

वाट्सन ने एक बार फिर उस तेजस्विनी तितली को देखा। वही एक किसान थी, जिसने सबके पहले बदले को प्रसन्नता से स्वीकार किया है। महँगू तो इस प्रस्ताव को सुनकर और भी क्रुद्ध हो गया। उसे अपने जो खेत जहाँ पर हैं वहीं रहना अच्छा मालूम होता है; क्योंकि उसके अन्तर में यह अज्ञात भावना है कि उसके लड़के-पोते एक में न रहेंगे, फिर एक जगह खेत इकट्ठा लेकर क्या होगा। उसने गुर्रा कर कहा—साहब ! आप मालिक हैं; जो चाहें कीजिए। कहिए तो गाँव ही छोड़ कर चले जायँ।

वाट्सन इस उत्तर से अव्यवस्थित हो गये। उनके मन में झटका लगा—क्या हम किसानों के हित के विरुद्ध कुछ करने जा रहे हैं ?—तुरन्त ही उन्होंने तितली से घूमकर पूछा—

क्या दूसरा खेत तुम नहीं पसन्द कर सकती ? और भी तो खेत तुम्हारे पास हैं ?

नहीं, दूसरे खेत मेरे काम के नहीं ! यदि बदलना हो तो उसी से बदल लूंगी ?

वाट्सन ने देखा कि यही पहला अवसर है कि एक किसान बदलने का प्रस्ताव करता है—वह भी उचित; तो फिर अस्वीकार कैसे किया जाय ।

वाट्सन ने कहा—यह बदला फिर मान लिया जाय; क्योंकि खेत के परते में भी कोई अन्तर नहीं है ।

महँगू खिसिया गया । उसकी आँखों में फिर आँसू निकलने लगे । तब तितली ने अपने बच्चे को लहराते हुए कहा—तो मैं जाती हूँ, बच्चा भूखा है ! धन्यवाद !

शैला ने देखा कि एक ठोकर खाया हुआ हृदय अपनी दुरवस्था में उपेक्षा से उनका तिरस्कार कर रहा है, शैला इन्द्रदेव से ब्याह कर लेने पर बहुत दिनों तक धामपुर नहीं आई । लिखा-पढ़ी करने पर इस सरदी में वाट्सन अपना काम पूरा करने आये । तब तो उसको आना ही पड़ा, और आकर भी वह तितली से मिलने का अवसर न पा सकी; क्योंकि वाट्सन साथ ही आये थे । इधर इन्द्रदेव ने भी बड़े दिनों में वहीं आने के लिए कह दिया था । शैला कुछ-कुछ मानसिक चंचलता में थी । तितली को यह अखर गया । वह दुर्बल थी, असहाय थी । उसकी खोज लेना बड़े लोगों का धर्म हो जाता है । इसीलिए तितली काम करके तुरन्त लौट जाना चाहती थी । उसने जो वाक्य अपने जाने के लिए कहा, वह भी सीधे शैला से नहीं । तब भी शैला कुर्सी से उठ कर तितली के पास आई । उसका हाथ पकड़े हुए दूसरे कमरे में चली गई ।

वाट्सन ने तितली को एक शुभ लक्षण समझा । भला इस स्त्री ने पहले-पहल उस काम की महत्ता को समझा तो । काम आरम्भ हो गया । अब धीरे-धीरे वह किसानों को साँचे में ढाल लेगा । उसे शैला की मनस्तुष्टि के लिए क्या-क्या नहीं कर लेना चाहिए । उसने काम को आगे बढ़ाया ।

शैला ने तितली के बच्चे को उसकी गोद से लेकर कहा—बड़ा सुन्दर और प्यारा बच्चा है !

परन्तु अभागा है—तितली ने कहा ।

तुम क्या अभी उसको प्यार करती हो ? वह...। —शैला आगे कुछ बुरे शब्द मधुवन के लिए न कह सकी ।

तितली ने कहा—वह ! डाकू, हत्यारा और चोर था या नहीं, सो तो मैं नहीं कह सकती; क्योंकि चौबीसों घंटे मैं साथ रही; फिर भी शैला ! वह... ।

आगे वह भी कुछ न बोल सकी, उसकी आँखों से आँसू बहने लगे। शैला ने बात का ढंग बदलने के लिए कहा—अच्छा, तुमसे एक बात पूछती हूँ।

क्या ?

यही कि उस दिन तुम बिना कहे-सुने क्यों चली आईं। इन्द्रदेव ने तो तुम्हारी सहायता करने के लिए कहा था न ?

मैं यह सब समझती हूँ। वे कुछ करते भी, इसका मुझे विश्वास है; परन्तु मैंने यही समझा कि मुझे दूसरों के महत्त्व-प्रदर्शन के सामने अपनी लघुता न दिखानी चाहिए। मैं भाग्य के विधान से पीसी जा रही हूँ। फिर उसमें तुमको, तुम्हारे सुख से घसीट कर, क्यों अपने दुख का दृश्य देखने के लिए बाध्य करूँ ? मुझे अपनी शक्तियों पर अवलम्ब करके भयानक संसार से लड़ना अच्छा लगा। जितनी सुविधा उसने दी है, उसी की सीमा में मैं लड़ूँगी, अपने अस्तित्व के लिए। तुमको साल भर पर अब यहाँ आने का अवसर मिला है। तो मेरे समीप जो है उसी को न मैं पकड़ सकूँगी। वह बनजरिया ! वे ही थोड़े-से वृक्ष ! और साधारण-सी खेती ! तब मुझे यहाँ पाठशाला चलानी पड़ी। जानती हो, आज मेरे परिवार में कितने प्राणी हैं ? दो को तुम यहीं देख रही हो। राजो, मलिया और तीन छोटी-छोटी अनाथ लड़कियाँ; जिनमें कोई भी छः महीने से अधिक बड़ी नहीं है ! और अभी जेल से छूटकर आया हुआ रामजस, जिसके लिए न एक बित्ता भूमि है और न एक दाना अन्न !

तीन छोटी-छोटी लड़कियाँ हैं ? वे कहाँ से आ गईं ? शैला ने आश्चर्य से पूछा।

संसार भर में परम अछूत ! समाज की निर्दय महत्ता के काल्पनिक दम्भ का निदर्शन ! छिपाकर उत्पन्न किये जाने योग्य सृष्टि के बहुमूल्य प्राणी, जिन्हें उनकी माताएँ भी छूने में पाप समझती हैं। व्यभिचार की सन्तान !

शैला की आँखें जैसे बढ़ गईं। उसने तितली का हाथ पकड़ कर कहा—बहन ! तुम यथार्थ में बाबाजी की बेटी हो। तुम्हारा काम प्रशंसनीय है; यहाँ वाले क्या तुम्हारे काम से प्रसन्न हैं ?

हों या न हों, मुझे इसकी चिन्ता नहीं। मैंने अपनी पाठशाला चलाने का दृढ़ निश्चय किया है। कुछ लोगों ने इन लड़कियों के रख लेने पर प्रवाद फैलाया। परन्तु वे इसमें असफल रहे। मैं तो कहती हूँ, कि यदि सब लड़कियाँ पढ़ना बन्द कर दें, तो मैं साल भर में ही ऐसे कितनी ही छोटी-बड़ी अनाथ लड़कियाँ एकत्र कर लूँगी, जिनसे मेरी पाठशाला और खेती-बारी बराबर चलती रहेगी। मैं इसे कन्या-गुरुकुल बना दूंगी !

तितली का मुँह उत्साह से दमकने लगा, और शैला विमुग्ध होकर उसकी मन-

ही-मन सराहना कर रही थी। फिर शैला ने कहा—तितली ! मेरी एक बात मानोगी ? मैं इन्द्रदेव के आने पर तुमको बुलाऊँगी। मैं चाहती हूँ कि तुम उनसे एक बार कहो कि वे मधुबन के लिए अपील करें।

मुझे पहले ही जब लोगों ने यह समाचार नहीं मिलने दिया कि उनका मुकद्दमा चल रहा है, तो अब मैं दूसरों के उपकार का बोझ क्यों लूँ ? मैं ! कदापि नहीं। बहन शैला ! अब उसमें क्या धरा है ? उनके यदि अपराध न भी होंगे, तो चार-छः बरस ब्रह्मा के दिन नहीं। आँच में तपकर सोना और भी शुद्ध हो जायगा। —कहकर तितली उठने लगी।

तो फिर एक बात और मैं कह लूँ। बैठ जाओ। मैं कहती हूँ कि तुम मेरे साथ आकर यहीं नील-कोठी में काम करो। यहीं मैं बालिकाओं की पाठशाला भी अलग खुलवा दूँगी।

तितली बैठी नहीं, उसने चलते-चलते कहा—नहीं, मुझे अपना दुख-सुख अकेली भोग लेने दो। मैं द्वार-द्वार पर सहायता के लिए घूम कर निराश हो चुकी हूँ। मुझे अपनी निस्सहायता और दरिद्रता का सुख लेने दो। मैं जानती हूँ कि तुम्हारे हृदय में मेरे लिए एक स्थान है। परन्तु मैं नहीं चाहती कि मुझे कोई प्यार करे। मुझसे घृणा करो बहन !

शैला आश्चर्य से देखती रह गई और तितली चली गई। दूसरी ओर से इन्द्रदेव ने प्रवेश किया। शैला ने मीठी मुस्कान से उनका स्वागत किया।

इसके कई दिन बाद बनजरिया की खपरैल में जब लड़कियाँ पढ़ रही थीं, तब उसी के पास एक छोटे-से मिट्टी के टीले को काटकर ईंटें बन रही थीं। मलिया मिट्टी का लोंदा बनाकर साँचे में भर रही थी और रामजस उससे ईंटें निकालता जा रहा था। राजो एक मजूर से बैलों के लिए जोन्हरी का ढेंठा कटवा रही थी। सिरस के पेड़ में एक झूला पड़ा था, उसमें तीन भाग थे। छोटे-छोटे निरीह शिशु उसमें पड़े हुए धूप खा रहे थे; और तितली अपने बच्चों को गोद में लिए लड़कियों को पहाड़ा रटा रही थी। उसी समय वाट्सन, शैला और इन्द्रदेव वहाँ आये। वाट्सन ने टाट पर बैठकर पढ़ती हुई लड़कियों को देखा। उनको देखते ही तितली उठ खड़ी हुई। अपने हाथ से बनाये हुए मोढ़े लाकर लड़कियों ने रख दिये। सब लोगों के बैठने पर इन्द्रदेव ने कहा—शैला ! तुमने अपने प्रबन्ध में इस पाठशाला के लिए कोई व्यवस्था नहीं की है ?

नहीं, यह सहायता लेना ही नहीं चाहती।

क्यों ?

यह तो मैं नहीं कह सकती।

सचमुच यह सराहनीय उद्योग है।—वाट्सन ने कहा—मुझे तो यह अद्भूत मालूम पड़ता है, बड़ा ही मधुर और प्रभावशाली भी। क्यों तुम कोई सहायता नहीं लेना चाहती ? मुझे कुछ बता सकती हो ?

आप उसे सुनकर क्या करेंगे ? वह बात अच्छी न लगे तो मुझे और भी दुख होगा। आप लोगों की सहानुभूति ही मेरे लिए बड़ी भारी सहायता है ! —तितली ने सिर नीचा कर कृतज्ञ-भाव से कहा।

परन्तु ऐसी अच्छी संस्था थोड़े-से धनाभाव के कारण अच्छी तरह न चले सके, तो बुरी बात है। मैं क्या इस उदासीनता का कारण नहीं सुन सकता ?

मैं विवश होकर कहती हूँ। मैं अपनी रोटियाँ इससे लेती हूँ। तब मुझे किसी की सहायता लेने का क्या अधिकार है ? मैं दो आने महीना लड़कियों से पाती हूँ। और उतने से पाठशाला का काम अच्छी तरह चलता है। कुछ मुझे बच भी जाता है। जमींदार ने मेरी पुरखों की डीह ले ली। मुझे माफी पर भी लगान देना पड़ रहा है। और मुझे इस विपत्ति में डालने वाले हैं यहाँ के जमींदार और तहसीलदार साहब ! तब भी आप लोग कहते हैं कि मैं उन्हीं लोगों से सहायता लूं !

हाँ, मैं तो उचित समझता हूँ। इस अवस्था में तो तुम्हें और भी सहायता मिलनी चाहिए और तुमने तो मेरे चकबन्दी के काम में... ।

सहायता की है—यही न आप कहना चाहते हैं ? वह तो मेरे हित की बात थी, मेरा स्वार्थ था। देखिए, उस खेत के मिल जाने से मैं अपना पुराना टीला खुदवाकर उसकी मिट्टी से ईंटें बनवा रही हूँ। उधर समतल होकर वह बनजरिया को रामजस वाले खेत से मिला देगा।

तुमसे मैं और भी सहायता चाहता हूँ।

मैं क्या सहायता दे सकूंगी ?

तुम कम-से-कम स्त्री-किसानों को बदले के लिए समझा सकती हो, जिससे गाँव में सुधार का काम सुगमता से चले।

जमींदार साहब के रहते वह सब कुछ नहीं हो सकेगा। सरकार कुछ कर नहीं सकती। उन्हें अपने स्वार्थ के लिए किसानों में कलह कराना पड़ेगा। अभी-अभी देखिए न, घूर के लिए मुकदमा हाईकोर्ट में लड़ रहा है ! तहसीलदार को कुछ मिला ! उसने वहाँ से एक किसान को उभाड़कर घूर न फेंकने के लिए मार-पीट करा दी। वह घूर फेंकना बन्द कर उस टुकड़े को नजराना ले कर दूसरे के साथ बन्दोवस्त करना चाहता है। यदि आप लोग वास्तविक सुधार करना चाहते हों, तो खेतों के टुकड़ों को निश्चित रूप में बाँट दीजिए और सरकार उन पर

मालगुजारी लिया करे। —कहते हुए तितली ने व्यंग से इन्द्रदेव की ओर देखा और फिर उसने कहा—क्षमा कीजिए, मैंने विवश होकर यह सब कहा।

इन्द्रदेव हतप्रभ हो रहे थे, उन्होंने कहा—अरे, मैं तो अब जमींदार नहीं हूँ।

हाँ, आप जमींदार नहीं हैं तो क्या, आपने त्याग किया होगा। किन्तु उससे किसानों को तो लाभ नहीं हुआ। —घुटते ही तितली ने कहा।

उसका बच्चा रोने लगा था। एक बड़ी-सी लड़की उसे ले कर राजो के पास चली गई।

किन्तु तुम तो ऐसा स्वप्न देख रही हो जिसमें आँख खुलने की देर हैं।—वाट्सन ने कहा।

यह ठीक है कि मरने वाले को कोई जिला नहीं सकता। पर उसे जिलाना ही हो, तो कहीं अमृत खोजने के लिए जाना पड़ेगा।—तितली ने कहा।

उधर शैला मौन होकर तितली के उस प्रतिवाद करने वाले रूप को चकित होकर देख रही थी। और इन्द्रदेव सोच रहे थे—तितली ! यही तो है, एक दिन मेरे साथ इसी के ब्याह का प्रस्ताव हुआ था। उस समय मैं हँस पड़ा था, सम्भवतः मन-ही-मन। आज अपनी दुर्बलता में, अभावों और लघुता में, दृढ़ होकर खड़ी रहने में यह कितनी तत्पर है ! यही तो हम खोज रहे थे न। मनुष्य गिरता है। उसका अन्तिम पक्ष दुर्बल है—सम्भव है कि वह इसीलिए मर जाता है। परन्तु...परन्तु जितने समय तक वह ऐसी दृढ़ता दिखा सके, अपने अस्तित्व का प्रदर्शन कर सके, उतने क्षण तक क्या जिया नहीं। मैं तो समझता हूँ कि उसके जन्म लेने का उद्देश्य सफल हो गया। तितली वास्तव में महीयसी है, गरिमामयी है। शैला ! वह अपने लिए सब कुछ कर लेगी। स्वावलम्बन ! हाँ, वह उसे भी पूरा कर लेगी। किन्तु स्त्री का दूसरा पक्ष पति ! उसके न रहने पर भी उसकी भावना को पूरी करते रहना, शैला से भी न हो सकेगा। वह अपने पैरों पर खड़ी हो सकती है; किन्तु दूसरे को अवलम्ब नहीं दे सकती।

वाट्सन भी चुपचाप होकर सोच रहे थे। उन्होंने कहा—मैंने कागज-पत्र देखकर निश्चय कर लिया है कि शेरकोट पर तुम्हारा स्वत्व है। क्या तुम उसके बदले यह सटी हुई परती ले लोगी ? मैं जमींदार को इसके लिए बाध्य करूँगा।

बिना रुके हुए तितली ने कहा—वह मेरा घर है, खेत नहीं, उसको मैं उसके ही स्वरूप में ले सकती हूँ। उससे बदला नहीं हो सकता।

वाट्सन हतबुद्धि होकर चुप हो गये। शैला ने तितली को ईर्ष्या से देखा। यह गँवार लड़की। अपनी वास्तविक स्थिति में कितनी सरलता से निर्वाह कर रही है। सो भी पूरी स्वतन्त्रता के साथ ! और मैं, मैंने अपना जीवन, थोड़ा-सा

काल्पनिक सुख पाने के लिए, जैसे बेच दिया। उस दरिद्र भूतकाल ने मुझे सुख के लिए लोलुप बना दिया। क्या मैं सचमुच इन्द्रदेव को प्यार करती हूँ। मैं उतना ही कर सकती हूँ, जितना मधुबन के लिए तितली कर रही है! उसके भीतर से जैसे किसी ने कहा 'ना'। वह अपनी नग्न मूर्ति देखकर भयभीत हो गई। उसने चारों ओर अवलम्ब खोजने के लिए आँख उठाकर देखा। ओह! वह कितनी दुर्बल है। यह वाट्सन! इस सुन्दर व्यापार में कहाँ से आ गया। और अब तो मेरे जीवन के गणित में यह प्रधान अंक है। तो? उसने इन्द्रदेव को और भयभीत होकर देखा, क्या वह कुछ समझने लगा है।

इन्द्रदेव ने कहा—मैं तो समझता हूँ कि अब हम लोगों को चलना चाहिए; क्योंकि आज ही रात को मुझे शहर लौट जाना है। कल एक अपील में मेरा वहाँ रहना आवश्यक है।

शैला ने समझा कि यह पिण्ड छुड़ाना चाहता है। उसे क्या सन्देह होने लगा है? हो सकता है। एक बार इसी वाट्सन को लेकर भ्रम फैल चुका है। किन्तु यह कितनी बुरी बात है। जिसने मेरे लिए सब त्याग किया...!

वाट्सन ने बीच में कहा—अच्छा, तो मैं इस समय जाता हूँ। हाँ, सुनो, परती के लिए एक बात और भी कह देना चाहता हूँ। क्या उसे थोड़े-से लगान पर तुम ले लेना स्वीकार करोगी? इससे तुम्हारा यह खेत पूरा बन जायगा। चाहोगी तो थोड़ा-सा परिश्रम करने पर यहाँ पेड़ लगाये जा सकेंगे और तब तुम्हारी खेती-बारी दोनों अच्छी तरह होने लगेगी।

हाँ, तब मैं ले सकूँगी। आपको इस न्यायपूर्ण सम्मति के लिए मैं धन्यवाद देती हूँ।

तितली ने नमस्कार किया। इन्द्रदेव, वाट्सन और शैला, सबने एक बार उस स्वावलम्ब के नीड़—बनजरिया—को देखा, और देखा उस गर्व से भरी अबला को!

सब लोग चले गये।

तितली साँस फेंककर एक विश्राम का अनुभव करने लगी। इस मानसिक युद्ध में वह जैसे थक गई थी। उसने लड़कियों को छुट्टी देकर विश्राम किया।

३

इन्द्रदेव चले गये। अधिकार खो बैठने का जैसे उन्हें कुछ दुख हो रहा था। सम्पत्ति का अधिकार! अब वह धामपुर के कुछ नहीं थे। परिवार से बिगाड़ और सम्पत्ति से भी वंचित! माँ की दृष्टि में वह बिगड़े हुए लड़के रह गये। उन्होंने देखा कि सम्मिलित कुटुम्ब के प्रति उनकी जितनी घृणा थी, वह कृत्रिम थी; रामजस, मलिया, राजो और तितली, उनके साथ ही और भी कई अनाथ, स्वेच्छा से एक नया कुटुम्ब बनाकर सुखी हो रहे हैं।

शैला को वाट्सन के साथ कुछ नवीनता का अनुभव होने लगा। इन्द्रदेव के लिए उसके हृदय में जो कुछ परकीयत्व था, उसका यहाँ कहीं नाम नहीं। वह मनोयोगपूर्वक बैङ्क और अस्पताल तथा पाठशाला की व्यवस्था में लगी। वाट्सन का सहयोग! कितना रमणीय था। शैला के त्याग में जो नीरसता थी, वह वाट्सन को देखकर अब और भी स्पष्ट होने लगी। वह संसार के आकर्षण में जैसे विवश होकर खिंच रही थी। वाट्सन का चुम्बकत्व उसे अभिभूत कर रहा था। अज्ञात रूप से वह जैसे एक हरी-भरी घाटी में पहुँचने पर, आँख खोलते ही, वसन्त की प्रफुल्लता, सजीवता और मलय-मारुत, कोकिल का कल-रव, सभी का सजीव नृत्य अपने चारों ओर देखने लगी। खेतों की हरयाली में उसके हृदय की हरियाली मिल जाती। वाट्सन के साथ सायंकाल में गंगा के तट पर वह घंटों चुपचाप बिता देती।

वाट्सन का हृदय तब भी बाँध से घिरी हुई लम्बी-चौड़ी झील की तरह प्रशान्त और स्निग्ध था। उसमें छोटी-छोटी बीचियों का भी कहीं नाम नहीं। अद्भुत! शैला उसमें अपने को भूल जाती। इन्द्रदेव, धीरे-धीरे भूल चले थे।

रात की डाक से नन्दरानी का एक पत्र शैला को मिला। उसमें लिखा था—

बहूरानी!

तुम दूसरों की सेवा करने के लिए इतनी उत्सुक हो, किन्तु अपने घर का भी कुछ ध्यान है? मैं समझती हूँ कि तुम्हारे देश में स्वतन्त्रता के नाम पर

बहुत-सा मिथ्या प्रदर्शन भी होता है। क्या तुम इस वातावरण में उसे भूल नहीं सकी हो ? यदि नहीं, तो मैं उसे तुम्हारा सौभाग्य कैसे कहूँ ? मैं तो जानती हूँ कि स्त्री, स्त्री ही रहेगी। कठिन पीड़ा से उद्विग्न होकर आज का स्त्री-समाज जो करने जा रहा है, वह क्या वास्तविक है ? वह तो विद्रोह है सुधार के लिए। इतनी उद्दण्डता ठीक नहीं। तुम इन्द्रदेव के स्नेही हृदय में ठेस न पहुँचाओगी। ऐसा तो मुझे विश्वास है। पर जब से वह धामपुर से लौट आये हैं, उदास रहते हैं। कारण क्या है, तुम कुछ सोचने का कष्ट करोगी ?

हाँ, एक बात और है। तुम्हारी सास अपनी अन्तिम साँसों को गिन रही हैं। क्या तुम एक बार इन्द्रदेव के साथ उनके पास न जा सकोगी ?

तुम्हारी स्नेहमयी
नन्दरानी

दूसरे दिन बड़े सबेरे—जब पूर्व दिशा की लाली को थोड़े-से काले बादल ढँक रहे थे, गंगा में से निकलती हुई भाप पर थोड़ा-थोड़ा सुनहला रंग चढ़ रहा था, तब—शैला चुपचाप उस दृश्य को देखती हुई मन-ही-मन कह उठी—नहीं, अब साफ-साफ हो जाना चाहिए। कहीं यह मेरा भ्रम तो नहीं ? मुझे निराधार इस भाप की लता की तरह बिना किसी आलम्बन के इस अनन्त में व्यर्थ प्रयास नहीं ही करना चाहिए। इन दो-एक किरणों से तो काम नहीं चलने का। मुझे चाहिए सम्पूर्ण प्रकाश ! मैं कृतज्ञ हूँ, इतना ही तो ! अब मुझसे क्या माँग है ? इन्द्रदेव के साथ क्या निभने का नहीं ? वह स्वतंत्रता का महत्त्व नहीं समझ सके। उनके जीवन के चारों ओर सीमा की टेढ़ी-मेढ़ी रेखा अपनी विभीषिका से उन्हें व्यस्त रखती है। उनको सन्देह है, और होना भी चाहिए। क्या मैं बिल्कुल निष्कपट हूँ ? क्या वाट्सन ? नहीं-नहीं वह केवल स्निग्ध भाव और आत्मीयता का प्रसार है। तो भी मैं इन्द्रदेव से विरक्त क्यों हूँ ? मेरे पास इसका कोई उत्तर नहीं। इतने थोड़े-से समय में यह परिवर्तन ! मैंने इन्द्रदेव के समीप होने के लिए जितना प्रयास किया था, जितनी साधना की थी, वह सब क्या ऊपरी थी ? और वाट्सन ! फिर वही वाट्सन !

उसने झल्लाकर दूसरी ओर मुँह फेर लिया।

उधर से ही एक डोंगी पर वाट्सन, अपने हाथ से डाँड़ा चलाते हुए, आ रहे थे। सामने मल्लाह सिकुड़ा हुआ बैठा था। बादल फट गया था। सूर्य का बिम्ब पूरा निकल आया था। गंगा धीरे-धीरे बह रही थी। संकल्प-विकल्प के कूलों में मधुर प्रणय-कल्पना-सी वह धारा सुन्दर और शीतल थी।

वाट्सन ने डोंगी तीर पर लगा दी। शैला ने झुंझलाहट से उसकी ओर देखना चाहा, परन्तु वह मुस्करा कर नाव पर चढ़ गई।

अब माँझी खेने लगा। दोनों आस पास बैठे थे। दोनों चुप थे। नाव धीरे-धीरे बह रही थी।

वाट्सन ने हँसी से कहा—शैला! तुम तो गंगा-स्नान करने सबेरे नहीं आतीं। फिर कैसी हिन्दू!

नाव बीच में चली जा रही थी। शैला ने देखा, एक ब्राह्मण-परिवार तट पर उस शीतकाल में नहा रहा है। शैला ने हँसकर कहा—तुम भी प्रति रविवार को गिरजे में नहीं जाते, फिर कैसे ईसाई!

तब तो न तुम हिन्दू और न मैं ईसाई!

बस केवल स्त्री और पुरुष!—सहसा शैला के मुँह से अचेतन अवस्था में निकल गया। वाट्सन ने चौंक कर उसकी ओर देखा। शैला झेंप-सी गई। वाटसन हँस पड़े।

नाव चली जा रही थी। कुछ काल तक दोनों ही चुप हो गये, और गम्भीरता का अभिनय करने लगे। फिर ठहरकर वाट्सन ने कहा—मैं मित्र की तरह एक बात पूछता हूँ, शैला, तुम बुरा तो न मानोगी?

पूछो न क्या है?

तुम इस विवाह से सुखी हो!—अरे—मैंने कहा, सन्तुष्ट हो न?

शैला ने दीनता से वाट्सन को देखा। उसके हृदय में जो सूनापन था, वही अट्टहास कर उठा। वाट्सन ने सान्त्वना के स्वर में कहा—शैला तुमने भूल की है, तो उसका प्रतिकार भी है। मैं समझता हूँ कि तुमने अपने ब्याह की रजिस्ट्री सिविल मैरेज के अनुसार अवश्य करा ली होगी।

शैला को जैसे थप्पड़ लगा, वाट्सन के प्रश्न में जो गूढ़ रहस्य था; वह भयानक होकर शैला के सामने मूर्तिमान हो गया। उसने दोनों हाथों में अपना मुँह छिपा लिया। उसने कहा—वाट्सन, मुझे क्षमा करोगे। स्त्रियों को सब जगह ऐसी ही बधाएँ होंगी। क्या तुम उनकी दुर्बलता को सहानुभूति से नहीं देख सकोगे?

इसीलिए मैं आज तक अविवाहित हूँ। सम्भव है कि जीवन भर ऐसा ही रहूँ। मुझसे यह अत्याचार न हो सकेगा। उहूँ, कदापि नहीं।

शैला का स्वप्न भंग हो चला! उसने जैसे आँखें खोल कर बन्द कमरे में अपने चारों ओर अन्धकार ही पाया। वह कम्पित हो उठी। किन्तु वाट्सन अचल थे। उनका निर्विकार हृदय शान्त और स्मितिपूर्ण था। शैला निरवलम्ब हो गई।

शैला के मन में ग्लानि हुई। यह सोचने लगी—घृणा ! हाँ, वास्तव में मुझसे घृणा करता है। यह कुलीन और मैं दरिद्र बालिका ! तिस पर भी एक हिन्दू से ब्याह कर चुकी हूँ और मेरा पिता जेल-जीवन बिता रहा है। तब ! यह इतनी ममता क्यों दिखाता है ? दया ! दया ही तो; किन्तु इसे मुझ पर दया करने का क्या अधिकार है ?

उसने उद्विग्न होकर कहा—अब उतरना चाहिए।

वाट्सन ने मल्लाह से नाव को तट से लगा देने की आज्ञा दी। दोनों उतर पड़े। दोनों ही चुपचाप पथ पर चल रहे थे।

कुहरा छँट गया था। सूर्य की उज्ज्वल किरणें चारों ओर नाच रही थीं। वह ग्राम का जन-शून्य प्रान्त अपनी प्राकृतिक शोभा में अविचल था—ठीक वाट्सन के हृदय की तरह।

घूमते-फिरते वे दोनों बनजरिया में जा पहुँचे। वहाँ उत्साह और कर्मण्यता थी। सब काम तीव्रगति से चल रहे थे। खेत की टूटी हुई मेड़ पर मिट्टी चढ़ाई जा रही थी। कहीं पेड़ रोपे जा रहे थे। आवाँ फूँकने के लिए ईंधन इकट्ठा हो गया था। पाठशाला की खपरैल में से लड़कियों का कोलाहल सुनाई पड़ता था।

शैला रुकी। वाट्सन ने कहा—तो मैं चलता हूँ, तुम ठहर कर आना। मुझे बहुत-सा काम निबटाना है।

वह चले गये, और शैला चुपचाप जाकर तितली के पास एक मोढ़े पर बैठ गई। तितली ने शीघ्रता से पाठ समाप्त करा कर लड़कियों को कुछ लिखने का काम दिया, और शैला का हाथ पकड़कर दूसरी ओर चली। अभी वह भट्ठे के पास पहुँची होगी कि उसे दूर से आते हुए एक मनुष्य को देखकर रुक जाना पड़ा। वह कुछ पहचाना-सा मालूम पड़ता था। शैला भी उसे देखने लगी।

शैला ने कहा—अरे यह तो रामदीन है !

रामदीन ने पास आकर नमस्कार किया। तब जैसे सावधान होकर तितली ने पूछा—रामदीन, तू जेल से छूट आया ?

जेल से छूट कर लोग घर लौट आते हैं, इस विश्वास में आशा और सान्त्वना थी। तितली का हृदय भर आया था।

रामदीन ने कहा—मैं तो कलकत्ता से आ रहा हूँ। चुनार से तो मैं छोड़ दिया गया था। वहाँ मैं अपने मन से रहता था। रिफार्मेटरी का कुछ काम करता था। खाने को मिलता था। वहीं पड़ा था। मधुबन बाबू से एक दिन भेंट हो गई। वह कलकत्ता जा रहे थे। उन्हीं के संग चला गया था।

तितली की आँखों में जल नहीं आया, और न उसकी वाणी काँपने लगी। उसने पूछा—तो क्या तू भी उनके साथ ही रहा ?

हाँ, मैं वहाँ रिक्शा खींचता था। फिर मधुबन बाबू के जेल जाने पर भी कुछ दिन रहा। पर बीरू से मेरी पटी नहीं। वह बड़ा ढोंगी और पाजी था। वह बड़ा मतलबी भी था। जब तक हम लोग उसको कमा कर कुछ देते थे, वह दादा की तरह मानता था। पर जब मधुबन बाबू न रहे तो वह मुझसे टेढ़ा-सीधा बर्ताव करने लगा। मैं भी छोड़ कर चला आया।

तितली को अभी सन्तोष नहीं हुआ था। उसने पूछा—क्यों रे रामदीन ! सुना है तुम लोगों ने वहाँ पर भी डाका और चोरी का व्यवसाय आरम्भ किया था। क्या यह सच है ?

रिक्शा खींचते-खींचते हम लोगों की नस ढीली हो गई। कहाँ का डाका और कहाँ की चोरी। अपना-अपना भाग्य है। राह चलते भी कलंक लगता है। नहीं तो मधुवन बाबू ने वहाँ किया ही क्या। यहाँ जो कुछ हुआ हो, उसे तो मैं नहीं जानता। वहाँ पर तो हम लोग मेहनत-मजूरी करके पेट भरते थे।

तितली ने गर्व से शैला की ओर देखा। शैला ने पूछा—अब क्या करेगा रामदीन ?

अब, यहीं गाँव में रहूँगा। कहीं नौकरी करूँगा।

क्या मेरे यहाँ रहेगा ?—शैला ने पूछा।

नहीं मेम साहब ! बड़े लोगों के यहाँ रहने में जो सुख मिलता है, उसे मैं भोग चुका।

अरे दाना रस के लिए दीदी ने पूछा है कि...कहती हुई मलिया पीछे से आकर सहसा चुप हो गई। उसने रामदीन को देखा।

तितली ने स्थिर भाव से कहा—कहती क्यों नहीं ? बोल न, क्यों लजाती है। लिवा जा, पहले अपने रामदीन को कुछ खिला।

जाओ बहन !—कहकर वह घूम पड़ी।

रामदीन !—बनजरिया में बहुत-सा काम है। जो काम तुमसे हो सके करो। चना-चबेना खाकर पड़े रहो।—तितली ने कहा।

शैला ने देखा, वह कहीं भी टिकने नहीं पाती है। कुछ लोगों को तो उसने पराया बना रखा है। और कुछ लोग उसे ही परकीया समझते हैं। वह मर्माहत होकर जाने के लिए घूम पड़ी।

तितली ने कहा—बैठो बहन ! जल्दी क्या है ?

तितली, तुमने भी मुझसे स्नेह का सम्बन्ध ढीला कर दिया है ! मेरा हृदय

चूर हो रहा है। न जाने क्यों, मेरे मन में ऐसी भावना उठती है कि मुझे मैं 'जैसी हूँ—उसी रूप में' स्नेह करने के लिए कोई प्रस्तुत नहीं। कुछ-न-कुछ दूसरा आवरण लोग चाहते हैं।

इन्द्रदेव बाबू भी ?

उनका समर्पण तो इतना निरीह है कि मैं जैसे बर्फ की-सी शीतलता में चारों ओर से घिर जाती हूँ। मैं तुम्हारी तरह का दान कर देना नहीं सीख सकी। मैं जैसे और कुछ उपकरणों से बनी हूँ ! तुम जिस तरह मधुबन को...

अरे सुनो तो, मेरी बात लेकर तुमने अपना मानसिक स्वास्थ्य खो दिया है क्या ? वह तो एक कर्त्तव्य की प्रेरणा है। तुम भूल गई हो। बापू का उपदेश क्या स्मरण नहीं है ? प्रसन्नता से सब कुछ ग्रहण करने का अभ्यास तुमने नहीं किया। मन को वैसा हम लोग अन्य कामों के लिए तो बना लेते हैं; पर कुछ प्रश्न ऐसे होते हैं जिनमें हम लोग सदैव संशोधन चाहते हैं। जब संस्कार और अनुकरण की आवश्यकता समाज में मान ली गई, तब हम परिस्थिति के अनुसार मानसिक परिवर्तन के लिए क्यों हिचकें ? मेरा ऐसा विश्वास है कि प्रसन्नता से परिस्थिति को स्वीकार करके जीवन-यात्रा सरल बनाई जा सकती है। बहन ! तुम कहीं भूल तो नहीं कर रही हो ? तुम धर्म के बाहरी आवरण से अपने को ढँककर हिन्दू-स्त्री बन गई हो सही, किन्तु उसकी संस्कृति की मूल शिक्षा भूल रही हो। हिन्दू-स्त्री का श्रद्धापूर्ण समर्पण उसकी साधना का प्राण है। इस मानसिक परिवर्तन को स्वीकार करो। देखो, इन्द्रदेव बाबू कैसे देव-प्रकृति के मनुष्य हैं। उस त्याग को तुम अपने प्रेम से और भी उज्ज्वल बना सकती हो।

यही तो मुझे दुःख है। मैं कभी-कभी सोचती हूँ कि मुझ वन-विहंगिनी को पिंजड़े में डालने के लिए उनको इतना कष्ट सहना पड़ा। किसी तरह मैं अपने को मुक्त करके उनका भी छुटकारा करा सकती !

तुम अपने जीवन को, स्त्री-जीवन को, और भी जटिल न बनाओ। तुम इन्द्रदेव के स्नेह को अपनी ओर से अत्याचार मत बनाओ। मैं मानती हूँ कि कभी-कभी हित-चिन्ता समाज में पति-पत्नी पर, पिता-पुत्र पर, भाई-भाई पर, अपने स्नेहातिरेक को अत्याचार बना डालता है; परन्तु उस स्नेह को उसके वास्तविक रूप में ग्रहण कर लेने पर एक प्रकार का सुख-संतोष होता ही है।

तो तुम मधुबन को अब भी प्यार करती हो ?

इसका तो कोई प्रश्न नहीं है। बहन शैला ! संसार भर उनको चोर हत्यारा और डाकू कहे; किन्तु मैं जानती हूँ कि वह ऐसे नहीं हो सकते। इसलिए मैं कभी उससे घृणा नहीं कर सकती। मेरे जीवन का एक-एक कोना उनके लिए, उस

स्नेह के लिए, सन्तुष्ट है। मैं जानती हूँ कि वह दूसरी स्त्री को प्यार नहीं करते। कर भी नहीं सकते। कुछ दिनों तक मैना को लेकर जो प्रवाद चारों ओर फैला था, मेरा मन उस पर विश्वास नहीं कर सका। हाँ, मैं दुःखी अवश्य थी कि उन्हें क्यों लोग सन्देह की दृष्टि से देखते हैं। उतनी-सी दुर्बलता भी मेरे लिए अपकार ही कर गई। उनको मैं आगे बढ़ने से रोक सकती थी। किन्तु तुम वैसी भूल न करोगी। इन्द्रदेव को भग्नहृदय बनाकर कल्याण के मार्ग को अवरुद्ध न करो। मानव के अन्तरतम में कल्याण के देवता का निवास है। उसकी संवर्धना ही उत्तम पूजा है। मैं इधर मनोयोगपूर्वक पढ़ रही हूँ। जितना ही मैं अध्ययन करती हूँ उतना ही यह विश्वास दृढ़ होता जा रहा है जो कुछ सुन्दर और कल्याणमय है, उसके साथ यदि हम हृदय की समीपता बढ़ाते रहे तो संसार सत्य और पवित्रता की ओर अग्रसर होगा।

तितली का मुँह प्रसन्नता से दमक रहा था।

शैला को अपने मन का समस्त बल एकत्र करके उससे आदर्श ग्रहण करने का प्रयत्न किया। वह एक क्षण में ही सुन्दर स्वप्न देखने लगी, जिसमें आशा की हरियाली थी। अपनी सेवावृत्ति को जागरूक करने की उसने दृढ़ प्रतिज्ञा की। उसने तितली का हाथ पकड़कर कहा—क्षमा करना बहन! मैं अपराध करने जा रही थी। आज जैसे बाबाजी की आत्मा ने तुम्हारे द्वारा फिर से मेरा उद्धार किया। हम दोनों ने एक ही शिक्षा पाई है सही; परन्तु मुझमें कमी है, उसे पूर्ण करना मेरा कर्त्तव्य है।

उस निर्जन ग्राम-प्रान्त में, जब धूप खेल रही थी, दो हृदयों ने अपने सुख-दुःख की गाथा एक-दूसरे को सुना कर अपने को हल्का बनाया। आँसू भरी आँखें मिलीं और वे दुर्बल—किन्तु दृढ़ता से कल्याण-पथ पर बढ़ने वाले—हृदय, स्वस्थ होकर, परस्पर मिले।

शैला नील-कोठी की ओर चली। उसके मन में नया उत्साह था नील-कोठी की सीढ़ियों पर वह फुर्ती से चढ़ी जा रही थी। बीच ही में वाट्सन ने उसे रोका और कहा—मैं तुमसे एक बात कहना चाहता हूँ।

उसने अपने भीतर के जेब से एक पत्र निकाल कर शैला के हाथ में दिया। उसे पढ़ते-पढ़ते शैला रो उठी। उसने वाट्सन के दोनों हाथ पकड़ कर व्यग्रता से पूछा—वाट्सन! सच कहो, मेरे पिता का ही पत्र है, या धोखा है? मैं उनकी हस्तलिपि नहीं पहचानती। जेल से भी कोई पत्र मुझे पहले नहीं मिला था। बोलो, यह क्या है?

शैला ! अधीर न हो। वास्तव में तुम्हारे पिता स्मिथ का ही यह पत्र है। मैं छुट्टी लेकर जब इंगलैण्ड गया था, तब मैं उससे जेल में मिला था।

ओह ! यह कितने दु:ख की बात है।—शैला उद्विग्न हो उठी थी।

शैला ! तुम्हारा पिता अपने अपराधों पर पश्चात्ताप करता है। वह बहुत सुधर गया है। क्या तुम उसे प्यार न करोगी ?

करूँगी, वाट्सन ! वह मेरा पिता है। किन्तु, मैं कितनी लज्जित हो रही हूँ। और तुम्हारी कृतज्ञता प्रकट करने के लिए मैं क्या करूँ ? बोलो !

कुछ नहीं, केवल चंचल मन को शान्त करो। पत्र तो मुझे बहुत दिन पहले ही मिल चुका था। किन्तु मैं तुमको दिखाने का साहस नहीं करता था। संभव है कि तुमको...।

मुझको बुरा लगता ! कदापि नहीं। सब कुछ होने पर भी वह पिता हैं वाट्सन !

तो चलो, वह कमरे में बैठे हुए तुम्हारी प्रतीक्षा कर रहे हैं।

ऐं, सच कहना ! कहती हुई शैला कमरे में वेग से पहुँची।

एक बूढ़ा, किन्तु दलिष्ठ पुरुष, कुर्सी से उठकर खड़ा हुआ। उसकी बाँहें आलिंगन के लिए फैल गईं। शैला ने अपने को उसकी गोद में डाल दिया। दोनों भर पेट रोये।

फिर बूढ़े ने सिसकते हुए कहा—शैला ! जेन के अभिशाप का दण्ड मैं आज तक भोगता रहा। क्या बेटी, तू मुझे क्षमा करेगी ? मैं चाहता हूँ कि तू उसकी प्रतिनिधि बन कर मुझे मेरे पश्चात्ताप और प्रायश्चित्त में सहायता दे। अब मुझको मेरे जीते-जी मत छोड़ देना।

शैला ने आँसू-भरी आँखों से उसके मुख को देखते हुए कहा—पापा !

वह और कुछ न कह सकी, अपनी विवशता से वह कुढ़ने लगी। इन्द्रदेव का बन्धन ! यदि वह न होता ? किन्तु यह क्या, मैं अभी तितली से क्या कह आई हूँ ? तब भी मेरा बूढ़ा पिता ! आह ! उसके लिए मैं क्या करूँ ? उसे लेकर मैं...।

उसकी विचार-धारा को रोकते हुए वाट्सन ने कहा—शैला ! मैंने सब ठीक कर लिया है। तुम अब विवाहित हो चुकी हो, वह भी भारतीय रीति से तब तुमको अपने पति के अनुकूल रहकर ही चलना चाहिए; और उसके स्वावलम्बपूर्ण जीवन में अपना हाथ बटाओ। नील-कोठी का काम तुम्हारे योग्य नहीं है। मिस्टर स्मिथ यहाँ पर अपने पिछले थोड़े से दिन शान्ति सेवा-कार्य करते हुए बिता लेंगे, और तुमसे दूर भी न रहेंगे।

शैला ने अवाक् होकर वाट्सन को देखा। उसका गला भर आया था। उपकार और इतना त्यागपूर्ण स्नेह ! वाट्सन मनुष्य है ?

हाँ, वह मनुष्य अपनी मानवता में सम्पूर्ण और प्रसन्न खड़ा मुस्कुरा रहा था। शैला ने कृतज्ञता से उसका हाथ पकड़ लिया। वाट्सन ने फिर कहा—मोटर खड़ी है। जाओ, अपनी मरती हुई सास का आशीर्वाद ले लो। जब तुम लौट आओगी, तब मैं यहाँ से जाऊँगा। तब तक मैं यहाँ सब काम इन्हें समझा दूंगा। मिस्टर स्मिथ उसे सरलता से कर लेंगे। चलो कुछ खा-पीकर तुरन्त चली जाओ।

उसी दिन सन्ध्या को इन्द्रदेव के साथ शैला, श्यामदुलारी के पलंग के पास खड़ी थी। उसके मस्तक पर कुंकुम का टीका था। वह नववधू की तरह सलज्ज और आशीर्वाद से लदी थी।

श्यामदुलारी का जीवन अधिकार और सम्पत्ति के पैरों से चलता आता था। वह एक विडम्बना था या नहीं, यह नहीं कहा जा सकता। वह मन-ही-मन सोच रही थी—

जिस माता-पिता के पास स्नेह नहीं होता, वही पुत्र के लिए धन का प्रलोभन आवश्यक समझते हैं। किन्तु यह भीषण आर्थिक युग है। जब तक संसार में कोई ऐसी निश्चित व्यवस्था नहीं होती कि प्रत्येक व्यक्ति बीमारी में पथ्य और सहायता तथा बुढ़ापे में पेट के लिए भोजन पाता रहेगा, तब तक माता-पिता को भी पुत्र के विरुद्ध अपने लिए व्यक्तिगत सम्पत्ति की रक्षा करनी होगी।

श्यामदुलारी की इस यात्रा में धन की आवश्यकता नहीं रही। अधिकार के साथ उसे बड़प्पन से दान करने की भी श्लाघा होती है। तब आज उनके मन में त्याग था।

वृद्धा श्यामदुलारी ने अपने कँपते हाथों से एक कागज शैला को देते हुए कहा—बहू, मेरा लड़का बड़ा अभिमानी है। वह मुझे सब कुछ देकर अब मुझसे कुछ लेना नहीं चाहता। किन्तु मैं तो तुमको देकर ही जाऊँगी। उसे तुमको लेना ही पड़ेगा। यही मेरा आशीर्वाद है, लो।

शैला ने बिना इन्द्रदेव की ओर देखे उस कागज को ले लिया।

अब श्यामदुलारी ने माधुरी की ओर देखा। उसने एक सुन्दर डिब्बा सामने लाकर रख दिया। श्यामदुलारी ने फिर तनिक-सी कड़ी दृष्टि से माधुरी को देखकर कहा—अब इसे मेरे सामने पहना भी दे माधुरी ! यह तेरी भाभी है।

मानव-हृदय की मौलिक भावना है स्नेह। कभी-कभी स्वार्थ की ठोकर से

पशुत्व की, विरोध की, प्रधानता हो जाती है। परिस्थितियों ने माधुरी को विरोध करने के लिए उकसाया था। आज की परिस्थिति कुछ दूसरी थी। श्यामलाल और अनवरी का चरित्र किसी से छिपा नहीं था। वह सब जान-बूझ कर भी नहीं आये। तब ! माधुरी के लिए संसार में कोई प्राणी स्नेह-पात्र न रह जायगा। श्यामदुलारी तो जाती ही हैं।

प्रेम-मित्रता की भूखी मानवता ! बार-बार अपने को ठगा कर भी वह उसी के लिए झगड़ती है। झगड़ती हैं, इसलिए प्रेम करती है। वह हृदय को मधुर बनाने के लिए बाध्य हुई। उसने अपने मुँह पर सहज मुस्कान लाते हुए डिब्बे को खोला।

उसने मोतियों का हार, हीरों की चूड़ियाँ शैला को पहना दीं; और सब गहने उसी में पड़े रहे। शैला ने धीरे से उन्हें पहनाने के लिए माधुरी से कहा। माधुरी ने भी धीरे से उसकी कपोल चूम कर कहा—भाभी !

शैला ने उसे गले से लगा लिया। फिर उसने धीरे से श्यामदुलारी के पैरों पर सिर रख दिया। श्यामदुलारी ने उसकी पीठ पर हाथ रख कर आशीर्वाद दिया।

और, इन्द्रदेव इस नाटक को विस्मय-विमुग्ध होकर देख रहे थे। उन्हें जैसे चैतन्य हुआ। उन्होंने माँ के पैरों पर गिरकर क्षमा-याचना की।

श्यामदुलारी की आँखों में जल भर आया।

४

जेल का जीवन बिताते मधुबन को कितने बरस हो गये हैं। वह अब भावना-शून्य होकर उस ऊँची दीवार की लाल-लाल ईंटों को देख कर उसकी ओर से आँखें फिरा लेता है। बाहर भी कुछ है या नहीं, इसका उसके मन में कभी विचार नहीं होता। हाँ, एक कुत्सित चित्र उसके दृश्य-पट में कभी-कभी स्वयं उपस्थित होकर उसकी समाधि में विक्षेप डाल देता था। वह मलिन चित्र था मैना का ! उसका स्मरण होते ही मधुबन की मुट्ठियाँ बँध जातीं। वह कृतघ्न हृदय ! कितना स्वार्थी है ! उसको यदि एक बार कुछ शिक्षा दे सकता !

जँगले में से बैठे-बैठे, सामने की मौलसिरी के पेड़ पर बैठे हुए पक्षियों को चारा बाँट कर खाते हुए वह देख रहा था। उसके मन में आज बड़ी करुणा थी। वह अपने अपराध पर आज स्वयं विचार कर रहा था—यदि मेरे मन में मैना के प्रति थोड़ा-सा भी स्निग्ध भाव न होता, तो क्या घटना की धारा ऐसी ही चल सकती थी ! यही तो मेरा एक अपराध है। तो क्या इतना-सा विचलन भी मानवता का ढोंग करने वाला निर्मम संसार या क्रूर नियति नहीं सहन कर सकती ? वह उपेक्षा करने के योग्य साधारण-सी बात नहीं थी क्या ? मेरे सामने कैसे उच्च आदर्श थे ! कैसे उत्साहपूर्वक भविष्य का उज्ज्वल चित्र मैं खींचता था ! वह सब सपना हो गया, रह गई यह भीषण बेगारी। परिश्रम से तो मैं कभी डरता न था। तब क्या रामदीन के नोटों का झिटक लेना मेरे लिए घातक सिद्ध हुआ ? हाँ, वह भी कुछ है तो; मैंने क्यों नहीं उसे फेंक देने के लिए कहा। और कहता भी कैसे। मैंने तो स्वयं महन्त को थैली ले ली थी। हे भगवान् ! मेरे बहुत-से अपराध हैं। मैं तो केवल एक की ही गिनती कर सकता था। सब जैसे साकार रूप धारण करके मेरे सामने उपस्थित हैं। हाँ, मुझे प्रमाद हो गया था। मैंने अपने मन को निर्विकार समझ लिया था। यह सब उसी का दण्ड है।

उसकी आँखों से पश्चात्ताप के आँसू बहने लगे। वह घण्टों अपनी काल-कोठरी में चुपचाप जँगले से टिका हुआ आँसू बहाता रहा। उसे कुछ झपकी-सी लग गई। स्वप्न में तितली का शान्तिपूर्ण मुखमंडल दिखाई पड़ा। वह दिव्य

ज्योति से भरा था। जैसे उसके मन में आशा का संचार हुआ। उसका हृदय एक बार उत्साह से भर गया। उसने आँखें खोल दीं। फिर उसके मन में विकार उत्पन्न हुआ। ग्लानि से उसका मन भरा गया। उसे जैसे अपने-आप से घृणा होने लगी—क्या तितली मुझसे स्नेह करेगी? मुझ अपराधी से उसका वही सम्बन्ध फिर स्थापित हो सकेगा? मैंने उसका ही यदि स्मरण किया होता—जीवन के शून्य अंश को उसी के प्रेम से, केवल उसकी पवित्रता से, भर लिया होता—तो आज यह दिन मुझे न देखना पड़ता। किन्तु क्या वही तितली होगी? अब भी वैसी ही पवित्र! इस नीच संसार में, जहाँ पग-पग पर प्रलोभन है, खाई है, आनन्द की—सुख की लालसा है। क्या वह वैसी ही बनी होगी?

जँगले के द्वार पर कुछ खड़खड़ाहट हुई। प्रधान कर्मचारी ने भीतर आकर कहा—

मधुबन, तुम्हारी अच्छी चाल-चलन से सन्तुष्ट होकर तुमको दो बरस की छूट मिली है। तुम छोड़ दिये गये।

मधुवन ने अवाक् होकर कर्मचारी को देखा। वह उठ खड़ा हुआ। बेड़ियाँ झनझना उठीं। उसे आश्चर्य हुआ अपने शीघ्र छूटने पर। वह अभी विश्वास नहीं कर सका था। उसने पूछा—तो मैं छूट कर क्या करूँगा।

फिर डाके न डालना, और जो चाहे करना।—कहकर वह कोठरी के बाहर हो गया। मधुबन भी निकाला गया। फाटक पर उसका पुराना कोट और कुछ पैसे मिले। उस कोट को देखते ही जैसे उसके सामने आठ बरस पहले की घटना का चित्र खिंच गया। वह उसे उठाकर पहन न सका। और पैसे? उन्हें कैसे छोड़ सकता था। उसने लौट कर देखा तो जेल का जँगलेदार फाटक बन्द हो गया था। उसके सामने खुला हुआ संसार एक विस्तृत कारागार के सदृश झाँय-झाँय कर रहा था।

उसकी हताश आँखों के सामने उस उजले दिन में भी चारों ओर अँधेरा था। जैसे सन्ध्या चारों ओर से घिरती चली आ रही थी। जीवन के विश्राम के लिए शीतल छाया की आवश्यकता थी। किन्तु वह जेल से छुटा हुआ अपराधी! उसे कौन आश्रय देगा? वह धीरे-धीरे बीरू बाबू के अड्डे की ओर बढ़ा। किन्तु वहाँ जाकर उसने देखा कि घर में ताला बन्द है। वह उन पैसों से कुछ पूरियाँ लेकर पानी की कल के पास बैठकर खा ही रहा था कि एक अपरिचित व्यक्ति ने पुकारा—मधुवन!

उसने पहचानने की चेष्टा की; किन्तु वह असफल रहा। फिर उदास भाव से उसने पूछा—क्या है भाई, तुम कौन हो?

अरे ! तुम ननीगोपाल को भूल गये क्या ? बीरू बाबू के साथ !

अरे हाँ ननी ! तुम हो ? मैं तो पहचान ही न सका। इस साहबी ठाट में कौन तुमको ननीगोपाल कहकर पुकारेगा ? कहो बीरू बाबू कहाँ हैं ?

क्या फिर रिक्शा खींचने का मन है ? बीरू बाबू तो बड़े घर की हवा खा रहे हैं। उनका परोपकार का संघ पूरा जाल था। उन्होंने भर पेट पैसा कमा कर अपनी प्रियतमा मालती दासी का सन्दूक भर दिया। फिर क्या, लगे गुल-छर्रे उड़ाने ! एक दिन मालती दासी से उनकी कुछ अनबन हुई। वह मार-पीट कर बैठे। उस दिन वह मदिरा में उन्मत्त थे। तुम आश्चर्य करोगे न ? 'हाँ वही बीरू जो हम लोगों को कभी अच्छी साक-भाजी भी न खाने का, सादा भोजन करने का उपदेश देते थे; मालती के संग में भारी पियक्कड़ बन गये ! दूसरों को सदुपदेश देने में मनुष्य बड़े चतुर होते हैं। हाँ तो वह उसी मार-पीट के कारण जेल भेज दिये गये हैं !

अच्छा भाई ! तुम क्या करते हो ? —मधुबन ने जल के सहारे वासी और सूखी पूरियाँ गले में ठलते हुए पूछा।

तुम्हारे लिए बीरू से एक बार फिर लड़ाई हुई। मैंने उनसे जाकर कहा कि मधुबन के मुकदमे में कोई वकील खड़ा कीजिए। इतना रुपया उसने छाती का हाड़ तोड़कर अपने लिए कमाया है। उन्होंने कहा, मुझसे चोरों-डकैतों का कोई सम्बन्ध नहीं ! मैं भी दूसरी जगह नौकरी करने लगा।

वहाँ काम करते हो ननी ! कोई नौकरी मुझे भी दिला सकोगे ?

नौकरी की तो अभी नहीं कह सकता। हाँ तुम चाहो तो मेरे साबुन के कारखाने की दूकान हरिहरक्षेत्र के मेले में जा रही है, मेरे साथ वहाँ चल सकते हो। फिर वहाँ से लौटने पर देखा जायगा। पर भाई वहाँ भी कोई गड़बड़ न कर बैठना।

तो क्या तुमको विश्वास है कि मैंने उस पियक्कड़ को लूटा था और रिक्शा से घसीट कर पीटा भी था ?

मधुबन उत्तेजित हो उठा था। उसने फिर कहा—तो भाई तुम मुझे न लिवा जाओ।

यह लो तुम तो बिगड़ गये। अरे मैंने तो हँसी की थी। लो वह मेरा सामान भी आ गया। चलो तुम भी, पर ऐसे नंगधड़ंग कहाँ चलोगे ! पहले एक कुरता तो तुम्हें पहना दूं। अच्छा लारी पर बैठकर चलो हवड़ा, मैं कुरता लिए आता हूँ।

ननी ने सामान से लदी हुई लारी पर उसे बैठा दिया।

मधुबन नियति के अंधड़ में उड़ते हुए सूखे पत्ते की तरह निरुपाय था। उसके पास स्वतन्त्र रूप से अपना पथ निर्धारित करने के लिए कोई साधन न था। वह जेल से छूटकर हरिहरक्षेत्र चला।

कई कोस का वह मेला न जाने भारतवर्ष के किस अतीत के प्रसन्न युग का स्मरण-चिह्न है। संभव है, मगध के साम्राज्य की वह कभी प्रदर्शनी रहा हो। किन्तु आज भी उसमें क्या नहीं बिकता। लोग तो यहाँ तक कहते हैं कि अब इस युग में भी वहाँ भूत-प्रेत बिकते हैं!

मधुबन ने अपनी दाढ़ी नहीं बनवाई थी। उसके बाल भी वैसे ही बढ़े थे। वह दूकान की चौकीदारी पर नियुक्त था।

साबुन की दूकान सजी थी। मधुबन मोटा-सा डंडा लिए एक तिपाई पर बैठा रहता। वह केवल ननी से ही बोलता। उसका स्वभाव शान्त हो गया था, या अतीव क्रुद्ध, यह नहीं ज्ञात होता था। ननी के बहुत कहने-सुनने पर एक दिन वह गंगा-स्नान करने गया। वहाँ से लौटकर हाथियों के झुंडों को देखता हुआ वह धीरे-धीरे आ रहा था।

वहाँ उसने दो-तीन बड़े सुन्दर हाथी के बच्चों को खेलते हुए देखा। वह अनमना-सा होकर मेले में घूमने लगा। मनुष्य के बच्चे भी कितने सुन्दर होते होंगे जब पशुओं के ऐसे आकर्षक हैं। यही सोचते-सोचते उसे अपनी ग्रहस्थी का स्मरण हो आया।

उड़ती हुई रेत में वह धूसरित होकर उन्मत्त की तरह पालकी, घोड़े, बैल, ऊँट और गायों की पंक्ति को देखता रहा। देखता था, पर उसकी समझ में यह बात नहीं आती थी कि मनुष्य क्यों अपने लिए इतना संसार जुटाता है। वह सोचने के लिए मस्तिष्क पर बोझ डालता था, फिर विरक्त हो जाता था। केवल घूमने के लिए वह घूमता रहा।

संध्या हो आई। दूकानों पर आलोक-माला जगमगा उठी। डेरों में नृत्य होने लगा। गाने की एक मधुर तान उसके कानों में पड़ी। वह बहुत दिनों पर ऐसा गाना सुन सका था। डेरे के बहुत-से लोग खड़े थे। वह भी जाकर खड़ा हो गया।

मैना ही तो है, वही...अरे कितना मादक स्वर है।

एक मनचले ने कहा—वाह, महन्तजी बड़े आनन्दी पुरुष हैं।

मधुबन ने पूछा—कौन महन्तजी?

धामपुर के महन्त को तुम नहीं जानते? अभी कल ही तो उन्होंने तीन

हाथी खरीदे हैं। राजा साहब मुँह देखते रह गये। हजार-हजार रुपये दाम बढ़ाकर लगा दिया। राजसी ठाट है। एक-से-एक पंडित और गवैये उनके साथ हैं। यह मैना भी तो उन्हीं के साथ आई है। लोग कहते हैं, वह सिद्ध महात्मा है। जिधर आँख उठा दें, लक्ष्मी बरस पड़े।

मधुबन को थप्पड़-सा लगा। मैना और महन्त। तब वह यहाँ क्यों खड़ा है? उस बड़े-से डेरे के दूसरी ओर वह चला।

आस-पास छोटी-छोटी छोलदारियाँ खड़ी थीं। मधुबन उन्हीं में घूमने लगा। वह अपने हृदय को दबाना चाहता था। पर विवश होकर जैसे उस डेरे के आस-पास चक्कर काटने लगा।

इतने में एक दूसरा परिचित कंठस्वर सुनाई पड़ा। हाँ, चौबे ही तो थे। किसी से कह रहे थे—तहसीलदार साहब! महन्तजी से जाकर कहिए कि पूजा का समय हो गया। ठाकुरजी के पास भी आवें। मैना तो कहीं जा नहीं रही है।

मरे महन्तजी, यह जितना ही बूढ़ा होता जा रहा है उतना ही पागल होने लगा है। रुपया बरस रहा है, और कोई रोकने वाला नहीं। —तहसीलदार ने उत्तर दिया।

मधुबन के अंग से चिनगारियाँ छूटने लगीं। उसके जीवन को विषाक्त करने वाले सब विषैले मच्छर एक जगह। उसके शरीर में जैसे भूला हुआ बल चैतन्य होने लगा।

उसने सोचा—मैं तो संसार के लिए मृतप्राय हूँ ही। फिर प्रेतात्मा की तरह मेरे अदृश्य जीवन का क्या उद्देश्य है? तो एक बार इन सबों को···।

फिर ऐंठनेवाले हृदय पर अधिकार किया। वह प्रकृतिस्थ होकर ध्यान से उसकी बातों को सुनने लगा।

अभी अफसर लोग डेरे में हैं। महन्तजी नहीं आ सकते। —एक नौकर ने आकर चौबे से कहा।

तहसीलदार ने कहा—महाराज! क्यों आप घबराते हैं, कुछ काम तो करना नहीं है। इसके साथ हम लोगों के रहने का यह तात्पर्य तो है नहीं कि यह सुधारा जाय। खाओ-पीओ, मौज लो। देखते नहीं, मैं चला था धामपुर के जमींदार को सुधारने, क्या दशा हुई! आज वही मेम सर्वस्व की स्वामिनी है। और मैं निकाल बाहर किया गया। गाँव में किसी की दाल नहीं गलती। किसान लोगों के पास लम्बी-चौड़ी खेती हो गई। वे अब भला कानूनगो और तहसीलदारों की बात क्यों

सुनेंगे ! अमीरों के यहाँ तो यह सब होता ही रहता है। हम लोग मन्दिर के सेवक हैं। चलने दो।

चलने दें, ठीक तो है। पर कुछ नियम संसार में हैं अवश्य। उनको तोड़कर चलने का क्या फल होता है, यह आपने अभी नहीं देखा क्या? देखिए, हम लोगों ने अधिकार रहने पर धामपुर में कैसा अँधेर मचाया था। अब किसी तरह रोटी के टुकड़ों पर जी रहे हैं। कहाँ वह इन्द्रदेव की सरलता और कहाँ इसकी पिशाच-लीला ! आपने देखा नहीं मुंशीजी, वह लड़की, देहाती बालिका, तितली जिसकी गृहस्थी हम लोगों ने सत्यानाश कर देने का संकल्प कर लिया था, आज कितने सुख से—और सुख भी नहीं, गौरव से—जी रही है। उसकी गोद में एक सुन्दर बच्चा है, और गाँव भर की स्त्रियों में उसका सम्मान है !

मधुबन और भी कान लगाकर सुनने लगा।

बच्चा ! अरे वह न जाने किसका है। उसकी टीम-टाम से कोई बोलता नहीं। पहले का समय होता तो कभी गाँव के बाहर कर दी गई होती, और तुम आज उसकी बड़ी प्रशंसा कर रहे हो। उसी के पति मधुबन ने तो तुम्हारी यह दुर्दशा की थी। बुरा हो चांडाल मधुबन का ! उसने भाई तुम्हारा बायाँ हाथ ही झूठा कर दिया। यह तो कहो, किसी तरह काम चला लेते हो।

हाँ जी, अपने लोगों को क्या।

तो चलो, हम लोग भी वहीं बैठकर गाना सुनें। यहाँ क्या कर रहे हैं।

तहसीलदार ने चौबे का हाथ पकड़कर उठाया। दोनों बड़े डेरे की ओर चले।

मधुबन अन्धकार में हट गया। उसका मन उद्विग्न था। वह किसी तरह उसको शान्त कर रहा था।

मैना की स्वर-लहरी वायु-मण्डल में गूँज रही थी। किन्तु मधुबन के मन में तितली और उसके लड़के के विषय में विकट द्वन्द्व चलने लगा था। वह पागल की तरह लड़खड़ाता हुआ ननीगोपाल के पास पहुँचा।

कहा—ननी बाबू ! मुझे छुट्टी दीजिए। मैं अब जाता हूँ।

क्यों मधुबन ! क्या तुमको यहाँ कोई कष्ट है ?

नहीं, अब मैं यहाँ नहीं रह सकता।

तो भी रात को कहाँ जाओगे ? कल सवेरे जहाँ जाना हो, वहाँ के लिए टिकट दिला दूँगा ! —ननी ने पुचकारते हुए कहा।

मधुबन ने रात किसी तरह काट लेना ही मन में स्थिर किया। वह चुपचाप लेट रहा।

मेले का कोलाहल धीरे-धीरे शान्त हो गया था। रात गम्भीर हो चली थी।

मधुबन की आँखों में नींद नहीं थी। प्रतिशोध लेने के लिए उसका पशु साँकल तुड़ा रहा था, और वह बार-बार उसे शान्त करना चाहता था। भयानक द्वन्द्व चल रहा था। सहसा अब उसे झपकी आने लगी थी, एक हल्ला-सा मचा—हाथी! हाथी!!

रात की अँधियारी में चारों ओर हलचल मच गई। साटे-बर्दार दौड़े। पुलिस का दल कमर बाँधने लगा। लोग घबड़ाकर इधर-उधर भागने लगे।

मधुबन चौंककर उठ बैठा। उसके मस्तक में एक पुरानी घटना दौड़धूप मचाने लगी—मैना भी उसमें थी और हाथी भी बिगड़ा था, और तब मधुबन ने उसकी रक्षा की थी; वहीं से उसके जीवन में परिवर्तन का आरम्भ हुआ था।

तो आज क्या होगा? ऊँह! जो होना हो, वह होकर रहे। मधुबन को ही क्यों न हाथी कुचल दे। सारा झगड़ा मिट जाय, सारी मनोवेदना की इतिश्री हो जाय।

वह अविचल बैठा रहा।

घंटों में कोलाहल शान्त हुआ। कोई कहता था, बीसों मनुष्य कुचल गये। कोई कहता, नहीं कुल दस ही तो। इस पर वाद-विवाद चलने लगा।

किन्तु मधुबन स्थिर था। उसने सोचा, जिसकी मृत्यु आई उसे संसार से छुट्टी मिली। चलो उतने तो जीवन-दंड से मुक्त हो गये।

सबेरे जब वह जाने के लिए प्रस्तुत था, ननीगोपाल से एक ग्राहक कहने लगा—भाई, मैं तो इस मेले से भागना चाहता हूँ। यहाँ पशु और मनुष्य में भेद नहीं। सब एक जगह बुरी तरह एकत्र किये गये हैं। कब किसकी बारी आवेगी, कौन कह सकता है। सुना है तुमने महन्त का समाचार? उनकी वेश्या, पुजारी और तहसीलदार नाम का एक कर्मचारी तो हाथी से कुचल कर मर गये। महन्त के सिर में चोट आई है। उसके भी बचने के लक्षण नहीं हैं। उसी के हाथी बिगड़े, तीनों-के-तीनों पागल हो गये। कुछ लोग तो कहते हैं, जो राजा इन हाथियों को लेना चाहता था उसी ने कुछ इन्हें खिलवा दिया।

ननी ने कहा—मरें भी ये पापी। हाँ, तो तुमको तीन दर्जन चाहिए? बाँध दो जी!

नौकर साबुन बाँधने लगे। मधुबन स्तब्ध खड़ा था। ननी ने उससे पूछा—तो तुम जाना ही चाहते हो?

हाँ।

कुछ चाहिए?

नहीं, अब मुझे कुछ नहीं चाहिए। मैं चला!

मधुबन सिर झुकाकर धीरे-धीरे मेले से बाहर हो गया। उसके मन में यही बात रह-रहकर उठती थी—मरते तो सभी हैं, फिर भगवान् उन्हें पाप करने के लिए उत्पन्न क्यों करता है; जो मरने पर भी पाप ही छोड़ जाते हैं! और तितली! उसके लड़का कैसा! कब हुआ! हे भगवान्! मरते-मरते भी ये सब मेरे मन में सन्देह का विष उँड़ेल गये।

वह निरुद्देश्य चल पड़ा।

५

शैला की तत्परता से धामपुर का ग्राम-संघटन अच्छी तरह हो गया था। इन्हीं कई वर्षों में धामपुर एक कृषि-प्रधान छोटा-सा नगर बन गया। सड़कें साफ-सुथरी, नालों पर पुल, करघों की बहुतायत, फूलों के खेत, तरकारियों की क्यारियाँ, अच्छे फलों के बाग—वह गाँव कृषि-प्रदर्शनी बन रहा था! खेतों के सुन्दर टुकड़े बड़े रमणीय थे। कोई भी किसान ऐसा न था, जिसके पास पूरे एक हल की खेती के लिए पर्याप्त भूमि नहीं थी। परिवर्तन में इसका ध्यान रखा गया था कि एक खेत कम-से-कम एक हल से जोतने-बोने लायक हो।

पाठशाला, बंक और चिकित्सालय तो थे ही, तितली की प्रेरणा से दो-एक रात्रि-पाठशालाएँ भी खुल गयी थीं। कृषकों के लिए कथा के द्वारा शिक्षा का भी प्रबन्ध हो रहा था। स्मिथ उस प्रान्त में 'बूढ़ा बाबा' के नाम से परिचित था। उसके जीवन में नया उल्लास और विनोदप्रियता आ गई थी। हँसा-हँसाकर वह ग्रामीणों को अपने सुधार पर चलने के लिए बाध्य करता।

हाँ, उसने ग्रामीणों में अखाड़े और संगीत-मंडलियों का भी खूब प्रचार किया। वह स्वयं अखाड़े जाता, गाने-बजाने में सम्मिलित होता, उनके रोगी होने पर कटिबद्ध होकर सेवा करता। युवकों में स्वयं-सेवा का भाव भी उसने जगाया।

धामपुर स्वर्ग बन गया। इन्द्रदेव ने तो माँ के लौटा देने पर भी उसकी आय अपने लिए कभी नहीं ली। शैला के सामने धामपुर का हिसाब पड़ा रहता। जिस विभाग में कमी होती, वहीं खर्च किया जाता। वह प्रायः धामपुर आया करती।

नन्दरानी की प्रेरणा से शैला एक चतुर भारतीय गृहिणी बन गई थी। इन्द्रदेव के स्वावलम्बन में वह अपना अंश तो पूरा कर ही देती। बैरिस्टरी की आय, उन लोगों के निजी व्यय के लिए पर्याप्त थी।

और तितली? उसके और खेत बनजरिया से मिल जाने पर बीसों बीघे का एक चक हो गया था, जिसमें भट्ठों की जगह बराबर करके धान की क्यारी बना दी गई थी। उसका बालिका-विद्यालय स्वतंत्र और सुन्दर रूप से चल रहा था। दो जोड़ी अच्छे बैल, दो गायें और एक भैंस उसकी पशुशाला में थीं। साफ-

सुथरी चरनी, चरी के लिए अलग गोदाम, रामजस के अधीन था। अन्न की व्यवस्था राजो करती। मलिया और रामदीन की सगाई हो गई थी। उनके सामने एक छोटा-सा बालक खेलने लगा।

किन्तु तितली अपनी इस एकान्त साधना में कभी-कभी चौंक उठती थी। मोहन के मुँह पर गम्भीर विषाद की रेखा कभी-कभी स्पष्ट होकर तितली को विचलित कर देती थी।

मोहन का अभिन्न मित्र था रामजस। वह अभी तीस बरस का नहीं हुआ था, किन्तु उसके मुँह पर वृद्धों की-सी निराशा की झलक थी। उसके हृदय में उल्लास तभी होता, जब मोहन के साथ किसी सन्ध्या में गंगा की कछार रौंदते हुए वह घूमता था। वह चलता जाता था, और उसकी पुरानी बातों का अन्त न था। किस तरह उसका खेत चला गया, कैसे लाठी चली, कैसे मधुबन भइया ने उसकी रक्षा की, यही उसकी बात-चीत का विषय था। मोहन ध्यानमग्न तपस्वी की तरह उन बातों को सुना करता।

मोहन भी अब चौदह बरस का हो गया था। वह सबसे तो नहीं, किन्तु राजो से नटखटपन किये बिना नहीं मानता था। उसे चिढ़ाता, मुँह बनाता; कभी-कभी नोच-खसोट भी करता। पर उस पर दुलार से कृत्रिम-रोष प्रकट करके भी बाल-विधवा राजो एक प्रकार का सन्तोष ही पाती थी।

सच तो यह है कि राजो ने ही उसे यह सब सिखाया था। तितली कभी-कभी इसके लिये राजो को बात भी सुनाती। पर वह कह देती कि चल, तुझसे तो यह पाजीपन नहीं करता। इतना ही पाजी तो मधुबन भी था लड़कपन में, यह भी अपने बाप का बेटा है न।

राजो के मन में मधुबन के बाल्यकाल का स्नेहपूर्ण चित्र उपस्थित करते हुए मोहन उसको सान्त्वना दिया करता।

मोहन कभी-कभी माता के गम्भीर प्यार से ऊब कर रामजस के साथ घूमने चला जाता। वह आज गंगा के किनारे-किनारे घूम रहा था। संध्या समीप थी। सेवार और काई की गन्ध गंगा के छिछले जल से निकल रही थी। पक्षियों के झुण्ड उड़ते हुए, गंगा की शान्त जलधारा में अपना क्षणिक प्रतिबिम्ब छोड़ जाते थे। वहाँ की वायु सहज शीतल थी। सब जैसे रामजस के हृदय की तरह उदास था।

रामजस को आज कुछ बात-चीत न करते देखकर मोहन उद्विग्न हो उठा। उसे इतना चलना खलने लगा। न जाने क्यों, उसको रामजस से हँसी करने का

सूझी। उसने पूछा—चाचा ! तुमने ब्याह क्यों नहीं किया ? बुआ तो कहती थी, लड़की बड़ी अच्छी है। तुम्हीं ने नाहीं कर दी।

हाँ रे मोहन ! लड़की अच्छी होती है, यह तू जानने लगा। कह तो, मैं ब्याह करके क्या करूँगा ? उसको खाने के लिए कौन देगा ?

मैं दूंगा, चाचा ! यह सब इतना-सा अन्न कोठरी में रखा रहता है। हर साल देखता हूँ कि उसमें घुन लगते हैं, तब बुआ उसको पिसाकर इधर-उधर बाँटती फिरती हैं। चाची को खाना न मिलेगा ! वाह, मैं बुआ की गर्दन पर जहाँ चढ़ा, सीधे से थाली परस देंगी।

तुम बड़े बहादुर हो। क्या कहना ! पर भाई, अब तो मैं तुम्हारा ही ब्याह करूँगा ! अपना तो चिता पर होगा।

छी-छी चाचा, तुम्हीं न कहते हो कि बुरी बात न कहनी चाहिए। और अब तुम्हीं...देखो, फिर ऐसी बात करोगे तो मैं बोलना छोड़ दूंगा।

रामजस की आँखों में आँसू भर आये। उसे मधुबन का स्मरण व्यथित करने लगा। आज वह इस अमृत-वाणी का सुख लेने के लिए क्यों नहीं अन्धकार के गर्त्त से बाहर आ जाता। उसकी उदासी और भी बढ़ गई।

धीरे-धीरे धुंधली छाया प्रकृति के मुंह पर पड़ने लगी। दोनों घूमते-घूमते शेरकोट के खँडहर पर पहुँच गये थे। मोहन ने कहा—चाचा ! यह तो जैसे कोई मसान है ?

लम्बी साँस लेकर रामजस ने कहा—हाँ बेटा ! मसान ही है। इसी जगह तुम्हारे वंश की प्रभुता की चिता जल रही है। तुमको क्या मालूम; यही तुम्हारे पुरुषों की डीह है। तुम्हारी ही यह गढ़ी है।

मेरी ?—मोहन ने आश्चर्य से पूछा।

हाँ तुम्हारी, तुम्हारे पिता मधुबन का ही घर है।

मेरे पिता। दुहाई चाचा। तुम एक सच्ची बात बताओगे ? मेरे पिता थे ! फिर स्कूल में रामनाथ ने उस दिन क्यों कह दिया कि—चल, तेरे बाप का भी ठिकाना है !

किसने कहा बेटा ! बता, मैं उसकी छाती पर चढ़कर उसकी जीभ उखाड़ लूँ। कौन यह कहता है ?

अरे चाचा ! उसे तो मैंने ही ठोंक दिया। पर वह बात मेरे मन में काँटे की तरह खटक रही है। पिताजी हैं कि मर गये, यह पूछने पर कोई उत्तर क्यों नहीं देता। बुआ चुप रह जाती हैं। माँ आँखों में आँसू भर लेती हैं। तुम बताओगे, चाचा !

बेटा, यही शेरकोट का खँडहर तेरे पिता को निर्वासित करने का कारण है। हाँ, यह खँडहर ही रहा। न इस पर बंक बना, न पाठशाला बनी। अपने भी उजड़कर यह अभागा पड़ा है, और एक सुन्दर गृहस्थी को भी उजाड़ डाला !

तो चाचा ! कल से इसको बसाना चाहिए। यह बस जायगा तो पिताजी आ जायँगे ?

कह नहीं सकता।

तब आओ, हम लोग कल से इसमें लपट जायँ। इधर तो स्कूल में गर्मी की छुट्टी है। दो-तीन घर बनाते कितने दिन लगेंगे।

अरे पागल ! यह जमींदार के अधिकार में है ! इसमें का एक तिनका भी हम छू नहीं सकते !

हम तो छुएँगे चाचा ! देखो, यह बाँस की कोठी है। मैं इसमें से आज ही एक कैन तोड़ता हूँ। —कहकर मोहन, रामजस के 'हाँ-हाँ' करने पर भी, पूरे बल से एक पतीली-सी बाँस की कैन तोड़ लाया। रामजस ने ऊपर से तो उसे फटकारा, पर भीतर वह प्रसन्न भी हुआ। उसने सन्ध्या की निस्तब्धता को आन्दोलित करते हुए अपना सिर हिलाकर मन-ही-मन कहा—है तू मधुबन का बेटा !

रामजस का भूला हुआ बल, गया हुआ साहस, लौट आया। उसने एक बार कंधा हिलाया। अपनी कल्पना के क्षेत्र में ही झूमकर वह लाठी चलाने लगा, और देखता है कि शेरकोट में सचमुच घर बन गया। मोहन के लिए उसके बाप-दादों की डीह पर एक छोटा-सा सुन्दर घर प्रस्तुत हो ही गया।

अन्धकार पूरी तरह से फैल गया था। उसने उत्साह से मोहन का हाथ पकड़-हिला दिया, और कहा—चलो मोहन ! अब घर चलें।

वे दोनों घूमते हुए उसी घाट पर के विशाल वृक्ष के नीचे आये। उसके नीचे पत्थर पर एक मलिन मूर्ति का भ्रम मोहन को हुआ। उसने धीरे से रामजस से कहा—चाचा, वह देखो, कौन है ?

रामजस ने देखकर कहा—होगा कोई, चलो, अब रात हो रही है। तेरी बुआ बिगड़ेंगी।

बुआ ! वह तो बात-बात में बिगड़ती हैं। फिर प्रसन्न भी हो जाती हैं। हाँ, माँ से मुझे...।

डर लगता है ? नहीं बेटा ! तितली के दुखी मन में एक तेरा ही तो भरोसा है। वह बेचारी तुम्हीं को देखकर तो जी रही है। हे भगवान् ! चौदह बरस पर तो रामचन्द्र जी बनवास झेलकर लौट आये थे। पर उस दुखिया का...।

वे लोग बातें करते हुए दूर निकल गये थे। वृक्ष के नीचे बैठी हुई मलिन मूर्ति हिल उठी।

बनजरिया के पास पहुँचते-पहुँचते रात हो गई। मोहन ने कहा—चाचा! क्या वह भूत था? तुमने मुझे देख लेने क्यों नहीं दिया? इसी से लोग डर जाते हैं?

पागल! डर की कौन बात है? तेरा बाप तो डरना जानता ही न था?

हाँ, मैं भी डरता नहीं हूँ, पर तुमने देखने क्यों नहीं दिया।

मोहन के मन में एक तरह का कुतूहल-मिश्रित भय उत्पन्न हो गया था। वह सुन चुका था कि एकान्त में वृक्षों के पास भूत-प्रेत रहते हैं तब भी वह अपने स्वाभाविक साहस को एकत्र कर रहा था।

तितली ने डाँटकर पूछा—क्यों, तू इतनी देर तक कहाँ घूमता रहा? छुट्टी है तो क्या घर पर पढ़ने को नहीं है?

उसने माँ की गोद में मुँह छिपाकर कहा—माँ, मैं आज अपनी पुरानी डीह देखने चला गया था। शेरकोट!

दीपक के धुँधले प्रकाश में तितली ने उदासी से रामजस की ओर देखते हुए कहा—रामजस! इस बच्चे के मन में तुम क्यों असन्तोष उत्पन्न कर रहे हो? शेरकोट को भूल जाने से क्या उनकी कुछ हानि होगी?

भाभी, शेरकोट मोहन का है। तुमको उसे भी लौटा लेना पड़ेगा, जैसे हो तैसे। मुझे उसके लिए मरना पड़े, तो भी मैं प्रस्तुत हूँ। कल मैं स्मिथ साहब के पास जाऊँगा। न होगा तो लगान पर ही उसको माँग लूंगा। मधुबन भइया लौटकर आवेंगे तो क्या कहेंगे।

उसको हटाने के लिए तितली ने कहा—अच्छा, जाओ। तुम लोग खा-पी लो। कल देखा जायगा।

तितली एकांत में बैठकर आज रोने लगी! मधुबन आवेंगे? यह कैसी दुराशा उसके मन में आज भीषण रूप से जाग उठी। पुरुषोचित्त साहस से उसने इन चौदह बरसों में संसार का सामना किया था। किसी से न झुकने की टेक, अविचल कर्त्तव्य-निष्ठा और अपने बल पर खड़े होकर इतनी सारी गृहस्थी उसने बना ली। पर क्या मधुबन लौट आवेंगे? आकर उसके संयम और उसकी साधना का पुरस्कार देंगे? एक स्नेहपूर्ण मिलन उसके फूटे भाग्य में है?

निष्ठुर विधाता! बचपन अकाल भी गोद में! शैशव बिना दुलार का बीता! यौवन के आरम्भ में अपने बाल-सहचर 'मधुवा' का थोड़ा-सा प्रणय-

मधु जो मिला, वह क्या इतना अमर कर देने वाला है कि यंत्रणा में पीड़ित होकर वह अनन्तकाल तक प्रतीक्षा करती हुई जीती रहेगी ?

उसे अपनी संसार-यात्रा की वास्तविकता में सन्देह होने लगा। वह क्यों इतनी धूम-धाम से हलचल मचाकर संसार के नश्वर लोक में अपना अस्तित्व सिद्ध करने की चेष्टा करती रही ? जियेगी, तो झेलेगा कौन ? यह जीवन कितनी विषम घाटियों से होकर धीरे-धीरे अन्धकार की गुफा में प्रवेश कर रहा है। मैं निरालम्ब होकर चलने का विफल प्रयत्न कर रही हूँ क्या ?

गाँव भर मुझसे कुछ लाभ उठाता है, और मुझे भी कुछ मिलता है; किन्तु उसके भीतर एक छिपा हुआ तिरस्कार का भाव है। और है मेरा अलक्षित बहिष्कार ! मैं स्वयं ही नहीं जानती; किन्तु यह क्या मेरे मन का सन्देह नहीं है ? मुझे जीभ दबाकर लोग न जाने क्या-क्या कहते हैं ! यह सब चल रहा है, तो भी मैं अपने में जैसे किसी तरह सन्तुष्ट हो लेती हूँ।

मेरी स्व-चेतना का यही अर्थ है कि मैं और लोगों की दृष्टि में लघुता से देखी जाती हूँ, मैं और उसकी जानकारी से अपने को अछूती रखना चाहती हूँ। किन्तु यह 'लुक-छिप' कब तक चला करेगी ? एक बार ध्वंस होकर यह खँडहर भी शेरकोट की तरह बन जाय !

शैला ! कितनी प्यारी और स्नेह-भरी सहेली है। किन्तु उससे भी मन खोलकर मैं नहीं मिल सकती। वह फिर भी सामाजिक मर्यादा में मुझसे बड़ी है, और मुझे वैसा कोई आधार नहीं। है भी तो केवल एक मोहन का। वह कोमल अवलम्ब ! अपनी ही मानसिक जटिलताओं से अभी से दुर्बल हो चला है। वह सोचने लगा है, कुढ़ने लगा है, किसी से कुछ कहता नहीं। जैसे लज्जा की छाया, उसके सुन्दर मुख पर दौड़ जाती है। मुझसे, अपनी माँ से, अपनी मन की व्यथा खोलकर नहीं कह सकता। हे भगवान् !

वह रोने लगी थी। हाँ, हाँ, रोने में आज उसे सुख मिलता था।

किन्तु वह रोने वाली स्त्री न थी। वह धीरे-धीरे शान्त होकर प्रकृतिस्थ होने लगी थी। सहसा दौड़ता हुआ मोहन आया। पीछे राजो थी। वह कह रही थी—देख न, रोटी और दूध दे रही हूँ। यह कहता है, आज तरकारी क्यों नहीं बनी। अपने बाप की तरह यह भी मुझको खाने के लिए तंग करता ही है।

मोहन तितली के पास आ गया था। तितली ने उसके सिर पर हाथ रखा, वह जल रहा था। उसने कहा—माँ, मुझे भूख नहीं है।

अरे तुमको तो ज्वर हो रहा है !—तितली ने भयभीत स्वर में कहा।

क्या ? अब तो इसको आज खाने को नहीं देना चाहिए !

यह कहकर राजो चली गयी, और मोहन माँ की गोद में भयभीत हरिण-शावक की तरह दुबक गया।

तितली ने उसे कपड़ा ओढ़ाकर अपने पास सुला लिया। वह भी चुपचाप पड़ा माँ का मुंह देख रहा था। दीप-शिखा के स्निग्ध आलोक में उसकी पुतली, सामना पड़ जाने पर, चमक उठती थी। तितली, उसके शरीर को सहलाती रही, और मोहन उसके मुंह को देखता ही रहा।

सो जा बेटा! —तितली ने कहा।

नींद नहीं आ रही है। —मोहन ने कहा। उसकी आँखों में जिज्ञासा भरी थी।

क्या है रे? —तितली ने दुलार से पूछा।

माँ मैंने पेड़ के नीचे, शेरकोट के पास जो घाट पर बड़ा-सा पेड़ है उसी के नीचे, आज संध्या को एक विचित्र...।

क्या तू डर गया है? पागल कहीं का!

नहीं, माँ, मैं डरता नहीं। पर शेरकोट के पास वह कौन बैठा था। मेरे मन में जैसे बड़ा...

जैसे बड़ा, जैसा बड़ा! क्या बड़े खायेगा? तू भी कैसा लड़का है। साफ-साफ क्यों नहीं कहता? —तितली का कलेजा धक्-धक् करने लगा।

माँ, मैं एक बात पूछूं?

पूछ भी—तितली ने उसके सिर पर हाथ फेरते हुए कहा। उसका पसीना अपने अंचल से पोंछ कर वह उसकी जिज्ञासा से भयभीत हो रही थी।

माँ!...

कह भी! मुझे जीते-जी मार न डाल! मेरे लाल! पूछ! तुझे डर किस बात का है? तेरी माँ ने संसार में कोई ऐसा काम नहीं किया है कि तुझे उसके लिए लज्जित होना पड़े।

माँ, पिताजी!...

हाँ बेटा, तेरे पिताजी जीवित हैं। मेरा सिन्दूर देखता नहीं?

फिर लोग क्यों ऐसा कहते हैं?

बेटा! कहने दे, मैं अभी जीवित हूँ। और मेरा सत्य अविचल होगा तो तेरे पिताजी भी आवेंगे।

तितली का स्वर स्पष्ट था। मोहन को आश्वासन मिला। उसके मन में जैसे उत्साह का नया उद्गम हो रहा था। उसने पूछा—माँ, हमी लोगों का शेर-कोट है न?

हाँ बेटा, शेरकोट तेरे पिताजी के आते ही तेरा हो जायगा। कल मैं शैला के पास जाऊँगी। तू अब सो रह !

तितली को जीवन भर में इतना मनोबल कभी एकत्र नहीं करना पड़ा था। मोहन का ज्वर कम हो चला था। उसे झपकी आने लगी थी।

उसी कोठरी से सटकर एक मलिन मूर्ति बाहर खड़ी थी। सुकुमार लता उस द्वार के ऊपर बन्दनवार-सी झुकी थी। उसी की छाया में वह व्यक्ति चुपचाप मानो कोई गम्भीर सन्देश सुन रहा था।

तितली की आँखों में एक क्षणिक स्वप्न आया और चला गया। उसकी आँखें फिर शून्य होकर खुल पड़ीं। वह बेचैन हो गयी। उसने मोहन का सिर सहलाया। वह निर्मल हल्के-से ज्वर में सो रहा था। तब भी कभी-कभी चौंक उठता था। धीरे-धीरे उसके ओठ हिल जाते थे। तितली जैसे सुनती थी कि वह बालक 'पिताजी' कह रहा है। वह अस्थिर होकर उठ बैठी। उसकी वेदना अब वाणी बनकर धीरे-धीरे प्रकट होने लगी—

नहीं ! अब मेरे लिए यह असम्भव है। इसे मैं कैसे अपनी बात समझा सकूंगी ! हे नाथ ! यह सन्देह का विष, इसके हृदय में किस अभागे ने उतार दिया। ओह ! भीतर-ही-भीतर यह छटपटा रहा है। इसको कौन समझा सकता है। इसके हृदय में शेरकोट, अपने पुरखों की जन्मभूमि के लिए उत्कट लालसा जगी है।...ओह, सम्भव है, यह मेरे जीवन का पुण्य मुझे ही पापिनी और कलंकिनी समझता हो तो क्या आश्चर्य। मैंने इतने धैर्य से इसीलिए संसार का सब अत्याचार सहा कि एक दिन वह आवेंगे, और मैं उनकी थाती उन्हें सौंपकर अपने दुःखपूर्ण जीवन से विश्राम लूंगी। किन्तु अब नहीं। छाती में झँझरिया बन गयी हैं। इस पीड़ा का कोई समझने वाला नहीं। कभी एक मधुर आश्वासन ! नहीं, नहीं, वह नहीं मिला, और न मिले ! किन्तु अब मैं इसको नहीं सम्भाल सकती। जिसने इसे संसार में उत्पन्न किया हो वही इसको सम्भाले। तो अभी नारी-जीवन का मूल्य मैंने इस निष्ठुर संसार को नहीं चुकाया क्या ?

ठहर जाऊँ ? कुछ दिन और भी प्रतीक्षा करूँ, कुछ दिन और भी हत्यारे मानव-समाज की निन्दा और उत्पीड़न सहन करूँ। क्या एक दिन, एक घड़ी, एक क्षण भी मेरा, मेरे मन का नहीं आवेगा—जब मैं अपने जीवन-मरण के दुःख-सुख में साथ रहने की प्रतिज्ञा करने वाले के मुँह से अपनी सफाई सुन लूं ?

नहीं, वह नहीं आने का। तो भी मनुष्य के भाग्य में वह अपना समय कब आता है, यह नहीं कहा जा सकता। रो लूं ? नहीं, अब रोने का समय नहीं है। बेचारा सो रहा है। तो चलूं। गंगा की गोद में।

तितली इस उजड़े उपवन से उड़ जाय।

उसने पागलों की तरह मोहन को प्यार किया, उसे चूम लिया।

अचेत मोहन करवट बदल कर सो रहा था। तितली ने किवाड़ खोला।

आकाश का अन्तिम कुसुम दूर गंगा की गोद में चू पड़ा, और सजग होकर सब पक्षी एक साथ कलरव कर उठे।

तितली इतने ही से तो नहीं रुकी। उसने और भी देखा, सामने एक चिर-परिचित मूर्ति! जीवन-युद्ध का थका हुआ सैनिक मधुबन विश्राम-शिविर के द्वार पर खड़ा था।

इरावती

उसकी आँखें आशा-विहीन सन्ध्या और उल्लास-विहीन उषा की तरह काली और रतनारी थीं। कभी-कभी उनमें दिग्दाह का भ्रम होता, वे जल उठतीं; परन्तु फिर जैसे बुझ जातीं। वह न वेदना थी न प्रसन्नता। उसके घुंघराले बाल जटा न बन पाये। छोटी-छोटी स्वतः बढ़ने वाली दाढ़ी भी कुछ यों ही कालिमा से उसकी सुवर्ण-त्वचा को रेखांकित कर रही थी। शरीर केवल हाड़ से बना प्रतीत होता था; परन्तु उसमें बल का अभाव नहीं था। वह अभी आकर, शिप्रा के शीतल जल से स्नान कर घाट पर बैठा था। उसके मणिबन्ध में, किसी नागरिका के जूड़े की शिप्रा में गिरी हुई माला पड़ी थी, अकारण। उसमें अभी गन्ध थी। फिर भी उसे सूंघने की इच्छा नहीं। वह परदेशी था। उसकी एक छोटी गठरी वहीं पड़ी थी। शिप्रा में जल-विहार करने वालों की कमी न थी। वसन्त की सन्ध्या में आकाश प्रसन्न था। प्रदोष का रमणीय समय, किन्तु वह तो अनमना, थका-सा तब भी जैसे इन सब की वह उपेक्षा कर रहा था।

तूर्य-नाद और दुन्दुभि का गम्भीर घोष गूंजने लगा। चारों ओर जैसे हलचल मची। लोग उठकर चलने लगे। परन्तु वह स्थिर बैठा रहा। किसी ने पूछा पूछा—"तुम न चलोगे क्या?"

"कहाँ?"

"मन्दिर में"—

"किस मन्दिर में?"

"यहीं महाकाल की आरती देखने"—

"अच्छा"—कहकर भी वह उठा नहीं। घाट जन-शून्य हो गया। मन्दिर की पताका धूमिल आकाश में लहरा रही थी। वह बैठा रहता; परन्तु चपल घोड़ों से सज्जित एक पुष्प-रथ, वहीं घाटी के समीप आकर रुका। उस पर बैठे हुए युवक ने सारथी से कहा—"बस यहीं, किन्तु वे सब कहाँ हैं, अभी नहीं आये। इतने में अश्वारोहियों की एक छोटी-सी टुकड़ी वहाँ आकर खड़ी हुई। रथी ने कुछ संकेत किया। वे सब उतर पड़े। शिप्रा-तट के बट की शाखाओं में घोड़ों के

डोर अटका दिये गये। कुछ परिचारक भी दौड़ते हुए आये। वे सब वहीं ठहर गये। केवल एक उल्काधारी महाकाल के गोपुर की ओर बढ़ने लगा। पीछे-पीछे ये लोग चले। रथी का डील-डौल साधारण था, किन्तु उसका प्रभाव असाधारण। उसके समीप से लोग हट जाते।

कुतूहल और क्या, पहला परदेसी इन्हीं लोगों के साथ, पीछे-पीछे मन्दिर में घुसा। सब लोग व्यस्त थे। पूजन आरम्भ हो चुका था। नागरिकों का झुंड भी चला आ रहा था। किन्तु न जाने क्यों उस रथी पर दृष्टि जाते ही जैसे सब सशंक हो जाते। पथ छोड़ देते।

मन्दिर के विशाल प्रांगण में नर-नारी की भीड़ उमड़ रही थी। महाकाल का प्रदोष-पूजन भारत-विख्यात था। उसमें भक्ति और भाव दोनों का समावेश था। सात्विक पूजा के साथ नृत्य-गीत-कला का समावेश था। इसीलिए बौद्ध-शासन में भी उज्जयिनी की वह शोभा सजीव थी।

महाकाल के विशाल मन्दिर में सायंकालीन पूजन हो चुका था। दर्शक अभी भी भक्ति-भाव से यथास्थान बैठ रहे थे। मण्डप के विशाल स्तम्भों से बेले के गजरे झूल रहे थे। स्वर्ण के ऊँचे दीपाधारों में सुगन्धित तैलों के दीप जल रहे थे। कस्तूरी अगरु से मिली हुई धूप-गन्ध, मन्दिर में फैल रही थी। गर्भगृह के समीप एक मुक्तकेश ब्रह्मचारी एक सौ एक बत्तियों की जलती हुई आरती को अपनी बड़ी-बड़ी रतनारी आँखों से देख रहा था। पुष्प-शृंगार से भूषित महाकाल-मूर्ति की विशाल देहली पर बीचोबीच वह आरती जल रही थी, जिसे अपनी दृढ़ भुजा से ब्रह्मचारी ने घुमा कर रख दी है। पटह, तूर्य शान्त नीरव थे। मण्डप का चौकोर भाग बीच में खाली था। दर्शक चुप थे। सहसा मृदंग और वीणा बज उठी। न जाने किधर से नूपुर को झनकारती हुई एक देवदासी उसी रिक्त भूमिका में लास्य-मुद्रा में आ खड़ी हुई, भावाभिनय संगीत और नृत्य साथ-साथ चला।

उमा-तपस्वी हर के समीप पुष्प-पात्र लेकर जाती है। वसन्त का प्रादुर्भाव होता है। उमा के अंग-अंग में श्री, यौवन और कमनीयता तरंग-सी उठने लगती है। कोयल की पंचम तान, वीणा की मधुर झनकार के साथ वह अप्सरा महाकाल के समीप पुष्पांजलि बिखेर देती है।

निशीथ-व्यापी संगीत-समारोह का यह मंगलाचरण था। आज मन्दिर में विशेष उत्सव की आयोजना थी। दर्शकों में एक ओर रथारोही व्यक्ति बैठा था। उसके साथी भी विशेष सावधान थे। किन्तु उसकी दृष्टि देवदासी पर थी। एक बार भी देव-प्रतिमा की ओर उसने भूल से भी नहीं देखा। उद्विग्न होकर उसने अपने साथी से धीरे से कहा—

"यह देव-मन्दिर है या रंगशाला ?"

"कुमार ! शान्त रहिए !" साथी ने कहा ।

कुमार की आँखें जल उठीं । उसने एक बार अपने साथियों को देखा, जैसे अपने बल का अनुमान करता हो । फिर उसने देखा अपने समीप ही खड़े हुए उस युवा पथिक को, जो तन्मय होकर अपलक आँखों से नर्तकी को देख रहा था । मूर्त्तिमती कला का वायवीय आकर उसके हृदय के भीतर स्पर्श करके मधुरता से भर रहा था । कुमार व्यंग से हँस पड़ा । उसने चौंककर कुमार को देखा । जैसे जन्मजात दो विरोधी एक-दूसरे को अकस्मात् दीख पड़े, वही दशा उन दोनों की हुई ।

नर्तकी ने गायन प्रारम्भ किया । उसकी पञ्चम तान सभा-मण्डप में गूँज उठी । और युवा परदेशी ! वह तो जैसे पागल हो उठा । उसकी आँखें जैसे फैल गयीं । वह कुछ पहचान लेने का प्रयत्न कर रहा था । अब वह रुक नहीं सकता, बोलना ही चाहता था कि नवागन्तुक कुमार ने ललकार कर कहा—"बन्द करो निन्दनीय प्रदर्शन को ! देव-मन्दिर के नाम पर विलासिता के प्रचार को बन्द करो ।"

महाकाल-प्रतिमा के समीप बैठा हुआ ब्रह्मचारी तन कर खड़ा हो गया । उसने प्रतीक्षा की, अब जनता में से कोई प्रतिवाद करता है । किन्तु सहसा नर्तकी के आभूषणों की तरह भनभना कर वे मौन रह गये; ब्रह्मचारी ने कहा—"देवाधिदेव की स्तुति करने से रुक जाना, सो भी किसी अपरिचित की आज्ञा पर, उचित नहीं । इरावती ! तुम चुप क्यों हो ?"

इरावती ने आरम्भ किया । कुमार का मुँह लाल हो उठा । उसने कड़क कर कहा—"मौर्य साम्राज्य के कुमारामात्य बृहस्पतिमित्र का परिचय तुम नहीं जानते देवकुलिक !"

"शान्त ! तुम तो भाषा का भी साधारण ज्ञान नहीं रखते कुमार ! देवकुल मृतकों का होता है देवता का नहीं ।" ब्रह्मचारी अपनी पूर्ण मनुष्यता में तन कर खड़ा था । बृहस्पतिमित्र उसकी ओर देखने का साहस छोड़ चुका था, परन्तु उसने ढिठाई से कहा—"कहाँ है उज्जयिनी का प्रादेशिक महामात्य । उसको मेरे आगमन की सूचना दो । और इस नर्तकी को पकड़ कर दुर्ग में ले जाओ ।"

बृहस्पतिमित्र का एक साथी दौड़ा हुआ बाहर गया । दूसरा सभा मण्डप में इरावती की ओर चला । दर्शकों में भगदड़ पड़ी । रंग में भंग हुआ । किन्तु युवा पथिक अब अपने को रोक न सका । वह भी मण्डप के बीच इरावती के समीप

वायु-वेग से जा पहुँचा। इरावती से उसने धीरे से कहा—"इरा! मैं हूँ, डरने की कोई बात नहीं। मेरे रहते तुम्हारा अनिष्ट नहीं हो सकता।"

इरावती कृतज्ञता से उसकी ओर देख कर बोली—"धन्यवाद! अग्निमित्र! किन्तु मैं बन्दी होना चाहती हूँ।"

ब्रह्मचारी हँस पड़ा। अग्निमित्र संकोच में गड़-सा गया। उसकी कृपाण कटिबन्ध में चली गई। नतमस्तक वह खड़ा रहा। कुमारामात्य का साथी इरावती को जब पकड़कर ले चला, तब ब्रह्मचारी ने धीरे से उसे अपनी ओर खींच लिया।

बृहस्पति ऐंठा हुआ उद्धत-भाव से दूसरी ओर देख रहा था। पलक मारते यह घटना हुई। सभा-मण्डप जन-शून्य हो गया। केवल कुमार के साथी और गर्भगृह के द्वार पर अग्निमित्र तथा ब्रह्मचारी खड़े रहे।

प्रादेशिक के आने तक सब मौन बने रहे। केवल ब्रह्मचारी के नेत्रों से उल्का की तरह एक ज्वाला निकलती और फिर अपने आप बुझ जाती थी। जैसे उसके हृदय की शीतलता पानी लेकर खड़ी थी।

प्रादेशिक ने कुमार को नमस्कार किया। गर्वोद्धत कुमार बृहस्पति उचित उत्तर न देकर पूछ बैठा—"क्यों जी, तुमने धर्म-विजय की आयोजना और उसके सम्बन्ध में निकली हुई आज्ञाओं का अच्छी तरह पालन किया है? देखता हूँ कि उज्जयिनी के प्रादेशिक ने साम्राज्य को केवल नियमित कर भेज देना ही अपना कर्तव्य समझ लिया है।"

"आर्य! मैं अपनी त्रुटि अभी तक नहीं समझ सका।"—सविनय प्रादेशिक ने कहा।

"क्यों समझोगे! धर्म के नाम पर शील का पतन, काम-सुखों की उत्तेजना और विलासिता का प्रचार तुमको भी बुरा नहीं लगता न! स्वर्गीय देवप्रिय सम्राट् अशोक का धर्मानुशासन एक स्वप्न नहीं था। सम्राट् उस धर्म-विजय को सजीव रखना चाहते हैं। किन्तु वह शासकों की कृपा से चलने पावे तब तो। तुम्हारी छाया के नीचे ये व्यभिचार के अड्डे, चरित्र के हत्यागृह और पाखण्ड के उद्गम सबल हैं। और तुम आँखें बन्द किये निद्रा ले रहे हो। मैं किसी के धार्मिक कृत्य में बाधा नहीं देना चाहता, किन्तु चारित्र्य विनाश और हिंसा-मूलक क्रियाओं का रोकना मेरा कर्तव्य है। मैं वेश्याओं से घिरी हुई देव-प्रतिमा से घृणा करता हूँ। यह शृङ्गार-लास्य धर्म है क्या?"

अब ब्रह्मचारी से नहीं रहा गया। उसने कहा—"धर्म क्या है और क्या नहीं है, यह महाकाल-मन्दिर का आचार्य बौद्ध-धर्म-महामात्र से सीखना नहीं

चाहता। यह व्याख्यान मन्दिर में न देकर कहीं और देने की कृपा कीजिए। मुझे तो स्पष्ट राजा की आज्ञा मिलनी चाहिए। शासक मुझसे क्या चाहता है। शासन-दण्ड-धर्म में परिवर्तन नहीं करा सकता। हाँ, उसके राष्ट्र में मेरा धर्म कहाँ तक बाधक है, यह मैं देख लूँगा।''

कुमार का क्रोध अब अपने में नहीं रह सका। उसने उच्च कंठ से कहा—''तो सुनो, मौर्य-साम्राज्य की प्रधान नीति धर्म-संशोधन की है। जितने अनाचार हैं, वे सब राष्ट्र में न होने पावेंगे।''

ब्रह्मचारी की आँखों से एक बार फिर ज्वाला निकली। महाकाल के पुजारी ने दृढ़ कंठ से कहा—''किन्तु भगवान् का ताण्डव-नृत्य क्या है? तुम नहीं जानते कुमार! उस नृत्य को रोकने की किसमें क्षमता है! तुम्हारी समस्त शक्ति उन शक्तिनाथ की विभूति का एक कण है। बड़े-बड़े साम्राज्य और सम्राट् उसकी एक दृष्टि में नाश होते हैं। सावधान!....''

ब्रह्मचारी का वाक्य पूरा नहीं होने पाया था कि दो उल्काधारियों के साथ एक सम्भ्रान्त राजपुरुष ने दौड़ते हुए आकर कहा—''कुमार की जय हो! सम्राट् शतधनुष ने निर्वाण प्राप्त किया।'' एक क्षण में महान् परिवर्तन! ब्रह्मचारी ने मुस्करा दिया। अग्निमित्र चकित हो रहा था। और युवा कुमार यह नहीं सोच सकता था कि वह शोक प्रकट करे या राज्य प्राप्त करने का हर्ष! क्योंकि साम्राज्य के सिंहासन पाने में बड़ी बाधाएँ थीं। वह अवनत मस्तक चुप खड़ा था। राजनिधन का समाचार मन्दिर के कोने-कोने में फैल गया। साथ ही—उपासकों ने दबे, किन्तु दृढ़ स्वर में कहा ''यह महाकाल का कोप है।''

महाकुमार बृहस्पतिमित्र ने उस अवसाद से ऊपर उठने की चेष्टा करते हुए कहा—''प्रादेशिक! इस नर्तकी को अभी कुछ दिनों के लिए संघ में भेज दो और मैं कुसुमपुर जा रहा हूँ। जो कर है वह भी सेना के साथ मेरे पीछे-पीछे शीघ्र पहुँचे, इसमें भूल न हो।''

बृहस्पतिमित्र मन्दिर-प्रांगण से बाहर हो गया। और पुष्परथ पर बैठ कर वेग से उसी रात्रि के अन्धकार में पाटलिपुत्र की ओर चल पड़ा। उज्जयिनी की भयभीत जनता ने देखा कि उल्काधारी अश्वारोहियों के बीच एक क्रूर पिशाच-परिवार गन्धर्व-नगर की तरह उड़ा जा रहा है।

जनता लौट कर प्रांगण में न आई। ब्रह्मचारी निश्चल-भाव से गर्भगृह के द्वार पर खड़ा था। और अग्निमित्र जैसे निरुपाय छटपटा रहा था।

इरावती चुपचाप खड़ी थी। उसकी दृष्टि से तिरस्कार की लहर उठ रही

थी। प्रादेशिक प्रतीक्षा कर रहा था। भिक्षुणी-संघ में समाचार भेजा जा चुका था।

अग्निमित्र अपने को उलझनों से बाहर करने के लिए अभी तक संघर्ष कर रहा था। उसने कहा—"इरा! तुम भिक्षुणी होने के पहले मुझसे कुछ बातें न कर लोगी ?"

प्रादेशिक उद्विग्न मन से साम्राज्य के उलट-फेर की बात सोच रहा था। उसने अपने साथी सैनिक से कहा—"मैं जाता हूँ। यह स्त्री तब तक अपने इस परिचित से बात करती है; फिर भिक्षुणी-संघ से किसी के आ जाने पर उसी के साथ इसे पहुँचा देना। समझा न!"

प्रादेशिक महामात्य चला गया। इरावती ने कहा—"क्या बिना मुझसे पूछे तुम रह नहीं सकते ? अग्नि! मैं जीवन-रागिनी में वर्जित स्वर हूँ। मुझे छेड़कर तुम सुखी न हो सकोगे।"

"इरा! यह असम्भव है। मैं तुमसे अपनी असमर्थता का विवरण देना चाहता हूँ। जिस अवस्था में मुझे तुमसे अलग होना पड़ा....!"

"ठहरो; मुझे उसकी आवश्यकता नहीं। तुम यही न कहोगे कि तुम्हारे गुरु-जन मेरा और तुम्हारा सम्बन्ध अच्छी आँखों से नहीं देख सके। और तुम उनका प्रत्याख्यान नहीं कर सकते थे। ठीक है! गुरुजन! बाल्य-काल में जितनी सेवा-शुश्रूषा, प्यार-दुलार और आज्ञाकारिता तुम्हारी कर चुके हैं, उस सब का प्रति-दान चाहते हैं। और तुम ऋणी हो, उसे चुकाना पड़ेगा। मेरा तो तुमसे कुछ प्राप्य नहीं। झिड़की, मारपीट और चिढ़ाना यह सब जो था वह तो शैशव में ही मिल चुका था। फिर अब आदान-प्रदान कैसा ?

"इरा! तुम मुझे कहने भी न दोगी! तुम्हारे निरुद्देश्य होने पर मैं कहाँ-कहाँ भटकता हुआ यहाँ..."

"मुझसे मिले, मुझे बचाना चाहते हो। यह तुम्हारी अनुकम्पा है। परन्तु मेरे ऊपर मेरा भी कुछ ऋण है। मैंने भी अपने को, इतने दिनों से संसार से सार लेकर—भीख माँग कर—अनुग्रह से अनुरोध से जुटाकर कैसा कुछ खड़ा कर दिया है। उस मूर्ति को क्यों बिगाड़ूँ ? स्त्री के लिए, जब देखा कि स्वावलम्बन का उपाय कला के अतिरिक्त दूसरा नहीं; तब उसी का आश्रय लेकर जी रही हूँ। मुझे अपने में जीने दो।"

"किन्तु वह भी अब कहाँ ? तुम तो भिक्षुणी बनने जा रही हो, इरा!"

"देवता के सामने नाच चुकी, अब देखूँ अदेवता—अनात्म मुझे कौन नाच नचाता है। घबराओ मत अग्निमित्र, मैं कदाचित् तुम्हारे लिए अपने को प्रस्तुत

करती होऊँ; कह नहीं सकती। वह देखो, भिक्षुणियों का संघ आ रहा है। मुझे जाना होगा। तुमको इस समय के लिए इसे स्वीकार करना होगा।" फिर उसने ध्यान से इन बातों को सुनने वाले ब्रह्मचारी को देख कर नमस्कार किया और कहा—"आर्य ! क्षमा कीजिए।"

ब्रह्मचारी ने धीरे-धीरे आकर अग्निमित्र का हाथ पकड़ लिया। अभी भी वह पूरी आँख नहीं खोलता था। उसकी आँखों से ज्वाला निकल कर बुझ जाती थी।

इरावती ने उन भिक्षुणियों के साथ प्रस्थान किया, जो दूर प्रांगण में उसकी प्रतीक्षा कर रही थीं।

* * *

इस घटना को बीते कई महीने हो गये। अग्निमित्र महाकाल-मन्दिर में ब्रह्मचारी के पास रहने लगा। और ब्रह्मचारी दिन-रात पुरानी बेठनों को खोल-कर पुस्तकों के पढ़ने में और कुछ लिखने में समय बिताने लगा। केवल सायं-प्रातः पूजन के समय गर्भगृह में दिखाई पड़ता।

शारदी पूर्णिमा थी। शिप्रा में छोटी-छोटी लहरें उठकर चाँदनी की झालर बना रही थीं। नागरिकों की छोटी-छोटी नावें जल-विहार के लिए स्वच्छन्द घूम रही थीं। उधर विहार के उपोसथागार में भिक्षु-संघ एकत्र था। और उसी से सटे चंक्रम पर भिक्षुणियाँ भी अपने विहार से आकर एकत्र हो रही थीं। उपो-सथागार में भिक्षु-संघ प्रवारणा कर रहा था। और बाहर चंक्रम पर भिक्षुणियों का छोटा-सा समूह प्रवारणा के लिए अपनी ओर से प्रतिनिधि भेजने का चुनाव कर रहा था। उत्पला विक्षुणी चुनी गई। उसकी श्रामणेरी नीला बारह बरस की एक निराश्रया बालिका थी। नीला चंक्रम के एक कोने पर खड़ी पूर्ण चन्द्रोदय देख रही थी। उसने सहसा घूमकर कहा—

"भगिनी इरा ! कैसी सुन्दर रात है।"

"मत कहो ऐसी बात श्रामणेरी नीला ! यह भावना सुख में मन को फँसाने वाली है।" पास ही बैठी हुई एक भिक्षुणी ने कहा। इरा ने जैसे अब सुना। कुछ प्रत्याख्यान करने की इच्छा से उसने पूछा—"क्या कहा ?"

"रात्रि का सौन्दर्य, काम-भोग के लिये मन को उत्तेजित कर सकता है भगिनी। उसका वर्णन वर्जित है।"— भिक्षुणी ने कहा।

"वाह ! यह कौमुदी-महोत्सव ! और इसकी प्रशंसा भी न की जाय ! यह रात तो नाचने की है भगिनी ! तुम लोग अपने दोषों की ही गिनती कर रही हो। नहीं ! मैं निदोष ! इसी चाँदनी की तरह शुभ्र अपने जीवन की वन्दना

करती हूँ। मैं उसकी अभ्यर्थना में नाचूंगी।" इरा का कलापूर्ण हृदय उल्लसित हो रहा था। उसने नीली संघाटी का छोर फैलाया। वह अभी शिणमाणा ही थी। भिक्षुणी नहीं हुई थी। उपसम्पदा नहीं मिली थी। उसने नीला को अपना दर्शक बनाया और नक्षत्र विजड़ित क्षुद्र आकाश-खण्ड की तरह अपने को भूली हुई-सी नाचने लगी। भिक्षुणियों के दल में से एक कोलाहल का स्वर उठा और फिर शान्त हो गया। अद्भुत ! उन विहार की प्राचीर में बन्द भिक्षुणियों को यह दृश्य, जीवन का यह उल्लसित रूप देखने को कहाँ मिला था। वे भी मूक होकर चकित-सी देखने लगीं। भिक्षुणी-संघ की प्रतिनिधि उत्पला जो प्रवारणा के लिए चुनी गई थी, उपोसथागार के द्वार की ओर मुँह किये सूत्र पाठ कर रही थी। वह प्रतीक्षा में थी कि भिक्षु-संघ की प्रवारणा हो जाने पर वह भी उपोसथागार में जाकर भिक्षुणी-संघ की ओर से प्रवारणा करे।

भिक्षु-संघ को प्रवारणा समाप्त हुई। प्रतिनिधि उपला उपोसथागार में जाकर खड़ी हुई। वह कहने लगा—"आर्यो ! भिक्षुणी-संघ देखे, सुने और शंका किये हुए सभी दोषों के लिए भिक्षु-संघ के पास प्रवारणा करता है।" इतने में एक भिक्षुणी दौड़ती हुई उपोसथागार में पहुँची। "ऐसा कभी देखा नहीं गया—ऐसा कभी सुना नहीं गया"—उसने जैसे घबड़ा कर कहा। प्रवारणा रुक-सी गई।

"क्या है भगिनी ?"—स्थविर ने पूछा।

"अद्भुत नृत्य !"

"नृत्य ! और विहार में ! !"

"यहीं चंक्रम पर, भन्ते !"

आश्चर्य और क्रोध से भरे हुए भिक्षुओं का दल बाहर आया। उन लोगों ने देखा सचमुच इरा नाच रही है। सौन्दर्य का उन्मुक्त उल्लास ! उनका क्रोध, उनकी फटकार क्षण भर के लिए स्थगित हो रही। जैसे वे भी इस अद्भुत उन्माद को हृदयंगम कर लेना चाहते थे।

अकेली इरावती आँख मूंद कर नाच रही थी। चंक्रम के नीचे शिप्रा, ऊपर आकाश में चन्द्र, शिप्रा के कुंजों में स्निग्ध पवन सब स्तब्ध थे। स्थविर ने चिल्ला कर कहा—"बन्द करो।"

इरा विराम पर आ चुकी थी, उसने आँखें खोल दीं। और देखा कितनी आँखों की रोष-भरी दृष्टि उस पर पड़ रही थी। आज वह दूसरी बार नृत्य करने से रोकी गई थी। उसने अपने आहत अभिमान को बटोरते हुए कहा—
"क्या ?"

"तुमने यह आपत्तिजनक कर्म विहार में क्यों किया ? यह किसकी शिक्षमाणा है ? वह सामने आवे ।"—स्थविर ने गंभीरता से कहा ।

नीला इरावती से लिपट गई थी । भय और प्रेम से वह विह्वल थी ! एक भिक्षुणी ने स्थविर के समीप आकर प्रणाम किया । उसने कहा—"कई महीनों से वह नर्त्तकी प्रादेशिक महामात्य के आज्ञानुसार भिक्षुणी-संघ में रहती है । मेरे लिए क्या आज्ञा है ?"

स्थविर कुछ चिन्ता में पड़ गया । उसने धीरे से कहा—"वह स्वेच्छा से आई हुई नहीं है । तब तो राजकीय आज्ञा से भिक्षु-संघ भी परिचालित होगा । यह तो अनर्थ है ।"

"मैंने किया क्या ? मेरी समझ में तो यही आया कि मैं देवमन्दिर से छीन कर बौद्ध-विहार में भेज दी गई हूँ । यहीं पेट भरती हूँ, वस्त्र पहनती हूँ । यह दूसरी बात है कि मुझे ये सब अच्छे नहीं लगते, परन्तु इन सबका ऋण कैसे चुकाऊँगी । मेरे पास नृत्य को छोड़कर और है ही क्या ? आज इतने स्त्री-पुरुषों के समारोह में मैं तो अपना कर्तव्य समझ कर ही नृत्य कर रही थी । यह भी अपराध है, तब तो मुझे छुट्टी दीजिए ।"

स्थविर विमूढ़-सा खड़ा था । भिक्षु और भिक्षुणी-संघ उस राजहंसी-सी ग्रीवा-भंगिमा को आश्चर्य से देख रहा था । ठहर कर, तथागत का स्मरण करते हुए वृद्ध स्थविर ने कहा—"भिक्षुणी-संघ की प्रवारणा स्थगित की जाती है । भिक्षुणी-संघ अपने विहार में लौट जाय ।"

उत्पला के पीछे-पीछे भिक्षुणियाँ भिक्षुणी-विहार में चलीं; सबके पीछे इरावती थी । इरावती भिक्षुणी-विहार मैं जाकर भी अपनी कोठरी में नहीं गई ! इस निस्तन्द्र निशीथ में वह भौंचकी-सी चुपचाप शिप्रा-तट के ऊँचे चंक्रम पर जा खड़ी हुई । रात्रि का तृतीय पहर था और वह अपने जीवन के प्रथम प्रहर में थी। संसार नित्य यौवन और जरा के चक्र में घूमता है; परन्तु मानव-जीवन में तो एक ही बार यौवनोन्माद का प्रवेश होता है, जिसमें अनुबन्ध का प्रत्याख्यान और स्नेह का आलिंगन भरा रहता है । वह भिक्षुणियों की संतुष्ट चेष्टा को आश्चर्य से देख रही थी । सब धीरे-धीरे अपने स्थान पर जाकर सोनें लगीं । हाँ, किसी-किसी को प्रवारणा स्थगित होने से इरावती पर झुंझलाहट भी थी । कोई यह भी सोच रही थी कि इसे भिक्षुणी-संघ में से प्रव्रजित करने का उपाय किया जाय । इरावती के प्रति उनकी अन्यमनस्कता ने यह अवसर न दिया कि कोई उससे यह पूछता कि 'क्या आज जागरण ही करेगी ?'

शिप्रा के तट पर पाट की वृक्षश्रेणी तारक-खचित नीले अम्बर की किनारी

की तरह बेलबूटों में चित्रित थी। शिप्रा की ओर मुंह किये इरावती उस शून्यता में अपने को मिलाती हुई भावना से ऊपर उठने का उद्योग कर रही थी; परन्तु व्यर्थ ! उसका शून्य उसी तक सीमित नहीं रहा। धीरे-धीरे विस्तृत होकर चाँदनी से प्रभा, नदी से प्रवाह, विश्व में से मूर्तमत्ता निकाल फेंकने का प्रयास, उसी को सोचनेवाली बना कर हँस पड़ा।

नदी में जलकणों का प्रवाह शून्य है, उनका शीतल स्पर्श भ्रम है, पवन शरीर को स्पर्श करता है कि नहीं, इसका उसे ज्ञान नहीं। वह मूक शिलाखंड की तरह बैठी रही। रात की निस्तब्धता उसके हृदय की धड़कन को और स्पष्ट करने लगी। वह अब उसी का शब्द सुन रही थी। क्रमशः वह स्पष्ट हो रहा था। उसी को, जीवन देवता की आराधना का संगीत सा सुन रही थी। विश्व शून्य था।

फिर सहसा उसने देखा एक छोटी-सी नाव उसी से नीचे से चली जा रही है। तो जाय, उसे क्या ! वह तो धड़कन गिन रही थी।

और नाव पर महाकाल के ब्रह्मचारी के सामने, दोनों हाथों से डाँड़ चलाता हुआ अग्निमित्र बैठा था।

ब्रह्मचारी ने कहा—"अग्निमित्र ! अब मैं पर्यटन के लिए बाहर जाना चाहता हूँ। तुम महाकाल भगवान् की सेवा-पूजा करते रहोगे, ऐसा मेरा विश्वास है।"

डाँड़ चलाना बन्द करके अग्निमित्र ने कहा—"ऐसा क्यों गुरुदेव !"

"इसलिए कि मुझे अपनी आँखों से देखना होगा कि आर्यावर्त्त में कहीं पौरुष बच गया है ! कहीं तेज किसी राख में छिपा तो नहीं है ! इन कई महीनों में शास्त्रों का अध्ययन करके जो रहस्य मैं समझ पाया हूँ, उसका प्रचार करने के लिए कहीं क्षेत्र है कि नहीं ! यदि न होगा तो मैं फिर लौट आऊँगा। इसीलिए आज इस अवन्ती का मौन सौन्दर्य, शिप्रा की श्यामल कछार देखने आया हूँ।"

अग्निमित्र चुप रहा। नाव धीरे-धीरे बह रही थी ब्रह्मचारी अपनी आँखों से उकसाते हुए अग्निमित्र को देख रहा था। उत्तर की प्रतीक्षा थी।

"किन्तु क्या वह कोई नया रहस्य है भगवन् !"

"नहीं, है तो वह चिरन्तन ! किन्तु अब जीर्ण हो चला है। नवीनता का उस पर आवरण चढ़ाना होगा। आर्य-धर्म का आरम्भिक उल्लासमय स्वरूप यद्यपि अभी एक बार ही नष्ट नहीं हो गया है, फिर भी उसे जगाना ही पड़ेगा। वह अलस, अवसादग्रस्त, अपनी कायरता के कारण विवेक का ढोंग करने लगा है। शिथिल, जैसे किसी को कुचल न देने का मिथ्या अभिनय करता लड़खड़ाता हुआ

जीवन-देवता को ही कुचल रहा है। मुझे ऐसा मालूम होता है कि प्राचीन आर्य वीर संस्कृति को लौटाने के लिए प्राचीन कर्मों को फिर से आरम्भ करना होगा, जिन्हें विवेक के अतिवाद के कारण मानवता के लिए हमने हानिकर समझ लिया था।''

''मैं नहीं समझ सका।''

''सर्वसाधारण आर्यों में अहिंसा, अनात्म और अनित्यता के नाम पर जो कायरता, विश्वास का अभाव और निराशा का प्रचार हो रहा है, उसके स्थान पर उत्साह, साहस और आत्म-विश्वास को प्रतिष्ठा करनी होगी।''

''हम सच ही निर्वीर्य हो रहे हैं।''

''हाँ! मैं इसीलिए प्रयत्न करूँगा कि इनकी वाणी शुद्ध, आत्मा निर्मल और शरीर स्वस्थ हो।''

किन्तु क्या प्रचलित शिष्ट आचारों को भी आप नष्ट कर देंगे? इस विवेक ने हमको बहुत-सी नई योजनाएँ दी हैं। नये विचारों का मानवता में समावेश हुआ है।''

''अग्निमित्र! अच्छा क्या है और बुरा क्या है? इसका निर्णय एकांगी दृष्टि से नहीं किया जा सकता। विष, चिकित्सक-द्वारा अमृत-कल्प हो जाता है। भगवान् की विराट् विभूति में से हम निस्संदिग्ध वस्तु का चुनाव नहीं कर सकते, उसकी मात्रा को समझ लेना ही हमारा पुरुषार्थ साधारण है। किन्तु एक दिव्य अति भाव है। वह है आत्मा की अग्नि! जिसमें अन्धकार इँधन बन कर जलता है। उस तेज में सब विशुद्ध, दिव्य और ग्राह्य हो जाते हैं। आनन्द की यही योजना अपनी विचार-पद्धति में ले आने की आवश्यकता है। भय से फैले हुए विवेक ने हमारी स्वाभाविकता का दमन कर लिया है। ऐसा मालूम होता है कि हम लोग प्रतिपद सशंक, भयभीत, निष्ठुरता से शासित प्राणी हैं। हम आत्मवान् हैं, हमारा भविष्य आशामय है, इस आर्य-भाव का प्रचार आवश्यक है। अभी उसी दिन महाकाल के मन्दिर में जो घटना हुई थी, वह क्या हमारी दुर्बलता का प्रमाण नहीं है! इरावती, जिस पर मन्दिर का सम्पूर्ण अधिकार था, छीन कर विहार को दे दी गई। यह क्या राज्य का अत्याचार नहीं। किसी ने कुछ कहा?''

''किन्तु आज मैं एक प्रश्न करूँगा देव! मैं जब उसे बचाने गया, तब आपने मुझे क्यों रोका? और वह मन्दिर में नाचती ही रहे, इसके पीछे कितना नैतिक समर्थन है आपको?''

''अग्नि! तुम उसे अत्याचार से बचाने गये थे, यह बात तो नहीं थी।

तुम्हारा उससे स्नेह था, वह तुम्हारा व्यक्तिगत स्वार्थ था। सार्वजनिक अन्याय समझ कर तुम उसका प्रतिकार नहीं कर रहे थे। और रही नैतिक समर्थन की बात; तो उपासना बाह्य आवरण है, उस विचार-निष्ठा का, जिसमें हमें विश्वास है। जिसकी दुःख ज्वाला में मनुष्य व्याकुल हो जाता है, उस विश्व-चिता में मंगलमय नटराज नृत्य का अनुकरण, आनन्द की भावना, महाकाल की उपासना का बाह्य स्वरूप है। और साथ ही कला की, सौंदर्य की अभिवृद्धि है, जिससे हम बाह्य में, विश्व में, सौदर्य-भावना को सजीव रख सके हैं। परन्तु अब हमें फिर से इसके लिए बल और स्फूर्तिदायक प्राचीन आर्य क्रियाओं का पुनरुद्धार करना होगा। इस बौद्धिक दम्भ के अवसाद को आर्य जाति से हटाने के लिए आनन्द की प्रतिष्ठा करनी होगी। समझे !''

''किन्तु आर्य, मैं मन्दिर का पुजारी बन कर जीवित न रह सकूँगा ! मुझे ऐसी आज्ञा न दीजिए।''

नाव फिर से लौट कर भिक्षुणी-विहार के समीप आ गई थी। और सूर्योदय का आरम्भ था। अग्निमित्र ने देखा कि इरावती ऊपर चंक्रम पर खड़ी है; ठीक बुझते हुए तारा की तरह ! इरावती ने भी देखा। उसने पुकारा—

''अग्नि !''—

''इरा !''

''मैं तुम्हारे साथ चलना चाहती हूँ। उस दिन मैंने भूल की थी। ठहरो, नाव रोको।''

ब्रह्मचारी के चुप रहने से अग्निमित्र ने नाव को घाट की ओर बढ़ाया। किन्तु विहार में इरावती के पीछे कई भिक्षुणियों के साथ दो सैनिक भी दिखाई पड़े। एक सैनिक ने कहा—''इरावती ! तुमको कुसुमपुर पहुँचा देने के लिए मैं आया हूँ। चलो !''

''क्यों ?''

''सम्राट की आज्ञा है।''

''मैं नहीं जाऊँगी ?''

''ऐसा नहीं हो सकता। तुमको चलना पड़ेगा।''

''मैंने क्या अपराध किया है ?''

''यह हम लोग नहीं जानते, चलो''—कह कर वह सैनिक कुछ आगे बढ़ा। सहसा एक उन्माद नाच उठा। इरावती शिप्रा में कूद पड़ी और अग्निमित्र भी। एक क्षण में अग्नि की बलिष्ठ भुजाओं में इरावती जल के स्तर के ऊपर दिखलाई पड़ी। ब्रह्मचारी ने दोनों को नाव पर उठा लिया। ऊपर से सैनिकों ने

पुकार कर कहा—"नाव महिला-तीर्थ पर लगाओ।" ब्रह्मचारी ने नाव उसी ओर बढ़ाई। अग्निमित्र ने आश्चर्य से पूछा—"यह क्या आर्य!"

"बन्दी बन कर कुसुमपुर जाओ। मैं भी कुछ दिन के लिए उत्तराखण्ड जाता हूँ। मिलूंगा।"

बाहरी ऊँचे स्तम्भों के सहारे भीषण भाले लिए हुए प्रहरी मूर्ति-से खड़े थे। सीढ़ियों पर धनुर्धरों की पंक्ति, फिर नीचे विशाल प्रांगण में अश्वारोहियों के कई झुण्ड थे, जिनके खुले हुए खड्ग से प्रभात के आलोक में तीव्र प्रभा झलक रही थी। आज साम्राज्य-परिषद् का विशेष आयोजन था। मण्डप के भीतरी स्तम्भों से टिके हुए प्रतिहार स्वर्ण-दण्ड लिए खड़े थे; धनुर्धरों की पंक्ति में से खुली हुई राह से साम्राज्य के कुमारामात्य, बलाधिकृत दण्डनायक व्यावहारिक, सेना के महानायक लोग धीरे-धीरे सीढ़ी से चढ़कर मण्डप गर्भ में रक्खे हुए मंचों पर बैठ रहे थे। सबके मुख पर आतंक और व्याकुलता थी। स्वर्ण-जटित द्वार के समीप साम्राज्य का ऊँचा सिंहासन अभी खाली था।

एक साथ ही तूर्य, शंख पटह की मन्द ध्वनि से वह प्रदेश गूँज उठा। स्वर्ण-कपाट के दोनों ओर खड़े कवचधारी प्रहरियों ने स्वर्ण-निर्मित राज-चिह्न को ऊपर उठा लिया। द्वार खुल पड़ा। यवनियों का दल छोटे-छोटे चौड़ी धार वाले खड्ग हाथ में लिये निकला। एक परिक्रमा कर, उन्होंने राजसिंहासन के चारों ओर निर्दिष्ट स्थान पर अपना पैर जमाया। फिर छोटी बाँसुरी और डफली लिये मागधी नर्तकियों का दल सभा-मण्डप को नूपुर से गुंजारित करते हुए बायीं ओर जाकर खड़ा हो गया। फिर तो ताँता-सा लग गया। भृङ्गार, पटद्ग्रह, ताम्बूल-करण्डक, धूम्र-भाजन—जिसमें से अगुरु-कस्तूरी की भीनी महक निकल रही थी—लिये, रूप यौवनशालिनी अन्तःपुरिकाएँ, अनुचरियाँ सिंहासन के समीप आकर खड़ी हो गईं। कटिबन्ध के कृपाण और हाथों में त्रिशूल लिए कौशेय वसना युवतियों का अंग-रक्षक दल पीछे अर्द्ध चन्द्राकार बना रहा था। उनके आगे सम्राट् और राज-महिषी ने उसी द्वार से सभा में प्रवेश किया। सब लोग खड़े हो गये। तीव्र तूर्य-निनाद से दिशाएँ प्रतिध्वनित हो गईं। सम्राट् सिंहासन पर बैठे। महिषी ने अर्द्धआसन ग्रहण किया। अमात्य और सामन्तों ने वन्दना की। महारानी ने ताम्बूलवाहिनी की ओर संकेत किया। उसने ताम्बूल-करण्डक आगे बढ़ाया। महिषी ने अपने हाथ में लेकर सम्राट् के सम्मुख उसे उपस्थित किया। स्मित से महाराज ने ग्रहण किया। जय-जयकार से सभामण्डप गूंज कर शान्त मौन हो गया था। सम्राट् बृहस्पतिमित्र ने मन्द गंभीर स्वर से पूछा—"खारवेल का दूत कहाँ है?"

सांधि विग्रहिक ने विनम्र होकर कहा—"जय हो देव ! वह तोरण पर आज्ञा की अपेक्षा कर रहा है।"

"बुलाओ उसे !"

"सांधि विग्रहिक ने महादण्डनायक पुष्यमित्र से कहा—"तो महादण्डनायक उसको यहाँ उपस्थित करें।"

महादण्डनायक पुष्यमित्र अपने मंच से उठकर सीढ़ियों पर आये। उनके संकेत से मालव अश्वारोहियों के दल का नायक घोड़ा बढ़ा कर सामने आया। उसने अपना खड्ग ऊँचा करके अभिवादन किया।

"नायक ! तुम द्वितीय तोरण पर जाकर कलिंग राजदूत को शीघ्र लिवा लाओ।" अश्वारोही नायक तोरण की ओर वेग से बढ़ा।

पुष्यमित्र अभी खड़ा था। कुछ ही क्षणों में सामने के विशाल तोरण में दो अश्वारोही प्रवेश करते दिखाई पड़े। अश्वारोहियों के समीप उतरकर वे सोपान की ओर अग्रसर हुए।

दूत ने सोपान के ऊपर खड़े महादण्डनायक को नमस्कार किया। पुष्यमित्र ने कलिंग-राजदूत को अपने साथ आने का संकेत किया। साम्राज्य-सिंहासन के समीप पहुँचकर राजदूत ने सम्राट् की वन्दना प्रणत हो कर की। उसके दोनों ओर पुष्यमित्र और नायक खड़े थे। राजदूत ने संकेत पाकर कहा—"महामेंधवान त्रिकलिंगाधिपति चक्रवर्ती खारवेल..." अभी वह इतना ही कह पाया था कि समीप के मंचों से प्रतिवाद का स्वर-सा उठा। सम्राट् ने तीव्र दृष्टिपात किया। प्रतिकूल शब्द चुप हुए। सम्राट् ने ही कहा—"हाँ, तो खारवेल ने क्या कहा है ?"

"स्वर्ण की जिनमूर्ति, जो कलिंग की पूज्य प्रतिमा है, जिसे स्वर्गीय सम्राट् अशोक ले आये थे, उसके लिए मन्दिर का निर्माण हो चुका है। प्रतिमा को देने की कृपा अब होनी चाहिए सम्राट्।"—दूत ने बिना विशेष शिष्टाचार दिखलाये कह डाला। वह विनीत था, किन्तु मगध राज-सभा को देखकर उसके मन में क्षोभ-सा उत्पन्न हो गया था ; कुछ-कुछ टोके जाने के कारण रोष भी।

"दूत ! तुम्हारा चक्रवर्ती खारवेल इस समय कहाँ है ?"

"सम्राट् ! दक्षिणापथ विजय कर लेने के बाद चक्रवर्ती उत्तरी सीमान्त के विजय-स्कंधावार में स्थित हैं।"

सम्राट् की भवें कुछ तनीं, नथुने फड़के और तनिक सँभल कर बैठ गये। बोल—"तो यह खारवेल की प्रार्थना है या और कुछ ?"

"और कुछ तो नहीं देव ! प्रार्थना ही समझी जाय।" चतुर दूत ने उत्तर दिया। धर्म-कार्य में श्रीमान् की यह सहायता बहुमूल्य होगी।

"हाँ ऐसा तो मैं समझता हूँ कि खारवेल को स्वर्ण की आवश्यकता नहीं, किन्तु मूर्त्ति की ही होगी। अच्छा तुम्हें इसका उत्तर मिलेगा। जाओ, विश्राम करो।" सविनय नमस्कार करके दूत नायक के साथ चला गया। सभा एक क्षण तक मौन रही।

वृद्ध सेनापति ने सांधि विग्रहिक से पूछा—"क्या सैन्य की आवश्यकता होगी ?"

"होगी भी तो सैन्य प्रस्तुत है कहाँ ?"—धीरे से सांधि विग्रहिक ने कहा। चिन्तित सम्राट् ने भी यह फसफसाहट सुनी और कहा—

"हूँ"

"जय हो देव ! क्या आज्ञा है ?" सेनापति ने पूछा। किन्तु सम्राट् ने सांधि विग्रहिक की ओर देख कर कहा—"यह तो स्पष्ट ही छेड़छाड़ है।"

"क्या सैन्य प्रस्तुत होना चाहिए ? यह तो परम भट्टारक ने यथार्थ ही सोचा है।"

"देवगुप्त ! मृद्गगिरि में कितने गुल्म हैं ?"

"एक सौ गुल्म देव !" देवगुप्त ने कहा।

"वहाँ से खारवेल का स्कन्धावार कितने योजन पर है ? किन्तु इससे क्या, आधी सेना रोहिताश्व दुर्ग में पहुँचनी चाहिए शीघ्र। कौन सेना को लेकर शीघ्र पहुँचने का भार लेता है ?"

"जिसको आज्ञा हो ! परम भट्टारक प्रसन्न हों तो मैं ही जाऊँ। किन्तु एक निवेदन है, बिना गज-सेना के वहाँ की रक्षा दृढ़ न होगी।" वृद्ध बलाधिकृत ने कहा।

महानायक के मुख पर कुछ स्मित की रेखाएँ बन-बिगड़ रही थीं। किन्तु उसके बोले बिना काम नहीं चलता था। पुष्यमित्र ने छोटा-सा खड्ग निकाल कर शिर से लगाया। सम्राट् ने पूछा, "तुम कुछ कहना चाहते हो क्या ?"

"हाँ देव !"

"क्या ?"

"कुसुमपुरी की आधी गज-सेना भेजी जा सकती है, अधिक नहीं; क्योंकि शोण के तट को भी..."

"किन्तु जाता कौन है ?"

"यह तो परम भट्टारक ही कह सकते हैं।"

"पुष्यमित्र ! तुमने उस दिन प्रार्थना की थी कि अग्निमित्र का कोई अपराध नहीं। उसने तो नदी में कूद कर भागने वाली उस देवदासी को पकड़ ही लिया था।" सम्राट् ने कहा।

"परम भट्टारक ! और यह उसकी मनुष्यता की पुकार थी। वह कुछ मनस्वी तो अवश्य है, परन्तु मालवसेना प्रतिनिधि वीर हैं। मैंने स्वयं उसे रण-शिक्षा दी है; केवल उसकी मनस्विता के कारण ही राजभृत्य बनने से उसे वंजित कर दिया है।" पुष्यमित्र ने सविनय कहा।

"उसे यहाँ उपस्थित करो।" सम्राट् की आज्ञा मिलते ही महानायक पुष्य-मित्र ने प्रस्थान किया। एक अधीन कर्मचारी को मुद्रा देकर कुछ आदेश दिया और स्वयं उसी सोपान पर खड़े रहे। उनकी व्यग्रता छिपने में असमर्थ थी। वे टहलने लगे।

लौह-शृंखला से जकड़ा हुआ अग्निमित्र सोपान पर चढ़ रहा था। सामने राजभृत्य पिता ! एक शब्द भी मेरे पक्ष में कहने के लिए जिन्होंने मुँह नहीं खोला था। फिर भी ऊपर खड़े महानायक पुष्यमित्र को उसने सिर झुकाया। पुष्यमित्र केवल धीरे से इतना ही बोले—"सावधान ! उत्तेजित न होना।"

आगे दण्डनायक पिता, पीछे बन्दी पुत्र—दोनों सम्राट् के सिंहासन के समीप पहुँचे। अग्निमित्र सिर झुकाये खड़ा रहा ! कुसुमपुर की राज-परिषद् उसने आज पहले ही देखी।

"अग्निमित्र !"

"सम्राट् !" उसने चौंककर देखा। वही मन्दिर में इरावती के नृत्य पर प्रतिबन्ध लगाने वाला। उसे भिक्षुणी बनाने की आज्ञा देने वाला कुमारामात्य नामधारी आज साम्राज्य के सिंहासन पर आसीन है।

"तुम अपना अपराध स्वीकार करते हो ?"

"नहीं।"—उसका संक्षिप्त उत्तर था।

"तो तुमने राजबन्दी को छीनने का प्रयत्न नहीं किया ?"

"ऐसी करने की इच्छा थी। किन्तु सम्राट् के सामने ही मन्दिर में जब वह बन्दी बनाई जा रही थी तभी ! किन्तु किया नहीं, कर भी नहीं सका। और वह तो तो आकस्मिक घटना थी। एक स्त्री जल में गिर पड़ी है और मैं नाव पर उसी के समीप हूँ। तब मालवों की, प्रधानतः शुंगवंश की मनुष्यता क्या इतनी गिर गई है कि मैं उसे डूब कर मर जाने देता। नहीं सम्राट् ! मुझसे यह नहीं हो सकता था। यदि यही मेरा अपराध है, तो मुझे दण्ड दीजिए।"

सम्राट् ने हँस कर पुष्यमित्र की ओर देखा। जैसे पूछ रहे थे कि क्या कहते हो? इसकी प्रगल्भता देख ली न। किन्तु सहसा उसी की ओर मुड़कर सम्राट् ने कहा—

"तो क्या सचमुच तुम्हारी रसना की तरह ही तुम्हारी तलवार भी चलती है। यह मैं मान लूँ कि अपने पिता के समान ही तुम पराक्रमी भी हो?"

"सम्राट्! इसकी परीक्षा ले लें। मनुष्य, व्याघ्र चाहे जिससे द्वन्द्व करा कर मेरा पुरुषार्थ देख लिया जाय।"

"नहीं-नहीं, मनुष्य और व्याघ्र से लड़ाना मैं नहीं चाहता। क्यों न तुम हाथी से लड़ा दिये जाओ।" सम्राट् के बरसों के आचरण से परिषद् के बहुत-से लोगों की यह धारणा थी कि वह कुछ-कुछ झक्की और अव्यवस्थित चित्त के असंयमी व्यक्ति हैं। अग्निमित्र ने समझा यह प्राण लेने पर तुला है। निश्चय यह संदेह करता है इरावती के साथ मेरे स्नेह होने का। तब मैं भी क्यों न समझूँ कि सम्राट् भी मनुष्य हैं, और वह इरावती के प्रति आकर्षित हैं।

सम्राट् ने सव्यंग्य स्मिति के साथ कहा—"बस हो चुका न! अब तो बोलते भी नहीं।"

"मैं प्रस्तुत हूँ।"

पुष्यमित्र कुछ कहने के लिए मुँह खोल रहे थे कि सम्राट् ने कहा—"महा-दण्डनायक! पार्श्वनाथ गिरि पर एक हाथी है, उसी से लड़ने अग्निमित्र को जाना होगा। मैं महामेघ नामक हाथी पर सवार होने वाले खारवेल को भी एक हाथी ही समझता हूँ।" इस व्यंग्य विनोद पर परिषद् प्रफुल्ल हो उठी। सम्राट् कभी, जब इस तरह की खुली परिषद् होती, तभी कोई-न-कोई ऐसा विनोद करते। और उसकी चर्चा साम्राज्य भर में फैलती। परिहास की उनमें अच्छी शक्ति है, इसे तो उस काल के नागरिक मानने लगे थे।

महिषी ने हँस कर पान बढ़ाया। चामरधारिणी युवतियों की कलाई-नृत्य करने लगीं, परिषद् में उत्साह फैल गया था। अग्निमित्र की शृंखलाएँ खुल गयीं। सम्राट् ने उसे बुलाकर खड्ग प्रदान किया। एक स्वर से सभा कह उठी—"परम भट्टारक राजाधिराज बृहस्पतिमित्र की जय!"

सांधि विग्रहिक फिर आया। बृहस्पतिमित्र ने पूछा—"क्या है?"

"देव! एक और भी चिन्ताजनक समाचार है। गान्धार से दिमित्र यवन पंचनद की ओर बढ़ रहा है। संभवतः उसकी इच्छा गंगा पार करने की है। उसने नियमित कर भेजना तो बहुत दिन से बंद कर रक्खा है, अब यवनों की इच्छा कुछ दूसरी ही है।"—महासांधि विग्रहिक ने विनम्र होकर कहा।

सम्राट् कुछ चिन्तित हुए। उन्होंने महाबलाधिकृत को बुला कर कहा--''आप कालिंजर और गोपाद्रि के अश्वारोही गुल्मों को लेकर आगे बढ़ें। यवनों को शिक्षा देनी होगी।''

वृद्ध सेनापति से अब न रहा गया। उसने अञ्जलिबद्ध होकर कहा—''जैसी आज्ञा हो देव! किन्तु एक प्रार्थना मेरी भी सुन लीजिए। सैनिकों में असंतोष है। उनके लिए महामात्य के कोष में द्रव्य नहीं। वे बराबर धर्ममहामात्र की आवश्यकताओं से छुट्टी नहीं पाते। विहारों में दिये जाने वाले राजानुग्रह अपरिमाण हो रहे हैं। युद्ध-काल में मौर्य-साम्राज्य की नीति को सेना को ही देवता मानती रही है। किन्तु अब तो वे जैसे आवश्यक अंग न हो कर शोभा-मात्र रह गये हैं। फिर भी मैं तो जाता हूँ। सेना के लिए आवश्यक वस्तु और उसके समय पर पहुँचने का प्रबंध सम्राट् स्वयं न देखेंगे तो बहुत दिनों से चुपचाप बैठी हुई अनभ्यस्त सेना कुछ कर सकेगी कि नहीं, इसमें संदेह है।''

''क्यों सेना कुछ न कर सकेगी?''—सम्राट् ने रोष से पूछा।

''सम्राट्! धर्म-विजय के सामने शस्त्र-विजय को गौण बनाते रहने का यह अवश्यम्भावी फल है। आज की सेना में कहीं लड़े हुए सैनिकों का अभाव है। जलौक के द्वारा पंचनद का प्रदेश साम्राज्य से अलग कर लेने के बाद भी मगध की आँख नहीं खुली। प्रांत सुरक्षित मान लिये गये। आज वही प्रांत यवनों के हाथ में पड़ गया है। फिर कान्यकुब्ज पर आक्रमण होते कितना विलम्ब है? मैं तो कान्यकुब्ज की रक्षा के लिए प्रस्थान करता हूँ; किन्तु एक बात कहे जाता हूँ कि मगध के दक्षिणी प्रान्त दुर्ग रोहिताश्व, मुद्गगिरि और शोण के सम्पूर्ण तट की भी रक्षा आवश्यक है।

सम्राट् को जैसे थप्पड़-सा लगा। वह अपनी स्थिति को समझ गये। आज मगध, यवनों और खारवेल के बीच में तो है ही, आन्ध्र और विदर्भ ने भी सिर उठाया तो! फिर भी साहस से कहा—''मगध का सिंह इस महामेघवाहन हाथी को तो साध ही लेगा। आप कान्यकुब्ज की रक्षा कीजिए।''

सूतों, मागधों ने स्तुतिपाठ किया। सभा विर्सजित हुई। महानायक पुष्यमित्र सबके चले जाने पर भी रुके रहे। अग्निमित्र से उन्होंने कहा—''दक्षिण को सँभालना तुम्हारा काम है। देखो यह अवसर हाथ से न जाने देना।''

''तात! मैं अभी युद्ध करना नहीं चाहता। मुझे तो उचित यही जान पड़ता है कि मैं दक्षिण के प्रान्त दुर्गों का संगठन कर लूँ, तब तक क्या आप सम्राट् से कोई कोमल उत्तर खारवेल के पास भेजने का उपाय नहीं करेंगे?

इधर बराबर आन्ध्र, कलिंग और विदर्भ की राजनीति का अध्ययन करता

रहा हूँ। इनके गुप्तचरों से भी मिलता रहा हूँ। किन्तु पार्श्वनाथ गिरि पर धर्म के नाम से जो अधिकार खारवेल ने कर लिया है, वह आगे चल कर क्या रंग लायेगा, नहीं कहा जा सकता। अभी तो वह मित्रता का ही रूप दिखला रहा है, किन्तु स्वार्थ में बाधा पड़ते ही युद्ध की घोषणा अनिवार्य है। इसलिए खारवेल को...''

''अच्छा तो तुमने प्रवास के कई बरसों में यह काम अच्छा ही किया। यद्यपि हम लोगों का विश्वास था कि तुम केवल उस अज्ञातकुलशीला प्रतिवेशिनी की सुन्दरी बालिका के पीछे ही भटक रहे हो।''

''तात ! क्षमा कीजिये। वही तो यह इरावती है जिसे सम्राट् ने भिक्षुणी बनने के लिए कुक्कुटाराम में भेज दिया है।''

''मूर्ख बालक ! क्या अभी भी वह तुम्हारे दृष्टिपथ से अलग नहीं है ? जाओ, कर्तव्य तुम्हारे सामने है।''—कहकर पुष्यमित्र ने मुँह फेर लिया। और अग्निमित्र धीरे-धीरे तोरण की ओर अग्रसर हुआ। तब भी उसके मन में एक बार इरावती को देख लेने की इच्छा थी। इश युद्ध से कदाचित् उसे न लौटना हो। अग्निमित्र मातृ-विहीन युवक था। पिता सैनिक, राज-अनुग्रह का अभिलाषी। इरावती की आशा उसने अभी भी छोड़ी न थी; किन्तु भिक्षुणी-विहार की प्राचीरों में से इरावती का उद्धार करना कठिन था। इसी उधेड़-बुन में कब वह गंगा-तट के प्राचीन शिवमन्दिर के समीप आ पहुँचा, उसे ज्ञान नहीं। उसने निश्चय किया कि यहाँ एकान्त है, मैं कुछ काल तक यहीं बैठ कर अपने मन को परख लूँ ! आगे क्या करना होगा, इस पर भी विचार कर लूँ।

दोपहर का सूर्य अपनी प्रखर किरणमाला से गंगा का जल उद्दीप्त करता था। उस पर आँख नहीं ठहरती थी, जो मन्दिर के सभा-मण्डप में खम्भे के सहारे वह टिका हुआ विचार-निमग्न था। कुछ-कुछ तन्द्रा-सी आ चली थी। भोजन न करने की शिथिलता भी शरीर को अवसन्न कर रही थी। सहसा कुछ शब्द सुनाई पड़ा। वह जैसे सचेत होकर सुनने लगा। शब्द समीप के ही एक जीर्ण गृह से आ रहा था, जो सम्भवतः मन्दिर के पुजारी के लिए किसी काल में बना था।

''तो तुम मर भी जाओगे पर बताओगे नहीं। हे भगवान् ! फिर मैं क्या करूँगी ?'' किसी स्त्री का रोष और धमकी से भरा सानुनासिक शब्द सुनाई पड़ा।

''उसे जान कर तुम क्या करोगी। वह मेरा कुलपरम्परागत गुप्त रहस्य है। ताम्रपत्र...नन्दराज का...नहीं वह स्त्री को कभी भी नहीं बताया जा सकता।

शपथ है, उसे बता कर मैं विश्वासघात नहीं कर सकता।" फिर उसे खाँसी आने लगी, वह चुप हो गया।

'तो मरो! छाती पर लाद कर लिये जाओ।" कहती हुई झनक कर वह बाहर आ गई। वह सचमुच सुन्दरी थी, परन्तु दुर्बल अंग जैसे अपने बोझ में व्यस्त था। लड़खड़ाती हुई वह द्वार पर बैठ गई। उसने खम्भे की आड़ में बैठे हुए अग्निमित्र को नहीं देखा। भीतर से किसी ने करुण स्वर में पुकारा—"कालिन्दी, जल दो, प्यास लगी है।"

कालिन्दी अपनी उँगलियों को चटकाती हुई बोली—"मरो।" अग्निमित्र से स्त्री की यह कठोरता नहीं देखी गई। वह बोला—

"शुभे! क्या तुम्हारे पति बीमार हैं?"

"पति! नहीं भद्र! मैं तो यहाँ की परिचारिका हूँ। मन्दिर के राग-भोग और परिष्कार का काम करती हूँ। यह पूजारी!..." अब उसने अग्निमित्र की ओर देखा। वह प्राणसार शरीर! वह कलापूर्ण सुन्दर दुर्बल मुख! लम्बा युवक! कदाचित् निस्संबल, निराश्रय! कालिन्दी के मन में आया 'क्या इसका सहयोग प्राप्त हो सकता है।' सहानुभूति से उसने पूछा—"क्या मैं आपकी कोई सेवा कर सकती हूँ?"

"मुझे भी प्यास लगी है। पुजारी के समान मर तो न जाऊँगा, क्योंकि सामने गंगा बह रही हैं।"

"तब भी कुछ खाकर जल पीजिए। प्रसाद कुछ ले आऊँ?"—कालिन्दी ने आत्मीयता दिखाते हुए कहा।

"जैसी तुम्हारी इच्छा। किन्तु पहले पुजारी को जल पिला दो, सम्भवतः उससे तुम कुछ जानना या लेना चाहती हो न!"—अग्निमित्र ने भी मित्रता का आदेश दिया।

कालिन्दी भीतर गई। अग्निमित्र की बात मान कर उसने पुजारी को जल पिलाया और एक मोदक और जलपात्र लेकर बाहर आई। अग्निमित्र को प्रवास में ऐसे बहुत-से अवसर मिले थे, उनका उसने सदुपयोग भी किया था। उसने मुस्कुराकर वह आतिथ्य ग्रहण किया। उसका शरीर और मस्तिष्क कुछ स्थिर हुआ।

कालिन्दी घबरा रही थी; उसका सन्देश बढ़ रहा था। पुजारी बचेगा नहीं। उसे पूर्ण विश्वास था। उसने अग्निमित्र से कहा—"क्या आप पुजारी जी को चल कर देख लेंगे?"

"चलो"—कह कर कालिन्दी के पीछे अग्निमित्र उस जीर्ण गृह में घुसा।

पुजारी सचमुच मरणासन्न था। उसके श्वास का वेग बढ़ रहा था। उसने स्थिर दृष्टि से अग्निमित्र को देखा। उस दृष्टि में जिज्ञासा थी।

अग्निमित्र ने पूछा—"कहिए, मैं आपकी क्या सेवा करूँ ?"

"तुम विदेशी हो ! मगध के तो नहीं जान पड़ते !" उसने ठहरकर पूछा।

"हाँ, मैं विदिशा का रहने वाला हूँ।"

"तब ठीक है, तुम समय पर आ गये। गंगाधर भगवान् की शपथ लेकर तुम प्रतिश्रुत होंगे ?"

"क्यों ?"

"एक रहस्य को जानकर उसे गुप्त करने के लिए। मैं मर रहा हूँ। उसे अब दूसरे को बता देना आवश्यक है। आज अमावस्या है न ? बस ठीक है, समय हो चला है।"—मरते हुए ने साहस संकलित करके कहा।

"किन्तु आप अपनी इस परिचारिका कालिन्दी को ही क्यों न बता दें। मैं यहाँ रहा न रहा; क्या ठिकाना !"—अग्निमित्र के इस कहने पर कालिन्दी प्रसन्न हो रही थी।

"नहीं, स्त्री को वह रहस्य बताया नहीं जा सकता, निषेध है। फिर तो रही जायगा।"—पुजारी के स्वर में निराशा थी। वह श्वास खींचने लगा। अग्निमित्र ने कालिन्दी की ओर देखा, उसने भी जैसे स्वीकार कर लिया कि अग्निमित्र को ही वह भेद किसी प्रकार जान लेना चाहिए। वह आँखों से ही संकेत करके हट गई। अग्निमित्र पुजारी के पास जाकर बैठ गया। पुजारी ने कहा—

"शपथ लो।"

"मैं शपथपूर्वक कहता हूँ कि वह रहस्य मैं किसी को नहीं बताऊँगा।" अग्निमित्र ने कहा।

"हाँ, तो सुनो ! यह लो ताम्रपत्र !"—पुजारी ने सिरहाने से एक छोटा-सा ताम्रपत्र निकाल कर दिया और कहने लगा—"मैं घड़ी भर में इस लोक को छोड़ दूँगा, भगवान् के प्रथम गणों में चला जाऊँगा। किन्तु यह ताम्रपत्र उस विश्व-विश्रुत नन्दराज की निधि की कुंजी है, जिसके सम्बन्ध में लोग कहते ही हैं, जानते नहीं। प्रधान निधि तो नहीं, तुम्हें आवश्यकता के लिए बाहरी छोटी सी निधि मिलेगी। उसमें से अपने व्यय के लिए और जब चाहे आवश्यकता-मात्र देव-सेवा के लिए ले सकते हो। नन्दी के सामने एक काला पत्थर है, जिस पर षट्कोण आकृति है, बीच में बिन्दु पर अँगूठा रखने से काम चल जायगा।"—श्वास बढ़ने लगा। पुजारी रुक गया।

अग्निमित्र कुछ और पूछना चाहता था; परन्तु पुजारी ने कुछ स्वर्णमुद्राओं की एक थैली उसे दी और ठहर कर कहा—"अब कुछ मत पूछो। समय आने पर तुम्हें इसी ताम्रपत्र से सब मालूम हो जायगा। हाँ, मेरा दाह-कर्म इसी स्त्री से करा देना।" वह चुप हो गया। अग्निमित्र बाहर आया। उसने देखा—कालिन्दी पत्थर के खम्भे से टिकी चुपचाप खड़ी है। वह विश्वस्त-सी जान पड़ती थी। उसने चौंककर अग्निमित्र से प्रश्न किया—"बताया उसने?"

"हाँ, परन्तु नहीं के बराबर! किन्तु यह तो बताओ वह मर रहा है। जलाने के लिए लकड़ी यहाँ से कितनी दूर पर मिलेगी?"

"उसकी चिन्ता मत कीजिए। उधर पीछे बहुत-सी सूखी लकड़ी वह इकट्ठी कर गया है। कृपण था न! तो मैं उसे एक बार देख आऊँ?" —कह कर वह भीतर चली गई और अग्निमित्र उधर जाकर देखता है गंगातट पर ही चिता की तरह चुनी हुई लकड़ियों का ढेर पड़ा है। वह निश्चित आकर शिवालय पर बैठ गया।

कुछ क्षण बीते होंगे, कालिन्दी ने बाहर आकर कहा—"पुजारी का शरीरान्त हो गया।"—अग्निमित्र ने कालिन्दी के साथ यथाविधि उसका शव-संस्कार किया। समीप ही वह चुपचाप बैठा रहा, जब तक चिता जल न गई। फिर स्नान करके जब वह गंगा से ऊपर आया, तब देखा कि सूर्य अस्ताचल को जा ही रहे हैं।

अग्निमित्र ने कालिन्दी के हाथ में स्वर्ण-मुद्रा की थैली देते हुए कहा—"यह लो, इनमें से आवश्यकतानुसार व्यय करना। एक ब्राह्मण को यहाँ और रख लेना। मैं फिर आऊँगा। तुम उद्विग्न होकर यह स्थान मत छोड़ देना।"

स्वर्ण से बढ़कर संसार में दूसरा कौन-सा धैर्य देने वाला है। कालिन्दी संतुष्ट थी। अग्निमित्र देवता को प्रणाम कर चला गया।

कुक्कुटाराम के भिक्षुणी-विहार के प्राचीर से सटे हुए एक लम्बे चंक्रम पर, द्वार के भीतर से तीन भिक्षुणियाँ बाहर आ रही हैं। सूर्यास्त हो चला है। हलका अन्धकार फैलना ही चाहता है। उनमें आगे है इरावती, उसके साथ सम्भवत: दो नई शिक्षमाणा हैं। इरावती ने पूछा—"तुम लोग कितनी दूर चलोगी ? अच्छा होता कि यहीं चंक्रम पर बाहर का वायु सेवन कर लो।"

"आर्ये ! जैसी आप आज्ञा दें।"—एक ने कहा। फिर तीनों धीरे-धीरे टहलने लगीं। शहसा इरावती ने उन्हें सतर्क भाव से देखते हुए कहा—"न-न-न ऐसे चलने से तुम्हारे सुगठित अंगों का प्रदर्शन होता है। सिर नीचा कर; सिर झुकाकर हाँ,...देखो मैं किस तरह चल रही हूँ।"

दूसरी जो अब तक न बोली थी, खड़ी होकर मुसक्याने लगी। इरावती ने पूछा—"इस तरह हँसने का अर्थ ?"

"भगिनी ! हम लोग तुम्हें आर्या कह रही हैं, कदाचित् तुम इसीलिए अपने सुगठित अंगों को देख नहीं पाती हो। वृद्धा समझने लगी हो अपने को न !" —उसने कहा, फिर भी स्मिति में कमी न थी। इरावती उसके हँसोड़पन को जानती थी; किन्तु जैसे अपनी स्वचेतना खोती हुई वह बोली—

"यह लो, तुम्हारा मन अभी दु:ख की भावना से बहुत दूर है। इस क्षण-भंगुर शरीर पर सुख भावना ! भला तुमको धर्मलाभ कैसे होगा! तुम मेरी हँसी उड़ाती हो। फिर मैं विनय की शिक्षा तुमको क्या दे सकती हूँ।" इरावती को सन्देह हुआ कोई व्यक्ति बकुल की अंधकार-छाया में चला गया है। वह चुप हो रही; किन्तु साथ की दोनों ने उसे उकसा कर बुलवाना ही चाहा। एक ने कहा—

"तो आर्या ! यहीं बैठकर कुछ बातचीत न करें"—इतना कहती हुई वह ढिठाई से बैठ ही गई। और इरावती अभी दूसरी के भगिनी संबोधन पर मन-ही मन विरोध कर रही थी। प्रतिवाद करना विनय की रक्षा के लिए आवश्यक था। फिर उसने मन को रोका—नहीं, अभी लड़कियाँ हैं—तो क्या वह सच ही भिक्षुणी हो गई हैं ? एक सीमा—बाला हो जाने के समीप से युवती होने का

जहाँ प्रारम्भ होता है—वहीं तक तो वह भी है। 'आर्या' नहीं हो सकती, कहने के लिए चाहे जो कह लें।

दूसरी ने उसके विचारों को बिखराते हुए कहा—"क्यों—आर्या! इतना शासन मनुष्यता के अनुकूल है? शील और संयम की कहीं सीमा भी है?"

इरावती ने मन-ही-मन कहा—'नहीं' परन्तु प्रकट में उसने कहा—"क्यों नहीं; हमारे दुःखों का अन्त नहीं, अभावों से छुटकारा नहीं; फिर तो हमें बुद्धि के आधार पर बीच में से मार्ग निकालना है। काम-गुणों से बचकर मन को आकांक्षा की लहरों से दूर ले जाना होगा। जहाँ ये सब छू न सकें।"

मैं समझ गई। जब अपने कर्मों का फल ही भोगना है, तब कर्म छोड़ देने के अतिरिक्त दूसरा उपाय नहीं।" —पहली ने व्यंग से कहा।

इरावती झंझट में पड़ गई थी। वह तो फिर से सोचने लगी थी—"महाकाल का मन्दिर, नहीं...उसके भी पहले वेत्रवती का किनारा, जहाँ वह माता का दाहकर्म करने के बाद अकेली शरद् की संध्या में बैठी थी। और अग्निमित्र आया...हाँ, उसने कहा—"इरा! तुम व्याकुल न होना। मैं हूँ न! तुमको चिन्ता किस बात की। किन्तु...फिर न जाने क्या हुआ, कुछ ही दिनों में उसका आना-जाना बन्द हो गया। सुनने में आया कि वह घर से लड़कर परदेश चला गया। और मैं निरुपाय वहाँ से चल पड़ी। मुझे अवलम्ब था, इतना ही तो नहीं, उनकी आँखों से चुम्बक की-सी स्नेहमयी ज्वाला निकलती थी। वह विदिशा का कुलपुत्र था। और मैं पंथ की भिखारिणी!...महाकाल मन्दिर में फिर भेंट हुई। परन्तु..."

एक ने फिर टोक दिया। "क्यों भगिनी! क्या सोच रही हो? बीती हुई बातें! क्या उनसे मन का रहस्य है कुछ?"

इरावती अपने को भूल-सी गई थी। उसने कहा—"हाँ, कुछ तो था ही। जैसे जीवन का एक छोटा-सा सूत्र!"

"तो क्या अब उसी की प्रतिक्रिया हो रही है? तुम भी भगिनी भूल कर गई हो। जानबूझ कर भी अपने को नही पहचानना चाहती हो, प्रायः यही तो सब करते हैं। मैं भी, तुम भी, देखो न भीतर ही भीतर, कितना खिल रही है।" उसका स्वर हँसने का-सा हो रहा था। किन्तु इरावती को क्रोध आने लगा था। इन छोकड़ियों ने आज यह क्या कर डाला! उसने दृढ़ता से कहा—

"मैंने बलपूर्वक अपने हृदय से उन कोमल अनुभूतियों को निकाल दूंगी। काम-सुखों की स्मृतियों को कड़ी-से-कड़ी फटकार दूंगी। प्रयत्न करूंगी! भगिनी! तुम भी ऐसा ही करो।"

उसने फिर से आर्या सम्बोधन किया, इरावती को झटका लगा। पर वह तो कहती ही चली गई। —"समय के बन्ध के पीछे काम-सुख का महान् जलसंघात रुका है।"

"रुकने दो, सूखने दो, हिम-शिला की तरह कठोर शीतल ! मैं चलो खड़ी हो रही हूँ। सुख के आश्रय मन को ही नष्ट कर दूँगी। मानसिक सुख के उल्लास में मग्न होकर किसी को हँसने न दूँगी, और न हँसना चाहूँगी। चलो, उठो अंधकार हो रहा है। विहार में भीतर चलो।"—इरावती उठकर खड़ी हो गई।

अंधकार की छाया में से अग्निमित्र नीचे आकर खड़ा हो गया। उसने कहा —"इरा !"

"तुम क्या बन्दीगृह से छूट गये ?"

"हाँ, छूट गया, अब मरने जा रहा हूँ।"

"कहाँ ?"

"दक्षिण के युद्ध में नायक बनकर।"

"अच्छी बात है; किन्तु युद्ध-चर्चा, अहिंसा की पुजारिनी से करना अपराध है। इसलिए अग्निमित्र ! तुम यश और कीर्ति के लिए जाओ और आओ भगिनियो ! हम लोग चलें।"—इरावती भीतर चली गई, पीछे-पीछे साथ की भिक्षुणियाँ भी। द्वार बन्द हो गया।

अग्निमित्र हत-चेतन कुछ समय तक वहीं खड़ा रहा। फिर धीरे-धीरे नगर-द्वार की ओर चल पड़ा। उसी से सटा हुआ महानायक पुष्यमित्र का विशाल उद्यानगृह था। जब चौतरे के समीप मुचकुन्द की छाया में वह पहुँचा तो उसे मालूम हुआ कि महानायक कुछ आवश्यक कार्य में व्यस्त हैं। प्रहरी ने ऊँचे स्तम्भों के पार्श्व से ही उन्हें उनका प्रकोष्ठ दिखा कर कहा—"आपको महानायक खोज रहे हैं, परन्तु अभी तो एक घड़ी आप को ठहरना होगा। न हो तब तक आप हाथ-मुँह धोकर विश्राम कर लें।"

अग्निमित्र प्रकोष्ठ में चला गया। और पुष्यमित्र अभी दीप के आलोक में कुछ पढ़ रहे थे। सामने ही दण्डपाल, दुर्गपाल, दौवारिक और आन्तर्वेशिक सविनय बैठे हुए महादण्डनायक की आज्ञा की प्रतीक्षा कर रहे थे। एक छोटी-सी चौकी,—झुका हुआ लेखक प्रतीक्षा में था कि पुष्यमित्र कुछ कहें, वह लिखने लग जाय।

दण्डपाल की आँखों से आँख मिलाते हुए पुष्यमित्र के कहा—"कुछ जानते हैं आप ! कितने तरह के लोगों से आज-कल कुसुमपुरी भर गई है ? कलिंग

पंचनद के कितने छद्मवेशी यहाँ हैं ?'' दण्डपाल ने एक लम्बा-सा लेख निकाल कर हाथ में दिया। पुष्यमित्र उसे पढ़ने लगे, पढ़ने के बाद उन्होंने कहा—

''नगर के बाहर जो पन्थशाला बन्द कर दी गई थी, उसे चलाने का प्रबन्ध कीजिए। आप के ही कर्मचारी संचालक हों, समझे न! सन्देह होते ही अन्य किसी उपाय से उन्हें स्वस्थ कर लेना होगा। कटक शोधन का काम तत्परता से हो। जाइए!''

दण्डपाल प्रणाम करके चला गया। दुर्गपाल से गंभीरतापूर्वक पुष्यमित्र ने इतना ही कहा—दुर्ग पर सैनिक व्यवस्था का प्रबन्ध पूर्ण रहे—शतघ्नी, तप्त तैल इत्यादि युद्ध सामग्री प्रस्तु मिलें। समझा न! कलिंग और पंचनद दोनों ओर से दबाव पड़ने वाला है। तुम मालव हो, इसे भूल न जाना। प्रथम प्रहर के तूर्यनाद पर ही द्वारों में अर्गलाएँ चढ़ जावें। जाइए!''

दुर्गपाल चला गया। आन्तर्वेशिक से प्रश्न हुआ—''कितनी नई दासियाँ अन्तःपुर में आई हैं? उनकी नामावली कल मिल जाय; और अवरोध में कौन कहाँ है? किसका क्या ढंग है? प्रत्येक अवरोध-पथ में या शून्य प्रकोष्ठों में प्रहरी नियुक्त कर दो। आज से नया प्रवेश निषिद्ध। जाइए!''

अब दौवारिक या प्रतिहार की बारी थी। पुष्यमित्र ने कुछ भौं टेढ़ी करके कहा—''सम्राट् से सबको मिलने का अवसर न दो। षड्यन्त्रों से सावधान!''

दौवारिक मुस्कराया। उससे कहा—''आज ही चार अज्ञात पुरुष पकड़े जा चुके हैं। यह आप को कहना नहीं होगा।''

''यह तो मैं सुन चुका हूँ। परन्तु मैं इन चार नहीं—अन्य चार सौ से सावधान रहने का संकेत कर रहा हूँ। समय बड़ा ही विचित्र है। कृपया कादम्ब का सेवन रात को मत कीजिए।''

दौवारिक ने सिर झुका लिया। फिर कहा—''ऐसा ही होगा देव!''

वह भी गया। कुल काल तक मस्तक की एक रेखा को उँगलियों से खींचते हुए पुष्यमित्र ने लेखक से पूछा—''कुछ नई बात?''

उसने पहले लिखे हुए कई छोटे-छोटे अभिलेख सामने धर दिए। एक लेख पढ़ते-पढ़ते चौंक कर महानायक ने पूछा—''क्या कालिन्दी गई?''

''नहीं, अभी आज्ञा की प्रतीक्षा कर रही है, बुलाई जाय?''

''हाँ—कहकर पुष्यमित्र फिर चिन्तित हो गया। और लेखक अपने पीछे कपाट खोलकर घुस गया। कुछ ही समय में वह एक अवगुण्ठनवती को साथ लिये आया।

''तो तुमने जो कुछ आज लिखाया है, वह सत्य है न?''

"हाँ, स्वामी !"

"उस व्यक्ति का नाम तुम जानती हो, जिसके पास ताम्रपत्र है ?"

"नहीं, परन्तु वह अभी यहीं पर आया है।"

"यहीं पर आया है !"

"हाँ, स्वामी !"

"अच्छा, कपिञ्जल को वहाँ ले जाकर गंगाधर की सेवा-पूजा में नियुक्त कर दो; किन्तु सावधान ! एक बात भी उसे मालूम न हो !"

"अच्छा, स्वामी !"

"और उसके यहाँ आने का, वा उसे देखने का भी भेद उससे कभी न कहना। जाओ।"

कालिन्दी ने आँचल के कोने से वह थैली निकाली और पुष्यमित्र के सामने रख दी। पुष्यमित्र ने उसे रखते हुए कहा—"जितनी आवश्यकता हो, वहाँ से आकर ले जाया करना। और देखो, जो लोग वहाँ जायँ, उनसे कहना कि राज-कोष से अब सेवा-पूजा का प्रबन्ध हो गया है।"

कालिन्दी प्रणाम करके चली गई।

पुष्यमित्र ने एक बार फिर खोजने वाली दृष्टि लेखक पर डाली।

उससे पूछा—"कामन्दकी भी होगी ?"

"हाँ, स्वामी !"

"उसे बुलाओ।"

लेखक फिर उसी मार्ग से भीतर जाकर एक भिक्षुणी को लिवा लाया। भिक्षुणी ने कुछ स्मित से कहा—"बन्दे।" पुष्यमित्र ने सिर हिला दिया। और पूछा—"कहो तो धर्म-महामात्र की स्थविर से कैसी पटती है ?"

"इरावती को लेकर झगड़ा चल रहा है। सम्राट्..."

"कहो न ?" लेखक की ओर देख कर पुष्यमित्र ने कहा—"वह अन्तरंग है। निर्भय होकर कहो।"

"सम्राट् इरावती को रंगशाला में देखना चाहते हैं। धर्म-महामात्र ने स्थविर से कहा कि किसी आपत्ति दोष से उसे संघ के बाहर कर दिया जाय। फिर तो उसे रंगशाला में ले जाने में सुविधा होगी।"

"किन्तु वह नहीं मानता ?"

"हाँ, परन्तु आज एक घटना हो गई है। भिक्षुणी-विहार के बाहर इरा-वती को मैंने अग्निमित्र नाम के एक युवक से बातें करते हुए देखा है। कहिए तो स्थविर से इसे कह दूं, फिर तो वह संघ से..."

"क्या कहा, अग्निमित्र !"

"हाँ, स्वामी !"

"नहीं, तुम चुप रहो। दोनों का समाचार फिर मुझे देना। जाओ।"

कामन्दकी चली गई। पुष्यमित्र ने सिर खुजलाते हुए लेखक से कहा—"देवदास ! मौर्य-साम्राज्य की अन्तरंग नीति बड़ी जटिल होती जा रही है। मैं इसे..."

"स्वामी ! इसलिए तो दौवारिक, आन्तर्वेशिक, दंडपाल और दुर्गपाल भी आपके अधीन कर दिए गए हैं। आपका यह नवीन पद बड़ा ही विकट है; किन्तु कुछ चिन्ता नहीं स्वामी ! आपकी प्रजा सब का पार लगायेगी।"

"तो भी कभी-कभी ऐसा जान पड़ता है कि आँधो आने वाली है।"

"नहीं स्वामी। आ पहुँची समझिए।"

"ठीक कहते हो। अच्छा जाओ विश्राम करो।"—लेखक देवदास चला गया। पुष्यमित्र अकेले चिन्तित बैठे रहे। सेवक ने आकर पूछा—"कुमार आ गये हैं, उन्हें .."

"भेज दो, नहीं अभी ठहरो। देखो मधुकर आया है !"

"वह तो कभी से आकर मुचकुन्द की छाया में बैठा है।"

"बुलाओ उसे !"

सेवक जाकर मधुकर को लिवा लाया। उसने प्रणाम किया। महादण्ड-नायक कुछ अन्यमनस्क थे; देखा नहीं। अपने-आप कहने लगे—"इस मनुष्य का पता नहीं चलता कि क्या है। पतंजलि ! लोग उसे मुनि कहते हैं, तपस्वी है, विद्वान् है, और भी क्या नहीं है ?"

"स्वामी ! वह सचमुच सिद्ध है और साथ ही निस्पृह भी है।"—मधुकर ने कहा।

"मधुकर ! तुम सत्य कह रहे हो।"

"हाँ, स्वामी ! वैसा पुरुष पाखण्ड नहीं हो सकता। एक दिन आप भी चलिए।"

"नहीं मधुकर ! अभी उसकी और परीक्षा लो। फिर मैं कभी चलूंगा। जाओ, कुमार अग्निमित्र को बुला लाओ।"

मधुकर चला गया।

अग्निमित्र सामने आया, उदास और गम्भीर, जैसे विषाद से भरा हुआ। पुष्यमित्र ने पूछा—"तुम कहाँ रहे ?"

"यों ही घूमता रहा।"

"यों ही ! कदाचित् भावी सेनानायक के लिए यों ही घूमना लाभ कारक नहीं है। यह तुम जानते होगे।"

"पिताजी ! क्षमा कीजिए। बरसों बन्दीगृह में रहने के बाद घूम लेने की इच्छा स्वाभाविक ही है।"

"किन्तु एक नायक को साहसिक की तरह जहाँ कहीं चले जाना, जिस किसी का शव जलाना, भिक्षुणी-विहार के समीप चक्कर काटना आपत्ति से खाली नहीं।"—पुष्यमित्र ने कुछ कर्कश स्वर से कहा। अग्निमित्र जैसे ठोकर लगने के समान आहत होकर देखने लगा। वह हाँ भी नहीं कह सकता था, नहीं भी नहीं।

उसका पिता क्या सर्वज्ञ है ! अभी वह सोच ही रहा था कि पुष्यमित्र ने कड़क कर कहा—"लाओ वह ताम्रपत्र कहाँ है ?"

"ताम्रपत्र !"

"हाँ, ताम्रपत्र ! जिसे पुजारी ने तुमको दिया है। जानते हो, वह राज-सम्पत्ति है।"

"अग्निमित्र को वह मिला है पिताजी ! और इस नियम पर कि उसका रहस्य किसी को न बताया जाय।"—दृढ़ता से अग्निमित्र ने कहा।

"हाँ, तब तो ठीक है।"

"और सुनिए, मैं इस अत्याचारी मगध-सम्राट् का कोई भी कार्यभार अपने कंधों पर नहीं उठाता। आप मुझे नायकत्व से छुट्टी दिला दीजिए। मैं अनुग्रह का भिखारी नहीं।"

"वह तो मैं स्वयं ही कहने जा रहा था। तुम अविश्वसनीय हो। तुम पर ऐसा गुरुभार देना, मूर्खता होगी। अच्छा, अब तुम मुक्त रहना चाहते हो, या बन्दीगृह में ?"

"जैसी आपकी आज्ञा होगी !"

"मैं पिता हूँ, इसीलिए तुम मुझ पर इतना अत्याचार कर रहे हो। नहीं तो..."

"मैं जानता हूँ कि अब तक मैं कहाँ होता; परन्तु जब एक अत्याचारी सम्राट् का इतना समर्थन आप करते हैं, तब क्या एक पुत्र के लिए भी कुछ न करेंगे।"—अग्निमित्र भरा हुआ था। यह जानकर पुष्यमित्र ने उसे छेड़ा नहीं। पुष्यमित्र अभी भी मन-ही-मन कह रहा था कि अग्नि निरपराध है। कर्त्तव्य और स्नेह का युद्ध हो रहा था। महादण्डनायक ने क्षण भर रुककर कहा—"अच्छा तुम जैसे चाहो रहो; परन्तु मेरी पद-मर्यादा का तुम्हें ध्यान रखना चाहिए। जाओ विश्राम करो। अन्यथा मैं केवल तुम्हारा पिता ही नहीं, मगध का महादण्डनायक भी हूँ।"

पाटलिपुत्र में हलचल है। प्रान्त दुर्गों से सैनिकों का ताँता लग रहा है। गंगा के किनारे शिविरों की श्रेणी में उनका तात्कालिक निवास है। वृद्ध सेनापति और पुष्यमित्र कई दिनों से उन्हें, नावों के द्वारा कान्यकुब्ज और रोहिताश्व भेजने में व्यस्त हैं। रोहिताश्व जानेवाली सेना शोण के जलपथ से मणिभद्र की नायकता में जा चुकी है। अश्वारोहियों के साथ अग्निमित्र जायगा—ऐसी धारणा सबके मन में है; किन्तु कान्यकुब्ज के लिए, आज अश्वारोही सेना के साथ सेनापति प्रस्थान करने वाले हैं। नगर में भारी उत्साह और प्रदर्शन है।

सैनिकों के लिए स्थान-स्थान पर आमोद-प्रमोद के साथ विदाई का समारोह है। नागरिकाएँ पुष्पमाला और चंदन से उन्हें अभिनन्दिन कर रही हैं। आपानक और संगीत भी चल रहा है।

धर्म-विजय की इच्छा रखने वाले सम्राट् बृहस्पतिमित्र, शस्त्र-विजय के लिए उत्सुक हैं। महागज पर चढ़कर नगर के पश्चिम द्वार से सेना-प्रयाण का निरीक्षण कर रहे थे। वीरों के खड्ग से सम्राट् की वन्दना हो रही है। बृहस्पतिमित्र इस उत्साह में भी जैसे सशंक हैं। अन्तःपुरिकाएँ गज-पंक्ति पर बैठी हुई पुष्प-वर्षा कर रही हैं। घोड़ों के हींसने का शब्द तूर्यनाद के साथ दिशाओं को विकम्पित कर रहा है। शंखों का उन्मुक्त स्वर दुंदुभी के साथ तोरण के ऊपर से आकाश-मंडल को गुँजा रहा है। किन्तु सम्राट् के मन में जैसे उत्साह नहीं; सिंह की ध्वजा की छाया में सेना के पीछे वृद्ध सेनापति धीरे-धीरे प्रकाण्ड श्वेताश्व पर सम्राट् के दृष्टिपथ में आए। गजराज बैठा दिया गया। सेनापति ने खड्ग शिर से लगाकर कहा—"सम्राट् बृहस्पतिमित्र की जय!" घोर जयनाद से दिशाएँ प्रतिध्वनित हुईं। सम्राट् ने सेनापति को चन्दन का तिलक लगाया। वृद्ध ने अश्रुपूर्ण लोचन होकर कहा—"सम्राट्! मैं तो चला! जिस दिन की प्रतीक्षा में, मेरे केश धवल हो गए, वह सामने है। मेरे लिए आज से बढ़कर कौन सा पुण्य-दिवस होगा; किन्तु मगध! जिसने शताब्दियों से वीरता और संस्कृति में भारत का प्रमुख बनने का गुरुभार अपने ऊपर लिया है, उसकी मर्यादा जीवित रहे। हम लोग साधारण शब्द-जाल से ऊँचे उठकर सच्ची कर्मण्यता का—प्राणों का मोह छोड़कर भी—पालन करें यह मेरी, इस वृद्ध शस्त्र-व्यव-

साथी की प्रार्थना है। जिस धर्म और शान्ति तथा सभ्यता के लिए मगध-निवासी मरे जा रहे हैं, वह शक्ति के बिना रह नहीं सकती। मगध के एक-एक अन्न, एक-एक प्राणी का जिसमें सदुपयोग हो, वही व्यवस्था कीजिए सम्राट् !—मगध की जय !"

वृद्ध का कंठ गद्‌गद हो रहा है। वीर-श्री से उसका मुख-मण्डल दीप्त था। किन्तु धर्म-विजय करने वाले सम्राट् के मुख से एक शब्द भी न निकला। पुष्य-मित्र अपने घोड़े पर से कूदकर वृद्ध के समीप आया। सेनापति का चरण पकड़-कर उसने उच्च कंठ से कहा—"सेनापति ! आर्य ! विश्वास कीजिए ! पुष्य-मित्र के जीवित रहते मगध का विनाश न होगा। आपकी आज्ञा अक्षरशः पालन की जायगी।"

वृद्ध ने स्नेह से पुष्यमित्र के सिर पर हाथ फेरकर कहा—"मुझे तुमसे ऐसी ही आशा है। मगध की जय।"—और श्वेत अश्व बढ़ चला। सम्राट् हतप्रभ ! एक शब्द भी मुँह से न निकला। वे दूर धर्म-महामात्र की शिविका देख रहे थे।

सेनापति चले गये। धूल से अब उनकी सेना छिप गई थी। महाराज धीरे-धीरे गजसेना के साथ नगर से राजप्रासाद की ओर चले। पुष्यमित्र ने वहीं खड़े-खड़े एक बार चारों ओर देखा। अग्नि जो पीछे घोड़े पर था, बोला—"क्या आज्ञा है !"

"तुमको सीधे पार्श्वनाथ गिरि जाना होगा। डरो मत। युद्ध नहीं, कुछ बातें करनी होंगी। जा सकोगे ?"

"यदि आपकी आज्ञा हो तो, किन्तु जाने से कोई लाभ नहीं।"

"क्यों ?"

"इसलिए कि मगध का निमंत्रण अब खारवेल को मिल चुका होगा। संभ-वतः वह मगध में अपनी गजसेना के साथ कुछ ही दिनों में आ जायगा।"

"तुम कहते क्या हो ?"

"यह देखिए सम्राट् के पत्र की यह प्रतिलिपि है।"—कहकर अग्निमित्र ने एक पत्र हाथ पर रख दिया। पुष्यमित्र ने कहा—"मैं इसे अंधकार में नहीं पढ़ सकता। तुम कहो न ! इसमें लिखा क्या है ?"

"इसमें लिखा है—आप स्वयं आकर भगवान् अग्र जिनकी स्वर्णप्रतिमा उत्सव के समारोह के साथ ले जायँ।"

दोनों के घोड़े बराबर सटे हुए चल रहे थे। पुष्यमित्र स्तब्ध थे। उनका अश्व धीमे-धीमे चल रहा था। और वह जैसे निर्जीव-से उस पर बैठे थे। एक उल्काधारी कब से उनके साथ हो गया था—यह उन लोगों को नहीं मालूम।

वह भी धीरे-धीरे अश्वारोहियों के आगे-आगे चल रहा था। सहसा पुष्यमित्र ने कहा—

"तुम्हारा क्या नाम है ?"

"पिंगलक स्वामी !"

"अच्छा जाओ, तुम्हारा काम नहीं है; अभी हम लोग कुछ और घूम कर आवेंगे।"

पिंगलक चला गया। राजपथ अन्धकारपूर्ण था। प्रासाद की ओर न जाकर पिता-पुत्र दोनों ही पूर्व नगर-द्वार की ओर लौट पड़े।

"तब तो जान पड़ता है कि मौर्य-साम्राज्य की संध्या आ गई है। यवनों का आक्रमण, उधर से खारवेल का घेरा ! इस मूर्खता की भी कोई सीमा है !"

"किन्तु मैंने उस निमंत्रण को जाने दिया है, यही समझकर कि उस संकट के समय संभवतः खारवेल से कुछ काम निकल जाय !"

प्रसन्नता से पुष्यमित्र ने अग्नि की पीठ थपथपाई; किन्तु वह प्रसन्नता क्षण-भर की थी। पुष्यमित्र के निशस्त्राण से टकरा कर एक तीर अलग जा गिरा। दोनों सशंक होकर अंधकार में आँख गड़ाकर देखने लगे। अग्नि ने कहा—

"चलिए, उद्यान-गृह समीप है। शत्रु चारों ओर हैं। मैं आपको पहुँचा कर फिर टोह लेने जाऊँगा।"

पुष्यमित्र ने बाग मोड़ी। दोनों शीघ्र ही उद्यान के द्वार पर आये। उल्का-धारी प्रहरी सामने आकर खड़े हो गये। घोड़ों से उतर कर दोनों बातें करते हुए मुचकुन्द वृक्ष की छाया में क्षण-भर के लिए खड़े हो गये।

"जान पड़ता है कि कुसुमपुरी कंटकों से भर गई है; यह गुप्त आक्रमण !"

"पिताजी ! यह स्वस्तिक दल का कार्य है !"

"स्वस्तिक दल !"

"हाँ, विद्रोहियों की एक संस्था है। मुझे उसी से खारवेल के निमंत्रण का पता चला।"

किन्तु तुम कैसे उनसे मिले ?"

"फिर बताऊँगा ! इस समय मुझे आज्ञा दीजिए।"

"किन्तु...अच्छा जाओ। पर एक बात मेरी स्मरण रखना। मगध का साम्राज्य नष्ट न होने पाए इस कर्तव्य को भूलना मत ! हो सके तो रोहिताश्व जाने वाले अश्वारोहियों की सेना पर नायक बनने का अवसर न छोड़ देना। क्योंकि इस समय बल-संचय की आवश्यकता है।

"वहीं होगा; किन्तु इस समय मुझे आप जाने की आज्ञा दीजिए"—कहते

हुए अग्निमित्र ने अपनी कमर से लगी हुई तलवार टटोली, फिर सिर झुकाकर नमस्कार करते हुए वह चला गया।

पुष्यमित्र को आश्चर्य के साथ अग्नि पर क्रोध भी आया। उसने झुंझला कर कहा—"इसका जन्म ही मूल नक्षत्र में हुआ था और तभी ज्योतिषी ने कहा था कि बारह वर्ष यह पिता के सामने न आवे। किन्तु आज बीस वर्ष की अवस्था में भी क्या इसके साथ देखा-सुनी की जा सकती है? जैसा नाम वैसा ही काम, जैसे अग्नि का दूत! तो फिर जाय!"—पुष्यमित्र भीतर चला गया।

नगर के पूर्वीय द्वार की ओर न जाकर अग्निमित्र उत्तर में सुगांग प्रासाद की ओर धीरे-धीरे अन्धकार की छाया में बढ़ता जा रहा है। प्रहरियों के चक्र से बचता हुआ एक स्थान पर वह रुका ही था कि किसी ने उसके कन्धे पर हाथ रख दिया। उसने चौंक कर अपनी छोटी-सी कृपाण निकाल ली। परन्तु उस व्यक्ति ने कहा—"डरो मत! मित्र से डरने की कोई बात नहीं।" तिस पर स्त्री! मेरी स्वामिनी विपन्न है, आप उनकी सहायता के लिए वचन दे चुके हैं न! तो फिर आइए!

"तुम कौन हो?"

"कालिन्दी देवी की परिचारिका!"

"अच्छा चलो।"—स्त्री ने उसका हाथ पकड़ कर एक शिला-खण्ड पर खड़ा कर दिया। फिर न जाने कौन-सी क्रिया की कि वह पत्थर नीचे धँस चला! अग्निमित्र सशंक हुआ, फिर भी साहस न छोड़कर वह चुपचाप रहा। पत्थर के रुकने पर उसने देखा कि वह सुरंग के भीतर खड़ा है। दूर से एक तीव्र नीला आलोक आ रहा है। आँखें चौंध गईं। फिर देखा तो वह अकेला है और पत्थर ऊपर से बन्द हो गया है उसने आगे बढ़ने का ही निश्चय किया। सुरंग के दूसरे सिरे पर सात सीढ़ियाँ थीं। अग्नि कृपाण हाथ में लिए ऊपर चढ़ा। जब वह द्वार से निकल कर बाहर आया, तो देखा एक स्त्री वहाँ खड़ी है। वह छोटा-सा उद्यान कुंजों और झुरमुटों से भरा है, जिनसे भीनी महक और हलका-सा आलोक चारों ओर फैल रहा है। स्त्री ने काह—"स्वागत! चले आइए।"

चमेली के कुंजों से बने हुए छाया-पथ में स्त्री के पीछे-पीछे चलने लगा। सामने खम्भे पर एक सुन्दर दालान थी जिस पर कोई लता चढ़ी थी। अग्निमित्र वहाँ जाकर ठहर गया। परदा हटा कर स्त्री ने भीतर प्रकोष्ठ में झाँक कर देखा, फिर हट गई। अग्नि को उसने भीतर आने का संकेत किया।

चकित और सशंक अग्निमित्र ने भीतर जाकर देखा, सुन्दर शैया पर आधी

लेटी हुई एक सुन्दरी जिसके रत्नालंकारों की प्रभा से आँखें झलमलाने लगीं। प्रकोष्ठ बहुत बड़ा था। उसमें स्थान-स्थान पर बहुमूल्य आसन, मंच और पुतलियों के दीपाधार थे। भित्ति पर सुन्दर चित्र बने थे। अग्निमित्र पहले तो चकित-सा यही सब देख रहा था; परन्तु जब युवती ने थोड़ा-सा उठ कर कहा—

"आइए बैठिए !" -तब जैसे उसे संदेह होने लगा कि मैंने यह स्वर कहीं सुना है, फिर अपना भ्रम समझ कर वह चुप रहा। शिष्टाचारवश आँखें जमाकर उस सुन्दर मुख को देखता भी न था।

युवती हँस पड़ी। अग्निमित्र ने अब कहा—"मुझसे कालिन्दी ने कहा था कि एक विपन्ना स्त्री आपकी सहायता चाहती है। प्रासाद के पूर्वी भाग में रात्रि के पहले प्रहर में जाने से आप उसकी सहायता कर सकेंगे। किन्तु यहाँ तो देखता हूँ कि कोई बिपन्न नहीं—तब मुझको ही धोखा दिया गया है क्या ?"

सुन्दरी खिलखिला कर हँसने लगी। अग्निमित्र का रोष बढ़ रहा था। उसने कंधा कुछ चमकाकर, घूमकर द्वार की ओर जाना चाहा; परन्तु सहसा वही सुन्दरी उठकर उसके कंधे पर हाथ रखकर बोली—"जब कहीं मनुष्य जाता है, तब उसे आतिथ्य-सत्कार ग्रहण...।"

"अरे, यह तुम—नहीं मुझे भ्रम हो रहा है। मुझे छोड़ दो"—अग्नि ने कहा।

"वाह ! यह अच्छी रही। सुनूं भी, आप का भ्रम क्या है ?"—"सुन्दरी ने हाथ पकड़कर शैया पर बिठलाते हुए कहा।

"तुम कौन हो ?"

मैं···समझ लोजिए मैं कालिन्दी हूँ।"

"हो ही, समझ क्या लूं ! परन्तु इस छल का क्या तात्पर्य ! क्या तुम जो बात यहाँ कह सकती हो, वह गंगाधर मन्दिर में नहीं कह सकतो थीं ?"

"कालिन्दी मैं नहीं हूँ, यह बात वहाँ कैसे विश्वास की जा सकती है ?"—कहती हुई वह अग्निमित्र के समीप शैया पर बैठ गई। उसके अंग-अंग से लावण्य की ज्योति, यौवन का स्फुलिंग छूट रहा था। सुगंध से बसा हुआ उसका उत्तरीय खिसक चला था, जूड़े में लगी चमेली की माला महकने लगी थी। हाँ, मुख के निःश्वासों में कादम्ब की भीनी महक, आँखों में मादकता के डोरे ! अग्निमित्र ने देखा सचमुच कालिन्दी ही तो है। विकृत वेश में उसे, उसने मन्दिर में देखा था। उसने आश्चर्य से पूछा—"इस माया का क्या तात्पर्य है ?"

"मैं दासी हूँ न, आपकी सेवा करने के लिए यह...!" वह कुछ सलज्ज हो रही थी।

"अच्छा, बताओ तुम कौन हो ?"

"आप नहीं जानते ?"

"जानना सहज नहीं, फिर ऐसी मायाविनी को ! कालिन्दी, तुमने मुझे यहाँ क्यों बुलाया, अपना अर्थ स्पष्ट कहो। मैं अधिक नहीं ठहर सकता।"

"हा दैव ! स्त्री का मुँह कुछ बातों के लिए बंद रहता है, यह क्या आप नहीं जानते ?"

"जानता हूँ; परन्तु वे तुम्हारी जैसी नहीं होतीं। तुम छद्म-वेशधारिणी दासी हो या राजरानी हो, कह नहीं सकता। तिस पर भी तुम चाहे कुछ हो, मैं तुम्हारे लिए क्या कर सकता हूँ, यह तो तुम्हीं को बताना होगा।"

"मेरी विपत्ति अभी तक नहीं समझ सके निष्ठुर ! मैंने जिस दिन से गंगा मन्दिर पर तुमको...।"

"चुप रहो कालिन्दी, मैं स्त्रियों के प्रेम का रहस्य नहीं समझ पाया हूँ। जब वह चंचल लास्य मन से मन को...अथवा, जाने दो मैं प्रणय के स्वाध्याय में असफल विद्यार्थी हूँ। दूसरी कोई बात हो तो कहो।"

"अग्निमित्र, चौंको मत। मैं तुम्हारा परिचय जान गई हूँ और मैं कालिन्दी हूँ, इसमें सन्देह नहीं, परन्तु परिचारिका नहीं। मगध के विश्वविश्रुत नन्दराज का रक्त मेरी धमनियों में है। मैं कुमारी हूँ; समझा। मैं तुम्हारे प्रणय के उपयुक्त हूँ। भिक्षुणी इरावती से कहीं अधिक...।"

अग्निमित्र ने उत्तेजित होकर उसके मुँह पर हाथ रख दिया—"चुप रहो।"

"क्या उसका नाम भी न लूँ। वाह ! इतना पक्षपात।" —फिर वह खिलखिला कर हँस पड़ी। अग्निमित्र असन्तुष्ट होकर खड़ा हो गया; किन्तु कालिन्दी भी साथ ही खड़ी होकर कहने लगी—"देखो अग्निमित्र ! मैं राजगृह की धर्मशाला की घटना सब जानती हूँ। तुमने जिस पथ पर चलना निश्चित किया है, वही तो मेरा भी है। फिर...।"

"अरे ! तो क्या तुम्हीं धर्मशाला के खँडहर में उस भयावनी रात्रि के सन्नाटे को भंग करती हुई रो रही थी !"

"हाँ ! मैं ही थी; जिसे बचाने के लिए तुम वायु वेग से अपने अश्व पर दौड़े हुए आये थे। फिर क्या हुआ वह तो सब तुम्हें विदित है।" अग्निमित्र उस रहस्यमयी को तीखी दृष्टि से देखता हुआ फिर बैठ गया।

"हाँ, यह ठीक है। पहले कुछ खा-पी लो। तुम्हारा मन स्वस्थ हो जाय, तब हम लोग बातें करें।" —यह कहकर उसने स्वादु पक्व मांस और मधुर गंध-वाली सुरा सामने रख दी। चौकी समीप खिसका कर बोली—"कहिए तो मैं

ही खिला दूँ।" —फिर वही तीव्र कटाक्ष और रसीली मुसकान ! अग्निमित्र ने कहा, "नहीं, इसकी आवश्यकता नहीं।" —वह भूखा था ही, कुछ-कुछ खाने लगा। और मन-ही-मन अपनी अवस्था पर विचार भी करने लगा। उसे सोचने का अवसर मिला, इस रहस्यमयी रमणी के साथ कैसा व्यवहार किया जाय ! उसने धीरे से एक पात्र कादम्ब चढ़ा लिया, फिर बोला—

"मैं तो उस दिन की घटना भी कुछ नहीं समझ सका कालिन्दी ! तुम जानती हो कि मगध मेरे लिए नया है; विशेषतः यह रहस्यों की नगरी कुसुमपुरी ! मैं तो अभी इनको समझ भी नहीं पाया हूँ। मैं राजगृह की ओर जा रहा था। मार्ग अपरिचित होने से भटक रहा था। रात हो गई थी। तुम्हारा क्रन्दन-स्वर सुनाई पड़ा, वहाँ चला गया; परन्तु वह घटना तो मुझे गंधर्व नगर की-सी जान पड़ती है। कुछ समझ में नहीं आया। उस टूटी कोठरी में जब तुम्हारा शब्द सुनकर मैं पहुँचा तो वहाँ अंधकार था। किसी ने धीरे से मुझसे कहा—'चुप रहिये।...' फिर जैसे किसी स्त्री ने मेरा हाथ पकड़ लिया। उसमा हाथ थर-थर काँप रहा था। सम्भवतः भय से वह मुझसे लिपट जाना चाहती थी।"

कालिन्दी अपनी हँसी न रोक सकी। इधर अग्निमित्र पर कादम्ब ने रंग चढ़ा दिया था। वह कहने लगा—

"तुम हँसती हो, हाँ तो सुनो, तुम्हारे पास की ही कोठरी में पाँच मनुष्य जो ठहरे थे, वे बाहर निकल पड़े। यह जानने के लिए कि कोई उपद्रव तो नहीं हो रहा है। वे इधर-उधर अंधकार में खोजने लगे। इतने में एक पुलिन्दा मेरी कोठरी में आया। साथ ही चार...नहीं मैं भूल कर रहा हूँ, पाँच व्यक्ति...चुन्नटदार काली धोतियाँ डाले, जिसमें कनटोप भी सिला था, जिसपर लाल स्वस्तिक लगा था, कोठरी में घुस आये। किवाड़ बन्द हो गया था। अब हम लोग सात व्यक्ति उसमें थे। उस स्त्री ने अवगुण्ठन खींच लिया था। क्योंकि कोठरी के किसी गुप्त स्थान पर से आवरण हटा देने से जब प्रकाश हो गया तो मैं चकित हो गया था। और वे मुझको देखकर आश्चर्य में थे। कदाचित् वे मुझ पर आक्रमण किया ही चाहते थे; परन्तु स्त्री ने संकेत से उन्हें रोक दिया। मैं अपने खड्ग पर हाथ रखकर भविष्य की प्रतीक्षा कर रहा था। उन्होंने बण्डल खोल डाला। उसमें से बहुमूल्य आवरण में लिपटा हुआ एक पत्र निकालकर वे पढ़ने लगे। कदाचित् वे न पढ़ सके।"

"हाँ, तब मैंने संकेत किया तुम्हें चुपचाप पढ़ लेने के लिए। फिर तुमने कानों में कहा—'यह खारवेल के लिए जिनमूर्ति ले जाने का निमन्त्रण है। मगध सम्राट् ने उन्हें बुलाया है।' फिर वह पुलिन्दा उसी तरह बाँधकर छोड़ दिया गया।

और हम सब बाहर एक गुप्त मार्ग से निकल गये। तुमने कहा गया कि देखो इसकी चर्चा मत करना; परन्तु तुमने पिता से उस बात को कह दिया। और इसका दण्ड भी उन भयानक स्वस्तिक दल वालों ने तुमको देना चाहा। परन्तु तुम बच गये। यही सब न तुम कहना चाहते हो?'' —कालिन्दी ने हँसकर कहा।

अग्निमित्र बालकों की तरह उसका मुँह देख रहा था। कालिन्दी ने फिर कहा—''मैं तुम्हें सावधान कर देना चाहती थी; परन्तु अवसर न मिला। स्वस्तिक के गुप्तचर तुम दोनों—पिता-पुत्र के पीछे लगे थे। अच्छा ही हुआ कि कोई घायल नहीं हुआ।''

''कालिन्दी तुम क्या हो? वहाँ तुम क्यों गई थीं?''

''मुझे मालूम था कि खारवेल के दूत के साथ बृहस्पतिमित्र का दूत जा रहा है। वह क्या सन्देश है? यह जान लेना स्वस्तिक के लिए आवश्यक था। राजगृह के बाहर ही धर्मशाला में उनको ठहरने के लिए तत्पर कराया गया और कौशल से वह राजसंदेश पढ़ लिया गया। बस इतनी तो बात है। न जाने कहाँ से तुम भूल-भटककर उसी समय वहाँ पहुँच गये थे।''

''परन्तु तुम यह सब क्यों करती हो?''

''इसलिए कि कोई वीर पुरुष साहसी मेरा सहायक नहीं। मैं अपने जीर्ण गृह में चुपचाप दुख के दिन काट रही थी। मृत सम्राट् शतधनुष ने कदाचित् मुझे अपनी काम-वासना तृप्त करने के लिये पकड़वा मँगाया। संयोग, मैं जिस दिन सुगांग प्रसाद के इस कोने में आई, उसी दिन दुर्घटना ने शतधनुष की मृत्यु हो गई। आन्तर्वेशिक ने मेरे लिए सब उपकरण, अलंकार, दास, दासी और अन्य व्यवस्था ठीक कर दी थी। मैं यहीं रह गई और उसी का प्रतिशोध चाहती हूँ। मौर्यों ने नन्दों का विनाश किया था। मैं मौर्यों का विनाश करूँगी''—कहते-कहते कालिन्दी तनकर खड़ी हो गई। उसके मुख पर उन्माद के लक्षण दिखाई पड़े। नसें फूल गई थीं। मुख आरक्तिम और भयानक हो गया था। धीरे से उसने मणिमेखला में से पतली धार की कृपाण निकाल ली। उसका उत्तरीय खिसक कर गिर पड़ा था। उन्नत वक्षस्थल पर नीली रेशमी पट्टी मात्र बँधी थी। वह अर्द्ध नग्न-सी थी। मोतियों की एकावली के नीचे, छाती पर, अग्निमित्र ने आश्चर्य से देखा कि वही लाल रंग का, माणिक्य में काटकर बनाया हुआ स्वस्तिक झूल रहा था।

अग्निमित्र क्षण-भर के लिए स्तब्ध था। फिर सहसा अपने को सँभाल कर उसने कहा—''कालिन्दी! सावधान!''

"हाँ, मैं सावधान हूँ, प्राण हथेली पर लिये मैं किसी भी भविष्य की प्रतीक्षा में हूँ। अग्निमित्र ! मैं...फिर भी राजनन्दिनी हूँ। यह अभियान मेरे मन से नहीं गया है ! नन्द की निधि मेरी सम्पत्ति है। और होगी। किन्तु तुम न जाने कहाँ से बीच में आ पड़े। मैं स्त्री हूँ। आह ! तुम अग्निमित्र ! अब तक जीवित न रहते। परन्तु मैं अपने हृदय से हारी हूँ। मैं राजप्रेयसी ! राजनन्दिनी ! अनुग्रह की क्षमता खो नहीं सकी हूँ। अग्नि ! लो मैं अपना बहुमूल्य प्रणय तुम्हें दान करती हूँ।"

कालिन्दी सचमुच निग्रह और अनुग्रह को क्षमता रखने वाली साम्राज्ञी-सी दिखाई पड़ती थी। उसकी पतली काया उस रत्न और आलोक की छाया में महिमा और गौरव से पूर्ण थी। वह सिंहनी थी। अग्निमित्र ने यह सब देखा, फिर हँस कर कहा—"तो...कालिन्दी ! मुझे सोचने का अवसर न दोगी ! क्या तुम मुझसे झूठा वाक्य चाहती हो। यह प्राण के भय से भी मैं नहीं कर सकूँगा। मुझे सोच लेने दो, मैं प्रणय या अनुग्रह का भिखारी नहीं; किन्तु हृदयहीन भी नहीं हूँ। विश्वास रक्खो मैं इसका उत्तर कल दूंगा ?"

कालिन्दी ने अपने को अपमानित समझा। उसके नेत्र आरक्तिम हो उठे। परन्तु रमणी के नेत्र ! उनमें अधिक ताप होते ही जल-विन्दु दिखलाई पड़े। कृपाण फेंक कर वह गिरने की तरह शैया पर बैठ गई। अग्निमित्र को प्रमाद हुआ, उसने आज तक यह दृश्य नहीं देखा था। इरावती को शान्त शरद नदी के रूप में देखा था; जिसमें मीठी हिलकोर थी। किन्तु यह तटवृक्षों को बहा ले जाने वाली, उत्ताल तरंगमयी, कूलप्लाविनी वर्षा की बढ़ी हुई महानदी उसने जीवन में आज ही देखी। आवर्त में आ गया।. उसने अपने कंचुक के भीतर से ताम्रपत्र निकालकर कालिन्दी के समीप रख दिया; और कहा—

"कालिन्दी ! राजनन्दिनी ! यह लो तुम्हारी निधि है, तब उसका ताम्रपत्र रखने की अधिकारिणी तुम्हीं हो। और यह मेरा जीवन तो अब कमल-दल का विंदु है। मैं रोगी नहीं हूँ, मरणासन्न भी नहीं। किन्तु किसी भी क्षण क्या होगा, कह नहीं सकता। मैं भी तुम्हारी तरह बृहस्पतिमित्र का विरोधी हूँ। आज इतना ही, फिर अभी संसार में कुछ और लेना-देना है, उसे समझकर कल तुमसे कहूँगा।"

"अर्थात् पिता से ?"

"नहीं, अपने मन से।"

कालिन्दी सहसा उठकर अग्निमित्र से लिपट गई। अग्निमित्र ने अनिच्छित आलिंगन को प्रमाद ही समझा। धीरे-धीरे उसने अपने को अलग किया। कालिन्दी ने पान दिया, और ताली बजाते ही दासी उपस्थित हुई।

अग्निमित्र उसके पीछे-पीछे चला। कालिन्दी उसे मधुर प्रणय-दृष्टि से एकटक देख रही थी।

अन्धकार में प्रहरियों से बचता जब अग्निमित्र घर पर आया, तो उसका मस्तिष्क जैसे विकल हो रहा था। वह शैया पर पड़ते ही, इरावती और कालिन्दी की तुलना करता हुआ थकावट की नींद में सो गया।

"आनन्द ! आनन्द ! आनन्द !" फिर तीव्र शृंगनाद ! सब लोग चौंक उठे। नगर में हलचल तो थी हीं । वृद्ध सेनापति के, कान्यकुब्ज में वीरगति प्राप्त होने के समाचार ने कुसुमपुर में भयानक त्रास उत्पन्न कर दिया था । सब लोग सशंक होकर कुसुमपुर के अवरोध की प्रतीक्षा कर रहे थे । फिर यह तीव्र शृंगनाद ! और यह युवा बलिष्ठ ब्रह्मचारी सिर पर रुद्राक्ष की माला, कंठ में यज्ञोपवीत, खुले हुए अस्त-व्यस्त केश, काषाय का अँचला डाले हुए अद्भुत जगाने वाले की तरह कहाँ से आ गया ।

कुक्कुटराम के भिक्षुणी-विहार के द्वार पर उसका शृंगनाद वेग से हुआ था। कपाट खुला। इरावती निकल आई। जिस दिन से उन छोकड़ियों ने उसे छकाया, उसी दिन से वह अपने ऊपर विचार कर रही थी । वह सुनने लगी—

"दु:ख का अंधकार, नटराज के अग्नि-ताण्डव से जल रहा है । देखो, सृष्टि, स्थिति, संहार, तिरोभाव और अनुग्रह की नित्य लीला से समस्त आकाश भर उठा है । आत्मशक्ति के विस्मृत विद्य ुत्कण ! अपने स्वरूप में चमक उठे ! उठो, मंगलमय जागरण के लिए विषाद-निद्रा से उठो !"

ब्रह्मचारी ने फिर शृंगनाद किया । वह आगे बढ़ने ही वाला था कि इरावती ने कहा—"क्या कहा आपने । यह आशामय संदेश। नहीं यह मिथ्या है, प्रलोभन है।"

"अनात्म के वातावरण में पला हुआ यह क्षणिक विज्ञान, उस शाश्वत सत्ता में सन्देह करता है । माँ ! तुम सर्वशक्तिमती हो । आनन्द के उल्लास की मात्रा ही जीवन है, यह भूल क्यों गई हो ?"—ब्रह्मचारी ने हँस कर कहा ।

"परन्तु मुझे तो अपने कर्मों पर पश्चाताप की ज्वाला में जलने की आज्ञा मिली है । और इस यातना का कभी अन्त होगा कि नहीं, नहीं कह सकती ।"

"कौन-से ऐसे कर्म हैं देवि, जिन्हें हम आनन्द की भावना में भस्म नहीं कर सकते । तुमसे कौन-सा अपराध हुआ है ?"

"मैं नहीं जानती । लोग कहते हैं—मैं नाचती थी, आनन्द मनाती थी। यही मेरा अपराध हो सकता है ।"

"माँ ! तुम शक्ति-स्वरूपा हो, अर्न्तानिहित आनन्द की अग्नि प्रज्वलित करो !

सब मलिन कर्म उसमें भस्म हो जायँगे। उस आनन्द के समीप पाप आने से डरेगा।''—कहता हुआ ब्रह्मचारी आगे बढ़ गया। वह जैसे सबको जगाने के लिए आया था। उसे ठहरने का अवसर नहीं। ठीक उसी समय विहार के दूसरी ओर से एक भिक्षु आ गया। उसने कुछ रोष से कहा—

''भगिनी! तुमने विनय का उल्लंघन किया है। एक अपरिचित पाखण्ड से तुमको ऐसा व्यवहार नहीं करना चाहिए। मैं संघ में इसकी सूचना दूँगा। जाओ भीतर जाओ।''

''क्या फिर अन्धकार के गह्वर में, उसी निराशा के आवर्त्त में! उसी दम घोंटने वाले विषाक्त वायुमण्डल में! ना, मैं नहीं जाऊँगी। मुझे तुम्हारा धर्म नहीं चाहिए। मुझे छोड़ दो।''—इरावती जैसे रो रही थी।

''भगिनी! तुम उस पाखण्ड की पापमति से प्रभावित हो गई हो। जाओ, पापदेशना करना होगा।''

कैसा भीषण जाल फैला है। विवश प्राणी जैसे पाप के कुहरे से अपने को ढँक लेने के लिए बाध्य किया जा रहा है। ''आर्य! मैं स्वीकार करती हूँ कि मैंने अपने इस छोटे-से जीवन में कोई पाप नहीं किया! नहीं किया।''

वह उत्तेजित होकर बोल रही थी। दूसरी भिक्षुणियाँ वहाँ आ पहुँचीं। भिक्षु ने उनसे कहा—''इन्हें भीतर लिवा जाओ।''

इरावती और अन्य भिक्षुणियाँ भीतर चली गईं। भिक्षु वहीं खड़ा रहा, वह किसी की प्रतीक्षा कर रहा था। महास्थविर धीरे-धीरे टहलते हुए उसी स्थान पर आये। भिक्षु के साथ ही वे आगे बढ़े। भिक्षु विनय से कहने लगा—''आर्य भिक्षुणी-विहार की दशा शोचनीय है। किसी दिन संघ को ही यह ले डूबेगा। अभी मैंने देखा कि एक पाखण्ड वहीं खड़ा होकर इरावती नाम की भिक्षुणी को अपने मत का निन्दनीय उपदेश दे रहा था। और वह भी साग्रह सुन रही थी।''

''हूँ और भी वहाँ कोई था?''

''नहीं, वह अकेली थी।''

महास्थविर कुछ सोचने लगे। उनके मन में धर्म-महामात्र वाली बात घूमने लगी। इरावती पर पहला अभियोग लगाया जा चुका था। धर्म-महामात्र के संकेत पर उसे संघ से प्रवाजनीय दंड की व्यवस्था होने जा रही थी। फिर उसने यह उपद्रव किया। महास्थविर धर्म के अनुशासन में उतने प्रयत्नशील नहीं थे, जितने संघ की सुव्यवस्था में। राज अनुग्रह छोड़ने के लिए वे प्रस्तुत न थे। उन्होंने कहा—''तुम अभी जाओ, संघस्थविरा से कहो कि 'महास्थविर का आदेश है...' नहीं...ठहरो, तुम इरावती के साथ उन्हें भी यहीं बुला लो, मैं यहीं खड़ा हूँ।''

भिक्षु ने द्वार पर जाकर घंटा बजाया। भिक्षुणी ने आकर पूछा—"क्या है आर्य ?"

"संघ-स्थविरा के साथ इरावती को भेजो। महास्थविर खड़े हैं।"

भिक्षुणी भीतर चली गई। साथ में इरावती और एक वृद्धा भिक्षुणी को लेकर आई। महास्थविर की सबने वन्दना की।

"मैं यही पूछने आया हूँ कि क्या अनुशासन में भी भिक्षुणी-विहार स्वतंत्र होना चाहता है ? इरावती ने वही अपराध आज फिर किया है ?"

"हाँ, मैं एक तीर्थंक से बातें कर रही थी।"

"विनय भंग करके न ?"

"मैं नहीं कह सकती आर्य !"

"क्या तुम्हारे लिए यह अच्छा नहीं है कि तुम स्वयं विहार छोड़ कर चली जाओ !" —महास्थविर ने कहा, पर रुकते हुए।

"नहीं आर्य ! यह सुधर जायगी। फिर अपने को सँभाल लेगी। इसकी जैसी विनय की पंडिता और शील देने वाली दूसरी यहाँ कोई भिक्षुणी नहीं है।' —वृद्धा ने कहा।

"परन्तु मैं नहीं सुधर सकती। आर्या ! मुझे क्षमा कीजिए, मेरे लिए निर्वासन ही उचित है। तो क्या मैं जा सकती हूँ ?" —इरावती ने कहा।

"अरे भगिनी ! तू बावली हो गई है ! कहाँ जायगी ?"

"कही भी, इस दिवालोक में घूमते-घूमते सन्ध्या तक कहीं-न कहीं शरण मिल ही जायगी। मैं भी देख लूँ कि इस विश्व में, मुझे खड़ी होने के लिए कहीं हाथ भर भूमि है कि नहीं। ऊपर तारा या मेघों की छाया मिलती है कि नहीं ! आर्ये ! मिलेगी ! अवश्य मिलेगी। तो मैं जाती हूँ"—कहकर उसने एक बार झुककर प्रणाम किया और चल पड़ी।

महास्थविर ने दीर्घ निश्वास लेकर कहा—"तथागत-व्यवस्था बिगड़ने के लिए जैसे प्रस्तुत है। क्या उन्होंने जो कहा था कि स्त्रियों को संघ में लेने से केवल ५०० बरस धर्म चलेगा, वहीं सत्य होने जा रहा है, तो फिर क्या करूँ मैं। स्थविरा प्रणाम करके विहार में लौट गई। उसे जैसे कोई भयानक रोग हो गया था। वह लड़खड़ाती भीतर चली गई। और महास्थविर ने कहा—

"तुम जाओ, धर्म-महामात्र को सूचना दो कि इरावती विहार से चली गई।"

भिक्षु चला गया और महास्थविर उल्टे विहार की ओर लौटे। इरावती सचमुच बावली थी। उसे अभी आनन्द का संदेश मिल चुका था। किन्तु जन्म

की दुखिया इरावती के लिए वह जैसे सुन्दर स्वप्न था। वह चली जा रही थी।

ठीक उसी घटना के बाद, घोड़े पर चढ़ा हुआ, उद्विग्न भाव से अग्निमित्र आकर खड़ा हुआ। उसका अश्व सहसा रोके जाने से, कुछ अधिक चंचल होकर पृथ्वी कुरेदने लगा। वहाँ कोई दिखाई न पड़ा। द्वार बन्द था। घबराहट में अग्निमित्र को कोई उपाय न सूझता था। सूर्य कुछ तीव्र हो चले थे। अकस्मात् द्वार खुला और भिक्षुणी दिखलाई पड़ी। अग्निमित्र ने पूछा—"क्या यहाँ इरावती नाम की कोई भिक्षुणी है ? कृपया मुझे बताइए।"

वह अभी ही इरावती वाली घटना देख चुकी थी। उसने जैसे घृणा के कहा —"परन्तु अब नहीं है !"

"नहीं है ?"

"हाँ, विनय के नियमों का उल्लंघन करने के कारण उसे संघ से निकाल दिया गया है।"

"आर्ये ! क्या बता सकती हो वह कहाँ गई ?"

"नहीं, वह इधर सामने चली जा रही थी। अभी अधिक विलम्ब तो नहीं हुआ"—कहती हुई वह किसी काम से दूसरी ओर चली गई।

प्रबल वेग से उसने घोड़े को दौड़ाया। वह अनिश्चित रूप से इरावती की खोज में घूम रहा था। शोण और गंगा के किनारों की भी परिक्रमा लगा लेने पर उसे इरावती न मिली। अग्निमित्र उससे पूछ लेना चाहता था कि 'इरावती ! तुम अपना हृदय न बदल सकोगी ?' किन्तु वह मिली नहीं और अश्व बुरी तरह पसीने से लथपथ हो रहा था। इस अवस्था में जब वह एक स्थान पर आकर रुका तो देखा कि वह कुक्कुटाराम के भिक्षु-विहार के सामने खड़ा है। घोड़े से उतर कर द्वार के समीम एक विस्तृत शिला पर विश्राम लेने के लिए बैठ गया। सामने सायंकाल के सूर्य की पीली किरणें गेरू से पुती हुई विहार की प्राचीर पर पड़ रही थीं। कुक्कुटाराम का विस्तृत द्वार खुला था। अग्निमित्र के देखते-देखते पीली किरणें लाल हो चलीं, अब उसने सोचा, "क्या करूँ ? महा-स्थविर से मिलकर पूछने पर कोई आपत्ति तो नहीं खड़ी होगी।" इतने में एक ध्यानमग्न भिक्षु नीचे सिर किये, सौम्यमुद्रा से उसी के पास ले जाने लगा। अग्निमित्र क्रोध से जल रहा था। उसने पूछा—

"क्या तुम इसी कुक्कुटाराम के स्थविर हो !"—उसके स्वर में तनिक भी नम्रता न थी।

"उपासक ! शान्त हो, इतना अविनय का प्रदर्शन क्यों ?"

"शान्त ! शीतल मृत्यु की-सी शून्यता, और उसका वाग्जाल से भरा विज्ञापन मैं बहुत सुन चुका हूँ। मैं जो पूछ रहा हूँ, उसे बताओ।"

"आओ उपासक ! तुम बैठ कर अपने मन को निरुद्वेग बना लो ! मैं तुम्हें निर्वाण का सन्देश सुनाऊँगा।"

"मैं निर्वाण में विश्वास नहीं करता।"

"ठीक है, यौवन-काल में तुम निर्वाण को व्यर्थ की वस्तु समझ सकते हो; परन्तु वह चरम लक्ष्य है युवक !"

"ठहरो भिक्षु, हम पुनर्जन्मवादी हैं। निर्वाण यदि मानव-जीवन के लिए आवश्यक ही होगा, तो उसे किसी अगले जन्म में खोज लूँगा ? जब जीवन व्यर्थ सिद्ध हो जायगा। ओह ! तुम्हारे इस कुहर में मनुष्य अपने जीवन को भी नहीं प्राप्त कर रहा है। न जाने कब इस कुक्कुटाराम की प्राचीर गिरेगी और वन्दिनी मानवता मुक्त होगी।"

"शान्त हो, तुम कितने पापमति हो ?"

"भिक्षु ! तुम्हारा पुण्य न जाने कब धोखे में पाप बन गया है। मानव-जीवन की चैतन्य ज्वाला की उपयोगिता निर्वाण में बुझ जाने में नहीं है।" अग्निमित्र ने व्यंग से हँसकर कहा। वह घोड़े पर चढ़ने के लिए उसकी ओर बढ़ा और भिक्षु ने मन-ही-मन सोचा—"क्या यह कोई राजकर्मचारी तो नहीं है ?" वही धर्म-महामात्र को इरावती को निकालने का समाचार देकर आया था। तब उसने कहा—"यदि स्थविर से मिलना आवश्यक हो, तो तुम भीतर जा सकते हो।"

किन्तु अग्निमित्र उत्तेजित, क्षुब्ध और आहत-सा हो रहा था। उसने घोड़े पर बैठ कर एँड़ लगाई। वह गंगाधर मन्दिर की ओर चल पड़ा।

नगर के प्रान्त कुंजों में से साँय-साँय का शब्द निकलने लगा था। अग्निमित्र धीरे-धीरे चला जा रहा था। निर्जीव-सा वह जब मन्दिर के समीप पहुँचा, तब उसने देखा कि कालिन्दी परिचारिका-वेश में खड़ी है। उसका मुँह गंगा की ओर था। किसी भावना में तल्लीन-सी वह चुपचाप गंगा की धारा को देख रही थी। उस प्रवाह पर सन्ध्या अपनी गम्भीर छाया डाल रही थी। फिर भी प्रगतिशील जलपुञ्ज कूलों की हरियाली अपने वक्षस्थल पर आन्दोलित करता हुआ, तट के विरल शब्दों को प्रतिध्वनित करता चला जा रहा था। अग्निमित्र भी उसी एकान्त चित्र को बिगड़ने देना नहीं चाहता था। वह धीरे-धीरे अश्व से उतर कर सभामण्डप के समीप पहुँचा। कालिन्दी की तन्मयता भंग न हुई। फिर न जाने क्या हुआ कि उसने अपने विचारों का सहसा अन्त कर देना ही उचित

समझा। कालिन्दी के मुँह से निकला—"हाँ, वह इरावती से ही प्रेम करता है, तब ? और वह भी तो...नहीं अग्निमित्र को मुझसे कोई छीन नहीं सकता।" सहसा वह घूम पड़ी। देखा तो अग्निमित्र उदास और थका-सा उसी के पीछे बैठा था।

"अरे तुम आ गये ?

"हाँ कालिन्दी !"

"इरावती का पता नहीं लगा न ?"

"यह तुमसे किसने कहा ?"

"वही जो सब बातें मुझे बता जाता है। मेरा गुप्तचर !"—कहकर वह मुस्कुरा उठी।

"तब तो इरावती का पता तुमको अवश्य मालूम होगा।"—अग्निमित्र ने कुछ व्यंग से कहा।

"हो भी सकता है ! परन्तु क्या मैं तुम्हें बता दूंगी ?"

"तुम मुझे अवश्य बता दोगी, ऐसी निर्दय तुम नहीं हो !"

"वाह रे ! तुम्हारा विश्वास !—कह कर वह गंगा के किनारे की ओर चली और धीरे-धीरे नीचे उतरने लगी। अग्नि भी उठा। नीचे अन्धकार घना हो रहा था। वह भी कालिन्दी के पीछे चला—जल के समीप एक पत्थर पर कालिन्दी बैठ गई। उसने अग्निमित्र से कहा—"आओ, बहुत थके हो, बैठो।"

अग्निमित्र समीप ही बैठ गया। कुछ काल तक दोनों ही चुप रहे। कालिन्दी उँगली से जल की धारा काट रही थी, किन्तु वह कटती थी ? हाँ उँगली ही शीतल जल से चारों ओर घिरी रही। उसने कहा—

"तो आज उसका उत्तर मुझे दोगे न ?"

"दूंगा।"

"तो फिर कहो न ?"

"बृहस्पति का विरोध करने में, मैं तुम्हारा सहायक हूँ। उसके अत्याचार से..."

"इरावती पर जो उसने किया है न ?"—कहकर कालिन्दी फिर कुछ सोचने लगी।

"और मुझ पर नहीं ?"

"तुम तो मगध के महानायक आज ही बने हो !"

"हाँ अश्वारोही सेना का मैं प्रधान हूँ। किन्तु...नहीं, वह पिता की आज्ञा थी और तुम्हारा अनुरोध !"

"मेरा अनुरोध ?"

"और नहीं तो क्या ?"

"तब तुम मेरे अनुरोध को इतना मानने लगे ! किन्तु अग्निमित्र ! मैं तुम्हारी सेना की सहायता नहीं चाहती । मैं तुम्हें...केवल तुम्हारी सहायता इस संसार के सुख-दुख में चाहती हूँ । कालिन्दी को और कुछ नहीं चाहिए । देखो, मगध का साम्राज्य तुम्हारा होगा और तुम मेरे, केवल मेरे हो जाओ । मैं जीवन में निष्ठुर कल्पना लेकर ही जीवित हो रही थी, किन्तु तुमने उसमें न जाने कहाँ से माधुर्य की पुट लगा कर उसे कैसा कुछ बना दिया है ।"

"वह भ्रम भी हो सकता है कालिन्दी ! मुझमें जिसने मिठास भर दी थी, वही न जाने क्या हो गई ! निष्ठुर ! क्रूर । किन्तु जाने दो, उन सब बातों का अभी अवसर नहीं; फिर जब कभी वह क्षण आवेगा तो देखा जायगा । अभी तो हम लोग एक कर्तव्य के लिए तत्पर सहकारी ही हो सकते हैं । चलो, तुमको जो निधि का भेद नहीं मालूम है, वह भी बता दूँ ।"

अग्निमित्र उठा और दीर्घ श्वास लेकर कालिन्द्री भी उठ खड़ी हुई । दोनों धीरे-धीरे नन्दी के पास आये । अग्निमित्र ने षट्कोण के बिंदु पर अँगूठा रख कर दबाया । पास की ही एक पटिया झूल पड़ी । अग्निमित्र ने कहा—"लो, यही निधि का गुप्त द्वार है । अब तुमको जाना हो तो भीतर जाओ ।"

"नहीं, इसे बन्द कर दो; अभी नहीं, फिर कभी साथ ही चलूँगी । देखो, कोई इधर ही आ रहा ।" कालिन्दी ने धीरे से कहा । अग्निमित्र ने फिर खटका दबाया, पटिया अपने स्थान पर आ लगी । फिर दोनों सशंक आगन्तुक की ओर देखने लगे । कालिन्दी के संकेत करने पर अग्निमित्र एक ओर छिप गया और आगन्तुक ने समीप आकर चिल्लाकर कहा—"है, यहीं है ।" साथ ही कई सैनिक और आ गये । कालिन्दी तनकर खड़ी हो गई और तीखे स्वर से पूछा—

"तुम लोग किसको खोजते हो ?"

"तुम्हीं को ।"

"मुझको, गंगाधर की परिचारिका कालिन्दी को । भला क्यों, मैं सुनूँ भी ?"

"अरे ! तुम इस मंदिर की परिचारिका हो ।"

"और नहीं तो क्या हूँ ?"

"यहाँ कोई भिक्षुणी नहीं है ?"

"नहीं, सामने कुटी में मेरी रुग्णा बहन है । और कोई नहीं ।"

"उल्का ले आओ ।" पहले आगन्तुक ने कहा । देखते-देखते कई सैनिकों ने

सामने की कोठरी को घेर लिया। कालिन्दी क्षण-भर के लिए चञ्चल हुई। उसने अग्नि से जाकर कहा—"अब क्या होगा ?"

"क्यों ?"

"उसी में इरावती है ?"

"इरावती !" रोष और घृणा से अग्निमित्र ने उत्तेजित होकर पूछा। फिर देखा, तो एक उल्काधारी कोठरी में घुसना ही चाहता है। अग्निमित्र व्याघ्र की तरह एक छलांग मार कर उसके सिर पर जा पहुँचा। उल्का बुझ गई।

घोर अंधकार छा गया। अग्निमित्र ने अब तक दो सैनिकों को घायल कर दिया था। उसकी रण-गर्जना भीषण होने लगी। ज्यों-ज्यों शत्रु पक्ष जुटकर आता, घायल होकर उसे पीछे हटना पड़ता। कालिन्दी बड़ी विपत्ति में पड़ गई। वह सोचने लगी, "अब क्या होगा ?" अकस्मात् उसके स्वस्तिक-दल के दो व्यक्ति आ गये। कालिन्दी ने तीव्र कण्ठ से पुकारा—"सहायता कीजिए। ये लोग न जाने कहाँ से आकर मन्दिर के समीप रक्तपात कर रहे हैं।"

उल्का जल उठी। अग्निमित्र ने देखा कि वह बुरी तरह घिर गया है। और किवाड़ खोलकर इरावती खड़ी है। अग्निमित्र ने क्रोध से कहा।

"इरावती ! भीतर हटो।"

"नहीं, मेरे लिए रक्तपात की आवश्यकता नहीं; मैं चलती हूँ।" इरावती ने दृढ़ कण्ठ से कहा।

अग्निमित्र को घाव तो लग चुके थे; तिस पर यह मानसिक उथल-पुथल ! वह विमूढ़-सा कुछ सोचने लगा। सहसा उसके सिर पर एक कठोर आघात हुआ और वह मूर्च्छित होकर गिर पड़ा। कालिन्दी ने क्षण-भर विचार किया। उसने अपने दल वालों को रोक कर कहा—"ठहरो ! इरावती को ले जाने दो ! हम लोगों को क्या ?".

आक्रमणकारियों ने इरावती को पकड़ लिया और अपने घायल सैनिकों को उठाकर वहाँ से प्रयाण किया। अब कालिन्दी आहत अग्निमित्र के पास आई, और पुजारीवाला कोठरी में उसे ले जाकर सुला दिया। उपचार करने लगी। सिर में चोट गहरी न थी। घावों पर पट्टी बाँध दी गई। दूध लाने के लिए कहकर वह स्वयं पंखा झलने लगी।

स्वस्तिक-दल के दूसरे व्यक्ति ने कहा—"यह आकस्मिक घटना थी कि हम लोग पहुँच गये। मुझे सन्देह था कि कदाचित् यहीं आपसे भेंट हो जाय। एक समाचार कहना आवश्यक था।

"क्या ?"

"राजगृह के समीप खारवेल आ गया है और गंगा के किनारे शोण के उस पार कान्यकुब्ज से प्रत्यावर्तन करके आने वाली सेना का अग्र भाग पहुँच गया है।"

"रोहिताश्व जाने वाले अश्वारोही कहाँ हैं?"

"शोण के इस तट पर, नावों की प्रतीक्षा है सामग्री के लिए।"

कालिन्दी कुछ चिन्तित होकर बोली—"मैं जाती हूँ, अग्निमित्र को शिविका पर अश्वारोही-सेना के शिविर में ले जाओ। कहना कि इन्हें मूच्छित पाकर हम लोग उठा लाये हैं। फिर वहीं से चल देना और मुझसे भेंट करना।

कुसुमपुर के नागरिकों में भारी हलचल थी। प्रधानतः धनी लोगों और उनसे पोषित साधुओं का समूह व्याकुल था। राजा की धर्म-विजय को सभी लोग आदर की दृष्टि से देखते थे, अनुकरण भी करने थे। संघों के वाद-विवाद, उनके निमंत्रणों की धूम पाटलिपुत्र की व्यावहारिक मर्यादा थी; किन्तु कुसुम-कोमला, दार्शनिकों की कुसुमपुरी दोनों ओर से आक्रान्त थी। फिर अपनी सुविधा, प्राण-रक्षा के लिए चिन्तित होना स्वाभाविक था, विशेषतः इस संसार में निश्चिन्त, परलोक-विचाररत, मनुष्यों को। पश्चिम में जाना तो असम्भव था। उधर यवनों की सेना थी। हाँ, पूर्व में दक्षिणी मगध की पहाड़ियाँ सुरक्षित थीं। प्रायः लोग उधर ही भाग रहे थे। शोण से चौथाई योजन की दूरी पर पाटलिपुत्र के दक्षिण एक विशाल झील थी, जिसमें शोण का एक सोता आकर मिल गया था। इसी त्रिभुज में अश्वारोही सेना का शिविर था। सेनापति का पद भी पुष्यमित्र को मिला था। उस दूरदर्शी सैनिक ने, नगर के बाहर अश्वा-रोहियों का शिविर इसी उद्देश्य से रक्खा था कि समय आने पर अश्वारोही दोनों ओर द्रुत गति से जा सकते थे। राजगृह का पथ तो उनके अधिकार में था ही, जल घट जाने से शोण संगम तक भी अश्वारोही सेना पहुँच सकती थी।

उस झील में कमलों की भरमार थी। जल स्वच्छा था। नगर से एक पथ उसी के किनारे-किनारे दक्षिण चला गया था। संध्या समीप थी। शिविरश्रेणी में अभी तक दीपक नहीं जले थे। पथ से दो पथिक जा रहे थे। एक स्थूलकाय किन्तु नाटा था। दूसरा लम्बा-चौड़ा परन्तु सुकुमार था। दोनों थके थे, परन्तु मोटे ने साहस बढ़ाते हुए कहा—"अब तो वही कुसुमपुर है।" दूसरा उसके इस कहने पर तो बैठ ही गया। "हाँ जी, अब तो आ ही पहुँचे हैं, तनिक विश्राम कर लें।"

"अरे नहीं चन्दन ! सब परिश्रम नष्ट हो जायगा। इतने दिनों का किया-धरा सब मिट्टी हो जायगा। अब क्या है ? थोड़ा-सा साहस और करो"—कहता हुआ वह दयनीय दृष्टि से उसे देखने लगा।

चन्दन ने अपने पैर उठा कर उसे दिखाते हुए कहा—"देखते नहीं; पैरों के

छाले घरवाली की तरह गाल फुलाए हैं। न ! मैं तो इसी में से कमलगट्टे खा कर यही जल पी लूंगा। तुम मेरी चिन्ता छोड़ो सेठजी ! जाओ अपने घर चले जाओ। तुम्हें यहाँ तक पहुँचा दिया। बस, वही सामने कुसुमपुर है। मैं शपथ-पूर्वक कहूँगा कि सेठ धनदत्त के साथ मुझे नित्य पतला यवागू मिलता रहा। कभी अजीर्ण नहीं हुआ। बरसों कभी रोगी नहीं हुआ। पथ्य, केवल पथ्य मिलता रहा। समझे आप !"

"किन्तु इतना रत्न लेकर अकेले उतनी दूर जा कैसे सकूँगा भाई ! जब तुम इतनी दूर आये तब थोड़ा और सही। एँ बस !"

किन्तु चन्दन तो लम्बा हो गया। धनदत्त बड़ी दुश्चिन्ता में पड़ा। नगर सामने दिखलाई पड़ रहा है। किन्तु संध्या हो चली है। उसके पास रत्नों का ढेर ! कोई भी साथी नहीं। वह चन्दन पर चिढ़ने लगा था, इतने दिन खिलाया-पिलाया, साथ रक्खा और यहाँ आकर फैल गया। उधर चन्दन सेठजी से ऊब गया था। नगर की ओर से एक युवक आता हुआ दिखाई पड़ा। धनदत्त ने उसे देखकर पूछा—"सुनो तो, तुम किधर जा रहे हो ?"

"मैं...मैं...मैं" उसके मुंह से अधिक कुछ न निकल सका। श्रेष्ठी धनदत्त प्राचीन व्यापारी, देश-विदेश देखा-सुना था। उन्होंने डाँट कर कहा—"में...यें भेड़ों की तरह न करो। मैं पूछता हूँ, तुम किधर !"

"पूछो मत ! महा उपद्रव !"

"अरे कुछ कहो भी।"

"देखते नहीं उधर !"

धनदत्त ने उसके संकेत की ओर चौंक कर देखा—शिविरों की श्रेणी ! उसने पूछा—"यह सेना कैसी ?"

"पाटलिपुत्र पर दोनों ओर से आक्रमण होने वाला है। इसी से मेरी स्वामिनी बाहर चली गई हैं।"

"तो तुम बेकार हो ? मैं तुमको अपनी सेवा में नियुक्त कर लूँगा। चलो, मुझे मेरे घर पर पहुँचा दो।"

"वाह ! यह अच्छी रही। मैं तो हिंसा से डर कर इतनी बड़ी अपनी स्वामिनी की निधि छोड़कर चला आया। अब फिर चलूं, मारकाट करने !"

"निधि कहा ? कैसी ?"

"अजी तुमने सार्थवाह धनदत्त का नाम कहाँ से सुना होगा ? फिर पूरी कथा तुमको सुनाने बैठूं, इतना अवसर मुझे नहीं।"

"तो धनदत्त ! हाँ, [illegible] मुझसे आंध्र देश में भेंट हुई थी। मैं तो वहीं उनके

घर जा रहा हूँ। हुआ क्या ?"—कहकर उत्तर की प्रतीक्षा में व्याकुल धनदत्त, उसे देखने लगा।

"धनदत्त के तीन भूगर्भ सोने से भरे हैं। मैं उस पर प्रहरी था, किन्तु जब स्वामिनी मणिमाला ही अपने एक विश्वासी मित्र के साथ बाहर चली गईं तो फिर मैं प्राण देने के लिए क्यों रहूँ ? सुना है, यवन लोग राज्य करने नहीं आ रहे हैं, उन्हें तो कुसुमपुर को लूटना है। फिर मैं क्यों यहाँ रहूँ ? जाता हूँ। गाँव में बैठकर धर्मसूत्र का पाठ करूँगा"—कह कर युवक चलने को उद्यत हुआ, तो उसे रोक कर धनदत्त ने कहा—

"भला उसका विश्वासी मित्र कौन है, यह तो बताते जाओ।"

"एक आजीवक, जिसे स्वयं धनदत्त ने भेजा था। वह बात-बात में कहा करता है 'मनुष्य कुछ कर नहीं सकता।' बस उसी के साथ मणिमाला अपना ऊपरी विभव लेकर चली गई। अच्छा मुझे छुट्टी दो।"

"सुनो जी तुम मिथ्या कह रहे हो। धनदत्त ऐसा मूर्ख नहीं जो अपनी स्त्री के लिए एक विश्वासी मित्र भेज दे। वह तो कोई राक्षस होगा जी, मणिमाला-जैसी साध्वी को बहका ले गया है।"

"ना, ना, ना, वह तपस्वी ! तीर्थक ! बड़ी-बड़ी जटा ! त्यागी ! भला वह पिशाच होगा !" कहता हुआ युवक चला गया।

धनदत्त ने पूरे बल से झकझोर कर चन्दन से कहा।—"चन्दन ! तू अभी सोता ही रहेगा ? अरे चल भी घर की क्या दशा है देखूँ तो ?" चन्दन आँख खोल कर बैठ गया। उसने कहा—"मुझे तो नींद आ रही है। वह सामने चैत्य है, वहीं जा कर सो रहूँ। कल प्रभात में, मंगल-बेला में घर पहुँच जाऊँगा।"

इतने में एक आजीवक उसी स्थान पर आकर चन्दन से पूछने लगा—"धर्म-शाला कितनी दूर है, उपासक !"

धनदत्त कुढ़ रहा था। उसने कहा—"धर्मशाला पूछते हैं आप ? समूचा मगध धर्मशाला ही तो है। जहाँ चाहिए रहिए। पूछना क्या है; यही सुन कर तो सुदूर यवन-देश से बहुत-से अतिथि आ गये हैं।"

"मैं आपकी बात समझ नहीं सका।"

"आश्चर्य ! इतनी छोटी-सी बात और इस दार्शनिक मस्तिष्क में नहीं आई।"

"नहीं भी आ सकती है। होगी वैसी बात ही, मुझे तो धर्मशाला चाहिए, न होगा तो इसी सामने वाले चैत्य-वृक्ष के नीचे पड़ रहूँगा।"

"पड़ रहिए। मैं पूछता हूँ कि मगध ही ऐसा अभागा देश है क्या, जहाँ

दरिद्र दार्शनिक उत्पन्न होते हैं ? जिसे कपड़ा नहीं मिला उसने सोच लिया कि माता के गर्भ से क्या कपड़े पहन कर आये थे ? बस एक सिद्धान्त बन गया, नंगे घूमने लगे। कभी धोखे से कोई मच्छर मुँह में उन्हीं की श्वासों से खिचकर चला गया, बस प्राणि-हिंसा ही हो गई। मुँह पर कपड़े बाँध कर चलने लगे। गड़ गया काँटा—ढोंग बनाया कि चीटियाँ दबती हैं। फिर तो हाथ में झाड़ू वाले दार्शनिक ! शिर नहीं घुटा—जटाधारी अस्वस्थ हुए, पानी गरम करके पीने लगे। और ये सब सिद्धान्त बन गये। वाह रे मगध !'' धनदत्त का स्वर ऊँचा होने लगा था। उसे मणिमाला और आजीवक वाली बात स्मरण हो रही थी। सामने था आजीवक ! चन्दन को झपकी आ रही थी। सेठजी बक रहे थे। भीतर क्रोध आ रहा था मणिमाला पर। धैर्य से उसने कहा—''तो फिर चलिये उसी चैत्य पर विश्राम किया जाय ! चन्दन थक गया है, इसे भी लिवा ले चलें—''कह कर धनदत्त ने चन्दन का हाथ पकड़ा। वह उठ खड़ा हुआ। तीनों चैत्य-वृक्ष के नीचे पहुँचे। पहले तो चैत्य-वन्दना की गई, फिर एक ओर वृक्ष के नीचे आसन लगाने का डौल होने लगा।

धनदत्त ने पूछा—''तो आप धर्मशाला में न जाइएगा ?''

''अभी तो नहीं जा रहा हूँ। आगे जाने नियति ! लाखों योनियों में भ्रमण कराते-कराते जैसे यहाँ तक ले आई है, वैसे और भी जहाँ जाना होगा...''

''तो अभी जाना है आपको ! अच्छा बैठिए। कुछ अँधेरा है, तो भी पास ही जल है। मोदक जो बचा है, हम तीनों बाँट कर खा लें। रात्रि में फिर देखा जायगा।'' धनदत्त की उदारता उबल उठी थी। उसे साथी चाहिए, नगर का बाहरी प्रान्त ! पास में रत्न और मणि ! चन्दन भी चौंक उठा। धनदत्त ने पात्र में जल लाने के लिए उससे कहा। उसने कहा, ''मुझे नींद आ रही है, ऐसा न हो कि वहाँ जाकर सो जाऊँ, सो मेरा मोदक दे दीजिए। खाता हुआ वहाँ तक जाऊँगा, अपनी अंजलि से जल पी लूंगा, फिर आप लोगों के लिए जल ला सकूँगा ! इस नींद को भगाने की दूसरी औषधि नहीं।''

धनदत्त ने वही व्यवस्था की, किसी तरह जलपान करके वे तीनों उस चैत्य-वृक्ष के नीचे चुपचाप बैठे। आकाश में नक्षत्रों का उदय होने लगा। अकस्मात् धनदत्त ने कहा—आजीवक ! हम लोग तीनों मनुष्य बारी-बारी से सोयेंगे। क्यों न ! ठीक रहा ?''

''नहीं, मैं तो नियतिवादी हूँ। जब सोना होगा, सो जाऊँगा। तब तुम जगा ही नहीं सकते, अभी तो मुझे नींद आने में कुछ विलम्ब है।'' धनदत्त ने मन में सोचा, ''अभी-अभी इसने लड्डू खाया है। विश्वासघात तो नहीं करेगा,

और करेगा तो अभी नहीं, ठहर कर। तब से एक नींद ले लूँ, फिर तो रात भर जागता रहूँगा !" धनदत्त सोने लगा; और चन्दन तो पहले से ही।

आजीवक ने सोचा—"कितनी दुश्चिन्ताएँ हैं इसे।" टहलने लगा। रात घनी होती जा रही थी। अब पथिकों का आना-जाना बन्द हो गया। किन्तु उसे सन्देह हुआ, कुछ मनुष्यों के उधर ही आने का शब्द क्रमशः समीप होने लगा। आजीवक भी वहीं बैठ गया। कुछ समय तक वह चुप रहा, फिर तो शिविका-वाहकों की 'हूँ हूँ' स्पष्ट सुनाई पड़ने लगी। वाहकों ने शिविका चैत्य-वृक्ष की छाया में रख दी। वे विश्राम करने लगे। साथ के दो सैनिक भी वहीं बैठ गये। उन्होंने देखा तीन व्यक्ति पहले से वहीं पर हैं। सैनिक ने ऊँघते हुए चन्दन को हिला कर पूछा—"कौन हो जी तुम ?"

"मैं, राजगृह का राजवैद्य !" चन्दन स्वप्न से चौंक उठा था।

"वैद्य ! तब तनिक इस रोगी की परीक्षा तो करो"—कह कर उसने चन्दन को शिविका के सामीप ला खड़ा किया। चन्दन था तो चतुर ! जो सैनिक-वेश देखा तो मन में डरा भी फिर उसने सोचा—"इनको मूर्ख बनाते क्या लगता है।" लगा मूर्च्छित व्यक्ति की नाड़ी देखने। सैनिकों से पूछा—"विलम्ब हुआ इन्हें मूर्च्छित हुए न ?"

"हाँ।"

"ठीक है, पूर्ण विलम्बिका है। अतड़ियों में विद्रधि है और नाड़ियों में श्लीपद।"

अकस्मात् एक अट्टहास हुआ। धनदत्त तो गिरते-गिरते बचा, परन्तु भयभीत तो सभी हो गये। धीरे-धीरे एक बलवान् ब्रह्मचारी आकर उनके सामने खड़ा हो गया। ब्रह्मचारी ने पूछा "वैद्यराज ! नाड़ियों में श्लीपद !"

"देखिए उनके पैर भारी हैं। धीरे-धीरे चल रही है।" चतुर चन्दन ने कहा।

"वाह, तुम्हारे जैसे वैद्य तो मगध में ही मिलेंगे ! देखूँ तो"—कह कर ब्रह्मचारी ने रोगी की परीक्षा की। उसने ठहर कर पूछा—"क्या इसके शरीर से, रक्त बहुत-सा बहा है ?"

"हाँ, युद्ध में घायल हुए हैं।" साथ के सैनिक ने कहा।

"ठीक है, तुम लोग आलोक का प्रबंध करो, मैं पास ही जड़ी लेने जाता हूँ—कहकर ब्रह्मचारी तो एक ओर चला गया। धनदत्त ने टटोल कर एक तेल से भीगी वृत्तिका निकाली। पथरी से आग झाड़ कर जला दी गई। ब्रह्मचारी

लौट आया, उसके हाथ में बूटी थी। धनदत्त ने पात्र उसके सामने रख दिया। ब्रह्मचारी दोनों बलिष्ठ हाथों से मसल कर उसमें से स्वरस निकालने लगा।

रोगी के समीप आकर उसने धीरे-धीरे स्वरस उसके मुख में टपकाना आरम्भ किया। अमृत-सी यह बूटी थी। पेट में जाते ही रोगी ने आँख खोल दी। उसने पूछा—मैं कहाँ हूँ ?"

"मित्रों में, घबराओ मत !" ब्रह्मचारी ने कहा। उस स्वर को जैसे रोगी ने पहचाना। वह टक लगा कर देखने लगा। सहसा उसके मुँह से निकला—

"गुरुदेव !"

"अग्निमित्र !"

"आर्य ! बन्दीगृह से निकलने पर आप की प्रतीक्षा नित्य करता था !" अग्निमित्र ने गद्‌गद कण्ठ से कहा।

"शान्त हो, अवसर आने पर मैं स्वयं मिल लूँगा। अभी तो तुम शीघ्र ही शिविर में जाओ। लो यह गुटिका और मुँह में रख लो। तुम्हारा शैथिल्य नष्ट हो जायगा।" फिर हँसते हुए चन्दन की ओर देखकर कहा—"ऐसे वैद्यों से सावधान रहना।"

चन्दन कुछ बोलना ही चाहता था कि एक बैलगाड़ी और साथ में शिविका भी उसी चैत्य-वृक्ष के नीचे आ पहुँची। शिविर में से एक स्त्री निकल कर आलोक के समीप आ गई। उसने कहा—"हम लोग निराश्रय हैं। क्या यहाँ रात बिता सकने की आज्ञा मिल जायगी ?" अभी उसने बात भी पूरी न की थी कि धनदत्त दौड़कर उसके पास पहुँचा। यह चीत्कार कर उठा—"मणिमाला !"

"स्वामी !"—कह कर वह धनदत्त के पैरों से लिपट गई। किन्तु धनदत्त उसे फटकार कर कहा—"अविश्वासिनी ! दूर !"

"क्यों ?"

"मैंने सुना था कि तू एक आजीवक के साथ कहीं चली गई !"

"चली गई नहीं, चली आई कहिए। वह आजीवक भी साथ है; उन्हीं की रक्षा में तो मैं जीवित रह सकी।" उसने गाड़ी की ओर देख कर पुकारा—

"आइए आर्य !"

गाड़ी से उतर कर एक आजीवक साधु आया। उसे देखते ही पहले आजीवक ने चिल्ला कर करा—"अरे मैं यह क्या देखता हूँ ? मेरे गुरुदेव !"

"धनदत्त ! मैंने तुम्हारा कुछ लिया नहीं; यह सब लो। मैं अपनी नियति का भोग भोगने आगे बढ़ता हूँ। आओ वत्स !" कहता हुआ दूसरे आजीवक का

हाथ पकड़ कर वह चलता हुआ। अग्निमित्र के मुँह से सहसा निकला—"वे ही तो हैं, हाँ स्वस्तिक-दल के। इन्हें पकड़ो तो !"

साथ के दोनों सैनिकों ने उनका पीछा करने का अभिनय किया। वे चारों लम्बे हुए। उधर से उल्का का आलोक और टापों का शब्द समीप आ रहा था। चैत्य के नीचे एकत्र लोगों ने आश्चर्य से देखा कि अश्वारोही प्रहरियों-द्वारा वे चारों पकड़ कर वहीं लाये गये। किन्तु आजीवकों के सिर की जटा का अधिकांश सैनिक के हाथ में था। अग्निमित्र ने और भी आश्चर्य से देखा कि अश्वारोहियों का नेता उसका पिता सेनापति सामने खड़ा है।

अग्निमित्र ने उठकर पिता की वन्दना की, किन्तु रोष से पुष्यमित्र ने आशीर्वाद न देकर पूछा—"क्यों महानायक ! यही शिविर का सैनिक कर्त्तव्य तुम कर रहे हो ?"

"आर्य ! मैं तो आहत होकर यहाँ तक शिविका में आया हूँ।" अग्निमित्र ने कहा।

"आहत ! क्या कहीं, युद्ध ?"

"नहीं, आकस्मिक आक्रमण !"

"किन्तु तुम ऐसे स्थान पर गये ही क्यों ? क्या वहाँ सैनिक-चर नहीं जा सकते थे ?"

"भूल हुई !" सिर नीचा कर अग्नि ने कहा। किन्तु सेनापति को संतोष न हुआ। उसने घूम कर देखा—एक भव्य आकृति वाला ब्रह्मचारी ! पीछे धनदत्त और उसकी स्त्री !

"श्रेष्ठि ? तुम कब आये ? और यह सब क्या है ?" सेनापति ने डाँट कर पूछा। धनदत्त ने कुल कथा सुना दी। तब ब्रह्मचारी ने कहा—"सेनापति ! पाखण्ड छद्मवेशियों से तुम्हारी राजपुरी भर गई है। शत्रु दोनों ओर हैं, यदि तुम इन कटंकों का उपाय न करोगे तो विनाश में सन्देह नहीं।"

पुष्यमित्र सिर नीचा कर कुछ विचार कर कर रहे थे, फिर जब सामने देखा तो वह ब्रह्मचारी वहाँ नहीं था।

पुष्यमित्र ने सैनिक को आज्ञा दी—"चार अश्वारोही धनदत्त और उसकी स्त्री को सब सम्पत्ति के साथ जाकर उसके घर पहुँचा दें। और चार इन छद्म-वेशियों को बन्दीगृह में ले जायँ। चन्दन यदि जाना चाहे तो धनदत्त के साथ जा सकता है। और तुम अग्नि ? मेरे शिविर में चलो। शेष अश्वारोही मेरे पीछे रहेंगे ! अग्नि, तुम एक घोड़े पर बैठ जाओ। बैठ सकते हो ?"

"हाँ आर्य !"

कुछ ही क्षणों में सेनापति की आज्ञाएँ पालन की गईं। एक उल्काधारी अश्व से उतरकर आगे चला। अग्नि उस पर बैठकर पिता के साथ-साथ बातें करते-करते धीरे-धीरे शिविर की ओर अग्रसर हुआ।

मगध-नरेश की विशाल रंगशाला से सटा हुआ एक लता-गृह है, जिसमें क्रीड़ा-शैल से एक छोटा-सा झरना दिन-रात बहता रहता है। उसके दोनों किनारों पर छोटी-छोटी श्वेत प्रस्तर की शिलाएँ पड़ी हैं। इरावती उन्हीं में से एक पर बैठी हुई जल के कोमल प्रवाह को देख रही है। मध्याह्न का सूर्य प्रयत्न करके भी उस सघन पत्रावली में किरणों का प्रवेश नहीं करा सका है। हरित अंधकार से वह स्थान पूर्ण है। इरावती पर उसकी छाया अद्भुत रंग-चढ़ा रही है। वह ध्यान-मग्ना दोनों हाथों से अपने घुटनों को बाँधे चुपचाप बैठी है। सहसा वहाँ की छाया गम्भीर हो गई। दूर पर कुंज का द्वार जैसे अवरुद्ध हो गया; वह चौंककर उधर देखने लगी। बृहस्पतिमित्र मुस्कराते हुए भीतर आए। इरावती उठी नहीं और न उसने अभिवादन ही किया। उसकी दृष्टि ने पूछा—"तुम क्यों यहाँ आये ?"

"इरावती !"

"........."

"बोलना भी नहीं चाहती हो ? इतना रोष क्यों !"

"........."

"मैंने तुम्हें भिक्षुणी-विहार में भेजकर भूल की थी। तुम इसी कानन में रहने योग्य मयूरी हो।" बृहस्पति आ रहे थे।

"........."

"तो न बोलेगी ! इतना बड़ा अपराध मैंने किया है।" —कहते हुए सम्राट् उसके समीप आकर बैठ गये।

इरावती उठकर खड़ी हो गई। उसने कहा—"आप कौन हैं ?"

"मुझे नहीं जानती हो; यह अच्छी बात है। समझ लो, मैं कोई हूँ। पर हूँ अवश्य तुम्हारा प्रेम-भिखारी !"

"प्रेम के लिए हृदय सूख गया है ! मैंने इधर बरसों तुम्हारे विहार में संयम और शील की शिक्षा पाई है। मुझे यह सब अच्छा नहीं लगता। मैं जन्म की दरिद्र अकिंचना ! मेरे लिए यह सब विभव-विलास केवल कुतूहल उत्पन्न कर सकते हैं;

आकर्षण नहीं। मुझे क्षमा करो, हाँ यदि शक्ति हो तो कोई प्रबन्ध करो, मैं इस बन्दीगृह से छूट जाऊँ।''

''तुम ऐसी बात न कहो। यह सब तुम्हारा ही है। तुम्हारी आराधना की वस्तु है, इरावती! और मैं मगध का सम्राट् बृहस्पतिमित्र, तुम्हारा अनुचर हूँ।'' ---कहकर उठते हुए उसने इरावती का हाथ पकड़ना चाहा, किन्तु वह झटके में दूर निकल गई। बृहस्पति भावातुर होकर उसके समीप पहुँचा। उन्माद जैसे उद्वेलित हो रहा था! और इरावती! वह तो चोट सहते-सहते कायरता से परे हो गई थी। उसने कहा—

''आप सम्राट् हैं! तब भी मैं अपने को सुरक्षित नहीं समझती! आपको नहीं मालूम कि मैं आरम्भ की देवदासी हूँ। फिर...ओह अंधकार की, शून्य की उपासिका भिक्षुणी! मुझे काम सुख की प्रवंचना में फँसाना धर्म होगा?''

''इरावती! मैं अपने को समझ नहीं सका था। तुम्हारा नृत्य देखकर मैं उन्मत्त हो उठा था। मैंने समझा, यह कला नहीं, विष की बटिया है! इसमें कितने ही मर जायँगे। किन्तु वह मेरा ढोंग था, पहले मैं ही मरा। और अब दूसरा उपाय नहीं। चारों ओर विपत्ति की आँधी है। राज्य पर दोनों ओर से आक्रमण! पर मैं क्या क्षण-भर स्वस्थ रह कर वह सब सोच सकता हूँ। इरावती! विहार में भेजकर भी मैं तुमको भूल नहीं सका हूँ। मेरे हृदय की ज्वाला तुम्हीं बुझा सकती हो। आओ सुन्दरी!'' —कहकर वह कामातुर सम्राट् आलिंगन करने के लिए बढ़ा। चिल्लाकर इरावती पीछे हटी, गिरी और मूर्च्छित हो गई।

ठीक उसी समय ''क्या है?'' कहती हुई कालिन्दी वहाँ आकर खड़ी हो गई। कालिन्दी के चरणों में अलक्तक और नूपुर—राग और संगीत बिखेर रहे थे। काशी का बना, स्वर्ण-तारों से खचित नीला लहँगा, जिसके ऊपर मेखला की सतलड़ी विशृङ्खल हो रही थी। मणि-जटित, कंचुक-पट्ट उभड़े हुए वक्ष-स्थल पर पीछे बँधा था। मरकत का हार अपनी हरियाली की छाया उस कम्बु-कण्ठ पर डाल रहा था, जिसके दोनों ओर दो बड़े-बड़े मोती लटक रहे थे। अधरों पर ताम्बूल राग खिला पड़ता था। अपांग में नीलांजन की रेखा, घुँघराली वेणी के ऊपर एक महीन उत्तरीय! एक हाथ में कुसुमस्तवक, दूसरा कुंज के द्वार पर। मादन चित्र! सम्राट् जैसे अप्रतिभ हो रहे थे। 'यह रूप!' मेरे ही अन्तःपुर में कालिन्दी की दुर्बल काया उसके लावण्य में वृद्धि कर रही थी। वैदूर्य के कंकण से किरणें निकल रही थीं। कालिन्दी अपने नील वसन में आकाश में चाँदनी-सी

खिल रही थी। विच्छित्ति पूर्ण श्रृङ्गार कला की सृष्टि कर रहा था। उसने पूछा—

"आप कौन हैं? यहाँ अन्तःपुर में ऊधम मचाने से क्या फल होगा आप जानते हैं! और यह स्त्री! अरे! यह तो मूर्च्छित हो गई है।"—कहती हुई कालिन्दी मतवाली चाल से कुंजगृह की हरियाली को आन्दोलित करती हुई लता-गृह के भीतर निर्भयता से घुसी। बृहस्पतिमित्र फिर भी चुप! उसे आश्चर्य हो रहा था कि यह कौन सुन्दरी है। कालिन्दी के एक-एक अंग को वह देख रहा था, परख रहा था। कालिन्दी जैसे इन बातों पर ध्यान ही नहीं कर रही थी। उसे तो इस समय इरावती को चैतन्य करने की धुन थी। झरने से जल लेकर उसने मुँह पर छींटे दिये। भय अधिक चोट कम होने से इरावती ने आँखें खोलीं इरावती ने समझा, बड़े अवसर पर महारानी आ गई हैं। उसकी रक्षा के लिए! इरावती बैठ गयी थी। उसने सिर झुकाकर कहा—"रानी मेरी रक्षा करो।"

कालिन्दी सम्राट् की ओर देखकर मुस्कुरा उठी। वह सचमुच अन्तःपुर की अधीश्वरी का अभिनय करना चाहती थी। इरावती का हाथ पकड़कर उसने उठाया और सम्राट् पर व्यंग की मुसकान छोड़ती हुई वह बाहर हो गई। इरा-वती भी साथ में चली गई। विमूढ़-से सम्राट् वहीं बैठे रहे। पालतू पक्षियों की कोमल काकली से बीच-बीच में निस्तब्धता भंग हो जाती थी। परन्तु सम्राट् जैसे एक सपना देख रहे थे। इरावती! और यह कौन! दोनों सुन्दर चित्र! एक के बाद दूसरे की बारी रहती, एक के हटते ही दूसरा उपस्थित हो जाता। फिर नूपुरों की झनकार ने सम्राट् को चौंका दिया। अब तो कालिन्दी फिर सामने थी। इस बार उसकी आँखों में वह चंचलता न थी। भोलापन का वह अभिनय था। उसने सम्राट् की ओर देखकर कहा—"आश्चर्य! क्या तुम अभी यहीं अकड़े हो। मैंने तो समझा था कि तुम चले गये होंगे। कौन हो जी तुम?"

"मैं हूँ कोई। पर तुम तो बताओ यहाँ कैसे आ गई हो? अन्तःपुर में तो मैंने कभी तुमको...देखा...नहीं।" सम्राट् जैसे पहचानने का प्रयत्न कर रहे थे।

"अच्छा तो, इस अवरोध में रसिकता की क्रीड़ा करने के लिए, जान पड़ता है तुम्हारा अनपूछा अधिकार है। तब तो मैं जाती हूँ। मुझको क्या, जो यहाँ का प्रहरी हो स्वयं देखे। क्षमा कीजिए।" वह नाट्य करती हुई लौटने लगी थी। सहसा सम्राट् उठ खड़े हुए। उन्होंने अज्ञा भरे स्वर में कहा—"ठहरो!"

कालिन्दी जैसे भयभीत-सी रुक गई। भोली हरिनी-सी उसकी बडी-बड़ी आँखें प्रश्न करने लगीं—"मुसे छुटकारा कब मिलेगा?"

"मैं सम्राट् बृहस्पतिमित्र हूँ।"

कालिन्दी थरथराई, कँपी, जैसे लड़खड़ा कर घुटनों के बल बैठ गई। उसके दोनों हाथ अञ्जलिवद्ध थे। आँखों में दया की भीख! सम्राट् कुछ हँस पड़े—"अरे! यह क्या? तुम तो अभी-अभी मुझको धमका रही थीं न!"

"क्षमा हो महाराज!"

"किन्तु तुम यहाँ आयी कैसे?"

"मैं तो बरसों से यहीं हूँ, बन्दिनी! सुगांग प्रासाद के एक कोने में पड़ी रहती हूँ। मुझसे अपराध हुआ। आज भूलकर इधर चली आई थी, सो भी अनजान में। एक द्वार जो सदैव बन्द रहता था, आज अकस्मात् खुला देखकर ही आ गई। उस भयभीत बाला को वहीं अपने प्रकोष्ठ में रख आई हूँ। उसके लिए जो आज्ञा हो।" कालिन्दी का कंठ काँप रहा था। उसका अभिनय अत्यन्त स्वाभाविक था।

"अच्छा किया, उसको विश्राम की आवश्यकता थी। उसे अपने समीप ही अभी रहने दो। किन्तु आश्चर्य है, मुझे नहीं मालूम कि तुम कौन हो? इस सौन्दर्य का कुसुमपुर के राजमन्दिर में यह कैसा अपमान!"

"दुर्भाग्य! सम्राट्! मैंने तो कुछ अपराध नहीं किया था। हाँ, जिस दिन मैं यहाँ पकड़ कर लाई गई, ठीक उसी दिन सम्राट् शतधनुष की मृत्यु हुई। संभवतः इसीलिए मुझे कारावास का दण्ड मिला। अन्तःपुर में और कहीं जाने का मुझे निषेध है।" कालिन्दी की आँखों से झड़ी लग रही थी।

बृहस्पतिमित्र ने उस करुण सौंदर्य को आँखों भर देखा। उसके भीतर से जैसे किसी ने कहा—"ओह यह अद्‌भुत सौन्दर्य!" उसने हाथ पकड़कर कालिन्दी को उठाया। हाँ—रोमाञ्च हो रहा था। और कालिन्दी भी अनुकूल अभिनय कर रही थी। सम्राट् ने कहा—

"डरो मत!"

"नहीं, मुझे क्षमा मिले, इस बन्दीगृह से छुटकारा मिले। मैं यह सब रत्न-आभूषण यहीं रखकर चली जाऊँगी।" कालिन्दी विह्वल, चकित और भयभीत थी।

"तुम जाओगी कहाँ, न, यह कभी हो नहीं सकता। अरे! रो रही हो, क्या हुआ जो तुमने मेरी यह छोटी-सी बात जान ली। तुम मेरी सखी हो।"

सम्राट् अपनी दुर्बल मनोवृत्ति से काँप रहे थे। और कालिन्दी एक आँख से हँस रही थी, दूसरी से रो रही थी। उसके अधरों से सिसकी निकल रही थी। कि हँसी, नहीं समझा जा सकता था। उसने विस्मय से पूछा—"सच!"

"हाँ, सच मुझे एक सखी की आवश्यकता है, जिससे मैं अपना हृदय खोलकर सब कुछ कह सकूँ। जो मुझसे सहानुभूति रखती हो। इस जनाकीर्ण अवरोध में, मैं अकेला जैसे अपने को सबसे छिपाता फिरता हूँ। तुम अपना विश्वास मुझे दे सकोगी ?" सम्राट् ने सरलता से कहा। कालिन्दी अपना रोना-हँसना बन्द कर चुकी थी। बाह्य अभिनय समाप्त हो चुका था। वह जैसे प्रकृतिस्थ हो रही थी। 'विश्वास' कालिन्दी दे सकेगी ! जिसके लिए वह बराबर षड्यन्त्र कर रही है, वही उसके विश्वास का भिखारी है। उसने कहा—

"क्षमा हो सम्राट् ! मैं कालिन्दी, नन्दराजवंश की नन्दिनी, मुझ पर विश्वास ! नहीं, आप मत कीजिए।"

"अरे ! तो तुम वहीं हो, राजगृह में...हाँ, मुझे सब स्मरण हो रहा है, किन्तु क्यों ? विश्वास करने से हानि क्या है। तुम कितनी सुन्दर हो कालिन्दी ! इस रूप के भीतर अविश्वासी हृदय ! असम्भव ! तुमको मेरी सखी, सहाय करने वाली, विश्वासपात्री, और सब कुछ बनना पड़ेगा। चाहे और कुछ भी हो, मैंने तो तुम्हारा कोई अपकार नहीं किया है। फिर क्यों सन्देह करूँ ?"

"मैं अपनी बात कह चुकी। अब जैसी आज्ञा हो।" कालिन्दी ने कहा।

"तो चलूँ, तुम्हारे निभृत मन्दिर में, मैं विश्राम चाहता हूँ !"

"नहीं महाराज ! मैं यहीं आपसे कल मिलूँगी। मैं रानियों के द्वेष का लक्ष्य बनकर आपका कुछ भी मनोरंजन न कर सकूँगी। इरावती को मैं..." कालिन्दी ने ठोकर लगाई। इरावती को बृहस्पतिमित्र भूल गये थे उन्होंने कहा—"तो मेरी वह दुर्बलता तुम क्षमा नहीं कर सकोगी ? सखी !"

"नहीं महाराज ! आप धर्म की विजय करने की घोषणा कर चुके हैं।"

"वह मेरा ढोंग है ! राजनीतिक दाँव-पेंच है। मैं अब तुमसे कोई बात नहीं छिपाऊँगा। वह नर्तकी मेरे..."

"बस सम्राट् !" मैं समझ गई। तो उसे आपके योग्य बनने का अवसर मिलना चाहिए। वह काम सुखों को भूल गई है। और एक बात कहूँ।" कालिन्दी हँस रही थी। उसकी मुस्कराहट में सम्राट् तर हो रहे थे। उन्होंने उत्सुकता से पूछा—"क्या ?"

"आप इन खिलवाड़ों में लगे हैं। यवन-आक्रमण से साम्राज्य-ध्वंस होना चाहता है !"

"मैंने मेघवाहन को भी तो बुला लिया है।" सम्राट् ने अपनी सरलता दिखाते हुए कहा।

"देव ! आपकी यह दूसरी भूल है। वह राजगृह से जिन-मूर्ति लेकर चला जायगा। उसे क्या—रहे मगध या जाय !

"तो तुमको यह सब भी मालूम है !" आश्चर्य से बृहस्पतिमित्र ने पूछा।

"हाँ, यह ध्रुवसत्य है। मेरी प्रार्थना है कि आप कुछ सोच-समझकर उपाय करें !" कालिन्दी ने अन्वेषण करने वाली दृष्टि सम्राट् पर डाली और वह कामुक व्यक्ति कालिन्दी का और भी अन्धभक्त बन गया था। उसने कहा—

"कालिन्दी ! तुम उसके कुसुमपुर आने का कोई उपाय नहीं कर सकती हो।"

"इरावती को आप वहाँ तक जाने की आज्ञा देंगे।"—कहकर कालिन्दी ने गंभीरता धारण कर ली।

"इरावती तुम्हारे अधिकार में है। सखी ! जो चाहो—जो उचित समझो !" विवश-से सम्राट् ने कहा।

"मैं भी जाऊँगी।"

"तुम भी ?"

"हाँ !"

"जैसा उचित समझो"—कहकर सम्राट् ने दीर्घ निश्वास लिया।

अकस्मात् बड़े गंभीर स्वर में घण्टा बजने लगा। यह सूचना थी सम्राट् को मन्त्रणा-गृह में आने की। अशोक के समय से ही यह नियम था।

सम्राट् ने उसी शब्द की ओर पैर बढ़ाया।

श्वेत प्रस्तर के एक छोटे-से कुण्ड के समीप—जिसमें उसी प्रस्तर से वनी हुई कमलासना प्रतिमा, अपने हाथों के दोनों लीला कमल से जलधारा उछाल रही है—उदास मन से मणिमाला बैठी है। मणिमाला युवती है, रूपवती है, किन्तु वह अत्यन्त सरल भीरु प्रकृति की स्त्री है। आने वाली आपत्तियों के अतिरंजित वर्णन से, घबराकर जब वह छद्मवेशी आजीवक के साथ रक्षा की आशा से नगर के बाहर चली गई थी, तब धनदत्त को कुसुमपुर से गये दो बरस हो चुके थे। जनश्रुतियों से मणिमाला ऊब गई थी। कोई कहता 'वह कहीं मारा गया,' कोई कहता, 'अब लौटकर आने का नहीं', कोई कुछ कहता। उसके धैर्य का बाँध टूट गया। मानसिक उत्तेजना से विवश होकर वह चली गई। किन्तु अदृष्ट ! उसी दिन धनदत्त अकस्मात् नगर के बाहर ही मिला और मणिमाला लौटकर अपने विशाल भवन में आ गई। आई तो, परन्तु वह अपराधी की तरह। उसकी आँख धनदत्त के सामने नहीं होती थी।

मणिमाला को कोई संतान नहीं। वह सचमुच अभी अपने को बालिका-सी समझती थी। और धनदत्त प्रौढ़ वयस का व्यापार-कुशल व्यवसायी था। उसका व्यवसाय था ऋण देना और रत्नों का व्यापार। मुक्ता और वैदूर्य का तो वह एकछत्र अधिकारी था। उसके स्वर्ण-भाण्डारों का पता न था कि वे कितने और कहाँ हैं ? यह धनदत्त का दूसरा परिणय था। वह भी जैसे लोक-प्रथा का पालन मात्र। उसकी प्रधान प्रणयिनी थी लक्ष्मी। आते ही धनदत्त ने अपनी पहली व्यवस्था फिर से बना ली। परन्तु पति और पत्नी में तो अनबन ही रही।

पुष्यमित्र की आज्ञा न होती तो वह मणिमाला को साथ ले आता, इसमें सन्देह है। वह समझ गया कि चतुर सेनापति का इस समय पाटलिपुत्र का धन-भाण्डार कहीं जाने देना नहीं चाहते। कभी-कभी धनदत्त सोचता कि मणिमाला निरपराध है। वह एक ऐसे ही विचार का अवसर था, जब धनदत्त टहलता हुआ धीरे-धीरे मणिमाला के समीप आ रहा था। पीछे-पीछे था चन्दन !

चन्दन कह रहा था—"वह कुक्कुरव्रत वाला दार्शनिक तो हटता ही नहीं। उसी तरह गेंडुरी मारे दोनों केहुनियों के बल कुत्ते की तरह पड़ा है।"

"पड़ा रहने दो।" अन्यमनस्क भाव से धनदत्त ने कहा।

"किन्तु सेनापति की आज्ञा क्या भूल गये ? ऐसे बेकार पाखंडियों को अन्न देने के लिए उन्होंने वर्जित किया है।" चन्दन ने कहा।

"हाँ, उनका उद्देश्य है कि भोजन न पाने से ये सब स्वयं नगर के बाहर हो जायेंगे। फिर यदि नगर का अवरोध भी होगा तो बरसों तक पाटलिपुत्र को कोई विजय नहीं कर सकता।" धनदत्त ने ऐसे स्वर में कहा कि मणिमाला सुने और उसके साथ बात करने में सम्मिलित हो जाय परन्तु वह हिली भी नहीं।

धनदत्त मणिमाला के समीप होता जा रहा था; परन्तु उधर न देखते हुए मणिमाला सोच रही थी—"इतनी बड़ी सम्पत्ति और युवती स्त्री की व्यवस्था जो पुरुष स्वयं नहीं करता और भूल हो जाने पर उसी को तिरस्कृत करता है, वह भी क्या बुद्धिमान् है ! जैसे बहुत-से निठल्ले अन्न-वस्त्र पाते हैं, उसी तरह क्या मैं भी हूँ। मैं भी यदि प्राण बचाने के लिए भयभीत होकर कहीं चली ही गई, तो इसमें कौन-सा अधर्म हो गया। उस दिन से मुझसे बोलते भी नहीं।" उधर चन्दन ने कहा—

"और भी सुनिये न ! वह जो पड़ोस में मालती देवी का गृह है, जिसमें नित्य संघ का निमंत्रण होता था..."

"तो वहाँ क्या हो गया ?" उत्सुकता से धनदत्त ने पूछा।

"पति और पत्नी में झगड़ा हो रहा है; मालती देवी कहती है, मैं बिना अतिथियों को खिलाये भोजन नहीं करूँगी।"

तो मर जाय ! स्त्रियों को जैसे समय-असमय का विचार ही नहीं है। कब क्या करना चाहिए, यही जो उनकी बुद्धि में आ जाता ! चन्दन ! कहाँ तो नगर भर में आतंक छाया है, युद्ध की विभीषिका ! कब क्या होगा, कोई नहीं जानता। फिर भी वह तो अपने मन की करेंगी ही। शील, कुल और विनय इनके हठ में जैसे कपास की तरह आँधी में उड़ जाते हैं।" धनदत्त ने कनखियों से देखा, जैसे आघात ठीक हुआ हो।

"इसमें कुल, शील और विनय के उड़ जाने का प्रसंग तो नहीं आता।" चन्दन ने कहा।

"तुम क्या जानो, कुलवती गृहिणी की कर्त्तव्य-सीमा कितनी है ? अरे जिसमें धैर्य नहीं, सहिष्णुता नहीं, वह भी शील की रक्षा कर सकेगी ? सबको खिला-पिलाकर जो स्वयं यज्ञशिष्ट अन्न खाती हुई, उपालम्भ न देकर प्रसन्न रहती हैं, वही गृहिणी है, अन्नपूर्णा है। बाधा, विघ्न, रोग, शोक, आपत्ति, सम्पत्ति सब में अटल अपने सब अधिकार का उपभोग करने वाली ऐसी स्त्री दुर्लभ है चंदन !"

"आप क्या किसी स्मृतिग्रन्थ का पारायण कर रहे हैं ? तो मुझे आज्ञा दीजिए,

मैं यह नहीं मानता कि स्त्रियाँ सब साँचें में ढली प्रतिमा की तरह अविचल रहें। और आप !..."

"मैं क्या—मैं..."

"आन्ध्र राजधानी की राजगणिका की उस दिन कितनी चाटुकारी कर रहे थे। भूल गये !..."

"दूर पागल ! भला इतने महँगे मूल्य पर वह एकावली बिकती।" चन्दन को घूरते हुए धनदत्त ने कहा। मणिमाला के अधरों में एक रेखा दिखाई पड़ी। उसने घूमकर देखा, धनदत्त से उसकी आँख मिली।

"और मेरे प्राणों का कोई मूल्य न था।" अभी वह इतना ही कह पाई थी। धनदत्त भी उत्सुक था कुछ उत्तर देने के लिए, सहसा रसोइये ने आकर कहा—"आर्य ! मछलीवाला आज मछली नहीं दे गया।"

धनदत्त बोल उठा—"न होगी मछली ! बस इसी बात के लिए इतना..."

"लुब्धक और बधिक भी माँस लेकर नहीं आये। सब कहते हैं कि कुक्कुटाराम के महास्थविर ने घोषणा की है कि राष्ट्र के कल्याण के लिए, जब तक युद्ध और आक्रमण समाप्त न हो जाय, भगवान् बुद्ध की अहिंसा की अभ्यर्थना करनी चाहिए। पाटलिपुत्र में कोई जीवहिंसा न हो।" सूपकार ने एक साँस में कह डाला।

"और युद्ध में भिक्षुओं की, आजीवकों की, पाद-वन्दना होगी न ? चन्दन ! जा, तू पहले उस कुक्कुरव्रत वाले को मेरे द्वार से भगा। मैं इन पाखण्डों को एक क्षण भी नहीं देखना चाहता।" क्रोध से धनदत्त ने कहा।

"देखती हो मणिमाला ! यह सब क्या हो रहा है ? कुछ समझ में नहीं आता।" जैसे समझौता हो रहा था। मणिमाला भी घूम कर खड़ी हो गई। उसी समय बाहर से शृंगनाद और 'आनन्द' का शब्द सुनाई पड़ा।

"मैं तो अहिंसावादी हूँ। कुक्कुरव्रती हो या बिडालव्रती हो, किसी को कष्ट देना हिंसा है स्वामी !"—कहकर चन्दन चला।

"अरे इसे तो देख ! कौन हँसी करने आ गया। जब सब दुखी हैं, तब यह आनन्द मानने वाले कहाँ से आ पहुँचा।" धनदत्त ने झुंझला कर कहा।

रसोइया और चन्दन दोनों उसी ओर दौड़े। एकान्त देखकर मणिमाला से धनदत्त ने कहा—"सुनती हो कुछ !"

"सुनती भी हूँ, देखती भी हूँ।"

"क्या देखती हो, देखतीं तो आज खाने-पीने की ऐसी अव्यवस्था होती ?"

"तो चला हम लोग अहेर करने चलें ! क्या एक दिन मांस बिना काम न चलेगा । फिर कोई प्रबन्ध हो जायगा ।"

"मैं कहता हूँ, तुम तनिक महारानी के पास चली न जाओ ! घर की रक्षा का प्रबन्ध हो जायगा और यह छोटी-मोटी अड़चने भी दूर हो जायँगी ।"

"राजगणिका के पास तो तुम जा सकते हो, महारानी के पास मैं जाऊँ ! नहीं ।"

"अरे वह मूर्ख चन्दन ! तुम भी उसकी बातों को सच समझने लगी हो ? मणिमाला ! हृदयेश्वरी !" धनदत्त का प्रेम उद्वेलित हो चला था । और मणिमाला का विभ्रम विलक्षण रूप से चमकने लगा । दोनों में समझौता हो गया ।

मणिमाला स्वतंत्र विचार की थी । उसे बन्धन नहीं चाहिए । जो कुछ हो गया, हो गया, उसके लिए इतनी तना-तनी क्यों ? चरित्रों से मनुष्य नहीं बनते । मनुष्य चरित्रों का निर्माण करते हैं । यही उसकी धारणा थी । इतने में दीर्घकाय ब्रह्मचारी 'आनन्द' की रट लगाता उस उद्यान में आता दिखाई पड़ा । धनदत्त तन गया था, उसने कहा—

"क्या है ब्रह्मचारिन !"

"भिक्षा चाहिए ।"

"भिक्षा तो राजा की आज्ञा से निषिद्ध है । इस समय भोजन करने के उपयुक्त पात्र केवल सैनिक हैं ।"

"मैं राजा की भिक्षा नही लेता । गुरुदेव की आज्ञा है, केवल वैश्य की भिक्षा लूंगा ।"

"ऐसी कृपा वैश्यों पर ही क्यों है ?"

"वैश्यों का अन्न पवित्र है । उनकी जीविका उत्तम है । क्योंकि वे दूसरे से दान ग्रहण करने की दीनता नहीं दिखाते और त्रास से दूसरों का धन भी नहीं छीन लेते । इसलिए मैं तो वैसा ही पवित्र धान्य लूंगा ।" ब्रह्मचारी ने प्रसन्न मुख से कहा ।

"किन्तु आज्ञा जो नहीं है । हम लोग क्या करें । यह आपत्ति तो देखिए ।"

"तब जैसी तुम्हारी इच्छा । चलता हूँ ।"—कह कर ब्रह्मचारी लौटा ही था कि मणिमाला ने कहा—"आइए, मैं आपको दूंगी ।" उसके हृदय में आत्मविश्वास की मात्रा बढ़ चुकी थी ।

धनदत्त ने भी दब कर उन्हीं दोनों का अनुसरण किया । उसने चलते-चलते ब्रह्मचारी से पूछा—"आपके गुरुदेव कहाँ रहते हैं ?"

"गंगा के किनारे विशाल वट के नीचे ! कभी देखा है वह स्थान !"

"देखूँगा"—कहकर धनदत्त दूसरी ओर मुड़ा, जिधर उसकी बड़ी-सी द्वार शाला थी। उसे कुछ आभास मिला कि लोग उससे मिलने के लिए वहीं उसकी प्रतीक्षा कर रहे हैं। धनदत्त उसी ओर चला और ब्रह्मचारी को साथ लिये मणि-माला भाण्डार-गृह की ओर चली।

धनदत्त जब अपनी गद्देदार चौकी पर बैठा, तो उसे दो स्त्रियाँ वहीं मंचों पर बैठी हुई दिखायी पड़ीं। अवगुण्ठनवती थीं। उनका सौंदर्य यद्यपि उस नील आवरण में छिपता न था, परन्तु उन्हें पहचान लेना असम्भव था। एक ने सुरीले स्वर में कहा—"आप ही श्रेष्ठि धनदत्त हैं न ?"

"शुभे ! मेरा ही नाम है। कहिए क्या आज्ञा है ?" धनदत्त ने कहा। दूसरी चुपचाप प्रतिमा की तरह बैठी।

"ठीक है, तो क्या आर्य ! मुझे अपनी मुक्ताओं की मंजूषा दिखावेंगे ?"

"क्यों नहीं, इन्द्रनील, वज्रमणि, पद्मराग इत्यादि भी दिखलाऊँ ?"

"नहीं आर्य ! मेरी सखी के लिए उन चमकने वाली मणियों की आवश्यकता नहीं। मुझे तो स्निग्ध छायावाली मुक्ता चाहिए। मेरी सखी, भीतर-बाहर उसी मुक्ता की तरह स्वच्छ और क्षण-भर की ज्योति-किरणों से मुक्ता है।"

"जैसा आप को रुचे श्रीमती"—कहकर धनदत्त उठा और कुछ ही क्षणों में मोतियों की मंजूषा लेकर आया। नीला वस्त्र-खण्ड बिछाकर मुक्ता की ढेरी लगा दी गई—गोल, पानीदार, बड़े, छोटे, खुले और पिरोये हुए सभी तरह के मोती ! नयनाभिराम ! शीतलस्पर्श मुक्ता वही लम्बी रमणी छाँटने लगी। सहसा धनदत्त बोल उठा—

"मैं समझ गया, आप एकावली और हाथों के लिए छोटी माला के लिए छाँट रही हैं। तो इतना परिश्रम क्यों करती हैं। इन्हें देखिए"—कह कर मंजूषा का दूसरा भाग उसने खोलकर एकावली और छोटी-बड़ी मालाओं की ढेरी लगा दी। रमणी ने कहा—

"सचमुच मुक्ताओं का ऐसा अपूर्व संग्रह दुर्लभ है श्रेष्ठि ! कुसुमपुरी को तुम्हारे ऊपर गर्व होना चाहिए।"

"क्या कहती हैं आप ! मैं तो..." धनदत्त भीतर ही भीतर फूल रहा था, परन्तु एक झलक उस सौन्दर्य को भी देखने की उसकी इच्छा थी। कदाचित् अनजाने में रमणी का अवगुण्ठन थोड़ा-सा हट गया। मरकत की हरियाली से धनदत्त की आँखें तर हो गईं। उससे भी अधिक गजदन्त-सी गौर भुजलता के द्वारा उसको ढँक लेना, धनदत्त के लिए कुतूहल का आकर्षण बन गया। वह टक

लगा कर देखने लगा। और मणिमाला भी वहीं आकर खड़ी हो गई। साथ में था ब्रह्मचारी!

ब्रह्मचारी ने कहा—"श्रेष्ठि! मैं भिक्षा ले चुका, अब मैं आशीर्वाद देता हूँ।" धनदत्त ने कुढ़कर उसकी ओर देखा। और ब्रह्मचारी तो कहता ही गया—"आनन्द हो, तुम्हारा भय छूट जाय! आनन्द!"

दूसरी स्त्री जो अब तक चुपचाप बैठी थी, उठकर खड़ी हो गई। उसका अवगुण्ठन खिसक गया था। वह क्रोध में भरी हुई बोली—

"तुम आनन्द के प्रचारक! यहाँ भी मिथ्या प्रलोभन देने आ गये न!"

"अरे! तुम बौद्ध-विहार से निकलकर यहाँ चली आई हो। कैसे! किन्तु ठीक है, मिथ्या संसार से मुक्त होकर वास्तविक जगत् में आ गई हो देवि!" ब्रह्मचारी ने प्रसन्न भाव से कहा।

मणिमाला चकित होकर उन दोनों सुन्दरियों को देख रही थी और भी देख रही थी, अतृप्त लोचनों से धनदत्त का उन्हें देखना। मोती छाँटने वाली ने अपना सिर नहीं उठाया, उसे जैसे इन व्यर्थ की बातों से कोई सम्बन्ध नहीं। किन्तु साथ वाली तो उत्तेजित थी। उसने कहा—"रानी! अब चलो न! मुझे इन पाखण्ड-वेशधारियों से अत्यन्त घृणा है। मैं नहीं ठहर सकती।"

मणिमाला लाल हो रही। उसने कहा—"तो अपनी घृणा अपने तक ही परिमित नहीं रख सकती हो। किसी का अपमान करने में यदि आप को सुख मिलता हो, तो थोड़ी-सी दासियाँ मोल ले लीजिए। आज-कल तो बर्बर और यवन देश से बहुत-सी बिकने आई हैं।

धनदत्त ने कहा—"अरे! यह क्या तुम भूल गई हो कि जो लोग मेरे ग्राहक हैं, वे आदरणीय हैं। फिर यह भी..."

"मैं जानती हूँ, किन्तु दूसरों को भी जानना चाहिए। मैं सब का आदर करती हूँ, इसका यह अर्थ नहीं कि मैं सबसे अनादर पाती रहूँ। मैं जा रही हूँ, ब्रह्मचारीजी के गुरुदेव का दर्शन करने। रथ के लिए कहला दीजिए।" मणिमाला उत्तेजित हो रही थी, कुछ तो ब्रह्मचारी की विलक्षण बातों से, कुछ-कुछ धनदत्त के उन स्त्रियों के प्रति आग्रह से। वह क्यों उन लोगों के प्रति इतना आकृष्ट है? न लेंगी तो क्या? किन्तु धनदत्त इस समय अपना सम्मान खोना नहीं चाहता था। उसने कहा—

"किन्तु तुम भूल गई हो कि आज मेरे यहाँ कुछ लोग निमंत्रित हैं, और वे प्रतिष्ठित व्यक्ति हैं! क्या उनका प्रबन्ध तुम कर चुकी हो? जाना चाहो तो जा भी सकती हो, पर!"

"मैं मुनि का दर्शन करने अवश्य जाऊँगी। हाँ, अतिथियों के आने के पहले ही आ जाऊँगी।" उन सुन्दरियों को देखकर मणिमाला को जैसे अपनी स्वतंत्रता की घोषणा करनी चाहिए ही।

"रानी! आप मुझको आज्ञा दीजिए कि मैं चली जाऊँ। आपको नहीं मालूम कि दरिद्रों का सत्य भी अपराध है। मैं रिक्त हूँ न! इसलिए मैं बाहर से आये हुए सम्मान और अपमान दोनों को ग्रहण कर लेती हूँ। किसी का भी तिरस्कार करने की क्षमता मुझमें नहीं।" इरावती ने कहा।

किन्तु अब साथ वाली रानी भी अपनी गंभीरता स्थिर न रख सकी। उसने अपना अवगुण्ठन गिरा दिया और घूरकर मणिमाला की ओर देखा। फिर बोली—

"मेरी सखी का अपमान करने वाले को मैं कभी क्षमा नहीं कर सकती।"

उसकी वह तेजस्विनी मूर्ति देखते ही धनदत्त ने मणिमाला की ओर दीनता से संकेत किया, चुप रहने के लिए। और कहा—"क्षमा कीजिए हाँ यह तो कहिए कि इनमें से कौन-कौन आपने चुनीं।"

"लेती तो मैं और भी परन्तु मुझे राजगृह जाने की शीघ्रता है। क्योंकि यहाँ निग्रन्थों का भारी जमाव है। और अग्रजिम की प्रतिमा की यात्रा का भी दर्शन करना है। मैं समझती हूँ कि अभी एक प्रहर दिन होगा। इतने समय में तो मेरे पुष्परथ को वहाँ पहुँच जाना चाहिए।"

"मणिमाला जैसे ढीली पड़ चुकी थी। उसने कहा—"अच्छा आप राजगृह जा रही हैं। चलती मैं भी परन्तु..."

धनदत्त से अब नहीं रहा गया। उसने कहा—"तुम तो सब तीर्थंकरों को, महात्माओं को अपना दर्शन देने का निश्चय कर चुकी हो, यह मैं जानता हूँ।

किन्तु इस पर ध्यान न देकर मणि ने कहा—"बहन! यदि आप मेरा अपराध क्षमा कर दें, तो मैं एक बात कहूँ।"

"कहिए। इरावती मेरी प्रिय सखी है। मैं उसकी मान-रक्षा अवश्य करूँगी। किन्तु जब आप सरल चित्त से क्षमा माँग रही हैं, तब मेरी इरावती अवश्य तुमसे सौहार्द्र स्थापन कर लेगी।"

"मैं चाहती हूँ, आज आप लोग भी मेरे निमंत्रण को स्वीकार करें। कल सवेरे हम लोग भी आप के साथ राजगृह चलें; बड़ा आनन्द रहेगा। क्यों? तो भोजन करने में क्या आपत्ति है?"

"फिर मैं भी इस भिक्षा को भिक्षुक को क्यों न दे दूँ? मुझे संग्रह करके रखने की आज्ञा नहीं है। किसी दासी से कह दीजिए यह ले जाय, कुक्कुरव्रती को दे आवे"—ब्रह्मचारी ने कहा और भिक्षा की झोली वहीं रख दी।

तीनों ही आश्चर्य से उसका मुँह देख रही थीं। ब्रह्मचारी अब स्वस्थ होकर बैठ गया था, उसे जैसे किसी की चिन्ता नहीं। धनदत्त ने देखा, मणिमाला घर में ही किसी तरह भी उलझ गई। इतने में एक शबर पक्षियों के जालों का झोला लादे वहीं पर आ गया। तालों पर बैठने वाले पक्षी उसके पास थे। उसने कहा—"स्वामी! किसी तरह मैं इन्हें ले आया हूँ। राजभृत्यों ने मुझे छोड़ दिया जब आप का नाम लिया। अब तो कल से न ले आ सकूंगा। इन सबको रखवा लेने की आज्ञा दीजिए।"

धनदत्त फूल रहा था, उसका इतना प्रभाव! उसने समीप खड़े कर्मचारी को आज्ञा दी—"देखो इन्हें रसोइए के पास भिजवा दो और उचित मूल्य दे दो।" जब वह कर्मचारी चला तो दूसरा दौड़ा हुआ आया। उसने कहा—"स्वामी! एक बड़ा सुन्दर रथ आया है। उस पर बैठा हुआ एक युवक आपको पूछ रहा है।"

"लिवा आओ"—कह कर गर्व से उन स्त्रियों की ओर धनदत्त ने संकेत किया। कालिन्दी और इरावती ने अपना अवगुण्ठन नीचा किया।

स्निग्ध श्यामवर्ण, दाढ़ी-मूंछ मुड़ा हुआ, कंधों तक पीछे लटकी हुई सघन घुँघराली लटें, कौशेय का कंचुक, कमर में कटिबन्ध, उसमें छोटी कृपाण, आँखों में निश्चिंतता, मतवाली चाल से एक व्यक्ति धीरे-धीरे चला जा रहा था। पीछे दूरी पर एक भृत्य था। उसको देखते ही धनदत्त बैठा न रह सका। वह असाधारण शक्तिशाली युवक था। उसने धनदत्त से ही पूछा—"आप का नाम श्रेष्ठि धनदत्त है?"

धनदत्त ने सविनय कहा—"श्रीमान् मैं सेवा में उपस्थित हूँ। क्या आज्ञा है? पधारिए, यह आसन है।"

युवक ने आसन पर बैठते हुए कहा—"मैं कलिंग राष्ट्र का राजपुरुष हूँ, मुझे भगवान् अग्रजिन की प्रतिमा के लिए उत्तम वज्रमणियों के अलंकार की आवश्यकता है।"

धनदत्त ने कहा—"प्रस्तुत हैं श्रीमान्! देव-प्रतिमा के लिए तो कदाचित् केवल उज्ज्वल वर्ण के हीरक ही चाहिए। लीजिए मैं ले आता हूँ।"

धनदत्त तो मंजूषा लाने भीतर गया। युवक ने एक बार संशोधक दृष्टि चारों ओर डाली। उसने देखा दो अवगुण्ठनवती बैठी हैं और एक मुक्त आवरण कुतूहल भरा-सा मुख सामने! युवक—जैसे कोई बात स्मरण करने लगा। दूसरी ओर आँखें घूम पड़ीं। मणिमाला का चंचल कुतूहल आहत हो गया। उसने कहा—"ब्रह्मचारीजी! आइए उधर उद्यान में चलें। आप लोग भी बहनो!"

कालिन्दी ने अवगुण्ठन तनिक-सा टेढ़ा किया और उसी के भीतर से मंद स्वर में कहा—"चलो बहन ! बादल तो आज गम्भीर होने लगे हैं। अच्छा किया तुमने हम लोगों को निमन्त्रित कर लिया। नहीं तो..."

मणिमाला कुछ चमकती हुई-सी घूमी और इरावती के साथ कालिन्दी तथा ब्रह्मचारी को लिये वह चल पड़ी। युवक कुछ-कुछ विस्मित-सा उन्हें ही देख रहा था। सहसा कालिन्दी ने कहा—"अरे लो, मैं तो तुम्हारे कहने से चल पड़ी। अभी तो श्रेष्ठि से...अच्छा चलो—फिर आ जाऊँगी, अभी तो यहीं हूँ।" कालिन्दी जैसे अपने को अधिक बड़ी-बड़ी रेखाओं से उस वातावरण में अंकित कर देना चाहती है। वह हिलकोर उठाती हुई चली गई। युवक ने जैसे ध्यान से देखा, उसने मन-ही-मन कहा—'वे ही दोनों होंगी। किन्तु साथ वाली तो नहीं मालूम होती, जिसको वहाँ राजगृह में मैंने देखा था। अवगुण्ठन से मेरी दृष्टि को धोखा नहीं दिया जा सकता। वह नर्तकी थी, उसके एक-एक अंग कह रहे थे कि नृत्य-कला के लिए उनका निर्माण हुआ था। मैं गंधर्व विद्या को जानता हूँ। वह उच्चकोटि की नर्तकी थी। किन्तु यह तो जैसे किसी अंतःपुर की रमणी है। तो भी उसके हीरों के आभूषण अद्भुत थे।'...धनदत्त के आ जाने से युवक के विचारों में बाधा पड़ी। उसने एकाग्र मन से मंजूषा से निकलते हुए हीरे के आभूषणों को छाँटना आरम्भ किया। सहसा चौथे प्रहर का मंद दिवालोक—जो रत्नों के लिए अधिक उपयुक्त होता है, और भी मंद, क्रमशः मलिन हो चला। बालकों के झुण्ड आकाश में दौड़ने लगे। सूर्यास्त में अभी कुछ विलम्ब था, किन्तु अंधकार इतना बढ़ा कि दीपक के बिना काम नहीं चल सकता। हताश होकर युवक ने कहा—"बस इस समय तो रहने दीजिए, इन छँटे आभूषणों को अलग रख लीजिए। मैं कल फिर आऊँगा। मुझे आज ही राजगृह लौट जाना चाहिए।"

वणिक बुद्धि ! ग्राहक हाथ से निकल जाय, यह धनदत्त कैसे सहन कर लेता। उसने कहा—"क्षमा कीजिए तो मैं कुछ कहूँ।"

"कहिए और मेरे रथ को ठीक कर शीघ्र बुलवाइए।"

"कदाचित् ये रत्न कल आप न ले सकेंगे। क्योंकि आप देखते हैं कि वे अन्तःपुरिकाएँ भी इन्हीं के लिए आई हैं। राजकीय अवरोध की ये स्त्रियाँ हैं। उनकी बात कैसे टाल सकूँगा ?" धनदत्त ने एक साँस में कहने को तो कह डाला, परन्तु भीतर-ही-भीतर भयभीत हो रहा था। उधर युवक की भवें कुछ चढ़ीं और कुछ उतरीं। मुँह कुछ तमतमाया, फिर भी जैसे उसने अपने को सँभाल लिया। और कहा—

"तो ठीक है; रथ पर से मेरे अनुचर केयूरक को बुलवाइए ! और इनका मूल्य बताकर उससे मूल्य ले लीजिए।"

धनदत्त के कर्मचारी आदेश के अनुसार दौड़े, परन्तु मेघों में उनसे भी तीव्र गति थी। पवन के सर्राटे चलने लगे थे। बड़ी-बड़ी बूंदें पड़ने लगीं। असन्तुष्ट होकर उस युवक ने आकाश की ओर देखा। उसने कहा—

"क्या कहूँ, कल दो स्त्रियाँ भगवान् का दर्शन करने गई थीं। उन लोगों की रत्नावली देखकर, कलिंग के लोगों को इच्छा हुई कि ऐसी सुन्दर स्वर्ण-प्रतिमा के लिए, पाटलिपुत्र से ही रत्न क्रय किये जायँ। कलिंग राजकुल की एक महिला ने उन लोगों से पूछा तो उन स्त्रियों ने श्रेष्ठि धनदत्त का नाम बताया। इसीलिए आना पड़ा।"

धनदत्त के मन में एक कल्पना हुई। उसने सोचा कदाचित् यही दोनों रही हों। कलिंगराज तक पहुँचकर अच्छा व्यापार किया जा सकता है। हो सकता है कि युवराजपुरुष यहोदय इन्हीं स्त्रियों के आकर्षण में आ गये हों। उसने कहा—

"श्रीमान् ! कुसुमपुर की नागरिकाएँ संसार से निराली मनोवृत्ति रखती हैं। हम लोग तो उनके कलापूर्ण संकेतों पर उसके लिए सुरुचिपूर्ण अलंकार और श्रृङ्गार प्रस्तुत करते रहते हैं। देखिए न ! आज्ञा होने पर मैं ही राजमन्दिर में चला जाता, परन्तु इन्हें तो सब छाँटना है, परखना है। यहीं आ गईं।"

युवक ने कुछ उत्तर न दिया। वह कोई दूसरी बात सोच रहा था। वर्षा का वेग बढ़ चला। दीपक जलाये गये।

केयूरक ने थैलियाँ उझल दीं। कलिंग की स्वर्ण-मुद्राएँ उज्ज्वल आस्तरण पर बिखरी पड़ी रहीं। धनदत्त ने कहा—"यथेष्ट हैं।" उस सघन मेघ से काले केयूरक ने लाल आँखों से अलंकारों को देखा। उन्हें सहेज कर मंजूषा में रख लेने पर उसने कहा—

"देव ! चलना चाहिए।"

युवक का मन उलझ रहा था। उसने कहा—"पथ बड़ा दुर्गम है और अंधकारपूर्ण। थोड़ा ठहर कर चलना अच्छा होगा, कदाचित् बादल छँट जायँ।"

धनदत्त स्वर्ण-मुद्राओं को सँभालने में लगा था। उसने ध्यान नहीं दिया। केयूरक ने झुक कर धीरे से युवक के कान में कहा, उसकी भाल-रेखाएँ कुछ खिचीं, उसने भी धीरे से कहा—"पाटलिपुत्र की एक रात्रि देखने का लोभ मैं नहीं संवरण कर सकता। तुम आवश्यक प्रबन्ध करो।"

केयूरक खिन्न होकर चुपचाप कुछ सोचता रहा। अब धनदत्त ने घूमकर कहा —"आप चिंता न कीजिए। कष्ट न हो तो आज रात्रि में मेरा आतिथ्य स्वी-

कार करिए। प्रभात में आप राजगृह को प्रस्थान करें। यही अच्छा होगा। युद्ध-काल है। रात्रि में पथ निरापद न होगा। और आज मेरे यहाँ कुछ भद्र पुरुषों का निमन्त्रण भी है।''

केयूरक ने बात काटकर कहा—''हम लोगों को तुम्हारे यवन-युद्ध से क्या? श्रेष्ठि! तुम्हारे उत्सव से भी हमें कुछ सम्बन्ध नहीं! हम लोग तो जाना ही अच्छा समझते हैं।''

''तो आप लोगों के लिए अलग प्रकोष्ठ का प्रबन्ध हो जायगा। सब तरह की सुविधा और सुव्यवस्था रहेगी।'' धनदत्त ने विनीत स्वर में कहा। पवन का वेग, बादल की गड़गड़ाहट, बिजलियों का कौंधना और बूंदों का उपद्रव बढ़ रहा था। धनदत्त ने एक कर्मचारी से कहा—''राजगृह के रथ को सुरक्षित स्थान में रहने का प्रबन्ध कर दो, और साथ के भृत्यों को भी विश्राम करने के लिए स्थान बतला दो।''

युवक जैसे इस बादल-बूंदी से मन-ही-मन प्रसन्न हो रहा था। केयूरक उद्विग्न। उसने कहा—''मैं साथ ही रहूँगा।''

युवक ने संकेत से कहा—''नहीं।'' उसकी इच्छा जैसे कुतूहलपूर्ण दृश्य देखने के लिए व्याकुल हो रही थी। केयूरक ने उद्विग्न भाव से कर्मचारी के साथ प्रस्थान किया। उसी समय द्वारशाला के नीचे टापों का शब्द सुनाई पड़ा। युवक ने चौंक कर देखा एक दीर्घकाय बलिष्ठ मगध-सैनिक जल से भींगा हुआ अपने घोड़े से उतरा। धनदत्त ने उसे देखते ही अभ्युत्थान करके स्वागत किया। विनीत शब्दों में कहा—''इस वर्षा में भी निमंत्रण की रक्षा करके आने के लिए मैं कृतज्ञ हूँ, महानायक अग्निमित्र!''

अग्निमित्र मस्तक से जल को काँछते हुए हँसकर बोला—''सैनिकों के लिए इतनी-सी बाधा क्या कर सकती है श्रेष्ठि! फिर संभवतः कल ही मुझे नासीर सेना में जाना हो—यवन समीप आ पहुँचे हैं। एक रात, मित्र के उत्सव में सम्मिलित होने का फिर अवसर मिले या न मिले।''

वह मंच पर बैठना चाहता था कि धनदत्त ने कहा—''नहीं, पहले आप जाकर वस्त्र बदल लें।'' अग्निमित्र सेवक के साथ गया और धनदत्त ने दूसरे परिचारक को आज्ञा दी—''उद्यान के समीप वाला छोटा कक्ष सुसज्जित कर दो, मेरे माननीय अतिथि उसमें विश्राम करेंगे। युवक चुपचाप निश्चित बैठा था। जैसे उसे कुछ करना-धरना नहीं।

उधर दूसरी ओर एक बड़े-से चौकोर मंडप में, जिसके सुन्दर स्तम्भ मञ्जरियों और कुसुमों की मालाओं से सजे थे, कोमल काश्मीरी कम्बलों पर बड़े-बड़े तकियों

के सहारे मणिमाला, कालिन्दी और इरावती बैठी थीं। एक ब्रह्मचारी भी निर्लिप्त-जैसा बैठा नीचे की अमराई का अन्धकार देख रहा था। सामने वीणा और मृदंग के आगे गायक-दल। संगीत का समारोह था। पुष्प पात्रों में अगरु और कस्तूरी की बत्तियाँ जल रही थीं। बड़े-बड़े दीपाधारों में गंध तैल की दीपिकाएँ अपने अभ्रक के खोल में जल रही थीं। आमोद से वह कक्ष भर उठा था। पर्दे डाल दिये गये थे। वीणा गुञ्जरित हुई। मृदंग पर थाप पड़े। वीणा के विलम्बित स्वर लहराने लगे। पास के ही एक कक्ष में भोजन परसा जा चुका था। धनदत्त, अग्निमित्र और युवक आसन पर बैठ चुके थे। ब्रह्मचारी को बुलाने के लिए अनुचर आया। ब्रह्मचारी ने भी उन लोगों का साथ दिया। विविध मांस, मैरेय मिष्ठान्नों से परिवेषण सम्पन्न था। अपने माननीय अतिथियों के साथ उस ब्रह्मचारी को भी देखकर धनदत्त खीझ रहा था। पर करता क्या! अभद्रता होती। पान भोजन चलने लगा। उधर वीणा और मृदंग का संयोग उस भोजन में और स्वाद बढ़ा रहा था; किन्तु वह कलिंग का युवक राजपुरुष, कभी-कभी जैसे चौंक उठता। फिर सामने दूर उन सुन्दरियों को अर्द्ध अवगुण्ठन में देख लेने का कोई उपाय भी न था। उसे वीणा की कोई-कोई मूर्च्छना और गमक जैसे असंगत लगने पर चोट-सी लग जाती। फिर भी उत्तर भारत का वह शिष्ट आचार अन्वेषण की दृष्टि से देख लेता। जैसे सब सज्जित परिष्कृत पाटलिपुत्र के नागरिकों की नपी-तुली परिपाटी! उसे जैसे चमत्कारजनक दिखलाई पड़ती।

चतुर परिचारक विविध व्यंजनों को नम्रतापूर्वक परस रहे थे। सुगन्ध से सारा गृह भर रहा था। इन्द्रियों का तृप्तिकारक आयोजन सफल हो रहा था। भोजन समाप्त होने पर मणिमाला ताम्बूल लेकर मचलती हुई सामने आई। उसके अंग-अंग हँस रहे थे। युवक जैसे उसके विभ्रम को क्षण भर के लिए देखने लगा। किन्तु उसका मन तो अवगुण्ठनों में अटक रहा था। युवक ने पूछा—

"श्रेष्ठिवर! आपने ये वादक आज के लिए ही बुलवाये हैं क्या?"

"हाँ श्रीमान्!" कुछ जैसे अस्वस्थ होकर धनदत्त ने कहा।

"क्यों, क्या आप इन्हें नहीं पसन्द करते?" धीरे से अग्निमित्र ने पूछा। उसे जैसे युवक की यह बात अच्छी न लगी थी।

"हाँ...नहीं...यों ही पूछ लिया। क्या यहाँ उत्तर भारत में वीणा ऐसी ही बज लेती है?"

"जान पड़ता है कि आप इसके मर्मज्ञ हैं!" अग्निमित्र ने व्यंग से कहा।

"मर्मज्ञ नहीं जी, मैं बजाता भी हूँ।" सदर्प युवक ने कहा।

मणिमाला बोलने का अवसर खोज रही थी। उसने कहा, और कुछ मचलते

हुए—"तो क्या हम लोगों को भी कलिंग की वीणा सुनने का अवसर आप कृपापूर्वक देंगे ?" यह एक रमणी का अनुरोध था। युवक ने धनदत्त की ओर देखा। उसे स्वीकार करे या अस्वीकार। ब्रह्मचारी अब जैसे अपने में से बाहर आया। उसने कहा—"अच्छा तो होगा। आनन्द की यह मात्रा, हम लोगों के लिए इस वर्षा की रात्रि में, परम सुखकारिणी होगी।"

धनदत्त सोच रहा था—सब लोग खा-पी चुके, अब अपने स्थान पर जाकर सो रहें। छुट्टी मिले। बीच में यह उपद्रव कैसा। वह मणिमाला पर खीझ रहा था। उसे क्या पड़ी थी। परन्तु युवक तो संगीत के स्थान की ओर बढ़ने लगा था। अग्निमित्र कुतूहल से यह गतिविधि देख रहा था। सहसा एक परिचारक ने सविनय एक छोटा पत्र अग्निमित्र के हाथ में दिया और कहा—"शिविर से सैनिक आया है।"

अग्निमित्र दीपाधार की ओर बढ़ा। उसके उजाले में मुद्रा तोड़ कर उसने पत्र पढ़ा—"यवनों की सेना शोण के पार पहुँच गयी है। और तुम अपनी अश्वारोही सेना लेकर रोहिताश्व जाने से बची हुई पदाति सेना शोण के पश्चिम तट पर लेकर पहुँचो। संकेत पाते ही तुम्हारा दक्षिण से आक्रमण होना चाहिए। जहाँ तक सम्भव हो, दूर दक्षिण के पार उतरना होगा। यह स्मरण रखना, एक भी सैनिक और अश्व व्यर्थ न हम खो दें।" उस पर हस्ताक्षर था सेनापति पुष्यमित्र का।

अग्निमित्र एक बार जैसे झलमलाया ! उसकी इच्छा हुई कि वह तुरन्त शिविर में पहुँचे। किन्तु वह अर्ध अवगुण्ठनवती कौन है ? इसे देखे बिना वह जा कैसे सकता है ! अग्निमित्र ने चारों ओर देखा। अंधकार के बीचोंबीच यह छोटा-सा प्रकोष्ठ ! उसे तो अपने अस्तित्व का ज्ञान खो देना था। अभी जो थोड़ी-सी मदिरा उसने पी ली थी, वही बरसाती घटा की तरह चारों ओर से घेर कर बरसने लगी। उसके लिए जैसे कहीं पथ नहीं था। कालिन्दी ने प्रतारित किया; इरावती ने उपेक्षा की। पिता पूर्ण विश्वास नहीं करते। डाँट बतलायी। किन्तु उसकी समझ में नहीं आता था कि उसकी भूल कहाँ से प्रारम्भ हुई; तो फिर उसे क्या ? भूल पर भूल होती चले। उसको अपनाकर आलिंगन में ले लेने वाला कोई नहीं। अवगुण्ठनवती के अवयव जैसे कुछ पहचाने से...होगी वही ! जब समस्त सहानुभूति का अभाव है, तब कल तो रण-नदी में फाँदना ही है। वह भी संगीतशाला की ओर बढ़ा। कुछ-कुछ कलिंग के युवक की ईर्ष्या के साथ। और युवक अपने अरुण नेत्रों में मुस्करा रहा था। उसने मणिमाला से पूछा—

"आप लोगों को भी संगीत से प्रेम है। मैं ठीक बजाऊँगा या कैसा कुछ,

इसे तो...'' वह रुक गया। कहीं बात कड़वी न हो जाय, वह भी एक रमणी के प्रति ! किन्तु मणिमाला कब रुकने वाली थी। उसने कहा—''महोदय ! मेरी एक सखी ऐसी कुशल नृत्य-कला जानती है कि वह आपकी वीणा की भूलों को सहज ही पकड़ लेगी।'' प्रगल्भता युवक को खली नहीं। उसने मन-ही-मन उस अज्ञात नर्तकी का आवाहन किया।

सब लोग बैठने के स्थान पर आ गए थे। कालिन्दी और इरावती भी उठ कर खड़ी हो गईं; किन्तु उसका मुख अभी भी नहीं दीख पड़ता था। बड़े-बड़े उपाधानों के सहारे चारों पुरुष बैठे। और स्त्रियाँ उपाधानों को आगे करके उन्हीं पर भार देकर। इससे कुछ जैसे छिपाव भी हो जाता था।

अग्निमित्र जैसे अन्यमनस्क-सा बैठ रहा था। उसके मन में अपनी व्यर्थता और लक्ष्यहीनता व्याप्त हो रही थी। युद्ध में उसकी आवश्यकता थी। उसे कदा-चित् युद्ध की नहीं। जब जीवन का केवल एक पार्श्व चित्र ही उपस्थित होकर मनुष्य की दुर्बलता को उसकी अन्य सम्भावनाओं से ऊपर कर लेता है, तब उसकी स्वाभाविक गति जकड़ी-सी बन जाती है। अग्निमित्र के पास उसकी निज की अभिमान की कोई वस्तु, हृदय से चाहने की लालसा नहीं रह गयी थी ! युद्ध ! सो तो होना ही है। कल लड़ लेंगे, हो सका तो विजय प्राप्त करेंगे, नहीं तो प्राण दे देंगे। बस इतना ही तो। उसे जैसे ढीला-सा संतोष था, उसने अपनी दुर्बलता का बोझ भाग्य से ही किसी पर लादने की सफलता नहीं प्राप्त की। तो फिर चलने दो। यह संगीतक भी अच्छा ही रहेगा। वह सोच रहा था और वीणा की द्रुतगति समाप्त हो रही थी। कालिन्दी और इरावती के बीच में मणिमाला बैठ गई थी।

मणिमाला ने धीरे से कहा—''सुना बहन ! यह युवक मेरे वीणा बजाने वाले को मूर्ख समझता है और हम सब को भी, मैंने उससे कह दिया है कि हम लोगों की एक सखी नृत्य-कला में बड़ी कुशल है। तुम बजाओ तो।'' मणिमाला इस समय चंचल हो रही थी। और इरावती देख चुकी थी अग्निमित्र को। वह जैसे शिथिल, असंयत और विमूढ़-सी होने जा रही थी। सहसा कालिन्दी ने टोक दिया—''पहले बजने भी दो इरावती हम लोगों की बात रख लेगी।''

स्त्रियों की यह फसफसाहट बन्द हो गई, क्योंकि वीणा और मृदंग भी मौन हो गये थे। युवक ने वीणा उस वादक के हाथ से लेकर उसको कुछ ठीक-ठाक किया। फिर मृदंगवादक की ओर देखा। वह एक ललकार थी। मृदंग पर मधुर थाप पड़ी। वीणा का विलम्बित स्वर-समारोह आरम्भ होने में अभी विलम्ब था;

क्योंकि वीणा और मृदंग फिर से मिलाये जा रहे थे। धनदत्त ने खीझ-भरे स्वर में ब्रह्मचारी से कहा—"आपको भी संगीत से प्रेम है ?"

क्यों न हो, संगीत मेरी तन्मयता में आनन्द की मात्रा बढ़ाने में समर्थ है। तुम लोगों के कल्पित दुःख और विवेक की अतिरंजना के आवरण को वह सहज ही हटा देता है।"

"तो क्या आप समझते हैं कि यह विवेक की भावना निन्दनीय है ?" धनदत्त ने पूछा। युवक ध्यान से इनके विवाद को सुन रहा था ?

"इस भेदपूर्ण विवेक की सीमा खोजते हुए, जब हम आगे बढ़ते हैं, तब सत्य का वही स्वरूप सामने आता है, जिसमें हम पुद्गल मात्र बन जाते हैं और सदैव किसी उच्च, अप्राप्य, सत्य को पाने के लिए तरसते रहते हैं।"

युवक ने वीणा को मिलाने का काम धीमा कर दिया था। वह भी इस विवाद में रस ले रहा था। धनदत्त को अपनी वणिक्-बुद्धि के अतिरिक्त नागरिक संस्कृति भी प्रदर्शित करने की प्रेरणा जग पड़ी थी। उसने कहा—

"क्या उच्च सत्य को पाने के लिए, हमें क्षुद्र विचार की नालियों का अतिक्रमण नहीं करना चाहिए ?"

"अतिक्रमण करके आपका विवेक संसार से आपको अलग, अपनी और भी संकुचित भूमिका में खड़ा कर देगा। जहाँ केवल विराग ही नहीं, अपितु आसपास के फैले हुए संसार से घृणा भी नाक सिकोड़ने लगेगी। उस विवेक को भी हम क्या कहें, जो हमको संसार से विच्छिन्न करके, वैराग्य और अपनी पवित्रता के अभिमान में, हमें अद्भुत परिस्थिति में डाल दे। हमारा विश्व से सामञ्जस्य होना असम्भव कर दे। शंकाओं से, निषेधों से हमें जकड़कर काल्पनिक उच्च आदर्शों के लिए वामन की तरह उचकते रहने की हास्यजनक स्थिति में सदैव डाल रक्खे।"

युवक ने तारों में एक बार झनकार देकर निश्चित भाव से पूछा—"तो क्या अभी इस वेश में आप हम लोगों से अपने को विभिन्न नहीं प्रमाणित करते ? क्या यह वैराग्य का स्वरूप नहीं ? हमारे विवेक को रूप तो ग्रहण करना ही पड़ता है। वह चाहे नैष्ठिक ब्रह्मचारी का हो चाहे श्रमण का !"

"और इस संगीत-सभा में मेरी उपस्थिति को आप क्या कहेंगे ?"

अग्निमित्र जैसे हँस पड़ा। उसने कहा—"ब्रह्मचारिन् ! मैं तुम्हारी बात समझ रहा हूँ। तुम प्रत्येक परिस्थिति से तादात्म्य कर लेना चाहते हो न ?"

"हाँ, मेरी विचार-धारा पंगु नहीं, उन्मुक्त नील आकाश की तरह विस्तृत, सब को अवकाश देने के लिए प्रस्तुत। चारों ओर आनन्द की सीमा में प्रसन्न ! और वह प्रसन्नता प्रत्येक अवस्था में रहने वाले प्राणियों के विरुद्ध न होगी।

चारों ओर उजला-उजला प्रकाश जैसा ; जिसमें त्याग और अपनी स्वतंत्र सत्ता अलग बनाकर लड़ते नहीं। विश्व का उज्ज्वल पक्ष अंधकार की भूमिका पर नृत्य करता-सा दीख पड़े, सबको आलिंगित करके आत्मा का आनन्द, स्वस्थ, शुद्ध और स्ववश रहे। यह स्थिति क्या अच्छी नहीं ?"

युवक ने उल्लसित नेत्रों से उस ब्रह्मचारी की ओर देखकर पूछा—

"तो क्या तुम अपनी इस अवस्था में परिवर्त्तन भी चाहोगे ?"

"चाहूँगा नहीं, अभीष्ट जैसा भी कुछ हो। ऐसा नहीं; किन्तु परिवर्तन हो तो बुरा क्या है। होगा अच्छा ही। गुरुदेव ने बतलाया है—कहीं अशिव नहीं। सर्वत्र शिव। सर्वत्र आनन्द ! फिर क्यों भय !"

स्त्रियाँ इस संवाद से उद्धार पाना चाहती थीं। मणिमाला ने कहा—"तो फिर आनन्द के लिए संगीत की योजना में आप बाधा क्यों डाल रहे हैं। सुनिए कुछ।"

"ओहो, यह तो मेरा उद्देश्य नहीं। हाँ, चलने दीजिए। इन बातों को अधिक समझना हो तो महावट के नीचे गुरुदेव का दर्शन कीजिए।" ब्रह्मचारी ने निर्लिप्त भाव से कहा।

युवक ने वीणा उठा ली। अद्भुत स्वरों का नृत्य आरम्भ हुआ। उल्का-धारिणी स्त्रियाँ पुतलियों को तरह खड़ी थीं। बाहर की वर्षा का शब्द और बादलों की गड़गड़ाहट के लिए यहाँ स्थान नहीं रह गया था। वह कलिंग का युवक वीणा को द्रुत, मध्य और विलम्बित गतियों में इस तरह चढ़ा-उतार रहा था कि सुनने वाले आश्चर्य और स्वर-संचार से मुग्ध हो रहे थे। किन्तु चंचल मणिमाला, वह चूकने वाली नहीं, उसने धीरे से इरावती के पैरों में नूपुर पहना ही दिया। अभी विलम्बित से मध्य लय में वीणा बढ़ रही थी। सहसा इरावतो उठ खड़ी हुई। हाँ, जैसे अपने को भूली हुई। उसके पैरों में एक अद्भुत प्रेरणा उत्पन्न हो गई थी। वह नृत्य करने लगी। अग्निमित्र एक बार जैसे कहीं से लगे हुए धक्के को सम्भाल कर बैठा रह गया। इरावती के मदमाते नेत्र अधखुले तो थे; किन्तु वे किसी को देख रहे थे कि नहीं, कहा नहीं जा सकता था। कालिन्दी बाण चलाकर व्याध की तरह अपने दोनों लक्ष्यों को देख रही थी। किन्तु वह कलिंग का युवक ! उसने तो जैसे ऐसा नृत्य कभी देखा ही न हो। इतना वह भीतर-बाहर से प्रभावित हो रहा था कि उसकी उँगलियाँ उस समय मदिरालस हो गयीं, जब कि उसे तत्काल ही द्रुतगति आरम्भ कर देनी चाहिए थी। वह नेत्रों से इरावती के कलापूर्ण अवयवों को देखता हुआ मध्य लय में उँगलियों को बहलाने लगा। इरावती के अंग-अंग से रस की सृष्टि हो रही थी।

इधर लय छूटने लगा था। सहसा युवक सावधान होकर द्रुत गति में बढ़ा। और नर्तकी अपनी रस-वृष्टि में चपला से भी अधिक तीव्र थी। युवक ने तीव्रतम गति में भी उसको पिछड़ा न पाया। उसने वीणा को विराम देते हुए 'साधुवाद' से उस नर्तकी का सत्कार किया। किन्तु इरावती अब ठीक अग्निमित्र के सामने बैठ गई थी। और वह साहसी कलिंग युवक अनुराग-भरी आँखों से उसकी ओर देखता हुआ अपनी एकावली उतारने लगा। उधर अग्नि की तरह जलता हुआ अग्निमित्र अपनी कृपाण पर हाथ रख रहा था। कोई क्षण किसी भी घटना की प्रतीक्षा कर रहा था। जालीदार चाँदी के बड़े-बड़े निवात, जिनके भीत अभ्रक लगे हुए थे, अपने पंचदीप को जैसे अपने भीतर-ही-भीतर जला रहे थे, ठीक उसी तरह अग्निमित्र जल रहा था। रुकावट इतनी ही थी कि थकी हुई इरावती सिर झुकाए, बंकिम ग्रीवा किये, तिरछी आँखों से उसी को देख रही थी। एकावली निकल चुकी थी। वह अंजलि में रख कर आगे बढ़ाई भी गई। किन्तु इरावती ने कह दिया—"मैं आर्य कालिन्दी की अनुचरी हूँ। मैं उपहा नहीं ले सकती। क्षमा कीजिए।"

सबकी आँखें कालिन्दी की ओर घूमीं। किन्तु वह मायाविनी कालिन्दी मुस्करा कर बोली—"आर्य, क्षमा कीजिए। आप आज पाटलिपुत्र के नागरिकों के अतिथि हैं। अतिथि का मनोरंजन करना हम लोगों का कर्त्तव्य है, उसमें पुरस्कार का प्रलोभन नहीं!"

युवक की भवें कुछ खिंची! उसकी कुतूहलपूर्ण साहसिकता अपना आवरण उतार कर फेंकना चाहती थी कि केयूरक न जाने कहाँ से नग्न खड्ग लिए उछलता आ पहुँचा। उसने उन्मत भाव से कहा—"देव! हम लोग घिर गये हैं। कुछ काले वस्त्रों से ढँके सैनिकों ने इस सम्पूर्ण उद्यानगृह को अवरुद्ध कर लिया है।"

युवक ने खड्ग उठा कर कहा—"नहीं केयूरक! घबड़ाओ नहीं। खारवेल ने जो साहसिक कर्म किया है, तो वह प्रतिकार भी जानता है।"

कालिन्दी भय दिखलाती हुई चिल्ला उठी—"कलिंग चक्रवर्ती खारवेल!" किन्तु भीतर-भीतर वह जैसे हँस रही थी। अग्निमित्र ने विनीत स्वर में कहा —"महाराज! मैं वचन देता हूँ। महानायक अग्निमित्र के जीवित रहते आप निश्चित रहें।

और खारवेल ने कालिन्दी को देखा। उसने कहा—"तो तुम्हीं लोगों को राजगृह में मैंने देखा था।"

धनदत्त भयभीत और विमूढ़-सा हो रहा था; परन्तु ब्रह्मचारी ने कहा—
"तो अब विश्राम करना चाहिए।"

"धनदत्त ने खीझ कर कहा—"विश्राम !"

"हाँ, यदि तुम्हारे यहाँ इसका स्थान न हो तो मैं कहीं भी जाकर विश्राम कर लूंगा।" वह सचमुच चला।

अग्निमित्र और कालिन्दी की आँखें क्षण भरके लिए मिलीं। उत्तर में कालिन्दी ने कहा—"ब्रह्मचारीजी ; यदि आप कहीं भी जा सकते हैं, तो यह मुद्रा लीजिए और महाराज के समीप उपस्थित होकर कहिए कि—"कलिंगाधिपति आपकी राजधानी में विपन्न हैं।" ब्रह्मचारी ने मुद्रा ले ली। गम्भीर होकर कहा—"तो मैं अब यहाँ लौटूंगा नहीं, तुम्हारा काम करता हुआ चला जाऊँगा।"

"महाराज जैसी अनुमति दे।" कालिन्दी ने कहा। अग्निमित्र ने ब्रह्मचारी के चले जाने पर खारवेल से कहा—"यह पाटलिपुत्र के साहसिकों की क्षुद्र मंडली होगी ! केयूरक ! उन लोगों के पास स्वस्तिक का चिह्न भी तुमने देखा है?"

"हाँ, लाल स्वस्तिक।"

"वे अधिक-से-अधिक एक सौ होंगे। कोई चिन्ता नहीं। सेठ लूटा नहीं जा सकता। हम लोग अपने मनुष्यों को एकत्र करके व्यूह-रचना कर लेते हैं"—कह कर अग्निमित्र बाहर चला आया ! उसने देखा ब्रह्मचारी 'आन्नद !' की रट लगाता हुआ निर्भयता से बाहर की ओर उस काली रात्रि में चला जा रहा है। उसे न तो प्रकृति की भीषणता रोक सकती है, और न मनुष्यों का भय !

धनदत्त भी घबराया सा अग्निमित्र के साथ आ गया था। अग्नि ने पूछा—"तुम्हारे पास कुछ रक्षक, प्रहरी इत्यादि हैं भी ?"

"हैं क्यों नहीं, बीस से कम न होंगे।"

"तो उन्हें इस द्वारशाला में बुला लो।"

धनदत्त ने पास ही लगे हुए घंटे पर चोट लगाई। जितने अनुचर थे दौड़कर वहीं आ गये। अग्निमित्र ने उन्हें देखकर कहा—ऐसा जान पड़ता है कि हम लोग आततायियों से घिर गये हैं।"

"हाँ, स्वामी ! बाहर बहुत-से मनुष्य काले वस्त्रों में अपने को ढँक कर घूम रहे हैं, वे सशस्त्र हैं।" एक ने कहा।

"तुम्हारा तोरणद्वार बन्द होगा। सम्भवतः उसकी खिड़की खुली होगी।"

"हाँ स्वामी ! अभी केवल ब्रह्मचारी गये हैं।"

"आज तुम लोगों की परीक्षा का दिन है। आधे लोग द्वार पर रहें और आधे यहाँ। जब तक राजकीय सेना न आ जाय, द्वार-रक्षा होनी चाहिए। मैं

भी तुम लोगों के साथ हूँ।"—कह कर अग्निमित्र ने खड्ग कोश से निकाल कर ऊँचा किया। क्षण-भर में बीसों खड्ग चमकने लगे। और धनदत्त ! वह तो इस रक्षा की व्यवस्था को देखकर घबरा गया था। अभी बूंदें पड़ रही थीं। आकाश निविड़ कृष्ण वर्ण का हो रहा था। कालिन्दी, इरावती और केयूरक के साथ खारवेल भी वहीं चले आ रहे थे।

पाटलिपुत्र का राजपथ उस काली रात्रि में सुनसान नहीं था। रह-रह कर घोड़ों के टाप सुनाई पड़ते थे। ऐसा जान पड़ता था, प्रायः सब राज-कर्मचारी सुगांग प्रासाद के विशाल प्रांगण की ओर जा रहे हैं। ब्रह्मचारी भी इन्हीं में से एक दल के पीछे-पीछे चला। चतुष्पथ तथा और भी आवश्यक स्थानों पर उल्काएँ जल रही थीं। वर्षा कुछ कम···

[अपरिसमाप्त]

●